2022年第三届"长三角文化论坛"论文集

新时代长三角文化繁荣与高质量发展

《长三角文化论丛》

（第三辑）

《长三角文化论丛》编委会　编

ZHEJIANG UNIVERSITY PRESS
浙江大学出版社
·杭州·

图书在版编目（CIP）数据

新时代长三角文化繁荣与高质量发展 ：2022年第三
届"长三角文化论坛"论文集 / 《长三角文化论丛》编
委会编. — 杭州：浙江大学出版社，2023.9
ISBN 978-7-308-24148-9

Ⅰ．①新… Ⅱ．①长… Ⅲ．①长江三角洲－地方文化
－文集②长江三角洲－区域经济发展－文集 Ⅳ.
①G127.5-53②F127.5-53

中国国家版本馆CIP数据核字(2023)第164155号

新时代长三角文化繁荣与高质量发展
——2022年第三届"长三角文化论坛"论文集
XINSHIDAI CHANGSANJIAO WENHUA FANRONG YU GAOZHILIANG FAZHAN
　　　　——2022NIAN DISANJIE "CHANGSANJIAO WENHUA LUNTAN" LUNWENJI

《长三角文化论丛》编委会　编

责任编辑	周挺启
责任校对	蔡　帆
封面设计	周　灵
出版发行	浙江大学出版社
	（杭州市天目山路148号　　邮政编码　310007）
	（网址：http：//www.zjupress.com）
排　　版	杭州林智广告有限公司
印　　刷	杭州宏雅印刷有限公司
开　　本	710mm×1000mm　1/16
印　　张	38.5
字　　数	608千
版 印 次	2023年9月第1版　2023年9月第1次印刷
书　　号	ISBN 978-7-308-24148-9
定　　价	130.00元

序

王永昌

长三角三省一市文史馆积极响应习近平总书记关于推进长三角区域一体化发展重要指示精神，充分发挥文史馆的职能作用，深入挖掘长三角地区历史悠久、人文荟萃、特色鲜明的历史文化资源，积极传承弘扬中华优秀传统文化，助力长三角区域一体化发展战略。2019 年 5 月，三省一市文史馆共同倡议举办"长三角文化论坛"，并分别于 2019 年、2020 年在上海、南京成功举办了首届和第二届"长三角文化论坛"。随着论坛持续举办，引起社会各界普遍关注，影响力扩大，第三届"长三角文化论坛"共征集到论文 82 篇。受新冠疫情影响，尽管举办形式有了变化、会期作了压缩，但在沪苏皖文史馆鼎力支持下，第三届"长三角文化论坛"首次采用线上形式于 2022 年 12 月 2 日成功举办。

任何历史都是鲜活的现实，任何现实都是历史的有机延续。长三角三省一市地缘相近、人文相亲、血脉相连，相互之间绵连深厚、往来频繁。长三角区域的吴文化、越文化、徽文化、海派文化等交相辉映、融合发展，成为中华文化重要组成部分。一个国家、一个民族的强盛，离不开文化的兴盛繁荣，一个地区也同样如此。长三角区域历史文化的厚重价值，既以过去岁月铺就的历史文脉为根基，也以当下彰显的"人文化育"的创新活力为标识，更以昭示辉光日新的美好未来为使命。积极挖掘、传承和运用好历史文化资源，助力长三角一体化高质量发展，是我们的时代课题和使命情怀。

本届论坛深入贯彻落实党的二十大精神，以"新时代长三角区域文化繁荣与高质量发展"为主题，围绕长三角历史文化与创新发展、长三角当代文化与高质量发展展开研讨交流，旨在通过深入挖掘长三角区域千年文明中的人文精华，用历史映照现实、远观未来，推动传统文化的扬弃传承、转化创新，激发长三角一体化高质量发展的精神文化力量,为长三角一体化推进中国式现代化建设提供智力支撑。

文化是民族的灵魂,是维系国家统一和民族团结的精神纽带,是民族生命力、创造力和凝聚力的集中体现,是国家综合实力和国际竞争力的重要组成部分。各国各民族的优秀文化是人类文明进步的共同财富。文明因多样而交流,因交流而互鉴,因互鉴而发展。长三角区域文化是典型的江南文化,具有鲜明的历史和区域特点,也有着独特的文化个性。江南文化是中华文化的重要组成部分,也有着自己的特点,同样需要在交流借鉴中发展。历史文化需要传承创新,当下实践创造的新的时代文化需要积淀升华,各国各民族创造的世界文化需要交流互鉴,各地区的区域文化更需要在历史文化、时代文化和世界文化的交融中彰显自己的特色和价值,并且实现自己得以存在和进步的发展逻辑。文化发展有自己的规律,但也总是在社会发展和人类发展的交融中实现进步的。

研究长三角区域文化,我们同样需要遵循文化发展规律,需要坚持历史的、整体的观念,需要有家国情怀和世界视野。假如通过一届届"长三角文化论坛"和广大文史工作者的共同努力,我们能对江南文化的特质和演进文脉有比较系统的梳理,对推进中国式现代化、中华民族伟大复兴进程中的时代文化有更自觉自信的总结提炼和创新创造,对当今人类社会大变局中的世界文化有更多的理性回应和文化观照,并由此形成文化成果,那是令文化人欣慰的,也是我们这个时代所迫切需要的。

我们有责任有情怀从文史、文化角度讲好中国故事和时代故事,也包括讲好长三角故事,以此为提高中华文化的感召力、创新力和全球影响力、建设社会主义文化强国贡献自己的一份力量。

目　录

浙江省文史研究馆

上海市文史研究馆

江苏省文史研究馆

安徽省文史研究馆

浙江省文史研究馆

从吴越文化的历史经验看长三角 共同富裕的文化动力

吴 光

一、长三角与吴越文化的界定

关于长三角的概念，迄今尚无一致的定义。其实，所谓"长三角"也有广义与狭义之分。狭义的长三角，是指江苏南部、上海全部和浙江北部、中部，大致限制在长江下游、太湖流域与钱塘江流域的地域范围。广义的长三角则包括了江苏、浙江、安徽、上海三省一市。甚至还可能包括江西北部、九江以东的江西（江右）地区。现在的长三角概念，则主要指苏、浙、皖、沪三省一市，而不包括江西，也还是广义概念。而"吴越文化"则是一个历史文化概念，主要是指苏南、上海和两浙（浙东、浙西）地区。[①]但广义的吴越文化区则可延伸至苏北的徐州和闽北。而其主体还是苏南、上海与两浙，其文化的覆盖面与长三角地区基本重叠。

二、吴越文化的定位与特色

吴、越地区自古以来就有着紧密的文化联系。考古发掘的材料已经确证，

---

① 苏南地区包括今南京、苏州、无锡、常州、镇江五个城市和若干江苏省辖县市。上海地区旧属松江府，浙江地区旧分浙东、浙西，浙东旧辖严州（今分属杭州市的淳安、建德、桐庐三县市）、宁波、绍兴、台州、金华、衢州、温州、处州（今丽水市）八府，合称"上八府"；浙西旧辖杭州、嘉兴、湖州三府，合称下三府。

大约五万年前，已有人类在今浙江建德一带居住（被称为"建德人"）；至少一万年前，吴地的先民已在长江下游三角洲和太湖流域居住、繁衍生息。而距今七千年的河姆渡文化（在今浙江宁波余姚）及稍后兴起的、距今约四千年至六千年的马家浜文化（在今浙江嘉兴）、崧泽文化（在今上海青浦）和良渚文化（在今浙江杭州余杭），以其在当时绝对先进的制陶、制玉工艺和打制、磨制、编制的石器、骨器、木器、竹器等生产工具、生活用具以及干栏式建筑模式，向全世界宣告了中华文明起源的多元性，宣告了包括太湖流域、钱塘江流域的长江三角洲地区文明历史的悠久与发达。从此，人们再也不能抱持黄河中心主义的态度，用鄙夷的眼光去谈论所谓的"东夷荆蛮"之地了。

　　根据历史文献的记载，"吴""越"的称谓始于殷周之际。据《史记·吴太伯世家》和《越绝书》《吴越春秋》等史书记载，大约三千一百多年前，周太王古公亶父的长子泰伯、次子仲雍，为了避让王位而东奔"荆蛮"，"自号句吴"，"荆蛮义之，从而好之者千余家，立为吴太伯"。后来，周武王伐纣胜利后，"追封太伯于吴"。到吴王阖庐时，国势强盛，乃筑大小二吴城。其子夫差，一度称霸诸侯，国土及于今之江、浙、鲁、皖数省，后被越王勾践所灭，其地为越吞并。至于"越"之缘起，据史书所载，是因夏禹死后葬于会稽（今绍兴有"大禹陵"存），夏后帝少康封其庶子于此，传二十余世而至允常、勾践父子，自立为越王，号"於越"（"於"读作"乌"，专家认为是越人方言的语气词，也有专家认为"於"同"乌"，同"鸟"，是古越族以"鸟"为图腾的证明）。其时吴越争霸，先是吴胜越败，后来越强灭吴，勾践称霸，再传六世而为楚所灭。

　　然而，作为诸侯国的吴、越国虽然灭亡，但其所开辟的疆土名称及其文化习俗却一直传承并不断丰富发展以至于今。如吴县、吴郡、吴中、吴山、三吴、吴语等等，皆承"句吴"而来；如越郡、越都、吴越国、越中、越族、越语、越剧等等，皆承"於越"而来。从历史地理而言，吴越分属两地却有许多重叠，如"吴会"，或指会稽一郡，又指吴与会稽二郡；如"三吴"，既含吴地，又含越地，跨越今之江、浙二省；如"吴山"，却不在吴都（今苏州）而在越地（今杭州）。正如《越绝书·纪策考》所记伍子胥之言曰："吴越为邻，同俗并土；西州大江，东绝大海。"以及同书《范伯》篇所记范蠡之言曰："吴越二邦，同气共俗。地户之位，非吴则越。"这里所记两古国的"同俗并土"或"同气共俗"，正说明二地文化风格的一致或接近。犹如经过数千年的积淀而形成具有独特风格的"齐鲁文化""三晋文化""荆楚文化"等文化类型一样，在绵亘数千年的中华文明发展史上，也形成了具有独特风格和强大生命力的"吴越文化"。

吴越文化的特色，首先在于吴越地区的自然环境，可谓四季分明，气候适宜，山清水秀，土地肥沃。这样的自然环境，必然适合于人类的繁衍生长，也必然能孕育出繁华的人文环境。其次，南北大运河的开通，促进了南北经济文化的沟通，尤其隋唐时期大运河从扬州扩展到洛阳，对于南北水域交通的联通及经济文化的融合都起了很大的促进作用。第三，吴越文化区域，本来就历史悠久，是人文荟萃之地，而且在春秋战国时期，吴越两国先后称霸中原，号令天下。这也显示了他们政治、经济、军事、文化实力的强大。因此，这个一向被视为东夷、荆蛮之地一旦和中原文化相接触，就会碰撞出强大的新思想的火花，而形成人才辈出、豪杰蜂起的局面。从中国历史发展的全局而言，应当承认，自殷周至隋唐的两千多年间，中国的政治经济中心始终处在北方"中原"地区的笼罩、引领之下，因而在文化上也基本上是以秦晋、齐鲁文化为主导。但自三国、两晋以降，尤其是隋唐五代以后，北方和中原地区战乱频仍，南方战乱较少，再加上南北水路的开通，所以出现了中国政治经济重心的南移趋势，吴越地区也日益显示出文化中心的地位。于是，这个地区逐渐发展为"鱼米之乡""文献名邦"，以至东晋皇帝发出了"今之会稽，昔之关中"的感叹。到唐末五代则出现了"苏湖熟，天下足"的民谣。宋元文人写出了"东南财赋地，江浙人文数"的诗句。尤其是在南宋以后，随着中国政治经济重心的南移，在长江以南的广大地区，学术文化出现了繁荣兴盛的现象。位于长三角地区的江、浙、沪、皖日趋繁荣起来，成为全国经济文化发展的示范区。据专家统计：明清时期的江苏、浙江两省，通过科举考试录取的进士人数在全国名列第一、二位；江浙两省兴建的书院是全国最多的，仅浙江一省就多达600所，居全国首位；江浙的藏书、刻书、出版、诗画、戏曲等文化行业，在明清乃至近代，都是全国最繁荣发达的省份。在这样的历史人文背景下，属于吴越文化的江、浙、沪地区涌现出了一大批在中国文化史上能占一席之地的文化名人，其中许多名家又由个人及于家族，形成了绵延数世甚至十数世或辉煌数代的文化世家。在这些文化世家中，有世代为官、声名卓著的政治、文化世家（如姑苏范仲淹父子、余姚王阳明父子、昆山徐乾学兄弟、钱塘徐潮徐本家族），有从政治世家转变为文化望族的（如从五代吴越国王钱镠到近代学术大师钱玄同等钱氏家族）；有在经学、史学、文学等传统学科影响较大的人文科学世家，经学如魏晋六朝时的余姚虞氏（虞翻、虞喜）、明末的无锡二顾（顾宪成、顾允成）、清代的吴门三惠（惠周惕、惠士奇、惠栋）；史学如南宋时的金华吕氏父子（吕本中、吕祖谦）、清代余姚二邵（邵廷采、邵晋涵）、嘉定钱大昕兄弟；经史兼擅的如余姚黄宗羲兄弟、甬上万斯大万斯同兄弟以及余杭经史名家章炳麟等；文学如明代苏州冯梦龙兄弟、明清两朝的昆山归氏（归有光、归庄）、现代富阳的郁达夫兄弟、绍兴周树人周作人兄弟等，也有医学、数学、天文、地理学等自然科学世家（如钱塘沈括、无锡顾祖禹、临海王士性等）。还有书法、绘画、戏曲等艺术世家（如山阴王羲之、镇江米芾、苏州文徵明、松江董其昌、湖州赵孟頫、兰溪李渔）和父女、母女诗画家（如平阳蔡英父女、台州吴门三才女等）、藏书刻书世家（如宁波范氏天一阁、常熟毛氏汲古阁、湖州刘氏嘉业堂），以及独树一帜的儒学世家——衢州孔氏南宗世家。如此等等，不胜枚举！这许许多多各具特色、各有专长的文化世家，为形成五彩缤纷、百舸争流而且富有经世致用精神的吴越文化做出了重要贡献。

据本人统计，仅仅在今苏南、上海和浙江地区，正式列名于国史纪传、称得上是"文化世家"的就有300余家。除世代相传的文化世家之外，在吴越文化地区，还形成了许多师生相传或跨越地区的群体性学派、艺派，如源起于北宋，兴盛于南宋、转型于明清、绵延于近现代的浙东学派。其代表人物多为活动于今浙江一带及籍贯为浙江的学者。浙东学派在学术上经史并重、博纳兼容，在思想上敢为人先、富于创新，在学风上实事求是、敢于批判，在政治上以民为本、重视事功，可以说是宋明以来对中国学术与政治影响最大的学术流派。其他还有清乾嘉年间以庄存与、庄述祖、刘逢禄为代表的常州经文经学派，有清初以朱彝尊、李良年、李符、沈皞日、沈岸登、龚翔麟六大家为代表的浙西词派，有以沈周、文徵明、唐寅、仇英为代表的吴门画派四大家，如此等等，都体现了吴越文化广阔的包容性和巨大的影响力。

三、吴越文化的基本精神

吴越文化绵延数千年，在不同的时代表现形态不同。如在先秦时代是吴越文化，在汉唐时代是经学，在宋明时代是理学、心学、浙学与吴学，在清代是朴学、徽学、浙东经史学等等，在历史的沟通碰撞与文明的互鉴互学中，逐渐形成了共通的文化基因与人文精神，这主要表现在如下方面。

一是爱国主义精神。 吴越地区在古代历史特别是宋元明清时期曾经历了野蛮的民族征服与暴力镇压，在反抗暴力的斗争中也涌现了许多爱国爱家的楷模与典范。例如，在春秋大国争霸时有伍子胥（吴相国）、范蠡（越大夫）这样忠君爱国的忠臣良将，在抗击金、元暴力征服时期涌现了梁红玉（安徽池州人，抗清名将韩世忠之妻）、陆秀夫（江苏盐城人）这样的民族英雄，在清兵南下时期，则涌现了夏允彝夏完淳父子（松江华亭人）、张苍水（浙江鄞县人）这样的民族英雄。

二是经世致用的务实精神。 江浙沪的士子学人乃至民间工农商贾，历来有经世致用的学风和求真务实的创业精神。这从东汉上虞学者王充提倡的"重效验""实事疾妄"的学风就可见其端倪。从南宋永嘉学者叶适的"崇义养利"、永康学者陈亮"王霸兼用，义利双行"的事功之学可见其精神，从浙东经史学者黄宗羲的"经世应务""力行实学"也可知其宗旨。

三是民本亲民的人文精神。 民本亲民是吴越文化的优秀传统。早在春秋战国越国败于吴国时，勾践与范蠡、文种君臣就深刻认识到了民心向背的重要性，提出了"缓刑薄罚，省其赋敛"的爱民政策主张，推行"葬死者，问伤者，养生者，吊有忧，贺有喜，送往者，迎来者，去民之所恶，补民之不足"的民本政策，并鼓励生育，最终兴越灭吴。在浙学史上，叶适的《习学记言》、王阳明的《传习录》、黄宗羲的《明夷待访录》是最具强烈"民本"思想的经典性著作。叶适的民本思想体现在对"重农抑商"传统政策的批判，而主张"四民交致其用而后治化兴，抑末厚本非正论也"（《习学记言》卷十九）。这个"四民交致其用"的政策实际上成了王阳明的"四民异业而同道"、黄宗羲的"工商皆本"思想之先导。传统民本思想到王阳明、黄宗羲又有了新的提升。王阳明在其《传习录》中论其"亲民"思想曰："（《大学》）云'君子贤其贤而亲其亲，小人乐其乐而利其利'，'如保赤子'，'民之所好好之，民之所恶恶之，此之谓民之父母'之类，皆是'亲'字意，'亲民'犹孟子'亲亲仁民'之谓，'亲之即仁之也'。……又如孔子言'修己以安百姓'，'修己'便是'明明德'，'安百姓'便是'亲民'。"（《王阳明全集》上册，《传习录》上）这些话，清楚说明了王阳明的亲民思想是继承了孔孟民本思想而来。阳明又说："自格物致知至平天下，只是一个明明德，虽亲民亦明德事也。明德是此心之德，即是仁，仁者以天地万物为一体……只说明明德而不说亲民，便似老佛。"这是说，亲民即是仁体之用，只说体而不说用，便像佛老了，所以《大学》说"明德亲民"是体用兼顾的。到了黄宗羲，又进一步发展了浙学前辈的民本思想，破天荒第一次提出了"天下为主，君为客"的民主启蒙思想命题，指出天下之大事"不在一姓之兴亡，而在万民之忧乐"（见《黄宗羲全集》第一册《明夷待访录·原君》）。这就标志着中国传统的"君以民为本"的思想转变为"天下（人民）为主（宰）"的民主启蒙思想了。

四是崇尚科学的理性精神。在吴越文化史上，出现过不少一心钻研科学、富有科学精神的学者与科学家。如东汉哲学家浙江上虞人王充，对天文、医学颇有钻研，提出了"宣夜"说和"元气自然"论，又著《养生书》多篇，是地道的哲学家和科学理论家。如北宋浙江钱塘人沈括，著有《梦溪笔谈》，博学多闻，对天文、地理、律历、医药等均有研究，是政治家兼科学家。清初安徽宣城人梅文鼎，是清初号称"历算第一名家"和"开山之祖"的科学家、数学家。明清著名思想家黄宗羲同时也是精通天文、历算、地理、医学的科学家，所著天文历算著作有20余种，不仅精于中国历法，而且精通西洋历法和回回历法，其子黄百家、七世孙黄炳垕都是著名的天文历算学家，其弟子海宁人陈𫍽著有《勾股述》《勾股引蒙》等专著，可与梅文鼎媲美。其他还有地理学家徐霞客（明末江阴人），医学家朱丹溪（元代婺州义乌人），多学科兼长的科学家徐光启（明末上海人）等都是一时名家，在中国科技史上占有一席之地。

五是风清气正的廉政精神。在吴越文化史上，涌现了不少正直廉洁、无私奉公、清贫自守、俭约持家的清官廉吏，也造就了吴越地区相对廉洁的士风与官风，例如成名于湖州被称为浙学之首的江苏如皋人胡瑗，有被老百姓誉为"包青天"的北宋名臣、安徽合肥包拯，有写了著名《石灰吟》诗的明初大臣杭州钱塘县人于谦，尤为著名的是北宋姑苏大儒范仲淹和明末山阴大儒刘宗周 ①。这里仅重点介绍范仲淹、刘宗周。

范仲淹（989—1052），字希文，北宋著名的政治家、文学家和诗人。范仲淹的大名，家喻户晓，他撰写的《岳阳楼记》，更是脍炙人口的不朽名篇，其中"先天下之忧而忧，后天下之乐而乐"名句金声玉振，镕铸了中华民族历代士子的士魂美德，至今仍是修身金句和传家箴言。其道德人格和动人事迹，也是当今士子和各级官员学习的楷模。

范仲淹少有志操，洁身自立。与好友戚同文在睢阳应天书院同学苦读，使应天书院成了宋代儒学复兴运动的摇篮，"士多出其门下"，他自己也成了宋代儒学复兴运动的早期领袖。

范仲淹正直敢言，多次因谏诤皇上而被罢官免职。但他不改初心，在谪宦生活中，"守恬虚之趣，沦草泽以忘忧"（《范文正公集》）卷 15《润州谢上表》），访古寻迹，与好友滕宗谅等相交甚密。宋仁宗康定元年，宋夏交战，宋军大败。镇守主将空缺。范仲淹被推荐复职，任陕西转运使。晋龙图阁直学士，继任陕西经略副使，兼领延州事。他深入西部前线，视察、整军，部署对敌作战。戍边三年，举荐、识拔了一大批人才，如将胡瑷、欧阳修、张方平等延揽入幕，重用了狄青、种世衡等边将。安抚羌民，重整了边备。他与主将韩琦屡立战功，使西夏军队闻风丧胆，声名威震西土，连敌国之君元昊都敬称他为"龙图老子"。边疆人民还画像为他立生祠。

庆历三年，元昊求和，范仲淹被召入京，拜枢密副使，知谏院。又由枢密院入中书，任参知政事。他上《答手诏条陈十事》，提出了十项改革措施：一明黜陟，二抑侥幸，三精贡举，四择长官，五均公田，六厚农桑，七修武备，八推恩信，九重命令，十减徭役。于是，开展了由范仲淹主持的"庆历新政"。庆历新政的重点是整顿吏治，精简机构，因而得罪许多权贵。于是，范仲淹与石介、富弼、杜衍、韩琦等改革派官员被诬陷为"朋党"相继被罢官，

---

① 关于范仲淹、刘宗周的事迹，参阅：吴光主编：《道德文章垂千古——宋姑苏范氏世家》，《理学大师，殉国名臣——明山阴刘氏世家》，载湖北教育出版社，2004 年版《中国文化世家吴越卷》第 17、626 页，又：《论廉政文化的理论内涵、历史传统及实践方向》，原载宁波市委党校学报 2004 年第 6 期；张宏敏文：《一代廉吏刘宗周》，载 2018 年 04 月 10 日《浙江日报》。

范仲淹也被罢参知政事，以资政殿学士出知邠州，又知邓州。晚年病逝颍州（今安徽颍上）。

范仲淹一生廉洁奉公，其"齐家"精神也被史家传为美谈。他育有四子，分别命名纯祐、纯仁、纯礼、纯粹，皆承父教，品学兼优，"常以俭约率家人"。尤其为人称道的是，范仲淹在入参大政后，将俸禄、恩例所入，交由子侄操办，在苏州城郊购良田千亩创办义庄、义田、义学，并亲订《范氏义庄规矩》。后人钱公辅著《义田记》专记其事、述其德，说范仲淹"唯以施贫活族之义，遗其子而已"，"后世子孙修其业，承其志，如公之存也"。这是范氏家族的千年优秀传统。其义庄历经宋、元、明、清、民国五朝，惠泽了姑苏贫民一千年。

范仲淹是一代名儒，誉满天下，虽里巷之人，皆能道其名字。死讯传开，朝野上下，闻者莫不叹息。西北边民聚众举哀，羌族部落数百首领斋戒三日。好友韩琦祭文赞他"前不愧于古人，后可师于来哲"。朝廷赠他兵部尚书，谥曰"文正"。仁宗亲书其墓碑曰"褒贤"。后从祀孔庙，称先儒范子。朱熹称他为自古以来天地间第一流人物。可谓享誉至高矣。

在此，我们要特别表彰一下既有理论又身体力行的明代浙东大儒刘宗周。刘宗周（1578—1665），字起东，号念台，学者称蕺山先生。浙江绍兴人。明朝灭亡、清兵占领浙江后绝食 23 日而死。他在明朝崇祯时期当过顺天府尹和都察院左都御史，是明末腐败政治中的一股清流，一个典型的清官廉吏。他拥有廉洁、正直、敢言直谏（敢对皇帝讲真话，敢于直接批评朝政缺失及皇帝过失）、谨守礼法、为民请命、大义凛然、不爱钱、不怕死等优秀政治品质。由于上疏批评朝政弊端而被多次撤职罢官或削籍为民，但仍不改初衷，犯颜直谏，连刚愎自用的崇祯皇帝都怕他三分，不得不承认"大臣刘宗周清正敢言，可用也"（见《明史·刘宗周传》）。尤其可贵的是，刘宗周作为一个儒家思想家，提出了一系列惩治腐败、实施廉政的思想主张。他认为，都察院（国家最高监察部门）的职责，"在于正己以正百僚"，在于澄清吏治，"吏治清则民生安，于以化成天下不难矣"。他曾特别以"明风纪"为题上书皇帝，提出了"建道暌（明确指导思想）、贞法守（依法断案）、崇国体（立法惩治大臣犯罪）、清伏奸（禁止官吏私自交接近侍）、惩官邪（惩治官员贿赂、跑官买官之罪）、饬吏治（加强监督、整顿吏治）"等六大廉政谏言。他还写作了以加强官僚士大夫人格修养为中心内容的《人谱》专著。他的学生黄宗羲概括其师学术宗旨是"慎独"二字。

刘宗周既是明朝最后一位大儒，也是明末一位著名的清官廉吏。他曾任明崇祯朝及南明弘光朝的最高监察官左都御史。其廉政事迹如：

一曰"克俭于家"。他说："大禹一生得力，在'勤俭'二字，所谓'勤将补拙，俭以补过'云尔，终被他做了圣人。"一生特别节俭，终身未尝衣帛。民间遂有"刘一担""刘豆腐"的绰号。

二曰"克勤于邦"。刘宗周读书认真刻苦，重在学以致用。他虽"立朝仅四年"，却上奏疏百余通，向皇上提出了一系列惩治腐败、实施廉政的建言，特别主张"大臣法，小臣廉"的反腐倡廉法，即大臣以身作则，带头遵纪守法，小臣就能廉洁自律。并在阐释《崇祯宪纲》时，提出"风（讽）吏治"的对策建言，要求各级官吏都要做到六廉（即廉善、廉能、廉辨、廉法、廉正、廉敬）。

三曰"慎独自律"。刘宗周的为官之道，既重视"知人善任"，也重视"严守官德"。"官人"的要求是："论人之要，心术为本，行谊次之。官人之要，职掌为主，流品合之。"而"官德"的要求是，看重礼、义、廉、耻四种德行，而良好官德的培育，在于"慎独自律"。

刘宗周虽为朝廷重臣，但始终廉洁自律，清贫自守。他甚至连曾祖三世七丧，都无法体面地安葬。同僚御史徐缙芳欲资助百金以襄助葬事。刘宗周婉言谢绝说："百金之馈，其所取，义乎，不义乎？即使君有以处仆，仆则何以自处也？已矣，勿污我先人墓上石。仆所未了者……何至烦故人为念！"

四曰"清正敢言"。孟子有云："天下有道，以道殉身。天下无道，以身殉道。"这就是传统儒家的处世之道。刘宗周任职官场，因仗义执言，先后三次被革职为民。他对于自己的"直言""敢言"，亦有清醒的认识："职以言获罪，职复何言！"

刘宗周"清正敢言"的官德，体现在不畏权贵，敢于斗争。他曾草拟奏疏，弹劾把持朝政的当国首辅沈一贯。为京兆尹时，"政令一新，挫豪家尤力。阉人言事辄不应。或相诟谇，宗周治事自如。武清侯苍头殴诸生，宗周捶之，枷武清门外"。这都体现了宗周不畏强权、依法治国的优秀品格。无怪乎崇祯皇帝多次以"清正敢言"来称赞刘宗周的官德与人品。崇祯十四年，朝廷特别起用刘宗周为吏部左侍郎时，崇祯帝曾亲自评论说："大臣如刘宗周清正敢言，廷臣莫能及也。"刘宗周殉国后，南明朝赐谥号忠端。就连清朝的乾隆皇帝也尊称刘宗周为"一代完人，忠臣正士"，赐谥忠介，这彰显了刘宗周道德人格的伟大。

四、吴越文化对长三角共同富裕的影响与文化自信

我们从上述对吴越文化史的起源、发展、人物、精神的整理和描述可以看出，与长三角大致重叠的吴越文化史确实是历史悠久，文脉深厚，人文荟萃，精神感人，在吴越文化史上，涌现了许多的人物、事件、著作与思想，这是数千年中华优秀文化文明成果的积淀，是当代中华民族伟大复兴的历史镜鉴，尤其是长三角一体化发展、建设新时代中国特色社会主义共同富裕示范区的依据、动力与指路明灯。我们应当深入学习我们的历史，认真总结我们的历史经验，以为建设共同富裕示范区服务。

那么，历经数千年的吴越文化史对我们当代的建设与高质量发展有何思想启示和借鉴意义呢？

一是提炼吴越文化中以民为本、从民本到亲民到现代民主、人民至上的思想精华，真正做到"为中国人民谋幸福、为中华民族谋复兴"。习近平总书记一再告诫全党和全体干部要"不忘初心、牢记使命"。习近平总书记说："中国共产党一经诞生，就把为中国人民谋幸福、为中华民族谋复兴确立为自己的初心使命。"这一重要思想论述也是对中国儒家民本思想的直接继承和重要发展，也是对吴越文化从古越国民本思想到王阳明亲民思想到黄宗羲民主启蒙思想的继承与发展。我们要对吴越文化史上的民本—亲民—民本思想作系统的整理，为"践行以人民为中心的发展思想，发展全过程人民民主"而不断努力。

二是坚守和发扬爱国主义精神，习近平总书记在建党一百周年庆典上说：一个世纪来，中国共产党带领中国人民的"一切奋斗、一切牺牲、一切创造，归结起来就是一个主题：实现中华民族伟大复兴"。现在，我们已经进入新时代高质量发展的新阶段，必须同心同德发扬吴越文化史上许多先烈先贤的爱国主义精神，为全面实现我们高质量全面发展，建设长三角一体化和共同富裕示范区而不懈奋斗！

三是学习古越国勾践君臣卧薪尝胆、艰苦奋斗、十年生聚、十年教训的精神，谦虚谨慎、戒骄戒躁，为长三角一体化的高质量发展再立新功。

四是发扬长三角地区风清气正的廉政精神，深入开展干部修身立德、清正廉洁的政治教育和全民道德教育，使广大干部重建敬畏意识（六大敬畏：孔子三畏：畏天命、畏大人、畏圣人之言；孟子三畏：畏道德、畏历史、畏民心。敬畏即信仰）和文化自信（本质上是道德自觉），使我们的人民坚定树立本民族的文化自信和道德自觉，使我们的干部群众都树立敬畏之心。"公生明，廉生威"，今天我们重温历史上清官廉吏的事迹与思想，应当继承与弘扬其基本精神，修身为本、廉洁治家、勤政爱民，清廉自守；切实做到"把权力关进制度的笼子里"，努力营造风清气正的政治人文生态。

五是从浙学"民本、求实、批判、兼容、创新"的优秀传统中汲取力量，特别是要发扬"浙学"传统中"经世致用，知行合一"的实学精神传统，为完成高质量发展、建设共同富裕示范区的伟大目标而不断做出新贡献。

六是发扬吴越地区特别是明清以来吴越士子崇尚科学的精神，在数字化、人工智能大发展的新时代紧跟形势，不断创新，为长三角一体化大发展而创造新局面，拓展新高地。

（作者系浙江省文史研究馆馆员，浙江省社科院研究员）

浙东实学对长三角经济发展的影响

徐儒宗

内容提要：先秦儒家主张各行各业平衡发展的"本末并重"思想，而法家则偏重耕战，提出重农桑而轻工商的"崇本抑末"之说。自汉儒吸取法家之说纳入儒家学说之中，"崇本抑末"乃成为历代统治者奉行的基本国策，于是导致农业与工商业的严重失衡，酿成了诸多流弊。唯有浙东学术界一直继承先秦儒家"本末并重"的优良传统，提倡求真务实、经世致用的事功之学，指导着当地工商业的正常发展，有效地促进龙游商帮和宁波商帮的先后兴起，并影响浙西和苏皖地区以及近代崛起的上海经济规划区商品经济的迅速发展，从而为现代长三角经济的发展奠定了坚实而良好的基础。

关键词：浙东学派；本末并重；经世致用

浙东实学的涉及面很广，故对长三角的影响也涉及哲学、伦理、教育、文化和经济等各个方面。本文限于篇幅，只就浙东实学中的"本末并重"思想对长三角经济发展的影响谈一点粗浅的看法。

一、本末并重与崇本抑末

中国古代自秦汉以后习惯于视农为"本"，工商为"末"，并把"崇本抑末"作为经济方面的基本国策。然而，先秦儒家虽有本末之说，如《大学》云："物有本末，事有终始，知所先后，则近道矣。"但也只说本末有先后之别，并未说有轻重之分。其实，儒家不仅不"抑末"，而且对于农桑与工商都是并重的。

《易·系辞》提倡"备物致用，立成器以为天下利"；"斫木为耜，揉木为耒，耒耨之利，以教天下"；"刳木为舟，剡木为楫，舟楫之利，以济不通"；"断木为杵，掘地为臼，臼杵之利，万民以济"；"弦木为弧，剡木为矢，弧矢之利，以威天下"；"日中为市，致天下之民，聚天下之货，交易而退，各得其所"。可见《周易》对工商业的重视。

《书·洪范》的"农用八政"中以"食""货"并举，"食"由农生产，而"货"当由工制造，由商交易流通才能获得。《周礼·考工记》专门记述各种职业和工艺，专设"司市"之官以管理市场，对各种行业的分工和管理都有很详细的记载。又据《礼记·王制》记载："用器不中度，不粥（鬻）于市；兵车不中度，不粥于市；布帛精粗不中数，幅广狭不中量，不粥于市；五谷不时，果实未熟，不粥于市。"可见市场管理规则非常严格。《春秋》主张实行"通商惠工"的政策。以上诸经都明确体现了儒家重视工商业的治国精神。

《论语》记孔子曰："赐不受命，而货殖焉，亿则屡中。"赞叹子贡善于预测市场行情的才能。《中庸》亦把"来百工"列为治天下的"九经"之一，且谓"来百工则财用足"。《孟子·公孙丑上》记孟子曰："市，廛而不征，法而不廛，则天下之商皆悦而愿藏于其市矣；关，讥而不征，则天下之旅皆悦而愿出于其路矣；耕者，助而不税，则天下之农皆悦而愿耕于其野矣。"可见孟子主张应给各行各业的发展创造有利条件。《荀子·荣辱》亦曰："故仁人在上，则农以力尽田，贾以察尽财，百工以巧尽器械……夫是之谓至平。"可见荀子也主张百业平衡协调地发展，并无重农轻工商之意。先秦孔、孟、荀三大儒倡导农桑工商平衡发展的思想于此可见。

据上所述，都说明先秦儒家对于工商业之重视。所以，春秋战国时期，尽管战乱频仍，然而农桑与工商业还是平衡发展的。

然而，自从法家特重耕战，主张重农轻工商，乃提出"崇本抑末"之说。如《韩非子·五蠹》云："夫明王治国之政，使其商工游食之民少而名卑，以寡趣本务而趋末作。今世近习之请行则官爵可买，官爵可买则商工不卑矣；奸财货买得用于市则商人不少矣。聚敛倍农，而致尊过耕战之士，则耿介之士寡而高价之民多矣。……其商工之民，修治苦窳之器，聚弗靡之财，蓄积待时而侔农夫之利。"这里的"本务"指农桑,"末作"指工商。这段话的大意是说,工人修治滥造之器,商人聚敛剥削之财以牟利,甚至奸商囤积居奇以敛财而可以买官,使之尊贵反而超过从事耕战的农民和士兵,以致国民只想做工商以挣钱,而不愿务农和当兵。所以英明的君主治国,必须实行重农桑而抑工商的政策加以纠正,使商工游食之民少而且名次卑下,才能保证耕战国策之实行。因而把工商列为"五蠹"(五种消耗国家财富的蛀虫)之一,而加以抑制。秦国完全奉行法家的"崇本抑末"之策专务耕战,终于并吞六国而统一天下,然而也因此而不旋踵导致灭亡。

汉儒则吸收法家之说纳入儒学之中而加以推崇,于是,"崇本抑末"才成为历代专制统治者所奉行的基本国策,宋明各派道学家亦继其说。这显然抑制了工商业的正常发展,使农业与工商业失去平衡,导致了许多流弊。

二、浙东学派的本末并重思想

自秦代以迄清代,历朝统治者虽然奉行冒充儒家实则是法家的"崇本抑末"思想,以作为全国范围内实行的基本国策,然而在浙东的学术界,一直传承着"本末并重"的思想。

远在春秋末期的越国,越王勾践志在实行亡吴霸越的复仇计划。其大夫计倪(此从《越绝书》,《史记》作计然)就提出"农末俱利,平粜齐物"的"平粜法",也就是摆正"本"(农)与"末"(商)的位置,以达到双方都有利。他说:"籴石二十则伤农,九十则病末。农伤则草木不辟,末病则货不出。故籴高不过八十,下不过三十,农末俱利矣。故古之治邦者,本之货物,官市开而至。"这是说,如果一石谷价二十钱,农民就要吃亏;价九十钱,商人就要吃亏。农民吃亏了,田地就会荒芜;商人吃亏了,就会影响商品流通。所以必须把粮价保持在每石三十至八十钱之间,使农和商都有利益,才有利于经济的发展。若要保持这样的价格,主要是"平粜",即明码标价,价格公平合理,促进"齐物",使各业平衡发展。计倪还认识到商品、货币的周转时间与利润的大小有密切关系。周转愈短,增利就愈大。因而他提出"财币欲其行如流水",切不可把货币滞压在手中,久"息币则无利"。也不可囤积居奇,贪图过分的高价,即

"无敢居奇"，高额利润应从加速商品周转中实现。计倪的经济理论，推进了商品经济本身的蓬勃发展。《史记·货殖列传》载，勾践用计然之策，"修之十年"，国家大富，"遂报强吴，观兵中国，称号'五霸'"。范蠡说："计然之策七，越用其五而得意。既已施于国，吾欲用之家。""乃乘扁舟，浮于江湖"，生意做到吴、越、齐、楚等地，"十九年之中三致千金"，积资巨万，广置田地，分财济贫，世称陶朱公。计倪这条"本末并重"思想指导下重视商品经济的理论，经范蠡的进一步实践，一直为历代浙东学者所继承，并将其融合到先秦原儒提倡各行各业平衡发展的思想体系之中，使之有别于其他专谈道德性命的学派，而成为自具特色的道德与事功并重的经世致用之学。

南宋初期，以吕东莱（1137—1181）为代表的金华学派，以陈龙川（1143—1194）为代表的永康学派，以叶水心（1150—1223）为代表的永嘉学派，共同合称浙东学派。他们反对空谈道德性命而不重事功，主张讲求道德与事功并重。在其他各派道学家都仍沿袭"崇本抑末"之际，吕东莱率先提出"本末并举"的主张。他能在积习弥深的"崇本抑末"观念大行其势的时代，率先提出"本末并举"的主张，不啻是一种独具卓识的高明见解。

与之同郡的永康陈龙川也赞同东莱的观点，认为社会的正常功能在于互通有无、相互帮助的"交相养"。他说："昔者先王居民之制，固使之交相养，而非欲其截然而各立也。"其《四弊》云："古者官民一家也，农商一事也。上下相恤，有无相通，民病则求之官，国病则资诸民。商藉农而立，农赖商而行，求以相补，而非求以相病。……使得以行其意而举其职，展布四体，通其有无，官民农商，各安其所而乐其生，夫是以为至治之极。"[1] 即此可见，他所谓的"交相养"，一是指官民之间的"上下相恤"；二是指农商之间的"有无相通"。只要做到这两点，就能达到"官民农商，各安其所而乐其生"的理想状态。他在继东莱提出"本末并举"之说后，又进而具体地提出"商藉农而立，农赖商而行"的"农商相通"之说。可见作为婺学代表的吕、陈两家在经济观点上的一致性。这不仅是对先秦法家思想乃至汉代以来杂用法家之说的"重农抑商"的陈旧偏见之纠正，而且又使得婺学之中又增加了工商与农并重的特色。

---

① 《陈亮集》，河北教育出版社，2003年版，第111页。

　　永嘉学派的叶水心，在经济上反对秦汉以来的"崇本抑末"之说，而主张孔孟所提倡的本末并重之道，因而赞同《春秋》所体现的"通商惠工"之旨，主张工商与农并重，强调理财富民，并进而要求发挥富商大贾的作用。他指出："按《书》'懋迁有无化居'，周'讥而不征'，春秋'通商惠工'，皆以国家之力扶持商贾，流通货币，故子产拒韩宣子不环不与，今其词尚存也。汉高祖始行困辱商人之策；至武帝乃有算船告缗之令、盐铁榷酤之入，极于平准，取天下百货自居之。夫四民交致其用，而后治化兴。抑末厚本，非正论也。使其果出于厚本而抑末，虽偏尚有义，若后世但夺之以自利，则何名为抑，恐此意（司马）迁亦未知也。"①在水心看来，"抑末厚本，非正论也"。春秋以前不仅不"抑末"，而且实行"通商惠工"的政策；汉代开始行"困辱商人之策"等"抑末"措施，为的是统治者"取天下百货自居之"，"夺之以自利"。所以，水心的结论是：士农工商"四民交致其用，而后治化兴"。水心还进一步为工商人士争取政治上的平等权利而呼喊，他说："四民古今未有不以世，至于烝进髦士，则古人盖曰无类，虽工商不敢绝也。"②也就是说，荐举优秀人物入仕做官，古人是不敢把工商界拒绝在外的。

　　迨明中叶，浙东儒学又有新发展，士商渗透愈来愈明显。大儒王阳明理直气壮地说："四民异业同道，其尽心一焉。""士以修治，农以具养，工以利器，商以通货，各就其资之所近、力之所及者而业焉，以求尽其心。"③

　　明清之交，浙东大儒黄梨洲在其《财计》篇中，对古已有之的"崇本抑末"的命题作了新解，他说："有为佛而货者，有为巫而货者，有为倡优而货者，有为奇技淫巧而货者，皆不切于民用，一概痛绝之。"显然，他把"不切于民用"的称之为"末"，要抑的也是这种"末"。至于"工商"，虽历代均称之为"末"，都加抑制，但梨洲却否定了这种传统观点，认为："世儒不察，以工商为末，妄议抑之。夫工固圣王之所欲来，商又使其愿出于途者，盖皆本也。"这种"工商皆本"的思想充分体现了浙东学派的务实精神。

　　在视"商"为"本"的基础上，梨洲还提出了自己的富有时代特色的货币理

---

① 叶适《习学记言》卷十九《史记·平准书》。
② 叶适《习学记言》卷十二《国语·周至晋》。
③ 王守仁《王文成公全书》卷二五《节庵方公墓表》。

论。在他看来，"钱币所以为利也，唯无一时之利而后有久远之利。以三四钱之费得十钱之息，以尺寸之楮当金银之用，此一时之利也。使封域之内常有千万财用，流转无穷，此久远之利也"。商品流通必须借助货币的流通，因此需要"常有千万财用，流转无穷"。货币的生命在于流通，因此只有"流转无穷"，才可谓"久远之利也"。梨洲的经济思想是对当时由于资本主义萌芽所带动的商品经济发展的社会现实的一种深刻见解，开启了工商业的进一步发展。

浙东实学的本末并重的思想，首先指导了浙东地区工商业的发展，然后还影响了整个长三角经济的发展。

三、本末并重思想推动长三角经济发展

长三角经济之所以日益发展，有其多种因素。诸如畅达的交通条件和城乡商品经济发达、市场成网络化分布等。但其中人文和历史因素所起的作用不容忽视。

自南宋以来，浙东学派直接继承了先秦原儒所倡导的各行各业平衡发展的思想，从汉代以后的外儒内法的"崇本抑末"所造成的困境中超脱出来，提倡本末并重，因而指导了本地区工商业的发展。

金华吕东莱和永康陈龙川提出本末并重的主张，直接促进了本郡手工业和小商品的发展。如永康以铁匠著称，东阳以木工著称，而义乌的货郎担则既推销小商品，又以鸡毛换糖，然后把换来的鸡毛作为稻田的肥料，可使农商双获其利。

龙游刘愚（1133—1215），常与永嘉学派的叶水心论学，接受了水心本末并重的事功学说，并在龙游宣扬。这无疑对龙游的商人产生重大影响，使之认为经商亦为正业，促使龙游商帮的兴起。

明代王阳明提出"四民异业同道"之说，明末清初黄梨洲提出"工商皆本"之说，他们都是余姚人，因而直接促进了清代宁波商帮的兴起。

龙游商帮和宁波商帮是浙东地区先后兴起的两大商帮，在全国十大商帮中，浙东独占其二。显然，这与浙东学派提倡本末并重的思想具有渊源关系。

龙游商人早在宋代已渐露头角。如朱世荣"流寓常州致巨富，置产亘常州

三县之半，后归里，复大置产，当时以为财雄衢常二州"。到明清时代，龙游商帮已成为一支庞大颇具实力开拓型的商业劲旅。康熙《龙游县志》载，龙游"北乡之民，率多行贾四方，其家居土著者，不过十之三四耳"①。同郡的常山经商之风亦盛，万历《常山县志》载，常山县"务本力农，已去十五"，"丁壮者屏耒耜而事负载，以取日人之佣值"②，甚至有弃儒从商之风。

宁波商帮兴起于清代，即在江南大显身手。到近代首先占领上海滩头，着重投资于金融和航运。如严信厚为中国第一家银行中国通商银行的总经理，后由傅筱庵继任，上海几家大银行及遍布各地的分行，其权大都皆握于宁波商人之手。

关于浙商的发展与浙东学派的关系，现代经济史学者陈学文先生认为："浙东学派的事功学说、经世致用对它（指浙商）的形成和发展曾起过巨大作用，可以说它是在儒学（浙东学派）滋润下成长壮大的。浙商深受儒学的熏陶，把儒学伦理道德贯串于经商活动中，并吸取其精华融入经营理念和经营管理机制中，这是它远胜其他商人群体的潜在因素。"③"儒学世俗化在完善商业经营理念方面也起了巨大作用，如经商中必须恪守诚信，正确对待义利，无疑是有利于商业管理和经营理念的合理化。"④"在儒学长期传习下，他们中有很大一部分人是儒商，将儒学渗透到日常经商活动中，儒雅、谦恭、富有文化教养，好善乐施，义利相兼，合理赢利，将儒学与经商活动完美结合，深得时人的称赞。"⑤"在浙东学派的儒学影响下，浙商得以在理念上有了新的演进，浙商得以长足发展，并在儒学崇仁、重义、重诚信等儒学精义指引下，规范自己的经商行为，将儒学基本准则融进商业经营管理和经商理念中，使自己儒化，亦贾亦儒。""这说明了思想文化与经济发展有着内在的互动关系，先进的思想文化必定会推进经济社会的发展，反过来经济发展也会推进思想文化的发展，这是辩证的关系。"⑥他又说："自宋元以来浙江经济的发展与浙东学派的关联，特别是

---

① 康熙《龙游县志》卷四《田赋志附物产》。
② 万历《常山县志》卷三《土产》。
③ 《陈学文集》，黄山书社，2011年版，第289页。
④ 《陈学文集》，第294页。
⑤ 《陈学文集》，第297页。
⑥ 《陈学文集》，第314页。

明清以来浙商的发展与儒学文化的关联，自然会接受这科学的认识论和方法论，也就很容易解开明清以来浙东学派的儒学传统走向实际对推动经济社会发展的内在力量这个问题。……浙东学派的生命力也即在此，已能动地推动经济社会文化的巨轮在不断前进。"①这几段话，深刻地论证了浙商与浙东学派之间的互动关系。

浙东学派的本末并重思想不仅开启了浙东地区重视工商业的观念，促进了当地工商业的发展，而且还波及浙西乃至苏皖地区。浙西吴兴人朱国桢从浙江实情出发，倡论"农商为国根本，民之命脉"②。在浙江为官的徽州休宁人胡宥更从经济发展角度着眼，指出在商品交换日趋频繁情况下，商业会满足民用之需，而更需商贾的中介作用："四民固最次商，此在古民鲜而用简则然，世日降而民日众，风日开而用日繁，必有无相通，而民用有所资，匪商能坐致乎？"③安徽泗州的儒者冯应京较完整地表述了四民关系，"士农工商，各执一业，又如九流百工，皆治生之事也"，认为商贾"阜财通商，所以税国饷而利民用，行商坐贾，治生之道最重也"④。他们都肯定了商贾的社会贡献。

明清时期，随着商品经济的发展，社会思潮发生变化。在重商思潮的影响下，一些高官名士，从传统的贱商思潮中解脱出来，转变了观念，承认商业、商人对于经济社会发展具有重大作用，淡化了四民贵贱之分的界限。一些高官名士已与商贾结为朋友，将其引为座上客。如明代龙游书商童珮，"从其父为书贾，往来吴越间"，与苏州太仓名士王世贞成为好友，王将其引为"千古是知音"，并为之立传。浙江兰溪名儒胡应麟写有《报童子鸣书》（童珮字子鸣），苏州昆山名士归有光写有《送童子鸣序》，苏州长洲名士王穉登为之写《童子鸣集序》。有这么多名士为书商童珮立传写序，足见商人地位之提高。龙游另一书商胡贸精于刻校书，贩书江南，与常州武进名士唐顺之交好，唐竟谓"非贸，则予事无与成"，死后还赠棺以葬。衢州儒商郑鹤旸，则有天启朝首辅叶向高为之写《新安里记》。这些高官名士与商贾平起平坐，倾情为之立传撰文，为既往所

---

① 《陈学文集》，第 315 页。

② 朱国桢《涌幢小品》卷九。

③ 胡宥《崇邑蔡侯去思亭记》，光绪《石门县志》卷六。

④ 冯应京《月令广义·商贾》。

罕见。世风的改变正表明商贾社会地位之提高。普遍已认为士农工商同为四民，仅是社会职业的分工不同，农工所创造的产品，互通有无还需赖商贾为之沟通，故不应分别贵贱，大都认同了同心异术、异业而同道和工商皆本的主张。而这些高官名士的言论，无疑有效地推进了浙西乃至苏皖地区亦即整个江南地区工商业的迅速发展。

　　自隋唐两宋以来，江南一直是全国重要的产粮区，故有"苏湖熟，天下足"的说法。然而到了明清时期，江南竟演变为缺粮区，粮食还需从长江中游湖广地区大量倾销过来，以缓解赋税和口粮的不足。这难道是江南地区粮食歉收吗？非也！对此，现代学者陈学文先生说："从历史上的'苏湖熟，天下足'，转化为'湖广熟，天下足'……从表面上看好像是江南农业衰败，粮食产量下降，实则是江南人充分利用价值法则进行产业结构的自行调节。特别是'一条鞭法'的实施，老百姓可以用货币纳粮来充繁重的粮食供赋的负担，也就是说江南可以贩进粮食以完赋，将有限的土地充分利用起来，用以种植经济作物，充分开发和利用土地资源以发挥地力的最大的经济效应，这不能不说是江南人的创造和智慧。不死守以粮为本、以农为本的旧观念，粮桑棉并重，农工并重，发展桑棉丝织业、棉织业，形成农工一体化的经济，取得更大的经济效益。所以江南纷纷改稻田为桑地、棉地，发展商品经济，发展丝织业、棉织业，带动浆染业等相应行业，推动商品流通和交通运输，创造了一派明清时代江南的富庶和繁荣景象。""明清时期的江南已是全国社会经济文化最发达地区，代表着全国经济发展的方向，具有先导性，为近代长三角，特别是为上海经济规划区的发展奠定了坚实和良好的基础。因为'上海宋时特为海船所驻之地'……至清中叶以后上海始得以长足的发展，尔后一跃为东方大港，亚洲一大城市。但不能忽视上海作为江南腹心的天时地利优势和明清江南经济发展为之奠定的根基。"[①] 这些论述，清楚地说明了江南地区由全国主要产粮区转变为主要工商业经济区的原因和过程。

　　现在，婺州的永康已由旧时的铁匠行业发展为著名的五金之乡，东阳已由原来的木工行业发展为著名的百工之乡，义乌原来的货郎担已发展为闻名海内

---

① 《陈学文集》，第182—183页。

外的小商品城；龙游商帮、宁波商帮以及温州模式等则百业纷呈，各显神通。浙商足迹遍天下，已成为当今商坛上的一支劲旅，并已成为中国向海外拓展商务的不容忽视的商人群体。浙商为什么会有如此的力量和胆识，这就需探索其文化基因，而构建文化基因就应深层次剖析其地域和历史对它发展所起的作用。对此，陈学文先生认为："浙商之所以不同于其他地域的商人，就因为他们成长于吴越大地的地理环境中，又因为他们的先祖饱受浙东学派的熏陶，吸取了它的精华而成长壮大。人或言：一方水土一方人，这就应关注到地域文化对人们意识形成的影响。"① "浙商之所以成为商坛劲旅，左右着当今商脉，还应注意到浙商多得到儒学的滋润，这深层的文化基因是培育儒商心灵的根本所在。"② 这是说，浙商的文化基因就是浙东学派所倡导的求真务实的经世致用之学。

对此，习近平总书记在任中共浙江省委书记时就敏锐地意识到蕴积于吴越大地上的文化意义。他说："这一文化基因以温州永嘉学派和金华永康学派为代表，在'舍利取义，以农为本'的农耕社会中开始强调'义利并重，工商皆本'的观念，无疑是一个大胆的创新。"③ 在浙东学派经世致用重视民生的儒学熏陶下，浙商走向健康发展的道路，并得到社会的认同，认为经商也是经世之大业，是堂堂正正的职业。

明清时期，江南的商品市场发展已具一定规模，如苏、杭两大城市是高级商品市场，是江南商品市场的核心。延至近代上海兴起而取代了苏杭的地位，成为江南的轴心。可以说，浙东实学的本末并重思想，开启了浙东乃至浙西和苏皖一带市民的重商意识，促进了商品经济的迅猛发展，为今日长三角经济发展奠定了坚实而良好的基础。

（作者系浙江省文史研究馆馆员，省社科院研究员）

---

① 《陈学文集》，第 278 页。
② 《陈学文集》，第 284 页。
③ 《商业经济与管理》2006 年第 6 期第 4 页。

有序发展文化产业　促进长三角文化繁荣

解力平

内容提要：社会主义文化在长三角繁荣发展，需要有序发展文化产业，关键点在于按"守正创新"将文化发展与运用市场机制的力量有机结合，社会主义文化通过文化产业有序发展更加健康、繁荣。本文在分析文化与经济、文化与教育、文化事业与文化产业的关系的基础上，对文化产业按"守正创新"有序发展，提出实行负面清单制度、形成核心竞争力的行动计划、继续深化改革等对策建议。

关键词：社会主义文化；有序发展；文化产业；对策建议

文化繁荣，要传承中华优秀传统文化，要弘扬红色革命文化，更要大力建设社会主义先进文化。在进入中国特色社会主义的新时代大背景下，繁荣社会主义先进文化，对增加中华民族的道路自信、理论自信、制度自信、文化自信，具有更加深远的意义。长三角作为全国经济压舱石、发展动力源、改革试验田，中央一再强调要把长三角一体化发展引向深入。而实现长三角一体化发展国家战略，要注重经济一体化发展，也要重视文化一体化发展，有序发展文化产业对长三角建设社会主义先进文化至关重要。

有序发展文化产业，不仅需要治理文娱乱象，利用行政力量优化文化发展环境，而且更需要理顺文化与经济、文化与教育、文化事业与文化产业的关系，使文化产业发展有正确的价值导向。本文先分析以下三个重要关系，然后在此基础上对有序发展文化产业提出若干对策建议。

其一，文化与经济的关系

各地招商引资中有一句常用的台词，叫"文化搭台，经济唱戏"，此话貌似正确，实有不当之处，不当在没有摆正文化与经济的关系。文化特指精神财富，如文学、艺术、教育、科学等，是人类历代传承积累而成的，内容广泛，既可涉及政治家们怎么治国理政，也关系到老百姓如何安居乐业，追求幸福的精神生活。但文化的重要特征是关于人的学问，文化是人学，即以文化人之学问。我们现在所指文化，是立足于当今时代的中华文化，包括博大精深的中华民族的优秀传统文化，新民主主义革命以来的中国革命文化和新中国成立以来正在建设中的社会主义文化。不可否认，中华文化应归属精神财富类和意识形态之中，亦是上层建筑之一部分。

经济是指社会物质生产和再生产的活动，是人类社会最基本、最普遍的活动。经济是上层建筑存在的基础，亦是人类生存和发展的根基，商品生产流通消费而形成的商品经济活动，则是现代社会最普遍的活动。我国改革开放以来，商品经济市场经济已成为日常社会活动的一种常态。

作为意识形态或者上层建筑之一部分的文化，如何能为经济唱戏搭台，至多算是意识形态对经济基础一点反作用。故而"文化搭台"不能说毫无道理，但从上层建筑和经济基础的关系来看，毕竟是经济基础决定上层建筑，繁荣文化离不开经济基础。片面理解经济唱戏，会导致本末倒置。这也说明当下不少地方仍然没有真正把繁荣文化摆到应有位置。所以，我们可以理解要把经济搞上去的"政绩"情结，但更要摆正文化与经济的位置。

其二，文化与教育的关系

自新中国成立以来，在国民经济发展基础上，文化与教育有了长足发展。社会大系统中的文化与教育的关系，从一开始是一个部门逐渐成为两个支系统。新中国最早的中央人民政府称为政务院，而政务院文化教育委员会是代表政务院统管全国文化教育工作的机构。郭沫若是第一任主任。1954 年 9 月，中华人民共和国国务院成立，政务院文化教育委员会撤销。也即此后在管理上分为两个系统，但仍然是孪生兄弟一般，文化与教育的关系是非同一般的密切。

文化与教育的关系，从共性看都有相同的育德树人的功能。社会主义文化培育人们在社会主义核心价值观指导下的道德规范和行为准则，使每个公民都能成为社会主义的建设者和美好生活的共享者。社会主义教育的目标是培育社会主义建设的四有人才，即有道德、有理想、有文化、有纪律的人才。

文化与教育有着相互依存的关系。主要表现在文化对教育的影响，如教育目标的确定，教育内容、方法的选用，离不开社会主义文化的指引。文化本身亦是一种教育力量，对人们起着潜移默化的作用，通过对从事教育工作者的这种潜移默化而对教育活动起着影响作用。没有文化，不讲文化，教育不可能在育德树人上纳入正确的轨道。

教育对文化的影响，表现在教育具有整理、传递和保存文化的作用，传播和交流文化的作用，更新和创造文化的作用，更有培养文化人才的作用。教育本身也是一种特殊的文化现象，教人育人又促使教育工作者既是教育者又是受教者而成为文化本体，这就是学术界视教育为一种特殊的文化的原因。

以上列举了文化与教育的关系，这些论述在许多文献中可以找到，目的是想说明文化与教育关系如此密切。那么我们提繁荣文化，是不能少了教育的。某种意义上讲，通过发展教育来繁荣文化，特别是繁荣社会主义文化，教育界的任务是十分重要而且艰巨的。

现在需要面对的，客观上教育与文化是两个系统，由不同部门来管理。而且实际情况是，在国民经济发展序列上，教育得到的重视度要远远高于文化。政府财政投入的情况，完全可以证明这种状态。以 2016—2019 年国家财政支出为例，全国教育财政性经费支出平均增长 8.2%，2019 年首次突破 4 万亿元，实现了对教育财政投入逐年增长。再看文化旅游体育与传媒支出，2019 年为 4033 亿元，同比增长 2.3%。因为国务院大部门改革，财政支出中文化与旅游、体育等合在一起，文化的财政投入要更少。当然，财政支出中的文化支出，主要是公益性的，用于公共产品的支出。这种情况表明，更多的文化需求必须利用市场机制发展文化产业来满足。

此外还有一个地位问题，在人才制度上，教育系统是两院院士聚集之地，文化系统不设院士，教育系统地位自然就高，更受到重视。我们认为国家应该且必须重视教育，因为众所周知教育乃立国之本。然而还有一句话不可忽视，文化为立国之魂。这就意味着必须重视文化发展，实际的举措应是适当提高对文化的投入，至少在国家财政支出中有适当的比例。

其三，文化事业与文化产业的关系

文化事业与文化产业，是繁荣文化特别是发展社会主义文化的两大支柱，文化事业与文化产业各司其职、各尽其能，方能促使社会主义文化繁荣发展。文化事业通过获取财政投入来开展公益性文化活动，其特征是党委宣传系统、政府文化管理部门主导公益性文化活动，所以政府财政支持和政府主导是文化事业发展的基本保证。文化产业则有两重属性，一是作为意识形态属性，二是作为产业具有市场属性；前者是政治属性，后者是经济属性，有序发展文化产业，需要两者交融和有机结合。

经过多年建设，代表文化事业发展的公共文化服务体系建设已见成效，覆盖城乡的公共文化设施网络基本建成。可以预见，在国家经济发展基础上，文化事业即公共文化服务将得到更大的发展。但面对广大人民对文化需求的不断增长，由政府投入而产出公益性文化产品还不能充分满足人民的需求，而利用市场机制，运用产业的力量来生产大批量的文化商品，才能更好适应需求。因此，作为市场经济活动的文化产业理应得到更大的发展。

文化与产业的融合，是文化繁荣的重要力量和经济手段，关键在于文化事业与文化产业的相互补充，文化与产业的"互哺"。文化产业，自身就是一个经济搭台、文化唱戏的产物。长三角作为我国经济最发达地区，总体上具有经济发展为文化搭台的良好基础，长三角文化产业发展理应走在全国前列。

在梳理文化与经济、文化与教育、文化事业与文化产业三方面关系的基础上，现在应可以探讨一下我们需要一个什么样的文化产业。在明确这一问题后，我们才能有针对性地提出相应对策措施，促进长三角文化产业的有序发展。

需要一个什么样的文化产业，这是一个价值取向的问题。

习近平总书记 2020 年 9 月 18 日在湖南长沙考察文创产业园时说："文化产业是一个朝阳产业。""文化产业既有意识形态属性，又有市场属性，但意识形态属性是本质属性。""一定要牢牢把握正确导向，坚持守正创新，确保文化产业持续健康发展。"总书记关于湖南长沙发展文化产业的重要指示，给长三角发展文化产业同样指明了方向，即发展文化产业要把握正确导向，坚持守正创新，持续健康发展。

长三角需要的文化产业，是能够传承中华优秀传统文化、能够弘扬革命文化红色文化、推动建设和繁荣社会主义先进文化的文化产业；能够取得社会效益和经济效益双丰收，以更好满足人民对美好生活的需求，从而彰显社会主义制度自信、文化自信。

长三角的上海嘉兴是中国共产党的诞生地，长三角的三省一市是反帝反封建斗争及土地革命时期众多革命根据的所在地，长三角又是改革开放与社会主义市场经济的先行地。长三角的文化繁荣有着天然优势，有着深厚的文化底蕴，还有着厚实的经济基础。在我国进入中国特色社会主义新时代的大背景之下，繁荣发展社会主义先进文化更有深远的意义。但我们也不能忽视文化活动中存在的一些问题，特别是一些文娱乱象，确实需要加以整顿、治理。为此，我们更要坚持守正创新，坚持以人为本和社会主义核心价值观，坚持集体主义精神和全国一盘棋，坚持高质量发展和共同富裕，牢牢把握这些社会主义先进文化重要特色和鲜明亮点。在文化繁荣的正确导向下，长三角应着力在文化发展与运用市场机制有机结合上走出新路和开拓新局面，使社会主义文化产业按"守正创新"要求有序发展并达到健康繁荣。

长三角文化产业有序发展，不能完全照搬经济、产业发展的方法，需要周密考量并从文化产业属性、特点出发，采取有自己特色的对策举措，形成文化产业发展新格局。长三角的一体化发展，自然包括文化产业在内，而且还包括文化产业的政策和相应举措在内，这意味着长三角各省市需要有政策层面的协同和统筹，并且与各省市实际结合。

1. 推进长三角文化产业有序发展，需对长三角三省一市的文化产业及文化市场准入实行负面清单制度

负面清单制度是国务院以清单方式明确列出在中华人民共和国境内禁止和限制投资经营的行业领域、业务等，各级政府依法采取相应管理措施的一系列制度安排，市场准入负面清单以外的行业、领域、业务等，各类市场主体可依法平等进入。2015年10月发布的《国务院关于实行市场准入负面清单制度的意见》，既赋予市场主体更多自主权，激发市场活动，有利于形成统一开放、竞争有序的市场体系；又通过适应社会主义市场经济的制度建设，预先告之，明确了什么不准干，什么有限制的可以干。实行负面清单制度，是对市场准入的行

政审批的重大改革，即由原来的行政审批改为注册核准制。2016 年以来，我国各省区的自由贸易区均实现了负面清单制度，青海、河北、陕西等多省出台了生态功能区的负面清单，上海市出台了产业结构调整负面清单。

长三角文化产业有序发展，当前的首要措施就是要拟定负面清单并尽快推出实施。要按照守正创新的要求，把握文化产业的正确方向，把有利于繁荣社会主义先进文化发展为己任，把培育有活力的文化市场作为发展推动力。从实际路径看，先从长三角各省市着手拟定负面清单，在实施过程中不断完善，条件成熟时可整个长三角协同出台文化产业市场准入负面清单。

2. 长三角三省一市应协同、协商，为长三角文化产业形成核心竞争力采取行动计划

产业要发展，规划应先行。长三角各省市的文化产业发展各有所长，各有所想，如能优势互补、资源共享，则能更有力促进长三角文化产业发展。

按产业规划的一般编制要求，通常是在对产业基础、资源等要素条件分析基础上，制定发展目标和战略，确定产业布局，并提出扶持产业发展的对策措施。由于长三角是由三省一市构成，各省市都有这方面的规划，因而不能按一般的要求、通常的做法，而应另辟蹊径。抓住长三角文化产业发展的共性问题、关键环节，从破局开始，在协同、协作行动过程中，积极推动长三角文化产业发展。

长三角各省市文化产业发展的共性问题是如何形成核心竞争力。以浙江为例，近年来浙江逐步形成了出版发行、广播电视、文化旅游、演艺娱乐等优势文化服务产业，以及印刷包装、工艺美术制造、文体用品制造等文化产品制造业；形成了文体用品批发、出版物批发、新华书店、邮政报刊发行等多渠道、多形式的文化产品流通格局。在 2019 年深圳文博会发布的"全国文化企业 30 强"名单中，浙江省有浙报传媒、浙江出版联合集团、宋城演艺、华策影视等 8 家企业入榜，排名全国第二，仅次于北京。尽管浙江文化产业已有很大发展，但真正具有核心竞争力的行业、企业仍然稀少，离文化繁荣的要求有相当差距。特别是在国际上具有影响力的文化产业、企业，还需要更多的努力。长三角其他省市，在这方面是有共性或者相似的情况。

　　进一步推进长三角文化产业发展，形成长三角文化产业的核心竞争力，应把握如下关键点。

　　一是发挥长三角数字经济优势，着力建设社会主义先进文化传播的网络平台优势，推进数字文化发展。两年前发布的《长三角区域一体化发展规划纲要》明确提出，共同打造数字长三角，协同建设新一代信息基础设施。长三角的数字经济在全国处于比较领先的位置。据中国信息通信研究院发布的《中国数字经济发展白皮书（2020 年）》的数据，上海的数字经济 GDP 占比已超过 50%，浙江和江苏的数字经济占比超过 40%，安徽 2019 年数字经济增加值首次超过 1 万亿元。长三角数字经济的强劲增长，为长三角数字文化提供了强大支撑。而依据数字经济新发展格局，着力建设社会主义先进文化传播的网络平台这一数字文化发展的突破口、发力点，将是长三角文化产业形成核心竞争力的紧迫任务。

　　二是发挥资本市场的市场化资源配置效能，有力筹措文化产业发展资金。资金是企业运行的血液，从事文化产业的企业需要大量的资金才能生存发展。资本市场就是企业获得资金的一个主要渠道。长三角不少文化企业就是通过发行股票，筹措到了企业做大做强所需的资金。浙江在 A 股市场上的文化企业已有 41 家。在利用资本市场筹措文化产业发展上破了局、见了效。长三角在这方面仍有较大的空间，有很大的潜力，可以大有作为。潜力之一，是文化产业是国家鼓励发展的，是文化繁荣的需要。潜力之二，是发展新兴产业的需要。文化产业是绿色、低碳的产业，应该列入优先扶持的产业目录中，要安排更多符合上市条件的文化产业通过 A 股市场筹资。

　　三是发挥教育培养文化人才的作用，为文化产业发展提供人才支撑。人力资本投入，是文化产业投入中的重中之重。某种意义上说，有人才才有文化产业。其作用甚至高于资金投入。文化和文化产业发展，都不能少了教育。当然，经济发展特别是高科技发展，各地都需要人才。这是普遍性的问题，需要政府干预。就长三角而言，三省一市政府应针对人才供求情况，一方面出台一些吸引人才的政策，吸引人才来长三角创业；另一方面出台培育紧缺人才的办法。有一个办法叫政府采购，即政府按紧缺人才情况，通过政府委托高校培养，培养对象毕业后按照委托协议就业。文化产业的紧缺人才可以从这一渠道得到缓解。当然，人才问题根本上要从全国大局来解决，即高质量发展经济，在教育改革中培养更多人才，以满足全国及长三角发展之需。

3. 继续深化改革，推动事改企而形成的文化产业集团成为市场主体和文化产业发展的主力军

长三角各省市文化产业发展的市场主体，有国有控股的，有国有、个人、集体混合经济所有制的，以及大大小小的民营企业的。但作为文化产业市场主体的主要方面军，是由原来国有事业单位改制为企业或企业集团，如广电、报社、出版、新华书店等事业单位改革而来的。最早从 1995 年改革试点，2011 年后大规模推开，2015 年后大部分省市完成事业单位分类及改革，上述事业单位实现了事改企的转变过程。

事改企而形成的文化产业集团，改企后享受免除企业所得税 5 年等政府优惠，企业经营自主权得到落实，企业内部管理也日益完善。但同时不可否认，这类事改企的文化产业集团，依然留着一些事业单位的痕迹。一是人事制度上事业身份、干部身份并未根本取消，大多事改企的文化产业集团管理层仍然是事业身份、干部身份，而人数众多的文创人员、普通工作人员是聘用制合同工，甚至是派遣工。二是在收入分配上还是不能完全实现按劳取酬，也不是同岗同酬，而是仍按身份职务定酬，往往会向管理岗位倾斜。三是适应市场、开拓市场的能力未能形成，或是仍然依赖政府，有少数文化产业集团是靠政府投入一些项目经费维持生存，如何开拓文化产业市场和生产更多人民需要的文化产品，适应市场需要方面仍然作为不大。

进一步深化事转企的文化企业改革，不仅必要，而且非常紧迫。一是健全文化企业的人事制度，真正实行企业职工身份一视同仁，不应分为三六九等。从理论上说文化企业的员工，应采用职员制加技术职务制，管理者按职员系列，文创和技术类员工按技术职称系列，其余按技术服务或辅助系列，真正做到按工作需要设岗。二是文化企业尤其是作为主力军的文化企业集团，不单要为长三角的高质量发展共同富裕做宣传服务，而且首先要在本企业集团中通过按劳取酬来实现共同富裕，分享改革发展红利，企业领导层要率先处理好利益关系，为企业员工做出好榜样，增加文化企业的凝聚力。三是对已经实现了股份制改

革的文化企业，在吸引社会资金增强企业发展能力后，应切实推进企业员工全员持股，使员工成为股东，这是形成企业命运共同体，更好增加企业凝聚力，也是留住人才、吸引人才的根本保证。

　　长三角三省一市在文化产业发展过程中，还应创新发展机制，切实做到政策对路，落实到位，辨证施治。还要进一步抓好长三角的文化产业科技创新，加强基础设施建设，努力开拓国际文化市场。同时要管好网络，清理不当文娱活动，引导文化产业有序发展、健康成长。

（作者系浙江省文史研究馆馆员，省社科院研究员）

论浙东学派章学诚的"六经皆史"

陈　锐

内容提要：在浙东学派中，历史主义是其重要的特色，由此和徽学、扬州学派等形成差异。章学诚作为浙东学派的殿军，其"六经皆史"不仅是对史学或史料的注重，而且包含了对历史的哲学思考或不同于刘知幾的"史意"，而它们却常被忽视。在章学诚那里"六经皆史"与"官师合一"有不可分离的联系，但由于章太炎的批评，其"官师合一"一直被不少人视为权威主义并同其整个思想割裂开来；另外其"六经皆史"与道家也有渊源关系，但在后世的研究中也常被分离并导致一些误解。

关键词：章学诚；六经皆史；官师合一

一

在世界文化中，中国文化以其悠久的历史意识而著称，不仅是钱穆在《国史大纲》所说的"历史材料"或"中国为世界上历史最完备之国家"，而且也有他所希求的"贵能鉴古而知今"的"历史智识"，浙东学派尤以其历史主义的特色著称，如章学诚所说的"言性命者必究于史，此其所以卓也"，由此和徽学、吴学及扬州学派等形成差异。然而，对其历史主义或"历史智识"的理解也是复杂和歧异的。章学诚作为浙东学派的殿军，其"六经皆史"在 20 世纪初经过日本京都学派内藤湖南，以及梁启超、胡适的赞扬，似乎已具有广泛的影响，但是实际并非如此。斯坦福大学倪德卫在 1966 年说："绝大部分研究章学诚的学者都是专门的历史学家，他们关心的是他的历史撰述理论，尤其是其中关于地方志的部分。……即使在中国，他在哲学史中也没有公认的地位。"日本山口久和在 1998 年的书中为章学诚受到的忽视和误解而抱怨，他说有的研究著作"仍不出概说书的范围……仓修良所论依然只是方志学的技术论，而不是其背后的思想。……就连钱穆那本获得盛誉的名著《中国近三百年学术史》也是如此，依然如故地沿袭黄宗羲《明儒学案》以来的学说史（学案）体裁，缺乏对潜藏于学说背后的思想动力进行发掘的姿态"。山口久和认同倪德卫、余英时的看法，即"不赞成将实斋的全部思想强纳入'六经皆史说'之中"，但又说余英时"其立论也不够周全"，在核心问题上"倪德卫似乎没有打破砂锅问到底"，而且即使"最早认同章学诚的学术并向学界作介绍"的内藤湖南"却把理解章学诚思想本质的关键看走眼了"。"日本虽然享有率先将章学诚的思想介绍给世人的荣誉，但现状是很让人遗憾的。"不过，山口久和所说也许只是一家之言而已，他强调"主观性"在章学诚思想中的重要性，但如由此推演，除章学诚以外，在人文学科中那些对历史和思想的理解又有谁能完全避免主观性或误解呢？这就如汪荣祖所说，即那些阐释多属"现代人认为章之六经皆史说应该如此，而未必能真实反映乾嘉时代章氏的学术思想"。

在 20 世纪那些对章学诚的理解或误解中，章太炎也许尤有其重要性。梁启超和周予同都将其和浙东学派相联系，"炳麟少受学于俞樾，治小学极谨言，然固浙东人也，受全祖望、章学诚影响颇深"。章太炎反对康有为的今文经学，他和章学诚一样强调孔子删定六经是保存历史，述而不作，而不是为后世制法。"汉朝人是今文派多，不晓得六经是什么书，以为孔子豫先定了，替汉朝制定法度，就有几个古文派的，还不敢透露地去驳他。宋朝人又看经典做修身的书。直到近来，百年前有个章学诚，说'六经皆史'，意思就说六经都是历史。这句话，真是拨云雾见青天。""孔氏之教，本以历史为宗……若局于《公羊》取义之说，徒以三世、三统之言相扇，而视一切历史为刍狗，则违于孔氏远矣！"对此倪德卫在书中说："廖平肯定读过章学诚的文章，并且直接与他论辩。他写道：'六经皆空言，非史。'……与此相反，章炳麟用章学诚本人的话来回击他们：六经皆史。"不过在另一方面，章太炎对章学诚又多有批评指责："自 1901

年起，在各种论著和演说中，章氏提及其人其书不下三十余次，大多是在入民国以后。具体论及章学诚学术时，多是挥洒片言断语，刺其疏于考索，夸大自高，徒自谈助，尚可供初学泛览。"在他那近万言的《国故论衡·原经》中主要批评了章学诚："挽世有章学诚，以经皆官书，不宜以庶士僭拟，故深非杨雄、王通……学诚以为'六经皆史'，史者固不可私作……学诚必以公私相格，是九流悉当燔烧，何独太玄也？"由于章太炎指责章学诚尊贬低后世私家著述的看法，以致有的人认为"章太炎的'六经皆史'论与章学诚之间不存在一脉相承关系"。

章学诚的"六经皆史"说自晚清以来在表面上获得了广泛的认同，但对其的理解仍是困难的，这主要是因为章学诚的气质和兴趣既不同于清代的乾嘉朴学，也有别于现代学科体制下的史学，在他那里有一种对古代文化史的抽象宏大的哲学思考，不同于刘知幾的"史意"，而这则始终被忽略了。法国汉学家戴密微将其与维柯、黑格尔相联系，认为可以"与欧洲最伟大史学家们相提并论"。倪德卫则说其"发展出一套类似黑格尔主义的历史和国家观，他将这一观念植根于一种特殊的文化理论上，这一理论让人很容易联想到维柯"。因此对于章学诚的"六经皆史"来说，他并不是如清儒那样仅从史和事的立场去反对宋儒空幻的义理，而是将双方都看成整体中的不可分割的部分，同时又将古代历史描述为一个从三代的官师治教合一到分离为二的退化过程，六艺作为先王之政典被后世尊奉为六经，孔子是"述而不作"，保存旧章，而诸子则是治教分离后"无征不信"的私家著述，正是在这个意义上六经是三代的历史，而且这个历史的变迁也非人力所为，其中一切都在变化，"事变之出于后者，六经不能言"。这是一个与维柯、施本格勒类似的宏大的历史框架，而那些"为政典而与史同科"及"史学所以经世"在其中只是有限的部分。在章学诚思想中由"官师合一"开始的演化乃是其核心，"六经皆史"以及别的东西都必须被放到这个理论框架中才能被解释，他的方志理论也是要回归那种官师合一的传统，"夫方志比于古者列国史书"，他对从七略到四部分类的目录学的论述，以及口说传统与文字等都是建立在这个基础之上的。

二

章学诚在他自己的时代尽管"颇乖时人好恶，故不欲多为人知"，但其"官师合一"与"六经皆史"一样，在儒家传统中都有其渊源。倪德卫认为它们可追溯到汉儒、宋儒以及王阳明的知行合一，"将六经指派给周代的官署是与我们在刘歆和班固那里发现的同类的设想"，"要理解这一点，我们必须检讨植根于宋代儒学复兴中的更为广泛的乌托邦社会"。戴密微则将之追溯到清儒，说："上述观点的大部分，都不是章学诚本人的创见，它们是与清代思想一开始就憎恶抽象思辨和'空言'的倾向是一致的。"在北宋欧阳修、清代扬州学派的汪中，以及今文经学的龚自珍那里都曾阐发官师合一的理想。但在 20 世纪章学诚被广泛关注，或者说自 1907 年至 1908 年章太炎对章学诚的批评后，其"官师合一"就在不少人那里被看成是对国家和权威主义的辩护。王标说："章学诚是不是权威主义者，对这种看法，学界素有争议。据我管见，最早提出批评的是章太炎。"从当时的政治情境来说，章太炎的批评与对谭献和张之洞的不满有关，"清政府戊戌政变之后越来越发明显底表现出用官师治教合一之策来巩固统治基础的姿态……虽然张之洞的《劝学篇》没有出现'官师合一'，但是，在他的学生陈庆年的一封信中则点明了张之洞的主导思想：近日南皮师思得一官师合一之法，委正途候补人员充中学教习……期以师法而兼官法。"当时章太炎的文章多是致力于批判一切宗教偶像和学术权威，认为"中国学术，自下倡之则益善，自上建之则益衰"，因此他批评章学诚的官师合一，认为"经不悉官书，官书亦不悉称经"，也就是很自然的了。

在辛亥革命后，那种政治情境有所变化了，章太炎对官师合一的批评未必符合章学诚的原意，但却被众多学人所继承。余英时的思想中有自由主义的成分，与章学诚有较大距离，他认为"'六经皆史'说在清代学术史上实为具有突破性的创见"。同时又将其都看成是对王充那些为大汉辩护的《宣汉》《须颂》的继续："实斋生当清代专制政治达于极端之世，其思想中具有非常浓厚的权威主义色彩……'六经皆史''六经皆先王之政典'之说恰为实斋的'权威主义'提供了历史的根据。"对于其官师合一，接续儒家理想的马一浮也无法接受："吾乡章实斋作《文史通义》，创为'六经皆史'，守在王官，古无私家著述之例……信如章氏之说，则孔子未尝为太卜，不得系《易》，未尝为鲁史，亦不得修《春秋》矣……以吏为师，秦之弊法，章氏必为回护，以为三代之遗，是诚何心！今人言思想自由，尤为合理。"钱穆欣赏"实斋史学要旨在切人事，尤在切合当世之人事。所谓经世之学，即须切合当世之人事"。但又反对其官师合一说："故依实斋之言，势必转成以时王制度为贵，而讥同时学者以'但颂先王遗言，不达时王制度，未必足备国家之用'……若实斋教人切人事，而归于推尊时王，此在清儒学风中转成反动，决非正流。亦可说是倒退，而非前进。"

在另一方面，许多人又如章太炎一样，在拒斥其"官师合一"的同时，则同时以"六经皆史"为旗帜去解构传统，并将之同其"官师合一"或整个思想分离开来。王汎森说章太炎早年受"六经皆史"说的影响，而且"是比六经皆史说更翻一层"。"章太炎实际上是把圣贤经传加以'历史文献化'，并接着发展出用处理历史文献的方式来解经，《检论·清儒》中的'夷六艺于古史，徒料简事类'一语，最能概括他这种治经的态度……过去学者治经是为了见'道'，而章太炎却说：'今之经典，古之官书，其用在考迹异同，而不在寻求义理。'"章太炎说汉儒会特意维持经典之神圣，"今儒可解者，郑君反多部解，非不解也，必令不解，而后经典为神圣也"。章太炎以类似尼采、马克斯·韦伯的社会学和历史的方式去解构那些神圣的东西，在反对康有为孔子改制说时，他和章学诚一样强调孔子的述而不作，而且比章学诚走得更远，将孔子看成是"良史也"。他对儒家尧舜禅让的理想持怀疑态度。"唐尧之世，诸侯分立，自理其土，彼帝者犹伯主尔，群后未有翼戴之言，而唐尧私以授舜，必不得也。""事之荒唐隐伪者，莫过于禅。"在《检论·易论》中，他以类似尼采的口吻说到"强力"和竞争对历史的意义，并引证《史记·龟策列传》中卫平的话："故曰：强者，事之始也，分之理出，物之纪也。所求于强，无不有也……'取以暴强，而治以文理'……'汤武行之，乃取天子;《春秋》著之，以为经纪。'纵观凶人享国长世之事，是岂《易》所能讳隐邪？《易》虽不为暴人谋，暴人固已得志。《易》虽为善人贤士谋，直其恣睢，独有退避求自安全，而固无损暴人毫末。"

以后像胡适等人也是沿着类似道路用"六经皆史"去"整理国故"或解构传统，将六经看成是史料，传统儒学文教由此被纳入现代分科学术体系之中，成为某种现代学术体系下的地域性知识。章太炎虽不认同他们的态度，也强调历史对于国家民族精神的重要，但其间的联系也是存在的。胡适还说："国故这一词那时也引起了许多批评和反对，但是我们并没有发明这个词。最先使用这一名词的却是那有名望的国学大师章炳麟。他写了一本名著叫《国故论衡》，'故'字的意思可解释为'死亡'或'过去'。"钱穆则说其"论衡"一词中隐含了类似王充的那种态度。不过相对于胡适等人来说，五四中象钱玄同这样的反传统主义者就更是走向极端了，王汎森引钱玄同挚友黎锦熙的话说：一般人"故以为他于章太炎的古文经学竟无所承，殊不知他在新文化运动中，大胆说话，能奏摧枯拉朽之功，其基本观念就在'六经皆史'这一点上"；"古文大师章太炎则直把孔子当作一个'史学家'看待……钱先生在这点上，受他老师影响最深"。

<h1 style="text-align:center">三</h1>

对于章学诚的官师合一及与六经皆史的关系，仅是那些关于史料、经世或权威主义的标签，或者说仅是将六经皆史追溯到李贽、王阳明、王通和道家等，而忽视了这些概念背后的思想、文化和社会的背景，那是远远不够的。从某种意义上来看，章学诚以及浙东学派其他人尽管有差异，但确乎存在着某种类似或共通的思维方式，或者说类似于 19 世纪德国的历史主义思潮，这就是以历史的变化去消解普遍的公理或理性主义的二元论。理性代表秩序，它给思想和世界确立明白的界限，但到一定时期理性也会僵化或衰退，理和事、经和史、思和学也会分离为二，这时人的心灵就往往会产生一种神秘主义，即在某种热情和直觉中去消解对立，以恢复活力和运动，且当这种热情和直觉逐渐趋于缓和或理性化时，一种历史哲学或历史的态度就往往会产生了，它在时间和变化中消解了那些理性的对立。在这个意义上，浙东学派的历史主义如解释学派伽达默尔所说的是与理性不同的思维方式，或者说是起于对理性的反抗。在历史上那些理性辉煌的时代后，往往就会出现一种历史主义的潮流，在西方是从近代的理性到 19 世纪后的历史主义，在中国是从春秋到秦汉，从宋到明清，梁启超将清代称作历史世纪。那些理性的时代其共同处往往是将那些对立固定下来，欧洲近代的培根将哲学和历史分属于理解和记忆，那很像宋儒将经和史分属于理和事，或者像清儒区分义理和考据，"经，理也；史，事也。《春秋》名

经而实史也。专于经则理虚而无证，专于史则事碍而不通。所以难也"。法国笛卡儿的唯理论轻视历史和经验事实，而在宋代理性的辉煌中，王安石则如钱大昕所说的"甚至诋《春秋》为断烂朝报"。程颢曾批评弟子谢良佐爱好史学是"玩物丧志"。朱熹弟子说吕祖谦"也是相承江浙间一种史学，故恁地"。朱熹答曰："史什么学，只是见得浅！"在朱熹看来，"'看史只如看人相打。相打有甚好处？陈同甫一生被史坏了。'直卿亦言：'东莱教学者看史，亦被史坏。'"但清儒则站在另一极端，是如章学诚所批评的"然议文史而自拒文史于道外"。

章学诚及浙东学派其精神并不是像清儒那样站在一方去反对另外一方，而是在某种领悟中去消解宋学和汉学、理和事、经和史的对立，并又在历史的变迁中将双方都同时包含在自身中，由此在这个意义上与道家具有渊源关系。钱钟书并没有专门撰写研究章学诚的论著，他在《谈艺录》的片段笔记中说："是则以六经为存迹之书，乃道家之常言，六经皆史之旨实肇端于此。"对此专门研究章学诚的仓修良始终持否定的态度，说："钱先生将'六经皆史'说的发明权归于道家，这一结论未免有些牵强并将问题简单化了。"日本山口久和也认为在章学诚那里，"'事'相对于'道'的价值优势是昭然若揭的，是对道家、宋学式思维的逆转。若是如此，就不得不断定，主张'六经皆史'实肇端于道家、宋学式思维的钱钟书的看法是根本错误的"。在这里，山口久和对道家以及德国历史主义与神秘主义传统的联系的理解有不足，他以为"道家视六经为糟粕"就是贬低了事和语言的价值，殊不知庄子思想最内在的东西是与历史上的神秘主义一样去消解一切道和事、言和默的对立，因此其道是"无所不在"，"道在稊稗"，"非语非默"，而且也正是由此孕育了历史退化和循环的观念，"逮德下衰，及燧人、伏羲始为天下，是故顺而不一……然后附之以文，益之博。文灭质、博溺心，然后民始惑乱，无以反其性情而复其初。由是观之，世丧道矣。"《庄子·天下》篇会被称作中国第一部学术史，其指导思想即这种"百家往而不返……道术将为天下裂"的过程。由此也就可以理解《汉书·艺文志》要将道家溯源到史官了。道家思想对此后中国的历史意识产生了深远的影响，但是当人们将六经皆史追溯到李贽、王阳明、王通这些人时，却可能忽视了他们与佛道多有渊源，且也都是在对理性的二元论的反抗中伴随着一种历史变化的观念，当王阳明说"五经亦史"时，其目的不是像山口久和相信的重视事的价值，而是反对将理和事分离为二。同样李贽的六经皆史也不是什么重视史料或经世，而是在消除理性对立中感受到了世界的无常或变迁，"经、史一物也。史而不经，则为秽史矣。……为道屡迁，变易匪常，不可以一定执也，故谓'六经皆史也'"。

章学诚的思想则是这种传统的继续，只不过那些片段的观念被发展为一种系统的历史哲学了。他反对宋学和汉学将道和事分离，即使是在他对"左史记言，右史记动"的说法不满，认为"后儒不察，而以《尚书》分属记言，《春秋》分属记事，则失之甚也。……古人事见于言，言以为事，未尝分事言为二物也"，其中也蕴涵了那种类似黑格尔的统一哲学和历史的要求；他所描述的治教分离也就是庄子的道术为天下裂的过程，"大道既隐，诸子争鸣，皆得先王之一端，庄生所谓'耳目口鼻，各有所明，不能相通者也'"。对此倪德卫指出章学诚的六经皆史是"道在历史中的展开"或"道在历史中的解体"，"在章的历史概念中，人类文化从不可思议的开端发展到西周达到了完满……此后的历史对于章学诚实就意味着漫长的衰退；从和谐到冲突，从人对事实的整体把握到宗派主义和分裂。"以后龚自珍和魏源之所以较为接近章学诚，也是因为他们都力图将分离的道和事重新统一起来，"史之尊，非其识语言，司谤誉之谓，尊其心也。……出乎史。入乎道，欲知大道，必先为史。"而在20世纪的章太炎、胡适和钱穆等人那里，他们的视角虽有差异，但总体上却都是将历史和哲学、事和道分离为二，章太炎说"周、孔的经典，是历史，不是谈理的"，而章学诚以及陈亮、王阳明或德国历史主义都是不大可能如此割裂理和历史的。当然章太炎与道家神秘主义也有渊源，也致力于消除那种理性对立，认同道家从道德到仁义的推演以及道德的历史性，这些都使得他仍与浙东学派有关联，只是时代的斗争使得他主要是将历史作为斗争的武器，而不是那种历史退化或循环了。岛田虔次认为对于章太炎来说，"而考证学（朴学）与革命之间的媒介则是'六经皆史'说。章炳麟认为，民族主义革命所必需的是学理与热情……六经不是阐述义的经典，而是记载事的历史书。'六经乃孔子之历史学'"。

（作者系浙江省文史研究馆馆员，杭州师范大学教授）

施蛰存的小说创作对民族文化的坚守

——兼谈长三角文化与外来文明的互鉴

王福和

内容提要：施蛰存的心理分析小说是外来的，然小说中的人物与情节是本土的。他在文学创作中始终没有放弃对外来养分的汲取和民族文化的坚守。他立足于中国文化的土壤，用中国文化的审美心理创造性地接受了外来文化的影响，又创造性地摆脱了外来文化的影响，融外来文学的营养于自己的文学实践之中，使其在中国文学的土壤上开放出新的花朵。这是我们在探究文明的互鉴时所得到的启示，但愿这启示也能为长三角文化的繁荣与发展提供有益的思考。

关键词：施蛰存；小说创作；民族文化；坚守

文学的传播与交流，最有价值的东西，不是一个国家和民族的文学接受了哪些国家和民族文学的影响，而是在接受的过程中可否出现过"误读"，是否产生过"变异"？如果把"接受"看作影响的开始，把"误读"看作影响的过程的话，那么"变异"则应当是影响的结果。因为一个经过了"误读"的文学已经改换了被接受前的原始模样，一个经过了"误读"的文学已经脱胎换骨，转换成一种新的风貌。曹禺曾说："学习别人的东西，要善于'化'，不能墨守成规。不要把别人学像了，把自己丢了，要学别人的'似'，不要丢掉自己的'真'，把自己的'真'丢掉了，留下的就只有'似'了。"[①]

---

① 马俊山：《曹禺：历史的突进与回旋》，中国工人出版社，1992年版，第290页。

在谈到自己的文学借鉴与创新之间的关系时，施蛰存[①]指出：

> 对一些新的创作方法的运用既不能一味追求，也不可一概排斥，只要有助于表现人物，加强主题，就可拿来为我所用。不过有一点不能忘却，这就是别忘记自己是个中国人，是在写反映中国国情的作品。如果在创作中单纯追求某些外来的形式，这是没出息的，要使作品有持久的生命力，需要的是认真吸取这种"进口货"中的精华，受其影响，又摆脱影响，随后才能植根于中国的土壤中，创作出既创新又有民族特点的作品。[②]

一、心理分析小说的杭州山水

施蛰存的小说中，我们虽然可以发现弗洛伊德[③]和施尼茨勒[④]的影响，但又不得不承认，他的小说是中国的，他笔下的人物是中国的，他笔下的背景也是中国的。中国的元素，中国文化的元素，中国题材的元素自始至终都没有离开过他的视野。"一个作家的创作生命最重要的基础是：国家、民族、土地；这些是他创作的根，是无法逃掉的。"[⑤]施蛰存是这么说的，也是这么实践的。

我们先看他的《梅雨之夕》，小说写的是一个公司的职员在下班后雨中步行的遭遇，并通过与一位既陌生又有些熟悉的女子并肩而行的经历，较细微地刻画了这个职员内心的变化和内心的感受。西方心理分析小说的影子依稀可见。然而，看罢作品，读者所感受到的却是味道极浓的江南风情："梅雨又淙淙地降下了。"一句简洁的开头，就将读者带入江南的夏日最具特色的梅雨季节之中，并引领读者在绵绵的梅雨中，细细品味主人公微妙的内心世界。艺术手法是外来的，人物和景色是本土的。外来的东西巧妙地融入民族的土壤之中又不见斧

---

① 施蛰存（1905—2003），浙江杭州人，作家、翻译家、教育家、华东师范大学教授。
② 施蛰存：《关于"现代派"一席谈》，见《北山散文集》一，华东师范大学出版社，2001年版，第678页。
③ 弗洛伊德（1856—1939），奥地利精神病医师、心理学家、精神分析学派的创始人。
④ 施尼茨勒（1862—1931），奥地利剧作家和小说家。
⑤ 施蛰存：《沙上的脚迹》，辽宁教育出版社，1995年版，第166页。

凿的痕迹，给人一种顺其自然之感。

我们再看他的《夜叉》，作品描写一个人处理祖母的丧事后所经历的遭遇：丧事完毕后，他乘船游玩时，发现了另一只船上的白衣女人。在淳朴的乡间，这个白衣的女人引发了他无数的遐想。他想到此地传说中夜间出来杀人的夜叉，他想象这个白衣女子就是夜叉的化身。晚餐后，借着酒劲，他一人独自进入山林，又见到了那个白衣女人。于是，带着幻想，带着恐惧，带着好奇，他跟随着女人，并最终扼住了她的喉咙。待他清醒过来后，才发现自己杀害的不是什么夜叉，而是一个聋哑的乡下女人。于是，恐怖、烦扰、慌急，便一直伴随着他忐忑不安的生活。从心理分析的角度看，这是一个较为出色的心理分析小说。整个作品的故事情节绝大多数由这个人的口述完成，读者也从他的讲述中洞视了他见到"夜叉"前后，杀死"夜叉"前后心理演变的过程。但是，这个毛骨悚然的故事却发生在杭州，发生在施蛰存的故乡。在主人公的身后，是作家所熟悉的杭州的山山水水：

> 葬事完了之后，我还不想走。我特地写信到上海来继续告十天假，我想趁此在乡下再休养一会儿，游山玩水，也是难得的机会。我又从西湖图书馆里去借了许多关于这地方的掌故书来看。从松木场到留下镇，这十八里西溪沿岸，是尽有着许多幽幻奇秘的胜迹足够我们搜寻的。竹林里的落日，山顶上的朝阳，雨天峰峦间迷漫着的烟云，水边的乌桕子和芦花，镇上清晨的鱼市，薄暮时空山里的樵人互相呼唤的声音，月下的清溪白石，黑夜里远山上的野烧，啊，你没有到过那里，你不会想象得出那里的美景来的。①

西湖、松木场、留下、西溪，竹林、鱼市、樵人，落日、朝阳、月下，这一切都在告诉读者，这个用西方的艺术手法完成的作品是中国的，是民族的，而作品中关于夜叉的传说也出自中国的典籍。脚踏民族的土地，汲取外来的养分，融中外于一体，使其民族化、本土化，表现出作家对借鉴与创新的不倦追求。

---

① 施蛰存：《夜叉》，见《十年创作集》，华东师范大学出版社，1996年版，第330页。

二、外来影响下的本土文化

施蛰存外来文学本土化的探索中，最具代表意义的莫过于《将军的头》中的几个短篇：《鸠摩罗什》《将军的头》《石秀》和《阿褴公主》。有学者认为："除了《阿褴公主》外，其余三篇都是用弗洛伊德主义来重新阐释古人古事的，与原来的历史和人们的固有理念大相径庭，可谓新历史小说。"[①]

鸠摩罗什是后秦高僧，7 岁时跟随母亲出家。在他的内心世界，一直被两种欲望所折磨：一是通过自己的禁欲苦修，恪守清规戒律，皈依佛主的教训，到达理想的境界，修成正果。二是每当看到美若天仙的表妹，就无法控制自己蠢蠢欲动的激情。一方面，他成为一名大智僧人，另一方面，他又破除戒律，将美貌的表妹娶为妻子。在到达长安之前，随着美丽妻子的死去，他似乎看破了红尘，似乎四大皆空，似乎真的要以一个大师的身份诵经论法。然而，在京城的第一次讲经，就因看到一位娇艳放荡的妓女而无法自拔。在不断浮现在眼前的对亡妻的幻觉中，他过着矛盾而痛苦的生活，只有通过吞针来减轻内心深处的罪孽。

施蛰存认为："《鸠摩罗什》是写道和爱的冲突。"[②]用现代人的说法，是灵与肉的冲突，是作为僧人的鸠摩罗什和作为凡人的鸠摩罗什的冲突。在这个冲突的过程中，鸠摩罗什深陷其中难以自制。用西方现代心理学的理论来诠释，本我的他有着一个男人与生俱来的、潜意识的、原始的本能和欲望。对异性的爱，对表妹的追求是"以快乐原则为指导"的本我的体现。而这种原始的欲望同以"维护自我生存为目的"，以"趋利避害为指导原则"的自我遭遇时，势必遇到以"道德原则为规范"[③]的超我的制约和限制，进而演变成不可避免的本我与超我的激烈碰撞，灵与肉的尖锐冲突。在这个过程中，自我一方面受到本我的撞击，一方面又面临着超我的压制和阻挠，往往陷入两难的痛苦境地。在前往东土的路途上，鸠摩罗什一方面观赏着妻子的美貌，一方面反思着自己破戒的行为；

---

① 孔刘辉：《论施蛰存的心理分析小说——兼论施蛰存文学旨趣》，《伊犁师范学院学报》，2005 年第 2 期，第 67 页。

② 施蛰存：《将军的头·自序》，见《十年创作集》，华东师范大学出版社，1996 年版，第 793 页。

③ 乐黛云：《比较文学简明教程》，北京大学出版社，2003 年版，第 244 页。

一方面不想放弃成佛的梦想，一方面无法释怀对妻子的爱。在道与俗之间，在神与人之间，他始终无法找到合理的答案。当妻子患病死去，掏空了他心中的欲念，待他达到超我的境界时，一个妓女的闯入又将他打回本我的深渊，集修行、爱情和不忠三重人格于一身。超我的目标没有实现，相反，"对妻子的爱情和无法泯灭的欲望"却把"一个大智的得道高僧还原成普通平凡的人"。①

　　作为历史小说，《鸠摩罗什》似乎已经远离了历史的真实。作为现代小说，《鸠摩罗什》是作家运用了西方现代心理学的理论所创作的中国现代心理分析小说。这里，我们无须顾及作品在历史细节上的真实性，我们应当关注的，是施蛰存在接受外来影响的过程中，如何进行本土化的处理。小说的艺术是西方的，小说的故事却是东方的；小说中对人物心理的诠释是西方的，小说中的人物却是东方的。凉州、长安、黄河、秦王、大漠，乃至京城的市井民风，无一不是东方，无一不带有浓郁的、色彩鲜明的中国本土文化的元素。正是这鲜明的民族文学的元素，使《鸠摩罗什》这个用西方现代心理学架构起来的作品成了地地道道的、中国味儿十足的国货。

　　《将军的头》写的是唐朝广德年间，一位名叫花惊定的将军奉命率领部下前往边境抵抗吐蕃人的进攻。花将军不是纯种的汉族人，他的爷爷是吐蕃人，奶奶是汉族人。虽然他已经入了大唐的国籍，但从小就听惯了爷爷大讲吐蕃风情、习俗和宗教的花将军，内心深处依旧燃烧着吐蕃人的火焰。于是，这个身经百战，骁勇善战的、带有吐蕃血统的大将，便带领一支汉族人组成的骑兵队踏上了征途。在他的眼中，瞧不起汉族人。因为把手下的士兵训练成勇敢的武士容易，但要想管住这些贪得无厌、骄奢淫逸的汉族兵却十分的困难。经过漫长的行军，部队到达了大唐的边界，吐蕃人近在咫尺。一次，一个骑兵试图对一名武士的妹妹不轨，花将军为严肃军纪，将那个骑兵的头砍下来挂在树上，但武士的妹妹则认为花将军过于严厉。战斗中，花将军与一员吐蕃大将厮打在一起，他们同时砍下了对方的头。花将军手中的人头露出了笑容，而吐蕃人手中的人头却流下了眼泪。

---

① 孔刘辉：《论施蛰存的心理分析小说——兼论施蛰存文学旨趣》，《伊犁师范学院学报》，2005年第2期，第68页。

《将军的头》所表现的则是"种族和爱的冲突"①，并将这种冲突贯穿于小说的始终。由于自己的身上流淌着吐蕃人的血液，由于自己是半个汉族人，因此，自从接到前往边境，讨伐吐蕃的命令之时起，背叛朝廷还是背叛祖国的矛盾就一直在煎熬着花将军的心。一方面，他训练手下的武士效忠大唐帝国，一方面，他的眼前不时幻化出爷爷所描绘的正直骁勇的吐蕃武士；一方面，受命于朝廷远征吐蕃，一方面，又真心希望不与祖国的战士为敌；一方面，对朝廷派自己这个吐蕃人去攻打吐蕃心存疑虑，一方面，又怕不服从命令被革职。复杂矛盾的心理难以言表：

> 将军抬起头来，空蒙的灰色的天上，一只疾飞着的鹘鸟，冲着雨云向西方投奔去了。将军不觉得长叹一声。
>
> "颣羝之神啊，我岂肯带领着这样一群不成材的汉族的奴才来反叛我的祖国呢！我已是厌倦了流荡的生涯，想要奉着祖父的灵魂，来归还到祖国的大野的怀抱里啊。崇高的大赞普啊，还能够容许我这样的人作为祖国的子民吗？我虽然只有着半个吐蕃的肉身，但是我却承受全个吐蕃人的灵魂和力量。只要大赞普的金箭肯为我留着一支，我是很愿意奉受征调的啊。在我，在卑贱的汉族里做一个将军，还是在英雄的祖国的行伍里做一个吹号兵为更有光荣些。嗳！你们，贪渎的蠢人呀，当你们开始向实现你们的梦幻的时候，那已是你们的最后了"。②

至此，花将军的思想发生了变化，他的心理已经由一名汉族大将转变为一员吐蕃斗士。然而，见到武士的妹妹后，他的心理又产生了变异。一方面，经武士妹妹的提醒，使他对处死的骑兵产生了恐惧。一方面，武士妹妹的闯入，使这个 30 多岁的男子汉萌生了爱情，使他刚刚燃起的对祖国的情转移到了对一个大唐少女的爱，命运再度将他抛向两难的境地。幻觉中，他仿佛看见少女被骑兵夺去贞操；幻觉中，他觉得那个侮辱少女的人是他自己。战场上，他被吐蕃人砍下了头还依旧战斗，直到在少女的耻笑中方才倒下。这种因性爱所导致

---

① 施蛰存：《将军的头·自序》，见《十年创作集》，华东师范大学出版社，1996 年版，第 793 页。
② 施蛰存：《将军的头》，见《十年创作集》，华东师范大学出版社，1996 年版，第 145—146 页。

的心灵变异，就这样被作家淋漓尽致地勾勒出来。

一个运用西方现代心理学的手法创作的小说，使一个以描写中国古代战争为题材的作品蒙上了一层现代艺术的色彩。一个流淌着西方文学血液的小说，在施蛰存的笔下演绎成一个中国文化色调浓郁的现代历史传奇。故事的时代是中国的唐朝，故事的背景是唐帝国与吐蕃国的战争，故事的主人公是一个身兼汉族和吐蕃双重血统的将军。唐帝国的民风民俗，一员大将在战争前后的心理变化，由于西方文化的融入而变得怪异，变得充满魔力，变得充满了神秘，使读者在看到作家如何受其影响的同时，更重要的是看到了如何摆脱影响。

《石秀》是施蛰存所创作的又一篇"运用历史故事写的侧重心理分析的小说"①。作品取材于施耐庵所著《水浒传》第四十四回《杨雄醉骂潘巧云 石秀智杀裴如海》。写的是好汉石秀借宿杨雄家中，偶然之中发现杨雄之妻潘巧云与和尚裴如海染上私情，并与杨雄一道将奸夫淫妇处死的故事。杨雄杀妻，源于潘巧云的不贞，故在情理之中。石秀宰杀潘巧云，动机何来？从原作的表层上，是为了维护哥哥杨雄的一世英名，是为了不使杨雄的一世英名毁于这个淫妇之手。这样一个梁山好汉替天行道，为民除害，为朋友两肋插刀的英雄，到了施蛰存的笔下却演绎成一个为情欲所主导的杀人犯、虐待狂。

在《石秀》中，作家"用力在描写一种性欲心理"②。施蛰存认为，他的作品里"讲的不是一般的心理，是一个人心理的复杂性，它有上意识、下意识，有潜在意识"。"一个人是有多方面的。表现出来的行为，是内心斗争中的一个意识胜利之后才表现出来的。这个行为的背后，心里头是经过多次的意识斗争的，压下去的是潜在的意识，表现出来的是理知性的意识。"③就是说，在石秀怒杀潘巧云的行动中，表现出来的"理性意识"是为了不辱没杨雄哥哥的一世英名，而被压制在深处的则是潜藏在石秀心底的对这个柔情女子的疯狂的爱欲，是满足爱欲和兄弟情分之间激烈而痛苦的心灵搏杀。

与施耐庵的原作相比，《石秀》在情节的宏观布局上没有大的差别：留宿在

---

① 施蛰存：《我经营过的三个书店》，见《北山散文集》一，华东师范大学出版社，2001年版，第317页。

② 施蛰存：《将军的头·自序》，见《十年创作集》，华东师范大学出版社，1996年版，第793页。

③ 施蛰存：《沙上的脚迹》，辽宁教育出版社，1995年版，第177、182页。

杨雄家，遇到美貌的潘巧云，发现哥哥之妻与和尚裴如海有染，与哥哥一道杀死奸夫淫妇。但是，在中国古代小说的整体框架下，施蛰存却只借用了原作的"形"，所还原的却是原作的"魂"。就是说，《水浒传》中的石秀写的只是"表"，而施蛰存笔下的《石秀》所写的则是"里"。"'表'与'里'的结合，才是一个立体、真实的石秀。"① 小说中，作家用了大篇幅的心理活动展示了石秀对潘巧云由"因为爱她，所以想睡她"，到"因为爱她，所以想杀她"的过程，惊心动魄地消解了一个英名盖世的梁山好汉形象，使其还原成一个变态的杀人狂。

在描写石秀初见潘巧云的感受时，作家写道：

> 他所追想得到的潘巧云，只是一个使他眼睛觉着刺痛的活的美体的本身，是这样地充满着热力和欲望的一个可亲的精灵，是明知其含着剧毒而又自甘于被它的色泽和醇郁所魅惑的一盏鸩酒。非特如此，时间与空间的隔绝对于这时候的石秀，又已不起什么作用，所以，在板壁上晃动着的庞大的黑影是杨雄的玄布直裰，而在这黑影前面闪着光亮的，便是从虚幻的记忆中召来的美妇人潘巧云了。②

然而，潘巧云毕竟是自己兄弟杨雄的妻子，朋友妻，不可欺。石秀既悔恨自己与杨雄结义，不然的话就可以将美人据为己有；又悔恨自己为何不早上梁山，那样就不会遇到这个美人，也就断了这个念想。

在描写石秀与潘巧云进一步接触时，作家写道：

> 石秀沉吟地凝看着潘巧云的裹着艳红色裤子的大腿，嘴里含满了一口粘腻的唾沫。这唾沫，石秀曾几次想咽下去，而终于咽不下；几次想吐出来，而终于吐不出来。而在这样的当儿，虽然没有正眼儿地瞧见，石秀却神经地感觉到潘巧云的锐利的眼光正在迎候着他。并且，更进一步地，石秀能预感到她这样的眼光将怎样地跟着他的一句话或一个举动而骤然改变了。③

---

① 杨迎平：《"受其影响，又摆脱影响"——施蛰存与弗洛伊德理论》，《湛江师范学院学报》，2008 年第 5 期，第 68 页。

② 施蛰存：《石秀》，见《十年创作集》，华东师范大学出版社，1996 年版，第 176 页。

③ 施蛰存：《石秀》，见《十年创作集》，华东师范大学出版社，1996 年版，第 188 页。

此时的石秀，虽然在理性的意识中还在顾及着与杨雄的兄弟情分，而在潜在的意识当中，已经对潘巧云发展到"因为爱她，所以想睡她"的阶段。梁山好汉的英雄面孔正在一点点淡去，取而代之的却是一个欲火炎炎的雄性面孔。

在描写石秀得知潘巧云与和尚的私情，并怒杀和尚之后，作家写道：

> 在这一刹那间，石秀好像觉得对于潘巧云，也是以杀了她为唯一的好办法。因为即使到了现在，石秀终于默认自己是爱恋着这个美艳的女人潘巧云的。不过以前是抱着"因为爱她，所以想睡她"的思想，而现在的石秀却猛烈地升起了"因为爱她，所以要杀她"这种奇妙的思想了。这就是因为石秀觉得最愉快的是杀人，所以睡一个女人，在石秀是以为决不及杀一个女人那样的愉快了。[①]

正因为如此，才有后面石秀与杨雄对潘巧云及其丫鬟的血腥的屠杀场景，才有石秀在屠杀之后所感到的快慰，才有看到很多乌鸦在啄食潘巧云的心脏所想到的"美味儿"。至此，梁山英雄的形象在人们面前消逝了，好汉的义举也演变成情欲的奴隶。

一部中国古代小说中的一段故事，被作家赋予了西方现代主义的精神；一个充盈着西方现代主义艺术的中国小说，却始终没有脱离本属于中国文化的土壤。题材是中国古代的，人物是中国古代传说中的英雄；故事的发生地在中国，故事中的风土人情亦是中国的。作品中，不但对潘巧云的体态和衣饰的描写是中国的，即便所流露出来的"最毒不过妇人心"等有关"女人就是祸水"的文化观念也是本土的。而运用西方现代主义心理手法所刻画的石秀，也未能脱离中国人的文化心理。这一切都如作家所言："文学无所谓舶来品，中国人用中文写的东西都是中国文学，即使写的是外国人，也是中国文学。"[②]

三、施蛰存的小说创作与外来文明互鉴的思考

跨越了国界的文学影响，既有单向的，也有双向的。有影响能力的双方，

---

① 施蛰存：《石秀》，见《十年创作集》，华东师范大学出版社，1996 年版，第 203 页。
② 施蛰存：《沙上的脚迹》，辽宁教育出版社，1995 年版，第 68-169 页。

有可能会产生影响的双向性，然这种双向的影响不一定发生在共时的空间。中国文化，中华文明，中国文学，曾经在历史的长河中对周边的国家，对西方世界产生过不小的影响。及至近代，西方的文化，西方的文明，西方的文学，又倒过来反哺中国，反哺中国文化，反哺中国文学。如果用本次论坛指南中的一个术语诠释的话，叫互鉴。

施蛰存的心理分析小说，又名意识流小说，显然受到了西方心理学理论和意识流小说的影响。如果仅选取 20 世纪意识流风行欧美的一隅，其影响是单向的，谈不上互鉴。如果放到中西文化交流的历史坐标上看，互鉴的轨迹就十分的清晰，互鉴一说就可成立。套用比较文学的影响研究的理论框架，叫文学的双向影响，这是中外文学或文化交流中最有价值的文学现象。通过双向影响的途径，我们可以清晰地发现一个国家和民族的文学，落户到另一个国家和民族文学的土壤之后，所经历的境遇，所发生的异变，所实现的脱胎换骨，所经历的浴火重生后成为那个国家和民族的文学的有机元素。

施蛰存的心理分析小说是外来的，施蛰存心理分析小说中的人物与情节是本土的。作为走向世界文学的尝试者，施蛰存在文学创作、文学翻译和文学研究中，始终没有放弃对外来养分的汲取，对外来影响的接受。与此同时，在接受和借鉴的过程中，他又始终立足于中国文化的土壤，用中国文化的审美心理创造性地接受了外来文化的影响后，又创造性地摆脱了外来文化的影响，融外来文学的营养于自己的文学实践之中，使其在中国文学的土壤上开放出新的花朵。于是，他的心理分析小说，就成了地道的中国货。"他有洋味，他欧化，但又始终掺合着由江南城镇风物凝结成功的那股民间气息。"[1] 这是我们在探究文明的互鉴时所得到的启示，但愿这启示也能为长三角文化的繁荣与发展提供有益的思考！

（作者系浙江省文史研究馆馆员，浙江工业大学人文学院教授）

---

① 吴福辉：《施蛰存：对西方心理分析小说的向往》，见曾逸主编：《走向世界文学——中国现代作家与外国文学》，湖南文艺出版社，1986 年版，第 278 页。

关于共同富裕若干问题的思考

赖金良

内容摘要：我国还处在温饱有余、富裕不足的发展阶段，财富总量远不足以让全国人民过上富裕日子；现阶段强调"共同富裕"，不只是因为其可行性，更多的是因为其必要性，即从倡导和推进共同富裕入手，着力解决收入分配结构失衡所带来的社会活力衰减风险和经济发展安全风险，为实现第二个百年奋斗目标扫清障碍和创造条件。"贫富差距"或"贫富分化"，具有历史必然性和现实必要性，财富或收入分配实行人人均等，分配结构固化不变，社会就会因缺乏有效激励机制而丧失创造财富的动能和活力。我国现阶段的贫富两极分化，主要产生于市场分配制度、基本工薪制度之外，从再分配环节或分配—再分配链条做文章，是很难奏效的，必须针对其根源特殊性，从规范完善市场体系、法治体系、权力体系、监管体系等入手，从根本上进行应对和治理。与国家税收相联系的"第二次分配"，部分的具有调节收入或贫富差距的作用，但这个作用不宜被高估，缩小贫富差距只是共同富裕的必要条件，而非共同富裕的充分条件，要实现共同富裕目标，高质量发展才是硬道理。把与慈善捐赠相联系的"第三次分配"，硬生生捆绑到共同富裕议题上，容易引起理论上的误解，甚至产生实践上的误导。帮助处于困境者摆脱困境、处于弱势者摆脱弱势、处于贫困者免除贫困、处于饥寒者免除饥寒，是慈善之为"慈善"的本质规定，也是它应为的和能为的功能作用范围。

关键词：共同富裕；收入分配结构；贫富差距；两极分化；第二次分配；第三次分配

一、现阶段强调共同富裕意味深长

共同富裕是社会主义的本质规定和发展目标。早在 20 世纪 50 年代中期，面对土改以后农村地区新出现的贫富分化，毛泽东主席就提出了要"实现对于整个农业的社会主义改造，即实行合作化，在农村中消灭富农经济制度和个体经济制度，使全体农村人民共同富裕起来"。但由于各种众所周知的原因，这个目标未能实现，直到 20 世纪 70 年代末期，全国城乡仍处于普遍缺吃少穿的贫困状态。邓小平曾经有个总结，"过去搞平均主义，吃'大锅饭'，实际上是共同落后，共同贫穷，我们就是吃了这个亏"。

改革开放以后，紧紧抓住以经济建设为中心，在致力于解放和发展生产力的基础上，提出了"先富—共富"即支持鼓励先富起来、先富带后富、最终达到共同富裕的实践路径，继而制定了"三步走"即以温饱、小康、富裕为分阶段目标的发展战略。时至今日，温饱问题早已经解决，小康社会也已经全面建成，但总体来看，我国还处在温饱有余、富裕不足的发展阶段，人均 GDP 才接近全球人均水平，财富总量还远不足以让全国人民过上富裕生活。这个时候强调"共同富裕"，恐怕不只是因为其可行性，更多的是因为其必要性，即从倡导和推进共同富裕入手，着力解决多年积累下来的收入分配结构失衡问题，为实现第二个百年奋斗目标扫清障碍和创造条件。

国内社会科学领域，习惯于联系贫富两极分化去讨论收入分配结构失衡问题，而实际上，贫富两极分化只是分配结构失衡的最常见负面后果之一，虽然这个也很重要（本文稍后），但无论理论上还是实践中，我们都应该注意到，收入分配结构失衡还伴随着其他的负面作用或风险，而且在不同历史时期或发展阶段，风险性质及表现形式也往往不一样。以往我们比较重视的，是防范社会治安状况恶化、群体冲突或社会动荡等显性风险，从现阶段情况看，这方面当然也要重视，但急需着力应对和化解的，是潜在的社会活力衰减风险和经济发展安全风险。

国家统计局历年数据显示，新世纪以来 20 年，我国基尼系数平均值超过 0.47，近几年稍有回落，仍保持在 0.46 以上高位，其他研究机构发布的数据往往更高，有的甚至高达 0.61。即使以国家统计局数据为准，考虑我国居民生计与收入水平关联度偏高、社会福利体系还不完善、民生保障水平普遍较低等因素，这个 0.46 以上也足以表明，收入分配差距已经相当严重。而更应引起我们注意和警惕的是，至少最近 5 年来的收入分配变化，已呈现出某种越来越不利于作为现代社会基本盘的中间群体的趋势（见表 1）。

表 1　五等份各组近 5 年收入及占比情况

组别	项目	2016 年	2017 年	2018 年	2019 年	2020 年
低收入组	收入（元）	5529	5958	6440	7380	7869
	占比（%）	4.23	4.20	4.26	4.50	4.57
中下收入组	收入（元）	12899	13843	14361	15777	16443
	占比（%）	9.88	9.76	9.50	9.63	9.56
中收入组	收入（元）	20924	22495	23189	25035	26249
	占比（%）	16.02	15.87	15.35	15.28	15.26
中上收入组	收入（元）	31990	34547	36471	39230	41172
	占比（%）	24.49	24.37	24.14	23.95	23.93
高收入组	收入（元）	59259	64934	70640	76401	80294
	占比（%）	45.37	45.80	46.75	46.64	46.68

表 1 依据国家统计局"全国住户收支与生活状况调查"相关数据编制。从收入增量看，五等份各组的收入都是增加的，但除高收入组增量超过两万元外，其余四组都只是各增加了几千元，高收入组收入继续保持在低收入组的十倍以上。从收入增幅看，各组分别增加了 42.3%、27.6%、25.4%、28.7%、35.5%，其中低收入组增幅最大，中收入组收入增幅最小，其次是中低收入组和中高收入组，而高收入组继续"稳坐钓鱼台"。从收入占比变化看，五等份各组中，低收入组、高收入组的占比或份额是提高的，而中低收入组、中收入组、中高收入组的占比或份额则是降低的。总起来看，低收入组的收入增幅领先、占比或份额提高，可用特定时期特定原因，即决战脱贫攻坚及转移支付力度加大等来解释，而中间群体（包括中间三组）的收入增幅连年垫底、占比或份额逐年降低，则显得有些怪异或不合常理，完全背离了我们原本所期待的橄榄型分配结构。

与此相联系的负面后果是，处于低收入端底部的贫困群体，或坐着等待每个月的社保福利，或时不时享受点政策扶持和社会援助；处于高收入端顶部的富人群体，忙着"钱生钱""割韭菜"或滚雪球似的累积财富；处于中间位置的中等收入群体或所谓"中产阶层",说起来是创造社会财富的主力军,是科技文化创新的主要源泉,但由于收入分配结构的失衡,他们的收入增幅还不如其他群体,收入占比或份额也在逐年降低,加上社会分层结构的固化,更是挤压着他们向上流动的预期和前景。"躺平"一词走红网络绝非偶然,它刻画了中间群体的无奈处境和失落心态,同时也暗示着社会的动能和活力正在衰减。中间群体的"躺平""不想中产",将会导致整个社会趋于萎靡不振。共同富裕不只是个"调高增低"的问题,更重要的是着力培育和扩大中间收入群体的规模,改善中间群体的收入预期和发展前景,这样才能有效化解社会活力衰减风险,进一步激发出更强大更可持续的社会创造创新动能。

全球新冠疫情以来,人们再次把目光转向"经济韧性",这确实是个非常重要的问题,但我国之所以能率先步入经济复苏通道,主要得益于"制度优越性",即全方位政府调控的强有力护盘,而经济本身则仍然韧性不足,安全风险还是比较大的。在俗称拉动国民经济增长的"三驾马车"中,"出口拉动""投资拉动"都是不确定性或风险比较大的,"消费拉动"则是经济增长的主引擎,也是经济体系安全运行的定海神针。从最终消费在 GDP 中的占比看,发达国家一般都稳定在 75% 以上,有些国家甚至高达 80% 以上,发展中国家例如印度、越南等稍低一些,但这些年来也已接近 75%,而我国 GDP 中的最终消费占比,则长期滞留徘徊在 55% 左右。最终消费提升不上来,经济增长主引擎乏力,国内大循环事倍功半,已成为我们所面临的最大的经济发展安全风险。

多年前中国社科院曾出版过一个研究报告,全面描述了"十大阶层"的状况,从各阶层规模及其在社会分层中的位置看,当时中国社会是一种类金字塔型的葫芦型结构。2020 年北师大中国收入分配研究院发布的报告显示,目前我国社会的收入分配结构,差不多也仍然是这样的葫芦型。主要的变化无非在三个方面:一是葫芦底部往上收敛,即低收入贫困群体的规模较以前有明显缩小;二是葫芦脖子往上拉长,即高收入群体内部差距拉开并形成了超高收入群体;三是葫芦中下部愈加畸形膨大,全国 14 亿城乡居民中,家庭人均月收入高于 10000 元的不到 1%,有近 84% 即 11.7 亿居民的家庭人均月收入在 3000 元以下,实际意义上消费能力不足的中低收入群体规模极为庞大(见表 2)。

表 2 家庭人均月收入分布及对应人口数

月收入（元）	占比（%）	人口数（万人）	累计占比（%）	累计人口数（万人）
20000 以上	0.05	70	100.00	140005
10000-20000	0.56	784	99.95	139935
5000-10000	4.52	6328	99.39	139151
3000-5000	11.21	15695	94.87	132823
2000-3000	14.81	20735	83.66	117128
1500-2000	12.33	17263	68.85	96393
1000-1500	17.42	24389	56.52	79131
500-1000	23.29	32607	39.10	54742
0-500	15.81	22135	15.81	22135

中低收入群体规模庞大，无疑是主引擎"消费拉动"长期疲软乏力的主要原因，但并不是唯一原因。最终消费上不来或有效消费需求不足，既因为城乡居民收入普遍较低，手里钱少舍不得花，同时又因为民生福利保障杯水车薪，手里有余钱也不敢花，几乎家家户户都会尽可能多做些储蓄，以应对不时之需，2020 年全国城乡居民存款余额已突破 90 万亿元。要实现共同富裕目标，就必须缩小社会的收入分配差距或贫富差距，提高中低收入群体的收入水平，但共同富裕并不只是个收入分配问题，还有个民生福利保障问题，换句话说，要实现共同富裕目标，还必须将包括医疗、教育、养老等在内的基础性民生福利保障，提高到普惠共享的较高水平，让老百姓的"可支配收入"成为名副其实的可支配收入。其实，收入分配领域抑制两极分化，民生福利领域加厚社会保障，也是人类社会现代化进程的基本趋势，尤其在 20 世纪 30 年代以来，西方发达国家普遍都是这么做的。我们有占全国人口绝大多数的中低收入群体，有令地球人难以想象的高额居民储蓄，还有 GDP 中居民收入仅占 45% 所隐含的大幅提升空间，从倡导和推进共同富裕入手，逐步提高中低收入群体收入水平和基础性民生福利保障水平，将会释放出源源不断的有效消费需求，为化解以往积累下来的经济安全风险，确保经济社会持续稳定发展提供坚实的基础。

二、对贫富差距问题要做理性分析

今年以来短短几个月，国内报刊标题含"共同富裕"的发文，已将以往

20年发文总和翻了个倍。随着"共同富裕"成为热词,"贫富差距""贫富分化""贫富两极分化"等,也跟着成了高频用词。当然,主要是作为共同富裕的反义词和道德评价的贬义词使用的,一般都或多或少地带有某种批评、谴责或不满的情绪,这对于把握它们作为社会事实的真实面相是颇为不利的。谈论贫富分化这类问题,容易带点情感倾向,这个也很正常,但遵从科学思考的客观性要求,则有必要卸去人为加载的评价性含义,以语词或概念本身的描述性含义为重点,看看"贫富差距""贫富分化""贫富两极分化"等语词或概念,究竟指的是什么样的社会事实或客观现象,然后再做进一步的延伸分析和讨论。

从人类文明史或有文字记载的历史看,任何时代都有贫富差距。将来的共产主义时代也许例外,那时候生产力高度发达,财富源泉充分涌通,大家的(社会的)即是大家的(每个人的),任何人都既不比任何人富也不比任何人穷,但那是遥远未来的事情。只要社会有私人财富的概念,有"你的、我的、他的"这类财富归属或所有权的界分,就必然会有"贫富差距",即社会成员所拥有的个人或家庭财富,是有多有少有差别的。社会成员之间的贫富差距,常规情况下有个相对稳定的结构,就像学生考试的得分差距,常规情况下是呈正态分布一样。在特定社会发展变迁条件下,贫富差距往往呈现出非常规性的变化趋势,这就是"贫富分化",其表现方式包括贫富重新洗牌、贫富位次调整更替、贫富差距或级差重置等。顺便说一句,把"贫富分化"理解甚至等同于"贫富差距拉大"或"贫富两极分化",其实是很不严谨的,从传统金字塔型社会到现代橄榄型社会,无疑是一个原有贫富差距格局被不断分化和重组的过程,但至少从绝大多数社会成员的状况看,贫富差距并没有被拉大而是缩小了。

从作为社会事实的角度看,"贫富差距"或"贫富分化",既具有必然性和普遍性,又具有重要性和必要性,这也是我们的历史经验所证明了的。如果没有贫富差距,财富或收入分配实行人人均等,像20世纪50年代后期刮"共产风"、吃"大锅饭"那样,或者说,如果没有贫富分化,财富或收入分配结构固化不变,像改革开放之前曾长期实行的那样,社会就会因为缺乏有效激励机制而丧失财富创造的动能和活力,就会长期处于缺衣少食的普遍贫困状态,又何来温饱、小康、富裕?最近有一种隐隐约约的氛围,好像当年支持鼓励"一部分人先富起来",偏离了社会主义共同富裕目标,其实,这正是邓小平同志比其他人高明的地方。虽然我国已郑重宣布消灭了绝对贫困，但相对贫困意义上的贫富差距仍长期存在，我们仍然需要保持收入分配差距的激励，回到平均主义分配的大锅饭时代，或者沉迷于没有贫富差距的乌托邦想象，都是没有出路的。

所谓"贫富两极分化"，意即"贫富分化"已呈现出某种"两极化"的趋势和情形，其特点是"贫富差距"被越拉越大，即通常所说的"富人越来越富、穷人越来越穷"。从逻辑上说，"分化"这个词蕴含有"极化""两极化""多极化"等可能性，但从社会现实或实践领域看，贫富分化是否已经表现为两极分化，哪些因素或原因导致了两极分化，以及如何抑制或消除两极分化等，都需要更进一步的探讨。

说到"贫富两极分化"，人们普遍以为问题就出在收入分配制度上，尤其是出在市场化分配即市场主导的初次分配上，以此为据，通过强化再分配即所谓第二、第三次分配等进行调节，就成了解决问题的基本思路。但由于没有抓住我国社会贫富两极分化现象的根源及其特殊性，这种似是而非的思路，除了把社会引向对市场经济及其分配制度的不信任外，实际上是不可能真正解决问题的。

当代世界发达国家全都实行市场经济，全都是市场主导初次分配，为什么贫富分化一般不是很严重，基尼系数一般都比我们国家低？抛开平等主义的乌托邦幻想，从历史和现实的角度看，正如张维迎教授所说的那样，市场经济及其分配制度，无疑比其他经济形态更为公平。更何况，我们国家实行的还是社会主义市场经济，真的就如此不堪吗？市场主导的初次分配，基本原则是确定的，即无论资本所有者，还是劳动力所有者，抑或是其他相关方，只有为创造市场价值做出了贡献，才能获取相应的收入或报酬，天上掉下个馅饼的事情是没有的，浑水摸鱼、垄断获利等等也是市场制度所不允许的。与早期资本主义时期不同，现代市场经济是法治经济，是受到法律规制和监管的。尽管市场化分配必然伴随相应的收入或贫富差距，而且这种差距具有累积性，但现代社会已经形成了比较成熟的收入再分配调节机制，一般是不至于发展或累积成为严重的两极分化的。人民群众对贫富两极分化有些不满情绪，是可以理解的，但如果被误导并被引向对社会主义市场经济及其分配制度的讨伐，将严重干扰我国的现代化进程。

　　另外，从我国城乡居民收入来源构成看，"财产性收入"占比还比较低，"转移性收入"涉及经济欠发展地区以及城乡低收入群体，主要起着缓解贫富差距的作用；在城市居民收入来源中占大头的，主要是"工资性收入"，农村居民因就业方式的特殊性，依次为"工资性收入"和"经营性收入"（见图 1）。工薪制度是现代社会最基本的收入分配制度，从世界范围看，我国居民在工薪收入方面的差距，其实还是比较小的，并不足以导致或形成贫富两极分化。涉及工薪制度的改革和调整，要防止被平均主义倾向和民粹主义情绪"加持"，保持适当的工薪收入差距，才能有效激发社会创造创新活力。

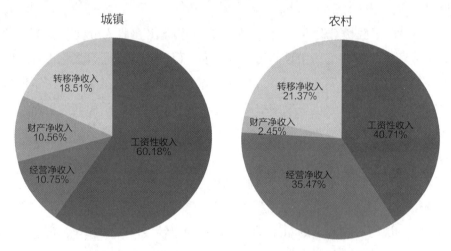

城镇　　　　　农村

转移净收入 18.51%
财产净收入 10.56%
经营净收入 10.75%
工资性收入 60.18%

转移净收入 21.37%
财产净收入 2.45%
工资性收入 40.71%
经营净收入 35.47%

图 1　2020 年中国城乡居民人均可支配收入来源结构比较①

　　由此看来，从市场经济及其分配制度，或者从基本工薪制度等，去寻找贫富两极分化的主要根源，恐怕是找错了地方。有一句老话说，"群众的眼睛是雪亮的"，让人民群众感到愤愤不平的贫富两极分化，实际上主要是产生于市场分配制度、基本工薪制度之外。一方面，由于我国的市场制度还不完善，法制化水平还较低，加上监管往往不到位等，自改革开放以来，有多少人浑水摸鱼或空手套白狼摄取了大量财富？远的不说，前段时间某家企业被叫停上市，有人给它算了一下账，如果它闯关上市成功，一夜之间就可以制造出几十位亿元级

————————————

　　①　资料来源于国家统计局。

别的富豪，至于千万级的就更不用说了，还有，这些年广泛流行的"割韭菜"，已越来越成为拉大贫富差距、加剧两极分化的重要推手。另一方面，由于权力与资本的勾连和交易，手握权力者与手握资本者各得其利，所谓"工资基本不花"，算是比较规矩和收敛的，那些被拿下的贪腐官员，动辄几千万、几亿甚至几十亿，而且大多是净储存财富，至于资本持有方的非法获利，按行贿收益大于行贿成本的"行贿交易法则"，恐怕更是个天文数字。相比起来，别说是普通老百姓或工薪阶层，但凡依靠合法经营富裕起来的成功企业家，又有谁是像这样"得来全不费工夫"的？当然还有其他的因素，例如权力的市场化或卖官鬻职等，但在我国现阶段，以上这两个方面，可以说是加剧贫富两极分化、推高社会不满情绪的主要原因。

治理贫富两极分化，确实已经迫在眉睫。问题是如何治理。从我国现阶段两极分化产生的根源及其特殊性来看，无论从再分配环节做文章，还是从分配—再分配链条做文章，恐怕都是很难奏效的。因为加剧贫富两极分化的，往往是非法的灰色或黑色收入，像这类财富向少数人手里集聚的过程，原本就不是通过正式分配制度，而是在分配制度之外完成的，相当一部分甚至不在社会会记核算范围之内，常规再分配机制根本就调节不着。古往今来贪腐收入有被罚没的，何曾有过缴税的？浑水摸鱼或非法经营所得，确有通过缴税把收入合法化的，这就如同骗子骗到了大笔钱财，然后交出其中小部分，压根儿不是"再分配调节收入差距"的问题。由于我国现阶段的贫富两极分化，更多地是由收入分配制度之外的因素造成的，在应对和治理两极分化方面，不可高估了再分配机制的调节作用。

所谓"对症下药"，要切实有效地抑制或消除贫富两极分化，必须从进一步规范完善市场体系、法治体系、权力体系、监管体系等等入手，从根本上杜绝各种规模化非法牟利行为，切断资本与权力交易链条，禁止权力市场化，堵住各种灰色黑色收入渠道。这些方面已经取得了较大进展，假以时日，应该可以将比较严重的贫富两极分化修正过来，将贫富差距控制在比较合理适度的范围。

三、不宜高估再分配对共同富裕的作用

按经济学常识，国民收入在直接生产部门的分配即为"初次分配"，而后续发生的分配都是"再分配"。这里的"再"相当于"又"或"又一次"，至于具体的究竟是第几次，涉及后续分配的衍生序列或次序，其实是不那么容易界定的。把国家或政府税收等称作"第二次分配"，把慈善公益捐赠等称作"第三次分配"，原本也就是某些经济学家那么一说，没想最近流行起来成了时髦用语。时髦的未必是科学严谨的，真要算"次数"的话，国家税收里面的增值税与所得税、企业职工个人所得税与财政供养人员个人所得税等，慈善公益捐赠里面的企业捐赠、职工工资收入捐赠、公务员工资收入捐赠等，恐怕还真不能混淆起来一概而论。还是回到正题吧，本文暂且沿用当下流行术语，看看"第二次分配"和"第三次分配"，对于促进共同富裕究竟能有多大的作用空间。

国家或政府税收这一块，总量上是有限制的。虽说与其他国家比较，我国的名义税负水平大致处于中位，但实际税负水平是处于高位的。正因为企业税费负担过重，自 20 世纪初以来，历届政府都在努力想方设法，为企业特别是中小企业减税降费。个人税负方面，涉及不同计算口径，各国之间往往很难比较，但总体上估计也是处于中等偏上位置。换句话说，在目前"五大类十八种"税收盘子里，税收总额是不大可能有超常规增加的。当然，在某些人看来增设新税种也不是什么难事，例如，"通过再分配促进共同富裕"的话音刚落，就有专家站出来出谋划策，建议对个人存款开征货币财产税，让富人从口袋里把钱掏出来。国家征税需要有法理的与民心的双重基础，可不像"此路是我开"那么简单。人们普遍关心的房产税，已经酝酿和试点了多年，大概率将在完成立法后正式开征，它对于落实"房住不炒"以及维系房地产市场稳定发展，应该会有比较重大的意义，但能在多大程度上促进共同富裕，目前还很难说。住房作为老百姓基本生活必需品，按理也在民生保障覆盖范围，例如原来的公租房、单位房等，由于后来主要走市场化商品化路子，在地方政府土地财政依赖的加持下，房价开始持续攀升，"收入房价比"直奔世界之最，而在既缺乏保障性住房供给，又缺乏商品房购买能力的情况下，老百姓为解决住房问题或改善居住条件，也只能选择举债买房成为"房奴"。联系这个现状，房产税具体如何设计或

征收，还真不是个小问题，高收入家庭也许还无所谓，对于手头原本就不大宽裕的中低收入家庭来说，"房贷"之外又增加一份"房税"负担，恐怕就不是促进而是促退共同富裕了。

与国家或政府税收相联系的"第二次分配"，无论其涉及范围还是其功能作用，都是极为广泛的，调节收入差距或缩小贫富差距，只是其中一个方面。缩小贫富差距，是实现共同富裕的必要条件，但不是实现共同富裕的充分条件；或者说，贫富差距过大或贫富两极分化，肯定不是共同富裕，但贫富差距较小哪怕没有了贫富差距，也未必就是共同富裕，"大锅饭"时期的共同贫困，便是一个非常典型的实例。共同富裕的实质性前提，是社会拥有足以让大多数人过上富裕日子的财富总量，要实现共同富裕目标，高质量发展才是硬道理。"第二次分配"对收入差距、贫富差距的调节——如果这种调节公正合理的话，的确有助于缩小贫富差距、促进共同富裕，但这个作用不宜被高估。

慈善公益捐赠这一块，情况似乎不大理想。自 2009 年《世界捐助指数报告》发布以来，在被调查国家和地区的捐赠指数排行榜上，我国内地几乎都处在靠后的倒数位次，其中，2017 年倒数第二、2018 年倒数第五。《中国慈善捐助报告》的官方数据显示：近 5 年我国内地接收的境内外年度款物捐赠总额，仅占当年 GDP 的 0.15% 左右（见图 2），哪怕放宽统计口径也不足 0.2%，而其他许多国家例如美国的年度款物捐赠总额，一般都保持在当年 GDP 的 2% 左右。这可能有些让人沮丧，而更让人扎心的是，一个 14 亿人口的泱泱大国，经济体量跟人家也没差多少，可年度捐赠总额还不如人家的一所大学（哈佛等高校常在 400 亿美元以上）。

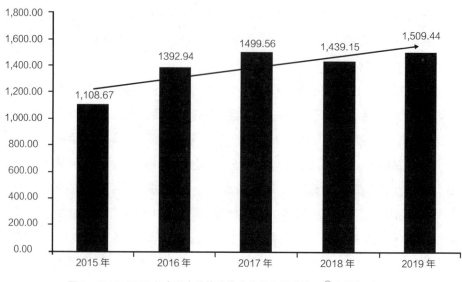

图 2　2015-2019 年中国内地接收境内外款物捐赠情况 ①（单位：亿元）

面对这种情况，有人盛赞西方基督教文明及其博爱文化，批评国人缺乏慈善公益精神；也有人可能会觉得，从 GDP 占比不足 0.2% 提升到 2%，说明我国慈善公益事业有着巨大的发展空间，通过"第三次分配"促进共同富裕正当其时。我们不能限制人们的主观想象，但我们更应该尊重客观事实。

我国在建构现代慈善公益体系方面，确实有巨大的发展机遇和空间，重点是改革创新实现体制机制现代化，年度捐赠总额无疑也会有所增加，但增加幅度不会很大，要接近或达到当年 GDP 的 2%，坦率地说，在一代人时间内几无可能。这绝不是因为缺乏慈善公益精神，而是因为我们的慈善公益精神与西方不同。

中国人历来更为重视包括家族、亲戚、朋友、熟人等关系在内"熟人社会"，这个熟人社会作为慈善公益的传统领域，直到现在仍然具有重要地位，具体表现方式也是名目繁多，既包括各种比较正式的"礼金"或"礼品"等，也包括各种非正式的甚至看似随意的赠予或给付等。虽说是"礼尚往来"，但往来之间价值一般不对等，对等了反倒让"自己人"觉得"见外"了。这跟陌生人社会求人办事送礼是全然不同的逻辑。在熟人社会里面，条件较好或收入较高的一

---

① 资料来源于新华网。

方，自愿将自己的部分收入或财富，无偿转移给条件较差或收入较低的一方，或者无偿转移给血脉相连或情感相通的熟人社区，其实际的效果，就相当于社会慈善捐赠的空间压缩版。我不想打听，在座各位每年通过慈善公益机构大致捐赠了多少钱，但我冒昧地推测，各位每年在家族、亲戚、朋友等熟人圈子抑或熟人社区的自愿赠予或给付，数额应该会更高，而这个"更高"，恰恰是无法统计或计入年度捐赠总额的。由于这个缘故，一方面是我国年度捐赠总额的GDP占比，不大可能提升到接近西方国家的水平，另一方面是个人自愿捐赠或给付大量沉淀在熟人圈子里，很难抽取出来成为社会再分配或所谓"第三次分配"的有效资源。

也许有人会问，个人捐赠之外，不是还有企业或机构捐赠吗？这方面情况其实也并不乐观。大型企业特别是国有大型企业，往往财大气粗没人敢惹，普通寻捐者可能连门都摸不着，而中小企业则"地方依赖性"比较强，区里县里的，街道乡镇的，甚至村庄社区的，各种名目各类活动，所谓"企业的社会责任"，就算是铁公鸡也得拔些毛。除了前面说过的税费负担过重外，中小企业在公益捐助方面负担也是不小的，现在又将慈善公益捐赠提升到共同富裕的高度，各地在推进共同富裕的政绩竞赛中，都惦记着这个"第三次分配"，压力传递到中小企业，其结果很可能是雪上加霜的。

值得注意的是，将与慈善公益捐赠相联系的所谓"第三次分配"，简单地捆绑到促进共同富裕议题上，不但容易引起理论上的误解，而且正在产生某种实践上的误导。慈善公益事业涉及范围极为广泛，相当一部分是与共同富裕无关的，就如同高校运用个人或机构捐赠设立的奖学金、奖教金、科研基金等，主要致力于一般公益性目标，而不是着眼于修复收入或贫富差距。"第三次分配"概念下与共同富裕相关的部分，充其量也只是弱相关，两者之间并没有实质性的必然联系。作为人类文明史重要传统，慈善捐赠用于赈灾救难或扶贫济困等等，目的是帮助处于困境者摆脱困境、处于弱势者摆脱弱势、处于贫困者免除贫困、处于饥寒者免除饥寒，这是慈善之为"慈善"的实质所在，所以慈善事业也被称为人道主义事业。古今中外，恐怕还从来没有也不可能有哪怕一个人，是因为享受慈善资源而过上富裕生活的，真有这种事情发生，那就决不是"慈善"，而是滥用或盗用慈善资源，是要追究道义或法律责任的。帮助处于贫困者免除贫困，是慈善公益的责任，而受助者免除贫困后，能否小康进而能否过上富裕，那是他自己的事情。慈善公益有特定的功能作用范围，是不可能包打天下的。谈论第三次分配与共同富裕，比"理论创新"更重要的，是实事求是的科学精神。

（作者系浙江省文史研究馆馆员，浙江大学人文学院社会学系原主任、教授）

区域文化的深刻印迹

——白马湖作家群的文化实践及其当代价值

陈　星

　　白马湖作家群是中国现代文学史上的一个概念，即一些在创作风格上颇具个性的作家志同道合地汇聚在浙江省上虞白马湖畔，他们不仅在文学创作尤其是散文创作上成就非凡，产出了一批中国现代散文的经典之作，而且还基于其相对统一的文化个性——一种立基于"立人"思想的建设性的文化态度来从事教育、出版等文化建设，呈示出了相对一致的价值取向。同时，白马湖作家之间深厚的个人友谊与交游，也为他们能成为一个比较松散的文学群体提供了条件。正如叶圣陶所言，他们这个"同志的共同体"，一方面当然不是什么"主义""党派"的结合，但另一方面却"在意趣上互相理解，在感情上彼此融洽"，同时也还"不敢忽略对于社会的贡献"。

　　白马湖作家群的活动场域主要在杭州、上虞和上海。白马湖作家群孕育于杭州的浙江省立第一师范学校，形成于白马湖畔的上虞春晖中学，而她的成熟则在上海的立达学园及开明书店。它发展的轨迹清晰，文化风格鲜明。而其主要代表性人物则来自苏浙皖。从一定意义上说，这一区域作家群体的形成和文化个性在现代中国文学史上烙下了鲜明的区域文化的深刻印迹。

一、白马湖作家群的形成、发展、分期与作为

　　"白马湖作家群"虽以"白马湖"命名，然而，这样的命名并不意味着该作家群的文学、文化活动仅局限于"白马湖"。对于这个群体的研究，其视野可拓

展到 20 世纪初到 20 世纪 40 年代，甚至也有当下的文化意义。

（一）酝酿期：浙江省立第一师范学校时期

这个阶段之于白马湖作家群的意义在于，作为白马湖作家群的核心成员之间的个人交往，开始起步。比如夏丏尊之于丰子恺：丰子恺 1914 年下半年开始到浙江省立第一师范学校求学，1916 年从夏丏尊学习国文，从此开始两人之间长达 30 年的亦师亦友的特殊情谊。又比如朱自清与俞平伯、叶圣陶：1920 年秋，因了蒋梦麟先生的举荐，朱自清与俞平伯同在该校任教，朱、俞虽在北大读书时就相识，但一则两人不同系，二则俞比朱高一届，因此两人之间的友谊实际上是从浙江省立第一师范学校做同事时开始的。1921 年秋，当朱自清再次到该校任教的时候，又带来了本年在上海公学结识的叶圣陶。因此，在浙江省立第一师范学校时期，白马湖作家群之间已经开始了其局部的人际交往——虽然还没有连成一片，但却为后来在白马湖畔的"会师"奠定了基础。此外，除了人际交往上的互动，浙江省立第一师范学校的教育理念也奠定了这个文学群体总体上的文化倾向与风貌。

与其他一些文学群体一样，白马湖作家群也有其孕育的过程。白马湖作家群的形成，有赖于上虞白马湖畔的春晖中学的诞生。春晖中学校董事会成立于 1919 年 12 月 2 日，1920 年 1 月，经亨颐被推为首任校长，负责筹备建校事宜。春晖中学的首届学生于 1922 年 9 月 10 日开学。同年 12 月 2 日，学校举行开学典礼。[①] 春晖中学得以诞生，除了乡贤陈春澜的经济支持外，主要依赖于校长经亨颐的努力和夏丏尊的号召力。然而就在春晖中学诞生前不久，甚至该校董事会成立之时，经亨颐仍然还是浙江省立第一师范学校的校长，夏丏尊则是该校的一名国文教师。可以这样说：白马湖作家群的人脉，源于浙江省立第一师范学校。

经亨颐和夏丏尊在文化上都具有新的思想，在教育上均具备新的理念，更善于吸引新文化运动的同人。1912 年秋，李叔同应经亨颐之请来到该校任教，不仅开创了艺术教育的新局面，还使该校成了中国近代学校艺术教育的发祥地

---

① 春晖中学编：《浙江省春晖中学》，人民教育出版社，1999 年版，第 27 页。

之一。至此，在浙江省立第一师范学校里同时拥有了被后人称之为"一师三友"的三位名家大师：经亨颐、夏丏尊和李叔同。他们与其他教师一起，为教育事业兢兢业业地工作，成绩显著，尤其是在文艺人才的培养上，可谓功不可没。就白马湖作家群而言，经亨颐、夏丏尊和李叔同三人在事实上也成了"白马湖作家群"的人脉之源。此后作为白马湖作家群代表人物丰子恺、朱自清、叶圣陶、俞平伯等都与三位有着密切的关系。

1919 年五四运动后，浙江省立第一师范学校成了浙江新文化运动的中心。由于校长经亨颐先生的鼓励和支持，这所杭州的著名学府在接受新思想、新观念上速度极快，办学方式也比较开放、民主。经亨颐支持新文化运动，但却遭到了保守势力的排斥，并演化成教育当局决定撤换校长，又进一步导致了"一师风潮"的爆发。期间虽有学生的"留经运动"，但作为经亨颐本人，不仅早有准备，如创建春晖中学，且毅然辞去校长之职。经亨颐从此真正做起了春晖中学的校长，夏丏尊也离开浙一师，先应湖南第一师范校长易培基之邀，于 1920 年先去了长沙，任湖南第一师范教职。在这所学校里，他结识了一位重要人物，时任教务主任，曾在五四运动中蜚声全国的匡互生。此为他俩在日后白马湖和立达学园的共事奠定了友谊的基础。

（二）形成期：春晖中学时期

白马湖位于浙江省上虞东北部。20 世纪 20 年代随着春晖中学的诞生和白马湖作家群的形成，她的人文之美、文化之韵更使她成了中国现代文化舞台上别具特色的"精彩剧目"。

由于浙一师的风波，对教育当局感到失望后，经亨颐决意在白马湖这个"世外桃源"办私立学校。夏丏尊赞同经亨颐的主张，他在此后在《春晖的使命》一文中也说："你是一个私立的，不比官立的凡事多窒碍。当现在首都及别省官立学校穷得关门，本省官立中等学校有的为了争竞位置，风潮叠起，丑秽得不可向迩的时候，竖了真正的旗帜，振起纯正的教育，不是你所应该做的事吗？"

夏丏尊是文化界德高望重的人物，他很快就召集了一大批一流人物云集白马湖：匡互生、丰子恺、刘薰宇、朱自清、朱光潜、刘叔琴等作家、艺术家和教育家。至此，以这些名流为主将，同时又由于他们的关系而来白马湖作短期游访或讲学的俞平伯、叶圣陶等的"加盟",一个所谓的"白马湖作家群"便在无形之中产生。他们先后都在这里"筑巢"或参访,在月白风清之中写文作诗绘画,过着田园牧歌式的文化生活,创作出了众多令人醉倒的作品。

在现代城市的地理规划上,"零地标"(Ground Zero)是指一个城市的"零公里"处。以"零地标"为中心,城市向四周延展。因此一个城市的"零地标"既是一个客观的地理存在,一个城市的中心之点,同时也具有象征意义,是这个城市的历史与发展的精神象征。作为白马湖作家群的"零地标",白马湖也具有类似的文化功能。

首先,对于"白马湖作家群"来说,白马湖畔的聚首是他们第一次以一个相对完整的阵容出现在20世纪中国文学史上。在这里,丰子恺、朱光潜开始走上文坛,从而与之前已经活跃在文坛的夏丏尊、朱自清会师,构筑起这个文学群体的主干力量;另一个主力成员叶圣陶及其外围人物俞平伯,则与生活、工作在白马湖的朱自清、丰子恺、夏丏尊等保持着紧密的文学联系。[1]其次,正是在白马湖畔,白马湖作家群以"立人"为核心的建设性的文化个性得以奠定;而其教育、出版、文学三位一体的文化风貌也在这里基本成形。在白马湖畔,白马湖作家群的主干力量既是春晖中学的教学核心,同时也是《春晖》半月刊的主要编辑者、撰稿人。他们既写新文学作品,同时又教现代白话文、宣扬新文化运动的核心价值理念。这一系列的文学—文化活动,凝聚起了这个作家群的"神"的所在[2],从而也为这批作家可以在"白马湖作家群"的名下加以讨论,提供了内在的精神支持。第三,作为现代文学史上一个经典的文学意象,"白马湖"的现代人文内涵是由以白马湖作家群为核心的现代知识分子奠定的。这使"白马

---

① 俞平伯曾于1924年到春晖访问;1924年4月,身在春晖的朱自清、丰子恺会同上海的叶圣陶、刘大白,北京的顾颉刚,以及闲居杭州的俞平伯等人组织成立了一个松散的文人团体"O.M."(意即"我们"),并于是年7月出版《我们的七月》。此可见白马湖与上海、北京、杭州之间的文学联系与互动,在中国现代文学史上,白马湖并不像它所处的地理位置那么偏僻。另外,据春晖中学编辑、人民教育出版社1999年版的《浙江省春晖中学》("中国名校丛书"之一)记载,叶圣陶曾于1923年秋到春晖中学访问,"住平屋,是首次来白马湖"(参见该书收录之《二十年代、三十年代初到春晖中学考察和讲学名人一览》,第109页)。疑误,因除此以外我们找不到1923年叶圣陶到春晖的相关记录。然而叶圣陶还是到过春晖、领略过白马湖秀丽的风姿。江苏教育出版社1987年版的《叶圣陶集》第3卷收录叶氏照片4帧,其中第1帧即为1928年1月拍摄的以白马湖畔夏丏尊先生"平屋"为背景的7人合影,编者题其名为《访夏丏尊先生》。因此,有学者认为叶圣陶没有到过白马湖的观点是不准确的。

② 叶圣陶所谓的"意趣上的互相理解",主要也是建立在这样的文化精神的基础上而言的。

湖"的地域概念与白马湖作家群这一文学群体紧密联系在了一起，从而使两者之间有了若干共通的思想素质。换言之，人们在提起"白马湖"的时候会想起"白马湖作家"，而在讨论"白马湖作家"的时候也会想起风光秀丽的"白马湖"。这种共通的思想素质也为"白马湖作家群"的命名提供了合法性基础。第四，同样也还是在白马湖畔，这群作家之间建立起了深厚的友谊。这种诗化的人际交往连同对"白马湖"的反复书写，遂使白马湖成为这群作家笔下的经典意象，具有超越时空限制的人文象征意味。这种象征同样具有凝聚力，它不但使此后远离白马湖的这批作家能够重温白马湖时期的生活与友谊，而且还在一个想象的空间中，构筑起其作为一个文学群体的精神场域，从而进一步强化了白马湖在这批作家中的精神象征意味。第五，白马湖作为一个乡村湖泊，还具有作为现代都市文明对照物的文化功能。就是说，在许多场合，白马湖畔的生活为白马湖作家能以乡村的立场反观现代都市文明，提供了一种新的思维方式与文化视角，从而开拓了白马湖作家群散文的文化品质。在这一点上讲，"白马湖"既是一个地点，一个文明参照的视点，同时也是一个文化上的原点，在白马湖作家群中拥有核心的地位与价值。在《山水间的生活》一文中，丰子恺即以"骚扰的寂寞"和"清静的热闹"两种形态来分别概括上海（现代都市）与白马湖畔（传统乡村）的生活[1]，颇具象征意义。

（三）繁荣期：从"立达学园"到"开明书店"

白马湖作家群在白马湖的活动于 1924 年冬告一段落，其原因是校内发生风潮，以白马湖作家群为代表的进步教师与保守势力在办学育人的观念上发生了不可调和的矛盾。为此，夏丏尊、丰子恺、朱光潜、朱自清等均相继离开了白马湖。朱自清曾给俞平伯写信说："春晖闹了风潮，我们彷徨了多日，现在总算暂告结束了。经过的情形极繁，详说殊无谓。约略言之：学生反对教务主任而罢课，学校提前放假，当局开除学生廿八人，我们反对而辞职；结果我仍被留

---

[1]　其原文是："我曾经住过上海，觉得上海住家，邻人都是不相往来，而且敌视的。我也曾经做过上海的学校教师，觉得上海的繁华和文明，能使聪明的明白人得到暗示和觉悟，而使悟力薄弱的人收到很恶的影响。我觉得上海虽热闹，实在寂寞，山中虽冷静，实在热闹，不觉得寂寞。就是上海是骚扰的寂寞，山中是清静的热闹。"见丰子恺《山水间的生活》，收《丰子恺文集》第 5 卷，浙江文艺出版社、浙江教育出版社，1992 年版，第 12—15 页。

在此，夏先生专任甬事，丰子恺改任上海艺术师范大学事。此后事甚乏味。半年后仍须一走。"同一封信中又说："我颇想脱离教育界，在商务觅一事，不知如何？也想到北京去，因从前在北京实在太苦了，真是白白住了那些年，很想再去仔细领略一回。如有相当机会，尚乞为我留意。"①

1925 年 1 月，丰子恺与匡互生在上海创办了立达中学，后改名为立达学园。1926 年 8 月，开明书店在上海成立，白马湖作家群的成员成了该书店的主将。历史的经验让这些从白马湖出走的同道们清醒地意识到，要实现自己的理想就必须走一条自己开创的道路。随着立达中学的诞生，立达同人又成立了一个叫"立达学会"的团体。立达学会成立于 1925 年 3 月 12 日，是匡互生、夏丏尊、丰子恺、朱光潜等立达主将发起成立的同人组织。立达中学创办后，学校的基本架构已经形成。为更加切合立达同人的教育教学理念，他们开始企划自建校舍和校名的变更。1925 年夏，匡互生发起在上海北郊江湾镇自建校舍，并计划在迁校址后将校名改为立达学园。而在开明书店，白马湖作家群的作家成了中坚力量。书店的宗旨也是继承了白马湖作家一贯的主张。叶圣陶为此作过详细的说明："办书店原有各种做法。兼收并蓄，无所不包，是一种做法；规定范围，不出限度，是一种做法；漫无标的，唯利是图，又是一种做法；前一种做法需要大力量，不但财力要大，知力也要大，我们担当不了。后一种呢，与我们意趣不相容，当然不取。与我们相宜的只有中间一种，就是规定范围的作法。我们把我们的读者群规定为中等教育程度的青年，出版一些书刊，绝大部分是存心奉献给他们的。这与我们的学识修养和教育见解都有关系。我们自问并无专家之学，不过有些够得上水准的常识，编选些普通书刊，似乎能胜任愉快。这是一层。我们看出现在的教育继承着传统旧教育的传统，而新教育承着旧教育的传统是没有效果的。我们也知道教育不是孤立的事项，要改革教育必须其他种种方面都改革，但是改革教育的意识不能不从早唤起，改革教育的工具不能不从早准备，这又是一层。"②对于开明书店的中坚力量，吴觉农说得很清楚："开明的老一辈还有一个特点，就是大都有同乡、同窗或同事之谊的老关系，彼

---

①　朱自清致俞平伯函，见陈孝全著《朱自清传》，十月文艺出版社，1991 年版。
②　叶圣陶语，转引自唐锡光《开明的历程》，收《我与开明》，中国青年出版社，1985 年版，第289 页。

此意气相投，私交甚笃。开明同乡多绍兴人（包括上虞、余姚等县），多杭州一师和上虞春晖中学的教员（当时经亨颐老先生办的春晖中学集中了一批知名的教师如丰子恺、朱自清、李叔同等），大家把开明当作集体的事业，关心它的成长和发展。"① 在开明书店，夏丏尊起担任了编辑所所长。1928年，由夏丏尊、刘叔琴、杜海生、丰子恺、胡仲持、吴仲盐等人发起，改组为股份有限公司，此后发行所也由宝山路搬到望平路，继迁福州路，其门面扩大，规模可观。夏丏尊仍为书店编辑所的所长，而主持编辑工作的是叶圣陶等人，丰子恺及其学生钱君匋则是开明书店书籍的主要装帧设计者。1930年，在白马湖作家们的倡导下，又一份以学生为对象的《中学生》杂志创刊了。夏丏尊为主编之一，丰子恺是编辑之一，作者中又以叶圣陶、丰子恺、朱自清、刘薰宇等为主体。此后，开明书店又创刊一份重要的刊物《新少年》，仍由夏丏尊任社长，丰子恺、叶圣陶等为编辑。开明书店实际承担着郑振铎主编的《文学周报》、夏丏尊主编的《一般》的发行工作，而它出版的书籍也十分多。但相比之下，白马湖作家的书籍，或由其参与编辑的书籍影响最大。白马湖作家群的作家们在出版书籍、发行刊物方面不遗余力，其目的只有一个：向广大青少年奉献最精美的精神食粮。

立达学园、开明书店的创立标志着白马湖作家群成熟期的到来。从人脉上看，匡互生、夏丏尊、丰子恺、朱光潜等原本就是"白马湖人"，而叶圣陶、章锡琛等也于这一时期汇入他们的队伍；从办学、出版理念上看，反映了他们在文化上的一贯诉求。他们接受了以往的经验教训，经过不懈的努力，终于开创了一个崭新的文化天地。在这一时期，白马湖作家群展现了其完全的文学、教育、出版三位一体的文化风景，文学创作有其更为坚实的思想依托，文化—文学视野亦有更进一步的拓展。在这一时期，白马湖作家群的文化活动呈现出了繁荣期应有的热闹景象：不但文学代表作相继发表，而且还创办立达学园，编辑《一般》杂志，主持开明书店，出版《中学生》等影响深远的社会读物。在这一时期，白马湖作家群可谓全线出击，且又全面丰收。

---

① 吴觉农：《我和开明书店的关系》，收《我与开明》，第81页。吴文中所述李叔同为春晖中学教师不确。

（四）消退期：全面抗战爆发以后

白马湖作家群的源头可追溯至浙江省立第一师范学校时期，形成于1922年至1924年间，其后，他们又先后经历了"立达时期"和"开明时期"。然而，这个文学群体毕竟也有其"星散"的时候。虽然群体的"星散"并不意味着原处于该群体中的作家间的友情、文学主张、教育理念等有何变化，也不意味这些作家各自在不同的地域放弃了该群体的文化诉求，但一系列的事件和战争，诸方面的客观因素导致了白马湖作家群的解体。匡互生于1933年4月22日逝世后，立达学园逐渐走向衰败，这在客观上使白马湖作家群少了一个聚集地。"一·二八"事变也使开明书店损失惨重。停战后，夏丏尊、叶圣陶等与章锡琛一起重建开明，同时也补充了一些新的编辑人员，如贾祖璋即是在事变后由傅彬然介绍来到开明书店工作的（全面抗战爆发后赴内地）。[1] 但1937年8月13日上海战事爆发后，梧州路开明书店的经理部和编辑部及专为开明书店排印书刊的美成印刷厂全部毁于炮火，书店损失达80%以上。[2] 战争之初，开明书店的业务暂停，大部分员工留职停薪，只有福州路的门市部还在营业。发行所的库存现款不足千元，而急需清还的债务却数十倍于这个数字。章锡琛曾拟将开明书店迁至汉口，因书籍、纸型被日军劫走，又只能作罢，许多员工亦就此各奔前程。

事实上，随着形势的变化，白马湖同人在全面抗战爆发前后就已对各自的行迹作出了不同的安排，其中像丰子恺和叶圣陶则走上了逃难之路。夏丏尊一向怕出门，又年老多病，不准备离开上海。他一面替开明书店编字典，一边在私立南屏女子中学担任国文教师。夏丏尊选择了留守"孤岛"，一家人从虹口区的麦加里迁居至法租界霞飞路3号，全家六口挤在楼下的一间客堂里，除了随身带上的一点衣物，此外一无所有，过上了十分艰苦的生活。随着全面抗战的

---

① 贾祖璋：《丏尊师和开明书店的科学读物》，收《我与开明》，第47页。
② 据唐锡光《开明的历程》介绍："八一三"前夕，"国民党政府召集上海各书店经理到南京开会，宣布战争不可避免，要各家赶快把机器和各种重要物资搬离上海，说政府已经在武昌安排好设厂地点，还拨定了运输工具，叫各人回去立刻动手搬移。章锡琛第二天回到上海，就准备搬动。但是上海形势已很紧张，闸北区附近的工厂企业和居民都忙着向租界里移动，运输工具非常缺乏。开明自己没有一辆汽车，靠临时雇大车来搬运物资，一天搬不了多少，实在没有什么办法好想，只好听天由命了。"（见《我与开明》，第289页）

爆发，白马湖作家零散各地，更不能再相对集中地聚居在一起；一些核心人物相继去世，文化出版事业也进入相对的停滞期。尽管如此，白马湖作家之间的友谊与联系却依然存在，而作为作家个体的文学—文化活动，则仍在进行中。如 1939 年 3 月，章锡琛之弟章锡珊抵达桂林，经商议，他们首先将《中学生》复刊，并改为半月刊，封面上加印"战时半月刊"字样。白马湖作家在《中学生战时半月刊》上发表的作品很多，如丰子恺有《读爱国诗选》《谈抗战艺术》《日本的国歌》《传闻与实际》《文艺与工商》《告音乐初学者》《中国画的书和画本》《艺术的效果》等；朱自清有《北平沦陷那一天》《撩天儿——语文影之一》《〈经典常谈〉序》《〈伦敦杂记〉自序》等；朱光潜有《丰先生的人品与画品——为嘉定子恺画展作》等。[①] 叶圣陶作为社长，他的行事风格一如既往。他在日记中写道："见《中学生》第四期广告，卷头言中有《法币在外汇黑市中的跌价》一题。余觉此题甚不妥，有耸人听闻之嫌，或会受人指摘。因作书与祖璋、彬然，请他们以后注意。余虽不为实际上之编辑，然担社长之名，不能不负责任也。"[②] 一件小事，却体现了白马湖作家一贯的真诚而务实的态度。[③]

　　虽然白马湖作家在全面抗战时仍各自作着文学上的努力，然而这毕竟已是该群体的"尾声"。夏丏尊于 1946 年 4 月 23 日在上海病逝。[④] 朱自清于 1948 年

---

　　① 全面抗战爆发后，朱光潜应四川大学代理校长张颐之约，就任四川大学文学院院长。

　　② 叶圣陶日记，见商金林撰著《叶圣陶年谱长编》（第二卷），人民教育出版社，2004 年版，第110 页。

　　③ 1942 年，开明书店在成都设立编辑部办事处，叶圣陶回到开明，主持办事处的工作，除继续担任《中学生》社长外，还在 1945 年创刊了《开明少年》，并担任主编。抗战胜利后回到上海，开明书店也基本上恢复了原来的规模。1946 年夏丏尊逝世后，叶圣陶接任开明编辑所所长，负责终审《中学生》《开明少年》《国文月刊》的稿件，书稿也大多归他最后审读。此外，他还和朋友们一同编了《开明新编国文读本 [甲种]》《开明新编国文读本 [乙种]》《开明新编高级国文读本》《开明文言读本》等数套国文课本。

　　④ 夏丏尊的追悼会于 1946 年 6 月 2 日下午在上海玉佛寺举行。根据夏丏尊的遗愿，谢绝赙赠。治丧委员会推选几人组成夏丏尊先生纪念委员会，募集纪念基金，专赠于任职十年以上，成绩卓著，或在语文教学上获得创见的中学国文教师。此基金颁发过一次，受奖者为姚韵漪女士。后因通货膨胀，物价飞涨而未能坚持下去。1946 年 11 月，他被安葬在白马湖"平屋"后面的山丘之上。这里面对白马湖春晖中学，也算是一个最好的选择。

8 月 12 日因病于北平逝世。① 随着历史的新进程，中国现代文学史上的白马湖作家群便亦在无形中消逝。虽然如此，白马湖作家群的精神却仍在影响着当代散文的创作，白马湖作家群作家的散文创作亦被学界所重视，并被视为经典而为人们所铭记。②

二、白马湖作家群：区域文化人的集合

由于只是一个松散的文学群体，白马湖作家群没有其固定的机关组织与章程，因此，在这个文学群体的活动过程中，核心人物的作用就显得尤为突出。就其核心人物言之，又可以看出十分明显的区域文化印迹，实可谓是一次区域文化人的集合，而此区域指的就是苏浙皖。

白马湖作家群的组织型领袖人物是夏丏尊（浙江籍）和叶圣陶（江苏籍）。通过他们的人际组织与交往，白马湖作家群得以以一个文学群体的整体面貌呈现在 20 世纪 10—40 年代的中国文坛。其中，1937 年全面抗战爆发以前，夏丏尊的核心作用更为突出：在春晖中学，丰子恺、朱光潜等都是经夏丏尊的推荐到来的；离开春晖到上海创办立达学园，再到开明书店主持编务，夏丏尊一直都处于人际交往的核心之点。许多文化活动，也都在他的组织协调下得以顺利地开展。全面抗战爆发以后，由于夏丏尊留守孤岛，而白马湖作家群其他成员星散各地，在这样的情况下，叶圣陶就取代夏丏尊成为这个作家群体的组织核心，并成为流亡路上开明书店事业延续的中坚力量。1946 年夏丏尊去世以后，叶圣陶又代替前者主持开明编务，完全承担起了夏丏尊在全面抗战爆发前的组织功能。

---

① 1947 年，朱自清因北平当局任意捕人发表抗议书，又在反饥饿反内战的宣言上签名。接着他又抗议美国的扶日政策，在拒绝领取美援面粉宣言上签名，后因胃病复发，医治无效，终在贫病中辞世。毛泽东对朱自清宁肯饿死不领美国"救济粉"的精神，给予称赞，称其行为"表现了我们民族的英雄气概"。

② 中国新时期文学历史上的第一届优秀散文、杂文评奖于 1989 年举行。评委会主任唐弢评述道："新时期散文成绩斐然，有目共睹；但也还有不足的多方……对周作人、朱自清、丰子恺的散文学习研究得较少，因此，我们很难从今人的作品中看到这几位散文大家的影响，只有在黄裳的作品中看到一点周作人的影子，从杨绛的作品中看到一点丰子恺的影子。"（见唐弢《我观新时期散文和杂文》，载《散文世界》1989 年第 7 期）

丰子恺（浙江籍）于 1919 年夏在浙江省立第一师范学校毕业后，与吴梦非、刘质平一起在上海创办了中国第一所私立艺术师范学校——上海专科师范学校。因自感艺术基础不足以胜任教师之职，遂于 1921 年春赴日本学习艺术。限于经费，丰子恺在日本的时间只有 10 个月，1921 年冬，他回到国内，继续在上海专科师范学校任教。1922 年初夏，应夏丏尊之邀，丰子恺赴白马湖春晖中学任教。起初他是单身前往，次年春，其全家亦迁往白马湖。

朱自清（江苏籍）于 1919 年开始创作发表新诗，后又涉笔散文。1920 年，他毕业于北京大学哲学系（三年内修完四年课程，提前毕业）。同年秋，他赴杭州，任教于浙江省立第一师范学校。其时，北京大学同学俞平伯（浙江籍）亦在该校任教，两人交游颇多，尤其是在文学方面的交流十分密切。1921 年 4 月，文学研究会在北京成立，朱自清是该会早期会员之一。同年暑期，朱自清应聘任扬州江苏省立第八中学教务主任。后因与校方意见不合，教员学生也难融洽而辞职，旋即由文学研究会同仁刘延陵介绍，就任吴淞中国公学国文教员。在这所学校里，他结识了叶圣陶、郑振铎等文学研究会同道，此后彼此之间交往颇密。同年冬，因中国公学起风潮，朱自清复归浙江省立第一师范学校任教。1922 年，朱自清在中国文学史上做了一件有里程碑意义的事情。这年 1 月 15 日，他与刘延陵、俞平伯、叶圣陶创办了中国新文学史上第一个诗刊《诗》。这一年的 6 月，文学研究会丛书之一，朱自清、周作人、俞平伯、徐玉诺、郭绍虞、叶圣陶、刘延陵、郑振铎等八人的诗集《雪潮》由上海商务印书馆出版，第一集为朱自清作品，收诗 19 首。该年 9 月，朱自清赴浙江省台州六中任教，次年寒假后，到温州浙江省立第十中学任国文教师。1923 年的暑假，朱自清回江苏。1924 年 2 月底，朱自清应邀至宁波浙江省立第四中学任教。其时，经亨颐一身兼春晖、四中两校的校长，他这便邀请朱自清赴白马湖春晖中学任教（同时兼宁波四中教职）。

俞平伯（浙江籍），曾祖父俞樾（号曲园）是清代著名学者。1900 年 1 月 8 日，俞平伯在这个书香世家出生，名铭衡，字平伯。他从小在苏州长大，由母亲、大姐、曾祖父亲自授教。9 岁时入塾读书，因塾师督课欠严，两年后复由父母教读。1911 年，俞平伯赴上海学英文、数学，此后数年又先后在苏州受教于家庭教师及在平江中学读书，1915 年，16 岁的俞平伯考入北京大学文学部。

俞平伯在北京大学读书期间，正值 1915 年至 1919 年的新文化运动从萌发走向高潮的时期。他接受新文化思想显然很快，从 1918 年起，他就参加了新潮社的筹备工作，并开始创作新诗和新体小说，成了中国新诗的最早一批作者之一。这一时期的俞平伯，其在中国新文学大舞台上是以一个学者型的新诗人的面貌活跃着的。1924 年 3 月，这位诗人应其好友朱自清的邀请来到了白马湖。俞平伯还应夏丏尊之邀，于 3 月 10 日在春晖中学作了一次题为《诗的方便》的演讲。不知是巧合还是有意为之，自从俞平伯到白马湖后，也就是从 1925 年起，他的文学创作由新诗转向了散文，其中以 1925 年至 1928 年间写得最多。由于人缘上的关系，以及部分作品风格上的相似，俞平伯成为白马湖作家群的外围人物。

朱光潜（安徽籍）于 1922 年夏毕业于香港大学，曾在上海吴淞中国公学中学部教英文，同时在上海大学兼课。他当时的思想倾向，用他自己的话来说就是："我因受过长期的封建教育和帝国主义教育，一时还不能转过弯来，总的说来，我在不满现状方面和进步青年是心连心的，但由于清高的幻想妨碍我参加党派斗争。"① 不久，中国公学中学部在江浙战争中被毁，1924 年，朱光潜被夏丏尊邀至白马湖。朱光潜在《春晖》校刊上发表过一篇《无言之美》②，这既是他本人最早的一篇谈美文章，也是当时受春晖中学学生欢迎的阅读教材。

三、白马湖作家群的当代意义

白马湖作家群虽形成于 20 世纪 20 年代，但其文化观念和实践对当下仍具有很强的借鉴意义。主要表现在以下几个方面。

建设性的文化态度。白马湖作家群形成于五四新文化运动之后。这正是新旧文化大碰撞的时期。而在此后，几乎整个 20 世纪的中国思想界其实一直处于一种不断地自我反省与自我否定的状态之中，其中涌动着一股浓厚的破坏精神。在许多时段，这种破坏精神正表现为一种置之死地而后生的心态，其文化个性是激进而以破坏为主的，20 世纪 10—40 年代也在其列。用鲁迅著名的比喻来

---

① 朱光潜：《回忆上海立达学园和开明书店》一文，载《匡互生与立达学园》，北京师范大学出版社，1985 年版，第 119 页。
② 朱光潜：《无言之美》，载 1924 年 11 月 1 日《春晖》第 35 期。

说，就是假如要想在一间房子里开一个天窗，只提开窗的要求是达不到目的的，只有说，把这房子拉倒了吧，经过妥协，庶几能够达到开窗的目的。白马湖作家群的文化实践，从其价值取向来加以分析，总体上是和当时社会的思想主潮相一致的。他们的全部工作，无论是教育或者出版、写作，其最终的逻辑指向，全都聚焦于民族的自立自强；在学生与教育当局发生冲突的时候，他们也完全站在了爱国学生的一边，从而体现了其文化态度与时代精神的一致性。然而与时代思想主潮不一致的是，白马湖作家群的文化个性，从整体上来看是建设性的。也就是说，和时代"以破为立"的主流思维方式不同，白马湖作家群的努力方向，并不在于反思、批判文化传统（或西方文化）的好坏得失，而主要是通过他们扎实的文化工作，从正面向当时的青年学生灌输一种新的文化理念与知识。这就是说白马湖作家群在总体上的文化价值取向，一方面是认同于五四新文化运动的基本思想主张（同时，对于传统文化思想中有和时代新思潮相一致的，他们也一并加以重视）；另一方面，与鲁迅们反身而战的文化姿态不同的是，白马湖作家群在认同五四新文化运动思想主张的基础上，从事的是这一思想主张在教育、出版、写作领域的贯彻落实工作。这就使他们的文化工作呈示出了浓郁的建设性的思想意味，并包含了更多的文化上的宽容性。①

　　这种建设性的文化态度也许与他们个人敦厚的性格有关，但更主要的，却应该是其文化理念——一种以"育人"为核心内容的文化理念——作用的结果。在教师"育人"的建设性视野内，他们努力使自己的工作在建设的轨道上运行。在教育工作中，白马湖作家群的主要成员并没有将其工作主旨放在纯粹的揭露时代教育体制的积弊上，而是尽其所能，努力实践一种他们心目中的"纯正的教育"。按夏丏尊的话来说就是："当现在首都及别省官立学校穷得关门，本省官立中等学校有的为了竞争位置，风潮迭起，丑秽得不可向迩的时候，竖了真正的旗帜，振起纯正的教育，不是你（引者按，指刚创建不久的春晖中学）所

①　鲁迅曾将自己的战斗姿态概括为"横站"。1934年12月18日在给杨霁云的信中，鲁迅说："为了防后方，我就得横站，不能正对敌人，而且瞻前顾后，格外费力。"（《鲁迅全集》第12卷，人民文学出版社，1981年版，第606页）此可见鲁迅的斗士精神。然惟其取"战斗"的姿态，在鲁迅的视野里，"破旧"的工作远比"立新"要重要与艰巨得多。白马湖作家群却师出偏锋。他们并没有出现在敌我对立的两军阵前，像鲁迅那样承担着"破旧"的工作，而主要通过教育、出版、写作等建设性的文化工作，来巩固、扩大新文化运动的胜利成果。

应该做的事吗？"① 由此，他们从正面提出了教育要"与时俱进""适应新思潮"等方针，并努力在实际的教育（也包括出版、写作）工作中加以实践。这种建设性的、与时俱进的文化态度可以从不断修正教育方针看得出来，从蔡元培的"德智体美"到浙一师的"德智体美群"，再到春晖中学的"德智体美群劳"。反观今天"劳育"的重新提出，可知白马湖作家群进步而全面的教育理念。

以人为中心的文化内核。建设性的文化态度和白马湖作家群以人为中心的文化理念紧密相关。近代以来，一些教育家曾从不同的角度提倡教育中的"立人"意识，态度诚恳而且认真，在点点滴滴的进步中累积着自己的成绩。白马湖作家群的文化活动也坚持这一点，但他们还特别主张在"立人"的工程中高度重视"人格教育"和"艺术教育"。"人格教育"作为一种教育理论，产生于 19 世纪末 20 世纪初的欧洲，主张以养成被教育者的人格为主要的教育目的，其思维方式与价值取向都是正面的，或建设性的。白马湖作家群"人格教育"思想的形成与展开，应该受到这一理论的影响，但更主要的，却与中国社会的思想现状有关。即是说，白马湖作家群所谓的"人格教育"，内在地包含了以"立人"的工作来实现民族、国家自救的逻辑基础。这和西方的"人格教育"在内容、目的的侧重上有所不同。比较有意思的是，白马湖作家群的"人格教育"相较于其他教育家，他们落实得十分具体。比如朱自清强调"人格教育"要与"做人联系在一起："我总觉得'为学'与'做人'应当并重……学生们入学校，一面固是'求学'，一面也是学做人……机械的得着知识，又机械的运用知识的人，人格上没有深厚的根基，只随着机会和环境的支使的人，他们的人生的理想是很模糊的，他们的努力是盲目的……要从事于此：教育者先须有健全的人格，而且对于教育，须有坚贞的信仰，如宗教徒一般。② 朱自清强调"人格教育"外，还隐约道出了白马湖作家群提倡"人格教育"的原因：人格上没有深厚的根基，人生的理想是很模糊的，他们的努力是盲目的。话外之音是，必先培植个人深厚的人格根基，然后才可以谈"器物""技艺"层面的问题；也只有个人人格根基培植深

① 又如经亨颐在春晖中学开校典礼上的那个发言，在看到了"不能算好"的现状以后，紧接着他就从正面阐述了春晖中学"办好教育"的四点希望："第一希望社会能同情于春晖，第二希望校董能完全负责，第三希望有安心的教员，第四希望有满意的学生。"经亨颐、夏丏尊引文皆见"中国名校丛书"《浙江春晖中学》，浙江春晖中学编，第 27、111 页。
② 朱自清：《教育的信仰》，《朱自清全集》第 4 卷，江苏教育出版社，1990 年版，第 142—143 页。

厚了，国家救亡的战略工程才有可能取得成效。此外，白马湖作家群的"人格教育"不是空洞的，而是具备落实的抓手，即艺术教育。为此，他们张扬艺术，提倡美育。比如在立达学园，因深感当时中国艺术界的幼稚，以为时下中国的艺术教育已走向了歧途，以为中国的艺术教育往往免不了商业化的教育，只是借艺术教育之名，来遮掩唯利是图的市侩手腕。所以，他们迫切希望看到能在自己的学校里辟一块园地，来从事真正的艺术教育，设立艺术科，欲在立达这一块园地上作一番艺术的耕耘，这跟"学园"这个词也十分吻合。其实，"立达中学"之所以要改名为"立达学园"，很大程度上跟该校重视艺术教育有关。他们认为把校名改成"立达学园"还能够表示教育的真正意义。因为教育的真正意义是引发而不是模造，教育者的责任，是要使被教育者在能够自由发展的环境中发展，这正像园艺家培养花木一样。在立达学园成立的一开始，学校就设立了艺术专门部的西洋画科、图案科，为普及艺术起见，学校还计划设立艺术室，供学生参观，并举行自己的作品展览会。丰子恺是该校的艺术教师，朱光潜虽然在立达中学成立不久后去了英国留学，但他仍定时将自己对青年的谈美文章寄回来在立达的刊物上发表。

对"艺术教育"的重视从另一个侧面补充、支持了白马湖作家群"人格教育"的理念或主张。在白马湖作家群，"艺术教育"并非简单的美术或音乐教育，而与"艺术生活"的概念紧密结合在一起。1922 年 4 月，《美育》杂志第 7 期发表丰子恺《艺术教育的原理》一文。在这篇论文里，丰子恺认为，出于对艺术精神的隔膜，"中国现在普通学校的艺术科，都不能奏它的效果"。"艺术教育的疏忽的损失，似微而实大。美国是偏重实际的国家，专门在原因结果的系统中教育青年，结果使人民变了机械的枯燥的生活，影响到社会很大……艺术附属在科学里面去，学生的精神上，缺少了一项艺术的享乐的和安慰的供给，简直可以说变成了不完全的残废的人，不可称为真正的完全的人。"[1]

中西融合的文化风度。透过以上分析，我们可以发现，和当时普遍存在的西化倾向相比，白马湖作家群的文化个性含有融合中西而不拘泥于"中""西"的特点。1840 年以后，中国人对于中西方文化的态度，先是盲目排外，然后是

---

[1]　丰子恺:《艺术教育的原理》，收《丰子恺文集》第 1 卷（艺术卷一），第 11—16 页。

试图在"中学为体，西学为用"的模式下融会贯通，然而效果似乎都不是很好。到了五四时期，反思第一次大战的爆发，一部分学者从西方社会物质与精神之间的紧张与矛盾中看出了西方社会内在的弊端，并由此宣告"科学的破产"。对此，五四新文化运动的倡导者们奋起反击，他们高举了"科学"与"民主"的大旗，认为东西洋文化"决不是所谓物质文明、精神文明，这种笼统的名词所能概括的……欧洲文化纵然是破产（目前并无此事），科学绝对不负这种责任，因为破产的大原因是国际战争。对于战争最应该负责的人是政治家同教育家"①。在这样的论战中，人们习惯于用二分的思维方式来考察、看待古今中外的问题。

　　从总体上来说，白马湖作家群的文化倾向是支持五四新文化运动的。然而在他们支持传播西方社会思想、理念的同时，对于中国自己固有的文化传统，却也并不因此而持全盘否定的态度。在中西文化的取舍问题上，他们似乎并不执着于"体用""优劣"之类的分辨，而只是本着"实用主义"的态度自由吸取。而且，由于时代正处于一种激烈的反传统的状态，在这样的背景下，白马湖作家群对中国文化传统的重视，不但显出其建设的文化态度与融会中西的文化风度，而且更有纠时代之偏的文化功能。此种"风度"，也十分值得当下文化建设参考和借鉴。

　　（作者系浙江省文史研究馆馆员，杭州师范大学弘一大师·丰子恺研究中心主任、资深教授、编审）

---

　　① 丁文江：《玄学与科学——评张君劢的〈人生观〉》，引自《科学与人生观》，山东人民出版社，1997 年版，第 54—55 页。

戴复古真的"口不谈世事"吗？

——谈南宋诗歌研究中一个流传已久的误解

费君清

内容提要： 自从元代诗论家方回在《瀛奎律髓》中说南宋江湖诗人戴复古"于广座中口不谈世事"之后，这种看法就很大程度上被固定下来，为后世很多学者所沿袭，甚至还被进一步解读为戴复古不关心世事或是有意逃避社会现实，并由此引发了对他的一些负面评价。其实，这种看法是很值得商榷的。从南宋史料尤其是戴复古自身作品看，戴复古完全是一个充满入世热忱的忠勇之士。他感时伤世，忧国忧民，居江湖之远而有廊庙之忧，敢于刺君王、诋时忌、忤达官、哀民生，充分体现了他爱国爱民之心和对世事的关切与参与。由于戴复古平时比较注意讲话的方式与场合，恪守底线，未逆龙鳞，故得到一些官员士绅的肯定。因此，对方回此言不能片面理解而作了误读，应当结合戴复古生平事迹和文学创作的实际来加以综合判断，得出符合历史真实的结论，从而纠正长期以来学术界对戴复古的误解。

关键词： 戴复古；南宋诗歌；世事；误解

一、"口不谈世事"一说的提出及其影响

戴复古（1168—1247）是南宋江湖诗人中一个杰出代表，不少文学史著作在论述宋代诗歌时，都会介绍戴复古诗歌创作成就，同时也往往说到他"每于广坐中，口不谈世事"的个性，把他当成与"永嘉四灵"一样吟花弄月，不关心

时事政治的避世之士。为了更全面深入地了解戴复古，还他一个历史真实，笔者认为很有必要从南宋当时人的评论和诗人自己的诗文创作实际这两个切入点来作一番探讨，看看戴复古究竟是如何对待世事的，从而纠正南宋诗歌研究中这一由来已久的误解。

最早提出戴复古"口不谈世事"这个说法的始作俑者是诗歌评论家方回。他在《瀛奎律髓》卷二十说："石屏戴复古，字式之，天台人。早年不甚读书，中年以诗游诸公间，颇有声。寿至八十余。以诗为生涯而成家。盖'江湖'游士，多以星命相卜，挟中朝尺书，奔走阃台郡县糊口耳。庆元、嘉定以来，乃有诗人为谒客者。龙洲刘过改之之徒不一人，石屏亦其一也。相率成风，至不务举子业，干求一二要路之书为介，谓之'阔匾'，副以诗篇，动获数千缗以至万缗。如壶山宋谦父自逊，一谒贾似道，获楮币二十万缗以造华居是也。钱塘湖山，此曹什伯为群，阮梅峰秀实、林可山洪、孙花翁季蕃、高菊磵九万，往往雌黄士大夫，口吻可畏，至于望门倒屣。石屏为人则否，每于广座中，口不谈世事，缙绅多之。"①

这是一段关于江湖诗派和戴复古的重要历史资料，它既介绍了戴复古生平事迹，又说明了南宋江湖诗人们从事干谒的大致情况，最后点出戴复古与一般江湖诗人的不同之处是"每于广座中口不谈世事，缙绅多之"。方回生活在宋末元初，和一些年辈较晚的江湖诗人有过交往，耳闻目睹了不少关于江湖诗人的奇闻轶事，因此他对南宋江湖诗人的情况是比较了解的。②他在《瀛奎律髓》卷二十评戴复古《寄寻梅》中所载江湖诗人干谒权贵和"雌黄士大夫口吻可畏"，以及同卷刘克庄《落梅》诗注中所述江湖诗祸的有关情况等，都是后人所经常引用的。对于这段历史和有关情况，我们在其他南宋文献中也能找到一些与此相呼应的历史资料，一是罗大经《鹤林玉露》卷四"诗祸"条中谈到刘克庄、敖陶孙、曾景建等人曾有诗篇讥讽朝政，"当国者见而恶之，并行贬斥"③。二是周密

---

① 方回选评，李庆甲集评点校：《瀛奎律髓汇评》，上海古籍出版社，1986年版，第840页。

② 有不少南宋诗人生平和创作情况就因有了他的文字记载才赖以流传下来，不至于湮没无闻。方回评语："如刘江村澜，最晚辈。本天台道士，能诗。还俗。磨莹工密，自谓晚唐。予及识其人，今亦归九泉。而处士诗名遂绝响矣。故因取石屏此诗，而详纪于此。"此处就记述了南宋诗人刘澜的有关情况。

③ 罗大经撰，王瑞来点校：《鹤林玉露》卷之四"诗祸"，中华书局，1983年版，第187页。

《齐东野语》卷十六"诗道否泰"条①，记载了言官李知孝与曾极有隙，蓄意寻衅报复，于是故意改动前人诗作，嫁祸给曾极，恰好刘克庄、敖陶孙和陈起等人亦有一些敏感诗句被人论列，于是"皆指为谤讪"，从而引发了江湖诗祸。

笔者还注意到其他一些因素也对诗祸的发生起到了推波助澜的作用。这就是南宋江湖诗人中一些言行不检的人，引起了达官贵人的不满和愤怒。如有的江湖诗人四处干谒，叹老嗟穷，乞讨钱财；有的则逞口舌之利，信口雌黄，大造舆论，甚至挟制权贵。如宋人黄震在《黄氏日钞》中说："江湖乞丐之靡，必且干势要、挟阔书，求为司门，求为敖口，求为催租官。"② 又如周密说："淳祐辛亥，郑丞相清之当国，朝议以游士多无检束，群居率以私喜怒轩轾人。甚者，以植党挠官府之政，扣阍揽黜陟之权，或受赂丑诋朝绅，或设局骗胁民庶，风俗寝坏。"③ 以上这些资料都非常真切地展示了江湖诗人在当时为人诟病的两个方面：一是拜谒干请，求名求利；叹穷嗟卑，求人怜悯。二是口无遮拦，信口雌黄；讥刺当权，要挟官员。

再结合宝庆年间的政治局势来看，江湖诗祸的发生与朝廷政治有密切联系。嘉定十七年（1224）八月，宋宁宗去世，权相史弥远拥立皇侄沂王昀，是为理宗；将原定继承人皇侄竑封为济王，出居湖州。江湖诗人批评朝政，尤其对权臣史弥远擅权废立一事议论纷纷，为被废的济王鸣冤叫屈。在改朝换代之际，当政者千方百计要巩固自己权力。江湖诗人这么做，无疑是触犯了朝廷的最大忌讳。当权者看到江湖诗人在社会上口碑并不好，现在就正好痛下杀手。

这场史称"江湖诗祸"的文字狱，不仅震惊了当时朝野上下，而且产生了十分严重的实际后果：不但江湖集书版被毁，几位涉事的江湖诗人如刘克庄、陈起、曾极、敖陶孙等人都受到贬斥或流放等严厉处罚，曾极还因此死在了贬谪地。据说当时朝廷还"诏禁士大夫作诗"，江湖上"以诗为讳者三年"，直到1233年权臣史弥远死，理宗开始亲政，"诗禁乃解"。④ 也因有上述因素，方回一直把"干谒"和"雌黄士大夫"看成是江湖诗人的劣迹。不过，他似乎对戴复

①　周密撰，张茂鹏点校：《齐东野语》卷十六"诗道否泰"，中华书局，1983年版，第292页。
②　《黄氏日钞》卷六十八《读水心别集后》，景印文渊阁《四库全书》，第708册，第668页。
③　周密撰，张茂鹏点校：《齐东野语》卷六"杭学游士聚散"，第110页。
④　永瑢等撰：《四库全书总目提要》卷一八七《江湖小集》提要，中华书局，1965年版，第1701页。对于诗禁三年还是十年，不同的人有不同的说法，此不赘述。

古稍加宽容。一方面，他对戴复古的干谒诗十分不屑，如对戴复古《岁暮呈真翰林》一诗，他说："石屏此诗，前六句尽佳，尾句不称，乃止于诉穷乞怜而已。求尺书，干钱物，谒客声气，江湖间人皆学此等衰意思，所以令人厌之。"① 另一方面，他又对戴复古流露某种肯定，如他特意拈出"石屏为人则否，每于广座中，口不谈世事"② 的例子，即有赞赏之意。众所周知，方回反对诗人使气骂座，认为"怒骂以为豪"的诗人"是不可与言诗也哉"。③ 从这种观点出发，他是把戴复古"每于广座中口不谈世事"作为一种优点拿出来表扬。

　　方回的说法在后世得到广泛流传，并逐渐成了对戴复古的主流评价。如明代马金在《书石屏诗集后》就引用方回之语来褒扬戴复古，说他为人所重，并不仅仅是"篇什之工"，更重要的是他的人品。④ 又如清代吴之振《宋诗钞》亦摘引方回的这段话："方万里曰：庆元以来，诗人为谒客成风，干求要路，动获千万，石屏鄙之不为也。"另外，还有一些地方志如《台州府志·文苑传》等，同样也都采用方回的说法："复古虽以诗游诸公间，然广坐中，口不谈当世事，缙绅多之。"又如清代戚学标《台州外书》记载："庆元、嘉定以来，诗人多奔走台阃郡县为谒客，又好雌黄士大夫，口吻可畏。复古虽往来荐绅家，能淡然无所求，广坐不轻发言，以故远近重之。同时阮梅峰、林可山辈不及也。"⑤ 仔细玩味上述地方志的用语，可以发现字里行间总隐含着一些特殊的用意。如戚学标说"（戴复古）能淡然无所求"，请注意这六个字就是方回原文中所没有的，而在《台州外书》中首次出现，这是戚学标为了淡化戴复古长期在外干谒经历的缘故。因为说起诗人干谒总是不太好，而说诗人虽然外出干谒，却能做到无所求，那就能出体现诗人的清高。无独有偶，清代吴之振一面引用方回的话，说南宋时期"谒客成风，干求要路，动获千万"⑥，一面又说"石屏鄙之不为也"。这就有点可笑了，戴复古从事干谒乃是铁板钉钉的历史事实，连戴复古自己也从不

① 方回评选，李庆甲集评点校：《瀛奎律髓汇评》，第 486、840 页。
② 方回评选，李庆甲集评点校：《瀛奎律髓汇评》，第 486、840 页。
③ 方回：《桐江集》卷二《跋遂初尤先生尚书诗》。
④ 吴茂云校注：《戴复古全集校注》，中国文史出版社，2008 年版，第 401、404 页。
⑤ 清嘉庆四年刻本《台州外书》卷四"人物"，转引自《戴复古集》，浙江大学出版社，2016 年版，第 648 页。
⑥ 《宋诗钞·石屏诗钞序》，见吴茂云校注：《戴复古全集校注》，第 403 页。

隐瞒这一点,多次坦言自己奔走江湖是为了"求名求利",而吴之振却偏偏要为之掩饰。二是戚学标把方回原话中"每于广坐中,口不谈世事"这句话,修改为"广坐不轻发言,以故远近重之"。表面上看起来这两句话的差异似乎不大,其实却在改变方回原话的本意。方回是说戴复古不在大庭广众面前议论世事,而戚氏则改为戴复古在众人面前不轻易发言,显得十分谨慎。由于上文已经说到有些江湖诗人说话口无遮拦,雌黄士大夫,以致惹人反感的问题,故说戴复古言行谨慎,无疑是想进一步来突出戴复古的优点。

在编修《四库全书》时,馆臣们在《四库全书总目》卷一八七《江湖小集》提要中分别引用方回在《瀛奎律髓》卷二十戴复古《寄寻梅》和刘克庄《落梅》的评注文字,以说明江湖诗祸的缘起和后果;在《石屏集》提要又提到"方回跋其诗,亦称其清健轻快,自成一家";在《后村集》提要亦提到"(后村)其诗派近杨万里,大抵词病质俚,意伤浅露。故方回作《瀛奎律髓》极不满之"等等,从四库馆臣著述中每每引用方回的观点看,在清代主流学者中,方回的学术影响力是相当大的。

到了现当代,方回此说仍在持续地影响人们。如有学者认为戴复古"不訾议士大夫"的做法值得肯定和赞扬。①有的学者则认为戴复古前后期有不同表现,后期开始逃避现实。如"作为一介平民,且处在险恶的政治环境中,戴复古忧国之心最终只能陷入"不须谈世事,万虑满乾坤""相逢莫说伤心事,且把霜螯荐酒樽"的精神困境,以逃避与颓唐的态度来求得解脱,走向江湖诗人政治的和人生的共同归宿"②。还有学者认为,戴复古后期存在着"江湖诗祸之后留下来的小心翼翼的畏祸心理",并以他《处世》一诗为例来说明:"全诗表现出的是一套对现实不闻不问、明哲保身的处世哲学。"并断言:"他们就是在一次次类似'江湖诗祸'的打击下与'货难售'的挫折中,慢慢抛弃'美制'、'漫刺'的优秀传统,将诗歌的发展引向了另外的方向。"③

上述例子表明,后世学者基本上都采信了方回关于戴复古"每于广坐中口

---

① 戴复古著,金芝山点校:《戴复古诗集》,浙江古籍出版社,1992年版,"前言"第1页。
② 许总:《宋诗史》,重庆出版社,1997年版,第825页。
③ 刘婷婷:《宋季士风与文学》,中华书局,2010年版,第58、59页。作者可能对"漫刺"的理解有误。

不谈世事"的说法，只不过由于历代评论者的出发点不完全一样，立场观点也各有不同，尤其到了近现代随着社会意识形态发生的巨大变化，对作者的评价也会随之改变，因此有的持肯定态度，有的则持否定态度。但是他们都有一个共同点，即不同程度地都受到了方回此说的影响。

二、南宋人对"口不谈世事"一说的不同意见

既然方回此说的影响力这么大，那要看它究竟符不符合戴复古的实际情况？目前已发现有两位南宋人的记载与方回的记载有明显不同，一位是王埜，他在为戴复古诗集题跋时说："近岁以诗鸣者多学晚唐，致思婉巧，起人耳目，然终乏实用。所谓言之者无罪，闻之者足以戒，要不专在风云月露间也。式之独知之，长篇短章，隐然有江湖廊庙之忧，虽诋时忌，忤达官，弗顾也。"[①] 作者明确指出戴复古诗歌有两个特点值得重视：一个是戴复古与学晚唐的诗人不一样，他的诗歌题材广阔，推崇实用，"要不专在风云月露间也"；二是戴复古虽身在江湖而有廊庙之忧，并敢在诗篇中"诋时忌、忤达官"。由此可见，王埜心目中的戴复古是关心政治、关心社会，并能仗义执言的。另一位是姚镛，他曾经先后两次为戴复古诗集作题跋。他在题跋中说："其于朋友故旧之情，每惓惓不能忘，至于伤时忧国，耿耿寸心，甚矣其似少陵也。"[②] 把戴复古比作爱国诗人杜甫，有一颗伤时忧国的耿耿忠心，这和王埜所言正好吻合，因此他们两人都可以来证明戴复古确实是关心世事，忧国忧民的。

以上两位所说的话是颇具权威的。因为他们都是戴复古的知心朋友，互相之间有着特殊友情。首先，他们与戴复古都生活在同一时期，年龄相近，不仅相识相知，而且志趣相投，经常歌酒流连，互相唱酬。如《戴复古集》中有《题邵武熙春台呈王子文使君》《谢王使君送旅费》《怀雪蓬姚希声使君》《赣州上清道院呈姚雪蓬》等诗。更为难得的是，两位好友都分别为戴复古诗集写过题跋，这样自然对戴复古思想和创作会有超出一般人的认识。其次，他们的思想倾向和政治观念都比较相近，更容易互相交心和理解。如姚镛当年因为得罪了长官

---

① "王埜题跋"，见吴茂云校注：《戴复古全集校注》，第396页。
② "王埜题跋"，见吴茂云校注：《戴复古全集校注》，第397页。

陈子华而被贬官衡阳的时候，戴复古特意寄诗相赠。[①] 后来，戴复古又翻山涉水专程去衡阳探望，使得姚镛十分感动。再次，他俩都曾给予戴复古经济上的帮助。如戴复古诗《谢王使君送旅费》中有"黄堂解留客，时送卖诗钱"之句。[②]

正因为有上面这些亲密关系，他俩所发表的意见自然要比方回更接近历史真实。不过，由于客观上存在着两说，而且方回在学界影响力又这么大，因此我们还得再作进一步努力，来分析这两者究竟孰是孰非。

三、戴复古诗歌对朝政和时弊的针砭

戴复古以诗为业，自称"我手写我心"。在他的诗中，不仅可以听到他的慷慨陈词，也可以看到他的生平行事；不仅可以了解他的心路历程，也可以看到他的思想品格。戴复古流传下来的诗作近千首，内容涉及时事政治的大约有170首。从这170首作品中，可以看到他满腔热忱地抒发忧国忧民之心，不仅大胆评论世事，公开批评朝廷政策，揭露社会沉疴，而且尖锐地抨击那些达官贵人，甚至把批判锋芒指向最高统治者。他所言的"世事"包罗万象，内容丰富，涉及面很广，并且深刻触动到南宋社会的一些核心问题，可以把它概括为"刺君王""诋时忌""忤达官""哀民生"这四点来加以论述。

1. 刺君王

戴复古诗中经常表露对君王的批评和讥刺，具体表现在以下几个方面：

一是坚决反对君王的投降求和国策。在南宋时期，和战问题是最高的政治，它涉及国家安危和民族存亡，自然成为朝野共同关切的热点和焦点问题。同时，和战问题又是一个非常敏感的话题，官员们都避之不及，生怕给自己引来祸端。原因是自从宋高宗与金人签订了屈辱的"绍兴和议"之后，一心要维护南宋小朝廷这个偏安局面，故每当宋金之间发生矛盾冲突之时，他总是惊恐万分，一心想妥协求和。戴复古对此极为不满，明确反对卖国投降国策，力主坚决抗敌，收复中原失地。如嘉定六年（1213）金国发生内乱后，真德秀上疏奏边事，建

---

① 《怀雪篷姚希声使君》其一，见吴茂云校注：《戴复古全集校注》，第205页。
② 《谢王使君送旅费》，见吴茂云校注：《戴复古全集校注》，第128页。

议朝廷借机收复中原。戴复古闻知此事后，深为感动，并仿效"白居易体"作了一首以题代序的长诗① 对真德秀大加赞扬，并表达自己对时局的看法。诗云"形势从来只如此，几年待得天时至？"意为收复中原一事要坚决果断，不能老是畏畏缩缩坐等所谓"天时"到来。再如"朝廷为计保万全，往往忘却前朝耻"，更是尖锐揭露君主贪图安逸，胆小如鼠，只求能保住江南一隅，早就忘了国家奇耻大辱。又如"天意未回事难举，向来一试成千误"，意指没有君王支持，恢复中原大事难成，已经把锋芒指向了最高统治者。最后诗人指出国家强大和稳定要靠君王的英明："坐令国势九鼎重，所赖君心一点明。"② 此诗中多次出现"朝廷""天意""君心"和"龙颜"等词，矛头所向十分明白，这不仅鲜明地体现了作者的政治立场，而且也流露了他内心的悲愤激切。

　　二是揭露君主和统治集团的荒淫腐败。诗人十分愤怒地指责南宋君臣在大敌当前的危难关头，不是卧薪尝胆，励精图治，而是照旧歌舞升平，竞相以奢恣享乐为事。南宋大臣洪天锡曾在上疏理宗时激切地说："上下穷空，远近怨疾，独贵戚巨阉享富贵耳。举天下穷且怨，陛下能独与数十人者共天下乎？"戴复古在诗中也屡屡愤怒抨击这种现象："灾异天垂戒，修为国可医。传闻上元夜，绝似太平时。"③ 又说："四海争传治安策，诸公如在太平时。"④

　　三是不满君王贤愚不分，黜陟不当。由于当权者一味任用亲信，结果一批奸佞和庸才占据要职却无所作为。故诗人说："诸贤皆在位，治效尚迟迟。污吏未能去，明君若可欺。"⑤ 又云："屡遣和戎使，三边未解兵。武夫权渐重，宰相望何轻。"⑥ 由于文臣武将既无志向，又无韬略，只是得过且过混日子而已。因此诗人说："几人缄口贪官职，身在朝廷志已忘。"⑦ 而一旦国家有难，正要用人之际，他们又惊慌失措，纷纷逃避。"时危诸老皆求去，兵满三边未解纷。"⑧ 朝

　　① 《题申季山所藏李伯时画〈村田乐图〉》，见吴茂云校注：《戴复古全集校注》，第 29 页。
　　② 《题申季山所藏李伯时画〈村田乐图〉》，见吴茂云校注：《戴复古全集校注》，第 30 页。
　　③ 《读三学士人论事三书》，见吴茂云校注：《戴复古全集校注》，第 91 页。
　　④ 《读王幼学上殿劄子》，见吴茂云校注：《戴复古全集校注》，第 210 页。
　　⑤ 《投江西曾宪》，见吴茂云校注：《戴复古全集校注》，第 100 页。
　　⑥ 《所闻》其一，见吴茂云校注：《戴复古全集校注》，第 103 页。
　　⑦ 《韩张亭》，见吴茂云校注：《戴复古全集校注》，第 232 页。
　　⑧ 《友人朱渊出示廷对策，不顾忌讳，读之使人凛凛，受淮东制置辟》，见吴茂云校注：《戴复古全集校注》，第 191 页。

中小人一旦得志，忠良之士就反而被黜退。为此诗人批评朝廷黑白颠倒，偏让寡廉鲜耻的官员留用，而让素有直声的官员离开，如："台官关系重，用舍一何轻。诸老多惭德，斯人有直声。"① 另一首《一相识无辜获罪》一诗也是揭示这种现状："志士失涂为鬼笑，佳人泣血送君行。"② 由于君王对人才的摒弃，使诗人寒心不已。《寄清流王令君》云："如何有廉吏，不入荐书中。"③ "真龙不用只画图，猛拍栏杆寄三叹。"④ 这些诗均流露出对掌握黜陟大权的当政者的无比失望。

戴复古还在诗中指责统治者刚愎自用，听不进逆耳忠言，对官员直言进谏和民间呼声常常置若罔闻，甚至对耿直敢言之士打击报复。如："忧国家何有，愁吟天不闻。"⑤ "志士不能行所学，明君亦或讳忠言。"⑥ "近者李侍郎，直言遭逐去。"⑦ 甚至对诗人们高谈阔论和诗文创作都有限制，如"高谈犯时忌，妙语发天悭。"⑧ "雕锼已被天公怒，狂狷仍遭俗子憎。"⑨ "狂吟有禁风骚歇，语燕啼莺代唱酬。"⑩，真实反映了江湖诗祸之后诗坛噤声的真实情况。

2. 诋时忌

戴复古对什么是"时忌"心里是清楚的，但他照样敢对一些敏感话题发表自己的看法。比如南宋时期谈论边事就属于"时忌"，戴复古却能围绕边事问题写下不少诗篇。

一是抒发对中原沦丧的悲愤和对故土的怀念。最为称道的著名作品有《频酌淮河水》等，如："有客游濠梁，频酌淮河水。东南水多咸，不如此水美。春风吹绿波，郁郁中原气。莫向北岸汲，中有英雄泪。"⑪ 戴复古在盱眙登上第一山，面对淮河对岸被金人占领的土地和近在咫尺的泗州城，却无法往前再跨

---

① 《闻杜仪甫出台》，见吴茂云校注：《戴复古全集校注》，第 105 页。
② 《一相识无辜获罪》，见吴茂云校注：《戴复古全集校注》，第 227 页。
③ 《寄清流王令君》，见吴茂云校注：《戴复古全集校注》，第 163 页。
④ 《毗陵天庆观画龙，自题姑苏羽士李怀仁醉笔，诗呈王君保寺丞使君》，见吴茂云校注：《戴复古全集校注》，第 37 页。
⑤ 《新朝士多故人，愁吟寄之》，见吴茂云校注：《戴复古全集校注》，第 111 页。
⑥ 《都中次韵申季山》，见吴茂云校注：《戴复古全集校注》，第 239 页。
⑦ 《寄章泉先生赵昌父》，见吴茂云校注：《戴复古全集校注》，第 24 页。
⑧ 《海陵光孝长老骥无称山谷后也共谈时事且说黄》，见吴茂云校注：《戴复古全集校注》，121 页。
⑨ 《过昭武访李友山诗社诸人》，见吴茂云校注：《戴复古全集校注》，第 197 页。
⑩ 《京口遇薛野鹤》，见吴茂云校注：《戴复古全集校注》，第 220 页。
⑪ 《频酌淮河水》，见吴茂云校注：《戴复古全集校注》，第 25 页。

一步，视之虽近而邈若千里，只能望洋兴叹。另如《江阴浮远堂》^①、《盱眙北望》^②、《淮上寄赵茂实》^③ 等，都是同一题材的优秀作品。

　　二是对收复中原故土的期盼。早在嘉定八年（1215）戴复古就向朝廷提出建议，趁金国内乱之际光复中原。"请朝廷厉精兵，择良将。办多多，策上上。更选人才，老练通达。分守要冲，讲明方略。"后来他还表示愿意亲自上战场与敌人去战斗，并先后写下《闻边事》等诗，如："昨日闻边报，持杯不忍斟。壮怀看宝剑，孤愤裂寒衾。风雨愁人夜，草茅忧国心。因思古豪杰，韩信在淮阴。"^④ 又如："身健心先老，时危事愈乖。无成携短剑，有恨满长淮。"^⑤ 还有："吾国日以小，边疆风正寒。平生倚长剑，终待斩楼兰。"^⑥

　　三是对蒙古崛起的焦虑。公元 1238 年，当宋、蒙联手灭金后，南宋虽然少了一个老对手，但是又迎来蒙古这一个更强大更有威胁的新对手。此后蒙古连续出兵，不断攻占南宋的州县。戴复古敏锐地觉察到这一重大危险，深为南宋的前途命运担忧。他的《戊戌冬》一诗就是反映该年蒙古军队围攻庐州这一历史事件的："四海疮痍甚，三边战伐频。静中观气数，愁杀草茅臣。"^⑦ 以上这些内容，对于喜欢报喜不报忧的朝廷君臣来说，都属于"时忌"，是他们所不愿听不愿看的，而戴复古勇于去揭露，足以见到他"藜藿而为肉食者谋"的一片苦心和他对朝政的担忧和批评。

　　3. 忤达官

　　王埜指出戴复古敢于"忤达官"，在其诗中果然找到不少例证：

　　一是揭露官吏的假公济私，贪婪腐败。史载南宋中后期先后有史弥远、丁大全和贾似道等权臣相继擅权专政，作威作福，营私舞弊，巧取豪夺，以致朝政更加腐败堕落。诗人针对当时的黑暗现实，奋起揭露这些达官贵人结党营私，

---

① 《江阴浮远堂》，见吴茂云校注：《戴复古全集校注》，第 246 页。
② 《盱眙北望》，见吴茂云校注：《戴复古全集校注》，第 247 页。
③ 《淮上寄赵茂实》，见吴茂云校注：《戴复古全集校注》，第 157 页。
④ 《闻边事》，见吴茂云校注：《戴复古全集校注》，第 102 页
⑤ 《庐州界上寄丰都帅》，见吴茂云校注：《戴复古全集校注》，第 125 页。
⑥ 《归后遣书问讯李敷文华字实夫》其二，见吴茂云校注：《戴复古全集校注》，第 70 页。
⑦ 《戊戌冬》，见吴茂云校注：《戴复古全集校注》，第 75 页。

追名逐利，捞取好处的黑幕："狂夫嗜饮夜偷酒，污吏营私昼攫金。"①"众人皆竞利，百姓不聊生。"② 诗中所言的"众人"，就是指这些数量众多的贪官污吏聚集在官府衙门，故诗人说："国用何能足，官曹未易清。""不试褰帷手，官曹未易清。""污吏未能去，明君若可欺"。③

二是批评官僚尸位素餐，昏庸无能。南宋中后期国事江河日下，愈不可为。知宁国府杜范曾上疏痛陈当时危急之状，谓今日之内忧外患，皆权相三十年所酿成。并指出时政常受近习影响，故事无所兴革。周密《癸辛杂识》也说到不少官僚不学无术却占据要津，"以致万事不理，丧身亡国"。如宋嘉定、宝庆年间，李全在宋金之间首鼠两端，反复无常，后来又挑起楚州军变。对此事的处理，充分暴露出朝廷和前方将帅的无能。戴复古以诗纪事，尖锐地指出："庸将几误国，流民亦弄兵。"④ 又说："边将惭尸素，朝臣奏凯歌。分明御狙诈，得失竟如何。"⑤ 明言李全投宋不可信赖，必须加以防备。但是那些朝臣和将帅却还信以为真，甚至竞相庆功，真是令人痛心。

三是批评当权者黑白颠倒，用人不公。戴复古诗中经常为受到不公正对待的忠义人士发声呼吁，为其伸张正义。如张端义受到贬谪时，戴复古写诗安慰："汉武求言诏，贾生流涕书。龙颜那可犯，谪向曲江居。"⑥ 又说："直言知为国，远地莫思家。"诗中既充分肯定朋友"应诏上书"是出于公心，又表达了对他受到贬谪的同情。又《曾景建得罪道州听读》云："闻说乌台欲勘诗，此身不幸堕危机。少陵酒后轻严武，太白花前忤贵妃。迁客芬芳穷也达，故人评论是耶非。饱参一勺濂溪水，带取光风霁月归。"⑦ 他把曾极被牵连到诗祸一事比作苏轼遇到的乌台诗案，然后劝其要像苏轼那样以顺处逆，继续保持开朗洒落的胸襟。

① 《访张元德》，见吴茂云校注：《戴复古全集校注》，第 191 页。
② 《罪言》，见吴茂云校注：《戴复古全集校注》，第 127 页。
③ 《投江西曾宪二首》，见吴茂云校注：《戴复古全集校注》，第 99 页。
④ 《寄姚楚州》，见吴茂云校注：《戴复古全集校注》，第 63 页。
⑤ 《闻李将军至建康》，见吴茂云校注：《戴复古全集校注》，第 47 页。
⑥ 《张端义应诏上书，谪曲江，正月一日赣州相遇》，见吴茂云校注：《戴复古全集校注》，第 104 页。
⑦ 《曾景建得罪道州听读》，见吴茂云校注：《戴复古全集校注》，第 237 页。

4. 哀民生

作为出身贫寒的诗人，戴复古与底层民众有着天然的联系，对民生疾苦有着深切的关怀，对为民奔走呼吁有着自觉的责任，这在南宋诗人中是显得相当突出的。

首先是反映大饥荒的惨状。据史书记载，宋嘉熙四年（1240）临安大饥，斗粟一千，涨势不已。饥民有全家饿死，相率投江者。浙西殍死盈路，流民充斥。戴复古描写该年灾民的惨状真是深刻无比，入木三分，其中最著名的当数《庚子荐饥》组诗，如："饿走抛家舍，从横死路岐。有天有雨粟，无地可埋尸。劫数惨如此，吾曹忍见之。官司行赈恤，不过是文移。"①再如："连岁遭饥馑，民间气索然。十家九不爨，升米百余钱。凛凛饥寒地，萧萧风雪天。人无告急处，闭户抱愁眠。"其他还有如《湖北上吴胜之运使，有感而言，非诗也》和《嘉熙己亥大旱荒》诸诗，都非常真切地揭示了那几年连续大饥荒惨绝人寰的景象，尤其是揭露了天灾中的人祸因素，刺穿了官府所谓"赈恤"的虚伪。

其次是反映南宋时期赋税的沉重。如《织妇叹》云："春蚕成丝复成绢，养得夏蚕重剥茧。绢未脱轴拟输官，丝未落车图赎典。一春一夏为蚕忙，织妇布衣仍布裳。有布得着犹自可，今年无麻愁杀我。"诗中反映了乡村妇女被官府横征暴敛，残酷压榨，家庭生计陷入严重困境的情况，令人十分震惊。

第三是描写战争对百姓造成的深重灾难。南宋时国家积弱积贫，加上战争频仍，百姓深受其害。戴复古笔下尤多描述战争引起的痛苦。如："四海疮痍甚，三边战伐频。"②"两揆新当国，三边未解兵。"③最为典型的是《淮村兵后》："小桃无主自开花，烟草茫茫带晚鸦。几处败垣围故井，向来一一是人家。"此诗写出备受战火摧残的边境小村荒无人烟、破败不堪的悲凉景象。另外，诗人写到百姓遭受的流离之苦："仓猝抛家舍，遑遑走道涂。""避军兼避寇，何日保安居？"更令人沉痛的是村民不仅仅流离失所，更面临家破人亡的惨剧，如："老妪逢人哭，吾儿在谢陵。"④

---

① 《庚子荐饥》，见吴茂云校注：《戴复古全集校注》，第82页。
② 《戊戌冬》，见吴茂云校注：《戴复古全集校注》，第75页。
③ 《书事》，见吴茂云校注：《戴复古全集校注》，第61页。
④ 《望花山张老家》，《戴复古全集校注》，见吴茂云校注：《戴复古全集校注》，第46页。

四、怎样正确理解"口不谈世事"

综上所述，我们在上文举出了两个方面的证据，一是以王埜和姚镛对戴复古的评论为证；二是通过戴复古自身创作中那些刺君王、诋时忌、忤达官、哀民生的诗篇为证。第一种证据展示了南宋时人对戴复古的另一种认识、感受和评价；第二种证据则是从诗人自身创作中找到大量事例，完全可以印证王埜和姚镛对戴复古的评价。因此，这两种证据所得出的结论是相互一致的，能够充分表明戴复古伤时忧国，哀矜民生，尽力用自己的诗笔来针砭时弊，表达心声。

那么，方回所说"（戴复古）每于广坐中口不谈世事"的话是否就错了呢？对此，我们也要加以具体分析。

首先，应当读懂方回此言的原意。可以说，方回此言本来是没有毛病的。它包含着两个限制条件：一是关于场合，乃为"广坐"，即在大庭广众面前不谈世事。换言之，方回并不排除戴复古在一些私下场合，或者在自己诗文中议论世事的可能性；二是关于内容，所谈为"世事"，即包罗万象的各种世上之事，这个范围已远远超出"雌黄士大夫"这个单项性内容。

其次，方回此言也为我们进一步深入细致地探究戴复古的政治态度和为人处世提供了一把钥匙。可以发现，戴复古的性格谨厚平和，个性不那么张扬，说话比较注意场合，做事也不走极端。尽管他关心时事政治，有江湖廊庙之忧，敢对朝政发表意见，不时也会触犯到一些"时忌"，但是他始终有风险意识，能守住自己的底线：一是尽量不在公开场合口出狂言，评论是非；二是注意不去触犯朝廷大忌。比如同为江湖诗人，他就没有卷进当时的江湖诗祸，而其他一些江湖诗人如刘克庄[①]、敖陶孙[②]、曾极[③]等人的诗作被言者指控，认为是暗讽宝庆年间的皇子废立事件等，结果"当国者见而恶之"，"皆指为谤讪"[④]并行贬斥。其实戴复古和这几位被贬斥的诗人及刊诗者陈起都十分熟悉，但在面对"废立"这一朝廷权力斗争时，他就选择了一种比较谨慎的应对，从而躲过了这场灾祸。

---

① 罗大经撰，王瑞来点校：《鹤林玉露》卷四"诗祸"，第188页。
② 罗大经撰，王瑞来点校：《鹤林玉露》卷四"诗祸"，第188页。
③ 罗大经撰，王瑞来点校：《鹤林玉露》卷四"诗祸"，第188页。
④ 其实以上诸诗并非全部针对济王之事所作，而是好事者故意收集起来，借政治敏感之机而嫁祸于人。详见周密撰，张茂鹏点校：《齐东野语》卷十六，第292、110页。

　　因此看方回此言的上下文语境，他在前面批评一些江湖诗人"雌黄士大夫"，"口吻可畏"，后面则说戴复古"为人则否"，显然是在肯定戴复古不在公共场所乱说话的优点，而这一点，恰恰也是得到其他南宋官员和士绅认可的。

　　其实，在宋代社会官员和士人利用廷对和奏疏等方式言事，还是为朝廷所允许的。但是，对于那些可能在社会上引起汹汹舆情的那就不一样了，朝廷会特别忌惮。比如淳祐年间，朝议认为杭州游士多无检束，经常聚居在一起议论朝政，甚至以私意品评人物，干扰官府黜陟之权等，搞坏了社会风气。[①] 于是朝廷决定采取断然措施，下令"行诸州各试之法"，遣散在杭聚集的游士。

　　如上看来，方回此言自有其道理。因为戴复古为人处世和吟诗作文都比较得体，即使诗作中有一些刺君王、诋时忌、忤达官和哀民生的内容，但都不至于直接触犯朝廷大忌和君王龙鳞，加上他又不是在公众场合肆口乱说，因此并没有惹出什么大祸。

　　应该指明的是，问题出在长期流传过程中，方回此言逐渐被一些学者所误读，这种误读主要表现在三点：一是忽略了"口不谈世事"的限制条件，让人错以为诗人一概不谈世事；二是把"口不谈世事"与"雌黄士大夫"联系起来，以为"口不谈世事"就是"不雌黄士大夫"，而"不雌黄士大夫"，就是不批判现实；三是把"口不谈世事"与诗人人生观联系起来，认为"口不谈世事"，就是对现实不闻不问，消极避世。我们认为这种误读失之武断，是和戴复古的内心世界和实际表现都很不相符的。[②]

　　为了说明这一问题，可以把戴复古与永嘉四灵作一对比，就能发现他们对待世事的态度是有根本区别的。永嘉四灵中的徐照说"爱闲却道无官好，住僻如嫌有客多"(《酬赠徐玑》)[③]，另一位翁卷说"有口不须谈世事，无机惟合卧山林"(《行药行》)[④]，他们说出了四灵诗人的人生态度。由于他们抱着这样的人生态度，他们在创作上也是"泊然安贫贱，心夷语自秀"(赵师秀《哭徐玑》)[⑤]。而

---

　　① 周密撰，张茂鹏点校:《齐东野语》卷六，第 110 页。

　　② 刘婷婷:《宋季士风与文学》，第 55—59 页。

　　③ 徐照等撰，赵平点校:《永嘉四灵诗集》，《芳兰轩诗集》卷中，浙江大学出版社，2010 年版，第 47 页。

　　④ 徐照等撰，赵平点校:《永嘉四灵诗集》，《苇碧轩诗集》，第 199 页。

　　⑤ 徐照等撰，赵平点校:《永嘉四灵诗集》，《清苑斋诗集》，第 223 页。

且他们的审美观念也是趋向平和，主张"楚辞休要学，易得怨伤和"（翁卷《送蒋德瞻节推》)①。而戴复古则不同，他大力推崇的是"飘零忧国杜陵老，感寓伤时陈子昂"②，主张"陶写性情为我事，流连光景等儿嬉。锦囊言语虽奇绝，不是人间有用诗"③。可见他所继承的是忧国爱民的杜甫和感遇伤时的陈子昂现实主义诗歌传统，具有经世致用的诗学主张和艺术自觉。

另有学者认为戴复古在诗祸发生前是入世的，江湖诗祸之后就开始逃避现实了。④ 这种观点同样也是武断的。因为戴复古现存作品大多数是在宝庆年间江湖诗祸之后所作，这些作品中照样留下了不少针砭时弊、揭露黑暗的篇章。

诚然，戴复古不是没有出现过隐居避世的念头，在诗歌中也不是没有流露过这种情绪。但是这些念头和情绪都是在残酷现实中屡屡碰壁之后，实在无奈才发出的愤懑之语罢了。如戴复古确有"不须谈世事"的诗句，但这不是他不想谈，而是一谈世事就伤心。又如"相逢莫说伤心事，且把霜螯荐酒樽"⑤，也是典型的以酒浇愁，欲说还休。

戴复古有足够的人生智慧，心里明白关心政治和议论世事可能带来的风险，如《一笑》云："时危法当隐。"⑥《倚楼》云："贤愚不同道，用舍要知机。涉世有臧否，倚楼无是非。"⑦《晚春次韵》云："世路多殊辙，人生贵识机。低头饱一粟，仰首愧云飞。"⑧ 不过他因危机意识而产生的避世念头是短暂的，总的还是入世思想占主导地位。

综上所述，我们对方回所言"（戴复古）于广座中口不谈世事"这个问题进行了分析论证，通过两个方面的证据，充分说明戴复古是一个感时伤世、忧国忧民的爱国志士，是一个敢于刺君王、诋时忌、忤达官、哀民生的现实主义诗人。他在诗歌创作中多谈世事、敢谈世事，也善谈世事，充分体现了江湖廊庙之忧。因此，对方回所言应正确理解，并结合戴复古的生平事迹和创作实际作

---

① 徐照等撰，赵平点校：《永嘉四灵诗集》，《苇碧轩诗集》，第 185 页。
② 《论诗十绝》，见吴茂云校注：《戴复古全集校注》，第 272 页。
③ 《论诗十绝》，见吴茂云校注：《戴复古全集校注》，第 272 页。
④ 参见刘婷婷：《宋季士风与文学》。
⑤ 《遇张韩伯说边事》，见吴茂云校注：《戴复古全集校注》，第 212 页。
⑥ 吴茂云校注：《戴复古全集校注》，第 72 页。
⑦ 吴茂云校注：《戴复古全集校注》，第 74 页。
⑧ 吴茂云校注：《戴复古全集校注》，第 39 页。

出综合判断,从而纠正认为戴复古不关心时事政治,消极避世的误解。

（作者系浙江省文史研究馆馆员,杭州电子科技大学原党委书记、教授）

文化赋能　开发长三角数字内容产业的蓝海

王建华

自 21 世纪初开始，数字化发展成为社会进步的大趋势。早在 2003 年，习近平同志在浙江工作时就作出了建设"数字浙江"的重要决策。随后，他又多次作出系列指示："加快发展数字经济，推动实体经济和数字经济融合发展，推动互联网、大数据、人工智能同实体经济深度融合。"[1] "要抓住产业数字化、数字产业化赋予的机遇，加快 5G 网络、数据中心等新型基础设施建设，抓紧布局数字经济、生命健康、新材料等战略性新兴产业、未来产业，大力推进科技创新，着力壮大新增长点，形成发展新动能。"[2] 在习近平总书记的关怀下，浙江的数字经济一直走在全国的前列。据《浙江日报》报道，从 2014 年到 2020 年，浙江数字经济总量从 10940 亿元增长到 30218 亿元，年均增长 18.5%，占 GDP 比重从 27.5% 提升至 46.8%。[3]

在浙江，数字化改革风生水起，方兴未艾。2021 年春节后上班第一天，中共浙江省委召开全省数字化改革大会，全面部署数字化改革工作。3 月 1 日，中国第一部以促进数字经济发展为主题的地方性法规《浙江省数字经济促进条例》正式施行，开启了浙江数字经济"一号工程" 2.0 版。这些是浙江省委贯彻落实习近平总书记关于全面深化改革、发展数字经济重要论述的自觉行动，也是建设数字经济强省的重大战略举措，勇立潮头，意义深远。

---

① 习近平：《在十九届中央政治局第二次集体学习时的讲话》，2017 年 12 月 8 日。
② 习近平，在浙江考察时的讲话，2020 年 3 月 29 日—4 月 1 日。
③ 《浙江日报》2021 年 9 月 26 日。

一、数字技术数字经济数字文明

20 世纪 90 年代末，互联网和通信技术的发展开启了数字技术的新时代。十三五以来，随着信息化改革国家战略的实施，我国数字技术基础建设突飞猛进。目前，我国已建成全球最大光纤网络、4G 和 5G 独立组网网络。据第 48 次《中国互联网络发展状况统计报告》，到 2021 年 4 月，我国光纤宽带用户占比提升至 94%，移动网络速率在全球 139 个国家和地区中排名第 4 位，5G 基站累计开通 96.1 万个。[①] 信息基础建设规模世界领先，信息技术创新能力持续提升。基础性、通用性技术研发取得重要进展，5G、人工智能、高性能计算、量子计算等领域取得一批重大科技成果。大数据、云计算、区块链、物联网等数字化科技成果赋能实体经济，促进了集成电路、生命科学、海洋工程、航天航空、新材料等高新产业发展，也带动了物流、金融、商业等领域的新经济发展。

数字经济是在数字技术基础上发展起来的新经济形态。随着互联网—云计算—区块链—物联网等信息技术不断升级，人类处理大数据的数量、质量和速度的能力不断增强，经济形态也由工业经济向信息经济—知识经济—智慧经济形态转化，数字经济成了全球经济增长的新动力。数字经济的主要表现是数字产业化和产业数字化，二者的深度融合改变了要素资源配置的结构与效率，不仅在需求端产生巨大的扩大内需、升级消费和引导生产作用，也在供给侧生成广泛的有效供给、结构优化和高质量发展等效应，对经济增长和社会生活方式产生了革命性影响。目前我国经济发展正加速迈向数字经济新阶段，2020 年，全国数字经济规模达到了 39.2 万亿元，占 GDP 比重为 38.6%。数字经济核心产业增加值占 GDP 比重达到 7.8%，增幅领跑全球，数字经济质量效益明显提升。

毫无疑问，数字技术的进步、数字经济的发展最终是为了促进人的全面发展，出发点和归宿是以人民为中心，构建人类命运共同体，促进共同富裕。截至 2021 年 6 月，我国网民规模为 10.11 亿，互联网普及率达 71.6%，庞大的网民规模为推动我国经济高质量发展提供了强大的内生动力，也共享到数字经济发展的成果。分析数字经济发展的轨迹，发达国家的基本经验是由产业数字化

---

① 本文所提到的例子和数据均引自政府机构公开发行的报刊或政务网站，具有真实性和权威性。恕不一一注明出处。下同。

迈向数字产业化，前者可为后者发展提供较坚实的基础。我国的发展路径则自有特色，是数字化在服务业中占得先机，数字产业化发展快于产业数字化。这种背景下的"数字流量"与"金融流量"之间产生相互循环借力，脱实向虚、泡沫经济的风险就有可能接踵而至。现实社会中也确实已见端倪。一段时间来数字壁垒、数据混乱、信息鸿沟、网络法治、互联网企业社会责任等问题引发了人们思考，也呼唤着在数字经济层面上的跃迁：革新数字时代的思维，以数字治理推动数字文明。习近平总书记给 2021 年世界互联网大会乌镇峰会的贺信提出："构建数字合作格局，筑牢数字安全屏障，让数字文明造福各国人民，构建网络空间命运共同体，携手创造人类更加美好的未来。"此次峰会的主题为"迈向数字文明新时代——携手构建网络空间命运共同体"，昭示了数字化改革发展的进路：由数字技术到数字经济，再到数字文明，既要有新技术、新业态的更新，也要有新理念、新文化的加持。数字文明深度融入现实世界的经济、政治、文化、社会、生态文明建设全过程，将谱写中国特色社会主义的新篇章。

需要指出的是，在数字经济与数字文明之间，有一个重要的产业将二者有机地、紧密地结合在一起，这就是数字文化内容产业。加强数字内容产业的建设，对社会生活、经济发展、国家治理等方面影响深远，需要在发展数字经济过程中加强统筹，大力推进。

二、数字内容产业的文化赋能

数字内容产业是数字技术与文化创意高度融合的产业形态，是文化产业数字化的结果。2021 年全国人大通过的《国民经济和社会发展第十四个五年规划和 2035 年远景目标纲要》强调："实施文化产业数字化战略，加快发展新型文化企业、文化业态、文化消费模式，壮大数字创意、网络视听、数字出版、数字娱乐、线上演播等产业。"明确了数字内容产业的内涵和范畴，着重提到数字创意、网络视听、数字出版、数字娱乐、线上演播等数字形态的文化产业。这为数字内容产业的发展明确了方向。

数字内容产业是数字经济新的增长点，是一片可以深度开发的蓝海。在这方面，浙江省一直走在前列。据不完全统计，近 5 年来，全省共创作网络文学作品 700 余部、逾 6 亿字。仅 2019 年，浙江电视动画片就发证 65 部，制作发行总量占全国 305 部的 1/5 强。"东西南北中"系列人文精品工程的纪录片（《东向大海》《西泠印社》《南宋》《艺术：北纬 30 度》《中国村落》）产生了良好的社会和经济效益。2020 年上半年，中国（浙江）影视产业国际合作区企业签约合同额达 300 万美元，比上年同期增长 416%，收汇额 198 万美元。省内动漫企业、影视公司、科技公司、网游公司等数字产业发展迅速，横店影视基地、杭州动漫基地、中国网络作家村、中国短视频（杭州）生产基地等全国数字内容产业的制作高地发挥了较好的示范效应，数字文化产业的价值转化链条也渐趋成熟。

除经济效益外，数字内容产业的重要特点是内容和创意，其核心是文化。如果说数字技术赋能制造业实体经济，使制造产业数字化，登上了新的发展平台，那么，数字技术赋能内容产业，形成数字内容产业，则表现出双重赋能的特点。即数字技术赋能内容产业，使之发展迅速，内容产业的文化属性又赋能数字技术，使之内涵丰富，文化厚重。数字技术和文化内容的相互影响、双重赋能可使数字内容产业插上腾飞的双翅。近年来，网游电竞、数字音乐、网络新视听、数字文旅、国潮文创、新生代漫画等数字内容产业的新产品、新服务层出不穷，预示着数字内容产业发展的大好前景。

数字内容产业文化赋能的意义具体可从以下方面体现出来。

数字内容产业的文化赋能可以产生上佳的社会效益。2020 年抗击新冠疫情，全国出现不少文化创意的短视频，如华数数字电视传媒集团公司面向浙江中小学生推出"共享课堂""直播课堂"等数字产品，300 多万学生使用华数电视居家学习，发挥了积极作用。2021 年是建党百年大庆，众多新型传媒产业集团精心制作献礼节目，如《山河岁月》《大浪淘沙》《外交风云》《理想照耀中国》等，以红色文化赋能内容创作，为广大观众所喜爱。中国国际电视总公司制作的《故事里的中国》《经典咏流传》《激情的岁月》《丝路传奇》等精品斩获了白玉兰奖、星光奖、金鹰奖、金猴奖等多项大奖，产生了良好的社会效益。2021 年河南卫视春晚通过《唐宫夜宴》《天地之中》等节目，精到提炼与完美展示中华优秀传统文化元素，观看者超过 3 亿人次，成为微博类综艺榜晚会栏目类之首，实现了文化赋能和数字内容的双赢。浙江省文化产业界也通过数字化的融媒体创作出反映红船精神、红色文化、两山理论、共同富裕的影视、动画和系列综艺作品，如《觉醒年代》《光荣与梦想》《最美的乡村》等。反映浙西南革命斗争的小成本制作的电影《云霄之上》获得第十一届北京国际电影节最佳摄影、最佳男主角和最佳影片三项大奖，实现了党史教育与文化创意的有机融合。

数字内容产业的文化赋能可以产生良好的经济效益。据国家统计局发布的数据显示，2021年上半年全国规模以上文化及相关产业企业实现营业收入54380亿元，比上年同期增长30.4%，其中数字内容产业为主的文化新业态保持强劲增长态势，动漫游戏、视频直播、数字出版等16个内容产业小类实现营业收入18204亿元，比上年同期增长32.9%，占全部文化企业营业收入的比重为33.5%，高于全国文化企业平均水平14.7个百分点。另据第十三届"全国文化企业30强"的有关数据，本届30强2020年度合计主营收入5203亿元，净资产6992亿元，净利润394亿元，均创历史新高。而且，相比其他产业，数字内容产业属于绿色经济，具有高效益、低污染的优势，在碳达峰碳中和、生态文明建设方面可产生巨大的经济效益。可以预测，今后相当长的时间内数字内容产业仍蓬勃向上，经济效益将进一步显现。

数字内容产业的文化赋能还可以提升网民道德修养，助力数字文明建设。一段时间以来网络游戏、偶像流量、人设饭圈等存在着不少消极的数字文化内容，一定程度上影响了青少年的健康成长，拉低了网络文明底线。充满正能量的文化赋能数字内容产业的创作，有利于扭转这种不良风气，助力数字文明建设。如央视总台2021年春节推出的大型数字文化节目《典籍里的中国》以"戏剧＋影视＋文化访谈"的形式，为受众营造沉浸式的视听体验，让其品味历史之厚重，感受典籍之伟大，汲取精神之营养，得到网上网下的积极评价："希望这么好的节目多一些。""应该多让孩子们看看。"节目播出后收视率高涨，引发破圈层传播，网络视频播放量超过1.6亿次，微博相关话题阅读量超7亿次，成为今年的现象级数字内容新产品，为数字文明建设作出了贡献。

综上，加强数字内容产业的文化赋能，以优秀文化充实内容，以当代中国精神引领创意，实现数字技术、内容创意和文化赋能的融合，是当下数字内容产业发展的着力点。

三、发展中需要注意的问题

从数字经济与数字文明融合的高度来看数字内容产业新发展阶段，可以发现还存在一些问题。

一是发展不平衡。如数字技术进步与文化内容开发的不平衡。在 2021 年世界互联网大会乌镇峰会上，光明日报社负责人谈到 5G 技术发展后与当年 3G、4G 时代不同的矛盾：新的内容产品还没有出现大量典型的技术应用场景，主要矛盾变成了新媒体未能充分利用好移动传输技术和资源。当下中国移动通信的 5G 基站数已占全球 70%，为数字经济的发展提供了强大的技术底座。充分利用数字技术的红利，在开发数字内容产业的应用场景上加大力度，是近一个时期的重要突破口。另一个问题是不同群体在获取、处理、创造数字资源方面的不平衡。根据第 48 次《中国互联网络发展状况统计报告》数据显示，对于数字内容产业的产品，30—39 岁网民对网络新闻类的使用率最高，20—29 岁网民对网络音乐、网络视频等的使用率在各年龄段中最高。其中 95 后网络 Z 世代对短视频文化产品有强烈兴趣，如 2020 年 B 站上的"国风新青年"视频创作同比增长 331%，粉丝达 9603 万，5 年来覆盖人数增长 20 倍以上。与此同时，数以亿计的老龄人口面临数字鸿沟带来的困境也日渐明显，还有区域、城乡数字化发展的不平衡，也是值得关注的问题。

二是过度商业化和市场化。数字内容产业具有商品属性和市场属性，能产生经济效益，需要也能得到资本的支持。随着大量资本涌入，数字内容产业形成了动漫、影视、游戏、短视频等多元发展的格局，较好地满足了社会需求。但也不可否认，一段时间以来出现了市场指标绝对化、内容生产套路化、创意跟风化和产品同质化等现象，导致数字内容产品过度商品化，冲击了数字内容产业的文化生态。另一方面，数字媒介有与生俱来的娱乐化特征，其开放性、自主性和交互性，让网民不再是单纯的受众，而是可以能动地参与新产品创作，"人人都有麦克风，个个都是创作者"。"先发表后过滤"的用户生产内容型（UGC）的新经济模式，扩大了从业人员队伍，也带来良莠不齐的问题，容易导致内容上量的过剩和质的稀缺。如抖音等短视频的内容多为自拍的生活秀、娱乐片、搞笑段子等，不少作品内容低俗、价值中空、机械复制，缺少涵养心灵、陶冶情操的功能，影响了内容产业的品位和数字文明的构建。

三是区域合作发展还有差距。数字内容产业是一片蓝海，各地都有清晰的认识。不过在如何发展的问题上，还存在各自为政、关联度不高的弊端。如长江三角洲三省一市之间合作开发数字内容产业就亟待加强。举一个例子，据世界知识产权组织（WIPO）2021 年 9 月 20 日发布的《2021 年全球创新指数报告》，中国已连续 9 年排名稳步上升，2021 年排名全球第 12 位，比 2020 年上升 2 位。中国的优势集中在无形资产、知识的创造、知识的影响方面，其中创意产品出口在贸易总额中的占比实现了全球领先。这些正是数字内容产业大显身手的领域。与此相关，在全球"最佳科技集群"排名中，日本东京—横滨地区、中国深圳—香港—广州地区、北京、首尔、美国圣何塞—旧金山地区分别名列前 5。在这个排名表中，上海排第 8 位，南京排 18 位，杭州排 21 位，与珠三角的深港穗地区相比，长三角城市群未能联合起来，发挥合力，抑制了整体的实力和影响力。这从一个侧面说明，长三角数字内容产业的区域合作潜力巨大，前景广阔。

四、开发长三角数字内容产业的蓝海

长江三角洲是我国经济发展最活跃、开放程度最高、创新能力最强的区域之一。1997 年，长江三角洲城市经济协调会正式成立，首批成员包括长三角沪苏浙 15 个城市。2008 年长三角增加了安徽省，扩容为三省一市。2018 年 11 月 5 日，习近平主席在首届中国国际进口博览会上宣布，支持长江三角洲区域一体化发展并上升为国家战略。2019 年 12 月，中共中央、国务院印发《长江三角洲区域一体化发展规划纲要》，明确沪苏浙皖三省一市承担国家改革发展及应对国际竞争的重要使命。2020 年 8 月 20 日，习近平总书记在合肥主持召开扎实推进长三角一体化发展座谈会并发表重要讲话，再一次明确了长三角区域在国家经济社会发展中的地位和作用，为长三角区域一体化指明了发展方向，提供了重要遵循。

长三角一体化发展着力落实新发展理念，构建现代化经济体系，推进更高起点的深化改革和更高层次的对外开放，在国家现代化建设大局和全方位开放格局中具有举足轻重的战略地位。推动长三角一体化发展,提高经济集聚度、区域连接性和政策协同效率,对引领全国高质量发展、建设现代化经济体系意义重大。在这样的宏观发展背景下,加强长三角区域数字内容产业的合作发展,毫无疑问具有很强的现实意义。

长三角区域合作发展数字内容产业也具有可行性。一是经济发展水平全国领先。区域经济总量约占全国1/4,进出口总额、外商直接投资、对外投资约占全国1/3,年研发经费支出和有效发明专利数约占全国1/3,全员劳动生产率位居全国前列。为数字内容产业的发展提供了雄厚的经济基础。二是山水相依,文化相近。区域内地缘相接,历史上行政区划合一。从先秦时代的吴越文化,到后来的浙学吴风、江南文化、海派文化等,各具特色又相互渗透,为数字内容产业的文化创意提供了丰富的资源。三是科教资源充裕,数字信息基础好。区域内科技创新优势明显,拥有2个综合性国家科学中心,全国约1/4的"双一流"高校、国家重点实验室、国家工程研究中心。大数据、云计算、物联网、人工智能等新技术与传统产业渗透融合,集成电路和软件信息服务产业规模分别约占全国1/2和1/3,光纤宽带、4G、5G网络等信息基础设施水平在全国领先。为数字内容产业的创新发展提供了扎实的技术保障。四是已有较好的合作基础。区域内协同开放水平较高,公共服务相对均衡,社会治理共建共治共享格局初步形成。2021年5月13日发布的《长三角生态绿色一体化发展示范区重大建设项目三年行动计划(2021—2023年)》明确到2023年,形成一批重要规划编制成果,落成一批凸显共商、共建、共管、共享、共赢理念的样板项目,先行启动区在生态环境保护、产业绿色创新发展、人与自然和谐宜居等方面的显示度明显提升。而这些绿色发展合作项目都可与数字内容产业产生关联,为数字内容产业的跨区域合作提供了有力的支撑条件。

开发长三角区域数字内容产业的蓝海,需要作好顶层设计,制定高起点的战略和高水平的规划。从国家改革发展及应对国际竞争的高度来看待长三角的合作,继续强化数字技术基础设施的建设,建立长三角数字技术内容产业中心,并成为全国的中心。据2021年9月光明日报和经济日报联合发布的第十三届"全国文化企业30强"名单,长三角入围企业达12家,超过了1/3,其中浙江5家,江苏3家,上海和安徽各2家。这些文化改革创新的第一方阵企业,如果进一步联合成为"数字文化航母"，将有更大的能量驶入数字内容产业蔚蓝色的深海。需要打破壁垒，强强联合，形成长三角数字内容产业的头部企业联盟，实施"走出去"战略，建成全国与世界数字内容产业制造的新高地，增强在全国乃至全球的竞争力和影响力。

　　开发长三角区域数字内容产业的蓝海，需要加大供给侧改革，以先进文化引领内容创意。充分发掘区域内优秀文化资源，上自数千年的河姆渡文化、良渚文化，下至现当代的红船文化、建党精神等，都是数字内容产业的文化创意源头活水。整合影视、文旅、文创、文博等有关各方，与数字化平台、融媒体平台及相关企业合作，打通线上线下，联动大屏小屏，融合传统媒体与数字媒体，让文化创意与数字内容在更高层次上相得益彰。现阶段，更多关注短视频的文化内容问题，倡导积极向上的文化内容创作，以增强现实和虚拟现实（AR、VR）等数字技术将优秀文化资源场景化展示、沉浸式体验，优化人们对数字内容产品的消费体验。

　　开发长三角区域数字内容产业的蓝海，需要差异性发展，优势互补。三省一市各有数字内容产业的长处和特色，需要进一步彰显。上海的都市文化、海派风情、国际化形象，浙江的大禹文化、南宋文化、两山理论、重要窗口，江苏和安徽各自的特色等，都可以深入挖掘并与当代文化的时尚元素相结合，制作成数字化综艺节目。尊重差异，突出特色，优势互补，美美与共。也可以开发数字内容的新业态，如针对网络原生代的Z世代，上海市委外宣办定制了"长卷寻宝活动"，与B站合作，用24幅国风插画及动态视频，描绘56个民族的美好生活。内容涵盖习近平扶贫足迹、全国扶贫楷模事迹、中国共产党百年历程中的闪光点、中华民族知识、中国的名山大川及地标风貌。为适配24幅插画还精选了24位UP主，总粉丝数近9000万。形成了"好看有趣、可赏可玩、平等对话、亲切温暖"的网生代传播场景和叙事话语文化作品。面向青少年的数字内容产品开发就要这样既注重娱乐性，又重视文化价值观的引导。与此同时，还要加大老龄人口的适老化产品、乡村振兴的内容产品开发的力度，弥合不同人群和城乡之间的数字化鸿沟。

　　开发长三角区域数字内容产业的蓝海，需要制订一体化政策，营造良好的发展环境。从提高经济集聚度、区域连接性和政策协同效率的高度，探索长三角区域数字内容产业的基础管理制度，完善数字内容创作的知识产权保护机制，打击盗版行为，维护市场秩序。通过产业投资基金、财政支持资金、科技创新券、税收政策调整等方式加大对数字内容产业发展的支持力度。扶持有潜力的数字内容生产企业和平台，打造数字内容产业试验区。引导和支持金融领域在支付结算、信贷融资、保险业务、征信服务等方面对数字内容产业的服务创新。研究设立数字内容产业投资基金，将数字内容产业作为数字经济领域重大项目予以支持。研究通过新职业、新社群、新模式引导和培育数字内容产业人才，提升数字内容产业业态规范化、规模化和可持续发展。

　　开发长三角区域数字内容产业的蓝海，需要培育品牌，提升产业的知名度和影响力。将创新能力建设作为长三角数字内容产业体系的重心，培育一批脍炙人口又具有中国风格和中国气派的数字文化品牌。又如江苏太仓立足特色，集中发展电竞产业。目前已集聚电竞企业 70 余家，知名电竞俱乐部 7 个，举办电竞赛事千余场次，参与人数过万，赛事直播观看人次近百亿，成为中国电竞产业集聚度最高的县级市。仅乐竞文化传媒（上海）有限公司 2020 年的产值就达 15 亿元，成为亚洲领先的电竞运营商，做到经济效益和社会效益双丰收。在长三角，类似的数字内容产业品牌有不少，如杭州的中国国际动漫节，已举办到第 17 届，每届都产生良好的经济与社会效益。当然，更重要的是还需要培育更多新的响亮的品牌。

　　（作者系浙江省文史研究馆馆员，温州大学文科资深教授，浙江省政务新媒体研究院院长，浙江科技学院原党委书记）

浙东唐诗之路研究谱系的建构与探索

胡可先

唐诗发展的地理和空间研究，近年来取得了很多重要的成果。聚焦于唐诗之路研究与开发，更是在各地形成了一定的热潮。基于此，中国唐代文学学会唐诗之路研究会于 2019 年 11 月 3 日在新昌成立，标志着唐诗之路研究进入了新的发展阶段。而在唐诗之路研究当中，浙东唐诗之路命名最早，更具有地域特点，核心内涵较为明确，其影响力与辐射力又非常巨大。由我组织的浙东唐诗之路研究团队，受浙江省哲学社会科学规划办的委托进行"浙东唐诗之路诗人诗作系列研究"的研究。这里我就以项目为出发点谈谈对于浙东唐诗之路研究谱系的建构做出一定的思考。

一、浙东唐诗之路诗人诗作系列研究

"浙东唐诗之路"始于钱塘江边的西兴和渔浦渡口。先看西兴，唐代称"西陵"，唐人渡过钱塘江西陵渡，经萧山到鉴湖，沿浙东运河至曹娥江，然后沿江而行入嵊州剡溪，再经天姥山，抵天台山石梁瀑布，最后再延伸到温州的一条漫长的道路，沿途风光旖旎，山水秀丽。唐代诗人因为漫游、做官、退隐、贬谪等各种因缘，在此留下了超过千首的诗歌，成为我们现在从事学术研究、文化营造以及旅游开发的重要资源。再看渔浦，唐人由新安江东下或由此南下经过渔浦潭转浦阳江然后向婺州、温州进发。

唐代江南道分为东道和西道，江南东道又有浙江东道和浙江西道，并且简称"浙东""浙西"。浙东长期管辖越州、台州、明州、婺州、处州、衢州、温州七州，浙东观察使治所在越州。睦州曾经一度属于浙东，而长时间归属浙西。"浙东唐诗之路"研究最核心的领域就是诗人诗作系列研究。

"浙东唐诗之路诗人诗作系列研究"是我主持的浙江省文化工程重大委托项目，重点进行浙东唐诗之路的基础研究，研究的宗旨是为浙东唐诗之路的总体研究以及文化建设做一些学术方面的基础性的奠基工作。就目前整个唐诗之路研究的现状而言，这一领域的研究还非常薄弱。因此，这项研究定位于纯学术方面的研究。

这一研究分专题进行，设定为四个专题，分别由四位专业研究者担任：第一，浙东唐诗编年史长编，由浙江大学中文系胡可先教授负责；第二，唐代浙东诗人群体研究，由浙江大学中文系咸晓婷副教授负责；第三，唐代诗人浙东游历寓居考，由浙江大学中文系杨琼博士后负责；第四，唐诗之路的诗歌创作与艺术特色，由浙江大学中文系胡秋妍博士后负责。这四个专题，第一个是以实证为主的浙东唐诗之路综合研究；第二个侧重于浙东唐诗之路的诗人群体研究；第三个侧重于浙东唐诗之路的文献研究；第四个是浙东唐诗之路诗歌的艺术研究。

（一）浙东唐诗编年史长编

研究内容：1）较为全面地梳理唐诗之路的诗人生平、行迹和交往。将其纳入每一年的叙事之下，以体现唐五代三百余年间浙东唐诗发展的轨迹，并提供一份完整的浙东唐诗研究资料。2）浙东诗歌系年。举凡唐代诗人在浙东留下的诗歌或涉及浙东的诗歌，都根据史料尽可能地加以编年，成为有唐一代浙东唐诗编年的集大成著作。3）浙东重要诗作的评论要录。浙东唐诗之路上的一些名篇佳作，如李白《梦游天姥吟留别》《秋下荆门》，贺知章《回乡偶书》等，历代学者有一些评论，辑录这些评论，对于了解浙东唐诗的地位与影响作用很大。4）浙东诗人事迹。全面辑录籍贯为浙东的唐代重要诗人的事迹，有些诗人没有在浙东留下诗歌，但也在考证之列。重要浙东诗人包括：虞世南、骆宾王、贺知章、徐安贞、秦系、严维、徐浩、舒元舆、冯宿、朱庆馀、项斯、吴融、杜光庭，以及释清江、释灵澈、释贯休等人。5）对浙东唐诗发生重要影响的政治事件、哲学思潮、文学活动等问题的考证。

研究目的：编写一部浙东唐诗编年史，为浙东唐诗之路研究或开发而奠定学术基础。既把唐代三百年间的浙东诗人与诗篇做一个总体的清理，不仅提供一部研究浙东唐诗以及浙东文化的文献资料，也勾勒出浙东唐诗发展的大致脉络。

编写体例：1) 编排次第：采取纲目互见的方式编排，即先用概括的语句叙述一件事，如一种文学现象或诗人某一年的事迹，作为"纲"；然后引用相关资料加以印证，作为"目"。做到言必有据，持之有理。"目"的部分，材料尽量详实，内容尽量丰富，引证尽量征实，带有一种"年谱长编"的性质。2) 收录标准：（一）收录诗人，主要是唐代在浙东留下踪迹与诗歌的诗人；籍贯为浙东而又不一定在浙东留下诗歌的诗人。（二）收录诗歌，与浙东相关的所有诗歌。3) 年代考订：前人已经考订出年代的诗人诗作择其优，前人没有考订出年代的诗人诗作补其阙，前人考订有误的诗人诗作订其误。全书中重点阐发编著者的见解。书中所记年月根据古代文学研究惯例，以阴历书写年月。

（二）唐代浙东诗人群体研究

选题宗旨：集中考察唐代浙东地区历次影响较大的诗酒文会活动，研究其地域特征与时代特征。浙东地区的诗酒文会活动在中唐时期有一定的典型性和代表性。诗人们追慕"兰亭集会"的高雅传统，集中在一起宴饮唱和，歌咏浙东的明山丽水与社会风俗，互相切磋诗歌艺术，提高了参与者的诗歌技巧，有力地促进了中唐文学的繁荣。更重要的是，不同时期的诗会活动表现出不同的时代风貌及文人心态。深入研究这些诗会活动，有助于我们把握中晚唐之际不同的社会背景下文人心态及诗歌风貌的变化，进一步推动唐代文学的研究。

研究内容：重点考察唐代浙东诗人群体的八个方面：1) 唐代浙东诗人群体的构成与特点。在唐代三百年中，浙东地区形成与活跃着很多诗人群体，尤其是安史之乱以后的中唐时期，群体更为繁盛。2) 浙东大历诗人联唱群体。鲍防、严维是这一集团的中心人物。这一群体最为典型，有诗人群，唱和后编写了联唱集，对于后来的文学发展影响很大。3) 浙东观察使府诗人群体。这方面形成的群体较多，较为典型的元稹观察使府群体。4) 浙东禹庙唱和诗群体。这是集中于某一地点的诗人群体活动，将诗人、山水、宗教结合在一起。5) 台州送日本僧人组诗。这是绾结浙东唐诗之路与海上丝绸之路的重要组诗，同时又将政治、宗教、文学融合在一起。6）贺知章与吴越诗人群体。盛唐时期，以贺知章为首的吴越之士，已经形成了一个文学群体。这在两《唐书·贺知章传》和新出土《徐浚墓志》中表现出来。勾勒这一诗人群体，可以展现盛唐时期以越州为中心的吴越文学风貌。7）唐代浙东诗僧群体。浙东是佛教非常繁盛之地，高僧辈出，在诗歌鼎盛的国度，也出现了不少诗僧。诗僧群体贯穿整唐代，以中唐以后到五代十国为盛，与前面几种类型的群体相比，诗僧群体较为松散，且重点在于诗人与其他文人组成，影响于浙东文学发展作用则较大。8）《会稽摄英总集》专题研究。《会稽掇英总集》是宋人孔延之编纂的一部浙东地方文学文献总集，其中记载浙东文人群体活动甚多，因此，以这一集部为中心进行浙东文人群体的研究，就与前面的五个部分有所不同而形成自己的特点。

（三）唐代诗人浙东游历寓居考

研究思路：唐代漫游成风，吴越地区是文人漫游最重要的目的地之一。漫游浙东与浙东山水诗歌创作成为唐代重要的文学、文化现象。本课题将广泛搜集、分析浙东地区相关唐诗，细致梳理作者的生平、行迹以及交游经历，进而对唐代诗人在浙东的游历、寓居情况作出重点考察。

研究内容：1）唐代诗人漫游浙东考。主要可以分为四类：壮游、宦游、避难、隐居。考证出游历的时间、地点，游历的具体方式、路线以及交游情况等。2）唐代诗人游历浙东的特征分析。受政治、经济、文化、宗教、交通等因素影响，唐代诗人的漫游在时间、空间上都有其自身特征。3）唐代诗人游历浙东的路线总结。4）唐代寓居浙东诗人考证。相比游历而言，寓居则是一个静态、长时段的过程，就寓居的原因来看，亦可分为几个类别：出生、隐居、任职、探访亲友。本课题拟对这几类寓居诗人进行考察，逐一考证他们的寓居时间、具体地点。5）唐代诗人寓居浙东特征分析。通过考证唐代诗人寓居经历，总结他们落脚的具体地点，通过静态分布图的方式加以直观展现，并分析这些点周边的环境特征，与其他景点的链接、辐射情况，以这些点为中心形成的文学活动等。

（四）浙东唐诗之路诗歌艺术研究

总体思路：总结浙东唐诗的艺术特色，发掘浙东唐诗的艺术价值，就是浙东唐诗之路研究的首要任务，而这方面研究也是浙东唐诗之路研究目前最薄弱的环节，亟待加强。本课题从诗歌创作与诗歌艺术两个方面着手，诗歌创作侧重于创作空间与创作时间的基础性梳理，诗歌艺术侧重于诗歌创作的审美性把握和诗歌艺术地位的论定。

研究内容：1）唐代浙东诗歌创作的总体风貌，包括诗歌渊源、文化传承、空间形态、时间流程、重要作家、主要题材。2）唐代浙东诗歌的艺术个性，可以分类进行研究，包括山水诗、佛道诗、怀古诗、赠答诗。3）唐代浙东诗歌艺术专题探讨，如李白浙东诗研究，寒山拾得诗研究，沃洲山唐诗研究。4）唐代浙东诗歌艺术的传承与影响研究。5）浙东唐诗与浙东历代文体发展交融研究。

二、浙东唐诗之路研究谱系建构的思考

我在这方面的思考仍然以基础的学术研究为范围，不包括文化建设、旅游开发、产品设计，也不包括相关的文学创作等。因为，浙东唐诗之路在初步的启动和宣传之后，最为重要的是基础的学术工作，这项工作做不好，一切都是空中楼阁。

第一，从时间维度看，对浙东唐诗发生发展演变进行纵深的研究。这样的话，以下三个方面的研究就非常重要。

一是浙东唐诗编年史。对于以时间流程为轴线的通代和断代文学编年史已经出现多部，如代表作品是傅璇琮先生主编的《唐五代文学编年史》，而我们现在如果开创编写浙东唐诗编年史，则是文学史体例的一大创新，这主要基于首先是将历史编年的体例用于文学史研究，其次是以实证为基础的文学史研究，再者是以区域为对象的文学史研究，三者合一，对于浙东唐诗之路的研究必定会有重要的开拓意义。

二是浙东唐诗发展史。这与前面以实证为主的编年史有所不同，是以唐诗发展为主线的浙东唐诗演变的梳理，这样可以分时段地总结出浙东唐诗演变的

情况以及有别于整个唐诗发展的特点。

　　三是浙东唐诗学术史。对于唐诗之路的文化渊源、文学发展、诗人行迹，实际上从唐人开始就有了总结与研究，宋代以后一直到当代处于不断发展和兴盛当中，这些研究都值得梳理和总结。浙东唐诗学术史，还要注重浙东唐诗的渊源与影响研究，渊源方面，六朝浙东文人的创作对于唐诗之路的形成起到举足轻重的作用，而这样的创作包括诗、赋、文与小说；影响方面，浙东唐诗对于后代文学的影响也是非常关键的研究选题，如宋诗、宋词、元曲、明清小说，后代的佛道文学等等。

　　由上面的浙东唐诗编年史、浙东唐诗发展史、浙东唐诗学术史三位一体的融合，就能够形成浙东唐诗之路研究方面带有综合性质的文学史研究体系。

　　第二，从空间维度看，对浙东唐诗之路进行地理与地域层面的研究，是唐诗之路研究的核心内容。这些方面的研究，可以采取点、线、面三者相互结合的方式，点的方面最多，比如起点问题，我就写了一篇论文《西陵·渔浦：浙东唐诗之路的起点》，现在还在修改，尚未发表。还有重要的点如终点问题。而这样的点又可以分类来策划研究选题，如与山相关的点：天台山、天姥山、四明山、萧山、东山、沃洲山；与水相关的点，如钱塘江、浦阳江、婺江、曹娥江；此外，还可以专门研究古代浙东的每一个驿站、每一个景点，这些都很多。就线而言，主要是沿着路线，尤其是水路为主，如钱塘江一线、曹娥江一线、浙东运河一线、瓯江一线；当然也还有陆路。就面而言，可以研究整个浙东唐诗之路的总貌，包括文学的、文化的、艺术的、宗教的、经济的、旅游的等等，也可以研究浙东某一州郡的唐诗发展的情况，如越州、台州、明州、婺州、衢州、处州、温州，可以分别作为对象和专题研究。空间维度还有一个特殊的方面就是浙东唐诗之路的国际化影响，我在去年台州学院召开的学术研讨会上，就提交一篇《天台山：浙东唐诗之路与海上丝绸之路的交汇点》的论文，就是说明这个问题。这篇论文将刊于《浙江社会科学》杂志。在这方面，肖瑞峰教授有《浙东唐诗之路与日本平安朝汉诗》的重要论文，发表在《文学遗产》1995 年第 4 期上。这方面的研究需要我们放开眼界，走出国门。

　　第三，从人物维度看，除了我们的项目研究团队正在进行"唐代浙东诗人群体研究"课题研究以外，可以组织编写"浙东唐代诗人传记丛书"，如编写"虞世南传""骆宾王传""贺知章传""朱庆馀传""秦系传""方干传""罗隐传"，诗僧"寒山传"等等。还可以选择著名的浙东诗人编写年谱，因为浙东诗人有些已有了年谱，如骆宾王、贺知章，有些诗人还没有年谱，我们从研究浙东唐诗之路出发，可以将这些年谱编写得更为详尽具体，而且还可以进一步突出唐诗之路这一主题。唐诗之路研究会可以组织"年谱丛书"等系列著作的出版。

第四，从艺术维度看，因为浙东唐诗之路是一条具有深厚文化渊源的文学之路，也是一条自然风景极为优美的山水之路，更是一条开放的国际交流通道，故而引起了很多一流诗人的重视，留下了很多名垂千古的诗篇，因而浙东唐诗之路的艺术研究就是一个极其重要的方面，而唐诗研究的核心是文学研究，故而艺术研究又是最本位的唐诗之路的研究对象。唐诗之路的艺术研究会涉及以下几个方面：重要诗人研究，如虞世南、骆宾王、贺知章、朱庆馀、方干；经典名篇研究，如骆宾王《早发诸暨》，李白《梦游天姥吟留别》《秋下荆门》，贺知章《回乡偶书二首》，杜甫《壮游》，王维《西施咏》，孟浩然《渡浙江问舟中人》；文体交融研究，如就诗本身而言，唐诗之路上的诗歌，几乎古体、近体、齐言、杂言、联句等各种体裁都有，而且这些诗人，同时又创作各种散文，有时群体作诗，诗前还有代表人物写诗序或集会序，这样就将多种文体融合在一起，从而促进了唐诗之路文学的多层面和多元化；区域文化研究，这是最能体现浙东唐诗之路研究价值与意义的研究范围，尽管此前的研究取得了一定成就，而这一研究空间的可开拓性也最大。

三、浙东唐诗之路研究需要处理好的几个关系

浙东唐诗之路涵盖面极广，涉及的内容很多，而且现在的高等院校和地方政府都在重视这一方面的研究，但各自的取向往往很不相同，因而处理好下面几个关系就非常重要。

一是"诗"与"路"的关系。大体而言，"诗"是文学，"路"是地理，"诗"重文本，"路"在交通。"诗"一旦创作出来，文本就是凝固的；"路"随时代的变迁，是不断变化的。我们现在研究唐诗之路，实则上是以文本凝固之唐诗以

还原唐人经行的道路，也是以现在变化之路印证千年凝固之唐诗。而且以唐诗之路研究促进当前学术研究的繁荣和文化建设的发展。当然，文学研究者可以以诗为本位，重点在文，历史研究者可以以路为重心，重点在史。因此，唐诗之路研究，与一般的唐诗研究或唐代文学研究就有着很大的区别，后者一定要处理好文学本位与学科延展的关系，而唐诗之路研究则是多学科之路的综合研究。清人徐松《唐两京城坊考序》云："校书之暇，采集金石传记，合以程大昌、李好问之《长安图》，作《唐两京城坊考》，以为吟咏唐贤篇什之助。"严耕望《唐代交通图考前言》云："凡此百端，皆详征史料，悉心比勘，精辨细析，指证详明，俾后之读者治史，凡涉政令之推行，军事之进退，物资之流通，宗教之传播，民族社会之融合，若欲寻其径途与夫国疆之盈亏者，莫不可取证斯编，此余之职志也。至于解诗、正史，补唐宋志书之夺伪，纠明清志书之失误，皆余事也。"是徐松研究两京地理，重在证诗，严耕望考察唐代交通，以诗为余事，但最终都成为史学巨著。故我们研究唐诗之路，不必拘泥于学科，不能胶住鼓瑟，而应有广阔的胸襟。对于不同的学者而言，既可以重在"诗"，也可以重在"路"。我在《天台山：浙东唐诗之路与海上丝绸之路的交汇》一文中，曾列出唐诗之路特色示意图，可以供研究者参考：

浙东唐诗之路特色关系示意图

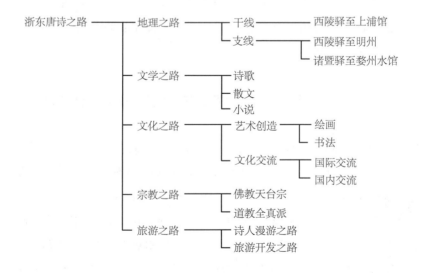

　　二是基础研究与应用开发的关系。浙东唐诗之路是唐代文人因漫游、为官、隐逸、贬谪经行浙东并留下了众多的诗篇而形成客观的道路，而"浙东唐诗之路"这一概念的提出则是来源于民间学者竺岳兵先生的创举。这一概念起始就是侧重于应用的，从 20 世纪 90 年代初期这一概念的提出到 2018 年浙江省推行诗路研究的数十年中，都是偏重于应用的、地方的，因而并没有上升到较高的学术研究的境界和品位，最近两年浙江各地兴起了唐诗之路研究的热潮，然而其兴奋点还在于经济、文化、旅游诸方面，而对于真正基础的学术研究，仍然处于荒漠的状态，底蕴不足，热闹有余。因此，"中国唐诗之路研究会"的成立，定位于学术研究为重心，而辐射到其他各个领域，应该看成是浙东唐诗之路甚或全国唐诗之路研究带有里程碑意义的学术举措。唐诗之路研究应该在学术研究的基础上再进行全方位的应用开发，而应用开发也通过各自的优势促进基础研究的发展。

　　三是文献整理与理论建构的关系。浙东唐诗之路研究，在学术上可以说是刚刚起步，因此文献整理和理论建构同样重要。就文献而言，我们首先要摸清家底，比如浙东唐诗之路到底留下多少诗篇，到底涉及多少诗人，这些诗人行踪到底如何，这条诗路上还涉及哪些领域的文献。这些文献可以分类整理，如文学文献、历史文献、宗教文献、艺术文献、地方文献等。就文学文献而言，有诗歌汇集、诗人行迹、文学著作、名著整理等。在基本文献整理的基础上，再进行诗人传记的撰写、诗歌年代的考证、文人著作的叙录等。这样按部就班、循序渐进地进行，逐步形成浙东唐诗之路文献的集成化。而对于学术研究而言，仅仅文献整理是远远不够的，更需要的是理论建构。文献整理与理论建构的关系，前者是基础，后者是升华。没有文献支撑的理论研究是空中楼阁，而没有理论指引的文献整理也会是一盘散沙。而较文献整理而言，理论建构更需要综合的眼光、高远的识见。而本文的第二部分，重点是以文学为中心对于唐诗之路研究谱系建构的一些思索，唐诗之路研究如果能够在这样的谱系上展开，就能够向更高的层次提升，向更高的境界攀登，也向更广的领域辐射。

　　总体而言，浙东唐诗之路研究在目前的情况下，首先要做好的是基础学术研究，而且是要成体系的研究，不能老是散兵作战，这是研究的根本和出发点，而我们现在的唐诗之路呈现的局面是旅游文化热而基础研究薄弱的问题，因而中国唐诗之路研究会的成立，正是抓住了这个时机，将浙东唐诗之路乃至全国唐诗之路的研究推向纵深发展。而我以上的一些思考也只是对于浙东唐诗之路研究的一些设想，抛砖引玉，希望唐诗之路研究在 21 世纪得到突飞猛进的发展。

（作者系浙江省文史研究馆馆员，浙江大学中文系主任、教授）

江南文化的历史荣光和时代使命

鲍志成

内容提要：江南文化是中华文化体系中地域文化的杰出代表，最具中国特色，富有东方神韵，具有博大精深的丰富内涵和精致典雅的人文气质，拥有光辉灿烂的历史地位和开放包容的胸襟气质，堪称中华文明和东方文化的核心精粹和文化高峰。在长三角一体化战略背景下，江南文化既要传承弘扬中华传统文化尤其是江南文化的精髓和人文价值，也要集成创新世界文化尤其是亚太文明的精华和优点长处，完成创新发展、转型提升，实现迭代重塑，成为新时代中国文化的新代表和新型文明的新样本，继续发挥先进文化引领作用，赋能长三角一体化高质量发展。

关键词：江南文化；历史地位；长三角一体化；创新发展；迭代重塑

江南文化宛如多元一体的中华文化体系中的一颗明珠，千百年来熠熠生辉。国家实施长三角一体化发展战略，为江南文化转型发展创造了历史契机。新时代江南文化如何转型提升为新江南文化，新江南文化如何引领长三角一体化高质量发展，是值得深思的重大战略命题。

一、江南文化是中华文明和东方文化的核心精粹和文化高峰

江南文化是中华文化体系中地域文化的杰出代表，拥有光辉灿烂的历史地

位，具有至尊至高的人文品格，最中国、很东方，堪称中华文明和东方文化的精粹和高峰。

（一）传统江南的地域空间

在中国历史文化语境中，江南具有历史、地理、生态、经济和人文等多重意蕴，不同角度可以诠释出不同的江南特征。

如果从地方一级行政区划看，这里最早是"禹域"九州之一的"扬州"之域，东周为吴、越及楚三国争雄之地；秦置郡县后，属扬州郡境；唐为江南东道所辖，五代乃吴越国之疆；两宋为两浙东、西道之区，元为江浙行省所隶，明清系江浙两省所属；民国上海建市，乃成江浙沪三省市格局。

当然，自古及今，江南范围虽然模糊，但并非今江浙沪全境，主要是指长江下游南岸环太湖地区。有学者认为，江南的定型或成熟是在明清时期，江南的"核心区"就是李伯重先生提出的以太湖水系为主的"八府一州"，即杭、嘉、湖、宁、苏、锡、常、松八府加太仓州 [1]，也有的外加扬州、徽州，甚至延伸到绍兴、宁波。

这里不得不辨析一个问题：江南究竟是什么时候定型或成熟的？衡量标准是什么？如果说以二级行政区划来界定也只能是相对合理，那么以明清作为成熟期，是否有点太迟且与历史事实脱节了。如果传统江南的核心范围大致是长江下游南岸的环太湖流域，其定型或成熟的衡量标准，主要是社会经济和文明发展的话，那么起决定性作用的一个重要因素，就是沟通南北和江海的大运河。如果这一点能确立，那么春秋战国时期江南邗沟的开通，尤其是隋朝南北大运河的贯通、元代京杭大运河的开通，应该是必须予以高度关注的历史节点。综合区域内自然地理、文明起源、行政建制尤其是人口规模、经济总量和文化地位等因素，笔者认为江南滥觞于良渚文化时期，起源于东周、秦汉，发展于三国、魏晋、南朝，兴起于隋唐、吴越、北宋，形成于南宋，繁盛于元明清。把江北的扬州、皖南的徽州和浙东的宁、绍纳入江南，是合情合理的，但只有把大运河纳入主要衡量要素来考量，这种"扩容"才更有理有据。因为大运河连接

---

[1] 李伯重：《简论"江南地区"的界定》，《中国社会经济史研究》，1991 年第 1 期，第 103–108、110 页。

了扬子江、钱塘江，位于江河交接北岸的扬州、钱塘江上游的徽州，和位于大运河东南延伸段浙东运河上的绍兴、宁波，纳入江南就名正言顺了，也更符合区域经济文化为主的衡量标准。

（二）江南是国家财赋奥区

中国地大物博，而江南是最富庶繁盛的经济区域。中唐以后江南崛起，北宋以降成为国家财政命脉所系的"财赋奥区"，素有"米袋子""钱袋子"之称。

江南气候温暖，降水充沛，物产丰饶，自古为中国最富庶繁华的"鱼米之乡""丝绸之府"，"男耕女织"成为最经典的田园生活图景。这里是全国稻作农业发源地和水稻主产区，南宋时"苏湖熟，天下足"①，号为"天下粮仓"，成为国家仓储基地，形成全国著名的"米市"②。良渚文化湖州钱山漾遗址被确认为"世界丝绸之源"，这里种桑养蚕、缫丝织绸，自古就是茧丝绸产业的王国，明清皇家设置江南织造局，监造内廷所需绫罗绸缎，杭州织锦、南京云锦、苏绣、杭罗流光溢彩，"衣被天下"③。江南是茶树种植、皇家贡茶和茶学思想的起源地，为中华茶文化的首要发祥地和"中国茶都"杭州所在地，也是中国茶叶的主要产区和出口基地，尤其是高品级绿茶和历史文化名茶核心产区，出产有西湖龙井、碧螺春、黄山毛峰等全国名茶和鸠坑、屯绿、平水等出口绿茶。江南是中国青瓷的发源地和主产区，"一部陶瓷史，半部在浙江"，历史上越窑、秘色瓷、婺州窑、瓯窑、南宋官窑、龙泉窑烧造的青瓷，不仅在数量、质量和工艺等方面达到顶峰，而且通过海上丝绸之路输出到世界各地④，独具一格的紫砂壶与明清文人茶道相媲美，风行天下。江南是中古以来城镇化发展水平最高的地域，形成了省府、州城、县邑、市镇城镇化网络梯次结构⑤。江南地区百工云

---

①　朱瑞熙：《宋代"苏湖熟，天下足"谚语的形成》，《农业考古》，1987年第2期，第56-57页。

②　张家炎：《明清长江三角洲地区与两湖平原农村经济结构演变探异——从"苏湖熟，天下足"到"湖广熟，天下足"》，《中国农史》，1996年第3期，第62-69页，第91页。

③　李琴生：《江南"丝绸之府"地位的形成和发展》，《中国蚕业》，1999年第1期，第33-35页；陆咸：《从"苏湖熟、天下足"到"衣被天下"——明、清时期江南地区资本主义萌芽的发生》，《苏州科技学院学报（社会科学版）》，2004年第4期，第14-20页。

④　鲍志成：《丝瓷茶：文化品牌与人类文明（代序）》，《丝瓷茶与人类文明（上册）》，浙江工商大学出版社，2019年版，第1-11页。

⑤　徐峰：《试论近代江南市镇的城市化》，《兰州学刊》，2008年第2期，第136-139页。

集，商贸繁盛，自古是中国传统工商业的先进发达地区，赋税所出通过漕运北输，"土贡之多""为天下最"，"民物殷盛，国家经费之所从出"①。

（三）江南文化的历史渊源

中华文明源远流长，而文明曙光从江南升起。五千年前的良渚文化既是江南文化的滥觞，也是中华文明晨光初照的起点。密集分布于环太湖流域的近千个良渚文化遗址，说明早在五千年前良渚人就在现在的江南核心地域建立了"文明共同体"。从大历史看，江南文化从良渚文化、广富林文化，到吴越文化、南宋文化，乃至海派文化、新时代文化，历史悠久，源远流长，一脉相承，古今辉映，与时俱进，历久弥新。

刘士林先生在谈及江南文化的历史渊源时说："综合 20 世纪考古学、历史学、人类学的研究，早在新石器时代，作为江南母体且自成一体的长江文明就已发育得相当成熟。由此出现了一个颠覆性的新发现，江南文明是长江文明的'亲生子'，而不是黄河文明的传播产物。"②江南文明的起源及其与长江文明、黄河文明的关系，涉及江南文明的本土性和外来性问题，应在中华文化多元一体的宏观框架和历史演进中来分析。应该说江南文明是长江文明的一部分，长江文明是由包括江南文明在内的许多地域文明组成的，从这个意义上说，江南文明是长江文明的"亲生子"也未尝不可。但是，长江文明是相对于黄河文明而言的，其区域范围以长江流域来界定，侧重的是自然地理，流域内不同区域地理地貌、经济文化差异极大。江南文明虽然有长江下游南岸环太湖流域的自然地理界定，但更重要的是在此自然地理基础上形成的特有的经济地理和文化地理。长江下游段和太湖水系（上游苕溪、荆溪与下游松江、娄江、钱塘江等）与江南运河和浙东运河为主干构成的江河湖海交汇区，具有发育较早、发展持续且充分的经济文化和文明形态一体化特征。从历史渊源而言，江南文明以良渚文化为滥觞、广富林文化为原点、古吴越文化为基底，经过"泰伯奔吴""永

---

① 鲍志成：《民物殷盛冠于江南——元代杭州的都市经济》，《元明清名城杭州（修订版）》，浙江人民出版社，1997 年版。

② 刘士林．将长三角城市群打造为世界级，为什么要特别研究江南文化？ [J/OL]，上观新闻，2018-07-01。

嘉之乱"到"靖康之变"的历次中原士绅大规模南迁，融入北方文化的基础上发展而来。从这个意义上讲，江南文明应该是以南方长江下游太湖文明为主体，吸收融汇北方黄河中原文明的"优生子"。

（四）江南是中华文化高地

中华文化多元一体，博大精深，而江南文化浓缩了中华文化的精华，历来是中华文化的高峰。从"南方夫子"言子（前506—前443）道启东南、文开吴会[①]，到唐宋禅学、浙东实学、宋明理学、阳明心学，百代弦歌，士子云集，千百年来的江南文化孕育了无数先哲贤达，自古迄今成为进士、状元、鸿儒、院士辈出之地，号称"人文渊薮"。在历代科举考试进士和状元排名前12府中，江南占有8席，苏州、常州、无锡、杭州、嘉兴、绍兴、宁波、徽州名列其中；在全国1775名（截至2017年1月）两院院士中，江苏、浙江分别477人、407人，一直名列前二，加上上海87人，江浙沪占全国总数过半。

中华人文艺术，千姿百态，而江南人文韵味独特，诗意流转，素来是华夏文林艺坛中最精致典雅的精华。吴侬软语，宛转悠扬；梅兰竹菊，琴棋书画；笔墨纸砚，翰墨流韵；吟诗作赋，曲水流觞；丝竹评弹，南戏昆曲；才子佳人，花前月下；文房精舍，诗酒花雅；藏经秘阁，文献之邦；东南佛国，禅宗道场；五山十刹，高僧大德；什么水墨画、水磨腔，什么苏式园林、徽派建筑，什么浙派海派、徽式宁式，无不涵养了江南精致细腻、优美典雅的江南人文图景，最具中国特色，很有东方神韵。同样，说起江南，我们会不自觉地联想到绿水青山，东南形胜，阡陌纵横，河塘密布，水乡古镇，烟雨楼台，雕梁画栋，龙舟画舫，小桥流水，白墙黛瓦，曲径通幽，别有洞天，名胜古迹，风景如画，西湖太湖，水光山色，富春新安，山水天下，钱潮东海，竞渡弄潮，江南风物，最忆杭州，上有天堂，下有苏杭！……这些美妙词汇无不勾勒出诗情画意、秀美清丽的江南人居环境。

江南不管如何界定，江南文化不管怎么释读，在中国人文传统里是绝大多数国人心向往之、魂牵梦萦之地，那里有他们梦寐以求的诗酒花茶、田园乐土，

---

①　戚福康：《言子儒学论略》，《学术交流》，2006年第10期，第26—32页。

有他们的人生理想，有他们的家国情怀。可以说，每个中国人的人生理想中都有一个"江南梦"！

（五）江南文化的开放包容气质

从人文气质和文化特征来看，江南文化无论内在结构还是外在特征，都具有海纳百川、开放包容的特质。这是融汇本土文化和外来文化的结果，具有中国和世界文化交流、东方和西方文明互鉴的特征。从太湖南北、运河两岸到浦东浦西、钱江两岸，抑或徽派海派、本土外来，从汉魏南朝"释迦东来"到唐宋元明"黄金纽带""海舶互市""番坊""使馆"，从明末清初"西学东渐"到欧风初薰的西洋"奇技"、江南"洋气"[1]，从鸦片战争"五口通商""租界洋关""教会教堂"到上海崛起为"十里洋场"的远东大都会、"海派文化"的滥觞地，都充分证实：江南文明既是南北文化交融的"优生子"，也是中外文明互鉴的"混血儿"。

（六）江南文化与"儒家文化圈"形成

丝绸之路的历史性贡献之一，是在东亚地区形成了"儒家文化圈"（又称汉字、中华或东亚文化圈）。古代的江南和江南文化，通过海上航线人员往来、经贸和文化交流，对东亚儒家文化圈的形成发挥了关键作用。

早在先秦时期，由于环东海地理位置、西太平洋洋流（黑潮）和季风等天然条件，浙东沿海先民率先开拓了以东海、黄海为范围的"东北亚地中海"航线。现今中国东部沿海和朝鲜半岛、日本列岛西海岸三地大量分布的形制相似或相同、年代相近的"支石墓""石棚墓"[2]就是考古学实证。商周之时，中国的养蚕、缫丝、织绸技术传到朝鲜半岛，有"箕子朝鲜"[3]之说。秦汉时期，以

---

[1] 李天纲.明清的江南文化与欧洲世界 [J/OL]，东方历史评论，2019-10-10。

[2] 毛昭晰：《先秦时代中国江南和朝鲜半岛海上交通初探》，《东方博物》，浙江大学出版社，2004年第 1 期，第 8-17 页；千勇：《浙江大学古代中韩海上交流史研究评述》，《韩国研究（第十二辑）》，浙江大学出版社，2014 年第 10 期，第 380-394 页。

[3] 李德山：《论箕子东迁与华夏文化东传》，《黑河学院学报》，2020 年第 6 期，第 1-7 页；张忠：《东方丝绸之路的初始》，《辽宁丝绸》，2016 年第 1 期，第 1-5 页。

"徐福东渡"为代表的东部移民渡海外迁，稻作、冶炼等传入日本[1]。隋唐时期，东海直航航线开辟，扬州与博多等港口商舶往还不绝，日本遣唐使、学问僧络绎于道入唐求法，以鉴真为代表的中国高僧东渡日本弘法，汉字、建筑、医药、服饰和典章制度等中国文化大量移植日本。到了五代两宋时期，东北亚地区间交流达到高峰，江南地区成为前沿重镇。杭州、明州（庆元）等港与日本、高丽联系紧密，使节往返、舶商贸易臻于鼎盛。江南所产丝、瓷、茶、书等特色商品，馒头、酱油、豆腐、荞面等制作技艺传入日本，博多"大唐街"形成世界上最早的华人海外侨民聚居地[2]。随着佛教尤其是禅宗僧侣的求法问道、去来往返，中日韩之间的"佛教黄金纽带"应运而生，后世日本禅宗24流中22派传自杭州余杭径山临济宗法门，禅院茶会和天目盏、天目台等传入日本，形成后世的"日本茶道"，对日本丛林建筑、宋学传播、"五山文学"产生深远影响。元军两次东征日本因台风而失败，江南禅僧赴日却有增无减，并强化了对武士执政阶层的影响。明清时期，先有"勘合贸易"，宁波、长崎互为开放口岸，实行定向定额的外贸交易，后有"倭寇"扰乱沿海各地，直到清前期有杭州湾乍浦港开辟通商。明清之际，江南文化对日输出形成新的高峰，朱舜水东渡传播阳明心学，被尊为"日本的孔夫子"[3]，对日本幕府执政影响很大；陈元赟在日本传播医学和武术，被尊为"日本柔道之父"；东皋心越禅师到日本弘传禅法、古琴、篆刻，被尊为日本古琴、篆刻之父[4]；就连西湖园林都被复制移植到日本多地……可以说，江南文化得天时地利人和之便，对东亚儒家文化圈的形成，功不可没。

　　作为我国发源最早、发育最充分、积淀最深厚的区域文化类型，江南文化具有开放包容、多元共生、南北兼具、中外交融、美美与共、和而不同的人文精神和特征鲜明。江南文化既是历史的，也是未来的，既是中国的，也是世界的，它契合未来新类型文明和人类命运共同体构建的价值取向。

　　[1]　张炜、祁山：《徐福与海上丝绸之路考辨》，《山东师范大学学报（人文社会科学版）》，2018年第3期，第1—16页。

　　[2]　鲍志成：《大楠爷谢国民——唐宋时期赴日移民及世界上最早的唐人街博多大唐街》，《一衣带水两千年——中日友好史话》，杭州出版社，2006年版。

　　[3]　鲍志成：《日本的孔夫子——明朝移民朱舜水流寓日本和对传播中国儒学的贡献》，《一衣带水两千年——中日友好史话》，杭州出版社，2006年版。

　　[4]　鲍志成：《日本的"篆刻之父"、"琴学之祖"——清代高僧东皋心越对日本篆刻艺术和近代琴学的贡献》，《一衣带水两千年——中日友好史话》，杭州出版社，2006年版。

二、"长三角一体化"战略下江南文化的创新发展

（一）"长三角一体化"战略为江南文化创新发展创造了历史契机

长三角地区以占全国1/6的人口创造了全国1/4的GDP，具有较强经济实力，是经济发展最活跃、开放度最高、创新能力最强的地区，是我国最有条件率先实现现代化和一体化的区域。国家对未来长三角一体化发展的战略定位，是打造全国发展强劲活跃增长极、高质量发展样板区、率先基本实现现代化引领区、区域一体化发展示范区和新时代改革开放新高地，成为全球资源配置的亚太门户，具有全球竞争力的"一核五圈四带"世界级城市群。历史的、地理的、传统的、文化的旧江南、小江南，从此跃升为现代的、未来的、亚太的、世界的新江南、大江南。

长三角一体化发展上升为国家战略，不仅仅是为长三角而长三角、为一体化而一体化，而是带动长江经济带、协同"一带一路"、对接西部大发展、呼应京津冀和粤港澳发展，引领全国高质量发展、完善改革开放空间布局、打造强劲活跃增长极的又一重大举措。其"一极三区一高地"的战略定位，归根结底是要打造全球资源配置的亚太门户，具有全球竞争力的与纽约湾、东京湾相匹敌的世界级大湾区城市群。

从战略判断到战略定位的大视野大格局来看，长三角一体化与长江经济带、"一带一路"融为一体，东西兼顾，南北互济，形成了以上海合作组织为龙头，"一带一路"为两翼的中国全球化大格局！上海因此具有了三重龙头的特殊地位。

长三角一体化高质量发展，必然涵育高品质新江南文化；高品质新江南文化必然引领长三角一体化高质量发展。江南文化的转型提升在国家战略支撑、地缘经济关系、文化赋能赋魂、区域协调推进的格局下，可谓是天赐良机，势在必然，大有可为。

（二）确立江南文化转型提升的基本思路

与长三角一体化战略定位相呼应，新江南文化的创新发展、转型提升，必须立足长三角、大江南，对标增长极、三高地。新江南文化不仅要传承弘扬中

华传统文化尤其是江南文化的精髓和人文价值，也要集成创新世界文化尤其是亚太文化的精华和优点长处，完成创新发展、转型提升，实现迭代重塑，成为新时代中国文化的新代表和新型文明的新样本，继续发挥先进文化引领作用，赋能长三角一体化高质量发展，在"一带一路"文化先导中，发挥文明互鉴、文化交流促进人文相亲、民心相通等多重作用。

江南文化如何创新发展、转型提升为新江南文化？

首先，要有大时代、大格局和大情怀来审视新江南文化。要跳出长三角、大江南来认识新江南文化，要从新时代、新战略、新目标来定位新江南文化，要面向世界未来发展大势和人类命运共同体构建来规划新江南文化。

其次，要用人文化、全球化来创造新江南文化。要遵循文化发展的内在规律，坚持以人为本，以满足新时代人类美好生活需求为根本目标，把创新传播蕴含江南文化精粹和人文精神的东方美学生活方式，作为最高追求；以美美与共、和而不同新型文明观，作为引领未来全球化的核心价值理念。

第三，要确立创新发展、转型提升新江南文化的总体思路。要集成优势优质资源，提炼共性，共通价值，搭建国际化平台，以科技和金融为助力加持新江南文化发展的"两翼"，以创造性转换、创新性发展的"两创"理念为指导，以文化创意设计产业、文化旅游融合发展项目"两文"为驱动，制定发展规划，出台政策措施，创新文化品牌，打造一批高（高起点、高标准、高水平）、大（大格局、大视野、大情怀）、上（上规模、上档次、上品牌）、跨（跨界别、跨地区、跨国界）、智（智能化、智联化、智慧化）的新江南文化建设大工程，驱动新江南文化服务长三角一体化高质量发展，助推构建"东亚（文化）共同体"①，引领未来亚太新型全球化大趋势和构建人类命运共同体发展大方向。

（三）探索江南文化迭代重塑的路径和方法

一要提炼共性共通核心价值。要实现传统江南文化向长三角、新江南文化再到未来东方乃至亚太文化的转型，必须提炼新江南文化的共同性、共通性核

---

① 刘昌黎：《东亚共同体问题初探》，《国际问题研究》，2007 年第 2 期，第 57–62 页，第 66 页；任立冉：《中日韩"东亚共同体"构想评析》，《理论月刊》，2015 年第 9 期，第 177–181 页；乔旋：《东亚共同体的发展、障碍与展望》，《党政研究》，2015 年第 2 期，第 19–23 页。

心价值精髓，打造新江南文化 IP，诠释新时代中国文化核心理念和价值，讲好江南人文精神、中国故事和东方智慧。

二要以文旅融合发展为契机。要以文化创意设计为关键，把文化创新与科技、金融、文旅相结合，把文化"走出去"与文化交流、文明互鉴相结合，在创新中传承、在发展中升华、在传播中弘扬、在交流中互鉴，展现新江南文化的时代性、先进性、国际性。

三要确立差异化发展定位。作为长三角一体化、长江经济带的龙头，上海要实现从中外交融、开放时尚的海派文化之都，向全球性先进前沿、活力时尚的亚太文化高地的转型提升；杭州要实现从精致典雅、天人和谐的东南文化名城，向开放大气、包容互鉴、美美与共、和而不同的东方文化之都的转型提升；南京要实现从六朝金粉、秦淮文化荟萃的江城金陵，向融贯东西、吸纳南北的长江文化之都的转型提升；苏州要实现从水乡吴语区姑苏文化名城，向江南特色、数字智造的太湖文化之都的转型提升；扬州要实现从通江达海的江南运河文化名城，向挽江带河的大运河文化之都的转型提升；黄山要从皖南徽商耕读传家的徽州文化名城，向南国山水文化之都的转型提升；宁波要实现东南沿海海丝港城文化名城，向远东海洋文化之都的转型提升；松江要实现从上海之根、传统江南文化名城，向新江南文化首善之区的转型提升；湖州要实现从清丽富庶的吴兴文化名城，向美丽富饶的南太湖生态文化之都的转型提升；嘉兴要实现从鱼米之乡丝绸之府的秀州文化名城，向南湖建党圣地、红船精神为特色的红色圣地文化之城的转型提升；合肥、无锡、常州、绍兴等长三角区域内城市，都要探索实现城市定位转型、文化提升发展的可行路径。

四要探索战略性传播路径。新江南文化不仅要通过文化赋能、赋魂，引领长三角一体化高品质发展，而且要优先参与中国模式、中国方案、中国智慧在国际社会治理和"一带一路"推进中的文化先导实践。

五要建立可行的体制机制。新江南文化要打破"小算盘"，树立"一盘棋"大格局、大视野，尊重历史形成的自然地理和区位环境，突破行政区划界限和局限，对接政策法规措施，构建生态、交通、能源、科研、教育、卫生、民生等区域一体化体制机制，为新江南文化建设创造地缘相近、人文相亲、民心相通的良好区域环境。

三、创新载体和平台，大力推动新江南文化"走出去"

文化交流、文明互鉴是构建人类命运共同体的有效途径，文化认同、文明交融是文化交流、文明互鉴的必然结果。不同社会共同体的成员之间通过文化相互交流和彼此沟通，形成使用相同相似的文化符号，遵照共同共通的文化理念，秉承类似相近的思维模式与行为规范，是构建文明共同体的前提条件和必由路径。

要以"一带一路"文化带建设为驱动，通过特色人文交流平台和渠道，让新时代新江南文化走出国门，走向世界，惠泽全人类。如上海的中国国际进口博览会、上海国际电影节、中国上海国际艺术节、上海国际文化创意产业博览会、上海国际文化装备产业博览会、中国国际数码互动娱乐展览会、中国国际动漫游戏博览会、全球电竞大会、上海游戏精英峰会、上海国际马拉松赛、世界斯诺克上海大师赛、上海 ATP1000 网球大师赛、上海博物馆、上海大剧院、上海国际时尚中心、东方艺术中心、国际舞蹈中心、上海张江科技园、上海张江国家数字出版基地、中国（上海）网络视听产业基地、国家对外文化贸易基地、金山国家绿色创意印刷示范园区、国家音乐产业基地（上海）、澎湃新闻社、喜马拉雅 FM、世纪出版集团等国际文化传播交流平台[①]，江苏的世界物联网博览会、江苏发展大会、世界智能制造大会、中国（昆山）品牌产品进口交易会、江苏国际乐器博览会、中国江苏国际服装·家纺·面料博览会、江苏省园艺博览会、江苏（南京）版权博览会、南京国际博览中心、南京博物院、江苏大剧院、凤凰出版传媒集团、大运河文化旅游发展基金、南京文化金融服务中心、南京秦淮特色文化产业园、苏州蜗牛数字科技有限股份公司、无锡国家数字电影产业园、南京 T80 文化科技国际社区等创新交流平台[②]，浙江的世界互联网大会、世界浙商大会、中国国际茶叶博览会、中国杭州西湖国际博览会、中国国际动漫节、中国—中东欧 17+1 博览会、浙江横店影视城、国际丝绸联盟、国际丝路

---

① 中共上海市委宣传部文化改革发展办公室、上海市文化事业管理处：《2018 年上海文化产业发展报告》，2019 年 1 月。

② 江苏省人大常委会教科文卫委员会：《关于全省文化产业发展情况的调研报告》，江苏人大网，2018-11-19；江苏省哲学社会科学界联合会：《江苏打造有世界影响力展会品牌的对策建议》，江苏社联网，2019-04-02。

之绸研究联盟和"丝茶瓷：丝绸之路上的跨文化对话"等国际会展和文化交流活动，都发挥了很好的国际传播力和世界影响力。

古代东亚海上丝绸之路孕育了东亚"儒家文化圈"①，那么引领未来全球化发展、凝聚着中国智慧和中国方案的人类命运共同体，从东亚开始就成为占有天时地利人和的顺理成章的事情。新时代新江南文化引领未来，属于世界，在"东亚（文化）共同体"构建中，一定能且必须要发挥引领和核心作用，新江南文化发展和走出去国际化发展，使命伟大，前景无限！

（作者系浙江省文史研究馆馆员，省文化和旅游发展研究院研究员、发展战略中心主任）

---

① 曾光光：《儒家文化圈的流变与新机》，《深圳特区报》，2014 年 05 月 20 日。

江南文化源流、特征及与其他文化交流融合

杨建华

江南，是一个诗意的指称。白居易《江南好》："江南好，风景旧曾谙，日出江花红似火，春来江水绿如蓝。能不忆江南。"韦庄有《菩萨蛮》："人人尽说江南好，游人只合江南老。春水碧如天，画船听雨眠。"杜荀鹤在《送人游吴》更是描写了江南的"人家尽枕河，水巷小桥多"的诗画文化空间。江南文化发生于太湖流域，这一地域在上古属"扬州"，春秋战国时属吴越，秦汉至南北朝时名为三吴，唐宋以下称为江南。

一、江南文化与北方文化

我们在追溯中国文化的开始时，首先注意到的华夏国土表象，我国地理环境是大陆型，然由于地域广阔，地貌殊异，其间横跨亚热带、温带、寒温带。西北部塔里木盆地和蒙古草原是大片干燥的草地和瀚海戈壁，东北部是茂密的原始森林和草原，其居民大都以游牧为生。中原地带从关中到齐鲁，处于新华夏大地槽间，大部分是过去各个地质年代黄河所带来的淤泥冲击而成的，冲击黄土松软肥沃，东南部的长江及珠江流域，则是另一番波涛浚流、水属苍天的景色。它西则迫江、东则薄海，外为浩瀚的大洋所环抱，内又为星罗棋布的湖泊河流所分割。

从地域和民族看，传统分类将上古中国划成东夷、南蛮、西戎、北狄，然就整体视之，南北人文地理所造成的文化差异来得更深刻。长江、黄河这两条象征着中华文明源头的巨川将南北割裂开来，再加之山水、地形、气候乃至人

种等先天文化因素的综合作用，使得南北文化互为对峙，各显风采。在北方，土地的广袤辽阔，河流的浑厚凝重，处处给人以苍茫悲壮的沉重感觉。人们生存的条件是那样的艰难，要维持生命，必须未饥先筹粮，未寒先补裘，把所有的心血都倾注在现实事务中，因而它的文化便凸现出一种实在、厚重、质朴、具体的现实精神。而南方的自然生态，处于秀山溪谷的阻隔中，处于湖泊河流的割裂中，使个体的价值和情感得到了凸现，物产丰赡，气候温燠，给人一种和谐、舒坦、美好、生命永恒的感觉，因而它的文化又体现着一种轻灵、流动、飘逸、富于想象的气质。

早在 1600 多年前，刘勰就在他的《文心雕龙·辨骚》中说道："至于托云龙，说迂怪，丰隆求宓妃，鸩鸟媒娀女，诡异之辞也；康回倾地，夷羿蔽日、木夫九首，土伯三目，谲怪之谈也；依彭咸之遗则，从子胥以自适，狷狭之志也；士女杂坐，乱而不分，指以为乐，娱酒不废，沉湎日夜，举以为欢，荒淫之意也。摘此四事，异乎经典者也。"刘氏认为，南方文化不受礼法限制、束缚，突出个体情感，与北方重实用的功利观大不一样。

梁启超在《中国地理大势论》中也说："燕赵多慷慨悲歌之士，吴楚多放诞纤丽之文，自古然矣。自唐以前，长城饮马，河梁携手，北人之气概也；江南草长，洞庭始波，南人之情怀也。"[①] 就区域文化类型来看，中国南北文化自古即有差异，不同的自然和人文环境，孕育了不同的风俗民情、士人心态、文化特征。南方士人聪慧、精细；北方士人憨直、阔博；南方文化明丽、纤巧、缜密、委婉、飘逸、内省、求精、温怨、柔曼、灵秀等等；北方文化豪迈、奔放、雄浑、质朴、拙括、外向、刚直、慷慨、俊肃等等。可以在习俗、性情、学风、观念、思维等若干方面，找到南北相对的许多语词来形容或概括文化的差异，但也存在许多共性，共同构成博大精深的中华文化。

不同区域的人文地理产生不同区域的文化类型，这在考古材料上得到说明。如黄河流域的鲁国陶器有明显的周系统和土著系统两支。这两类陶器在居住遗址是互相共生的，而在墓葬中却又截然分开。这种情况一直到春秋时期都未改变。这说明在周人的统治区域里，原生地文化仍顽强地保留着，这是"周礼尽

---

① 梁启超：《中国地理大势论》，刘梦溪主编：《中国现代学术经典·梁启超卷》，河北教育出版社，1996 年版，第 707 页。

在鲁矣"的鲁国情况。在那些周人统治势力较弱的地区，其地方文化的色彩也就更加浓厚。如北方燕国村落遗址中有很多是北方系的陶器，长江下游的吴越，不仅陶器属几何型硬纹陶文化系统，而且连青铜礼器也极富个性。它一直是仿自己陶器鼎来制作的，其特征为浅腹撇足，这与中原圆腹、兽足鼎绝不一样。

地理环境对于区域文化的作用、对于人的性格的作用，还可以从古代典籍中得到佐证。《史记·货殖列传》云：秦地好稼穑，务本业；燕赵好气任侠，民俗懁急；邹鲁俗好儒，备于礼，故其民龊龊，颇有桑麻之业，无林泽之饶，地小人众，俭啬，畏罪远邪；越楚俗剽轻，易发怒，敬鬼神，好淫祀，地有云梦之饶，不待贾而足。这些都向人们显示，在华夏文化圈里有着不同区域文化的子系统，它们的存在与独立，正是以可参照的"它在"文化系统作为前提的。

二、江南文化源流及其特征

1. 吴越文化：江南文化之源

吴越文化以太湖流域为中心，其范围包括今上海、江苏南部、浙江、安徽南部、江西东北部。吴越文化先民属越族，亦称"于越"。关于越族的来源，学术界众说纷纭，主要说法有：（1）越族源于中原的夏民族，即"越为中原夏人之后"说；（2）楚、越同源说；（3）越为南方三苗集团后裔说；（4）越为南太平洋马来人种说；（5）越为江、淮徐族后裔说。但当我们证之于考古资料、历史文献、民族学理论时，就会感到这些观点都不足信。因为于越文化与夏、楚、苗、徐、南太平洋马来人的文化，在源流上缺乏一致性，在经济形态上没完整的共同性，在社会发展进程上彼此也没有先后继承延续的关系。而我们有充分的理由认为，于越族的来源及构成主要是本地区的土著居民，于越族的吴越文化是在这块土地上独立生长起来的文化。

"于越"作为一个族名，按传统说法，"于"是越人胶着语的发语词，无实义，中心意思包含于"越"中。一般认为，"越"通"戉""钺"，是古代的一种武器，为越人所发明，故名之。于，上古文一般写作"於"，属通假字。将"於"（于）看成是发声辞，这只是以当时中原人的文化观念来揣度越人族名，因为"於"作为发语辞，只是中原华夏人的习惯用法，而在《说苑》《吴越春秋》以及传世与出土的越器铭文中绝无所见。其实，於越的"於"（于）为一实词，本字为"乌"（即鸟）。《说文》曰："乌，孝鸟也，象形。孔子曰：'乌，盱呼也，取其助气，故以为乌呼。'凡乌之属，皆从乌。古文乌，象形。於，象古文乌省。"《尚书·尧典》郑注亦云："於者，乌声也。"将这些古文字学材料与考古学、人类学材料相验证，可知"於"实是于越族人的一种图腾符号，是该族的护族符。

越，应当说是起源于"戉"，最早是一种石器，类似于后世的铲、斧，是史前于越族人用来种植水稻的重要生产工具，它在河姆渡文化、马家浜文化遗址中皆有发现，当时已磨制得很精致，为穿孔、弧刃。由于它是于越人所特有的一种重要的稻作生产工具，因此到良渚文化时期，它便由精美的玉石来制作，并逐步地被神化，成为军事统治权及神权、政权的象征，这在良渚文化时的瑶山、反山大墓中有多例发现。尤为引人注意的是，这些墓中发现的玉钺大都刻有飞鸟或神人羽冠的图纹。这不是一种偶合，而是于越族人将护族符与王权结合的标志，并且还标志着于越人正从完全以血缘为纽带的氏族部落走向部分以地缘为基础的民族共同体。此时于越族人便将固有的图腾符号与新出现的王权象征物糅合起来命名自己新生的共同体。因此，从根本上说，于越族名的意义是于越人的图腾符号和他们所特有的稻作文化生产工具的融合，是于越人稻作文化一个具有标志性的特质。

1993 年发现的南京汤山直立猿人化石表明，江南地区早在 35 万年前就有古人类在此活动。1974 年冬，中国科学院古脊椎动物与古人类研究所专家在建德市李家镇新桥村乌龟洞里发掘出一枚古人类的牙齿化石及大量古脊椎动物化石。经鉴定，这枚人牙化石距今约有 5 万年左右的历史，被中国科学院正式命名为"建德人"。有学者认为，"建德人"就是长江下游的原始民族——越族的祖先。最新考古发现，浙江浦江发现了距今一万年的"上山文化"，它已属于新石器时代，上山文化遗址出土的夹炭陶片，表面发现了较多的稻壳印痕，胎土中有大量稻壳、稻叶，在遗址中还有稻米遗存，有专家认为这是长江下游地区目前发现最早的稻作遗存，对研究稻作史提供了十分珍贵的资料。距今 8000 年的浙江余姚井头山文花出土大量精美的陶器、石器、木器、骨器、贝壳器等人工遗物和早期稻作遗存，以及极为丰富的水生、陆生动植物遗存，距今 7000 年的河姆渡文化，苏州草鞋山文化、南京北阴阳营文化、常州圩墩文化、崧泽文化、杭嘉湖平原的马家浜文化等。这些生活在江南地区的新石器遗址的主人，后来成为越族先民。杭州余杭的良渚文化，更是将长江下游文化推进至文明时代。近几年来良渚文化时期的余杭反山、瑶山遗址的发现，向我们证实了当时军事、政治权力确已被神化，大型宫殿、都城与水利设施的建设，权杖的出现，良渚先民已经进入文明时代文。

吴越既是古代的国别，也是民族共同体。《史记》言吴、越皆古国，吴为周太王长子泰伯之后，越为夏少康庶子之裔。吴居苏南，都于吴（苏州），越居今浙北，都会稽（今绍兴），二国王室皆华夏之裔。《史记》记载周太王的儿子泰伯和仲雍为让父王实现灭商的愿望，把王位继承权主动让给弟弟季历，带着亲族来到苏南地区的无锡、常熟一带，建立吴王国。泰伯、仲雍断发文身，接受当地习俗，主动融入当地社会，并把中原先进的农耕技术带到当地，泰伯奔吴是一次中原文化与东南文化的融合与交流，对长江下游地区的开发有着重大的意义。古越族和汉族早期的关系主要在贸易，越人以象牙、玳瑁、翠毛、犀角、玉桂和香木等奢侈品，以交换北方的丝帛和手工产品。春秋时期，长江中游的楚国，采用"联越制吴"政策，使吴越相互攻伐。吴王夫差不辱父命，征服了越王勾践，挥军北上，争霸中原，成为春秋五霸之一。越王勾践则卧薪尝胆，经过"十年生聚，十年教训"，最后消灭吴国，亦称霸中原。

2. 吴越文化特征

吴越国别的"吴文化"和"越文化""同俗并土、同气共俗"，逐渐在相互交融、激荡、流变与集成中形成统一文化类型，并有其鲜明的共同标志形式，如舟楫、农耕、稻作、印纹硬陶、土墩墓、断发文身、好兵斗勇、淫祀，先秦典籍多有记载。这两支文化在经济形态、生活习俗方面存在着较大的共性。在长时期的发展中，互相交往、互相影响。到了包含有几何形印纹陶的高祭台类型文化时代，便逐步融合。吴越文化是长江文化的一个典型子文化系统。它的文化特征主要有：

第一，稻作文化。农业是吴越史前文化的主要经济形态，而水稻则是当时农业的主要栽培作物。水稻栽培的成功是于越先民对世界文明作出的一项重要贡献，并由此而形成了区别于其他区域文化的"稻作文化丛"。这一文化丛包括水稻的生产工具、运输工具、加工工具、食用器具以及生产形式、社会惯例、宗教禁忌等多种文化特质。于越人水稻耕种方式之一是"鸟田",并由此衍生出一系列的凤鸟崇拜文化因子,如会稽鸟耘、凤鸟司历、鸟占鸡卜以及鸟纹、鸟人、鸟田、鸟语等等①。而于越的族名正与这稻作文化及凤鸟崇拜直接相关。

第二,舟楫文化。吴越文化发生于太湖流域,在上古属"扬州"。其间三江相环,河流纵横,湖泊棋布,东南为大海所抱。这是一片湖泊沼泽地带,肥沃却不易耕种,同中原易于垦植的黄土有很大差别,更不像中原地带的一马平川。这里人们外出多数以舟代步。河姆渡文化时期已经出现了木桨,良渚文化时期,木桨形制得到进一步改进,有宽翼、窄翼等式样。自1958年后,在江苏武进淹城护城河的淤泥中,就先后出土四条独木舟,其中一条长度有11米②。《越绝书·纪地传》中说:"越人之性,以船为车,以楫为马。"春秋时期,吴国多次以舟师与楚、齐作战。《左传·哀公十年》有"徐承帅舟师将自海入齐",并且在《左传》中还记载着许多吴国舟船的名称,如"余皇""楼船"等。《越绝书·纪地传》有"戈船三百艘"的记载。吴人挖邗沟也正是为了用船来运载军器、粮食以便同齐作战。"胡人便于马,越人便于舟。"③吴越的造船业在春秋时期就已非常繁盛。如果说中原地区的人们以车打破了地理的界限,促进了诸国的融合,那么吴越人们则正是以船征服了水堑的阻隔,扩大了文化的交流,并对吴越人的性格有着巨大的冶铸作用。

第三,丝织文化。吴越人很早就掌握了纺织技术。在属马家浜文化吴县草鞋山遗址的最下层,出土了我国迄今所知年代最早的,以葛为原料的三小块炭化纺织物残片。在属良渚文化的湖州钱山漾遗址中,出土了世界迄今为止最早绢片、丝带之类的丝织品,其纤维原料都属家蚕丝,先缫而后织。同时在吴江梅堰发现黑陶器上有浅刻蚕纹的图案。干越生葛绤,"冬披毛裘,夏披绤绤"④。可见,吴越人的服饰质料多是用绮罗纱葛。著名的西施就是一个浣纱女。越王勾践被吴释放归国后,"乃使国中男女入山采葛",由女工织成"黄丝之布"十万

---

① 杨建华:《吴越凤鸟神话论》,《浙江学刊》1990年第1期。
② 中国史学会《中国历史学年鉴》编辑组:《中国历史学年鉴1984年》,人民出版社,1985年版,第331页。
③ 《淮南子·齐俗训》,《诸子集成·淮南子》第七册,中华书局,1954年版。
④ 《淮南子·原道训》,《诸子集成·淮南子》第七册。

匹，"以求吴王之心"①。在服饰中，衣是风俗的中心。由于夏季暑热，吴越人衣着的形制一般是紧身短衣，有所谓"短缕不结，短袂攘卷"之说。其衣襟向左开，即"左衽"，袖口窄小，腰间常系有丝带或短裙。长沙战国楚墓出土的吴越文物人形柄匕首上的人像，其袖子在左手腕处打结，腰间系短裙，上有尖角形和条形图案②。这种形制不同于中原的峨冠博带、宽袍大袖。吴越人的服饰对楚国也产生了很大的影响，《史记·叔孙通传》中就有"衣短衣，楚制"之说。

第四，玉器文化。玉是于越人的一项独特工艺创造，并随着政治权力的神化，在玉器上也熔铸了更多的观念性的东西，如将玉琮、玉璧作为祭天地鬼神的法器，视作神权的象征，将玉钺作为军事统治权的标志等。中原地区在新石器时代根本没有用玉传统，但进入夏、商、周后，却也将玉看成了祥瑞之物，有所谓"苍璧礼天、黄琮礼地"的说法。商周时代的琮、璧与良渚文化的同类形状没有差别，只是琮上没有兽面纹。商周的其他一些玉器，如璜、环、玦、珮等，也都可以在良渚文化甚至早于良渚文化的菘泽文化和马家浜文化中找到。中原商周文化的用玉传统，以及玉器的大多数种类如琮、璧等，都是继良渚文化而来的。商周铜器的兽面纹、云雷纹和主要纹饰布局，与良渚文化有密切的关系。商代的铜钺和良渚文化的玉钺都是一种代表着杀伐之权的礼器，作用类似于权杖。除去材质和因材质决定的个别地方不同之外，其他都基本上一样，说明它们之间存在着渊源的关系。

第五，宗教文化。《史记·封禅书》记载："越人勇之言，'越人俗鬼，而其祠皆见鬼，数有效。昔东瓯王敬鬼，寿百六十岁。'乃令越巫立越祝祠，安台无坛，亦祠天神上帝百鬼，而以鸡卜。"③吴越人以为，这样可以捕捉到那不可把握的、偶然的命运。并能将时空所规定了的有限生命向无限扩展。因此越王勾践向文种询问如何灭吴，文种进以"九术"，其中第一术便为"尊天事鬼，以求其福"。据史书说，勾践"乃行第一术，立东郊以祭阳，名曰东皇公；立西郊以祭阴，名曰西王母。祭陵山于会稽，祀水泽于江洲"，结果是"事鬼神，一年国

---

①　袁康、吴平辑录：《越绝书·内经九术》，上海古籍出版社，1985 年版。
②　高至喜：《湖南发现的几件越族风格的文物》，载《文物》1980 年 12 期。
③　司马迁：《史记·孝武本纪》，中华书局，1959 年版，第 478 页。

不被灾。越王曰:'善哉,大夫之术! 愿论其余'"①。《隋书·地理志》也说:"江南之俗……信鬼神,好淫祀。"在众多鬼神敬祀中,水神无疑是一个极其重要的对象,"春祭三江,秋祭五湖"②。祈求通过虔诚祭祀,获得水神庇佑,达到人与自然的和谐。据凌纯声先生所云,龙船正是这种祭祀时所驾之舟③。

第六,尚勇文化。先秦时期吴越民众以尚武为风气,吴越人正是以船征服了水堑的阻隔,在这种对水的征服中,铸就了他们那冒险精神与慷慨气节。越王勾践说:"锐兵任死,越之常性也。"④ 不少典籍亦称:"吴越之君皆好勇。"⑤"士有陷坚之锐,俗有节概之风。"⑥《吴越春秋》记载,伍子胥逃亡吴国,路遇渔夫与濑水之女,得到他们慷慨救助,然伍子胥怕露形迹,要渔夫、女子隐匿其馈食的盎浆,渔夫、女子乃以为辱没其耿介的人格,便先后自沉于江水中,他们死得何其豪迈、壮伟,这是一种向真自己、真血性里掘发的人生的真意义、真道德,它根本不同于中原一些儒者的乡愿之俗。宋以后更有壮观的持旗踏浪与大潮一较身手高低的弄潮习俗。潘阆《酒泉子》词:"弄潮儿向涛头立,手把红旗旗不湿。"

第七,精雅文化。在先秦,钱塘以北为吴,钱塘以南为越,"吴中烟水越中山",这是对吴越两地人文地理的很好概括。晋室南渡后士族文化特质改变了吴越文化的审美取向,注入了"士族精神、书生气质",开始成为中国文化中精致典雅的代表。吴越人因生活于水网密集、地域辽阔的平原地带,形成温婉秀美秉性,且独多风流倜傥的文人学士。所谓"吴兴山水发秀,人文自江右而后,清流美士,余风遗韵相续",多温柔敦厚、风流儒雅,讲求自然平和,强调精神上的自由。吴语细软优雅,有吴侬软语的美称;吴越饮食以香甜可口为特征;吴越地区辈出文人墨客和科学家。宋代以来,吴越文化愈发向精致的方向生长。历代典籍也不约而同地对江南人这样评论道:越人"柔而不屈,强而不刚"⑦,

---

① 赵晔:《吴越春秋·越王勾践阴谋外传》,江苏古籍出版社,1999 年版,第 95 页。
② 袁康、吴平辑录:《越绝书·德序外传》,上海古籍出版社,1985 年版,第 101 页。
③ 凌纯声:《南洋土著与中国古代百越民族》,《学术季刊》第 2 卷第 3 期。
④ 袁康、吴平辑录:《越绝书·记地外传》。
⑤ 班固:《汉书·地理志》,中华书局,1962 年版。
⑥ 左思:《吴都赋》,萧统:《昭明文选·三都赋》上册,中华书局,1977 年版,第 85 页。
⑦ 《国语·越语》,上海古籍出版社,1978 年版。

"吴越多秀民"①，越人"人性惠柔，善进取"②。随着近代工商业的萌芽，吴越文化又形成了经典雅致的海派文化。

三、江南文化与其他文化的交流、融合

首先是对百越民族文化的影响。"百越"是中原人士对散居于南方各地众多土著民族的泛称，它最早称"越"，《尚书·禹贡》曰："淮海惟扬州，彭蠡既猪（潴），阳鸟攸居。"《周礼·职方氏》曰："东南曰扬州，其山镇曰会稽。"《尔雅·释地》亦曰："江南曰扬州。"扬州即越州，上古"扬"与"越"是同音异字，可通假。故《尔雅·释音》曰："越，扬也。"《吕氏春秋·有始》亦云："东南为扬州，越也。"由于这一地区的土著民族为数甚众，到战国时期，便以"百越"称之。《吕氏春秋·恃君》曰："扬汉之南，百越之际。"《汉书·地理志》颜师古注引臣瓒言："自交趾至会稽七八千里，百越杂处，各有种姓。"百越民族究竟有哪些？根据《史记》《汉书》及宋人罗泌《路史·后纪》所罗列，主要有于越、勾吴、瓯越、闽越、山越、南越、滇越、骆越、夷越、牂牁、夔越、苍吾、桂国、干越、蛮扬、目深等，其分布范围大致是今天长江南岸的江浙、闽皖、台湾、湘赣、贵滇、两广一带。这一地区在文化习俗上有较多共性，如种植水稻、干栏民居、印纹陶器、铜鼓龙船、崖葬罐葬、断发文身、雕题凿齿、洪水传说等等。

百越民族具有如此之多的文化共性，一部分是因南方自然条件相同而造成，另一部分是各族在文化上互相交流所使然。在这种互相的、多向的文化交流中，由于于越族的文化具有显著的先进性，是这一地区内出现最早、亮度最强的文化中心，因此，它自然地成了这一地区的文化内核，而百越的其他部族则成了它的外缘地带，是受容文化区。《周礼·职方氏》的"其山镇曰会稽"，正是就它作为文化、经济中心而言的。于越民族通过人口迁徙、物质交流乃至战争不断地把自己的先进文化传播到百越的其他地区，致使这一广袤的地区或多或少地带有于越文化的特质，加速了百越民族间的融合。由于于越文化具有高强力度文化辐射性与广泛的代表性，故现代有学者提出，南方或东南文化，也许可以

---

① 张楷修：《安庆府志卷六·民事志·风俗》，中华书局，2010 年版。

② 《宋史·地理志》，中华书局，1977 年版。

统称为"越文化"。①

其次是对楚文化的影响。于越与荆楚是长江流域两大部族，他们各自以丰富而灿烂的文化建构了长江流域的文明。在这一建构中，两支文化不断地相互交流，取长补短。战国以前，楚文化更多是受着越文化的影响。考古工作者在楚的文化中心——江汉地区已发现许多具有于越文化特征的遗物或遗迹。例如，扁平足微外撇、扁圆腹、平底、方耳外撇的陶鼎、铜鼎，属典型的于越族器具，这在楚都纪南城东北郊的九店、雨台山楚墓内已有出土。商周时期的条形、长足、宽底的越式鼎、靴形铜斧、铜钺、印纹硬陶以及器物中盛行的龙纹、S形纹、回纹等在楚墓内也都有发现。另外在考古发现中，还经常出现这样一种情况，楚式剑、楚式矛与越式剑、越式矛竟非常相像，难于区别。于越文化对楚文化的影响不仅在器物上，而且还体现在文学、艺术、哲学等观念性的思想文化上。这在战国中后期还能明显地看到。如《楚辞》"兮"这一感叹虚词的大量运用，就是源自于越民族文学的。现流传于世的楚国《人物夔凤帛画》所体现出来的天人观念也与于越文化中凤鸟崇拜直接相关。由于这种文化的强烈影响，使文化习俗也有了较多的相似之处。《史记·货殖列传》说，越、楚同有三俗；《汉书·地理志》亦云，其"民俗略同"。

第三是对中原商周文化的影响。传统观念认为，中原是中国文明的摇篮，首先进入文明时代，然后像太阳升起那样，光芒普照大地，于是，其他地区在它的照耀下，也相继跨入文明的门槛。这种观念导致了一种错觉，即只有中原文化是辐射文化，其他地区的文化只是受容文化。但北方红山文化与南方河姆渡、良渚文化的发现，从根本上否定了中原是中国文明唯一发祥地的观点。考古资料证明，中原最早的三个王朝夏、商、周都吸收并继承了已跨进文明大门的良渚文化的许多因素。例如，玉是于越人的一项独特工艺创造，中原地区在新石器时代根本没有用玉传统，但进入夏、商、周后，却也将玉看成了祥瑞之物，中原商周文化的用玉传统，以及玉器的大多数种类如琮、璧等，都是继良渚文化而来的。商代的铜钺和良渚文化的玉钺都是一种代表着杀伐之权的礼器，作用类似于权杖。除去材质和因材质决定的个别地方不同之外，其他都基本上

---

① 参见[英]李约瑟《中国科学技术史》第1卷，第1分册，第188页。

一样，说明它们之间存在着渊源的关系。

以吴越文化为基础的江南文化是一种具有丰富内涵并充满鲜明的自身特色的文化。它不仅有不同于中原地区的经济社会结构和饮食、居住、服饰等生活方面的独特的风俗和习惯，也有着与中原地区异趣的文化心理和宗教观念，有自己的哲学、文学、艺术乃至其他思想文化领域的杰出创造。江南文化的文化在其早期文明的发展中，一方面始终走着自身相对独立发展的道路，另一方面，又以其开放的性格不断与毗邻的中原文化、荆楚文化相互交流、相互影响，共同参与和推进整个中华民族的融合与塑造。历代商品经济最先在吴越这个地区得到发展、繁盛，也正是这种开放型文化所产生的必然结果。这种文化给具有较大稳定性的中原文化吹送着海洋文明气息。这都说明多元的区域产生了多元的文化，多元的文化又在不断冲突、交流中产生了新的复合文化结构，从而使中国早期的思想文化亦呈现出一种四荒辐辏、南北云集的纷繁复杂、百花争艳景象。

（作者系浙江省文史研究馆研究员，省社科院研究员，省社会学会会长）

杭州宋词文化是长三角文化的一个亮点

孙　跃

内容提要：杭州因历史人文等原因，是一座能集中体现宋词文化的城市，具有打造"宋词之城"文化品牌的优势。杭州的这一文化特点，也是长三角传统文化中的一个亮点。杭州在打造"宋词之城"文化品牌的同时，加强与长三角城市宋词文化研究的合作和交流，可以为长三角共筑文化发展高地，推动区域文化旅游合作发展，以及在传承基础上的文化创新发展提供条件；为实现长三角区域一体化发展，高水平打造长三角世界级城市群，提供文化内涵和自然人文景观方面的支撑。

关键词：杭州；宋词之城；长三角；文化亮点

唐诗是中国文学史上的一座高峰。唐代，李白、白居易、孟浩然等诗人在杭州写下诗篇，杭州不仅有樟亭驿等唐诗之路的重要驿站，还是浙东唐诗之路、钱塘江唐诗之路的一个起点。

宋词是宋代最具有代表性的文学形式，集中体现了宋代文人的智慧才华，标志着宋代文学的最高成就，是中国文学史上又一座高峰。

杭州不仅在唐诗中占有一席之地，更是一座能集中体现宋词成就的城市，是一座能集中体现宋词文化的"宋词之城"。

一、杭州是宋词名家云集之地

杭州在北宋是东南形胜,被宋仁宗称为"东南第一州";杭州是南宋王朝的都城,经过一百多年的建设,达到了极度繁华。由于这一地理优势和城市性质,两宋时期有许多文化名人来到杭州,在杭州留下美丽诗词。

以词人大致出生年份的顺序,来历数到过杭州的词人。

北宋,杭州词坛名家云集,潘阆、林逋、柳永、范仲淹、张先、赵抃、陈襄、郑獬、杨绘、苏轼、秦观、贺铸、晁补之、马瑊、周邦彦、司马槱、仲殊等,在杭州留下足迹和词作。

南宋,杭州成为行都,各地文化名人汇聚,从南宋初期到末期,有叶梦得、朱敦儒、周紫芝、李清照、赵鼎、蔡伸、陈与义、韩世忠、张元幹、康与之、朱翌、胡铨、岳飞、赵构、曾觌、王十朋、张抡、吴琚、曹勋、赵彦端、陆游、范成大、杨万里、尤袤、朱熹、张孝祥、朱淑真、辛弃疾、赵汝愚、袁去华、道济、刘克庄、陈亮、赵长卿、张镃、刘过、汪莘、俞国宝、杜旟、高观国、姜夔、韩淲、吴潜、史达祖、卢祖皋、魏了翁、岳珂、翁元龙、吴文英、文天祥、汪元量、李彭老、张矩、杨缵、陈著、陈允平、陈人杰、刘辰翁、文及翁、楼采、尹焕、王沂孙、周密、张炎、蒋捷等,可谓名家众多,蔚为大观。以上词人,有的兼跨两宋,宋室南渡后来到杭州,在此计入南宋词人中。

这份粗略的词人名单中,许多是宋代词坛的顶尖人物和一些词派的代表人物,具有很强的代表性和较高的文化艺术成就。

柳永是北宋词坛婉约派的代表人物,是第一位对宋词进行全面革新的词人,是两宋词坛上创用词调最多的词人。"凡有水井处,皆可歌柳词。"柳永倡导并创作的慢词,充分运用俚词俗语,意象贴近民俗、铺叙淋漓尽致,白描平淡无华,具有独特的艺术个性,对宋词发展产生了深远影响。

苏轼对词体进行全面改革,突破了词为"艳科"的传统格局,提高了词的文学地位。他创豪放词派,与辛弃疾并称"苏辛",成为豪放派的代表。

周邦彦是杭州人,宋词婉约派的代表之一,婉约词的集大成者,被婉约词人尊为正宗,在宋代有很大影响。他的词格律谨严,为后来格律词派词人尊为宗师。

秦观是北宋婉约词派的重要作家，婉约词人中的大家，被尊为婉约派的一代词宗。

李清照是宋代婉约词派的代表，她的词善用白描手法，语言清丽，被称为"易安体"，在词坛独树一帜，自名一家。朱淑真，则是可与李清照相提并论的女词人。

姜夔上承周邦彦，下启吴文英、张炎一派，是格律派的代表词人。吴文英是南宋后期词坛大家，在词坛流派的开创和发展上，有较高的地位。宋末四大家张炎、王沂孙、周密、蒋捷的词，也具有较大影响。著名词人众多，限于篇幅只能作简略介绍。

一座城市，在一个朝代能够集聚这么多有名的词人，创作了如此众多的词作，在全国范围内是不多见的，为杭州作为宋词之城奠定了坚实的基础，也是杭州作为宋词之城的一个重要标志。

二、词人在杭州留下了不朽词作

这么多的词人，创作的大量词作，足可以编成几部厚实的词集。限于篇幅，在此简要介绍几位词人的著名词作。

潘阆，号逍遥子，是宋代较早写杭州的词人。他足迹遍行大江南北，曾寓居杭州，住在城北太庙附近，后来人们把这里称为"潘阆巷"，巷里曾有逍遥祠。潘阆的十首《酒泉子》是宋代较早写杭州城市风景的词，写出了杭州的特色，在当时广为传播。录其中三首：

> 长忆钱塘，不是人寰是天上。万家掩映翠微间，处处水潺潺。异花四季当窗放，出入分明在屏障。别来垂柳几经秋，何日得重游？
> 长忆西湖，湖上春来无限景。吴姬个个是神仙，竞泛木兰船。楼台簇簇疑蓬岛，野人只合其中老。别来已是二十年，东望眼将穿。
> 长忆观潮，满郭人争江上望。来疑沧海尽成空，万面鼓声中。弄潮儿向涛头立，手把红旗旗不湿。别来几向梦中看，梦觉尚心寒。

说宋代写杭州的词，不能不提柳永写的《望海潮》。这首词上片写杭州的繁荣景象，下片描绘西湖的美丽景色，全面、形象、生动地写出了杭州的繁荣和西湖的秀美：

> 东南形胜，三吴都会，钱塘自古繁华。烟柳画桥，风帘翠幕，参差十万人家。云树绕堤沙，怒涛卷霜雪，天堑无涯。市列珠玑，户盈罗绮，竞豪奢。
>
> 重湖叠巘清佳，有三秋桂子，十里荷花。羌管弄晴，菱歌泛夜，嬉嬉钓叟莲娃。千骑拥高牙，乘醉听箫鼓，吟赏烟霞。异日图将好景，归去凤池夸。

岳飞是宋代的英雄，他力主抗敌、精忠报国，而且是当时南宋军队中难得的进攻型将领。岳飞也是很有才华的词人，他写的《满江红》，气势磅礴，慷慨激昂，气壮山河，是儒将词的巅峰之作，成为千古传诵的爱国名篇。他在词中抒发为国杀敌立功的抱负情怀，表达雪耻复仇、重整山河的豪情壮志，反映了南宋时期的一种社会情绪，产生了巨大的影响：

> 怒发冲冠，凭栏处、潇潇雨歇。抬望眼、仰天长啸，壮怀激烈。三十功名尘与土，八千里路云和月。莫等闲，白了少年头，空悲切。
>
> 靖康耻，犹未雪。臣子恨，何时灭。驾长车，踏破贺兰山缺。壮志饥餐胡虏肉，笑谈渴饮匈奴血。待从头、收拾旧山河，朝天阙。

受到北宋亡国的强烈刺激和震撼，复仇、雪耻的情结伴随着岳飞"靖康耻，犹未雪。臣子恨，何时灭"的词句，始终回荡在南宋及杭州上空，感染激励着抗金志士和广大民众。

李清照在杭州写的《声声慢》，不仅反映了她在杭州的生活境况和心情，也成为浩瀚宋词中的不朽之作：

> 寻寻觅觅，冷冷清清，凄凄惨惨戚戚。乍暖还寒时候，最难将息。三杯两盏淡酒，怎敌他、晚来风急？雁过也，正伤心，却是旧时相识。
>
> 满地黄花堆积。憔悴损，如今有谁堪摘？守着窗儿，独自怎生得黑？梧桐更兼细雨，到黄昏、点点滴滴。这次第，怎一个愁字了得！

辛弃疾有铮铮侠骨，也有似水柔情。他的词以刚健豪放为主，也有深沉委婉之作。从他作于杭州的《青玉案·元夕》，可以读出他的温婉，最后那句更是惊艳词坛：

　　东风夜放花千树，更吹落，星如雨。宝马雕车香满路。凤箫声动，玉壶光转，一夜鱼龙舞。

　　蛾儿雪柳黄金缕，笑语盈盈暗香去。众里寻他千百度，蓦然回首，那人却在，灯火阑珊处。

到南宋灭亡前夜，更是有许多词人用词作表达忧国忧民之思。文及翁写的《贺新郎·游西湖有感》，从眼前南宋西湖的歌舞酣醉，回望北宋汴京的邈远云烟，表达了对南宋朝廷不图恢复的强烈愤慨，以及对时事的忧虑哀愁：

　　一勺西湖水，渡江来百年歌舞，百年酣醉。回首洛阳花时尽，烟渺黍离之地。更不复、新亭堕泪。簇乐红妆摇画舫，问中流、击楫何人是。千古恨，几时洗？

　　余生自负澄清志。更有谁、潘溪未遇，傅岩未起。国事如今谁倚仗，衣带一江而已。便都道、江神堪恃。借问孤山林处士，但掉头、笑指梅花蕊。天下事，可知矣！

宋词中的大量词作，体现的是爱国精神、家国情怀和高雅深远的意境，体现出坚韧与柔软。杭州的宋词中，有许多思想性、文学性、艺术性俱佳的作品。

三、把"宋词之城"打造成杭州的重要品牌

杭州是国务院首次公布的历史文化名城，文化底蕴深厚。宋词是历史留给杭州的文化遗产和精神财富，体现了杭州一个时期的历史文化，是杭州的一个重要城市品牌。意识到这一点的人还不多，对杭州的这一重要历史文化现象，对宋代词人留下的宝贵文化财富，如何重视、珍惜、梳理、研究、阐释、保护、弘扬，是我们需要认真面对和思考的问题。好东西需要挖掘、展示出来，打出响亮的品牌，让其发挥更大作用、产生更大影响。在这件事上，我们应有所

作为。

一座城市的文化形象，是这座城市的重要资源和品牌。优秀传统文化对提升公民的素质，提高城市的文明程度，起着润物无声、潜移默化的基础性、引领性作用，而且对延续城市文脉，提高城市品位，也具有重要作用。宋词之城，是杭州具有独特韵味别样精彩的一个组成部分，也是展示中华优秀传统文化的一个重要窗口。

打响杭州"宋词之城"品牌，是传播中华优秀传统文化，高水平推进杭州历史文化名城建设的需要。2021年8月，浙江省委召开文化工作会议，提出"实施宋韵文化传世工程"，打造浙江文化金名片。"宋词之城"不仅是杭州文化的重要品牌，也是浙江宋韵文化的重要内核和展现形式，体现浙江深厚文化底蕴的一个重要窗口，擦亮浙江文化标识、建设重要文化地标的一项重要工作，可以提高和增强浙江文化的软实力和影响力。

研究传播杭州宋词文化，有以下事情可做：

一是加强梳理研究。以浙江省"十四五"规划提出的塑造"宋韵文化"窗口、省委文化工作会议提出"实施宋韵文化传世工程"为契机，由省社科、文化部门和杭州市组织力量，探索建立省或市宋词研究中心，首先要对与杭州相关的宋词进行系统、全面的挖掘、梳理、研究、阐释，编辑出版在杭州创作或与杭州有关宋词的词集、论著等书籍，作为传承、研究、宣传杭州宋词的基础工作和实际成果，全力打造好这个文化品牌。同时，对浙江全省的宋词文化进行摸底梳理，为传承、研究、宣传浙江"宋韵文化"打好基础，并借鉴唐诗之路文化带的成功经验，探索研究宋韵和宋词文化区块建设的可能性。在此基础上，扩展到对浙江省和长三角宋词文化的梳理研究。

二是加强教育引导。将宋词尤其是在浙江、杭州创作及有关的词作，列入浙江乡土教育范畴，列入对浙江居民和游客尤其是青少年，进行历史文化、爱国爱家乡和文化艺术教育的重要内容，让优秀的宋词作品通过各种形式进学校、进教材、进课堂，成为提高市民尤其是青少年素质的重要抓手。

三是创建宋词文化区块和杭州宋词展览馆。这既是宋韵文化建设的基础性工作，也是营造和展示宋韵文化的有效载体和形式。杭州市条件比较成熟，可率先创建，通过集中保存和展览，展示杭州丰富独特的宋词文化，争取打造为浙江和杭州文化的一张重要名片。如单独建馆条件尚不成熟，可在建设杭州宋韵文化传承展示中心或南宋博物院时，设一个宋词分馆或专门展厅。也可运用现代科学和网络技术，建立网上、云上宋词馆，介绍宋词形成发展的历史背景、重要词人和思想艺术成就。

四是加强相关文学创作。优秀传统文化中的文艺精品，不仅能引导市民和游客对文化艺术的追求，提高市民游客的文化知识素养和文化品味，增强文化自信，还是促进浙江和杭州文学艺术创作的不竭源泉，可推动文化艺术的繁荣和发展。可用宋词及著名词人作素材，创作有浙江和杭州特色的文艺作品，传承创新浙江和杭州的文化艺术。通过文学、绘画、影视、视频、网络平台等多种方式，广泛展示和传播浙江和杭州宋词的思想艺术成就，促进人们对浙江和杭州历史文化的了解，增强浙江和杭州文化的对外吸引力和影响力。

五是设计宋韵和宋词特色旅游线。可根据重要宋词作者的游历足迹、创作经历和优秀作品，以及与宋词相关的人文景点，与现有的苏东坡纪念馆、东坡亭、岳飞纪念馆、风波亭、清照亭、陆游纪念馆、青芝坞朱淑真纪念地等与宋词相关的风景名胜相结合，设计推出"宋词之旅"的旅游线路，让游客在游览美丽山水之时，欣赏宋词的文化艺术魅力，感受浓郁的宋词文化气息。

四、加强长三角城市宋词文化交流合作，形成长三角文化的一个品牌

杭州的宋词文化既是杭州城市的一个文化品牌，也是长三角传统文化中的一个亮点，并且与长三角其他城市的宋词有关联。宋代，尤其是南宋偏安江南以后，在长三角地区出现了许多词人和词作，成为长三角地区的重要文化现象，很值得挖掘、梳理、研究、传播。

由于历史的原因，长三角的许多城市，有着丰富的宋词文化资源和鲜明的城市地域特色。许多重要的宋词作家在长三角流动，既到过杭州，也到过南京、苏州、无锡、扬州、镇江、徐州等城市，留下了足迹和词作。如苏轼到过徐州、苏州、无锡、扬州、常州、湖州、杭州、阜阳等地，赋有诗词。李清照一路南逃，到过南京、芜湖、当涂、贵池、杭州、绍兴、金华等地。宋词已成为长三

角许多城市共有的一种传统文化现象，丰富了这些城市的文化内涵。长三角城市在这方面的差别，是到过这座城市的词人数量、在那里所写词作多少及影响的差别，而且许多宋词作者在长三角各城市流动，他们在江南的行迹游踪和创作，也把长三角各城市的文化融会串联起来，起到了各地文化之间互动呼应交流的作用。因此，宋词也是长三角城市之间的一条文化纽带，体现着长三角各城市文化的交汇与关联。

宋词是宋代历史演进、城市和商品经济发展的产物。宋词与江南文化有着很深的渊源，是江南文化的重要根脉，全景式地展现了长三角地区的宋代文化。在宋词中体现着江南的气质神韵和柔婉风情，呈现出清新秀丽的江南风光，也反映了长三角各城市的历史轨迹和文化特色。长三角的宋词，内涵丰富，展现了长三角城市的历史发展轨迹，体现了这一区域宋代文化的底蕴、气质、韵味；风格多样，有大江东去的豪迈壮阔，有壮怀激烈的家国情怀，有伤春悲秋的离愁别绪，也有杏花春雨小桥流水的婉约轻柔。宋词文化是支撑长三角传统文化的重要支柱，对长三角文化起着融汇、交流、互动的作用，是推进长三角文化一体化的基因密码、重要载体和有效形式。加强宋词文化的研究交流传播，有助于推动长三角文化的一体化，有助于长三角文化在传承基础上的创新发展。

长三角各城市要通过对宋词文化研究的联系、合作、交流、传播，挖掘梳理清楚长三角的宋词文化资源，以及其在长三角文化发展中的地位与作用，研究各城市宋词文化的特色与优势，从而展现长三角宋词文化的全貌和特色。要宏观整合调配研究力量和研究课题，通过加强合作交流，深化对宋词发展史的研究，尤其是江南宋词形成发展特色的研究，深化对宋词文化的诠释和思考，努力形成长三角宋词研究、传播的合力，打出长三角宋词文化的品牌。为共筑长三角文化发展高地，推动区域文化旅游合作发展，以及文化创新发展提供条件；为实现长三角区域的一体化发展，高水平打造长三角世界级城市群，提供思想文化内涵和自然人文景观方面的支撑。

（作者系浙江省文史研究馆研究员，杭州市政协原副秘书长、办公厅主任）

弘扬人文之美　化育精神富有

陈　野

一、"人文"的基本概念

所谓人文，简单地说，指人类社会的各种文化现象。也特指人类文化中的先进部分和核心部分，即先进的思想意识、价值观念及其规范；特指人类文化中先进的、科学的、优秀的、健康的部分。

我的理解，人文是人类社会的各种文化现象，特别是人类文化中先进的、科学的、优秀的、健康的部分，包括先进的思想意识、价值观念及其规范。

具体到我省文化建设，我理解这个"人文之美"，是文化建设以至社会发展追求的总体愿景。

二、浙江历史上的人文之美

浙江作为江南水乡，山明水秀、生态优越。浙江文化底蕴深厚，从物质文化到精神文化的各个领域，浙江都有丰富的、优质的文化业绩。

浙江的历史绵长、文化灿烂，距今 1 万年左右的上山文化、8000 年左右的跨湖桥文化、7000 年左右的河姆渡文化、6000 年左右的马家浜文化、四五千年的良渚文化，使浙江成为名副其实的"文物之邦"。

浙江的文化形态完备（水乡、平原、山地、海洋），文化种类繁多（文学、艺术、建筑、民俗等），文化层次丰富（大众、高雅）。浙江的文化名人辈出，是真正意义上的"名人之乡"。东汉以来载入史册的浙籍文学家逾千人，约占全国的 1/6；近现代更涌现出王国维、章太炎、蔡元培、鲁迅、茅盾等一大批浙籍文化名人，为中国文化做出了巨大的贡献。浙江的文化佳作如云，根据近人唐圭璋的《两宋词人占籍考》记载，在 867 位宋代词人中，浙江有 216 人，占 1/4。绘画艺术上，著名的"南宋四家""元四家"中的三家，都是浙江人。可谓文化成就丰硕，蕴涵着极其深厚博大的人文资源。

我曾经做一个"浙江人文之美"的研究，梳理出山水之美、物产之美、生态之美、乡情之美、品德之美、情操之美、气节之美、和谐之美、思想之美、创造之美等主题。今天选其中的山水之美、物产之美、生态之美、乡情之美、品德之美做简要介绍，与大家一起来欣赏浙江大地上的人文璀璨之景。

1. 山水之美

2006 年，中共浙江省委书记习近平在浙江省生态建设领导小组会上说，我们追求人与自然的和谐、经济与社会的和谐，通俗地讲就是要"两座山"：既要金山银山，又要绿水青山。浙江的绿水青山成为金山银山，不仅在于它优越的自然环境，适合人类居住；不仅在于它可以通过发展生态经济为我们带来经济效益，也在于它蕴含有丰富的人文内涵。古代文人对山水，有一种可观、可行、可游、可居的审美理想，反映在艺术创作上，就是中国特色的山水画，如果从哲学思想的角度去理解，就是传统文化中"天人合一"思想的体现。因此，中国的山与水，是具有文化意蕴和精神的山水，而江南山水、浙江山水，就是其中的典型代表。

浙江山水的可观、可行、可游、可居，首先表现在它自然形态，清丽、空灵、奇秀，多姿多彩。元代著名戏剧家关汉卿《南吕·一枝花·杭州景》曾称誉杭州为"普天下锦绣乡，环海内风流地"，"看了这壁，觑了那壁，纵有丹青下不得笔"。晋代大画家顾恺之遍游会稽山水，人问其山川之美，顾答："千岩竞秀，万壑争流，草木葱茏其上，若云兴霞蔚。"

同时，也因为它的文化内涵，山水中要有人，即所谓的"江山也要伟人扶"。这方面最熟悉的就是苏轼、白居易、杨孟瑛、阮元与西湖的关系，如果没有了苏堤、白堤、杨公堤、阮公墩，西湖哪里会有今天这样的魅力。山水中要有故事、有诗文，明人钟惺《〈蜀中名胜记〉序》曾研究过山水如何才能成为

"名胜"？"曰事、曰诗、曰文，之三者，山水之眼也。"还是以西湖为例，如果没有许仙白娘子的断桥相会，没有才情兼具的苏小小，没有"暗香浮动约黄昏"的林和靖，没有西湖边的西泠印社，没有吴越国国王、南宋皇室与西湖的渊源，没有南宋画家对西湖十景的提炼和表现，没有了乾隆皇帝与龙井茶、虎跑水，西湖也就不是今天这个西湖了。有人文，有故事，有诗文，一处再普通的山水也能灵光宛转、映照千古。

此外，南湖烟雨中诞生了中国共产党，四明山里有坚持敌后抗战的坚强堡垒浙东抗日根据地，永嘉山水与谢灵运的山水诗创作，富春山水与黄公望的《富春山居图》，400多位盛唐诗人从钱塘江经鉴湖、山阴道，入剡溪，经沃洲、天姥山，或中转四明山，最后直上天台，串起的浙东唐诗之路，都是浙江山水人文之美的代表。

山水更是浙江人实实在在的家园和故土，他们在山水间构筑村落与城镇，修建学堂与宗祠，埋葬先人，养育儿孙。楠溪江流域散落着的许多古村落，至今还恪守着渔樵耕读、孝义传家的传统。村民们与自然山水和谐共生，向远离诗意、远离自然的现代人昭示着"人，诗意地栖居在大地上"的终极理想。

智者乐水，仁者乐山。在中国的文化传统里，山水与德性、哲思、智慧、情操、修养、乡情、家园紧密相连，浙江的山水由此进入最具经典意义的中国文化符号行列，它既是自然的，也是艺术的，更是情感的，浸透了我们这方土地上的生命感悟、天地体验、自然情怀。

2. 物产之美

物产资源主要指茶叶、丝绸、青瓷、竹木、蚕桑等在悠久的历史发展中融合进了丰富的人文内涵，产生了广泛的影响，具有地域标志性、文化符号性的浙江特产。

比如，浙江一直被誉为"鱼米之乡""丝绸之府"，说的就是它的物产之美，同时也是浙江的标识性地域象征和文化符号。

鱼米之乡：浙江地处亚热带季风气候区，水、热条件优越，境内地形地貌复杂多样，故物类繁盛。早在新石器时代，我们的先人就从山地河谷走向平原和沿海，建立起了稻作农业和渔捞业并重的生业模式，形成了"饭稻羹鱼"的膳食结构。稻、鱼富含蛋白质、氨基酸和卵磷脂，因此这种膳食结构不仅保证了人类体格生长的营养需求，而且特别有利于大脑和神经系统的发育，人群的总体智商水平就相对较高。加上稻、鱼的高产和高质使食物生产和营养供给变得相对容易，族群由此得以腾出大量的劳动力从事食物生产之外的行业，比如建筑、制陶、手工技艺等等。到距今四五千年的时候，浙江就迎来了文明的曙光——良渚文化，这个以玉礼制、高祭台、高台墓葬、土筑城墙为特点的良渚古国，成了当时中华大地上发展程度最高的考古学文化之一。

唐宋元时期，是浙江农业最繁盛的时期，尤其是五代吴越国兴建的捍海塘、圩田以及众多的陂塘水利工程，使这一带的农田不再遭受海潮和水旱的威胁，成为旱涝保收的高产良田。故此人称"鱼米之乡""人间天堂"。

丝绸之府：中国蚕业，起初是南北共盛，相传蚕业的发明者嫘祖为湖北的西陵氏之女，中原的轩辕氏黄帝娶之为妻。但在后来的发展中，南方，特别是我们江浙一带，蚕桑业得到发展。

一方面是社会环境的相对安稳。魏晋以来的南北朝时期、五代十国、宋金战争，北方战事不断，江南却"百数年中，无风尘之惊"。五代吴越国国王钱镠以保境富民为国策，"世方喋血以事干戈，我且闭关而修蚕织"，很好地推动了蚕桑业的发展。

另一方面是蚕桑技术的提高。南朝宋时，一个叫郑缉之的人写了一本《永嘉郡记》，书中记录了永嘉郡（今温州）一年养八次蚕的稀奇事，叫做"永嘉八辈蚕"，温州也因此被称为"八蚕之乡"。一般一年只能养两批蚕，叫做二化蚕，"八辈蚕"就很不容易。"八辈蚕"的技术精华，就是借用低温技术把越年卵"改造"成当年可以孵化的卵，从而不间断地分批孵化出蚕蚁，供饲养之需。这种不间断的饲养，充分利用了桑叶资源，使蚕茧生产得到了最大化的体现，为江南蚕业的发展打下了坚实的基础，宋元以来江南渐成全国蚕丝业中心。明清时期，相对省力、利润高而且可以吸纳更多劳动力的蚕桑丝织业、棉花纺织业和养鱼业，逐渐超过稻作业，成为区域经济的支柱产业，其中的蚕桑和缫丝产业已成全国中心，故号"丝绸之府"。明清时已号称"丝绸之府"，产量居全国之冠，浙江已成为全国最富裕的地区之一。这种蚕业"冠首"的地位一直保持到了近现代。

物产富饶：经济富饶，经营能力又强，使这一带的农业形态趋于多样化，除传统的水稻、蚕桑、苎麻、养猪、渔捞等生产作业外，小麦、湖羊、茶叶、柑橘、竹笋、食用菌、观赏花卉、人工养鱼、海洋渔业、酿造等各个生产领域，也得到了迅猛的发展。加上智力水平、文化水平高，善于观察、总结，陆羽在这里写出了世界上第一本有关茶的专著《茶经》，韩彦直、赞宁、陈仁玉、楼璹、陈咏则分别写出了中国最早的柑橘专著《橘录》、最早有关笋的专著《笋谱》、最早有关食用菌的专著《菌谱》、最早有关农业的科普图册《耕织图》，以及最早的植物学辞典《全芳备祖》。陈旉撰写的《农书》，第一次对江南水田稻作农业进行了全面系统的总结，并提出了"地力常新壮"的农学理论，为精耕细作农业和复种制在江南的推广，奠定了强有力的理论基础。

　　3. 生态之美

　　生态文化是人类在长期与自然和谐相处的过程中形成的意识形态、价值取向和行为准则，其核心思想是人与自然和谐相处、协同发展，与中华优秀传统文化的精神内涵基本一致。

　　（1）"天人合一"的自然本体思想

　　中国古代生态文化的基本精神是"天人合一"，即人与自然的和谐。道家和儒家都比较系统地论述了"天人关系"。

　　首先，道家提出了人是自然界的一部分，人是组成自然系统不可或缺的要素之一。老子的宇宙观首先看到的就是，大地万物是一个整体，人是天地万物的一部分，这是中国古代最早的一种"天人合一"论。庄子进一步概括了这一思想，庄子说"万物一体"，"天地与我并生，而万物与我同一"。这种人与天地万物相统一的整体观念，表达了中华文明对人和自然关系的深刻理解。

　　其次，道家认为自然界有普遍规律，人也应该服从这个规律，人类社会的道德原则与自然规律是一致的。老子认为大地万物的运动变化是有规律的，并谓之"天道"。既然天与人合一，人是自然的一部分，人道应服从天道，"人法地，地法天，天法道，道法自然"。人以地为法则就是遵从自然，"以辅万物之自然而不敢为"。由于不违反自然，只是辅助万物使其自然生长和发展，因而圣人不会失败，"是以圣人无为故无败"。要不随意妄为，必须认识自然规律，"知常曰明"，"不知常，妄作凶"。认识天地万物变化的规律，才叫做明智；不认识规律，又要乱作妄为，必然会招致凶险的结果。

再次，儒家文化在对待自然的态度上，从根本上与道家是一致的，它对自然采取顺从、友善的态度，以求人与自然的和谐为最终目标，"天人合一"以天、地、人的统一为基点，主张人是天地生成的，人与天的关系是部分与整体的关系，而不是敌对关系，人与万物是共生同处的关系，应该和睦相处，"事各顺于名，名各顺于天"，"天人之际，合而为一"。

儒家的基本思想是"三才"天、地、人的协调一致，把自然（天地）与人作为一个统一的整体来思考，要求建立两者之间的和谐关系，认为"天"是自然之天，人是自然之人，同属自然，故天道与人道、自然与人为是相通、相类和统一的，"人与天地一物也"。它的价值指向是追求人与自然的和谐。可见，"天人合一"这一命题以极为朴素的道理揭示了人与自然关系中最深刻最本质的问题。

（2）"仁民爱物"的生态伦理思想

早在儒家六经之首的《周易》中，就把"生生"即尊重生命、常养生命、维护生命作为人的大德，"天地之大德曰生"。

"仁爱万物"的思想最先由孔子提出。他主张把协调人际关系的道德原则——"仁""爱人"推广到自然界的万事万物，并把人们对待自然的态度作为对行为善恶的评价标准。在孔子看来自然界中一切有生命的东西都各有其生长规律，有其存在的价值，人应该对这些东西仁爱、珍惜。

荀子就认为，"万物各得其和而生，各得其养而成"，主张对自然万物施以"仁"，从"爱人"向"爱物"扩展，"质于爱民，以下至于鸟兽昆虫莫不爱"，"不爱，奚足谓仁"。把人类的人性关怀按照血缘亲疏关系推广到整个生态资源，并且以生态伦理来约束人类对生态资源的行为。人们只要爱护和维护生态资源，就能确立与生态资源共生共存的大生命观。

（3）"取用有节"的生态保护思想

古代生态文化的核心在于尊重自然规律，所以在利用自然赐予的各类资源时十分慎重，主张人类必须认清事物固有的限度，不能随心所欲、为所欲为、贪得无厌。老子针对那些追求名利、贪图财利的极端奢侈行为，提出了如下的忠告："甚爱必大费，多藏必厚亡。""知足不辱，知止不殆，可以长久。"贪得无厌必然招致更大的破费，过多的贮藏必然招致更多的损失。知道满足就不会受到屈辱，知道适可而止就不会带来危险，这样可以长久。

儒家要求人要按照大自然节奏来安排自己的行为，节制欲望，而不能过分索取，提出了"取用有节，物尽其用"的思想。当年齐景公向孔子问政时，孔子就直接指出："政在节财。"战国时期的荀子进一步发展了这一思想，提出了强本节用的主张，崇尚节俭，反对奢靡浪费，成为中国古代生态思想的基本内容之一，它与禁贪欲是相辅相成的。

中国唐代名相陆贽在《翰苑集》说过："地力之生物有大数，人力之成物有大限。取之有度，用之有节，则常足；取之无度，用之无节，则常不足。""生物之丰败由天，用物之多少由人，是以圣王量入以为出。"儒家提出"政在节财"的主张，主要是从政治和经济的角度来考虑问题的，但它客观上具有保护自然的意义。

另外，古人还提出过要保持资源再生能力的思想，反对采取灭绝性的方式开发利用生物资源。《吕氏春秋·义尝》中写道："竭泽而渔，岂不获得，而明年无鱼；焚薮而田，岂不获得，而明年无兽。"汉代刘安在《淮南子》中指出："孕育不得杀，壳卵不得采，鱼不长尺不得取，彘不其年不得食。"这些颇有见地的思想主张强调人类的生产活动要建立在维护资源再生能力的基础之上，体现了保护生态环境、维护生态平衡、永续利用自然资源的生态文明思想。

（4）"以时禁伐"的环境管理思想

在治理山河中主张给自然休养生息，如我国在秦代以前就制定了在一定时间范围不准上山砍树的法规，以法律手段来保护生态，让自然休养生息。春秋时期，管仲在齐国为相，他从发展经济、富国强兵的目标出发，十分注意山林川泽管理和生物资源保护，提出了"以时禁发"的原则。他说："山林虽近，草水更美，宫室必有度，禁伐必有时。"要求人们在开发利用自然资源时，要按照规定的时节进行。后来的孟子、荀子则进一步继承和发展了管子的"以时禁伐"思想。孟子主张对生物资源要取之有时，用之有节："不违农时，谷不可胜食也；数罟不入洿池，鱼鳖不可胜食也；斧斤以时入山林，林木不可胜用也。是使民养生丧死无憾也。养生丧死无憾，王道之始也。"

荀子则明确指出："草木荣华滋硕之时，则斧斤不入山林，不夭其生，不绝其长；春耕、夏耘、秋收、冬藏，四者不失时，故五谷不绝而百姓有余食也；洿池渊沼川泽，谨其时禁，故鱼鳖优多而百姓有余用地；斩伐养长不失其时，故山林不童，而百姓有余材也。"

（5）生态环境管理的制度和规章

据《尚书·周书》记载，在周朝，国家就颁布了保护自然资源的法令《野禁》和《四时之禁》，不准违背时令砍伐木柴、割草烧灰、捕捉鸟兽鱼虾，并设了管理山林川泽的官员。周代则设有负责自然保护的专门官员，如"野虞"（保护鸟兽等生物）、"山虞"（保护山林）、"林衡"（保护平原地带的林木）、"川衡"（保护山川及物产）、"泽虞"（保护湖泽及物产）、"水虞"（保护川泽）等。

桐乡县人张履祥，积极为朋友出谋划策，最有名的案例就是附录于《补农书》的《策溇上生业》。对何商隐买下的溇上田，他策划一半挖成鱼塘，塘堤上种桑、竹，另一半做稻田，以塘之水灌溉稻田，"池中淤泥，每岁起之以培桑竹，则桑竹茂而池水益深矣"，如此则稻、鱼、桑、竹皆可丰收。这种立体经营模式，将农林牧副渔组合成一个有机整体，在此后的江南地区曾盛行一时，俗称"桑基鱼塘"。

桑基鱼塘是池中养鱼、池埂种桑的一种综合生产方式。从种桑开始，通过养蚕而结束于养鱼的生产循环，构成了桑、蚕、鱼三者之间密切的关系，形成池埂种桑，桑叶养蚕，蚕茧缫、蚕沙、蚕蛹、缫丝废水养鱼，鱼粪等泥肥肥桑的比较完整的能量流系统。在这个系统里，蚕丝为中间产品，不再进入物质循环。鲜鱼才是终级产品，提供人们食用。系统中任何一个生产环节的好坏，也必将影响到其他生产环节。珠江三角洲有句渔谚，"桑茂、蚕壮、鱼肥大，塘肥、基好、蚕茧多"，充分说明了桑基鱼塘循环生产过程中各环节之间的联系。

桑基鱼塘的发展，既促进了种桑、养蚕及养鱼事业的发展，又带动了缫丝等加工工业的前进，已然发展成一种完整的、科学化的人工生态系统。

4. 乡情之美

古代中国，是一个以农立国的社会，形成了深厚的农耕文明。"日出而作，日落而息，帝力于何有哉？""阡陌交通，鸡犬相闻，老死不相往来。"等等古语，都是我们耳熟能详的对古代社会的形象化描述。男耕女织的乡村生活，人口流动率小，村落间的交往少，活动范围呈现出明显的与外部世界隔离的地域限制。农业生产直接与土地打交道，"长在土里的庄稼行动不得，伺候庄稼的老农也因之像是半身插入了土里"。这种与世隔绝的地域限制，使得几乎人人生于斯、长于斯，终老于斯，由此形成了社会学意义上的熟人社会。这样的一个社会，面对的是相同的环境、熟悉的人群、重复的生活、共同的境遇。一代一代累积出的生活经验，是每一个乡土社会之子在出生前便已得到的礼物。各种经验的传承，使得生活方式世代传递，成为习惯，子孙永继。一代新人总是可以在长者那里得到指导，解决自己的问题。农具耕牛，种子肥料，租税田赋，风雨旱涝，地里的事项大多如是；春耕、夏种、秋收、冬藏，四季的劳作总是相似；除夕、春节、元宵，清明、端午、冬至，中秋拜月，重阳登高，一年的日子似水东流；生养嫁娶，子承父业，日出日落，慢慢变老，一生的模式刻在时光隧道里，人人从此走过。

这样的一个乡土社会，乃是世代聚居的父母之邦，积淀着累世而成的桑梓之情。乡民们于此间躬耕乐道，安土重迁，对家乡有着无限的思恋，家庭之间、邻里之间、乡亲之间、家国之间的乡土情谊十分深厚、绵密，充溢于乡民们的日常生活和事业发展之中。

举例而言，中国人的心中，永远会有对"故乡"的念想，这种念想需要有一个着落之地。这个着落之地，既要有具象的物质载体，也要有符号化的抽象表达。在传统农业社会里，北方的大槐树、南方的老樟树，以及树下那个热闹的村口，还有诸如村中有代表性的山、树、河等自然景象，在长期的历史存在和发展演变中内化了丰富文化内涵和人文精神的各种著名物产，古街、古亭、古埠头、古窑址、古戏台等古建筑，往往就是中国人"故乡"念想的着落之地，它们既是物质的存在，也是乡村生活和农耕文明的文化符号、故乡的象征、乡人引以为傲的资本，其中饱含着对父母、家庭、先祖、村庄和土地的热爱、依恋等等质朴而又丰富的情感。比如，很多华侨离开祖国远走他乡，都要带走一把家乡的泥土；很多村庄在历史上都建有祠堂，要修宗谱、族谱、地方志。

即使在当代社会，随着社会的演变，宗法血缘关系逐渐淡化，但宗族乡党观念却积淀在人们的文化意识之中，由地域关系代替了血缘关系。现在我们常见的各种以地域关系连接而成的会馆、公所、同乡会、联谊会，比如"浙商""龙游商帮""宁波帮"等在经济关系中的地域性团体，都植根于宗法社会的文化传统乡土情谊。比如同乡会，是乡土观念、乡土情谊在移民文化中的空间化、组织化的体现。人们在外乡、外省甚至国外，凭借地方性的乡土语言沟通思想、交流感情，彼此作同乡人的亲切认同，乡土的关系、情谊和观念，因此而在家乡以外的空间得以维系。同乡会在维系乡土关系上的作用，是多方面的。它不仅是乡土情谊的联谊，可以沟通感情，成为身处异乡的精神慰藉；同时也是利益的关联，通过同乡聚会，建立同乡交游网络，搭建人脉关系平台，促进政、商、学等各个方面的交流与合作。这种从乡土社会里长出来的乡情，具有巨大的无形的力量，形成内部团结，共同协作经营，发挥巨大影响。温州华侨在世界各地的创业，在很大程度上，就依托于乡土的情谊、关系和观念。他们以各种名义的同乡会为纽带、为平台、为支柱，在世界范围内联手创出了属于温州人的一片广阔天地。

传统社会里的乡土情谊，现代社会里的故乡之思，都是对土地、对家园、对父母、对祖先的眷恋之情。这种深厚真挚的情感，自古以来和中国人的日常生活紧密融合，成为中国人的一种潜在的文化心理意识，深深地熔铸在中华文化传统中，成为中华民族凝聚力的社会基础和乡土底色，源远流长，根深蒂固。

5. 创造之美

浙江大地是一块富于探索精神、创新意识和创造能力的土地。习近平同志在任浙江省委书记时，曾为"浙江文化研究工程"作了一个序，其中就指出："千百年来，浙江人民积淀和传承了一个底蕴深厚的文化传统。这种浙江文化传统的独特性，正在于它令人惊叹的富于创造力的智慧和力量。"

在浙江历史上，有无数多可以称得上具有首创价值的科技发明、文艺创作、思想创新。比如在文学方面，有中国山水诗的鼻祖谢灵运、"一代辞宗"沈约、千古第一诗僧寒山、南宋"雅词"翘楚"词仙"姜夔、元代散曲集大成者张可久、明代诗人之冠刘基、清初"江东第一人""浙西词派"宗师朱彝尊、"三百年来第一流"的龚自珍、第一个新诗团体"湖畔诗社"。在艺术上，有书法帖学的开山王羲之，是中国历史上最著名的书法家，统治中国书坛一千多年，誉称"书圣"；三国时期吴兴画家曹不兴画出了中国最早的佛像作品，被称为"佛画之祖";最早以画竹著名的画家,是唐代杭州的一位官员,他就是今天已少有人知的萧悦,"宁可食无肉,不可居无竹";作为中国古典绘画高峰代表的"南宋四家";中国绘画主流文人画领袖赵孟頫,"元四家"中的吴镇、王蒙、黄公望;明代最有成就的泼墨大写意花卉代表画家徐渭;蜚声中外的西泠印社;一代艺术宗师、艺坛领袖、诗书画印四美合一的吴昌硕。他们不仅创作出了具有鲜明个人风格和艺术成就的作品,更重要的在于往往引领了一个时代的风尚,具有开新造大的历史价值。

在中国历史上,东吴、东晋和南朝的宋、齐、梁、陈六个朝代先后建都于南京,合称"六朝",历时长达 367 年。随着京都的南移,北方人口大量南迁,浙地从秦汉时期的边鄙区域一跃而为腹心之地,政治、经济、社会、文化均进入快速发展繁荣时期。

六朝政权的建立,依赖于豪强士族大姓的支持。浙地会稽(今绍兴)是土著士族(又称江东士族)的世居家园和北方士族(又称侨居士族)的首选之地,王、谢、郗、庾、周、陶等世家大族是六朝政权的支柱,在政治、经济、军事、文化各个方面具有决定力量,享有特殊地位。南北士族间矛盾的彼此消长,也决定着新朝旧代的交替。名流汇聚,形成特殊的政治势力和地位,晋元帝曾云:"今之会稽,昔之关东。"一言道尽其风云际会的都市风貌。同时,会稽自然条件优越,土地肥沃,物产丰富,有良田数十万顷。种种独擅胜场的优势,为会稽赢得了极佳的声誉,以致东晋一度曾有迁都于此的动议。

这样一个占尽天时、地利的会稽,精英荟萃,风流蕴集,成为六朝文化的摇篮。其中,以书法、绘画、雕塑为代表的艺术成就,是六朝文化的精粹,继汉开唐,内涵丰富,清丽精妙、独具性情。细细推究她的成因,自然山水、士族文化,是其发芽、抽枝、开花、结果的深厚土壤。

会稽深得造化钟爱,得天独厚地拥有佳山秀水,吸引着居住于此的名门望族、士族子弟、文人学士放情山水,吟哦咏唱,谈玄参禅,流连忘返。既有文人士子的群体雅集,如兰亭集会;也有二三子之间的切磋探讨,如谢安与戴逵的说琴论画;又有王献之雪夜访戴"乘兴而来,兴尽而返"的名士做派。如此浓郁的艺术生活氛围,孕育出璀璨的艺术珍品。王羲之及其子弟的书法作品,谢赫的书画理论,戴逵的佛教雕塑和绘画,谢灵运家族的书画创作,顾恺之等人的浙地艺术之旅及其创作，都是中国艺术史上的瑰宝。

会稽由此成为六朝文化中最为明秀的一方水土，滋生着艺术的奇葩。他们天资超迈，风采俊秀，创意无限，佳作连连。个体意识的觉醒，伦理观念的冲决，人生哲学的探究，生与死的生命沉思，道与佛的信仰追求，山与水的自然回归，真与善的审美超越，赋予其作品深厚的思想内涵，芳菲永驻。

文学艺术之外的其他领域，也有大家出现。比如明代临海人王士性（1547—1589），是一位著名的人文地理学家。他晚年写成一部地理名著《广志绎》，书中有很多人文地理思想。数百年来，地理学科的理论体系和方法论历经变迁，但王士性的人文地理思想一直备受称誉和重视。中国文化讲究"天人合一"，王士性在书中对自然与人之关系的探索，就闪烁着这样的理性光辉。

他有一段很著名的关于浙江地区人文地理的叙述，分析了自然地理环境对人的性格和乡风民情的影响。他把浙江人按三大地貌区域概分三类：杭、嘉、湖平原水乡，是为泽国之民；金、衢、严、处，丘陵险阻，是为山谷之民；宁、绍、台、温，连山大海，是为滨海之民。杭嘉湖地区鱼米丰饶，富贵奢侈，有钱人常常压制老百姓。西南山区的人，生活俭素，却性格刚烈，老百姓一旦聚集起来，地方缙绅也拿他们没办法。渔民出海，百死一生，既穷不死，也富不至奢靡，大家相安无事。这番论述，实际上包含了地理对文化影响的两种机制，一是地理环境对当地人性格脾气的影响，二是地理环境通过作用于经济生活间接地影响民情民风。在他的另外一部著作《五岳游草》中，他就指出，两浙兼吴越之分，土地山川风物迥异。浙西泽国无山，俗靡而巧近苏常，因为原来属吴地管辖。浙东负山枕海，民风俗朴，与瓯越同属一区。法国年鉴学派史学大师布洛代尔在其巨著《菲利普二世时代的地中海和地中海世界》将人文地理的历史研究放到中长时段框架中进行，认为地理对农业经济、人文社会起有虽然缓慢、但却是巨大的决定力量。王士性的论述虽然简洁，但思路方法与布洛代尔是相近的。

6.品德之美

中国是一个具有悠久历史和灿烂文化的文明古国，在其发展长河中形成了包含仁义、忠孝、诚信等传统美德。这些传统美德已经融入中华民族的血脉，成为民族精神的一个不可分割的一部分。

曾经有一位报社的记者给我打电话，说他们想要配合最美妈妈胡菊萍的事迹做一篇关于浙江人的美德的报道，需要历史上的相关例子，但他们只知道岳飞精忠报国、戚继光抗倭、鉴湖女侠秋瑾这种，不知道还有没有这样的例子，不知道到哪里去找这样的例子。

其实在浙江民间，历来不缺少美德故事，古往今来涌现出许多具有爱国思想、高尚情操、展现传统美德的人物，出现了许多扶危济困的善会善堂，尤其在近代，这些善会善堂在维护社会秩序，倡导社会新风上发挥了巨大作用。

比如大家都知道的曹娥投江、孝行感天，浦江郑氏义门合居共炊十五世，历宋元明三代，长达 330 余年，孝义传家，名满天下，被誉为"江南第一家"。其他爱还有重义轻利的龙游商人、民国第一善人朱庆澜、以诚待人的胡庆馀堂、乐善好施的施茶会、重视教育的民间义学、宁波的水龙会、赈灾助困的沈家门存仁局、绍兴的舍材会、丽水的路会，等等。

在晚清同治、光绪年间，湖州南浔镇崛起一个资本雄厚的商业集团，有人粗略估算浔商的总资产超过 6000 万两，与清末政府的全年收入相当。当时，人们常以"四象八牛七十二条金黄狗"来形容浔商雄厚的资本。发家致富后的南浔商人开始热衷于地方慈善事业，用所得来回报乡梓。

中国人的宗族、乡土观念向来强烈。为了回报族人，不少商人设立义庄。当时南浔较为出名的义庄就有刘氏义庄、张氏义庄、庞氏义庄和周氏义田。"四象"中的刘镛、张颂贤、庞氏及其子孙，都以自己的田产捐建义庄、义田，赡养宗族孤老。

南浔商人的慈善活动，并不仅限于家族内，他们将更多的精力和金钱投入公共服务中。同治七年（1868），南浔商人庞公照、顾福昌、刘镛等人倡议建立育婴堂。根据朱从亮主编的《南浔镇新志》统计，从 1869 年至 1953 年，育婴堂共收养婴儿 122166 名，平均每年达 1400 多名。此外，在施药局、师善堂、养老院等社会慈善活动中都能看到南浔商人的身影。

另外还有一种江南流行的民间自发组织的慈善团体施茶会，秉承"莫以善小而不为，莫以恶小而为之"的慈善理念，在路边为口渴的行人提供一杯免费的凉茶和休憩的场所。它从平常的小事做起，体现了民间社会淳朴的慈善之心，增添了温暖人心的社会氛围。

浙江各县，在通衢之地和寺庙周围建有大量的茶亭。据《嘉庆山阴县志》记载，山阴县在八仙桥、大木桥、武勋桥、望江桥、清道桥、舍子桥六处设有茶亭，在天王寺、土谷祠、长庆寺旁都设有施茶的场所。直至民国时期，施茶之风在浙江依然盛行。1946年绍兴县政府还饬令乡镇大户组织施茶会，据统计当时绍兴共有50个施茶会为过往行人施茶，以解盛夏之渴。在浙江温州的永嘉县岩头镇，一个建于南宋年间的古凉亭直到现在依然在施茶。

施茶会虽然花费不大，但要让其长久维持下去，必须有一定的经济保障。有的施茶会经费有附近村庄公摊，负责施茶的人可以每年得到一二百斤稻谷。还有的村庄专门抽出一二亩公田，其收入归负责施茶者所有，在绍兴有绅士一次捐田一百九十余亩，支持乡间的广荫茶亭。此外，过年过节，村子里还会送一些礼品给负责施茶的人，作为酬劳。这正是民间"积善"思想和美好品德的体现。

另外还有一种路会。古代交通落后，尤其是在山区，更是存在行路难的问题，于是便出现了一种叫做路会的民间组织。在浙江丽水地区的许多村庄，都有地方热心人士自发组织的路会，专门负责修桥铺路。他们的目的不是为了收取"过路费"，而只是从便于出行这个目的出发成立的公益组织，活动经费都是向百姓募集而来。也有热心人士和村庄，为了让路会能持久运作下去，购置一些田产，以田租供路会开支。在松阳县雅溪乡保留着清同治年间的一块路碑，碑上写着："路会有路会田一亩二分五厘，以田租收入养路，同治癸亥岁仲月立。"

每当需要修路时，会首将修建道路的有关事宜，鸣锣通告，召集村落中各户进行协商，划分任务、摊派费用，充分体现了邻里互助的精神。路成后，路会要聚餐庆祝。宴会上请来地方的头面人物，由会首当众报告修路的情况以及账目，如果修路费用有剩余，则留作明年的开销，如果计费不足，则需要继续捐款或者分摊。同时，会首也会将捐钱人的姓名，以及数额，刻入路碑，以宣扬其功德。

这样的路会不仅存在于丽水，在绍兴、金华等地也很常见。在传统社会，人们把参加修路视为"积阴德"，以能够助人为荣，正因如此，路会在浙江大地上广为流传。路会作为传统社会里邻里互助的一个典范，现今其精神依然在农村常见。为了修筑村庄的道路，村民慷慨捐助，共同集资，已经成为一种良好的社会风尚。

施茶会、路会之外，还有义学、育婴堂、存仁局、水龙会、舍材会等等。习近平总书记在论述中华文化时，提到过不少传统美德，比如"德不孤，必有邻"，"仁者爱人"，"与人为善"，"己所不欲，勿施于人"，"出入相友，守望相助"，"老吾老以及人之老，幼吾幼以及人之幼"，"扶贫济困"，等等。浙江的这些民间自发的慈善行为，正体现了人心向善的民间美德。

三、浙江历史人文传统的基本特色

以上所有的这些"人文之美"，在数千年的生活涵育中，逐渐凝聚、形成了独具浙江特色的人文传统。这些特色，主要表现在如下方面。

1. 在浙江的人文传统中，充溢着捍卫主权、反抗侵略的爱国主题

"夫越乃报仇雪耻之乡。"在浙江历史上，爱国主义是浙江文化的生命线，捍卫主权、反抗侵略、抵御外侮是浙江人民的优秀传统。在爱国主义的价值观的哺育下，爱国英雄们有的在国族危难、大厦将倾之时，挺身而出，最终以身殉国；有的在重重困难之中，不放弃信念和理想，知其不可而为之。陆游"位卑未敢忘忧国"，于谦为了力挽狂澜，不惜牺牲自己的仕途乃至性命。抗倭名将戚继光在浙江招募和训练"戚家军"，在台州九战九捷，平定倭患。近代浙江在反封建反侵略斗争中前赴后继，可歌可泣，鸦片战争中壮烈殉国的"定海三总兵"彪炳千秋。鉴湖女侠秋瑾"夜夜龙泉壁上鸣"的诗句，激励了无数中华儿女以天下兴亡为己任。嘉兴南湖上的红船，刘英、张秋人、俞秀松、宣中华等革命烈士的舍生取义，都彰显了在中国共产党领导中国人民开展的谋取民族独立、国家解放、人民幸福的革命斗争中，浙江儿女的光辉业绩。这些浙江先贤刚健有为、坚贞不屈的崇高气节，谱写了中华民族爱国主义正气歌中的华彩乐章。

2.在浙江的人文传统中，充溢着求真务实、经世致用的本质内核

求真务实是浙江文化的本质内核，贯穿于浙江历史发展的每一个时期，深刻影响着当代浙江人的行为模式和思维方式。越王剑、通济渠、捍海塘、秘色瓷、印刷术、钱江桥，毕昇、杨辉、李之藻、李善兰、茅以升，都是浙江科技史上的辉煌成就和著名科技人物，其中最为人称道的，当推北宋沈括及其《梦溪笔谈》。李约瑟将沈括称为"中国整部科学史中最卓越的人物"，《梦溪笔谈》则是中国科学史的里程碑。东汉王充对当时散布虚妄迷信的谶纬之学的严厉批判和抨击，明代王阳明对理性自由和人性解放的要求，晚清章太炎"学所以经世，固非空言著述"的主张，无一不是浙江文化精神中追求真理、实事求是本质内核的体现。

经世致用是中国传统知识分子以自身所掌握的思想、知识，认识世界和改造世界的不懈努力。经世意识在浙江文化中有鲜明的体现。以陈亮为代表的永康学派，反对朱陆空谈义理和心性，提出修实政、行实德、建实功，改革社会，变弱致强的主张。近代佛教大师太虚、印顺回溯佛法本源，积极推进佛教革新。这种一脉相承的独特的经世致用思想，正是浙江对中国文化的独特贡献。

3.在浙江的人文传统中，充溢着义利双行、达观通变的伦理规范

义利问题是中国思想史上的重大课题。宋代以叶适为代表的永嘉事功学派倡导"义利双行"，用道德伦理引导对现实功利的追求，用现实功利检验主体对价值观、道德信仰理解的有效性，"义"与"利"由此成为辩证统一的有机体。在这种"义""利"文化观的熏陶下，浙江人的商业活动重视用"道义"规范经营生产行为，用经营生产造福社会，保持了悠久的"讲信修睦"的传统，哺育出许多誉满海内的老字号、老品牌。

"义利双行"的商业伦理观念，带来了浙江人达观通变的经济发展理念和市场行为。宋元以后在浙江兴盛起来的长途贩运，使得作为粮食、纺织品主要原产地的浙江，增进了区域之间的经济交流，扩大了商品流通。明代中叶以后，雇佣大量工人的手工作坊与手工工厂在浙江普遍出现，促进了某些市镇自由劳动力市场的形成。这些现象虽不足以定论为资本主义的萌芽，但毫无疑问，它们都是对传统生产关系的变革，相对于我国长期处于封闭形态的传统自然经济

而言，都是具有历史意义的重大突破。

　　4. 在浙江的人文传统中，充溢着自觉批判、创新开拓的理性智慧

　　浙江是历史上盛产具有创新价值的思想大师之地，我们可以毫不夸张地说，在我国历史发生突破性进展的前夜，浙江文化的思想创新，都无数次地起到了"导夫先路"的先锋作用。陈亮、叶適的事功之学，王阳明的心学，黄宗羲的政治学说，章学诚的"六经皆史"之论，龚自珍的变革启蒙思想等等，都是浙江文化富于创新性的表现。被誉为中国三大思想家之一的黄宗羲，猛烈批判和否定整个封建君主专制制度，破天荒第一次喊出了"为天下之大害者，君而已矣"的口号，提出了用"天下之法"代替君主"一家之法"的法律平等思想，"人各得自私自利"，"贵不在朝廷，贱不在草莽"的人权平等原则，以及近似近代议会民主的政治理想，在明清之际的中国可谓空谷足音。其大无畏的批判精神和创造性的思想贡献，成为清末维新志士的思想法宝，也是现代革命者用以反对、批判封建专制制度的精神武器，推进了浙江的近代化进程。

　　作为新文学运动的奠基人和五四新文化运动的主将的鲁迅，敢于直面惨淡的人生，对吃人的封建礼教和制度作出猛烈的揭露和批判，进行不屈不挠的斗争；勇于以社会批评和文明批评为己任，以一生精力和独立人格进行了充满韧性的奋斗和努力，为浙江文化传统增添了不屈的风骨、独立的人格、批判的精神和自辟新路的理念与勇气，不仅为中国文化开新路，也为家乡人民留下了一份创新进取的宝贵思想财富。

　　5. 在浙江的人文传统中，充溢着兼容并蓄、自强自立的个性品格

　　凭借濒临大海的得天独厚的条件，浙江文化在持续的中外文化交流中逐渐成熟起来，培养出了具有海洋文化基因的兼容并蓄的地域个性。我国古代早期对外交流以贸易为主，浙江生产的茶叶、丝绸、青瓷等成为文化向外输出的物质载体，从而带动了人与文化的交流，引导了外部世界对中国文化的认知，是浙江文化自我更新、自我丰富的重要途径。马可·波罗、利马窦、卫匡国、马戛尔尼等西人纷纷来到浙江；天台山佛教文化、径山茶文化、温州华侨、留日学生群体等等，则都是浙江文化走出去的典型。

　　兼容并蓄并不意味着主体性的缺失，自强自立同样是浙江的品格。在自然

资源稀缺的压力下，浙江人相信自强自立、竞争发展是自我完善的最优化途径，因而具有强烈的危机意识和不等不靠、自我奋斗的拼搏精神，对个体独立、欲望与利益的肯定。发轫于南宋、鼎盛于清乾隆年间的"龙游商帮"，凭借不畏艰难、自强自立的精神，"多向天涯海角，远行商贾"，人称"无远弗届，遍地龙游"，为浙西南的经济崛起做出巨大贡献，至今广为传颂。这种"虽千万人吾往矣"的"拼劲"、一往无前的"冲劲"、无孔不入的"钻劲"，与中国传统文化的个体"义务"本位、儒家文化的"温良恭俭让"、老庄哲学的"夫唯不争，是以不去"等等主流思想，有着极大的区别，是对中国文化传统的一种很好的补充与丰富。

6. 在浙江的人文传统中，充溢着澄怀观道、现实关切的审美情操

浙江是一块洋溢着文学才情、艺术灵性的土地，王羲之、骆宾王、陆游、赵孟頫、黄公望、王冕、罗贯中、徐渭、吴昌硕、黄宾虹、郁达夫、袁雪芬等等，都是在中国文学艺术上具有熠熠光彩的著名人物，在诗词、书法、绘画、小说、戏剧、建筑、工艺、文艺理论等各个领域，都有开一代创作新风的里程碑式作品涌现，至今传颂。

中国的文学艺术传统讲究"文以载道"，综合地来看，这个"道"，既有美学思想层面的儒家讲求仁、爱、礼、义，"善美一体"的伦理德性之道，道家追求虚静简远的任顺自然之道，玄学任性率真的个性放逸之道；也有现实生活层面对时代潮流、社会变革、世道人心、国计民生的人文关切之道。浙江的文学艺术很好地体现了中国文艺独特之"道"的各个方面，王羲之等魏晋士人洒脱旷达的艺术境界，黄公望等文人画家的山水情怀，龚自珍《己亥杂诗》对制度的批判、国运的担忧，抗战文艺的蓬勃兴旺，兰溪诸葛八卦村、浦江郑氏义门、俞源太极星象村等古村落的建筑形制，都向我们展示了浙江文学艺术的深厚内涵。她既在哲学思辨的境界里升华，澄怀观道，精研细磨，为中国文学艺术传统提炼和奉献了众多具有中国特色美学范畴中的概念、范式、结构形式、表现手法；又在现实生活的沃土中扎根，关照现实，直面人生。

7. 在浙江的人文传统中，充溢着天人合一、人我共生的人文情怀

浙江文化既能够"登山则情满于山，观海则意溢于海"，与和风细雨的大

自然和谐相处；同时也极善回应来自大自然的挑战，在变动的自然环境中成长。比如浙江漫长的海岸线及其于潮汐侵蚀之下的变化、破坏性热带风暴的侵袭，都是大自然向浙江人民发出的一次次挑战。对此，浙江人民同样以"天人合一，万物一体"的整体关怀，通过各种努力与方式，追求人与自然的和谐。

为了降伏不羁的大自然，浙江人民修建了庞大、复杂的水利系统，孕育了发达的水利文化。如果说大禹疏导治水是追求与自然和谐的意识萌动与最初实践，那么西湖的开发则是浙江人民在发展中改造自然、在改造中保护自然的典范。西湖本是半封闭的泄湖，日久成患。经钱镠、李泌、苏轼、白居易、杨孟瑛、阮元等人的历代疏浚治理，呈现出旖旎秀丽的自然景观，以其精致和谐的人文风情，构筑成西湖景观人间天堂的特色。河姆渡原始艺术中精美神秘的"鸟日同体"纹饰，良渚文化中繁缛威严的神人兽面纹，都具有热爱自然、赞美自然和融入自然的美好情愫。

8. 在浙江的人文传统中，充溢着知行合一、事上磨炼的哲学思维

明代伟大的思想家王阳明"知行合一"的哲学观点强调知即是行、行即是知，人不仅要对自己的行动负责，而且要为自己的思维活动负责，"勿以恶小而为之，勿以善小而不为"。而正确认知的最终确立，须得以付诸实践检验为终点，只有认知得到了实践的检验，认知的过程才算完成。同时，"致良知"还进一步关涉个体与社会两个层面。个体的"知"只有通过与社会事物的复杂的关系展开，体验情绪的冲击、思维的跳跃，通过实践检验其"致良知"的进展与效果，也即"事上磨炼"，才是真"良知"。由此，方能从道德范畴的"修身"出发，逐步实现"齐家、治国、平天下"的社会理想。

"知行合一"是浙江文化在哲学层面上的思考，因此也是最高、最抽象、最具有概括力的思考，浙江文化其他几个方面的内涵，都与"知行合一"这个核心命题存在着密切的逻辑联系。

四、我省文化建设中有关"人文"建设的要求

我省这些年来的文化发展战略，"人文"两字一直都是关键词。从2003年的"八八战略"、2005年《关于加快建设文化大省的决定》、2008年《浙江省推

动文化大发展大繁荣纲要（2008—2012）》、2011年《关于认真贯彻党的十七届六中全会精神大力推进文化强省建设的决定》、2014年的《关于建设美丽浙江创造美好生活的决定》，都有以"人文"为发展愿景的定位，只是"人文精神""人文优势""人文之美"的具体表述有所不同，每一阶段的具体部署、发展重点和建设内容各有不同。

2020年8月31日，省委召开文化工作会议，袁书记讲话中指出，只有"真正实现人文之美更加彰显，努力成为精神普遍富足的省域范例"，共同富裕示范区才能算得上是真正具有灵魂的、充满韵味的，才能产生更大影响力、吸引力，才能更好地以浙江之窗展示中国之治。

2020年9月16日发布《中共浙江省委关于加快推进新时代文化浙江工程的意见》，提出"到2025年，浙江文化软实力明显提升，社会文明新风尚更加鲜明，人文精神凝聚力显著增强，基本建成以社会主义核心价值观为引领、传承中华优秀文化、体现时代精神、具有江南特色的文化强省，努力成为传承中华文脉、建设社会主义文化强国的生力军和排头兵"的总体目标。

部署了以下具体举措：

全面实施文化建设"186行动"，围绕打造与社会主义现代化先行省和共同富裕示范区相适应的新时代文化高地，推进理论立魂、精神立德、人文立身、四治立信、精品立世、数智立新、融合立业、改革立制等"八项举措"，实施百年理论创新研究工程、百亿文化设施建设工程、百城万村文化惠民工程、百家文化名企创优工程、百张文化金名片打造工程、百名文化大家引育工程等"六百工程"。

我认为，186行动，就是新时代浙江提升人文精神、实现人文之美的平台和路径。

党中央赋予浙江高质量发展建设共同富裕示范区重任，精神富有是共同富裕的重要方面。我们作为文史工作者，传承弘扬浙江历史人文传统，将优秀人文资源转化成为当代文化建设的资本，为浙江人民的精神富有提供深厚丰富的文化内涵和人文精神支撑，是义不容辞的职责，也是可以竭诚奉献的机会。

（作者系浙江省文史研究馆研究员，省社科院副院长、研究员）

红色场馆在红色文化传播中的作用

金延锋

红色文化是中国共产党领导全党全国各族人民在革命、建设和改革实践中创造的革命文化和社会主义先进文化，是新时代中国特色社会主义文化的重要组成部分，正如习近平同志所强调的："在五千多年文明发展中孕育的中华优秀传统文化，在党和人民伟大斗争中孕育的革命文化和社会主义先进文化，积淀着中华民族最深层的精神追求，代表着中华民族独特的精神标识。"[①] 传播、弘扬红色文化，对于传承红色基因、守好红色根脉至关重要。红色文化的传播有很多渠道和载体，其中红色场馆（包括革命遗址遗迹，下同）是不可或缺的重要渠道和载体。本文将就红色场馆在传播红色文化方面的作用谈点粗浅的认识。

一、红色场馆是传播红色文化的永固阵地

传播红色文化，可以通过阅读、上课、听广播、看电视电影以及舞台剧、观展览、走实地等渠道来实施。这些渠道的畅通实现，需要依托一定的载体。传播红色文化的载体，从目前来看是非常多的，如出版社、报刊、各类学校、广播电台、电视台、电影拍摄机构、演艺集团、各类红色场馆等，都在红色文化传播中发挥着独特的作用。特别是进入互联网时代，红色文化传播的速度更快，受众面更广。

以 2021 年为例。2021 年，是中国共产党成立 100 周年，红色文化的传播可以说是达到了前所未有的鼎盛期。仅从浙江来看，各类红色书籍洋洋大观，

---

① 习近平:《论中国共产党历史》，中央文献出版社，2021 年版，第 126 页。

从政治读物到史书、传记、报告文学、小说、诗歌、散文、绘画、摄影等，各个类别应有尽有，其中由浙江教育出版社出版的报告文学《红船启航》、浙江文艺出版社出版的报告文学《望道》等都在全国引起很大反响。各种报刊也都开辟专栏，宣传红色文化。各大、中、小学校，纷纷加强思政课建设，按照习近平同志关于"思政课就要讲好中华民族的故事、中国共产党的故事、中华人民共和国的故事、中国特色社会主义的故事、改革开放的故事，特别是要讲好新时代的故事"①的要求，深入挖掘本地红色资源，创新授课方式，以情景式、沉浸式、体验式等学生喜闻乐见的形式，传播红色文化。各级党校在干部培训中都加强了中国共产党历史、新中国历史、改革开放史等的授课力度。各种电视剧、电影、舞台剧更是令人目不暇接，如电视剧《大浪淘沙》《中流击水》等都在中央电视台的黄金时段播出，电影《红船》也于建党百年前后在各大影院上映，歌剧《红船》应邀赴国家大剧院演出；与此同时，省、市、县（市、区）乃至乡镇街道、社区和村，都举行了不同规模的反映中国共产党百年历史的综合性文艺演出。各地的红色场馆以及临时性展览，更是吸引了数以万计的参观者。红色文化的全方位传播和弘扬，引起了全社会的思想共鸣、情感共振。

在红色文化的传播载体中，学校和红色场馆是非常重要的，因为它们具有固定性、长期性、反复性传播的优势，而红色场馆较之学校，还具有直观性和体验性传播的优势。所以，红色场馆是传播红色文化的永固阵地。

这些红色场馆，从建立的类别看，有的是单独建立的，如南湖革命纪念馆、中国共产党杭州历史馆；有的是在革命遗址遗迹的基础上建立的，如中共浙江省一大纪念馆、中共浙江省委机关旧址（1927年），这一类场馆基本上都是由于革命遗址遗迹年代过于久远、设施过于陈旧、场地过于狭小或者已经遭到严重损毁的情况下，在保留原遗址遗迹的基础上扩建、重建的；有的本身就是革命遗址遗迹，如中共浙东区委旧址、新四军苏浙军区旧址群，这一类在红色场馆中占据多数。从红色场馆的展陈内容来看，有综合性和专题性之分。像温州革命历史纪念馆、浙西南革命历史纪念馆等，都属于综合性的，全面展示当地的革命历史。红色场馆中大多数是专题性的，专题性场馆又可分为重要历史事

———————
① 习近平：《论中国共产党历史》，第31页。

件、人物故居、机构旧址、烈士陵园（墓）等类。从红色场馆的建立时间看，革命遗址遗迹都是起始于当年的时间，后来被逐步开发、保护和利用起来，因此存在的时间一般都比较长。2008 年 8 月至 2010 年 9 月，浙江省委党史研究室根据中共中央办公厅、中共浙江省委的要求 ① 和中共中央党史研究室的统一部署，组织全省党史部门对新民主主义革命时期的革命遗址遗迹进行了全面普查，共普查登记革命遗址遗迹 2443 个 ②。这些遗址遗迹中，时间跨度最长的已近百年，如大革命时期宁波总工会旧址（宁波工人运动纪念馆）。这次革命遗址遗迹普查的范围和对象，是以新民主主义革命时期为主，浙江省随着史料的不断挖掘、整理和研究，随着时代发展的要求，近十多年来，社会主义革命和建设时期、改革开放和社会主义建设新时期的一些重要事件发生地也逐渐得到开发，许多新的场馆逐次建立，如杭州的"五四宪法"历史资料陈列馆等。在一些综合性场馆中，有的建立的时间也比较长久，如南湖革命纪念馆，其第一代馆始建于 1959 年，此后随着史料的不断丰富、参观人数的日益增多，又相继移地扩建了第二、第三代馆，作为展示、宣传中国共产党第一次全国代表大会的红色场馆，至今已有 60 多年的历史。从上述的建立类别、展陈内容、建立时间等几个方面看，红色场馆在传播红色文化中的固定性、长期性、反复性作用是显而易见的。

　　红色场馆在传播红色文化中的直观性和体验性，主要体现在：大量历史照片、文件、图表、实物的展示，运用声、光、电等新科技手段营造的幻影成像、全景或半景式历史场景重现、模拟互动等，视频滚动播放的历史资料片、运用互联网进行直接点播等，都为观众营造了重回历史现场的氛围。

　　随着融媒体和数字化的不断发展，相信红色场馆在传播红色文化方面更将如虎添翼。

---

① 2006 年中共中央办公厅（中办发 [2006]23 号）提出要在全国"开展对革命遗址的普查"，并要求各级党史研究部门要"参与对红色旅游工作和革命纪念场馆的指导"。2007 年，中共浙江省委在《中共浙江省委关于进一步加强党史工作的意见》（浙委 [2007]119 号）明确提出"开展全省党史胜迹普查，切实加强对党史重要遗址、史迹的保护"的要求。

② 其中革命遗址 2060 个，副编其他遗址 234 个，附录其他遗址 149 个。

二、红色场馆是接受红色文化教育的有效载体

文化即"人化"，文化事业即养人心志、育人情操的事业。"我们说，文化为群体生活提供规范、方式与环境，文化通过传承为社会进步发挥基础作用，文化会促进或制约经济乃至整个社会的发展。文化的力量，已经深深熔铸在民族的生命力、创造力和凝聚力之中。"[①] 通过红色场馆所呈现的红色文化，以其丰厚的红色资源，在"以文化人"方面，提供了生动教材和特定环境。

首先，红色场馆是对党员干部进行党性教育的生动课堂。

习近平同志对红色场馆非常重视，认为红色场馆是党和国家的红色基因库。习近平同志指出："党员、干部要多学党史、新中国史，自觉接受红色传统教育，常学常新，不断感悟，巩固和升华理想信念。革命博物馆、纪念馆、党史馆、烈士陵园等是党和国家红色基因库。要讲好党的故事、革命的故事、根据地的故事、英雄和烈士的故事，加强革命传统教育、爱国主义教育、青少年思想道德教育，把红色基因传承好，确保红色江山永不变色。"[②]

红色场馆具有丰富的红色资源，通过展陈的事件、人物、文物，向观众讲述着一个个感人的故事，让观众能够认识到：正是一代又一代具有坚定理想信念的共产党人和坚决跟党走的人民群众，在革命、建设和改革的征程上前赴后继，才使我们党取得了一个又一个伟大胜利。所以，习近平同志反复强调："要把这些红色资源作为坚定理想信念、加强党性修养的生动教材。"[③]"用好红色资源，增强党性教育实效。"[④] 党的十八大以来，习近平同志率先垂范，每次到革命老区考察调研，都要去瞻仰革命历史纪念场馆。2013 年 7 月，习近平同志在河北调研时深情地说："西柏坡我来过多次，每次都怀着崇敬之心来，带着许多思考走……每到井冈山、延安、西柏坡等革命圣地，都是一次精神上、思想上的洗礼。每来一次，都能受到一次党的性质和宗旨的生动教育，就更加坚定了

---

① 习近平：《干在实处 走在前列——推进浙江新发展的思考与实践》，中共中央党校出版社，2013 年第二版，第 294 页。

② 习近平：《论中国共产党历史》，第 111 页。

③ 习近平：《论中国共产党历史》，第 161 页。

④ 习近平：《论中国共产党历史》，第 262 页。

我们的公仆意识和为民情怀。"① 习近平同志如此重视红色场馆，目的"就是要告诫全党同志不能忘记红色政权是怎么来的、新中国是怎么来的、今天的幸福生活是怎么来的，就是要宣示中国共产党将始终高举红色的旗帜，坚定走中国特色社会主义道路，把先辈们开创的事业不断推向前进"②。在习近平同志的亲自带动和倡导下，红色场馆在传播红色文化、传承红色基因方面的作用越来越重要。

对中国共产党人来说，历史是最好的教科书，中国革命历史是最好的营养剂。多重温我们党领导人民进行革命、建设和改革的伟大历史，心中就会增加很多正能量。广大党员、干部在参观红色场馆中，通过接受红色教育，从而进一步坚定理想信念，深刻理解"中国共产党为什么能，中国特色社会主义为什么好，归根到底是马克思主义行！"更加坚定道路自信、理论自信、制度自信、文化自信，真正做到守初心、担使命，把革命先烈为之奋斗、为之牺牲的伟大事业奋力推向前进。

其次，红色场馆是对青少年进行革命传统教育的重要基地。

扣好人生的"第一粒扣子"至关重要。习近平同志多次强调："革命传统教育要从娃娃抓起，既注重知识灌输，又加强情感培育，使红色基因渗进血液、浸入心扉，引导广大青少年树立正确的世界观、人生观、价值观。"③

红色场馆在对青少年开展革命传统教育中，发挥着不可替代的重要作用。随着学校思政课的加强，红色文化教育成为重要的内容之一，而红色场馆的建设、开发、利用，则为各类学校提供了丰富多彩的红色文化教育实践基地，吸引了不少学校前往。如：中国共产党杭州历史馆自从开馆以来，已经接待 8 千余批次、90 万余人次的大中小学生，与 58 家学校达成共建，结合重大纪念日，合作开展各种教育实践项目，如"永远的传承，不变的初心"系列爱国主义教育宣传实践活动、杭州红色博物馆联盟"大联展 大联讲"暨"踏寻红色足迹，绘就时代新图"主题实践活动、"童心向党"教育实践活动、"传承红色基因 讲好党的故事"宣讲活动、小小讲解员志愿活动、各大红色展览进校园等，受到青少

---

① 习近平：《论中国共产党历史》，第 24 页。
② 习近平：《论中国共产党历史》，第 46 页。
③ 习近平：《论中国共产党历史》，第 108 页。

年的欢迎。又如：浙江瑞安是中华人民共和国国旗设计者曾联松的家乡，2019年9月27日，在庆祝新中国诞生70周年前夕，全国首家国旗教育馆在瑞安开馆。国旗教育馆展示了国旗的诞生历程，介绍了国旗的相关知识，引领参观者回到"那时·那人·那事"，感受经典，感悟历史。在国旗的制作展区，青少年可参与制作国旗，并可通过挥屏的形式将自己的国旗作品上传至屏幕及手机等设备上，同时还设计了互动环节"我与国旗合个影"，这些都得到了广大群众、特别是青少年的喜爱，使青少年真正认识到：共和国是红色的，是无数先烈的鲜血染红了我们的旗帜，我们一定要建设好他们所盼望向往、为之奋斗、为之牺牲的共和国。截止到2021年年底，国旗教育馆共接待参观者30多万人，其中青少年就达12万多。

省委宣传部、省委党史和文献研究室连续多年、分批次遴选评比全省的爱国主义教育基地和党史教育基地。仅省委党史和文献研究室，在全省革命遗址遗迹普查的基础上，分4批共评选出111个全省党史教育基地。浙江省关心下一代工作委员会在全省爱国主义教育基地和党史教育基地的基础上，结合青少年的特点，亦评选出6个全国关心下一代党史国史教育基地、62个浙江省关心下一代教育基地。这些教育基地为广大青少年学习中共党史、新中国史、改革开放史、社会主义发展史提供了生动教材和实践基地。

通过红色场馆教育基地的实践，培养了青少年的革命理想主义、革命英雄主义、革命乐观主义和革命集体主义精神，对青少年树立正确的世界观、人生观、价值观发挥了很好的导向作用。

第三，红色场馆是广大群众学习中共党史、新中国史、改革开放史和社会主义发展史的有益场所。

由于红色场馆展陈内容的历史性、时代性、生动性、直观性，因而也深受广大群众的欢迎和喜爱。

各红色场馆在各自传播红色文化的同时，坚持与时俱进，注重信息共享，开展强强联合，在传播红色文化中形成强大合力。如2016年12月建立的杭州红色博物馆联盟和2021年1月成立的长三角红色博物馆合作联盟。杭州红色博物馆联盟由中国共产党杭州历史馆牵头组建并运营，成员单位由杭州市13个县市区的红色场馆组成，目前已有39家。各成员单位通力合作，不断设计和推出符合各类参观人群特点的互动项目，吸引广大党员干部、群众和青少年前往各大红色场馆开展活动，并为党的建设和社会发展提供学习、教育、研究、交流等公益性服务。在杭州红色博物馆联盟工作获得较好社会反响的基础上，在长三角一体化发展的大背景下，由中国共产党杭州历史馆（杭州市方志馆）主动联系上海中国共产党第一次全国代表大会会址纪念馆、浙江嘉兴南湖革命纪念馆、江苏南京渡江胜利纪念馆（南京党史馆）、安徽合肥渡江战役纪念馆（名人馆）等4家重要红色场馆，共同发起成立了长三角红色博物馆合作联盟，目前有首批成员单位15家。两大联盟在办好各自场馆的同时，相继共同举办了丰碑——中国共产党全国代表大会巡礼图片展、"重大的转折 伟大的胜利"——庆祝南京杭州上海解放70周年史料展、"忆党史传家风颂清廉"周恩来家风图片展、马克思主义在中国的传播图片展和新中国外交风云中的杭州记忆图片展、"中国特色社会主义道路的杭州实践"常设展览、伟大历程 砥砺奋进——杭州党史百年大事图片展等一系列精品展览，吸引了众多观众。据统计，2021年，杭州红色博物馆联盟各成员单位共计接待观众近300万人次，举办各类活动近千余场次。长三角红色博物馆合作联盟各成员单位共计接待观众近800万人次，举办各类活动6000余场次。其中中国共产党杭州历史馆（杭州市方志馆）接待观众55.2万人次，举办活动100场次；上海中共一大会址纪念馆（含周公馆）半年接待观众165万人次，举办活动5028场次；南湖革命纪念馆半年接待观众220万人次，举办活动449场次；[①]南京渡江胜利纪念馆（南京党史馆）开馆半年接待观众15万人次，举办活动45场次；安徽合肥渡江战役纪念馆（名人馆）接待观众76.3万人次，举办活动77场次。[②]

　　同时，随着红色旅游的不断发展，红色场馆在传播红色文化方面的功能越来越强大。进入21世纪后，国家发改委牵头中央党史研究室和国家财政、旅游、文化、交通、教育等相关部门，对在全国具有一定地位和影响力的革命遗址遗迹进行"红色经典景区""红色精品线路"评选，借此将重要的革命遗址遗迹组点成片、连点成线，并有针对性地对这些红色经典景区和红色精品线路进行保护、开发和利用。浙江嘉兴、温州、丽水、宁波等地的一批红色场馆也都先后位列其中。红色经典景区、红色精品线路的开发，为红色旅游的发展提供了重要载体。红色旅游已经成为集旅游和教育为一体的新亮点，据统计，参加红色旅游的人数，从 2004 年的 1.4 亿人次增长到 2019 年的 14.1 亿人次；参与红色旅游的团体也逐渐地由老年群体向年轻群体转变，"据《人民日报》2021 年10 月 20 日的《红色文旅人气旺》一文介绍，红色旅游年轻群体成为主力。同程旅行报告显示，年龄在 20 岁至 39 岁的游客，占红色旅游游客的 57.3%，青少年和青年人群体成为红色旅游的主力军。携程相关数据显示，今年上半年，体验红色旅游的'80 后''90 后'家庭游客占比高达七成，许多年轻父母会主动选择参与红色亲子游。"①

有条件的红色场馆，如中国共产党杭州历史馆、温州革命历史纪念馆等，还把展陈内容制作成巡回展板，将红色资源送进机关、学校、军营、企业、农村、社区等，进一步拓展了红色文化的传播范围和受众。

广大群众通过参观红色场馆，进一步了解了中共党史、新中国史、改革开放史和社会主义发展史，从而不断激发爱国热情、振奋民族精神，坚定为建设社会主义现代化强国而奋斗的信心和决心。

三、红色场馆是研究红色文化的丰富宝库

红色场馆中展示和保存着大量珍贵的历史文献和文物，这为红色文化的研究提供了丰富资源。习近平同志曾经说过："在参观西柏坡纪念馆、毛泽东同志旧居、中央军委作战室、七届二中全会旧址的过程中，我的心情一直难以平静。看着一幅幅图片、一件件实物、一封封电报、一个个故事，我的思想又受到一次深刻教育。"② 这些珍贵的图片、实物、电报、故事，既是育人的生动教材，也是研究的第一手资料。

对研究红色文化的人来说，根据自己的研究方向，到相关的红色场馆，就能找到很多宝贵资料。比如，要研究新中国第一部宪法，只要到杭州的"五四

---

① 转引自徐鹏堂：《在红色旅游中感受信仰力量》，《国际人才交流》，2021 年第 12 期。
② 习近平：《论中国共产党历史》，第 24 页。

宪法"历史资料陈列馆，即可了解为什么新中国成立不久党和国家就着手制定中华人民共和国宪法，起草宪法前都做了哪些准备，宪法的框架是怎么确定的，起草过程中经历了几次修改，基本定稿后是怎么向全国人民征求意见的，这部宪法为什么被称作"五四宪法"，"五四宪法"对依法治国具有哪些重大意义等等。如果想研究中国共产党成立后领导的第一个农民运动，就到萧山的衙前农民运动纪念馆；要研究中国第一部红色宪法——《中华苏维埃共和国宪法大纲》是怎样诞生的，可到新昌的梁柏台烈士故居；要研究红军北上抗日先遣队怎么根据中央指示，为掩护主力红军长征而转战闽浙皖赣的，就到淳安的中国工农红军北上抗日先遣队纪念馆；要研究侵华日军在浙江实施细菌战的罪行，可到衢州的侵华日军细菌战衢州展览馆、义乌的侵华日军细菌战史实陈列馆；要研究人民解放军陆、海、空三军怎样首次联合作战的，必须到台州的一江山岛登陆战纪念馆……各具特色的红色场馆不胜枚举。红色场馆丰厚的历史文献和实物，是研究红色文化的丰富宝库。

对红色场馆自身来说，加强研究也越来越成为立馆强馆的重要手段。许多红色场馆内部都有史料征集、研究、保管等部门，并有专人从事这些工作。仅以浙江革命烈士纪念馆、南湖革命纪念馆为例。

浙江革命烈士纪念馆，在 20 世纪 90 年代初建成开馆时，就组建了史料科，以加强对史料的征集、研究。经过多年的史料征集、考证、补充、研究，编写出版了《碧血丹心——浙江烈士英名录》丛书，辑录了浙江省籍和为浙江革命、建设、改革事业作出贡献的外省籍烈士共 2 万多人。这套图文并茂的 7 卷本丛书，不仅是一套革命传统教育读本，更是一笔宝贵的精神财富，对于传承和弘扬中国革命精神，培育和践行社会主义核心价值观，教育和激励当代浙江人奋进新征程、建功新时代，发挥着重要作用。

南湖革命纪念馆在 2011 年开馆时，内部就设有史料展陈部，不久又建立了中共创建史史料中心，负责文物和中共创建史资料征集、研究、保管和利用工作。党的十九大后，又将红船精神研究院置于纪念馆，专设学术部。红船精神研究院学术部负责起草红船精神研究规划、红船精神研究项目与课题的规划与实施、相关学术活动的组织服务工作、红船精神研究成果申报发布展示工作、所需研究资料的收集收藏开发利用工作等。截至 2021 年年底，中共创建史史料中心共征集到俄罗斯复印的中共创建史档案文献资料 3.5 万余件 / 页，内容涉及在俄罗斯早期工人组织旅俄工人联合会章程及在各地区相关工作情况；贺龙、董必武、瞿秋白、俞秀松等相关领导人在俄留学工作情况；在俄罗斯东方大学及中山大学学习的中国留学生名单及在校状况；共产国际执行委员会关于当前中国形势的分析通报；早期留俄人物（浙江籍较多）履历及部分资料；在俄举行的中共六大相关史实资料等。此外，还征集到公开出版的有关中共创建时期重要人物、历史事件等书籍 1 万余册。南湖革命纪念馆（红船精神研究院）在加强征集、保管工作的同时，积极开展研究，编辑出版了《启航——红船精神永放光芒》《党的"一大"卫士：王会悟》《中俄关系的历史与现实（第三辑）·俄藏档案文献与中共创建史》等书籍 10 种，其中 2021 年出版《"回首初心"丛书》等 5 种。馆内人员在国内省级以上期刊发表《南湖红船——中国百年巨变的见证》《红船起航——南湖革命纪念馆主题展览讲好起航故事》《红船精神：中国革命精神之源》《红船起航——南湖革命纪念馆打造红色文化品牌》《"红船精神"传播对实现政党认同的价值》《〈共产党宣言〉首个中文全译本》等文章、学术论文近 40 篇，其中仅 2021 年就发表论文 10 余篇。①

　　红色场馆所征集的历史文献和书刊，所进行的专项研究，对传播红色文化具有重要价值。

　　习近平同志指出："上海党的一大会址、嘉兴南湖红船是我们党梦想起航的地方。我们党从这里诞生，从这里出征，从这里走向全国执政。这里是我们党的根脉。"② 中国共产党带领全党全国各族人民一路走来，历尽艰辛，书写了中华民族几千年历史上最恢宏的史诗，留下了弥足珍贵的红色记忆。要充分运用红色场馆中丰厚的红色资源和在传播红色文化中的独特作用，教育党员、干部和人民群众尤其是青少年，传承红色基因、守好红色根脉、走好新时代长征路。

　　　　　　（作者系浙江省文史研究馆研究员，省委党史和文献研究室原主任）

---

① 南湖革命纪念馆（红船精神研究院）的基础资料由南湖革命纪念馆张宪义同志提供。
② 习近平：《论中国共产党历史》，第 185 页。

"绿水青山"：
长三角农村现代化的创新探索和重要路径

潘捷军

内容提要：改革开放后，与城市一样，全国农村同样就现代化发展路径进行了一系列探索，其中"城市化"（城镇化）就是一个重要模式。20世纪初，以"绿水青山"为主要特征的农村新发展模式日趋引人关注。在浙江等地的示范样板显示：它不仅已在实现农村全面小康过程中发挥了重要作用，而且与"城镇化"等模式一样，将成为中国农村到2035年基本实现现代化的一种重要发展路径。

关键词：中国农村现代化；"绿水青山"模式；发展探索

在全面建成小康社会的基础上，到2035年，中国将完成基本实现社会主义现代化的宏伟目标。如同全面小康一样，农村现代化同样是这一战略的一个重要目标，同时在相当程度上仍然是一个实施难点，关键在于如何结合各地农村实际情况加以定位，并选择相应的发展路径。从这个意义上说，起源于浙江的"绿水青山"模式，不失为到2035年中国农村基本实现现代化的一种重要模式，而且在长三角地区这一模式更具实施优势和示范效应。

一、现代化问题的探索过程与"绿水青山"发展之路的客观必然性

近现代以来特别是改革开放后，现代化在中国始终是一个备受关注的重大命题。而且由于特殊国情，这一命题始终离不开"三农"问题，只不过不同时期

有不同的关注重点、学术解读和相应的实践探索，是一个由起初"外在拉动型"向"自觉内生型"与时俱进的深化过程。尤其 2010 年，中国的城市化率首次超过 50% 后，引起了学界对中国新型现代化更为广泛深入的研讨。

起初，学界多认为"现代化实质上就是工业化"，以强化"现代化是非农产业（工业和服务业）在社会中占有绝对的优势并起着主导作用"以及"工业化在任何一个意义上都是现代化的核心部分"等传统认识。[①] 其后又认为现代化就是城市化，并将"城市化"定位为"农村人口大量流向城市，特别是往中心城市集中"。[②] 其实这是更接近西方学界的一种认识，如有研究就认为西方现代化体系中并无"城镇化"这一概念等。随着研究进一步深化，更多研究倾向于城市化就是城镇化，如认为"'城镇化'与'城市化'在本质上没有什么区别……但是，'城镇化'概念更能体现中国特色"。[③] 并由此确立了中国现代化就是城镇化的基本共识，认为"中国最终选择了'追求现代化但拒绝西方化'的道路"，等等。

近年来，党中央日益重视"三农"问题在中国现代化过程中的重要地位。习近平总书记强调："我们一开始就没有提城市化，而是提城镇化，目的就是促进城乡融合。"[④] 2013 年，党的十八届三中全会明确提出了"坚持走中国特色新型城镇化道路，推进以人为核心的城镇化"的重大方针。当年 12 月首次召开的中央城镇化工作会议也强调，"城镇化与工业化一道，是现代化的两大引擎"，"城镇化是现代化的必由之路"。党的十九大则进一步提出了"推动新型工业化、信息化、城镇化、农业现代化同步发展"即"新四化"的战略目标，等等。这一过程既为具有中国特色社会主义现代化道路一步步指明了发展方向，也科学阐明了有关问题相互间的辩证关系，为长期以来的学术之争作出了明确的结论。

从农村现代化角度看，城镇化一定意义上就是"一头两端"，即如何处理好农民这一主体与城乡两端的关系问题。由于几乎所有研究都把城镇化视为"人口大量迁入到城市聚集居住、聚集生产、聚集生活的一种社会现象"，因而"城

---

① 史晋川、罗卫东主编：《浙江现代化道路研究》，浙江人民出版社，2000 年版，第 295、297 页。
② 郭松义：《农民进城和我国早期城市化——历史的追索与思考》，《浙江学刊》，2011 年第 3 期。
③ 石淑华等：《中国特色城镇化：学术内涵、实践探索和理论认识》，《江苏社会科学》，2015 年第 4 期。
④ 参见汪晓东等：《谱写农业农村改革发展新的华彩乐章——习近平总书记关于"三农"工作重要论述综述》，《人民日报》，2021 年 9 月 23 日。

镇化"与"农民进城"几乎是同义语，而其过程中产生的农民就业收入、居住条件和相应的社会保障等一系列问题也是绕不过去的"坎"，在有的国家甚至是无解的难题。长期以来，在取得显著成就的同时，我国城镇化进程中也遇到了不少难以避免的"城市通病"，同时经过长期努力，有的已得到了有效的治理缓解，但尚未从根本上解决。限于篇幅本文暂不赘述。

　　例如，受城镇化就是农民进城的单向线性思维影响，以往关注度更高的显然在城市城镇。如研究多认为："世界主要发达国家的现代化是建立在工业化和城市化基础上的，中国的现代化道路也要沿着这条路走下去。"[①] 尤其"在人多地少、资源紧缺的条件下，依靠土地和农业不可能让农民和农村富裕起来，也难以实现充分就业。农业和农村的发展最终还是取决于工业化和城镇化的发展"[②]。尽管有研究已意识到："关于城镇化的许多研究中，通常强调城市的人口集聚特征。这种倾向也一直受到批评。"[③] 甚至有学者以浙江为例在 20 世纪末就已提出："不应把建设小城市（镇）作为推动浙江城市化的主要形式，也不应对大城市、特大城市对推进浙江城市化进程的作用估计过高。"[④] 但似乎都未找到解决问题的良方，更缺乏相应的实践样本，因而又多认为以往模式仍是一条必由之路。一直到"绿水青山"模式的出现，才使学界从实践中找到了答案，也使广大农民特别是一些高山远水的欠发达地区真正找到了适合自身特点的小康之路，更为新发展阶段中国农村未来的现代化之路确立了发展的新标杆。

二、"绿水青山"模式在浙江的实践与推广

　　众所周知，"绿水青山就是金山银山"理念是习近平同志 2005 年在浙江工作期间，在湖州市安吉县余村调研时提出的重要思想，相应发展模式也是浙江广大干部群众对习近平新时代中国特色社会主义思想的具体实践。其实，与余村一样，浙江不少地方开始都曾按"靠山吃山、靠水吃水"的传统思维，走过以

---

①　张正河：《快速城市化背景下的村庄演化方向研究》，《农业经济问题》，2010 年第 11 期。

②　项继权：《城镇化的"中国问题"及其解决之道》，《华中师范大学学报》，2011 年第 1 期。

③　罗楚亮：《城乡融合与城市化的水平与结构》，《经济学动态》，2020 年第 10 期。

④　参见汪水波主编：《面向 21 世纪的浙江现代化建设》，国家行政学院出版社，2001 年版，第 98 页。

砍伐树木、开挖矿山等竭泽而渔的粗放式致富之路，最终不少是事倍功半甚至得不偿失。

2015年8月，在余村调研时，习近平同志运用马克思主义的科学思维和辩证方法，循循善诱地启发当地干部群众，要善于实现从"用绿水青山换取金山银山"，到"既要绿水青山也要金山银山"，再到"绿水青山就是金山银山"理念的逐步转换，从而揭示了全新的发展观、价值观、文明观和政绩观。他还谆谆告诫广大农村干部群众："农村生态环境好了，土地上就会长出金元宝，生态就会变成摇钱树，田园风光、湖光山色、秀美乡村就可以成为聚宝盆，生态农业、养生养老、森林康养、乡村旅游就会红火起来。"[1] 习近平总书记还强调："我国建设社会主义现代化具有许多重要特征，其中之一就是我国现代化是人与自然和谐共生的现代化。"[2] 这一系列论断不仅科学阐明了人与自然和谐共生的关系，而且揭示了自然环境与现代化的辩证关系，从而创造性地丰富和拓展了现代化的内涵与外延。

"绿水青山就是金山银山"理念首先使余村的干部群众逐渐扭转了传统致富观，校准了发展新坐标，当年就关掉了3个每年能带来300万元经济收益的石灰矿，走上了从"靠山吃山"到"养山护山"、从"卖石头"到"卖风景"的发展新路。15年后的2020年，余村一年的游客量已近90万人次，旅游收入近4000万元，村民年人均收入为55680元，成为全国"绿水青山"模式的受益者和先行示范者。同样，这一模式也在湖州各地的实践中得到检验并取得了显著成效。如到2020年即习近平同志"绿水青山就是金山银山"理念提出15年之际，湖州各县（区）已建成44个省级小城镇整治样板，21个省级美丽乡村示范村、67个美丽乡村精品村、29条美丽乡村示范带、42个3A级景区村庄，并在全国率先出台了首个生态文明示范区建设标准。在此基础上形成的有"中国乡村旅游第一市"之称的"'湖州模式'是充分利用新农村建设和生态文明建设成果，以乡村旅游为切入点，差异化参与都市圈分工，走出了一条城乡一体化、农民就

---

① 参见汪晓东等：《谱写农业农村改革发展新的华彩乐章——习近平总书记关于"三农"工作重要论述综述》，《人民日报》，2021年9月23日。

② 新华社：《习近平在中共中央政治局第二十九次集体学习时强调　保持生态文明建设战略定力努力建设人与自然和谐共生的现代化》，《人民日报》，2021年5月2日。

地城镇化、乡村就地现代化、农业就地产业化的生态化发展之路，是工业化后期区域创新发展模式的新样板，新典范"[①]。

2020年3月，习近平总书记再次视察安吉余村时又指出："路子选对了就要坚持走下去"，要"把绿水青山建得更美，把金山银山做得更大，让绿色成为浙江发展最动人的色彩"，从而进一步为浙江和全国农村"绿水青山"的建设工作指明了方向。

三、"绿水青山"：未来长三角农村现代化的重要发展之路

要在全面建成小康社会基础上，到2035年基本实现社会主义现代化，仍须高度关注以"一头两端"为重点的"三农"问题。在上述分析基础上，笔者以为，"绿水青山"模式不仅能在浙江取得成功，在全国广大农村特别在长三角地区同样可复制、可推广，因而它不仅是中国农村脱贫致富奔小康的成功模式，而且将成为到2035年以至更长时期中国农村现代化的重要路径。具体而言，有以下几个值得关注的重要因素：

（一）不同地区城镇化路径的多元化选择

学界对"不同地区城镇化路径的多元化选择"问题以往多有忽视。其实即使在浙江，城镇化发展也不平衡。如虽然"七普"期间浙江大部分山区县城镇化率都比10年前"六普"时提高了10个以上百分点，但仍低于全省72.17%的平均水平，大多在50%—60%之间。其主要问题在于"全省山区县域农业转移人口市民化进程缓慢，且转化质量不高"[②]。这种客观差异估计在安徽等地也是一种普遍现象，只不过程度不同而已。这就相应带来一个值得深思的问题：中国农村现代化的路径选择问题。如有研究就认为："相当长时期的一个误区是，将城镇化作为实现现代化的唯一目标，以为城镇化能带来乡村问题顺其自然的解决。事实上，单向城镇化的结果不仅导致大量的城市病，而且导致乡村问题加

---

①　安徽省社科院课题组：《安徽乡村旅游新业态的发展现状及对策建议》，《长三角蓝皮书（2018年）》，社会科学文献出版社，2019年版，第343页。

②　参见闻海燕："加快推进山区县域农业转移人口市民化　补齐高质量发展建设共同富裕示范区'短板'"的专题研究。

剧。"① 包括浙江不少山区县，当初都曾走过通过鼓励招商引资大力推进工业化，通过下山移民大力推进城镇化等发展之路。应当说这些选择当时具有一定的客观合理性和历史必然性。但今天来回顾反思，特别以"绿水青山就是金山银山"的思想衡量对照，就会发现问题差距，应适时按这一新发展阶段的新理念来重新校准发展新思路，谋划现代化发展新格局。

目前城镇化进程中实际存在着"城乡一体化""乡村集镇化"和"乡村生活方式的城市化"等几种主要路径，所谓"乡村生活方式的城市化是指在乡村人口居住和生活空间结构不改变的情况下，实现生活方式向现代化和城市化的转变"。在此意义上看，不少研究已意识到，"城镇化的道路是多元的，而非仅有人口进城单一路径。不同地区可以根据自己的背景条件，走不同的发展路径"，而"走乡村生活方式的城市化道路对乡村人口众多的中国来说，可能是一条既经济又有效的发展路径"②。如果我们承认有"城市化"和"城镇化"等不同侧重点的现代化，那么"绿水青山"同样是中国农村未来现代化的一条重要发展路径。

（二）中国乡村的传统魅力和现实活力

我们之所以将"绿水青山"视为未来中国农村现代化重要的发展路径，关键在于这条发展之路的承载基础。而且不仅在于这一模式能否被少量复制，还在于能否被在全国各地大面积推广和持久生存。如果从其承载和运行主体来看，主要由以下两方面因素所影响和决定：

一方面，取决于古老村落的传统魅力。"村落"一词较早见于《三国志·魏书》："入魏郡界，村落齐整如一，民得财足用饶。"可见古人理想中的村落本来就是一个宜居丰饶之地。习近平总书记指出："农村是我国传统文明的发源地，乡土文化的根不能断，农村不能成为荒芜的农村、留守的农村、记忆中的故园。"③ 而且从外在形式上看，中国美丽乡村并非只有山的"青翠"、水的"碧

---

① 刘守英等：《从乡土中国到城乡中国》，《管理世界》，2018 年第 10 期。
② 陆益龙：《多元化城镇道路与中国农村发展》，《创新》，2010 年第 1 期。
③ 参见汪晓东等：《谱写农业农村改革发展新的华彩乐章——习近平总书记关于"三农"工作重要论述综述》，《人民日报》，2021 年 9 月 23 日。

绿",还有海的"湛蓝"、地的"艳红"（红色旅游）……往往是一个"山水林田湖"的有机组合体。尽管它们也许并不在一个水平线上，但却正是这种"赤橙黄绿青蓝紫"七彩斑斓的绚丽色彩，扮美了美丽中国的大好河山。

守得美景在，不怕没人来。如到 2020 年，全国城乡居民的"恩格尔系数"已分别从 1978 年的 57.5% 和 67.7%，下降到 29.2% 和 32.7%；全国私人汽车拥有量已达到近 2.44 亿辆，等等。按经济发展的一般规律："经济收益是人们考虑转移的首要因素，只有在没有经济后顾之忧的时候，人们才会把重心放在一些非经济因素上面……随着人们收入水平的提高，对于收入的要求在弱化，反而更多地关注非经济因素。"① 而"绿水青山"无疑则是这种满足需求的主要来源。尤其近年来新冠肺炎疫情导致的国际旅游下降和国内旅游的井喷，甚至还有媒体已关注到全国基础教育实行"双减"政策后，大批中小学生亲子游、研学游等课外活动的新趋势，这对相当一部分古老村落的振兴又何尝不是一种机遇？据2021 年国庆长假文化和旅游部的最新测算：全国有 49.1% 的游客选择省内游，比上年提升了 4.1 个百分点；55.8% 的游客选择自驾行，比上年提升了 10 个百分点；28.9% 的游客选择周边乡村游，比上年提升了 4.6 个百分点。另有数据显示：假期前三天，乡村民宿订单量环比上月增长超过 560%，增速超过酒店……其实这些数据相当一部分都明确聚集于一个指向：绿水青山。

为此近年来在浙江等地，还出现了前期下山移民、离水迁居向城镇集聚的脱贫模式，而后期又再次上山近水以开办民宿旅游等方式致富奔小康的实例。如果说前期举措多表现为各地政府为民办实事的行政行为，那么后者无疑更多的则是市场经济条件下农民自觉"用脚投票"的结果，其前提就在于古老村落自身独特的传统魅力，在于"绿水青山"所蕴藏的创业致富的无限商机。

另一方面，取决于美丽乡村的现实活力。需要强调的是，中国不少古老村落都具有"绿水青山"的原始风貌和自然魅力，但因山高水远条件落后又缺乏建设资金等而日显颓势，也很难适应当今人们的现代理念和生活需求。因此，重要的还在于能否通过"修旧如旧"等方式的改造提升和交通、通信等基础设施的完善，激发出现实活力。在此意义上看，"绿水青山"既是广大农民安居乐业的

---

① 孔凯歌、宣烨：《公共服务水平、城乡收入差距与城市化》，《郑州航空工业管理学院学报》，2018 年第 4 期。

生存环境，又是以城镇居民和游客为主体的广大人民群众梦寐以求的人间天堂，更是各级党委政府的一方责任，多方结合才能产生旺盛的现实活力和社会张力。

浙江曾有这样一个实例就很能说明问题。台州市黄岩区富山乡半山村是一个"养在深闺人未识"的美丽山村，却因为集体资金有限，发展受阻。全村500多口人大多外出打工，村里只有100多名留守老人儿童。为此该村在全省村级层面率先推出了"众筹"方式，通过网络平台募资，将项目分为9档，认筹金额从50元到10万元不等，最少50元就能成为荣誉村民。除筹资外，还有筹智、筹力等其他方式。最后不仅圆满完成了预期的筹资目标，而且这种"田园变景区、资源变资产、农民变股民"的别出心裁的方式还引起了政府、社会各界和媒体的广泛关注，促使半山村成功走出了"深闺"。

有企业还从这种现状中敏锐地嗅到了商机。如据统计，目前全国约有不下50万个住宿单位，其中星级酒店不到2万家，大部分是民宿等其他场所，其中又约有60%的民宿经营者依然用传统模式营销。有企业为此及时推出了相关应用软件，使经营者既可以通过手机客户端直接管理民宿，又可成立微店，建立与客户的直销联系。有的企业家甚至还认为："我们国家有很多很多农村，有很多农作物，也有很多动物，为什么非要农民来养呢？也可以让城市中的人来养。我们完全可把乡村这个第一产业，变成娱乐行业。"目前在实践中，这种传统与当代相结合的模式引发的华丽转身和惊艳蝶变已屡见不鲜，如大量传统村落已显现出古朴外观和内部设施现代化的浑然一体，实现了让人看见山水、记住乡愁与现代舒适生活格调的完美统一，从而既使"绿水青山"回归实现了传统价值，更为中国农村现代化寻求了前所未有的发展新路。

从上述实例还可得到的启发是："绿水青山"模式并不仅仅只是一种生态优美的自然景观，而应是融生态美、产业兴、百姓富为一体的整体环境。因此，既要力求把绿水青山建得更美，又要善于把金山银山做得更大，这才是这一模式建设的基本宗旨和全面阐释，也是既符合现代化建设目标又适应广大农民意愿的最美家园。而且还要看到，与广大游客等城市城镇消费者的随意性、流动性相比，"绿水青山"首先是广大农民的生存环境。除有稳定就业方式、生产条件和增收渠道外，子女就学、村民就医和养老等一系列社会保障问题，同样是其能否安居乐业的重要条件，而且这些保障要素一般很难通过市场化方式解决，必然是各级党委政府义不容辞的重要职责。特别有的"绿水青山"核心区，往往既是相对落后地区，也是以往交通、通信等基础设施建设薄弱之地，其大量投资绝非广大农民或集体经济可承受，也非社会力量可承担，必须以政府财政投入为主渠道。反过来看，如果只有绿水青山的自然环境，而缺乏金山银山的发展后劲，传统村落就有可能再度处于"门前冷落车马稀"的尴尬境地，其结果势必是乡村"过疏化"和"村落终结"等问题更令人忧虑，农村现代化的发展目标最终也难以实现。

（三）当代农民的客观状况和主观意愿

现代化关键是人的现代化。"绿水青山"模式能否被复制推广，广大农民特别是返乡创业者仍然是主要因素。因此除长期扎根本土创业致富的在乡农民外，从城镇化和现代化角度看，还需重点关注长期在外的农民工这一主体。

一方面，从目前全国农民工的总体客观状况看。如果从"农民进城"的角度看，城镇化率一般由"户籍人口城镇化率"和"常住人口城镇化率"两大部分组成，而且后者占主要比重。由于众所周知的原因，目前后者已连续几年呈逐年放缓趋势。按大多数先发国家城镇化率在60%—65%区间开始明显持续放缓的规律，"十四五"及以后中国城镇化速度将持续放缓。如到2033年中国人口预计将达到15亿的峰值，如果届时中国城市化率达到70%，那么仍将有4.5亿人口将长期生活在农村。这都表明，无论城镇化率高到何种程度和呈现何种方式，仍有相当一部分农民（包括返乡者）将长期居住在农村。而且据调查，2015年全国流动人口数量呈现出自20世纪80年代持续快速增长以来的首次下降，此后又逐年有所下降。据此分析，2020年后，流动迁移人口每年增长将渐减至500万以下。流速下降的同时还出现了回流人口的回升。如据2016年有关调查，回流农民工的74.93%选择回家，回县及乡镇政府所在地的仅分别为10.43%和6.49%。这都表明，中国人口流向已发生重大转变，即已从改革开放初期农村人口单向流入城市为主而转为多向流动的新趋势。

另一方面，从近年来广大农民的主观意愿和所具备条件看。一是农民的返乡创业意愿。如在2013年对全国30个省（区、市）总计达12600个样本所作的一次调查中，回答"愿意"将户口转为城镇非农业户口的仅占38.1%，61.9%

的被访者表示"不愿意"。即农民实际可分为"主动城镇化"和"被动城镇化"两种情况。具体又分别体现为两大不同群体：一种是改革开放后第一代老年农民工，另一种则是返乡创业的主力军——新生代农民工。据统计，农一代中至少有30%—40%从事建筑业，而农二代更多的则是从事制造业和服务业工作，比例均超过40%，从事建筑业的比例仅为10%左右，而且很多人已开始选择自营劳动或作为雇主生产经营。如到2020年，全国劳动者总体结构已从以往绝大多数以农业为生发展到第三产业就业人数占47.7%，而且劳动年龄人口平均受教育年限10.8年（比"六普"时提高了1.13个百分点，文盲率从"六普"的4.08%下降为2.67%），技能人才总量约有2亿人，这里农二代显然占有很大比重。伴随着比其父辈更高的学历和技能，他们的视野更开阔，职业选项也更多。综上所述，近年来我国同样出现了所谓"逆城市化"现象。当然，这一问题十分复杂，尚需深化研讨，但这种现象对如何选择城镇化和现代化发展道路，仍值得各地加以深思。

四、长三角农村"绿水青山"现代化之路的示范效应及前景展望

2019年，中央、国务院颁发的《长江三角洲区域一体化发展规划纲要》（以下简称《规划纲要》）中，把长三角三省一市全部列入"规划范围"，其中又明确以下三省的27个城市共为"中心区"：上海市，江苏省南京、无锡、常州、苏州、南通、扬州、镇江、盐城、泰州，浙江省杭州、宁波、温州、湖州、嘉兴、绍兴、金华、舟山、台州，安徽省合肥、芜湖、马鞍山、铜陵、安庆、滁州、池州、宣城。应当说，这些地区历来地相邻，习相近，人相亲，具有很多共同特点，经济社会发展与全国有些地方相比也更具优势。同时在三省一市自然禀赋中，除上海以陆地为主外，浙江、安徽两省大部分为山地丘陵，江苏1/4以上则为水域面积，因而具有"绿水青山"的独特优势，也有条件成为"绿水青山"模式发展的先行示范区。

以浙江为例，从2005年起，按习近平同志的科学理念和亲自擘画的宏伟蓝图，全省各地持续开展了"绿水青山"的建设推进工作。经"千村示范、万村整治"等工程的系统推进，到2020年，全省已创建美丽乡村先进县58个（约占

全省总县数的 2/3），示范县 23 个；建成精品村、特色村 2000 多个，创建美丽庭院 60 多万户；全省 A 级景区村庄达 7276 个，村庄景区化覆盖率达 33%，全省有美丽乡村风景线 500 多条……"千村示范、万村整治"工程还被联合国授予"地球卫士奖"，浙江也由此成为"绿水青山"理念的示范样本和重要窗口。

　　其实，如前所述，如果进一步细分，还可从"绿水"和"青山"等不同方面来加以考察（如下表）。

长三角地区自然环境状况简表

省份	陆地面积占比（%）	水域面积占比（%）	山地丘陵面积占比（%）	备注
江苏	69	16	15	总面积 10.26 万平方千米
浙江	23.2	6.4	70.4	总面积 10.55 万平方千米，有"七山一水二分田"之说
安徽	31.3	8	60.7	总面积 14.01 万平方千米
上海	98.08			总面积 6340.5 平方千米，其中陆域面积 6218.65 平方千米

　　这张表说明了"绿水青山"模式在不同地区可有不同的发展重点，对苏南和浙北嘉兴一带，可能相对宜侧重于"绿水"模式，而对皖西皖南、浙西南等地区而言，可能更应侧重于"青山"模式，因而应因地制宜各有侧重。

　　例如，近年来，江苏坚持生态优先、绿色发展，坚决打好污染防治攻坚战，生态环境质量持续好转。到 2020 年，全省水环境国考断面优Ⅲ类比例达 87.5%，主要入江支流和入海河流断面全面消除劣Ⅴ类，太湖治理连续 13 年实现"两个确保"，生态环境质量创 20 世纪以来最好水平。当年已累计建成全国生态文明建设示范市县 22 个，"绿水青山就是金山银山"实践创新基地 4 个。句容的戴庄村还获得了"全国最美休闲乡村"的殊荣，"戴庄经验"也在全省得以普遍推广。

　　如果说"绿水"是江苏的优势，那么安徽无疑更以"青山"为特色。如自 2017 年始，为使"青山常绿"，安徽就开始探索实施林长制改革，并建立了以党政领导责任制为核心的五级林长体系，同时设立 5.2 万余名林长，围绕"护绿、增绿、用绿、管绿、活绿"建立长效机制，力求实现"不砍树，能致富"。2019 年，全国首个林长制改革示范区在安徽揭牌，当年全国就有 21 个省试点或全面推开林长制改革，并入选中央改革办2019年十大改革案例。其实安徽的绿色发展并不仅限于此，2016年，该省就颁发了《关于扎实推进绿色发展着力打造生态文明建设安徽样板实施方案》，其中重点之一就是美丽宜居村庄和美丽庭院示范创建活动，并力求到2021年新建设美丽乡村中心村700个以上，等等。

　　同时还要看到，在长三角地区，只要有农村，就会存在如何以"绿水青山就是金山银山"理念选择发展方式的共性问题。如即使在以城市为主体的上海，近年来，"以'美在生态、富在产业、根在文化'为建设主线，累计完成76万户农户村庄改造，累计评定169个市级美丽乡村示范村，将美丽乡村串点成线、串珠成链"①。这也从一个侧面体现了"绿水青山就是金山银山"的思想伟力和现实活力，说明了"绿水青山"模式在长三角地区发展的普遍性。

　　最后需要说明的，强调"绿水青山"模式对现实和未来中国农村现代化的重要意义，丝毫不意味着对新型城镇化现有模式的轻视忽视，更不宜将两者对立起来。相反对上海、苏南等地而言，还应充分发挥其主导作用，在克服城市病的同时持续扩大其主体优势。其实，从宏观角度看，无论哪种模式和何种方式，都是推进城乡发展一体化总体战略中的一个重要组成部分，其最终目标都是实现农村现代化。但在具体实施过程中，还要注重实事求是、遵循规律，如有的山区可能更适宜于让农民下山搬迁、易地安置，即走常规城镇化发展之路，同样不能一概而论。因此，只有实事求是、因地制宜，多措并举、多管齐下，才是中国特色社会主义现代化的必由之路。

（作者系浙江省文史研究馆研究员，省地方志办公室原主任）

---

① 王嘉旖：《上海探索符合超大城市乡村振兴之路——大城繁华　小镇美丽　乡村兴旺》，《文汇报》，2021年9月28日。

从文史大数据看古代浙江的文化地位

徐永明

本人近几年主要从事文史数据库的建设，2017 年建立了浙江大学大数据 + 学术地图创新团队。2018 年与哈佛大学地理分析中心共建的学术地图发布平台（amap.zju.edu.cn）上线，迄今已发布学术地图 1600 余幅。其中较重要的有《全唐诗》《全宋诗》《全宋文》《全元文》《全元诗》《中国文学家大辞典·明代卷》《明诗综》《列朝诗集小传》《晚晴簃诗汇》《四库全书总目》等作者分布图。这些分布图的研究成果，有的已发表，有的尚未发表。现在，结合这些数据和研究成果，从文史大数据的角度谈一谈浙江文化在全国的地位。

一、从《全宋文》《全宋诗》看宋代浙江作者的排名

由曾枣庄、刘琳二位先生主编的《全宋文》于 2006 年由上海辞书出版社、安徽教育出版社出齐，全书共 360 册，8345 卷，收录 9167 位作者的 10 余万篇各种体例文章。在这 9000 余位作者中，可从小传中判断其籍贯的有 6039 人，按今天的省级行政区域可隶属的人数有 6249 人。其各省的人数及所占百分比的数据见表 1。从表 1 中可以看到，《全宋文》作者在 100 人以上的省属排名，从高到低的次序分别为浙江、福建、江西、河南、四川、江苏、安徽、山东、河北、山西、湖南、陕西。其中浙江省人数为 1333 人，占总人数的 21.33%，比第 2 名福建多出 401 人，可以说是遥遥领先。第 2 名的福建和第 3 名的江西分别为 932 人和 729 人，排在第 2 梯队。从第 4 名到第 6 名的河南、四川、江苏，人数都在 500 人以上，可排在第 3 梯队。余下的为 100 人以上的第 4 梯队。其

中河南、山东、河北、山西、陕西、甘肃、北京、天津、内蒙古、宁夏几个省市属于北方地区，总人数之和为 1447 人，占省属总人数的 23.16%,余下的浙江、福建、江西、四川、江苏、安徽、湖南、广东、湖北、广西、上海、重庆、海南为南方地区，总人数为 4802 人，占省属总人数的 76.84%。

表1 《全宋文》《全宋诗》作者省级行政区域分布表

全宋文排名	省属	《全宋文》人数	《全宋文》百分比	《全宋诗》人数	《全宋诗》百分比	《全宋诗》排名
1	浙江	1333	21.33	1601	25.48	1
2	福建	932	14.91	1108	17.63	2
3	江西	729	11.67	859	13.67	3
4	河南	646	10.34	471	7.50	5
5	四川	584	9.35	471	7.50	6
6	江苏	551	8.82	585	9.31	4
7	安徽	339	5.42	287	4.57	7
8	山东	319	5.10	173	2.75	8
9	河北	172	2.75	91	1.45	12
10	山西	140	2.24	67	1.07	13
11	湖南	110	1.76	168	2.67	9
12	陕西	102	1.63	60	0.95	14
13	广东	76	1.15	115	1.83	10
14	湖北	74	1.18	96	1.53	11
15	甘肃	55	0.82	22	0.35	16
16	广西	31	0.45	26	0.41	15
17	上海	23	0.37	20	0.32	17
18	重庆	16	0.26	3	0.05	19
19	北京	9	0.14	2	0.03	20
20	海南	4	0.06	2	0.03	21
21	天津	2	0.03	4	0.06	18
22	内蒙古	1	0.02	2	0.03	22
23	宁夏	1	0.02	2	0.03	23
24	贵州	0		1	0.02	24
	小计	6249		6284		

表 1 的右侧是《全宋诗》作者的人数排名，其人数在 100 人以上的排名，从高到低的次序为浙江、福建、江西、江苏、河南、四川、安徽、山东、湖南、广东。与《全宋文》相较，前 3 位的名次顺序没有发生变化。《全宋文》中的第

4 名河南，在《全宋诗》中后移到第 5 名，《全宋文》中的第 6 名江苏，在《全宋诗》中前移到第 4 名。《全宋文》中的河北、山西、陕西北方三省，在《全宋诗》中人数不过 100，跌出名单之外。《全宋诗》中的广东，诗作者人数有 115 人，得以进入 100 位数名单之列。

以上对《全宋文》作者的分省分布，是以整个宋代为时段作整体上的分析的，没有考虑南、北宋的区分。这样的分析，无法看到文学版图从北宋到南宋的变化。下面，以《全宋文》和《全宋诗》的数据来分析北宋和南宋的作者分布。

关于南北宋的区分，王兆鹏教授在论文中这样说："北宋与南宋的划分，本文尝试以 1109 年为界，即从《全宋诗》第 36 册开始统计为南宋。1109 年以后出生的作者为南宋，1108 年以前出生的作者为北宋。笔者曾以南宋立国的 1127 年为界，将生于 1127 年以后的计为南宋，生于 1126 年以前的为北宋，但 发现南宋出生的诗人比北宋少得多，以为是分期有问题，于是改以 1109 年为界，因为该年及以后出生的作者，其创作活动都在南宋。以 1127 年为界和以 1109 年为界，北宋与南宋的各省诗人的数量略有差异，但所占份额则变化不大。也就是说，用哪个时间作为分界点，对统计结果影响不大。"与王教授稍有不同的是，本文以崇安（今福建武夷山）人刘子翚（1101—1147）作为将《全宋文》《全宋诗》作者区分为南北宋两大时期的分界点，将刘子翚及之前的文人归入北宋，将刘子翚之后的文人归入南宋。理由如下：

其一，虽然《全宋文》《全宋诗》可以确定籍贯的作者均有 6000 多人，而且一般情况下，文人兼作诗文，但是在对两部总集的作者及其籍贯进行实际比对的过程中，能确定同属一人的作者数量不到总数的 10%。刘子翚存诗（670 首）存文（六卷）数量均较为可观，可以证明其人在文学史上具有一定的影响力。据《全宋文》《全宋诗》小传，刘子翚生于宋徽宗建中靖国元年（1101 年），宋高宗于 1127 年称帝建立南宋时，刘子翚时年 27 岁，后卒于宋高宗绍兴十七年（1147 年），是一位很典型的由北宋入南宋的文人。

其二，两部总集均以作者的生年排序，以刘子翚为区分界点，在实际操作也具有可行性。如在《全宋文》中，在刘子翚之前的戚方（籍贯不详）为北宋末年将领，在其之后的临邛（今四川邛崃）人朱辂主要活动于绍兴年间。在《全宋诗》中，在刘子翚之前的是僧人释仲皎、释彦强及二僧之前的开封人（今河南开封）韩璜，三人小传虽均较为简略，但能推断其于赵构称帝时均已年事较高，归为北宋人较为恰当。刘子翚之后的浦城（今福建浦城）人詹慥的活动年份应略晚于刘子翚，而刘仲行、周元仲虽无详细的小传，但大约与刘子翚同时，周元仲之后的新昌（浙江新昌）人石延庆则与刘子翚同年出生，且为 1132 年（高宗绍兴二年）进士。

表2　北宋、南宋作者省级行政区域分布表

		北宋			南宋	
排名	省属	人数	百分比	人数	百分比	排名
1	浙江	764	14.87	1729	31.71	1
2	福建	754	14.67	989	18.14	2
3	河南	728	14.17	233	4.27	7
4	江苏	517	10.06	436	8.00	5
5	江西	511	9.95	839	15.39	3
6	四川	429	8.35	440	8.07	4
7	山东	333	6.48	73	1.34	10
8	安徽	253	4.92	276	5.06	6
9	河北	192	3.74	26	0.48	14
10	山西	148	2.88	28	0.51	13
11	陕西	122	2.37	23	0.42	17
12	湖南	118	2.30	121	2.22	8
13	湖北	94	1.83	51	0.94	11
14	广东	77	1.50	87	1.60	9
15	甘肃	34	0.66	32	0.59	12
16	广西	28	0.54	23	0.42	16
17	上海	13	0.25	26	0.48	15
18	北京	12	0.23	0	0.00	
19	天津	4	0.08	0	0.00	
21	海南	2	0.04	4	0.07	19
22	内蒙古	2	0.04	0	0.00	
23	宁夏	2	0.04	0	0.00	
24	重庆	1	0.02	16	0.29	18
25	贵州	0	0.00	1	0.02	20
	小计	5138		5453		

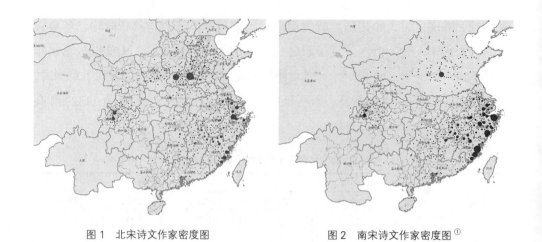

图 1　北宋诗文作家密度图　　　　　　图 2　南宋诗文作家密度图①

　　先看北宋诗文作者的分布。从表 2 的排序来看，上 100 位人数的省，从高到低分别为浙江、福建、河南、江苏、江西、四川、山东、安徽、河北、山西、陕西、湖南。其中浙江、福建、河南都在 700 人以上，分别为 764、754、728 人，属于第 1 梯队。第 4 名到第 6 名的江苏、江西、四川，人数在 400 至 502 之间，属于第 2 梯队。山东、安徽和河北，人数在 192 至 333 间，属于第 3 梯队。山西、陕西、湖南，人数在 118 至 148 间，属于第 4 梯队。

　　从南北的分布来看，北方主要集中在河南、山东、河北、山西、陕西这五个省，其人数总合为 1523 人，占总人数比为 29.64%，南方主要为浙江、福建、江西、四川、江苏、安徽、湖南、湖北这几个省。其人数总和为 3440，占总人数比为 66.95%。从流域分布来看，北宋诗文作者主要集中在黄河流域和长江流域及太湖流域。其中太湖流域的浙江和江苏，总人数为 1281 人，占总人数的 24.93%，长江流域的江西、四川、安徽、湖南、湖北的人数之和为 1405 人，占总人数比为 27.35%。

　　再来看南宋诗文作者的分布。人数上 100 位的诗文作者，从高至低的排名为：浙江、福建、江西、四川、江苏、安徽、河南、湖南。其中第 1 名的浙江，人数为 1729 人，比北宋多出 965 人，增加了 2 倍还多。福建依然排第 2 名，人数为 989 人，比北宋增加了 235 人。第 3 名的江西，人数 839 人，比北宋增加

----

① 图 1、图 2 据"中华文明之时空基础架构 WMTS 服务"提供的"宋代历史地图"矢量图绘制。

328 人，名次也上升 2 位。第 4 名的四川，人数为 440 人，比北宋增加 11 人，名次也上升 2 位。第 5 名江苏，人数为 436 人，比北宋减少 81 人，名次降了一位。第 6 名安徽，人数为 276 人，比北宋增加 23 人，名次升了两位。第 7 名的河南，人数 233 人，比北宋少了 495 人，名次降了 4 位。第 8 名的湖南，人数 121 人，比北宋增加 3 人，名次增加 4 位。北宋时的山东，人数为 333 人，到南宋时只有 73 人，减少了 260 人。北宋时的河北，人数 192 人，到南宋时只有 26 人，减少了 166 人。北宋时的山西，人数 148 人，到南宋时为 28 人，减少 120 人。北宋时的陕西，人数为 122 人，到南宋时为 23 人，减少了 99 人。

　　从南北的分布来看，北方的河南、山东、河北、山西、陕西、甘肃这六个省的人数之和为 415 人，占总人数的 7.61%。南方的浙江、福建、江苏、江西、四川、安徽、湖南、湖北八省，总人数为 4881 人，占 89.51%。从流域分布来看，环太湖流域的江苏、浙江二省人数和为 2165 人，占总人数的 39.70%，长江流域江西、四川、安徽、湖南、湖北人数之和为 1727 人，占总人数比为 31.67%。

二、从《全元文》《全元诗》看元代浙江作者的排名

　　李修生先生主编的《全元文》于 2004 年由凤凰出版社（原江苏古籍出版社）出齐，共计 60 册，收入元代作者 3200 余人，有籍贯或省级行政区域著录的有 1794 人。其分省排名情况如下：

表 3　《全元文》作者省级行政区域分布表

省属	人数
浙江	347
江西	290
山东	176
山西	166
河北	140
江苏	131
河南	123
安徽	95
福建	60
四川	56

（续表）

省属	人数
湖南	50
陕西	40
湖北	28
广东	17
北京	14
上海	12
甘肃	10
新疆	7
云南	7
辽宁	6
广西	4
内蒙古	4
西藏	3
吉林	2
内蒙古	2
海南	1
天津	1

从表 3 中我们可以看出，《全元文》作者在全国各省的分布数量以浙江省最多，共有 347 名。浙江的杭州，原是南宋的都城，浙江的婺州是宋元以来的理学中心，而杭州一度是元末军事首领张士诚的势力范围，张士诚素有厚遇文人的美名，故《全元文》浙江作者的数量在全国各省中位居首位，是完全可以理解的。第 2 位的是江西，计 290 名。从地理上说，江西与浙江接壤，是南宋政权中心辐射的周边省县；从文化上说，江西自唐宋以来文人辈出，"唐宋八大家"，江西占了 3 家，即王安石、欧阳修、曾巩。此外，宋代的江西文人杰出者，尚有晏殊、黄庭坚、杨万里、姜夔、洪迈、文天祥等，各领风骚，形成了宋代文坛的"江西现象"。"窃观国朝文章之士特盛于江西，如欧阳文忠公、王文公……求之他方，未有若是其众者。"[①] 元代的江西，承宋代余绪，继续保持了文化上的优势，紧跟浙江而位居第 2。这种势头，一直延续到明代，明朝有所谓"翰林多吉水，朝士半江西"之说。紧接江西的，是北方的山东、山西和河北，加上排在第 7 位的河南，是元朝中央机构所在的腹里地区，直隶于中书

---

① （宋）李道传：《杨万里谥议》，曾枣庄、刘琳主编：《全宋文》，上海辞书出版社，2006 年版，第 304 册，第 39 页。

省。"都省握天下之机，十省分天下之治"①，可见这几个省在全国政务管理中所处的地位。元朝的大都，河南的开封，都曾是金朝的首都，因此，《全元文》作者在北方这些地区所占比例之重，也是很好理解的。②　由杨镰主编的《全元诗》于 2013 年由中华书局出版，共计 68 册，收入元诗作者 4950 余人，有籍贯或省籍著录者共 3106 人。其分省分布情况如下：

表 4　《全元文》《全元诗》作者省级行政区域分布表

排名	省属	《全元诗》人数	《全元文》人数	排名
1	浙江	1014	347	1
2	江西	438	290	2
3	江苏	430	131	6
4	安徽	250	95	8
5	河南	142	123	7
6	福建	137	60	9
7	山东	126	176	3
8	山西	106	166	4
9	河北	99	140	5
10	上海	94	12	16
11	湖南	51	50	11
12	陕西	41	40	12
13	四川	37	56	10
14	北京	36	14	15
15	新疆	25	7	18
16	广东	23	17	14
17	湖北	22	28	13
18	甘肃	12	10	17
19	广西	6	4	21
20	辽宁	5	6	20
20	云南	5	7	18
22	内蒙古	3	4	21
23	贵州	2		
24	海南	1	1	25
25	西藏	1	3	23
26	吉林	1	2	24

①　（元）许有壬：《送蔡子华序》，《至正集》卷三十二，《北京图书馆古籍珍本丛刊》第 95 册。
②　徐永明、黄鹏程：《〈全元文〉作者地理分布及其成因分析》，《复旦学报》，2017 年第 2 期。

从表 4 中我们可以看出,《全元诗》作者在全国各省的分布数量以浙江省最多,共有 1014 名。在《全元文》中,浙江作者的数量在全国各省中也排第 1 名,然仅比第 2 江西的作者人数多 57 人。而在《全元诗》中,浙江作者的数量比江西作者数量多 577 人,是江西作者人数的两倍多,由此可见浙江能诗者人数之多。实际上自建炎南渡杭州升为南宋都城,文化中心再次南移之后,浙江作为全国诗歌创作重心的文学格局已然逐渐确立。入元后,"浙为天下首藩,杭为浙藩首郡",作为元廷江南统治的重心与经济、交通枢纽,诗歌创作重心的地位依然未变。

浙江以下,诗作者人数在 100 人以上的排名依次为江西、江苏、安徽、河南、福建、山东、山西。而在《全元文》中,浙江以下,作者人数在 100 以上的排名为江西、山东、山西、河北、江苏、河南。通过对比可以看到,《全元文》中山东、山西、河北的作者人数,在《全元诗》中分别由原先的第 3、第 4 和第 5 分别下降到第 7、第 8 和第 9 位。而《全元文》中安徽、福建作者人数原本在 100 以下,排名原为第 8 和第 9 名,但在《全元诗》中已上升到 100 人以上的第 4 和第 6 名。而江苏和河南的作者人数也都由《全元文》中的第 6 和第 7 位,分别上升到《全元诗》中的第 3、第 5 位。大致可说,较之于《全元文》,在《全元诗》中,南方作者比例升高,北方作者比例下降。个中缘由依然与南北方经济、文化的发展差异密切相关。[①]

三、从《中国文学家大辞典·明代卷》看明代浙江作者的排名

《全明文》迄今出版二册,《全明诗》迄今出版三册,故明代诗文作家的总量,现在还很难作确切的统计。不过,李时人教授主编的《中国文学家大辞典·明代卷》已出版,共收录明代作家 3046 人,其中有明确籍贯者 2945 人。现将分省分布情况列表如下:

---

① 徐永明、唐云芝:《〈全元诗〉作者地理分布的可视化分析》,《浙江大学学报》,2019 年第 1 期。

表5　《中国文学家大辞典·明代卷》作者省级行政区域分布表

排名	省属	人数	排名	省属	人数
1	浙江	754	15	湖南	46
2	江苏	645	16	四川	41
3	江西	270	17	云南	31
4	福建	262	18	海南	11
5	安徽	183	19	贵州	10
6	山东	129	20	广西	6
7	上海	114	21	重庆	6
8	河南	110	22	西藏	1
9	广东	108	23	甘肃	0
10	湖北	88	24	吉林	0
11	陕西	71	25	内蒙古	0
12	北京	60	26	新疆	0
13	山西	49	27	青海	0
14	河北	48	28	宁夏	0

　　从上表的作家数量排序可知，作家分布大致可以划分为六个梯队。第1梯队为浙江和江苏，拉开其他诸省的差距较多，明代浙江有作家754人，拔得头筹，江苏有作家645人，紧随其后。第2梯队为江西、福建两省，明代江西共有作家270人，福建有作家262人，两省基本持平。第3梯队为人数介于100—200人之间的地区，分别有安徽、山东、上海、河南和广东。河南、山东是中华文化的早期发源地，也是有着深厚文化传统的两大地区，文学创作源远流长，安徽为跨江近海的华东内陆地区，地理位置优越。值得注意的是，这一时期上海和广东的作家人数上升较快，排名较元代均有大幅度提升。第4梯队为作家人数在30—100人之间的省份，主要有湖北、陕西、北京、山西、河北、湖南、四川、云南。这一梯队以北方和西南省份居多，其中，山西、河北和四川的作家人数排名较前代均有大幅下滑。第5梯队为30人以下的省份，分别有海南、贵州、广西、重庆、西藏。这几地均为地处僻远、开发较滞后的省份，值得一提的是海南经宋元时期的开发，在明代有了显著的飞跃，出现了11名作家，其中进士9人，戏曲作家邱濬、名臣海瑞均出自海南。第6梯队为未出现作家的地区，分别为甘肃、青海、宁夏、新疆、内蒙古和吉林。这几个省份在明代基本位于少数民族自行管理区域，地广人稀，文学创作萎靡。

四、从《晚晴簃诗汇》看清代浙江作者的排名

《晚晴簃诗汇》是收录诗人最多的清诗总集，是清代诗人数量的地理分布和历时演变的典型样本，体现了梯队分异、南北有别、分布不均等形态特征。《晚晴簃诗汇》是迄今选录诗人最多的清诗总集，由徐世昌向各省征访著述并集其门人幕僚之力，于1929年编纂而成。全书共200卷，编次为先选皇帝、皇子亲王的作品；再列明末遗民诗人之诗，以从祀孔庙诸儒居首；其后依科甲次第选录各时期诗人的作品，无科甲可依者按时代先后为序；最后是闺秀、释道及所谓"属国"诗人的诗。所收诗人上起清初顺治，下至清末宣统，共计6159家（除御制外），得诗27000余首。

经统计所得，这172卷共录诗人5204人，有籍贯者4935人，无籍贯者共269人。表6显示了诗人籍贯地所属省级行政区的数量及排序。

表6 《晚晴簃诗汇》诗人省级行政区域发布表

排名	省属	人数	排名	省属	人数
1	浙江	1060	14	山西	113
2	江苏	912	15	贵州	105
3	山东	355	16	云南	94
4	湖南	320	17	天津	68
5	安徽	293	18	北京	67
6	河北	275	19	陕西	54
7	湖北	215	20	甘肃	34
8	江西	195	21	广西	31
9	河南	172	22	重庆	9
10	福建	163	23	辽宁	6
11	广东	159	24	吉林	2
12	四川	116	25	青海	1
13	上海	115	26	海南	1

从列表可知，按省级行政区域排序，诗人数量明显划分成四组梯队。第1梯队为浙江和江苏，两省的诗人数量占据绝对优势。江浙两地诗人辈出、文化兴盛的现象及原因探讨，历来甚夥。"江南为古扬州地，土沃人殷，财赋甲海

内，英才蔚起，文章政事之盛，彬彬郁郁，复为天下先"①的评定颇具典型性，虽指江南行省，但其先谈"土沃人殷"的自然资源条件和人口基数，次谈"财赋"的经济税赋能力，再论"文章"的递进逻辑，是具有普遍意义的。值得注意的是，作者将"文章"与"政事"并举，隐含了文化与政治相辅相成的观念。此外，两省诗人不仅数量多，而且质量高，大家、名家迭出，成为清代诗坛的轴心力量。巧合的是，目前浙江省着力建设"诗路文化带"，江苏省重点打造"江南文脉"，可谓有异曲同工之妙。

第 2 梯队的诗人数量在 200—400 之间，与第 1 梯队落差幅度较大。河北为京畿腹地，政治吸附力强；黄河下游的山东，水系密布的两湖地区，以及三川横贯的安徽，则体现出自然和交通的区位优势。第 3 梯队的诗人数量在 100—200 人之间，为江西、河南、福建、广东、四川、上海、山西、贵州。第 4 梯队为 100 人以下的省份，不再一一列举。②

五、从《四库全书总目》看清代浙江作者的排名

《四库全书总目》，清代纪昀总纂，全书共分四部、四十四类、六十七个子目，收入《四库全书》的著作 3461 种，存目 6793 种。该书著录了清乾隆以前重要的著述并撰写了提要，是一部有极高学术价值的目录书籍。该书对于各省作者的收入情况，可见下表：

表 7　《四库全书总目》作者省级行政区域发布表

排名	省属	人数
1	浙江省	2186
2	江苏省	1665
3	江西省	862
4	福建省	604
5	安徽省	573
6	山东省	473
7	河南省	387

---

① （清）黄之儁等编纂：《乾隆江南通志·序》，广陵书社，2010 年版，第 1 页。

② 黄鹏程、徐永明：《诗人地理分布的时空维度与关系性研究——以〈晚晴簃诗汇〉为例》，《浙江社会科学》，2020 年第 5 期。

（续表）

排名	省属	人数
8	河北省	284
9	上海市	278
10	四川省	227
11	湖北省	219
12	陕西省	198
13	湖南省	161
14	山西省	140
15	广东省	96
16	北京市	46
17	甘肃省	22
18	云南省	21
19	广西	18
20	重庆市	14
21	辽宁省	13
22	海南省	10
24	贵州省	3
25	天津市	3

从上表可以看到，浙江省的作者，以2186人位居首位，其次是江苏省，作者人数为1665人，比浙江少了521人。然后是第2梯队的，为江西、福建、安徽、山东四省，人数在400至800人之间。第3梯队的为河北、上海、四川、湖北四省，人数在200至300之间。第4梯队的，为陕西、湖南、山西三省，人数在100至200之间。余下的为第5梯队，人数不足百人。如果从经、史、子、集各部的情况来看，浙江四部的作者人数，都是排在第1。经部，浙江以394人位居第1，其次为江苏（335人）、江西（152人）、安徽（129人）、福建（117人）。史部，浙江以486人位居第1，其次为江苏（364人）、江西（168人）、福建（112人）、山东（93人）、安徽（87人）。子部，浙江以551人位居第1，其次为江苏（412人）、江西（189人）、安徽（165人）、山东（138人）、河南（133人）、福建（127人）。集部，浙江以755人位居第1，其次为江苏（554人）、江西（353人）、福建（248人）、安徽（192人）、山东（188人）、河南（110人）。

六、结论

汉以前，浙江的文学可谓籍籍无名。《诗经》、"楚辞"、汉赋等，主要产生于黄河中下游和长江上中游地区。汉代至唐代，浙江虽然也出现了一些名人，如东汉时的王充、晋朝的王羲之、南朝宋时的谢灵运、唐代的骆宾王、贺知章、罗隐、释寒山子、孟郊、释皎然等，但总体上来说，浙江文人的数量和贡献度，是无法与北方相比的。如《全唐诗》作者，排在前两位的，分别是北方的西安（112 人）和洛阳（66 人），浙江的绍兴，仅 25 人，排在第 7 名，杭州 19 名，排在第 13 位。浙江的文人数量的剧增，始于北宋。从《全宋诗》和《全宋文》数据的分析来看，浙江在北宋时作者人数已跃居第 1，至南宋更是遥遥领先。比第 2 名的福建，高出 740 人，当然，其中的原因，主要是因为宋室南迁，杭州成为南宋的都城的缘故。从元代至清代，从目前掌握的数据来看，浙江的作者人数，依然保持着第 1 的位置。我们不敢保证明代和清代浙江作者的数量一定会超过江苏，但至少从现在几部工具书和总集来看，浙江的作者是排在第 1 位的。至于宋代以降浙江文人的知名度和贡献度，这不是本文所讨论的问题，但可以肯定的是，浙江是不差的。浙江是一个名副其实的文化大省。

（作者系浙江大学中文系教授、博士生导师）

加快发展数字文化推动共同富裕示范区建设

陈畴镛

内容提要： 数字文化是数字科技与现代文化高度融合的新型文化形态，对满足人民对美好生活向往、提升文化软实力、实现共同富裕有着重要的支撑作用。加快发展数字文化，要坚持以社会主义核心价值观为引领，围绕人的全生命周期公共服务优质共享提高数字文化供给能力，以数字文化产业高质量发展为实现共同富裕提供致富之路，创新数字文化发展与治理模式形成共建共治共享的数字文明家园。要以数字化改革撬动创新数字文化发展体制机制、发挥数字文化企业主体作用、加强数字文化生态系统建设，为高质量发展建设共同富裕示范区提供致富之路、智力之源和精神之力。

关键词： 数字文化；共同富裕；高质量发展；数字化改革

随着新一代数字技术的快速发展和广泛应用，数字文化已经深深融入人们价值观念、人文精神和生活方式。全面建设社会主义现代化强国、实现中华民族伟大复兴，离不开中华文化繁荣兴盛，而数字文化作为一种新的文化形态，其巨大社会影响力在新发展阶段正日益显现。浙江作为数字经济大省和数字化改革的先行者，加快发展数字文化，在共同富裕中实现精神富有，在现代化先行中实现文化先行，对于高质量发展建设共同富裕示范区有着重要的现实意义。

一、加快发展数字文化是为共同富裕提供致富之路、智力之源和精神之力的迫切需要

文化是一个民族的精神和灵魂，是国家发展和民族振兴的强大动力，网络强国、数字中国同时也应该是数字文化强国。文化与数字化有着天然的亲和力、强大的融合力，已经难以想象，文化新发展可以离开数字化；同样难以想象，数字化发展可以缺少文化的助力。随着高水平小康社会的全面建成，人民对美好生活的向往将从物质生活更多地转向精神文化生活，以发展数字文化提升文化软实力、全面提高人的文明程度，是实现共同富裕的内在要求和持久动力。

1. 加快发展数字文化是实现精神富有满足人民对美好生活向往的应有之义

数字文化既是民族精神的传承，又是时代前进的创新。互联网日益成为人们的精神生活新空间、信息传播新渠道、文化创作新平台。数字文化产品和服务在疫情防控和经济社会发展中发挥了积极作用，在抗击疫情中形成的新业态新模式，展现出强大的成长潜力，成为高质量发展高品质生活的新动能。数字文化产品和服务具有传播网络化、消费个性化等特点，随着数字社会生产方式、生活方式和治理方式的变革，互联网和数字技术的广泛普及，数字文化产品与服务的需求空间、消费潜力和市场价值将得到进一步释放。同时，我国公共数字文化服务不足、数字文化产业供给结构质量有待优化、数字鸿沟差距明显、数字文化治理能力不足等问题还比较突出。加快发展数字文化，实现全域高品质数字文化供给更加丰富，城乡一体的数字文化服务体系全面覆盖，优质数字文化产品供给能力有效提升，是建设共同富裕示范区彰显精神富有人文之美，更好满足人民精神文化生活新期待，国民素质和社会文明程度达到新高度的应有之义。

2. 加快发展数字文化是实现高质量发展增强文化软实力的关键举措

文化发展与科技进步紧密相连，随着数字技术快速发展演变，数字文化产品和服务也在加快转型：信息传播形式由文字为主向音频、视频、图片等多媒体形态延伸，应用领域由信息传播和娱乐消费为主向商务服务领域延伸，服务

模式由提供信息服务向提供平台服务延伸，传播手段由传统互联网向移动互联网延伸。这些变化深刻影响数字文化发展进程，世界各国都把互联网和数字化作为提高文化生产传播能力、提升国家文化软实力的重要手段和载体，采取各种措施谋求优势地位。近年来，浙江数字文化产业发展迅速，数字文化创作生产高度活跃，数字文化走出去步伐加快。从网络文学、网络阅读、网络游戏、网络动漫、网络音乐、网络视频到电竞产业，浙江省数字文化产业版图不断延展。以国家级音乐产业基地、国家级短视频基地两大"国字号"新地标相继落户浙江为标志，越来越多高端化、多元化、规模化、特色化的高能级平台的打造，推动着数字文化产业蓬勃发展。加快发展数字文化，扩大优质数字文化产品供给，以文化创意和科技创新培育新型业态，激发文化消费潜力，是浙江深化供给侧结构性改革，提高经济质量效益和核心竞争力，提升文化影响力和文化软实力的关键举措。

3. 加快发展数字文化是实现和谐之美推进治理能力现代化的有效路径

发展社会主义先进文化、广泛凝聚人民精神力量，是国家治理体系和治理能力现代化的深厚支撑。十九届四中全会决议中明确指出，我国治理体系的十三个显著优势之中，文化方面的重要优势便是坚持共同的理想信念、价值理念、道德观念，弘扬中华优秀传统文化、革命文化、社会主义先进文化，促进全体人民在思想上、精神上紧紧团结在一起。数字文化是在数字化时代，运用数字化理念、方法和手段进一步发挥社会主义先进文化优势的重要力量。加快发展数字文化，对于共同富裕示范区建设基本形成共建共治共享的社会治理格局，实现富民与安民有机统一，群众获得感幸福感安全感满意度全国领先，努力成为社会和睦团结向上的省域范例目标，有着重要的支撑作用。数字化在促进社会文化创新发展的同时，加剧了世界范围内思想文化的相互激荡，使思想文化领域多元多样多变的特点更加凸显。加快数字文化发展，培育积极健康、向上向善的网络文化，用先进文化占领网络阵地，能有力促进网络空间更加清朗，做到正能量充沛、主旋律高昂，形成网上网下同心圆。

二、加快发展数字文化推动共同富裕示范区建设的方向任务

共同富裕的美好社会是物质文明、政治文明、精神文明、社会文明和生态文明全面提升的社会形态，是充分彰显人文之美、生态之美、和谐之美，形成人民精神生活丰富、人与自然和谐共生、社会团结和睦的文明图景。数字文化是数字科技与现代文化有机融合的产物，以数字化改革推动全民文化素养显著提升，共同富裕的文化自信显著增强，文化公共服务提质增效，文化产业高质量发展，数字文化成为社会和谐稳定的"黏合剂"，实现"富脑袋"与"富口袋"双丰收，是推进共同富裕示范区建设的重要任务。

1. 坚持以社会主义核心价值观为引领的数字文化发展方向

发展数字文化，必须把坚持正确导向摆在突出位置，始终坚持社会主义先进文化的前进方向，大力弘扬社会主义核心价值观，唱响数字思想文化主旋律。在构建以文化力量推动社会全面进步新格局，全民文化素养显著提升，共同富裕的文化自信显著增强的进程中，充分发挥数字文化的创新支撑作用。运用数字化手段深入宣传党的理论创新成果，加大深层次理论和现实问题的阐释力度，化解思想困惑，辨明前进方向。打造更多具有广泛影响力的浙江数字文化品牌，推动构建以"红船精神"为核心的浙江红色精神谱系，弘扬与时俱进的"浙江精神"，守牢浙江人民的"根"与"魂"，凝聚起奋进新时代的磅礴力量。深刻把握数字文化内容属性，加强原创能力建设，创造更多既能满足人民文化需求、又能增强人民精神力量的数字文化产品。培育和塑造一批具有鲜明浙江文化特色的原创 IP，加强 IP 开发和转化，充分运用动漫游戏、网络文学、网络音乐、网络表演、网络视频、数字艺术、创意设计等产业形态，以优质数字文化产品引领青年文化消费，创作满足年轻用户多样化、个性化需求的产品与服务，增强青年民族自豪感和文化自信心，促进满足人民文化需求和增强人民精神力量相统一。

2. 围绕人的全生命周期公共服务优质共享提高数字文化供给能力

创造丰富多彩的数字文化产品，提供优质便捷的数字文化服务，是促进数字文化繁荣兴盛、满足人民对美好生活向往的精神文化需求的重要途径。要以

基本建成公共文化服务现代化先行省,"15 分钟品质文化生活圈"覆盖城乡,建成城乡共享的"智慧文化云"为目标,创新文化领域整体智治、数字文化政务、数字公共文化服务、数字文化产业、数字文明实践等数字化综合应用。创新打造融互联网服务、数字阅读、艺术展览、文化沙龙等内容于一体的"嵌入式"新型公共文化空间。重点打造志愿浙江、"家头条""邻里帮""文 E 家"、文化礼堂家等数字化应用场景。大力推进新闻、出版、文艺以及图书馆、文化馆、博物馆、非遗馆、美术馆等文化设施和公共文化空间数字化建设,打造共享、便捷、融合的文化数智场馆。对文化资源进行数字化转化和开发,让优秀文化资源借助数字技术"活起来",将所蕴含的价值内容与数字技术的新形式新要素结合好,实现创造性转化和创新性发展。推动文化场馆、文娱场所、景区景点、街区园区开发数字化产品和服务,将创作、生产和传播等向云上拓展。支持文物、非物质文化遗产通过新媒体传播推广,鼓励线下文艺资源、文娱模式数字化,创新表现形式,深化文化内涵。推动文化文物单位与融媒体平台、数字文化企业合作,运用 5G、VR/AR、人工智能、多媒体等数字技术开发馆藏资源,打造一批博物馆、美术馆数字化展示示范项目,开展虚拟讲解、艺术普及和交互体验等数字化服务,提升美育的普及性、便捷性。通过文化反哺,着力缩小老年人数字鸿沟,着眼满足不同群体精神文化需求。

3. 以数字文化产业高质量发展为实现共同富裕提供致富之路

数字文化产业是文化产业与数字科技协同推进、融合发展的新形态,成为优化供给、满足人民美好生活需要的有效途径和文化产业转型升级的重要引擎,为高质量发展建设共同富裕示范区注入新动能。要顺应数字产业化和产业数字化发展趋势,扩大优质数字文化产品供给,促进消费升级,积极融入以国内大循环为主体、国内国际双循环相互促进的新发展格局。推进数字文化产业与先进制造业、消费品工业、智慧农业融合发展,与旅游、金融、物流、教育、体育、电子商务等现代服务业融合发展。发展品牌授权,提升制造业和服务业的品牌价值和文化价值。促进数字文化与社交电商、网络直播、短视频等在线新经济结合,发展旅游直播、旅游带货等线上内容生产新模式。推动数字文化产品和服务在公共文化场馆的应用,丰富公共文化空间体验形式和内容。深入推进"互联网+"，促进文化产业上线上云，加快传统线下业态数字化改造和转型升级，培育文化领域垂直电商供应链平台，形成数字经济新实体。引导数字化文化消费，支持杭州等地创建国家文化消费试点城市，鼓励网络视频、网络游戏、网络文学、网络直播等数字文化消费业态。推动文化消费线上线下融合创新，探索文化产品多渠道发布、多网络分发、多终端呈现，支持"云课堂""云听""云音乐节""云旅游"等新型文化消费。鼓励依托地方特色文化资源，开发具有鲜明区域特色的数字文化产品，助力山区26个县加快发展。依托中国（浙江）影视产业国际合作实验区，加快提升浙江数字内容产品与服务海外输出能力。

4.创新数字文化发展与治理模式形成共建共治共享的数字文明家园

数字文化是面向广大人民群众的文化，共建共治共享是其重要特征。创新数字文化服务产品需求表达方式，实现供给与需求对接。针对公共文化供给是自上而下的单向模式，群众"被文化"多，"点文化"少。群众在文化上的需求、决策、管理、评价等方面缺少参与权、表达权和监督权，探索数字文化公共服务产品供给与消费的公民参与机制，实现优质数字文化公共服务的长期有效供给和运营。推动"智慧文化云"功能升级，建成一批智慧文化场馆，建设公共文化多跨应用场景。打造"文E家""文化礼堂家"等应用场景，加强网上文化产品供给。广大网民既是数字文化的享用者，又是数字文化的创造者，网民中蕴藏着巨大的文化创造活力。论坛、博客、微信等网络应用，为网民施展才华提供了广阔空间。坚持贴近实际、贴近生活、贴近群众，充分发挥网民参与数字文化建设的积极性创造性，激发他们的文化创造潜能，鼓励他们创作格调健康的数字文化作品。鼓励公民参与完善公共文化数据平台建设、运营和服务内容的改进，通过网络征询、问卷调查等形式，及时和定期获取公民对公共文化服务优质共享的意见和建议。紧紧依靠人民群众的力量规范数字文化发展，强化舆论监督、群众监督、社会监督。广泛开展文明网站创建，深入开展网络法制道德教育，着力培育网上理性声音、健康声音、建设性声音，培育文明理性的网络环境。加强数字文化市场事中事后监管，创新完善治理格局和监管模式，不断净化和规范数字文化环境，营造清朗的数字文化空间。

三、以数字化改革撬动数字文化高质量发展的有效路径

数字化改革是浙江新发展阶段全面深化改革的总抓手，是推动高质量发展建设共同富裕示范区的核心动力，也是牵引撬动新时代文化浙江建设的强劲引擎。发展数字文化，要率先形成与数字化时代相适应的文化生产方式、传播方式、治理方式，推进文化领域全方位、系统性、重塑性改革，打造面向未来发展的数字文化生态体系。

1. 创新数字文化发展体制机制

充分利用数字化手段消除城乡、地区发展差距，发挥数字化改革对共同富裕的放大、叠加和倍增效应。构建"1+4+N"的数字化改革总框架，实现文化和旅游领域整体智治。深化"一件事"综合集成改革，推进数字赋能、流程再造，创新"一窗受理、集成服务、一次办结"服务模式，进一步提升文化企业的便利度和获得感。对数字文化产业新产品新业态新模式，坚持包容审慎、鼓励创新，在严守安全底线的前提下留足发展空间。完善严重失信名单管理制度，构建以信用监管为基础的新型监管机制。加强数字文化新产品新业态新模式知识产权保护，完善评价、权益分配和维护机制，促进知识产权运用和价值实现。支持产业联盟、行业协会等行业组织创新发展。持续推进"放管服"改革，进一步放宽准入条件、简化审批程序、优化营商环境，推动有效市场和有为政府更好结合。通过试点示范、重大工程等，加快补齐短板、解决共性问题，引导新业态新模式健康发展。密切跟踪产业发展，开展监测和前瞻性研究，形成互联网＋执法业务闭环，实现所有执法事项网上办、掌上办，全程留痕可追溯。构建浙江省智慧文旅大脑。打造基于大数据的"数据采集＋监测评价＋决策实施＋市场反馈"的闭环体系，为促进共同富裕提供数据分析和决策支撑。

2. 发挥数字文化企业主体作用

培育壮大数字文化领域优势龙头企业，这是加快数字文化发展的关键举措。要支持数字文化企业跨地区、跨行业、跨所有制兼并重组，培育一批具有强大实力和竞争力、影响力的现代文化企业集团。落实鼓励和引导民间资本进入文化领域的政策，鼓励社会资本投资、兴办文化企业。支持文化企业上市融

资、到全国中小企业股份转让系统和区域性股权交易市场挂牌交易。同时扶持小微数字文化企业创业成长，指导小微文化企业以创意创新为驱动，走"专、精、特、新"和与大企业协作配套发展的道路，鼓励小微文化企业依托电子商务、第三方支付平台拓展经营领域，利用互联网创业平台、交易平台等载体拓宽发展渠道，支持小微文化企业集聚形成特色文化产业集群。加快数字文化产业链建设，打好"建链、强链、延链、补链"组合拳，提高产业链稳定性和竞争力。推动文化产业链与互联网、物联网深度融合，打造大数据支撑、网络化共享、智能化协作的智慧产业链体系。发展产业链金融，鼓励金融机构、产业链核心企业、文化金融服务中心等建立产业链金融服务平台，为上下游中小微企业提供高效便捷低成本的融资服务。鼓励各地因地制宜建立数字文化产业链链长工作制，提升产业集成和协同水平。

3. 加强数字文化生态系统建设

落实数字经济、战略性新兴产业等国家相关产业政策，将数字文化产业纳入各地相关政策落实体系，支持符合条件的数字文化企业申报高新技术企业认定。在民生、公益、公共文化和旅游服务项目中积极选用数字文化产品和解决方案。推动数字文化企业与资本对接。鼓励数字文化产业与文化事业、社会公共服务的有机结合，以多形式吸纳社会资本、商业资本进入公共数字文化服务体系建设，除了政府主导和企业协作，运用财政、金融、产业等政策手段，引导社会资源加大对优质公共产品的投入，通过 BOT、TOT 等模式实现政企协作，充分利用通信运营商、互联网平台和有关企业的技术、渠道、用户、资金、数据等优势，引入竞争机制，不断扩大数字文化公共服务的供给能力。在依法合规、风险可控、商业可持续前提下，鼓励金融机构开发创新符合数字文化产业特点的金融产品。支持数字文化企业开展债券融资，推进设立数字文化产业投资基金，支持符合条件的数字文化企业利用多渠道资本市场融资，拓宽融资渠道。引导符合条件的各类社会资本规范采用政府和社会资本合作（PPP）模式参与数字文化产业项目。建设数字文化产业创新和高技能人才队伍，培养一批兼具文化内涵、技术水准和创新能力的数字文化产业复合型人才。完善数字文化产业人才培养、评价激励、流动配置机制，突出导向管理、思维创新和实务培养。依托国家文化人才培训基地和相关高校加强数字文化产业人才培养，鼓励高校和企业创新合作模式，共建实训基地，不断壮大数字文化人才队伍。

（作者系杭州电子科技大学教授、浙江省信息化发展研究院院长、省政府咨询委委员）

上海市文史研究馆

江南 style：
水乡古镇作为一种美好生活的价值新意

阮仪三　丁　枫

内容提要：20 世纪 90 年代水乡古镇开始了大规模的保护运动，江浙沪三省先后有近 20 个古镇加入其中。在旅游促进了地区发展的同时，如何留住古镇的居民，如何保护和延续江南文化，这已经成为水乡古镇保护的一个亟待解决的问题。在近 30 年的保护过程中，我们似乎更多地偏重于对水乡古镇作为传统中国文化部分的保留和展示，而忽视了对古镇已经完成了的那部分现代化进程的诠释。我们有必要时常对水乡古镇的价值进行新的判断，随着地区经济、文化的变化，我们对水乡古镇的认识也需要更新，并在此基础上采取新的策略，合理地可持续地开展古镇的保护与发展工作。

关键词：水乡古镇；江南；保护；开发；生态价值；社会价值

江南文化是我国重要的地域文化类型，特别是明清以降，代表了中国文化的发展高度。所谓"江南"，是一个特定的地理环境区域，包括长江以南太湖流域、东至东海之滨，还包括了今天的徽州和钱塘江以北的广袤地区，特别是以太湖流域为中心的吴越地区，这里河道、圩田、湖荡、村、镇的空间格局，孕育了悠久的吴文化传统。艺术史学家美国人高居翰曾经说过，如果让他选择，他要住在"晚明的江南"。当然，那时的江南不但有高居翰熟悉的吴门画派、董其昌和他的朋友圈，还有太湖地区的烟波浩渺、圩田塘浦，那里河道纵横，水路发达，农田与水系交织成一个网，人民生活富庶安定，为数众多的如周庄、同里、南浔、西塘、朱家角……如珍珠般散落在这张网上，串联起周边的村落，并链接着更大的城市，形成了一个巨大的生活生产的聚落空间结构，好比当代的大都市圈。放眼全国，乃至全球，这样独特的空间布局和地理特征只有在江南才有，所以这里孕育出了特有的江南文化。明清时期，江南经济发达，是国家重要的粮棉基地，往来的商船满载着布匹、丝绸和粮油，塞满了河道，借着发达的水路运输系统，源源不断地将江南的产品运往全国各地，所以这些市镇上出了很多商人巨贾，古镇上多的是大户人家的宅院，也有很多美妙的园林。经济的发达带来文化繁荣，很多文人雅士就居住在古镇上，文人们会驾着小舟往返于不同的古镇间，出现在各个园林的雅集里，那时的水乡古镇，商业精神和乡仕的精神在那里完美融汇，营造出物质和精神都很繁荣的江南文化区，着实令人向往。

对水乡古镇遗产价值的新发现

水乡古镇自 20 世纪 90 年代开始了大规模的保护运动，江浙沪三省先后有近 20 个古镇加入其中。最初主要以旅游开发为动力的保护，比较注重对水乡古镇经济价值的宣扬和挖掘，大家看到了水乡古镇特有的历史建筑环境所给人带来的身心愉悦，以及丰富的物产所呈现出的饮食的美感。人们第一次发现了江南这片土地的美好，同时也引发了全国性历史城镇作为旅游目的地的浪潮。但随着近年越来越多的遗产地进入人们的旅游名单，水乡古镇的旅游发展出现了放缓的现象，也出现了很多乱象，无序的房地产发展、传统社区的衰落、本地人口外迁等等，而现有的基于古镇文化遗产的旅游产业，无论是旅游的方式，还是旅游的内容，都有很大的提升空间，这些都迫使我们再次思考，古镇的价值，保护的意义，未来的方向。拿周庄为例，20 世纪 80 年代末，周庄是最早进行古镇保护和利用的江南水乡古镇，最初以发展旅游为动力的保护，得到了当时政府的支持，在没有其他更高效的经济动力的前提下，旅游发展不失为是一个很好的选择。到 2000 年，周庄已经成为全国乃至国际知名的水乡第一古镇，伴随着水乡古镇品牌的发展和深入人心，如今旅游业已经稳稳地成为周庄的第一产业，每年贡献几亿的财政收入。周庄古镇的核心保护区一直保护得比较好，虽然核心区内传统民居建筑的使用者和使用功能可能有所改变，但空间格局建筑肌理都依然如故。但是自从声名鹊起后，围绕着古镇核心区周边的房地产项目开发也多了起来，建设控制地带屡屡失守，风貌协调区更是难以控制，古镇在近 20 年的时间里，快速摊大饼似的蔓延开，给古镇的原真性带来巨大的威胁。同时，对于作为江南水乡的周庄来说，巨大的建设量，填湖所带来的土地的硬化，生活污水的增加、交通的污染，这些都对生态环境造成了威胁，恬静的小镇生活被喧闹的现代化街道和繁忙的商业所打破，往日美好的小镇生活已很难寻觅。

在旅游促进了地区发展的同时，如何留住古镇的居民，如何保护和延续江南文化，这已经成为水乡古镇保护的一个亟待解决的问题。在近 30 年的保护过程中，我们似乎更多地偏重于对水乡古镇作为传统中国文化部分的保留和展示，而忽视了对古镇已经完成了的那部分现代化进程的诠释。在 1989 年第一版的周庄保护规划中，我们就提出了"保护与发展并重"的原则，但在古镇 30 年的保护过程中，对于保护与传承的内容的确认主要还是围绕着对古镇中传统文化那部分内容的认同和保护，而对于发生了近百年的古镇的现代化过程所产生的影响显然重视不足。把古镇核心区的价值凝固在了 200 年前的那个时代，而核心保护区周围却快速地拥抱着改革开放的现代化成果，无论是从整体的风貌，还是文化生活上都造成很大的断裂，其直接后果是当地人慢慢逃离核心保护区，似乎那个地方成了仅供游览而不宜居住的空间，长此以往，可能真的会像乌镇那样完全地成为一个只有游客的景区。丧失了居民和社区生活的古镇是不完整的，或者说只是一具抽去灵魂的躯体。古镇的生活应该得到合理地延续，这种延续的基础应该从古镇 150 年前就开始的现代化进程开始，接续上现在的时代发展，才能真实地传承和发展一个古镇的文化，这也是遗产真实性的一个体现。所以，我们有必要时常对水乡古镇的价值进行新的判断，随着地区经济、文化的变化，我们对水乡古镇的认识也需要更新，并在此基础上采取新的策略，合理地可持续地开展古镇的保护与发展工作。

除了苏州、湖州、无锡这样城市规模的聚落外，更为广袤的水乡古镇网络是江南文化区的底色，是江南的肌理所在。江南是烟波浩渺的，是一片典型的湿地，如果江南文化区是一个巨大的湖，那古镇就是一颗颗珍珠，这些珍珠编织出一张江南文化的网，独特的地理环境，孕育了独特的人与自然的相处方式，水成为地区的灵魂，人们临水而居，依靠水路与周边联系，通过大运河、长江与四方相通。2000年来地区发展留给我们的丰富文化遗产，其中包括对环境的改造和适应所留下来的水系、古镇网络，以及与古镇相依存的村落、适应了当地环境的江南人的生活方式、生产方式，独特的地方特产和美食，文化艺术、当地人的个性、风俗，以及对其他地区的影响和在整个中国文化中的地位等等。在过去30年的保护中我们已经提出并非常强调了江南水乡所包含的历史价值、文化价值和科学价值，可表述为：开放包容的地区个性和市镇商业文化传统、水网地区聚落空间布局与识别度极高的景观典范、文人阶层与商贾阶层的完美融合所营造出的文化空间、丰富的延续至今的传统手工艺和民俗活动等等。除此之外，在新的历史时期，我们还需要提出几点水乡古镇新的价值所在，便于我们保护和传承，以推动江南文化区的发展。其中包括：

　　一、生态价值是首先需要强调的价值。水乡古镇网络的存在不但是江南人对特定地理环境的适应的必然结果，同时也是对当地生态环境保护和可持续发展的必要条件，由村、镇、城市构成的聚居网络可能是江南地区唯一的合理的环境友好的空间格局的选择，由人的聚落和改造后的自然环境所组成的这个生境的保护，对整个地区都有极高的生态价值，避免了由于城市化冲击带来的人口高度聚集、城市无限扩大等现代社会的通病所可能造成的在环境上对江南文化区造成的威胁和破坏，而这种现代化大都市的发展模式根本上是不适宜这个地区发展的。中国古人非常重视堪舆，也就是所谓的风水，无论是建房还是建城都要对地理环境进行详细的研究，其目的也是获得最佳的生存环境，用最适应自然的方式在自然中发展，这就是天人合一的思想。所以在江南地区所建立起来的水乡古镇低密度聚集的方式正体现了古人的智慧，"巧于因借，重在体宜"这句描写园林设计的话，同样适用于更大范围的水乡古镇聚落的格局。在现代化的过程中，水乡古镇无论从镇的规模、布点、交通方式、生活生产方式都发生了前所未有的大变革，现代社会对千百年江南人与自然相处的方式提出了挑战，污染、人口聚集、大量的填河筑路修房，对环境的改变是巨大的。在建设生态文明的国策和国际潮流中，水乡古镇的存在无疑为现代人提供了生态思路，表明了另一种与自然相处的方式，这样的留存也许不是目前在中国如火如荼的城市化浪潮的主流，但可能会是我们人类的未来，有探讨生态文明的重大意义。

　　二、蕴含在建筑与园林上的艺术价值。水乡古镇的建设自 2000 年以来，是江南人审美能力在建筑和空间上的具体呈现，粉墙黛瓦，依水而建，这些与现代建筑现代城市审美迥异的艺术风格，最直观地保留在古镇空间的每一个角落，岸上拴船的石环，门头上的砖雕，木头构件的雕花，街角跨河的石桥，路边的街亭和连绵的雨廊，每一根线条、每一个装饰都体现着江南人特有的艺术审美，这种白墙黑瓦的审美和宋人的山水画、吴门的文人画、诗歌是一脉相承的，体现了江南人细腻典雅温情脉脉的气质，江南的古镇一个个都是一幅立体的风景画。虽然中国人传统上并不把建筑归入艺术门类，这和西方有很大不同，但传统的木构建筑所体现出来的线条、比例、色彩、空间有着完整的审美情趣，是江南人的审美在日常生活空间的具体体现。其中，最为精彩的要数古镇上的园林，园林作为中国艺术中集大成的艺术品，说明当时文化艺术活动在古镇上的繁荣，也说明文人雅士在古镇上的云集。比如吴江的同里古镇，明清时期作为重要的一个交易市集，孕育了很多富商大户文人雅士，鼎盛时期有园林近 20 处，中国第一部园林专著《园冶》的作者计成就是同里人，现在保存下来的清代任氏家族的"退思园"被列为世界遗产目录；还有紧邻同里的黎里古镇，民国时期还有园林十多处，另外南浔的小莲庄和颖园、朱家角的课植园、西塘的西园……古镇上曾经的和依然存在的园林，是重要的江南文化基因，特别是明清以来，中国园林艺术的重镇就在江南，而江南古镇是除了苏州、扬州这样的城市之外另一个重要的传承地。

　　对水乡古镇艺术价值的再提出，也是对蕴含在传统木构建筑、江南厅堂式民居和园林中的传统审美的强调，是民族文化自信的重要内容。

　　三、提供另一种生活样本的社会价值。水乡古镇更为重要的价值在于，这里是江南人的生活空间，厅堂院落建筑的舒适、街道布局的宜人、买卖的便利、教育和就近工作的机会，地方农产品的新鲜，文化活动的丰富，这些都为江南人的生活舒适提供了充分的条件，如要与自然亲近，可以举家泛舟出去水上午餐，如要享受都市生活，也不远，这里没有太多压力，更多的是生活的惬意，所以，在这里生活是最最舒适的江南范（江南 style）。那些存在于古镇上的园林就是地方经济文化发达的重要指标，是当时人们在古镇上安居乐业悠享生活的佐证。古镇的慢生活为现代困于大都市的人提供了另一种生活的可能和想象，如何提高人民群众的幸福指数，江南古镇可作为一种示范意义的存在而越来越凸显出他的价值和意义。

四、最后，还有一个被忽视了，但有可能是最重要的历史价值和社会价值，就是江南水乡古镇在过去 150 年中的现代化进程。今天的江南水乡古镇虽然依然是吴侬软语的一片传统聚落，但和 200 年前相比，已经发生了重大的变化，这个变化融入整个中国的现代化进程中，特别是自上海开埠以来的 150 年间，从交通、生产方式、经济活动、文化生活、教育、妇女地位、对外交流等等方面都有重大的变化。这个地区所承接的中国现代化的冲击和蜕变，是中国现代化的重要组成部分，江南水乡地区的现代化进程，是理解传统中国如何向现代中国迈进的重要路径，这个话题至今依然非常有意义，特别是改革开放高速发展后的今天。或者说，今天来看这个百年的现代化过程，可以是对水乡古镇保护更为有力的一种辩护。从遗产保护的角度来说，近现代遗产在水乡古镇的保护是对其遗产价值的一种更为全面的理解。

中国现代化 150 年，上海是最前沿的城市，作为上海经济龙头的重要腹地，江南地区的古镇网络快速传播了由上海传导来的现代西方文化、经济方式、文化教育等，比如同里古镇上的丽则女校就是当时退思园的主人留学德国回来后创办的新式学堂，其宣扬的妇女解放、思想解放的教育理念是现代文明启蒙的重要组成部分；黎里的南社是柳亚子等文人组织起来的传播现代思想的社团，其所体现出来的现代结社文化对江南地区的现代文化发展和革命活动的影响都是深远的，江南水乡好似成为一个中国现代化的缓冲区。也因此，这里成为可以同时享用传统文化与现代文明的独特生活空间文化空间。比如湖州的南浔古镇，因为丝业发达出了很多富商巨贾，这些巨贾在家乡生活的同时，也往来于上海、南浔之间，并把当时新的文化带回到古镇上，刘氏家族的小莲庄里，很多建筑样式都是当时在上海最流行的西式建筑，工匠也是特意从上海请来的师傅，而这些大户人家在上海的租界里修起的房子，倒是保留了很浓的江南味道的木构建筑。这些来自古镇的商人们应该是有浓厚传统文化底蕴的，他们在不知不觉中承担了中西文化交流的责任，并主动拥抱着那个崭新的充满魅力的现代文明和西方文明，如张石铭宅的法式洋楼。另外，来自古镇上的文人、画家纷纷来到上海发展后，成为海派艺术的中流砥柱，是江南文化圈浓厚的艺术氛围成就了中国画现代最后一个流派"海派艺术"在上海的产生与发展。另外，江南水乡古镇的现代化意义还包括新中国成立后特别是改革开放后经济高速发展时期，整个社会对新经济的调适，其中苏南模式所涉及的区域中就有很多水乡古镇，所以这个地区又走在了时代的前列，为中国经济的高速发展作出重大贡献，这轮发展也对古镇的空间、风貌、历史文化遗存产生了重大的影响。所以，对这段古镇现代化进程的追溯，可以更为清晰地看到在江南地区社会发展的特征，也可以看到传统文化对现代化的适宜过程，从而为未来的发展寻找更为合适的道路。

水乡古镇，作为一种美好生活的样本

古镇上悠长的小巷、平静的水面、缓慢的生活节奏都与大都市现代快速生活形成了微妙的平衡，为人们提供另一个精神家园的想象，有着重要的社会现实意义。随着弥漫于全世界的现代工业文明和城市文明所带来的问题越来越多，这种水乡生活、生产模式的价值在未来的江南人生活中会越发珍贵，会不断提醒人们回头看看祖先留在水乡古镇白墙黑瓦上的生存智慧。水乡古镇所代表的传统文化和生活方式可以满足中国人民在完成了物质小康后，对精神文化更高层次的追求，也是中国人引以为傲的民族文化在江南的具体体现。

所以，水乡古镇的留存和上海这样的现代化大都市一样重要，特别是在江南文化区里，这两种人类聚居模式的并存不但反映出历史的发展，也体现了文化多样性在我们国家存在的可能性，不再惧怕传统与现代所产生的张力和对抗，也许这本来就可以成为社会发展的动力。而物质空间上留存下来的水乡古镇，让我们时不时可以回到那里，体会另一种生活方式，享受作为现代人的一种特权，有了对不同生活方式的体验和选择。

（阮仪三：上海市文史研究馆馆员，同济大学建筑与城市规划学院教授；丁枫：上海阮仪三城市遗产保护基金会秘书长）

长三角如何提升柔（软）实力

邓伟志

内容提要：党和政府对长三角一体化的"三区一高"评价是对长三角三省一市的鼓励和重托。为了不辜负国家的重托，除了重视经济这"硬实力"之外，还要加强长三角的软实力。但作者不赞同把美国学者提出的"Soft Power"译为"软实力"。作者认为应译为以柔克刚的"柔实力"。作者认为长三角在"软（柔）实力"方面有更大的优势。关于如何提高"软（柔）实力"，作者提出改革制度设计和"笔的解放"等五点建议。

关键词：长三角；柔实力；区域一体化

长三角海拔不高却在国家中的地位高。长三角在党和政府的心目中是全国高质量发展样本区，是现代化引领区，是区域一体化发展示范区，是新时代改革开放的新高地。这"三区一高"的评价是对长三角的鼓励与鞭策。全国有好几个区域一体化，要长三角做示范区，要求很高，要长三角挑重担。

几年来，在政策协同、产业合作、设施共建、服务共享、分工合理等方面三省一市已开始形成一体化格局。值得一提的是长三角文化名人多，文化成就大，文化影响力强。文化过去离不开文房四宝。文房四宝——纸墨笔砚的著名产地可以说长三角都有。这也意味着用纸墨笔砚的人集中在长三角。美国哈佛大学肯尼迪政治学院院长约瑟夫·奈教授把文化、价值观、影响力、道德准则、文化影响力、外交政策等概括为"Soft Power"。我国学人把"Soft Power"译为"软实力"。笔者不赞成。文化枪打不到，槌敲不碎，何软之说？笔者认为应译文"柔实力"，以柔克刚那个"柔"。但是"软实力"已经广为流传，无奈我只好把柔实力写成"柔（软）实力"。此外，笔者也不赞成把价值观、影响力、道德准则、文化影响力、外交政策与文化并列。我认为价值观、影响力、道德准则、文化影响力都可以融入大文化里面，统称文化就可以了。文化即他说的软实力；软实力就是他说的文化。还是那句话，既然软实力已上下通用，我也只好妥协。

今天在我们长三角文化论坛上笔者不想在咬文嚼字方面占用大家太多时间，这里着重谈一谈如何提升长三角的柔（软）实力？本文提五点建议：

一、辩证地处理软与硬、刚与柔的关系。刚与柔二者应当并行不悖，在不同时期可以有不同的侧重点，但值得提醒的是，不能搞单打一，更不能走极端。在和平环境里生活安逸，经济繁荣，但也要注意居安思危，"树欲静而风不止"，和平不等于一直太平下去。长三角在世界各国有不少友好城市，不要忘记有的国家的领导人会变脸。在近 200 个国家和地区的领导人中，有不少优秀的、卓越的，但是也要看到有些国家的领导人，在其本国貌似伟人，在对别国的做法上则是小人一个。也有国家的领导人看起来像政治家，但实际上对别国的态度是"有奶就是娘，无奶就骂娘"，翻手为云，覆手为雨。而我们处理国际关系，对付侵略者的方针是"十六字"："人不犯我，我不犯人；人若犯我，我必犯人。"我们对外决不放第一枪，但在侵略者放第一枪后，我们一定要迎头痛击，在侵略者放第二枪前，立即还击第二枪。在敌人把导弹瞄准我们，把军舰开进我们的领海时，应当强调武、强调硬，但也不能忘记"和为贵"，不能忘记谈判，不能忘记一切革命的目的都在于发展社会生产力，不能放松国内的经济建设。不要因强调走社会主义道路而"宁要社会主义的草而不要资本主义的苗"。不要因强调在社会主义时期仍会有资本主义的"母斑"，而崇洋忘祖，说什么"月亮是西方的圆"。刚柔之间永远是互动、共振的关系。

二、正确处理柔（软）实力中诸因素的关系。前面说过，约瑟夫·奈认为软实力是文化、政治价值观和对外政策。后来也有人认为应当包括文化、价值观、意识形态和民意。此外还有人讲得更具体，认为应当包括"国民的文化、教育、心理和身体素质，国家的科技水平，民族文化的优越性和先进性，国家的人才资源和战略人才的储备情况，政府的凝聚力，社会团结和稳定的程度，经济和社会发展的可持续等"。其实仅仅是文化，按通常说法，就包括教育、文学、艺术、宗教、科学等。因此，为壮大柔（软）实力，必须处理好文化诸要素之间错综复杂的关系。比如，要强调文化交融，避免文化冲突。"修身齐家治国平天下"理念中的四个方面应当是有联系的、统一的。现在，在有些人那里，社会公德、职业道德、政治道德与家庭美德脱节。有的人只顾小家，不顾大家，夫妻一块儿贪。从大处看，不要因强调价值观，而去搞"政治挂帅"。在不计报酬造成社会生产力下降时，讲"时间就是金钱"是有益的，但不可走极端去搞"金钱挂帅"、拜金主义。现在，"一切向钱看"的思潮阻碍着社会发展，既有损于硬实力，也糟蹋着柔（软）实力。当前值得注意的主要倾向是：重硬件建设，轻软件配套，形式主义泛滥成灾。用大众的评语来表述，就是"有筋骨肉，缺精气神"。

三、正确认识民德与官德的关系。现在国民素质确实存在"道德困惑""信仰危机"的问题。这表现在，有时候不是"善有善报"，而是善有"恶报"："见人跌倒不敢扶，因为谁扶就是谁推倒的"，"有人来借钱，想借给他却又不敢借给他，怕他借了不还"，"对真实的信息不敢信，因为假信息太多"，"好吃的菜不敢买，怕菜上有毒"。从我们强力反腐的案例中可以看到，在审判台上审判"大老虎"的法官，有的自己也是"大老虎"；有个别负责查纪的巡视组成员，自己也违纪。官德直接关系到政府的服务能力。为此，2021年3月27日，中央发出《中共中央关于加强对"一把手"和领导班子监督的意见》，强调"位高不擅权、权重不谋私"。当务之急是规范政府权力，把权力关在笼子里，把管理资源转化为服务资源。教育者先受教育，教育者与被教育者相互教育。管理者要学会自我约束，学会自省，以身作则，润物无声，努力让被管理者转化成自我教育者。民德需要提高，官德亟待改进。《论语·季氏篇》说得好："远人不服，则修文德以来之。"

四、改进宣传工作，加强长三角的传播能力建设。舆论是冲锋号，传播是加油站，国际传播是国际形象的大画师。为了提高柔（软）实力的每一个要素，无不要求做好舆论宣传工作。习近平总书记号召大家："讲好中国故事，传播好中国声音，展示真实、立体、全面的中国。"这就是说，宣传要渠道畅通，但首要的是真实。失真会使人心理失衡，一次失真要用百次千次的真实来挽回。对一些社会事件的报道可以公开不同看法，要让"自由之神纵情歌唱"。宣传语言要准确，还要鲜明、生动，深入浅出，当心曲高和寡。浅出来自深入，浅出体现深入，没有深入，表达起来免不了生硬老套，让人听了难受。生动活泼容易入耳入脑，听得进，记得住，做得到。讲话要亲切自然，不要学"小和尚念经——有口无心"。传统文化资源只有内化于民众的心中，才是有生命力的文化传统。1942年年初，在讨论延安《解放日报》改版时，毛泽东提出反对党八股。共产党的"五老"之一徐特立当时也指出："党报要大胆说话，深入下层多反映老百姓的事。"这是宣传工作的初心。1945年《新华日报》又在9月1日这一天发表了题为《为笔的解放而斗争》的时评。思想解放是提高意识形态传播科学性的前提。我注意到今年7月24日《浙江日报》第一版的版面，与众不用，全是救灾的新闻，做到了灾民第一，大得灾民之心。这就是"笔的解放"。

五、改进制度设计。制度设计事关全局。邓小平1980年8月18日在中央政治局扩大会议上谈到党和国家领导制度的改革，对制度方面存在的问题及产生的原因作了深入分析。他说："旧中国留给我们的，封建专制传统比较多，民主法制传统很少。解放以后，我们也没有自觉地、系统地建立保障人民民主权利的各项制度，法制很不完备，也很不受重视，特权现象有时受到限制、批评和打击，有时又重新滋长。克服特权现象，要解决思想问题，也要解决制度问题。"他强调："我们过去发生的各种错误，固然与某些领导人的思想、作风有关，但是组织制度、工作制度方面的问题更重要。这些方面的制度好可以使坏人无法任意横行，制度不好可以使好人无法充分做好事，甚至会走向反面。"这个观点是很深刻的。一百年来，中国共产党化敌为友的巨大成果，证明了制度好可以把青面獠牙的转变成为民造福的十八罗汉。制度设计有长期、短期之分，微观、宏观之别，要细致，要讲究科学，要看菜吃饭，量体裁衣，不可一刀切，不可大而化之，笼而统之。

一些学者十分注重把柔（软）实力的研究与中国实际相结合，几年前引申出地区柔（软）实力、城市柔（软）实力。一个城市、一个地区、一个国家的柔（软）实力是跨越时空的无形资产，是任何侵略者都抢不走的宝贵财富。这就要求我们必须大力加强柔（软）实力建设，"全面阐述我国的发展观、文明观、安全观、人权观、生态观、国际秩序观和全球治理观"。努力净化社会风气，改进思维方式，优化知识结构，提升文化教育水平，提升文明指数、幸福指数、社会发展指数。具体地说，要千方百计增加高校、科研机构、文艺团体的数量以及人均病床数、人均剧院座位数、人均阅读量，从而营造一个有利于改革发展稳定的舆论环境。

综上所述，我们不仅要努力解决对柔（软）实力的认识和评价问题，更要注重怎样解放思想，实事求是地提高柔（软）实力。长三角的文化事业有共同性，也有差异性。共同性增强影响力，差异性让文化丰富多彩。刚柔兼施，刚柔智施，长三角的软实力一定会与日俱增，走在国家乃至世界的前列。

（作者系上海市文史研究馆馆员，上海大学终身教授）

江南建筑文化共生与文化保护研究

——以上海石库门建筑文化保护为例

胡守钧　张凤池

内容提要：对城市建筑文化的保护，主要面临保护传统与现代化城市发展的矛盾。文化传承与发展体现出多元共生的特质，因此，对建筑文化的保护，应当运用共生思维，尊重不同文化的独立性，探索文化间的共融性，通过文化适应或文化融合的路径，实现文化创新。决不能以破坏传统建筑文化为代价，一味追求经济效益。以上海石库门建筑文化保护为例，田子坊商业模式和步高里旧式里弄改造模式，遵循了文化共生的原则，较好地在传统与现代建筑文化之间找到了平衡，取得了比较好的社会反响。而新天地模式虽然在商业上取得了巨大的成功，但由于其对传统石库门文化的破坏过大，遭到了学界和社会人士的诟病。

关键词：文化共生；文化保护；文化创新

随着城市的发展，传统建筑、古老建筑同现代城市发展之间，逐渐呈现出文化冲突。旧楼拆迁、改造的过程中，容易发生建筑中蕴含的传统文化丧失殆尽的现象。上海在国际化、都市化进程中，同样面临这样的问题。但在建筑文化的延续问题上，如何保留海派建筑文化特点和内涵，同时又能促进现代城市发展，将传统建筑文化保护同现代城市文化有机融合，是十分值得研究的问题。上海石库门建筑作为传统建筑文化的代表，其保护与创新，较好地诠释了长三角地区如何在建筑文化保护中解决传统与现代的矛盾问题，对建筑文化的保护具有启发意义。

一、文化共生思维与建筑文化保护

随着中国特色社会主义建设的推进，我国在经济、政治、文化、社会治理和生态文明等方面，均取得了丰硕的成果。在文化形式上，并非某种文化独领风骚，吞噬或取代其他文化，而是在社会主义核心价值观的引领下，文化多元化趋势越来越明显。既然文化无法一统，那唯有不同文化之间和谐共生。建筑文化亦是如此。倘若在城市发展的过程中，过度破坏传统建筑，那必然导致传统文化由于失去载体而消亡。相对应的，建筑文化亦会由于丧失其传统元素而失去其"根"其"源"，面临文化西化、同质化的风险。因此，有必要保护建筑文化的多样性、多元性，使江南建筑文化保持其文化发展与创新的活力。

所谓文化系统的和谐共生，指的是社会各利益主体在合理的度之内分享文化资源，优化不同文化间的共生关系。那么，如何优化文化共生关系？《老子》有云："有物混成，先天地生。寂兮廖兮，独立而不改，周行而不殆，可以为天地母。吾未知其名，字之曰道。吾强为之名曰大，大曰逝，逝曰远，远曰返。道大，天大，地大，王亦大。国中有四大，而王居一焉。人法地，地法天，天法道，道法自然。"[①] "道"是世界的本源、动力、法则。"道生一，一生二，二生三，三生万物。"[②] 何谓"生"？依系统论看来，"生"不是"累积"而是"构成"。由"道""构成"的万物，无不都是系统。万物皆系统，万物皆是"构成"的。那么，针对不同文化共生，何为"道法自然"？《老子》中有这样一段话："有无相生，难易相成，长短相形，高下相倾，音声相和。"[③] 正是有各式各样，长短不一、高低不一、形态各异的矛盾体存在，世界才无限精彩。好比一首好歌是高低强弱不同音符的巧妙组合；在大合唱中，一个声部单调乏味，两个声部略显韵味，四个声部错落有致，八个声部气势恢宏。江南的建筑文化，也正是不同文化浑然天成，自成一体的结果。

---

① 饶尚宽译注：《老子》，中华书局，2007年版，第63页。
② 饶尚宽译注：《老子》，第105页。
③ 饶尚宽译注：《老子》，第5页。

二、文化共生视域下江南建筑文化保护的思路

（一）文化共生理念对于建筑文化保护的重要性

建筑文化保护应当秉持文化共生的核心理念，是由长三角地区建筑文化发展的实际情况决定的。以上海为例，上海是长三角一体化的龙头城市，从文化形成的角度看，由于其移民特性，海派文化是全国各地，乃至欧洲、亚洲等他国文化，在上海地区文化融合的结果。这一特点在建筑文化领域体现的十分明显。一方面，上海城市建筑文化体现了中西合璧的特点。与此同时，外滩的万国建筑，显示的是华洋之间、多种文化之间的冲突与融合。另一方面，上海城市建筑也体现了传统与现代的交融。以石库门为代表的传统建筑，沉淀了老上海城市的历史，而以人民广场和陆家嘴等地区为代表的现代化建筑群，则是上海文化现代化的标志。由此可见，城市现代文明的发展，尤其是上海城市文化的特点就是兼容并蓄，海纳百川。

建筑文化作为城市文化的重要组成部分，也承载着历史传统与现代精神，结合了东方文化与西方文化，体现出文化共生的特点。以上海石库门建筑为例，作为一种市民生活空间，石库门建筑承载的不仅是中西合璧的建筑文化风格，更记录着上海的城市记忆，是上海老式里弄和谐相处的邻里关系的缩影。同时，从历史文化层面来说，石库门里弄也是中国红色革命的摇篮。如黄浦区黄陂南路的中共一大会址、静安区老成都北路辅德里的中共二大会址、茂名北路甲秀里的毛泽东旧居，等等。

因此，对于传统建筑及其文化，不能一味地"拆"，也不能简单地"留"，而要以文化共生的理念，积极探索传统建筑文化如何延续、创新性发展的问题。

（二）建筑文化共生的基本原则

文化共生的原则，是通过合理分配文化资源，实现文化系统的和谐共生，即社会各主体在合理的度之内分享关于文化资源的基本权利。在建筑文化保护中提倡文化共生，就是要合理地处理好传统文化与现代城市文化之间的关系，在延续传统文化与发展先进文化之间找到平衡点，使传统建筑所蕴含的文化在

新时代得到延续发展，为人民的发展需要服务。

首先，要充分意识到传统建筑文化对人的发展所具有的价值。舒尔兹（Norberg-Schulz）指出："如果事物变化太快，历史就变得难以定型，因此，人们为了发展自身，发展他们的社会生活，就需要一种相对稳定的场所体系"[①]。在城市发展过程中，应该遵循"生态准则"，即尽量在保持社会生活与物质环境冲突最小的同时，发掘特定城市、地域中的"场所性格"，使其在城市新的建设中呈现渐进式的转化。这样才能使城市为人民服务，更好地延续和发展城市的文化血脉。在意大利，不论是历史建筑的残垣断壁，还是古建筑的废墟，都在城市规划与发展中得到了充分的保护。为了保存一些历史建筑遗址，意大利政府不惜使用城市中心大面积的黄金地段，建设国家公园。在意大利，只要是 50 年以上的历史建筑物，都会立档入册当作文物。政府每年都会投入大量的人力、物力，保护与修缮这些历史建筑，并以保留建筑的原真性作为保护原则。

其次，要提倡文化的多样性和共融性。所谓文化的多样性（Diversity），主要指为执行某一确定功能设置两个或多个多重部件或系统，这些不同部件或系统具有不同属性，从而减少了共因故障的可能性。在"旧城改造"时期，提到"保护"就原封不动地保留，提到"更新"就大拆大建，这都是走向极端。对建筑文化的保护，重在对传统的继承和发扬，可以通过修复、复原、保存、修建、改建等多种方式来实现，而不是简单"复原"或"保存"。因此，要在保护建筑文化的同时，顺应时代变化，为建筑文化赋予时代内容，抓住文化的多样性和共融性做文章，使传统建筑文化在新时代实现创造性转化与创新性发展。

（三）文化共生作为建筑文化保护的主要路径

对传统文化的保护，是上海地区现代化文明发展的题中之义。城市的发展，不能以牺牲传统建筑文化的方式来发展城市，而要把传统建筑文化同城市现代化建设相结合。具有来说可以有两种路径。

第一种是文化适应的路径。所谓文化适应，就是指两种或多种文化之间相互契合。文化之间不是此消彼长的关系，而是相互之间既有相对的独立性，又

---

① ［挪威］诺伯格·舒尔兹著，尹培桐译：《存在·空间·建筑》，中国建筑工业出版社，1990 年版，第 7 页。

相得益彰，共存共荣的关系。例如，中国文化自古具有包容并序，吸纳多种文化的特点。随着全球化、现代化的社会发展进程，在中华优秀传统文化这个"根"上，生长出具有中国特色的文化形态，不同民族、不同地区的文化，在中国特色社会主义核心价值观的引领下，各领风骚，共荣共存。

第二种是文化融合的路径。所谓文化融合，就是两种文化互相碰撞而产生一种新的文化。例如，美国被称为民族、文化的"大熔炉"，是世界各地移民的聚居地。美国建筑、饮食、服饰、生活方式等方面，呈现多元文化并存的局面，在某些领域，不同民族、种族的文化相互碰撞，产生了一些具备文化杂糅特点的新型文化形态。这一特点在饮食、服饰等方面体现得尤为明显。

不论是文化适应，还是文化融合，本质上都是通过文化共生的方式，实现文化创新的路径。不同的文化相互碰撞、交融的过程中，自然而然地经由不同的方式，由旧的文化形态，演化为适应现代社会的新的文化形态。

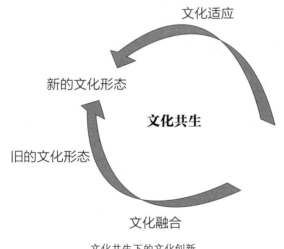

文化共生下的文化创新

就上海地区乃至江南地区建筑文化保护的问题来说，不论是采用文化适应的途径，还是文化融合的途径，都强调在文化发展与变迁的过程中，保护传统文化、地区文化，妥善处理传统与现代文化的关系，实现文化创新。现代社会的文化基本形态，则更大程度上体现为一种多元性、融合性的文化。

三、文化共生下的石库门建筑文化保护模式

江南地区建筑多样，城市与农村发展各具特色。上海作为超大型的国际化大都市，其建筑文化保护的实践模式，能够为其他城市建筑文化保护提供参考。石库门是老上海的历史标记，是上海市民最重要的居住类型。石库门里弄曲曲弯弯，里面有着数不清的故事。上海这座城市的百年文脉，上海人的生活方式和民风民俗，大半都和石库门有关。2009 年 5 月 17 日，以"上海石库门遗产保护与文化传承"为主题的世博会论坛在上海召开。会议达成的"石库门共识"中有如下表述："随着时代的进步和城市的发展，石库门建筑逐渐老化，居住在石库门里弄的居民，生活条件和环境亟待改善，我们必须采取积极行动，努力探索保护更新的多种途径。提高人民群众的生活质量……这是让石库门焕发新生机和活力的迫切需要。"[①] "石库门的历史虽然不长，但它是 20 世纪的文化遗产。"[②] 石库门建筑的保护和开发，是上海建筑文化保护的重点、难点，围绕石库门建筑文化保护，涌现出了一些可复制可参考的经验。同时，在建筑文化保护方面产生的一些问题，也值得为文化建筑保护的相关部门和社会人士所重视。

（一）田子坊模式

田子坊原名志成坊，坊前原是马路集市。"文革"时期陆续建设而成了一批颇具上海特征的里弄工厂，使田子坊的弄堂闹中取静，增添了弄堂中珍贵的小型凹空间，足以承载内容更为多样丰富的海派市民生活。加之田子坊过去是"新华艺校"的迁址，具有浓郁的历史文化底蕴，故而常年闲置的厂房吸引了艺术家、创意企业与部分商家的入驻。经过近 10 年的发展，田子坊的大量民居在精英团体与民间力量的策划下，通过"居改非"，将底层住房采光差、安全隐患大的里弄，改造为确实适宜用作商业的店铺，将旧弄堂改造为广受欢迎的中高端消费场所。南起泰康路、北至建国中路、东临思南路、西至瑞金二路，占地约 7.2 平方千米，其核心区"三巷一街"——210 弄、248 弄、274 弄和泰康路，扩展到比邻的三条石库门弄堂，保存了约 2 平方千米的大片历史地段。从

---

① 新民网，2009 年 5 月 17 日。
② 陈燮君：《在"上海石库门遗产保护与传承"论坛上的发言》，新民网，2009 年 5 月 17 日。

2007年4月210弄、248弄居民出租69户，到2007年下半年迅速扩展到157户5000平方米，涉及22个国家的租客，石库门里弄自筹资金改造爆发出强大的生命力，成为"最新鲜的时髦与最故旧的市井参差"。

田子坊模式保留了原住民，同时引入文化创意产业。一方面，文化创意产业利用石库门里弄自有的独特历史文化资源，使自身更具文化内涵及吸引力，从而促进文化创意产业的发展，形成新的城市特色。同时，文化创意产业具备的创新能力为石库门里弄的文化内涵注入新的活力，激发石库门里弄的再次生长。这种以文化遗产和创意街区相结合的开发模式获得了一定程度上的成功。另一方面，田子坊的发展始终离不开原住民，可以说是原住民的参与促成了田子坊今天的面貌。保留原住民实际上是对居住文化的保护，保护居住文化，就能够更完整地将石库门里弄原真性展现出来。进一步再利用文化创意产业获得的经济收益用于改善生活条件，使石库门里弄形成了"历史遗产—人居文化—创意产业"共存互利的良性循环。但是，随着田子坊商业繁荣度不断攀升，商业活动对原住民生活的影响日益明显。如何在文化创意产业发展与居住功能的延续中使其平衡发展，成为田子坊发展亟待解决的难题。

（二）步高里模式

步高里位于陕西南路287弄，地处旧上海的"上只角"，法文名Cité Bourgogne，1989年即名列上海第一批优秀近代建筑名单，2007年又成为卢湾区五大"世博"主题实践区之一，受到人们的关注。上海市文管会破例投入100万元进行了里弄综合改造。

步高里在开展马桶工程的同时，也进行了外立面的整修，尽最大努力恢复原汁原味的老弄堂特色，里弄外部环境发生了明显的变化，直接促进了居民维护房屋与保护居住环境的自觉性。里弄房屋普遍在寻求更为妥善的租赁方式，有一部分居民已搬离里弄，房屋出租给他人，他们有能力离开较差的居住环境，具有比较好的社会地位和一定的经济基础，就自觉地产生了一部分的为争取租金最大化的修缮行为。但能否获得最大化的效益还有赖于整个社区环境的改善，如果周围环境杂乱、不安全、生活设施不配套，里弄社区的生活气氛就遭到破坏，个人无法追求最大化的收益，对维护也就减少了投入。相反，政府财政必须有相应的预算，通过制定政策体系、对保护实施过程进行监管就有可能通过改变居住质量，带动居民的定期投入。

步高里模式，是一种完全的遗产保护模式，2007 年卢湾区政府对步高里进行原生态保护的尝试，即不做商业开发，也不做功能更新，严格遵循"步高里"最初的设计图纸，以最大限度的恢复步高里原有的面貌，不仅保护了石库门建筑，还保护了石库门的文化。步高里模式在尽可能保护石库门里弄原始生活状态的前提下，增加现代生活设施以满足人们的居住需求，改善居民的生活质量。但同时应当看到，经过改造后的步高里的居住条件还是差强人意，与人们对于居住环境的诉求仍有差距。

（三）新天地模式

上海新天地位于太平桥现代园区的西侧，占地 3 万平方米，毗邻繁华的淮海中路，处于全国重点文物保护单位一大会址的保护建设控制范围之内。新天地的开发行为是开发商在谋求利润最大化的前提下，遵守文物保护的某些法规限制，商业决策、运营与城市管理共同倾注大量精力的作品。它剔除了人的居住活动，已经完全不再是以居住为主体的里弄，同时将老弄堂中固有的体现了一种步行距离内集居住、商业、餐饮、工厂于一体的生活放大到一种拥有高端经营价值的商业模式。通过拆除部分单元，对缺乏外部环境的里弄进行了公共空间的设计，进行了绿化与水体的整合，"丰"字结构改变为广场形式，使之便于开展户外活动，成为适合"布景式"展示的上海生活缩影。

新天地模式的出现是石库门里弄改造的一次创新，它同时保留具有传统怀旧的历史文化轮廓、现代化的内部空间及国际性的经营内容，这种中西合璧、新旧结合的"混搭风格"迎合了人们求新的心理，迅速成为上海旅游新地标。但从文化遗产保护的角度来看，新天地也存在着一定的局限和缺陷，值得探讨与深思。在新天地改造过程中，石库门里弄原有的居住功能完全抛弃成为纯粹的商业旅游景点，仅仅保留石库门的躯壳，内部的性质已经完全颠覆，新天地失去了石库门里弄内在的人文涵义和精神价值。阮仪三教授认为，新天地只是成功的商业运作，而不是好的保护样本，保护石库门更应该"延年益寿"而非"返老还童"。① 石库门里弄的建筑文化内涵被篡改，游客在观光购物之余，无法体验石库门里弄的原真性，无法看到石库门房子原来的历史面目。

四、总结

现代城市发展需要文化创新。2007 年，习近平同志科学提炼和确定了"海纳百川、追求卓越、开明睿智、大气谦和"这 16 字上海城市精神。上海的城市文化，本身具有包容性、创新性的特点，这些正是文化共生的特质。从上海石库门建筑改造和保护的实践经验来看，唯有注重传统文化与现代文化共生共荣，将两种文化有机结合，追求文化创新，才能在繁荣城市经济的同时，更好地保留上海这座城市的文化血脉。而一旦背离了文化共生的基本原则，则容易演变成过度注重经济效益，导致城市文化过度破坏的后果。城市需要发展，以共生理念为基础，提倡对传统建筑文化的保护，探索其创造性转化之道，是城市发展的必由之路。

（胡守钧：复旦大学社会发展与公共政策学院教授，上海市文史研究馆馆员；张凤池：上海师范大学副教授、思想政治教育系主任，上海市德育课程教学研究基地秘书长）

---

① 阮仪三：《"返老还童"造出假老上海——阮仪三批评新天地保护石库门是失败的样本》，《文汇报》，2009 年 9 月 23 日。

从吴淞江到苏州河

葛剑雄

内容提要： 最早滋养今天上海市辖境这片土地和人群的是吴淞江水系和黄浦江水系形成前的诸多河流。到吴淞江成为黄浦江的支流，形成黄浦江—吴淞江（苏州河）水系后，这一水系提供了上海生存、发展，直到成为国际大都会的基本资源和条件。明代黄浦江—吴淞江水系的形成，为黄浦江、吴淞江流域提供了一个连通长江的出海口，奠定上海"江海之会，南北之中"的水运枢纽地位。苏州河成为黄浦江的支流后，市区段宽度不足百米，但在上海由一个江南县城发展成为中国和远东最大的工商城市和国际大都会的过程中却发挥着不可替代的特殊作用，成为上海市的自然和人文地理环境不可或缺的组成部分。

关键词： 上海；吴淞江；苏州河；水运

1843 年上海开埠后，来到上海的外国人逐渐增加。当他们了解到从黄浦江的支流吴淞江可以通向苏州，就将这条河称之为"苏州河"（Suchow Creek）。1845 年 11 月，英国驻上海领事巴富尔与驻上海的苏松太道（上海道）宫慕久签订了《上海土地章程》，确定将洋泾浜（今延安东路）以北、李家厂（今北京东路）以南、黄浦江以西之地 830 亩作为英国居留地，被称为英租界。次年又明确西界定于界路（今河南路）。1848 年 11 月，英国领事阿礼国与上海道麟桂签订协定将英租界西界扩展到泥城浜、周泾浜（今西藏路），北界扩展到"苏州河"，租界面积扩大到 220 亩。大概是因为英国人提出要求时就使用了"苏州河"这一名称，为协定文本所采用，而没有用这条河的正式名称吴淞江。这是

"苏州河"这一名称首次出现在官方文件中，但当时的上海人大多还不知道这个名称，更不会用它取代吴淞江。以后，租界当局编制发行的上海地图将吴淞江北新泾至黄浦江一段标注为苏州河。随着发展成为上海这座新兴城市的主体，租界人口成为上海市民的大多数，苏州河完全取代了吴淞江下游，并且随着市区的扩大由北新泾向上游推移。时至今日，大多数上海人已经不知道吴淞江了。

其实，吴淞江的历史不仅比上海的历史长得多，而且要比这一片土地上的任何聚落的历史都要长。更确切地说，有了吴淞江，才有了它流域的人类文明，才有了包括上海在内的聚落，并最终发展为中国最大的城市。

吴淞江古称松江，因地处吴郡而被称为吴松江。吴郡始建于东汉永建四年（129年），虽然西汉初就因会稽郡的治所在吴县（今江苏苏州市）而称之为吴郡，但普遍使用自应在吴郡设置之后，所以吴淞江的名称应形成于公元2世纪前期。以后又因作为水的专名，松字旁被加了三点而为淞，一般就写为吴淞江，或仍称为淞江。吴淞江的水来自太湖，太湖古称笠泽，因而又有了笠泽江的别称。文人雅士更因太湖水源出于天目山东麓松柏茂密的山丘，又称之为松陵江。

相关的专家学者都认为，松江就是《尚书·禹贡》中的"三江"之一。《禹贡》成书不晚于战国后期至西汉初，那么松江至迟在公元前2世纪初就已存在。至于包括松江在内的三江的确切位置和走向，历来聚讼纷纭，莫衷一是。其实，这本来就是一个不可能有标准答案的问题。因为从太湖往东至海是一片冲积平原，中间只有少数几个残留的山丘。这片平原的尽头还刚刚露出海面，在渐次成陆的过程中还没有形成茂密高大的植被，大多数地方人烟稀少，尚未被开发利用。当年的太湖还没有任何堤坝之类的人为约束，湖水自然汇聚在平原上相对低洼的地方，在水的重力作用下流向更低的地方，最终入海。年深日久，平原上形成了若干条由太湖入海的水道，其中主要的三条获得了东江、娄江、松江的名称，被称为三江。在先秦时期，这些水道都还没有堤坝的约束，加上这片平原几乎没有坡度，水道的比降极低，太湖来水大时自然会泛滥至水道两旁，而来水少时又会形成淤积，这些水道的位置和走向变化频繁。在本来就没有详细确切的记录的条件下，后人根本无法复原。秦汉以降，吴淞江两岸及其流域居民和聚落逐渐增加，开发程度不断提高，水道趋于稳定，直接和间接的记载也陆续出现，有的留存至今，使我们对各阶段的吴淞江有了更多了解。

　　东晋的史料中出现了沪渎这个地名,《晋书·安帝纪》: 隆安五年（401 年）,
"孙恩寇沪渎, 吴国内史袁山松死之"。袁山松抵抗孙恩战死的地方沪渎就靠近
吴淞江的入海口, 此后吴淞江的下游被称为沪渎。沪（沪）字来源于扈, 本意
是一种竹子制作的捕鱼工具。估计是当地人在吴淞江下游靠近入海口普遍使用
扈这种渔具, 使这段河道获得了沪渎的别称。

　　由于太湖来水充沛, 河道深广, 很多河段一望无际, 像烟波浩渺的湖泊,
"可敌千浦", 到唐朝时河道还有二十里宽。便利的航运条件与丰富的水源滋养
了沿岸聚落, 在支流青龙江汇入吴淞江之处形成的聚落青龙在唐朝建镇。青龙
镇的故址在今青浦区北部白鹤镇东境, 往东可沿沪渎出海, 往西可达苏州, 往
南通过顾会浦于松江镇（未来的华亭县治）, 也可通过青龙江连通以南各地。优
越的地理位置、便捷的水运和周围丰富的物产, 使青龙镇日益繁荣。南宋绍兴
初年在此设置市舶务, 成为重要的外贸港口。镇上还先后设置过茶务、盐务、
酒务等机构, 说明这里也是茶、盐、酒的集散地和交易中心。极盛时有三十六
坊、二十二桥、十三寺院、七塔、三亭, 号称"烟火万家", 蔚然江南巨镇。

　　北宋庆历八年（1048 年）, 吴江的吴淞江上建成一座数十孔的长桥——垂
虹桥, 使得了陆路交通, 却在一定程度阻滞了水流。加上对沿江土地的盲目开
垦, 人工堤岸的约束, 吴淞江水道变得狭窄, 这又加剧了泥沙淤积。由于吴江
南的太湖口日益淤塞, 吴淞江的源头改到了瓜泾口。青龙镇以西的白鹤汇和以
东的盘龙汇两段河道曲折, 下游日渐淤塞, 行水不畅, 每到多雨季节极易泛滥
成灾。北宋时先后废弃白鹤汇和盘龙汇, 在其北另开新河, 拉直水道, 使太湖
水经新河直流东泻, 水患减少。但随着沿海新成陆地不断扩大, 青龙镇离出海
口距离越来越远。又因海潮顶托, 吴淞江泥沙淤塞, 海船溯流而上已很难到达
青龙镇, 外贸衰落, 南宋乾道二年（1166 年）市舶务被废。

　　到明嘉靖二十一年（1542 年）设置青浦县时, 青龙镇虽已盛况不再, 毕
竟还是一个吴淞江畔的旧镇, 因而被选为县治。但以后屡遭倭寇侵扰, 嘉靖
三十二年县废。万历元年（1573 年）青浦县复置, 县治迁至唐行镇（今青浦镇）,
青龙镇被称为旧青浦, 从此沦为一个小集市。

　　在青龙镇以东, 吴淞江的下游有一条支流名上海浦。10 世纪后期形成一个
聚落, 因靠近上海浦而得名上海。由于得上海浦与吴淞江的航运、水利之便,

在北宋天圣元年（1023 年）的史料中已经有了"上海务"的记录。至迟在熙宁十年（1077 年），上海务已是秀州的十七个酒务之一，说明上海是酒的集散地和交易中心。至迟在咸淳三年（1267 年），上海已置为镇。按照宋朝的制度，只有在"烟火繁盛处"需要设置监官"掌巡逻盗窃及火禁之事"方称为镇，可见上海的户口、经济都已达到规定的指标。这一发展趋势并未受到改朝换代的影响，元至元二十九年（1292 年）划出华亭县东北的五个乡设立上海县，县治就设在上海镇。

吴淞江下游航运的颓势却在加剧。元至元十四年（1277 年）在上海镇设置了市舶司，成为元朝管理中外商船和对货物征税的专门机构。当时全国设置了七个市舶司，其他六个分别在广州、泉州、温州、杭州、庆元（今宁波）、澉浦（今属浙江海盐县），足见上海在内外贸易中的重要地位。值得注意的是，今浙江沿海已经有四个市舶司，相当密集，还要增加上海，显然是这一带贸易量和征税量大，确有需要。而无论外贸内贸，都离不开吴淞江及其支流的水运功能。但吴淞江的上下游的淤塞日益严重，上游来水减少，"两岸漫沙，将与岸平，其中仅存江洪，阔不过二三十步，深不过三二尺"，下游"入海口故道，潮水久淤，凡湮塞良田百有余里"。到大德二年（1298 年），上海市舶司显然已无法维持，只能并入庆元。至元末，下游自江口河沙汇嘴至赵屯浦约七十里，淤积的滩涂几乎将河道淤平。

但太湖的来水并没有减少，特别是在内涝和多雨时节，已经变得浅狭的吴淞江水道越来越难以及时有效地排入大海，经常泛滥成灾。明永乐二年（1404 年）夏原吉主持治水，鉴于下游河道已无法恢复，放弃了治理，而在中游将吴淞江水引至浏河口入长江，又开范家浜引淀泖水由黄浦出海。由于由范家浜经黄浦入海的水道更加顺畅，而大水量的冲刷又使黄浦下游河道加深加宽，从此黄浦成为吴淞江的入海通道，吴淞江成为黄浦江最大的支流。到明朝中期，北新泾以下的吴淞江改从宋家浜在今外白渡桥以下的位置入黄浦江，延续至今。

黄浦江—吴淞江水系的形成，为黄浦江、吴淞江流域提供了一个连通长江的出海口，奠定上海"江海之会，南北之中"的水运枢纽地位。清初在江苏、浙江、福建、广东四省设立海关，管理自江苏连云港至浙江乍浦沿海二十多个河口的江海关本来设于云台山（今江苏连云港市东北），康熙二十六年（1687 年）

迁至上海。

在上海开埠前，港口主要集中在县城外的黄浦江岸线，吴淞江还在县城郊外。当英租界扩展到苏州河边，就成了新城市的边界。随着美租界的设立和此后与英租界合并为公共租界，加上华界的闸北的城市化，苏州河成了新兴的大都市的内河。一座座新建的桥梁和渡口将南北两岸连成一片，上海话中出现了"浜南""浜北"这两个名词，分别表示苏州河南北两个城市区域。

尽管苏州河已成为黄浦江的支流，市区段宽度不足百米，在上海由一个江南县城发展成为中国和远东最大的工商城市和国际大都会的过程中却发挥着不可替代的特殊作用，成为上海市的自然和人文地理环境不可或缺的组成部分。

开埠之初，整个上海县的人口不过 50 余万，城镇人口估计不过一二十万，但到 20 世纪初市区人口已突破 100 万，半个世纪后已高达 600 万。增加的人口中大部分是外来移民，其中苏南、浙北的移民又占了很大比例，而这些移民迁入上海市区往往离不开苏州河和吴淞江—黄浦江水系。在汽车、火车尚未普及时，太湖流域和江南的移民大多直接乘船，由苏州河进入上海，或者由黄浦江转入苏州河登岸，因为黄浦江岸的码头一般停泊海轮、大船，内河客轮、小船只能停在苏州河边。即使在公路铁路开通后，便宜、方便的水运仍是多数人的选择，在水道密如蛛网的江南水乡，水运可以到达离家最近的码头，甚至直达家门。已经在上海定居的移民，也通过苏州河与家乡保持着密切的来往。1956年夏天某晚，我在家乡浙江省吴兴县南浔镇（今属湖州市南浔区）的轮船码头上了湖州—上海班轮，天亮时已进入黄浦江，看到了传说中的大轮船和高楼。船从外白渡桥下驶入苏州河，停在河南路桥前南岸的码头，我随大人上船，从此成了上海人。

迁入上海的人口中，富人、外国人、知识青年、有一技之长者、甘冒风险者、有亲友投靠者，会以租界或越界筑路地段为定居的首选；其他人、特别是穷人、难民、灾民、苦力往往只能先在华界安身；因为两地的房价、房租、生活费用相差很大，产业构成也不相同。西藏路以西的苏州河，就是租界和华界的天然界限，由此划定的浜南、浜北就像两个世界。苏北发大水、闹饥荒后，一些灾民摇着一只小船，由运河入长江，过江后直摇到苏州河，将船靠在苏州河边，或者找一条支流小河停船。以后找一块空地，弄些竹子、茅草搭一个

"滚地龙"（一种低矮简陋的茅草房），就此安家。男人拉黄包车（人力车）、三轮车，到码头扛包，工地做小工，拾垃圾（收废品），小姑娘到苏州河边的纱厂当童工。在苏州河畔和闸北形成了几片苏北移民的聚居区，到 1965 年我成为闸北区的中学教师时，我们学校的近半生源就来自这些聚居区。在那里，在上海出生的学生也只会讲苏北话，不会讲上海话。

上海开埠后，新建筑成片建造，大楼高楼拔地而起，工厂作坊如雨后春笋，苏州河水运提供了最便宜的物流成本，最便捷的物流手段。特别是那些机器、原料、产品体重量大的工厂企业，像机器厂、面粉厂、纱厂、布厂、丝厂、造纸厂、建材厂、仓库、堆栈，无不竞争苏州河边的土地和厂房，以便让货船直接停靠最近的或自己的专用码头。因此大量产业工人汇聚在苏州河边，成为中共办夜校、发动罢工，组织工人运动，扩大革命力量的红色基地。

西藏路以东的苏州河两岸都属公共租界，浜南、浜北的差别并不大。苏州河与黄浦江交会点外白渡桥更是上海的黄金接点，外滩的高楼大厦逐渐向桥北延伸，也沿着苏州河向西扩展。银行、领事馆、豪华酒店、高档公寓、写字楼、邮政局、俱乐部、电影院、博物馆、报馆、教堂、医院鳞次栉比，在那里工作和生活的人，除了服务人员和警察，就是洋人、富人和高等华人。北岸西段的大片仓储建筑也都是钢筋水泥，坚实稳固，分属各大银行、大企业。在这些建筑的后方，是大片石库门建筑或新式里弄，是上海人口最稠密的居民区。再往南，就是最繁华的"十里洋场"南京路。由此产生的地名不计其数，有典雅的，也有通俗的；有中文的，也是外文的；有含义深厚的，也有莫名其妙的。

一·二八事变，日本侵略军突袭闸北，狂轰滥炸。八·一三事变，日寇全面入侵，中国军队奋力抵抗，闸北沦为战场，被日寇破坏殆尽，工厂民居荡然无存。直到 20 世纪五六十年代，闸北恒丰路与共和路相交处还被称为"三层楼"，因为淞沪会战后，这里是唯一残存的一幢三层楼房。中国军队坚守的最后一个据点——四行仓库，就处于闸北的东南角，东面与公共租界仅一路之隔，南濒苏州河与租界隔河相望。淞沪会战结束后，西藏路以西的苏州河成了阴阳界。河南成为暂时未被日军占领的"孤岛"，利用它的特殊条件，中国和世界的各种政治力量、利益集团在那里活动和较量。中共通过各种途径、以各种方式领导和坚持抗战。高官富豪敛财有道，醉生梦死；芸芸众生艰难求生，朝不保夕。

1949年5月27日，红旗插上了苏州河畔的上海邮电大楼，从此苏州河的历史展开了新的一页，苏州河迎来了她重新焕发的青春。

经常有人问我：上海的母亲河究竟是苏州河还是黄浦江？

最早滋养今天上海市辖境这片土地和人群的是吴淞江水系和黄浦江水系形成前的诸多河流。到吴淞江成为黄浦江的支流，形成黄浦江——吴淞江（苏州河）水系后，这一水系提供了上海生存、发展，直到成为国际大都会的基本资源和条件。吴淞江要不被引入黄浦江，就避免不了逐渐淤塞的命运。如果没有吴淞江水的注入，当年的大黄浦也不可能形成通向长江口的黄金水道。所以，苏州河及其前身吴淞江和黄浦江都是上海的母亲河。

（作者系中央文史研究馆馆员，上海市文史研究馆馆员，复旦大学文科特聘资深教授）

晚清长三角地区的白话运动

陈大康

内容提要:自戊戌变法以降,白话运动在长三角地区逐渐兴起。该地区各地陆续创办白话报,影响辐射至其他地区。白话推广虽遭遇到阻力,但得到越来越多的人的拥护。市场力量的介入,增强了白话声势,但又维持了与文言相平衡的状态,这种平衡直到五四新文化运动后才被打破。

关键词:晚清;长三角;白话

中国古代书面语言历来是文言,与一般大众无缘,这一格局到晚清时开始发生变化。其时列强入侵,特别是甲午中日战争失败,国家已面临亡国的深渊。有识之士意识到唯有开通民智、唤醒大众,方能拯救国家,而书面语言改用白话是向一般大众灌输的重要手段,于是提倡白话的运动开始萌生,其肇兴之地则是当时经济、文化与教育最为发达,且与海外接触最为频繁的长三角地区。

一、白话运动的兴起

最早产生办白话报念头的或为裘廷梁,光绪二十三年(1897年),他建议《时务报》经理汪康年增办一份白话报以开通民智,但未被采纳。不过,白话报还是在该年诞生了。后为同盟会员的陈惟俭创办了《平湖白话报》,日出一小张。其时正值戊戌政变,《平湖白话报》因鼓吹新思想而遭查封。同年十月十三日,章伯初、章仲和等人于上海创办《演义白话报》,其宗旨由创刊号《白话报小引》可知:"中国人想要发愤立志,不吃人亏,必须讲究外洋情形、天下大事；要想看报，必须从白话起头，方才明明白白。"又称该报为"把各种有用的书籍报册演做白话，总起看了有益"。它刊载描写鸦片战争的《通商原委演义》，显然是希望大众了解国家大势是如何演变到今日的地步，再联系该报宗旨是希望中国人"发愤立志，不吃人亏"，可见其创刊与两年前《马关条约》签订，国家面临沦亡危机有着内在的关系。

半年后，即光绪二十四年闰三月二十一日，裘廷梁在家乡创办了五日刊《无锡白话报》，自第五期起，改名为《中国官音白话报》，并改为旬刊。裘廷梁在第十九、二十期合刊本上刊载了《论白话为维新之本》，明确提出"崇白话而废文言"的主张，并认为此为"维新之本"。此篇后又附《开办白话学会简明章程》，意欲联合同志，用白话广译有用之书以开通民智，"举二千年来文人魔障，一扫而空之"。这家报刊以通俗文字介绍俄皇彼得变法、日本明治维新的历史故事和科学普及知识，裘廷梁的侄女裘毓芳在该报先后发表 25 篇伊索寓言，后以《海国妙喻》为名，由上海商务印书馆出版，这是《伊索寓言》在中国的第一个白话译本。百日维新失败后，《无锡白话报》即被查封，前后共刊出 29 期。

百日维新失败后，白话文的提倡也消歇了一阵。光绪二十六年庚子国变爆发，亡国危机加重，在此刺激下，意在唤醒国民的《杭州白话报》于光绪二十七年五月创刊。主笔林白水自号"白话道人"，他办报同时还与蔡元培等成立中国教育会，组织爱国学社。该报内容明显展现了与时局的关系。它自第二期就开始连载《救劫传》，在《辛丑条约》即将签订的前一月，就以小说形式系统描述从义和团起事到八国联军入侵的全过程，连载结束时又附以《评》表明作者的创作目的："欲开民智，莫如以演义体裁，编纂时事，俾识字而略通文义之人，得以稍知大概。"篇后《跋》又云："中国地大物博，人民四百兆，虽经此番创巨痛深，安在无自强之日。"该报又连载《中东和战本末纪略》，其篇首即云："咳！现在的中国，是久已被外国人看轻的了。"国家危难之际，清政府"仍旧不肯变法，不肯维新，以致庚子这年，又有拳匪之乱，比甲午那年的祸，闯得更大"，而作者"把甲午那年战败的事，详细演说一番"，目的就是希望"百姓大家发愤，同心报仇"。

《杭州白话报》的其他作品也多紧扣时局：《波兰国的故事》讲述俄国与列强如何将波兰"同那分西瓜一般，都占去了"，而这"同我们中国的情形有几分相像"①。《美利坚自立记》题解云："'自立'就是自己强起来的意思"，作者希望民众学习这一精神，"好替我们中国争争气呢"。《俄土战记》讲述土耳其如何被列强欺凌，篇末作者向读者呼吁："列位，我们都是中国人，照现在的景象比较起来，与土耳其也相去不远了。但是大家若果有志气，还可以救得转来。"《菲律宾民党起义记》讲述菲律宾百姓如何反抗侵略，作者借此号召中国人团结起来，"讲究那保护种族的道理"②。而《檀香山华人受虐记》则是以事实让读者明白，倘若中国灭亡，人们将会遭受怎样的冤惨。

《杭州白话报》的特色是"通文字于语言，与小说合而为一"，以期达到"使人之喜看者亦如泰西之盛，变中国人之性质，改中国人之风气"之目的③。它还刊载一些外国百姓从自己做起，原先"却和中国现在相仿"的国家得以厕身强国之列，"这多是他们国民的头颅掉换得来的，志士的热血浇灌出来的"④。该报用白话讲述这些故事，就是希望普通百姓"脑筋里也有国家思想，也有国民精神"⑤，从而"把极贫极弱的中国，变成极富极强的中国"⑥。《杭州白话报》问世后不久即获得较好的社会反响，"日来销路甚旺，每期可售二千分（份）"⑦，这也说明人们开始接受提倡白话的思想。

从光绪二十三年到二十七年的四年里，随着国家沦亡危机的加重，用白话向广大民众灌输救国思想的呼声渐起，白话报的创办则是其表现之一，按今日的行政区划，上海、江苏与浙江是其兴起之地。

二、长三角与其他地区的呼应

上述几家白话报问世后，很快在长三角地区引起反响，最先呼应的是光绪二十七年九月包天笑、尤子青创办的周刊《苏州白话报》，其缘起"乃由于杭州

---

①　独头山人（孙翼中）:《〈波兰国的故事〉序》，光绪二十七年五月初五日《杭州白话报》第一年第一期。

②　宣樊子（林獬）:《菲律宾民党起义记》，光绪二十七年九月二十五日《杭州白话报》第一年第十五期。

③　未署名:《〈杭州白话报〉书后》，光绪二十七年六月初三日《中外日报》。

④　黄海锋郎:《日本侠尼传》篇首语，光绪二十八年《杭州白话报》第二年第一期。

⑤　黄海锋郎:《日本侠尼传》篇尾语，光绪二十八年《杭州白话报》第二年第三期。

⑥　白过日子人:《三大陶工故事》篇尾语，光绪二十八年《杭州白话报》第二年第六期。

⑦　《外埠新闻·杭州》，光绪二十七年六月初六日《中外日报》。

有人出一种《杭州白话报》而触发的"①。所载全都用白话演述，宗旨是"开通人家的智识"，"也教人容易懂"②。该报先后刊载《国家同百姓直接的关系》《论大家要争气出力》《论妇女缠足的大害》等论说，还刊载各种新闻，特别注意如戒烟、放脚、破除迷信、讲求卫生等内容，另又有通俗故事和民间歌谣等。此报何时停刊不详，其后包天笑又参与王薇伯创办的《吴郡白话报》。这家半月刊光绪二十九年十二月问世于苏州，读者定位于"略为识字的人"，宗旨为"把各种粗浅的道理学问、现在的时势，慢慢地讲给你们知道"③。该报由于表现出明显的排满革命倾向，很快就遭清政府查封。

在这段时间里，长三角地区还先后有几家白话报问世。光绪二十八年十二月，唐孜权主办，砭俗道人主编的月刊《智群白话报》在上海创刊。它第二期所载《国民教育》的《小引》中，有段话可视为办刊宗旨："特地演成白话，给那识字不多的人看看，也好添些国家思想，生些爱群念头，不知不觉，就好成功自治自立的人才了。"该刊设有论说、砭俗、教育、生理、小说、唱歌等栏目，它存世时间不长，估计发行三期后即停刊。翌年五月，光复会会员王子余为"唤起民众爱国，开通地方风气"，创办旬报《绍兴白话报》，并获蔡元培、秋瑾、徐锡麟之相助，曾刊载秋瑾所撰《大通学堂第二次招生广告》《中国妇人会章程》《劝女子亟宜进学堂》等文，由此阵容，也可知其政治倾向。该报设有论说、大事记、中国近事、外国近事、绍兴近事等栏目，有较强的新闻性与可读性。同年十月，旅沪宁波同乡会为"开通宁波民智，联络同乡之感情"，于上海创办半月刊《宁波白话报》。该报鼓吹实业救国，提倡移风易俗，呼号独立、排外，它出版十四期后停刊。十一月，曾创办《杭州白话报》的林獬在上海创办半月刊《中国白话报》，以"鼓吹爱国救亡"为宗旨设论谈、新闻、实业、文明介绍与小说等十六门，所载《说君祸》《白话扬州十日记》等文，评判矛头直指清政府。该报出至第二十四期停刊。

光绪三十年，新办的白话报在长三角地区仍不断出现。二月，陈独秀在芜湖创办半月刊《安徽俗话报》，是"要用顶浅俗的话"，让"无钱多读书"的

---

① 包天笑：《钏影楼回忆录》，山西古籍出版社、山西教育出版社，1999年版，第212页。
② 《苏州白话报简明章程》，光绪二十七年九月《苏州白话报》第一册。
③ 《做吴郡白话报的缘故》，光绪二十九年十二月《吴郡白话报》。

人"通达学问，明白时事"。该刊具有较强烈的爱国、反封建色彩，陈独秀曾以"三爱"笔名在发表《亡国篇》《说国家》等文评判清政府，还撰写小说《黑天国》揭露俄国的专制政体，影射国内的意味十分明显。为此，它在十月被官府勒令停刊，翌年二月复刊后，出至八月第二十二期停刊。该刊创办半年时曾宣称："每期由一千份增至三千份，销路之广，为海内各白话冠。"① 它在当时的影响由此可见。

该年，上海新出两家白话报，但今未见，而通过当时报上广告，可对其稍有了解。一是三月十五日上海《中外日报》的《白话日报》广告，称"凡有上谕、论说、奏折、章程、新闻、译报、学术、行情、小说、告白，全用官话，生字、新字皆下注解，好教不通文理的看呀"。一是十月二十六日上海《新闻报》刊载"蒙小学堂必阅《初学白话报》第一号已出"广告，称"本报为开启智识起见，爰采择时事，撮取中外历史、泰西科学，衍为白话，辅普及教育所不逮"，这家旬报的总售处在上海大马路亿鑫里世界繁华报馆。

浙江也是新出两家白话报。一是四月史庚身、钱玄同等人发起的半月刊《湖州白话报》，后办报人多留学日本，故于东京编辑，上海出版。该报反对清朝封建帝制，提出"扬大汉之天声，述亡国之惨史"，刊载了介绍扬州十日、嘉定三屠与康乾两朝文字狱等揭露清王朝残暴的文章，其封面只写"甲辰年"而不标"光绪三十年"，也表明了办报者立场。创刊号首篇《〈湖州白话报〉发刊词》开篇即言："你看看《杭州白话报》《宁波白话报》《绍兴白话报》说得何等痛快，办得何等起劲。"表明了该报受其影响而办。一是九月徐一冰创办的半月刊《南浔白话报》，其宗旨是"要使阅者于智识文理两有所益"②。该报自第八期起，改名为《南浔通俗报》。

该年江苏也新出两家白话报。一是八月常熟琴南学社的月刊《江苏白话报》，以现所见第三期，可清楚其政治倾向。该期首页是明末抗清英雄瞿式耜的画像，这不仅因为他是常熟先贤，编者选载更重要的原因，则是他的抗清事迹。文章首篇《论西藏条约》严厉地批判清政府"直把中国的全权送给英国"，贯彻了同样意图。该刊为开启民智，也刊载了《益智问答》一类普及性的文字。一

---

① "本社广告"，光绪三十年八月十五日《安徽俗话报》第十二期。
② 《南浔通俗报》，光绪三十年九月初五日《中外日报》。

是十一月杜课园在镇江创刊的月刊（后改半月刊）《扬子江白话报》，杜课园原编辑出版文言的《扬子江》月刊，后改版为白话报。该刊以"监察社会，开通风气"为主旨，反对政府腐败与列强侵略。该刊为开启民智设有学问、实业、地理等专栏，同时也刊载小说、文苑、传记甚至唱歌等作品提高人们的阅读兴趣，它曾连载小说《警察怪现状》，由此篇名也可窥见该刊的倾向。

此后长三角地区新出白话报的速度相对放缓，现所知者，有光绪三十四年在上海创办的《国民白话日报》《安徽白话报》与《白话小说》，以及在无锡创办的《白话报》（又名《锡金白话报》），宣统二年又有《上海白话报》与杭州的《浙江白话新报》。这些报刊的宗旨、所设栏目与表现手法与上述白话报相仿，其问世是先前白话报创办高潮的延续。

在长三角地区纷纷创办白话报的影响下，其他地区有识之士为开启民智与宣传救国思想，也开始创办白话报。光绪二十九年八月，彭诒孙于北京创办旬刊《京话报》，创刊号所载之《海国妙喻》与《波兰国的故事》，编者都注明是转载自《无锡白话报》与《杭州白话报》。光绪三十年，曾协助创办《绍兴白话报》的秋瑾在日本东京创刊《白话》，她连续发表了《敬告中国二万万女同胞》《敬告我同胞》等文章，倡导男女平等，呼吁爱国救亡。同年，江西留日学生于东京创办《新白话报》，宗旨是"以白话演新理新学，务期合于我国多数人之程度，障迥智识退化之恶潮"[1]。该年国内其他地区问世的又有广东的《潮州白话报》与福建的《福建白话报》。此后，还陆续出现了新的白话报，如保定的《直隶白话报》与《地方白话报》，北京的《白话国民报》与《大同白话报》，广州的《广东白话报》与《岭南白话杂志》，吉林的《吉林白话报》，天津的《天津白话报》等等，它们的兴办，显示了长三角对其他地区的辐射作用。

三、白话运动向文化界的蔓延

《杭州白话报》按期数出满两年时，它曾兴奋地小结：

> 即如辛丑那年，不过一个《杭州白话报》。到了癸卯，便有了《中

---

[1]　新白话报社：《〈新白话〉第一期出现》，光绪二十九年十二月十五日《中外日报》。

国白话报》《绍兴白话报》《宁波白话报》。到了今年，三个月还未过完，那《安徽俗话报》《吴郡白话报》《福建白话报》都已陆续出来，如此递推下去，不上三四年，定然成一个白话世界了。①

后来各地白话报的兴办，也证实了白话推广是适应时代需要的运动，但要真的迎来"白话世界"并不是一件轻松的事，实际上后来白话报创办虽多，但多为短暂的闪现。

其时推广白话遇到两个障碍，其一是封建守旧派的强烈反对，其原因甚明，无须多言，另一类人则有点出人意外，他们主张或不反对白话推广，自己却坚持文言写作，其中梁启超可为代表。他曾告诫狄葆贤："俗语文体之嬗进，实淘汰、优胜之势所不能避也。"若提倡白话，"则后此祖国思想言论之突飞，殆未可量"②。可是梁启超自己却艰于使用白话。他曾有心用白话翻译《十五小豪杰》，译了几回，颇感艰涩笨拙，每小时"仅能译千字"，改用文言后，"则译二千五百字"，有"劳半功倍"之效，他还感叹道："语言、文字分离，为中国文学最不便之一端。"③有人努力用白话写作，但感到"下笔之难，百倍于文话"④。据此易于理解，为何一些人理论上承认推广白话的必要性，但动笔时还是选择了文言。如"无竟生"与吴士毅合译的《大彼得遗嘱》舍白话而用文言，理由就是"如演成通行白话，字数当增两倍，尚恐不能尽其意，且以通行白话译传，于曲折之处惧不能显，故用简洁之文言以传之"⑤。周树人翻译《月界旅行》时也说："初拟译以俗语，稍逸读者之思索，然纯用俗语，复嫌冗繁，因参用文言，以省篇页。"这种观念当时为许多人所共有，"天虚我生（陈栩）"登报声明出售稿件时明码标价："白话小说每千字二元，弹词每千字三元，传奇每千字四元，文言同。"⑥白话小说的身价甚至连弹词都不如，与文言相较，只值其一半。

然而一些有识之士明白，文言无法实现开启民智、唤醒自强救国意识的目

---

① 杭州白话报社：《论本报第三年开办的意思》，光绪三十年四月初五日《杭州白话报》。
② 狄葆贤：《论文学上小说之位置》，光绪二十九年十二月《新小说》第七号。
③ 《十五小豪杰》第四回回末"译后语"，光绪二十八年三月十五日《新民丛报》第六号。
④ 姚鹏图：《论白话小说》，光绪三十一年正月三十日《广益丛报》第六十五号。
⑤ 《大彼得遗嘱》篇首"译言"，光绪三十年十月二十五日《时报》。
⑥ 《征词章小说者鉴》，光绪三十四年五月十九日《中外日报》。

的，因此他们坚持运用白话。"大陆小少年"翻译《云中燕》后在"叙言"中写道："是书亦足为振起少年精神之一助，爰亟译为俗语，以饷我同胞诸昆仲姊妹。"《世界豪杰美谈记》讲述西洋一专制国，"政事日迫，内忧外侮，相逼而处"的情形与当时中国十分相像，译者便急欲让国民大众知晓其故事，于是长达四十五回的小说就采用了"白话体例"①。程宗启为普劝妇女改变缠足陋习而作《天足引》，为保证作品的社会功效，白话便为不二之选，甚至"连每回目录都用白话的"②，鸿文书局出版时也强调："纯用白话，浅近易知，老妪都解。"③

　　白话推广得力于有识之士的坚持，而能在社会上较快地推行，商家助力是重要原因，因为白话读物拥有庞大的读者群，这意味着利润的快速增长。小说林社出版《钱塘狱》时着意介绍其通俗性："以简便之笔，用白话演出，洵足占近时著作之一席而无愧。"④改良小说社出版《北京繁华梦》，广告词是"纯用北京白话编成，人人可读"⑤。群学社推出《禽海石》时突出两个亮点："纯用白话体编述，描写男女爱恋之情。"⑥商务印书馆宣传《珊瑚美人》时强调"全书纯用白话，描写得神，尤为爽心悦目"⑦，介绍《文明小史》的第一句话就是"用白话体裁，演说中国社会腐败情状"⑧。商务印书馆还常在各报上登载所刊小说的清单，不少作品的价格前醒目标上"白话"二字，以便读者购买时选择。

　　出版商的态度直接决定了传播领域的状态，一些习惯使用文言的人也开始改用白话。光绪三十二年五月十二日《时报》刊载包天笑的"预告读者"："《毒蛇牙》今日竣译。明日拟译登《销金窟》，用白话体。"晚清时报刊登载小说，是借以扩展销路，而白话小说受众面远大于文言小说。办报者自然得尊重读者的要求，于是作、译者便得如此行事。此例并非个案。鸿文书局曾出版《上海之维新党》初编，等二、三编面世时，其广告宣称，"现在全书均已改为官话"⑨，

---

① 《社会小说〈立宪鉴〉》，光绪三十三年二月二十日《神州日报》。
② 程宗启：《〈天足引〉白话小说序例》，上海鸿文书局光绪三十三年版第 1 页。
③ 鸿文书局新书广告，光绪三十二年九月二十日《时报》。
④ "新出版"，光绪三十二年十一月初四日《时报》。
⑤ "请看新出小说"，宣统三年四月二十四日《申报》。
⑥ "上海群学社广告"，光绪三十三年九月《月月小说》第一年第十号。
⑦ "商务印书馆新出小说"，光绪三十一年八月初七日《中外日报》。
⑧ "最新小说《文明小史》"，光绪三十二年十一月十一日《中外日报》。
⑨ "鸿文书局新小说广告"，光绪三十三年三月二十四日《神州日报》。

所谓"官话"即白话。显然，初编发行后得到了读者的反馈，书局为保证销路才会要求作者改动。形势如此，有的作者不待书局吩咐，便自行动手。"梦花居士"的《奇遇记》原是文言，出版前他"改为白话浅说，以便一目了然"[1]。江阴香的《九尾狐》也是"删文言而用白话"[2]，借以保证畅销。出版界明白，使用白话将使巨大潜在的读者群变为实际购买者，尽管反对白话声不绝于耳，可这如何敌得上利润的吸引，而白话书籍或报刊纷纷面世，在社会上造成了相当大声势，积极推动了白话的逐渐普及。

当然，出版界不会放弃有较强购买力的偏好文言者，他们的这番计较在各种征稿启事中反映得相当充分。"文话白话，色色都全"[3]是此时商务印书馆的出版特点，改良小说社征稿时就特地说明是"不论文言白话"，允诺一样"酬以相当之价值"[4]。《小说林》创刊号的《募集小说》启事，明确声明"词句不论文言白话"，《小说月报》创刊号的《编辑大意》宣称："长篇短篇，文言白话，著作翻译，无美不收。"甚至着意宣传白话的《安徽白话报》，创刊号上的"本社特别广告"也宣称："或白话体，或文言体，凡与本报宗旨相同者，当即刊登。"《扬子江小说日报》的做法便是"一版登白话小说，二版登文言小说"[5]，不偏不倚，平分秋色，读者自可凭自己喜好各取所需。

白话与文言保持了相对均衡的状态，直到五四新文化运动时，平衡状态才会被打破，白话才逐渐趋于定于一尊。五四时率先倡导白话的是陈独秀、胡适与《新青年》，陈独秀先前就创办《安徽俗话报》，胡适主持《竞业旬报》时也坚持用白话写作，他们在晚清时就已积极推广白话，又同是安徽人，活动于上海，由此也可窥见晚清白话运动与五四白话运动之间一脉相承的关系，以及长三角地区在白话运动中的作用。

（作者系上海市文史研究馆馆员，华东师范大学中文系教授）

---

① 《奇遇记序》，载《奇遇记》，新小说社光绪三十三年版。
② "灵岩山樵"：《九尾狐序》，载《九尾狐》初集，上海社会小说社宣统元年版。
③ 《游览商务印书馆三十六种陈列品记》，光绪三十三年十一月二十二日《顺天时报》。
④ "改良小说社征求小说广告"，宣统元年五月初九日《时报》。
⑤ "看！看！看！《扬子江小说日报》出现"，宣统元年八月初八日《汉口中西报》。

儒商、儒商风采与当代长三角企业家

沈祖炜

内容提要：中国社会不乏尊崇儒商的传统。"富"与"贤"的结合，摆正义利关系，即所谓儒商的标准。近代社会儒学衰微，可是不少民族企业家仍展现了儒商的风采，他们践行实业救国的理念，具有民族大义和社会责任感，推动了近代社会的发展。改革开放以来，全国，特别是长三角地区市场经济发展过程中涌现出许多优秀的企业家，他们乐于为国奉献，热心社会公益事业，展现了传统的儒商风采，他们是中国特色社会主义所要求的新型企业家。

关键词：儒商；儒商风采；新型企业家

中国传统社会重农抑商，商被视为末业。"万般皆下品，惟有读书高"，是社会的主流价值取向。不过"贾为厚利，儒为名高"，儒与商结合，或"贾而好儒"，或"先儒后商"，具有儒家价值观和风采的商人常被称为儒商，并得到推崇。到了近代，社会经济向资本主义转型，出现了一批近代企业家，他们以学识，特别是近代科学技术和经营理念而区别于传统的儒家，但是他们有家国情怀和社会责任感，这一点又近似于儒家的价值追求，因而他们也被广义地赞誉为儒商。在当下改革开放的新时代，社会主义市场经济更呼唤广大企业家继承儒商传统，摆正义利关系，具有服务社会、报效国家的高远理想，这样的企业家就是中国特色社会主义所需要的新型儒商。

一

言及儒商，人们都以春秋时期的范蠡为儒商之鼻祖。范蠡之为政，叱咤风云，经商更是如鱼得水。他助越王勾践"十年生聚十年教训"，最后"三千越甲可吞吴"，成就了越国的复国大业。当范蠡觉察越王寡恩少义，便带着西施离开越国而游于江湖。范蠡逃亡齐国，经营十余年，跃为齐国首富，齐王请他出山为相，他却散尽家财，挂印而去。范蠡迁到鲁西南定陶，凭着自己的经营才能，再度成为富甲天下的名商大贾，后人尊其为陶朱公。《史记》评价范蠡"累十九年三致金，财聚巨万"，且"富而行其德"，能仗义疏财，施惠于民。

以范蠡为圭臬，我们认识中的所谓儒商，至少应当有两大特点。一是有经营才能，成为成功的商人；二是能够遵行儒家的道德规范，体现重义轻利的儒家信条。"富"与"贤"二大特点不可缺一。至于范蠡之仕宦或下海，则不是称其为儒商的关键因素。

儒商被社会看重当然是因为其跻身于绅士阶层。中国传统社会的基本架构是专制官僚体系与地主、小农经济体系的结合，而黏合社会两端的则是主导底层社会的绅士阶层。据张仲礼《中国的绅士》[1]研究，成为绅士的标准门槛是所谓的功名，而功名的获得非熟读儒家经典而不可得。经济繁荣同文化教育发达，在地域上的关联度非常密切。据统计，清代有状元114人，其中出自江苏的49人，浙江20人，安徽24人，此长三角三省竟占状元总数的一大半。所以江浙皖经商世家都会送子弟习儒，通过中举仕宦来光耀门庭，从而提升家族的社会声誉。成功商人往往同儒学结有不解之缘。这不仅是儒学训练在当时的社会中几乎等同于接受正统的教育，具有一定文化程度的人从事经营活动时往往比较有头脑，善于筹算，懂得审时度势，因而成功几率也比较高；而且接受过儒学熏陶的商人，主张"以诚待人""以信接物""以义为利"，这样的秉性容易被社会所接纳。能够从长远利益着眼，不拘泥于眼前小利，也是经商成功的重要条件。进一步来说，"贾而好儒"也有利于攀附政治势力。例如盐商同官府的关系就很密切，因为食盐历来为国家专营，明清时期盐法几经变更，而两淮盐商作

---

① 张仲礼：《中国绅士——关于其在 19 世纪中国社会中作用的研究》，上海社会科学院出版社，1991 年版。

为盐政官员推行盐法操盘手的地位没有改变。官府选择盐商的条件有二,一是
"资重引多"① 的富商,也就是商人中的家道殷实者;二是明白晓事,懂得官场运
作规则,能够"以录有司之事"的"干敏者"②,那是非"贾而好儒者"莫属的。两
淮盐商大多为徽州商人承担,其重要原因就在于徽州地区儒学盛行,徽商中有
许多人受过儒学教育。徽商分为"儒贾"和"贾儒"两种,"贾名而儒行者"谓之
"儒贾","以儒饰贾"者谓之"贾儒"③。无论是"儒贾"还是"贾儒",都是官府乐
于待见的,两淮盐商结交朝廷权贵,靠的也是"业儒""好儒""亦贾亦儒"的
特点。

　　明清社会经济发展带来的社会结构性变化,是官商关系愈加密切、商人与
士人的结交更加频繁。"学而优则仕",士人入仕为官,本是中国社会的特点,
而官宦子弟经商,商家子弟业儒,官、商、士三者之间的联姻,越来越成为社
会常态,则是新的现象。商、儒、政,原本是不同的社会阶层和不同的人生道
路,但是在"儒商"的旗号下,却又有了很多的契合点。

二

　　近代中国经济的主要特征是,在西方资本主义的压迫下向资本主义市场经
济的艰难转型。在此过程中,儒学逐渐衰败,可是尊崇儒商的传统反而在新的
历史环境中得到了发扬光大。

　　首先是新的经济机会,使更多的"业儒者"可以"先儒后商"。在长三角,
这样的几率更多。

　　被称为上海地方士绅的代表人物的李平书就是从儒到商的典型。李平书自
幼习儒,长而为仕,曾先后出任广东陆丰、新宁、遂溪三个县的知县。后来退
出仕途,游移于官场边缘。曾入张之洞幕,曾任江南制造局提调、中国通商银
行总董。这都还是为官府办差,但是也是从这一时期起,李平书开始从儒业仕
途向商道转轨。时值上海开埠以后,新式工商各业兴起,李平书对于租界市政

---

① 乾隆《两淮盐法志》卷十四《课入》。
② 蒋兆奎:《河东盐法备览》。
③ 张海鹏、王廷元主编:《徽商研究》,安徽人民出版社,1995 年版,第 389 页。

设施尤为关注，觉得这是事关民生和社会进步的事业，意义重大，他从义利权衡中，强调义的价值，因而出资创办当时华界的水厂、电厂，以求改善华界的市政设施。他积极投身清末上海地方自治运动，拆除禁锢老城厢发展的旧城墙。在辛亥革命的重要关头，他从立宪派毅然转化为革命党的有力支持者，成为辛亥上海光复的功臣。严格地说，李平书不像一个将本求利的普通商人，他做的事情往往超越生意经的考虑。1906 年李平书在昆山私人投资建立垦殖公司，"经营二年，费两万金，占地一方里有余。面积不大，养殖种类不少，费两万金，荒瘠之去变为沃壤。全年收入约可万金，除去费用，亦得其半"[1]。昆新垦殖公司的成功证明李平书具有经商才能，可是李平书有更大的事业追求。他放弃了中国通商银行每月 240 两的高薪，而自愿办理地方自治事务。当曾铸、张謇发起成立中国图书公司时，李平书也是一个积极的参与者，没想到公司陷于经营困难，最终沦为一场失败的投资。但是李平书义无反顾，并没有把盈利看得太重，而是期望于图书公司能为国民教育做出大贡献。[2] 这就是儒商有别于一般商人的地方。

　　同李平书相比，张謇更可以说是一位从官僚士绅阵营走出来的近代企业家。他的状元身份、他在清廷或北洋政府担任要职的地位，使他从商办企业具有不同于一般商人企业家的政治目光。纵览张謇一生，他当然是个有影响力的政治人物，在清末立宪运动和辛亥革命的历史变革中张謇的作用都值得研究评价。就张謇的经济活动而言，他抱有明确的经济主张，认为振兴中国经济须发展棉纺织业和钢铁工业，他是"棉铁主义"的积极倡导者。他创办了大生系统的近代工业企业和轮船运输公司，被称为状元企业家，他还围绕他的家乡南通地区，着力于地方建设。他推广植棉、盐垦可以说是棉纺织业产业链的延伸，他办学校、办博物馆、搞城市建设、从事慈善事业，就不能简单地从"在商言商"的狭隘角度来解说了。张謇显然具有儒家倡导的社会责任意识，服务桑梓的大义观念，后人称其为"南通现代化之父"，我觉得这个称呼也点出了张謇作为一代儒商的特殊作用。

　　穆藕初是近代企业家中另外一种带有儒商色彩的人物。他出身低微，早年

----

① 《开垦江浙荒地论》，《字林沪报》1883 年 5 月 15 日。

② 参见冯绍霆:《李平书传》，上海书店出版社，2014 年版。

当过花行学徒、小职员，后来赴美留学，学习现代企业管理，学成归来投入创办企业的实践。穆藕初投身实业带有明确的爱国主义动机。因甲午战败，穆藕初"心中之痛苦，大有难以言语形容者"，"求西学之决心，于是时始"，并立志学成以后"效力于社会国家"①。穆藕初留美，从农学入手，继而转攻纺织和企业管理学，他还翻译了泰勒的管理学名著，以《工厂适用的学理的管理法》为书名，在国内推广。穆藕初回国以后就开始了创办实业的活动。他创办了德大、厚生、豫丰三家纱厂，还发起成立华商纱布交易所、中华劝业银行、华商纱厂联合会等。他勤于笔耕，撰写了许多经济和企业管理方面的论著。他热心公益事业，参与举办中华职教社，创办穆氏文社、位育小学、位育中学。资助过罗家伦、方显廷等优秀学子出国留学，还出资成立"昆曲保存所""昆剧传习所"，保护了濒临危局的优秀昆剧剧种。抗日战争时期他试制的"七七纺机"得到广泛推广，支持了大后方和根据地的生产建设。

对于穆藕初这样身份多样，涉及领域广泛的人物，如果以狭义的儒商来归类，似乎也不甚妥帖。穆藕初的知识结构肯定有别于传统儒学，他绝不同于传统儒生，他受到新学，特别是现代管理学专业的系统训练，然而传统儒学重义轻利的精神、历代儒商珍惜的家国情怀在他身上仍留有深深的烙印。我们不必对穆藕初这样的企业家作甄别与评判，进而贴上一个儒商的标签。然而从穆藕初身上倒是可以想见，正是近代社会的变迁，造就了更多儒商精神的外溢和儒商风采的泛化。这对中国企业家精神的提升发挥了积极的作用。

许多近代企业家信奉儒家的仁义道德，不过在新的时代，儒学的"义"已经被赋予了新的内涵，义不仅是指个人的道德情操，并且指更高层次的民族大义。许多优秀的企业家始终高举爱国主义的旗帜，他们经商办企业的初衷，常常是将民族大义放在前，或是"堵塞漏卮"防止利权外溢，或是身体力行"振兴实业""实业救国"。新式机器制造业的先驱朱志尧认为，"一矿之兴，一厂之设，可以养活数万数十万人"。② 为此，他割舍祖传沙船业、钱庄业的经营，转入了当时风险较大的新的机器制造业。张元济的商务印书馆以扶持教育事业为企业

---

① 《藕初五十自述·文录》上卷，商务印书馆，1926 年版，第 6 页。
② 朱恩源：《朱志尧事迹》（未刊手稿，上海图书馆藏），第 12 页。

的基本宗旨，坚持"不粗制滥造，不唯利是图，讲求质量，出版对读者有益的书"。张元济还强调，要"牺牲营业主义"，坚持出版微利甚至亏损的古籍，以"保存吾国数千年之文明"。

　　近代中国遭遇强敌侵略，处于民族危亡的困厄环境，因而对于商人企业家在大是大非面前，如何处理义利关系，就形成一种民族气节的考验。经不起考验的人是够不上儒商资格的。1931年一·二八事变，日军直逼上海。五洲大药房项松茂毅然组织起一支义勇队，准备阻击日本侵略军。日军视其为眼中钉，肆意拘捕了部分五洲员工，项松茂挺身而出前往日军司令部营救。面对日军威逼利诱，项松茂抗争不屈，最后被日军残酷杀害。有人评价项松茂说："明哲保身，不抗日，不拒货，可以不死；不救人，不冒险，可以不死；对倭酋长跽乞怜，肯屈肯辱，可以不死。而项君竟以抗日、拒货、救人、冒险、不屈、不辱死矣！"项松茂曾经手书一联："平居宜寡欲养生，临大节则达生委命；治家须量入为出，徇大义当芥视千金。"[1]把作为企业家的自己应当如何对待身家性命，如何处理事业成就和道义理想的关系说得明明白白。项松茂是为抗日献身的第一个中国企业家，他的民族气节充分展示了近代的儒商风采。

三

　　改革开放四十年来中国的民营经济蓬勃发展，出现了一大批经济实力雄厚的民营企业家，其中不乏传承了儒学传统的"贾而好儒者"，但是更多掌握新的科学知识的知识分子，他们未必崇尚传统儒学或者什么新儒学，但是他们对于历来儒商的义利观、社会公德心、家国情怀也抱持赞同态度，并愿意认真践行。在我看来，这样的企业家就是当代社会的具有儒商风采的新型商人。

　　按照当代"新儒家"学说的代表人物，哈佛大学燕京学社杜维明先生的说法，当代儒商是企业界中的公共知识分子，他们不仅是企业家，还关心政治，参与社会公益事业，在发展企业的同时，注重文明进步，也许他们不是经商最

---

　　① 参见沈祖炜、杜恂诚主编:《国难中的中国企业家》，上海社会科学院出版社，1996年版，第11—13页。

有效率的人，但是他们是商界的领袖。然而杜先生又认为，目前中国没有儒商，因为儒商需要具备深厚的文化底蕴。但是，他说正走在成为儒商路上的人很多，因为在中国企业界，参与社会、注重文化的人现在越来越多。①

杜先生显然关注到改革开放以来中国民营企业家群体的实际状况，一方面是知识结构同传统儒商存在巨大差异，儒学早就式微；另一方面是新一代企业家参与社会建设、参与公益事业的积极性越来越高。鉴于这样的实情，似乎可以说，虽然今天中国儒商尚在路上，可是儒商风采却仍然随处可见。

千千万万民营企业家所抱持的为国家富强人民幸福的意愿和所做的努力是得到当下社会高度肯定的。我熟悉一位上海的民营企业家管宝隆先生，生意做得不算太大，同当下一些大老板动辄几百亿几千亿没法比肩，可是他的理念却令人钦佩。他说，自己的事业成功得益于改革开放的大气候、好时机。自己作为民营企业只是抓住了市场经济的机会，看准了方向而已。企业家要有价值发现的敏感性，也要有全力以赴的决断力。他觉得自己的成功得益于党和政府方方面面的帮助，因而企业盈了利，就不能忘记回报社会。多年来他始终秉持尽力而为、量力而行的态度，参与各种社会慈善活动和公益事业。对于群众性文艺活动，他也赞助。群众画展、居民小区建设，他都出资。遇到汶川地震、长江水灾这样的大事，他更是挺身而出响应慈善基金会和红十字会的募捐活动。平时他资助总工会开展慰问区内各级劳动模范的活动，资助教育局开展帮困助学活动，资助寺庙开展祈福帮困活动，资助老年基金会开展敬老工作。管先生所做过的好事太多了，几乎年年月月有善事。社会对此给予高度肯定，他在民主党派组织里任职，在民营企业家协会里任职，在华侨企业家组织里也任职。他还被评为"中华慈善之星"。他说，他并不想要太多的社会兼职，但是可以团结和带动更多的新一代工商业者为社会做善事，却真是自己的愿望。管先生一生关爱他人，自己却英年早逝，2020 年 58 岁的他离开了我们。尽管管宝隆自己从来没有认为自己是什么儒商，但是他的所作所为，同儒学的义利观、儒者的道德情操、儒商的报国爱乡精神都是息息相关的。我觉得这就是儒商风采在现代社会的生动展现。

---

① 参见百度百科杜维明和新儒学各相关内容。

关于社会分配的理论，现在人们强调，一次分配讲效率，二次分配讲公平，三次分配讲平均。不过就儒商风采而论，三次分配只能是企业家的自觉，是成功企业家自觉承担的社会责任和爱心奉献。这也是今天谈论儒商和儒商风采时必须言明的。

（作者系上海市文史研究馆馆员，上海市文史研究馆原馆长）

"隆万之变"与江南文化

徐建融

内容提要：隆庆、万历之际，是中国文化由"古典"向"现代"转捩的一个重要节点。个人精神物质欲望的诉求，取代社会的担当，成为这一时期主流文艺的价值取向。"独抒性灵"的诗文书画，尤以江南为风雅的渊薮。

关键词：李贽；性灵；小品文；文人画

> 正（德）嘉（靖）以上，淳朴未漓；隆（庆）万（历）以后，运趋末造，风气日偷。道学侈谈卓老（李贽），务讲禅宗；山人竞述眉公（陈继儒），矫言幽尚。或清谈诞放，学晋宋而不成；或绮语浮华，沿齐梁而加甚。著书既易，人竞操觚。小品日增，卮言叠煽。（《四库全书总目》卷一三二《续说郛》提要）

这是《四库全书总目》对中国文化转捩的一个重要观点，我称之为中国文化的"隆万之变"，而它的滋生土壤，主要便在江南。简言之，正嘉之前的中国文化，属于"古典期"；隆万之后的中国文化，则进入到"现代期"。梁启超的《中国近三百年学术史》、黄仁宇的《万历十五年》、朱维铮的《走出中世纪》，实际上也都是以隆万为中国文化的重要转折点。

一

如所周知，古典文化的核心，在于强调社会大于个人，即所谓"克己复礼"；而现代文化的意义，则在于强调个人中心，即所谓"解放个性"。这一点，中西文化是共通的，无非西方现代文化强调的是个人意志，发展到极端便成为法西斯蒂；中国现代文化强调的是个人欲望，发展到极端便成为文人无行。

西方现代文化的思想领袖是叔本华和尼采，他们打破中世纪桎梏的口号是"上帝死了"。中国现代文化的思想领袖则是何心隐、李贽，他们鼓吹"无父无君""不以孔子是非为是非"，以颠覆程朱理学的"存天理灭人欲"。西方现代文化的形象代言是塞尚、梵高、高更；中国现代文化的形象代言则是董其昌、徐渭、陈洪绶。今天，中外美术史家一致认为董其昌近于塞尚的构成主义、徐渭近于梵高的表现主义，我以为陈洪绶近于高更的象征主义，具体不在本文论列。

虽然，儒家强调"大道之行，天下为公"，而需要君子"毋我""克己"以"自强不息"，但它其实并不否定个体的人性。所谓"发乎情，止乎礼"，也即个性决不可逾越社会的共性秩序。从汉代李膺的"士当以天下是非风范为己任"，到宋代范仲淹的"先天下之忧而忧，后天下之乐而乐"，都是讲士人应该自觉地以个人服从并服务于社会，但并没有讲必须扼杀个体的"食色，性也""饮食男女，人之大欲"。只有当危急的关头，才需要他"杀身成仁""舍生取义"、牺牲个人。这就是"平居无异于俗人，临大节而不夺"，但平居常有，大节不常有。程朱理学的"存天理灭人欲"，颇有将不常有的大节所需扩展到常有的平居所需之嫌，所以进入明代后引起一部分人的不满，但在当时，还是为读书界普遍接受的。

北宋中期，王安石变法，同时又倡导新学，即所谓"三不畏"："天命不足畏，祖宗不足法，人言不足恤。"并以己说制定《三经新义》，作为科举考试的标准教材，其思想颇开明代王阳明、李贽之先声。但学子中很少有信奉其学说的，而犹以程朱理学为名教的不二法门。正是在"克己复礼"亦即个人服从并服务于社会的思想熏陶之下，当北宋覆灭，南宋覆灭的大节关头，在大批仁人志士的表率下，全社会高扬了一曲响彻千古的《正气歌》！

但是，无论如何，不可讳言的是，"存天理灭人欲"之说，就像龙虎山伏魔殿的镇魔石，在把个体人性中的魔鬼镇压住的同时，也把个体人性中的天使给扼杀了。于是便有明中期王阳明的"致良知"之说，又称"阳明心学"，合陆九渊则称"陆王心学"，与"程朱理学"相对举。这就相当于揭开了封魔殿的封石，在解放性灵的天使之同时，也释放了饕餮的魔鬼；而且就像潘多拉的魔盒，一经释放，便再也无法收回。

　　虽然，当时科举考试的标准教材为程朱理学，但天下学子几乎没有以程朱之说为是的，而群趋以往地奉阳明心学为真理。这便是《明史》中所说的：

> 　　原夫明初诸儒，皆朱子门人之支流余裔，师承有自，矩矱秩然……笃践履，谨绳墨，守儒先之正传，无敢改错。学术之分，则自陈献章、王守仁始。宗献章者曰江门之学，孤行独诣，其传不远。宗守仁者曰姚江之学，别立宗旨，显与朱子背驰，门徒遍天下，流传逾百年，其教大行，其弊滋甚。嘉隆而后，笃信程朱，不迁异说者，无复几人矣。(《明史》卷二百八十二《儒林一》)

　　平心而论，尽管程朱理学对"天理"的强调未必意在灭绝"人欲"，但到了王阳明的时代，尤其是经由明初统治者的提倡，大多数儒者对它的理解，确有扼杀人性之弊。因此，阳明的良知说一出，对于人性的解放尤其是对于人性中性灵天使的解放，真使人有长夜漫漫、忽见天日的欢欣鼓舞！但紧接着解放天使的，一定是更大地解放魔鬼！这便是"其教大行，其弊滋甚"。这一点，即使阳明心学的传人之中，也有不少人如刘宗周、黄宗羲、万斯同等，是有所认识并反思的，所谓"良知之说既行，未有不入于狂禅者"。

　　最典型例子的便是李贽。李泽厚《美的历程》推为"作为王阳明哲学的杰出继承人，他自觉地、创造性地发展了王学"。更确切地说，他"继承"了王阳明的"良知"天使，"创造性地发展"成了"狂禅"魔鬼，顾炎武《日知录》斥为"异端邪说""无耻之尤"。其说以"人欲即是天理"最为青年学子所亢奋，简直视如醍醐灌顶：

> 　　大凡我书，皆为求以快乐自己，非为人也。(《寄京友书》)
> 　　士贵为己，务自适。如不自适而适人之适，虽伯夷叔齐同为淫

僻；不知为己，惟务为人，虽尧舜同为尘垢秕糠。(《答周二鲁》)

　　所以然者，我以自私自利之心，为自私自利之学，直取自己快当，不顾他人非刺。故虽屡承诸公之爱，诲谕之勤，而卒不能改者，惧其有碍于晚年快乐故也。自私自利则与一体万物者别矣，纵狂自恣则与谨言慎行者殊矣。(《寄答留都》)

　　人所同者谓礼，我所独者谓己。(《四勿说》)

这种明目张胆地纵己覆礼的思想观点，便是顾炎武所指斥的"小人之无忌惮而敢于叛圣人之教"。但正如闻一多所说："秩序（礼）是生活必要的条件，即便是强权的秩序，也比没有秩序好。"(《关于儒·道·土匪》)王阳明的"良知"，经王畿的"真性"，再到李贽的"人欲"，就这样由解放思想变成了异端邪说。

<h1 style="text-align:center">二</h1>

李贽的朋友袁中郎则在这种思想的影响下，干脆辞离了"备诸苦趣"的官场，去"受用""闲散""自适"的快乐生活：

　　然真乐有五，不可不知。目极世间之色，耳极世间之声，身极世间之鲜，口极世间之谈，一快活也。堂前列鼎，堂后度曲，宾客满席，男女交舄，烛气熏天，珠翠委地，金钱不足，继以田土，二快活也。箧中藏万卷书，书皆珍异，宅畔置一馆，馆中约真正同心友十余人，人中立一识见极高，如司马迁、罗贯中、关汉卿者为主，分曹部署，各成一书，远文唐、宋酸儒之陋，近完一代未竟之篇，三快活也。千金买一舟，舟中置鼓吹一部，妓妾数人，游闲数人，泛家浮宅，不知老之将至，四快活也。然人生受用至此，不及十年，家资田地荡尽矣。然后一身狼狈，朝不谋夕，托钵歌妓之院，分餐孤老之盘，往来乡亲，恬不知耻，五快活也。士有此一者，生可无愧，死可不朽矣。(《与龚惟长先生》)

　　弟尝谓天下有大败兴事三，而破国亡家不与焉。山水朋友不相

凑，一败兴也。朋友忙，相聚不及，二败兴也。游非及时，或花落山枯，三败兴也。(《与吴敦之》)

孔子以"行己有耻"，盖"礼义廉耻，国之四维"；范仲淹"不以物喜，不以己悲"，而以天下忧乐为忧乐。这是古典文化的价值观。袁中郎则"恬不知耻"地以个体人欲的满足与否为快活、败兴，甚至以"所可恨者……岳坟无十里朱楼"！这个"十里朱楼"，就是天上人间的酒肆青楼，晚明时遍布江南的市井繁华，为中国文化史上前所未见的一大景观！

虽然，"食色，性也"，名教不禁，酒肆青楼，自古就有。但酒肆青楼而成为风雅的渊薮，则是适应了晚明文人雅士们"人欲即是天理"的放纵而畸形地发展起来的。

前此的读书界，以士人为主流，"达则兼济天下"而为庙堂文化，"穷则独善其身"而为山林文化。从此的读书界，达则超尘脱俗，穷则愤世嫉俗，"破国亡家不与"而皆纵欲于市井繁华，并为市井文化。

袁中郎辞去了官职快活于市井；董其昌身居高官，当国计民生风雨飘摇却不闻不问，每当朝廷两党争执，便乞假归乡逍遥于诗酒。徐渭、陈洪绶们的身影，也常常出现在市井的无赖、妓女中间……总之，从南京、苏州一直到杭州，晚明经济的发达地区，同时又是文化的发达地区，酒肆青楼一定最为繁荣，无论富的、贵的还是贫的、贱的读书人，都是其间最重要的消费者。

读书，本来是为了使人明礼；明礼，然后才能成为"四民之首"的士人。"士志于道，故不可以不弘毅，任重而道远"，所以"当以器识为先"。失去了器识，颠覆了礼教，"止为文章""以文自名"而放纵人欲，便成为文人，"一号为文人，不足观矣"！由于"异端邪说"的风靡，"明三百年养士之不精"，卒导致儒学淡泊、士风大坏，而"何文人之多"！崇祯间的徐芳因此而撰《三民论》，认为：

夫名(士农工商)则固已四矣，若以实，则士之亡也既久矣！吾语子：今夫工各以其伎受直，虽甚巧，不可以坐得实也。农耕于田，而商转货于国，其赢讪亦视其能与勤焉。其业无足称，其于实亦未有改也。惟士不然，其俯读仰思，不以为圣贤之道，以为进取之径在焉；其父兄师友之教诫，不以为为圣贤之人，以为为富贵利达之人则已也……问其师，曰孔孟也；问其书，曰经传也；问其所学之道，曰仁义道德、忠孝廉让也；问其志，曰以为利也。噫！果若是而可谓之士乎？……则直谓之三民矣！盖士之亡亦既久矣！（《四库禁毁书丛刊》）

惟利是图、惟人欲是乐的"文人之多"，当然不可能再主持社会的道义。张溥《五人墓碑记》曾慨叹："嗟夫！大阉之乱，缙绅而能不易其志者，四海之大，有几人欤？而五人生于编伍之间，素不闻诗书之训，激昂大义，蹈死不顾，亦曷故哉！"尤可怪异者，当闯王入京，朝中大臣作鸟兽散，崇祯皇帝上吊煤山，竟然只有一个小太监王承恩陪着他！回望宋元崖山大战，陆秀夫等一大批人负起小皇帝跳海而死，如今却是"忠义每存屠狗辈，负心多是读书人"！这就难怪顾炎武要把"天下兴亡"的大事责之于"匹夫之贱"了！

或曰：在东林党与阉党的斗争中，附阉的读书人诚然有辱斯文，东林的读书人不足以主持士林的正气吗？

诚然，请看梁任公在《中国近三百年学术史》中的评析：

总而言之，明朝所谓"士大夫社会"，以"八股先生"为土台。所有群众运动，无论什么"清流浊流"，都是八股先生最占势力。东林、复社，虽比较地多几位正人君子，然而打开天窗说亮话，其实不过王阳明这面大旗底下一群八股先生，和魏忠贤那面大旗底下一群八股先生打架。何况王阳明这边的末流，也放纵得不成话，如何心隐（本名梁汝元）、李卓吾（贽）等辈，简直变成一个"花和尚"。他们提倡的"酒色财气不碍菩萨路"，把个人道德社会道德一切藩篱都冲破了，如何能令敌人心服？这些话且不必多说。总之晚明政治和社会所以溃烂到那种程度，最大罪恶，自然是在那一群下流无耻的八股先生，巴结太监，鱼肉人民，我们一点不能为他们饶恕。却是和他们反对的，也不过一群上流无用的八股先生，添上几句"致知格物"的口头禅做幌子，和别人闹意见闹个不休……当他们笔头上口角上吵得乌烟瘴气的时候，张献忠、李自成已经把杀人刀磨得飞快，准备着把千千万万人砍头破肚；满洲人已经把许多降将收了过去，准备着看风头捡便宜货入主中原。结果几十年门户党派之争，闹到明朝亡了一齐拉倒……明亡以后，学者痛定思痛，对于那群阉党、强盗、降将，以及下流无耻的八股先生，罪恶滔天，不值得和他们算账了。却是对于这一群上流无用的道学先生，倒不能把他们的责任轻轻放过……（《中国近三百年学术史》）

尤其是，崇祯登基之后，励精图治，种种措施虽多不当，但追究阉党，定逆案，肯定是一件好事。东林、复社中人一时名声大振，被公推为风雅盟主、斯文领袖，但他们又为国计民生做了些什么呢？在他们眼中，"觉建功立名，俱属琐屑，日夜喘息著书，曰此传世业也"（李刚主《怒谷集·与方灵皋书》）。可是，当李自成进京，当清兵入关、下江南，钱谦益、龚鼎孳、吴伟业、周亮工……附逆的附逆、降清的降清，与阉党中的阮大铖、冯铨等无异！更有甚者，同为清廷的"贰臣"，竟然还要在新主子面前为争宠而互讼！

东林清流，阉党浊流，"上流无用，下流无耻"，这一评语，事实上也适合于清浊之外的整个晚明文化界。

上流有官居显赫的如董其昌，也有无官一身轻的如陈继儒，都是李贽的朋友同志。他们的志向就是安享自己的既得利益不受损害，不参与任何有损个人利益的争端，即"破国亡家不与焉"。董其昌在其位而不谋其政，享其禄而闲适风月。王禹偁《待漏院记》所分析的为官三种中"无毁无誉，旅进旅退，窃位而苟禄，备员而全身者"，顾炎武《日知录》所指斥的"国家之事罔始罔终，在位之臣畏首畏尾"，"才任一官即以唱曲教戏为事，官方民隐，置之不讲"的不作为，董其昌正是这方面的典型。而陈继儒"翩然一只云间鹤，飞来飞去宰相衙"，正如沈德符《万历野获编》的论其号"眉公"，盖取"人眉在面，虽不可少而实无用"之义。

下流则可以一生落魄的徐渭为代表。由于从小家庭的缘故受到严重的心理创伤，长大后受阳明心学的传派王畿"宁为阔略不掩之狂士，毋为完全无毁之好人；宁为一世之嚣嚣，毋为一世之翕翕"思想的影响，具有超强烈的"出人头地"执念，试图通过科考进入上流社会，但屡试屡蹶；又以入幕胡宗宪府，志得意满，不料胡以牵连严嵩，一并倒台。失去依靠后的他，由扭曲的心理进而精神失常，发疯自杀并杀人，身陷囹圄数年，被营解出狱，自感前途无望，于是愤世嫉俗、怨天尤人、蔑视权贵、抨击社会、肮脏牢骚，无有底止。

《孟子》曰："位卑而言高，罪也；立乎人之本朝，而道不行，耻也。"（《万章章句下》）所说的，不正是个性解放、自我中心的晚明士林又一种"上流无用，下流无耻"吗？

三

由于李贽的"为己""自适"思想，为"士翕然争拜门墙"，尤为"南都士靡然向之"，于是在文艺史上，以江南为大本营，也迅速地完成了由"古典"向"现代"的转捩。尤以小品文、性灵诗和正统派、野逸派的文人画为标志，其共同的特色，便是如袁中郎所说："能通于（个）人之喜怒哀乐嗜好情欲。"（《序小修诗》）或如董其昌所说："以画为（个人之）寄，以画为（个人之）乐。"（《画禅室随笔》）这就迥然与古典文艺的"盖文章，经国之大业，不朽之盛事"（曹丕《文选》）、"夫画者，成教化，助人伦"（张彦远《历代名画记》），包括山水画的"君亲两隆""林泉高致"，花鸟画的"粉饰大化，文明天下"，不仅拉开了距离，而且分道扬镳，分明开辟了一个新的领域，新的天地。

如果说，古典文艺侧重于"天下为公"的教化而更强调人格的善，讲责任和担当，毋我而利他；那么，现代文艺便侧重于"个人中心"的自娱而更强调人性的真，讲欲望和索求，自适而利己。如果说，人格高尚者，人性往往有所约束；那么，人性真率者，人格往往严重欠缺。鲁迅先生曾评性灵派的小品诗文，认为是"没道理或只有小道理"，可谓一语中的。晚明江南文人画的"以画为乐"亦然，在正统派如董其昌，其"乐"在排遣寂寥，这从他大量作品上的题跋可以看出："斋阁萧闲，捉笔防之。""秋色正浓，舟行闲适，随意拈笔，遂得十景。""避暑无事，遂作数图。""雨窗静閴，为写迂翁笔意。"……一片天下无事的平淡天真。而在野逸派如徐渭，其"乐"在发泄孤愤，这同样可以从他大量作品上的题跋看出："半生落魄已成翁，独立书斋啸晚风。笔底明珠无处卖，闲抛闲掷野藤中。""兀然有物气豪粗，莫问年来珠有无。养就孤标人不识，时来黄甲独传胪。"……满腔天下人都瞎了眼的怨气冲天！

作为精神食粮的文艺作品,不仅有质量的优劣,更有品种的不同。古典文艺,好比米饭;现代文艺的闲适派,好比点心;孤愤派,好比药物。它们都是人类精神生活所必需的,但根本的需求毕竟在米饭。我们决不能因为点心更可口,药物甚有效,所以从此拒绝米饭而只吃点心、药物。这便牵涉到顾炎武《日知录》中的一个观点:

> 文之不可绝于天地间者,曰明道也,纪政事也,察民隐也,乐道人之善也。若此者,有益于天下,有益于将来,多一篇,多一篇之益矣。若夫怪力乱神之事,无稽之言,剿袭之说,谀佞之文,若此者,有损于己,无益于人,多一篇,多一篇之损矣。

钱大昕对这一条的校勘为:

> 处患难者勿为怨天尤人之言,处贵显者勿为矜己傲人之言,论学术勿为非圣悖道之言,评人物勿为党同丑正之言。

虽然,顾炎武、钱大昕对隆万之变的文化、思想、学术、文艺是持否定态度的,实际上也就是对个性解放的否定。从表象上,这似乎很合于闻一多 "强权的秩序也比没有秩序好" 的观点。但事实上,闻一多即使反对 "没有秩序",他也绝不赞同 "强权的秩序"。关于个性解放的问题,他也有反复的阐述,所讲的虽然是民国的时尚,但完全适合于晚明时期:

> 个人之于社会等于身体的细胞,要一个人身体健全,不用说必须每个细胞都健全。但如果某个细胞太喜欢发达,以至超过它本分的限度而形成瘿瘤之类,那便是病了。健全的个人是必须的,个人发达到排他性的个人主义却万万要不得。如今个人主义还不只是瘿瘤,它简直是因毒菌败坏了一部分细胞而引起的一种恶性发炎的痈疽,浮肿的肌肉开着碗口大的花,那何尝不也是花花绿绿的绚烂的色彩,其实只是一堆臭脓烂肉。唉!气味便是从那里发出的吧!(《一个白日梦》)
>
> 只有个人,没有社会。个人是耽沉于自己的享乐,忘记社会,个人是觅求 "效率" 以增自己愉悦的感受,忘记自己以外的人群……这是

个人主义发展到极端了。到了极端，即是宣布了个人主义的崩溃，灭亡……到这里，我应提出我是重视诗的社会的价值了。我以为不久的将来，我们的社会一定会发展成为 Society of individual, individual for society（社会属于个人，个人为了社会）的。（《诗与批评》）

正是基于这样的认识，他一方面推崇杜甫，认为"陶渊明与谢灵运之流是多么无心肝，多么该死"；结论则以"陶渊明的诗是美的，我以为他诗里的资源是珍宝一样的东西，美丽而不有用，是则陶渊明应在杜甫之下"。于晚明江南文艺的评价，我也取闻一多而不取顾炎武。

又，"社会属于个人，个人为了社会"，一如"发乎情而止乎礼"，"纵我心而不逾矩"，是由古典文化的社会至上而现代文化的个人至上，互为反省而来的一个理想境界。这个境界，如同是"绝对真理"，我们只能不断地趋近它，而永远不可能达到它。

如上，是我对"隆万之变"和晚明江南文化传统，如何在今天文化建设中实现创造性转化和创新性发展的初步思考。

（作者系上海市文史研究馆馆员，上海大学教授）

苏中吴地唐诗经典之路初探

——以扬州、南京、镇江、苏州为例

孙琴安

内容提要：苏中吴地的山川地貌和自然环境不仅与西部风光大相径庭，与中原地区也不相同，至于风土民情、生活习俗、文化特色等，也别具一格，富有魅力，曾吸引过无数文人墨客来此一游，并留下过许多美好的诗篇。唐代著名诗人孟浩然、王昌龄、王湾、常建、李白、杜甫、韦应物、顾况、刘长卿、秦系、李嘉祐、元稹、白居易、刘禹锡、孟郊、张祜、杜牧、温庭筠、皮日休、杜荀鹤等都曾在此留下过游踪和诗篇。本文对苏中吴地四大主要城市（附上海市）唐诗经典之路进行初步梳理和探索，以供当今旅游文化资源的参考、开发和利用，传承和弘扬唐诗文化。

关键词：唐诗之路；扬州；南京；镇江；苏州

早在 1995 年，浙江古籍出版社就出版了邹志方撰写的《浙东唐诗之路》一书，据作者《前言》所记："这本小书的材料积累于十年前，草成则在 1992 年底。"也就是说，早在改革开放之初的 80 年代中期，邹志方就在思考和探寻浙东唐诗之路，也是中国诸多唐诗之路中最早提出的一条。自此，研究者甚多，成果累累，引起了海内外和学术界内外的共同关注。这无论对于浙江旅游文化的开拓，还是对于长三角历史文化的传承，都带来了许多积极效应。同时也是对唐诗研究领域的一种新的开拓，也为区域文化研究提供了一种新的模式。

基于此，笔者不仅关注和支持这种研究探索，为了长三角地区历史文化的弘扬与开拓，还想对苏中吴地的唐诗经典之路作一些初步的探讨，这或许对江、浙、沪二省一市旅游文化的开发和利用会带来一些新的启示。

一、基本的区域方位

邹志方的《浙东唐诗之路》是有一个路线图的，也就是一个基本的区域和地理方位；同样的，本文所说的苏中吴地唐诗经典之路，也有一个路线图，一个基本的区域和地理方位的划分。大致如下：

从经度上来说，约从长江下游地区的江苏省境内南京市一直往东到今江阴地区，不包括长江下游地区安徽省境内的铜陵、芜湖、马鞍山诸地；从纬度上来说，即长江以北江苏省境内的扬州市，也就是我们通常所说的苏中地区，至江南的苏州市。因当今的上海市古属吴地，在唐代初属苏州管辖，故也一并纳入，统称"苏中吴地"。

至于今浙江省境内的海盐、平湖诸市，古代亦属吴地，但已被纳入浙江省的唐诗研究版图之中，并加研究，此处就不再延伸，南部仅到上海市为止。

二、曾经的热门之地

唐代建都长安（今陕西西安市），这里自然也就成为唐代政治和文化的中心，许多诗人如李白、杜甫、白居易等都曾来此追求功名。而今人一说起唐诗，张口便是"白日依山尽""黄河远上白云间""渭城朝雨浥轻尘""秦时明月汉时关"……多为西部风光，《凉州词》《从军行》等均盛极一时。

然而，除了西部风光，除了长安、洛阳和中原文化，以吴越为代表的东部文化，也是一个重要的组成部分。这里的山川地貌和自然环境不仅与西部风光大相径庭，与中原地区也不相同，至于风土民情、生活习俗、文化特色等，也别具一格，富有魅力，曾吸引过许多文人墨客来此一游，并留下过许多美好的诗篇。如韦应物《郡斋雨中与诸文士燕集》就曾为吴中文化之盛而感叹，诗云：

吴中盛文史，群彦今汪洋。

　　而杜荀鹤在《送友游吴越》一诗中，生动而简要地向友人介绍了吴越一带的特殊风情，全诗如下：

去越从吴过，吴疆与越连。

有园多种橘，无水不生莲。

夜市桥边火，春风寺外船。

此中偏重客，君去必经年。

　　所谓"吴疆与越连"，正是如今的上海市与浙江嘉兴桐乡相连的方位，颔联写昼景，颈联写夜市，末联写当地人的好客，令人乐不思返。短短四十字，吴越江南水乡风光，尽在笔底展现，惟妙惟肖。而吴越这一带的苏州、杭州、已是天下闻名的重要城市。其中扬州的繁华程度，更是媲美长安。开元十八年（730 年）元宵节，唐玄宗问叶仙师，元宵夜以何方为最热闹？叶仙师答："灯烛华丽，百戏陈设，士女争妍，粉黛相染，天下无逾于广陵矣！"扬州当年的繁华，于此可以想见。

　　唐代版图辽阔，诗人多好游历，东部的人好去西部和中原，而西部和中原的人则好去东部和吴越。据我所知，唐代许多著名的诗人都曾来过吴地，孟浩然、王昌龄、王湾、常建、李白、杜甫、韦应物、顾况、刘长卿、秦系、李嘉祐、元稹、白居易、刘禹锡、孟郊、张祜、杜牧、温庭筠、皮日休、杜荀鹤等都曾在此留下过游踪和诗篇。不过，他们来苏中吴地的原因各不相同，有的是来此做地方官，如杜审言曾任江阴尉，皇甫冉任无锡尉，王昌龄任江宁丞，常建任盱眙尉，韦应物、白居易、刘禹锡先后担任苏州刺史，杜牧出任过淮南节度使掌书记等；有的是来游览访友，如孟浩然、李白、杜甫、王湾、祖咏等；也有的是来避乱的，如刘长卿、张继、皮日休等；有的是顺便路过而留下诗篇的，如罗隐、温庭筠、韦庄、高蟾等；也有的是来此隐居或终老于此的，如顾况、张祜等。还有一些本身就是吴地人，如陆龟蒙、孟郊、皎然等，张若虚与张旭、包融、贺知章还被人并称为"吴中四士"。

　　尽管唐代许多著名诗人曾来过苏中吴地，但由于来此的时间有长短、感触有深浅，因而留下的诗篇也有多有少。多的都在数十首以上，如李白描写金陵（今南京市）的诗就有五十余首，还不包括他写苏州、扬州的诗篇。韦应物、白居易、刘禹锡、张祜、杜牧等描写苏中吴地方面的诗也都多达数十首以上。有的则很少，如王湾、常建、张继、郑谷等均一首二首，杜甫只不过在《壮游》一诗中有着对姑苏城（今苏州市）的描写。

正因为描写苏中吴地的创作数量参差不齐，同时累计的总数又相当庞大，为了突出重点，本文对苏中吴地唐诗之路的论述，与浙东唐诗之路的开发和论述略有不同：侧重论述和介绍经典作家的经典诗作，一般的诗作不作论述，故加上"经典"二字，名为"苏中吴地唐诗经典之路"。

浙东唐诗之路以诗人入境起步的风景名胜为据点，编排顺序和路线，苏中吴地的唐诗经典之路则以城市为据点，由北往南跨长江，从江苏中部的扬州市到苏南的苏州市，向南延至上海市。其中主要城市有今扬州、南京、镇江、江苏、上海。

需要说明的是：唐诗论述中涉及的江都名胜，均归在扬州市的范围内；丹阳名胜，归入镇江市的范围内；上海名胜，则归入苏州市范围内。现由北往南，分别论述如下。

三、扬州（广陵）：二十四桥明月夜

扬州在东汉建武中的广陵郡，故唐人诗中也多称广陵者，为唐代东南第一大城市，也是仅次于京城的繁华城市。当年徐敬业讨伐武则天，便在扬州起兵，自命为扬州大都督。开元时为淮南道十二州之首。安史之乱后为淮南节度使所在地，领扬、楚、滁、和、舒、庐、寿、光、宿九州。因滁州、和州、宿州等均在今安徽省境内，而楚州的郡府虽在江苏淮阴，却又管辖苏北大片土地，故都不在此论述。而南部也仅到长江边为止。

由于隋炀帝当年喜游江都，不惜开凿运河，"欲取芜城作帝家"，因此扬州的名气在唐代特别大，其经济文化繁荣程度，超过所有地方城市，时有"扬一益二"之称，即扬州第一，益州（今成都）第二。故许多唐代诗人都喜欢来扬州旅游、任职、生活、定居。李白《黄鹤楼送孟浩然之广陵》，其中的"烟花三月下扬州"已成"千古丽句"。其他吟咏扬州的名篇名句，从初唐到晚唐，也是不胜枚举，现择其要者，简述如下。

　　孟浩然来扬州后，虽然写下了《广陵别薛八》《渡扬子江》《扬子津望京门》《宿扬子津寄润州长山刘隐士》《宿桐庐江寄广陵旧游》等一些与扬州有关的诗，但扬州的繁华可能对这位隐士的吸引力不是太大，因此诗中对扬州城市风光的描述很少，只有"樯出江中树，波连海上山""桂楫中流望，京江两畔明。林开扬子驿，山出润州城"等一些江上景象的描写。即使夜宿扬子津，仍"心驰茅山洞，目极枫树林"，想着自己的隐居地点。

　　反而为他送行的李白，虽然后到扬州，却描写了扬州的一些风景名胜，如《秋日登扬州西灵塔》《广陵宿常二南郭幽居》《留别广陵诸公》等。如他在《广陵赠别》中写道："玉瓶沽美酒，数里送君还。系马垂杨下，衔杯大道间。"《秋日登扬州西灵塔》一诗更是气势雄壮开阔，如开篇一段：

宝塔凌苍苍，登攀览四荒。

顶高元气合，标出海云长。

万象分空界，三天接画梁。

水摇金刹影，日动火珠光。

　　不过，李白只是登西灵塔的所见所感，而韦应物的《广陵行》则是对整个扬州城的观感：

雄藩镇楚郊，地势郁岧峣。

双旌拥万戟，中有霍嫖姚。

海云助兵气，宝货益军饶。

严城动寒角，晚骑踏霜桥。

翕习英豪集，振奋士卒骁。

　　结尾写道："忽如京洛间，游子风尘飘。归来视宝剑，功名岂一朝。"通篇雄壮，极写扬州的气势与军威，与韦应物平时一贯的诗风很不相同。在赴扬州途中，路过楚州时，他还写下了著名的《淮上喜会梁州故人》。在扬州时另写有《扬州偶会前洛阳耿主簿》等诗。此外，蒋涣的《途次淮扬望京口寄白下诸公》诸作也是情景俱佳。

　　可是，真正能写出扬州市的商业繁华和城市风情的，还得推中唐的王建。

他在《江南三台》四首之一中写道："扬州桥边少妇，长干市里商人。三年不得消息，各自拜鬼求神。"长干市为著名的商业繁华之地，与扬州桥相对应。再如他的《夜看扬州市》一绝：

> 夜市千灯照碧云，高楼红袖客纷纷。
>
> 如今不似时平日，犹自笙歌彻晓闻。

扬州在隋唐为南北交通枢纽，商货云集，商人进出，酒肆茶坊、歌楼舞榭极多，安史之乱以后，二都遭毁，扬州无恙，并有大量东南财富援助西北，故愈显繁荣。此诗描述已见一斑。此外，他还写有《扬州寻张籍不见》等诗。

白居易与刘禹锡的初逢虽在扬州，刘禹锡的名句"沉舟侧畔千帆过，病树前头万木春"的确也写于扬州。但这只是刘、白定交，仅可视为扬州的一段文人佳话。由于二人都是路过扬州，而且又一起离开，故对扬州景物并无描写，实是憾事。

姚合曾写有《扬州春词》三首，对扬州的城市风情和地方特色有所反映。其一云：

> 广陵寒食天，无雾复无烟。
>
> 暖日凝花柳，春风散管弦。
>
> 园林多是宅，车马少于船。
>
> 莫唤游人住，游人困不眠。

其三云：

> 江北烟光里，淮南胜事多。
>
> 市鄽持烛入，邻里漾船过。
>
> 有地惟栽竹，无家不养鹅。
>
> 春风荡城郭，满耳是笙歌。

到了晚唐张祜、杜牧、徐凝、韦庄等人的笔下，扬州的风光之美，更是被描写到了极致。

张祜在扬州写过《题扬州法云寺双桧》等诗，却以《纵游淮南》一绝最为有名：

> 十里长街市井连，月明桥上看神仙。
>
> 人生只合扬州死，禅智山光好墓田。

宋沈括《梦溪笔谈·补笔谈》卷下云："扬州在唐时最为富盛，旧城南北十五里一百一十步，东西七里三十步，可纪者有二十四桥。"可为此诗前二句作注。刘克庄《后村诗话·前集》卷一亦云："扬州在唐时最繁盛，故张祜云'人生只合扬州死。'"寓意即生在扬州活得快乐，最好死也能死在扬州，禅智山上的墓田也是最好的。徐凝与张祜同时，二人曾在白居易面前赛诗，却又无意间在写扬州方面也进行了一场诗歌比赛，徐凝的《忆扬州》也是七绝，诗云：

> 萧娘脸薄难胜泪，桃叶眉尖易觉愁。
>
> 天下三分明月夜，二分无赖是扬州。

此是回忆扬州之作，前二句写与心中所恋女子洒泪难别之情，后二句是写扬州的月色之皎美，将天上月色与人间离情交织在一起，居然成为描写扬州月色的最美诗句之一。可以与张祜的《纵游淮南》相匹敌。

杜牧在扬州曾生活、工作过一些年头，在《遣怀》诗中自称"十年一觉扬州梦，赢得青楼薄幸名"。也曾写过《扬州》三首、《题扬州禅智寺》等不少描写扬州的诗，但其中流传最广、影响最大的，仍是那些描写扬州生活的绝句。如《赠别》二首之一：

> 娉娉袅袅十三余，豆蔻梢头二月初。
>
> 春风十里扬州路，卷上珠帘总不如。

此诗虽然以写扬州女子之美为主，却也写出了扬州城的风光之美，"春风十里扬州路"早已成为写扬州的名句。而他在《寄扬州韩绰判官》中所写的"二十四桥明月夜"，又被孙洙推为"千古丽句"，也早已成为描写扬州夜景的名句。与张祜、徐凝写扬州的七绝鼎足而三，都可以说是写扬州诗的绝唱。

同时的许浑虽然也写过《广陵道中》《广陵送判县薛明府赴任》等与扬州有关的诗，但都无法与以上诸君相比，唯有唐末韦庄的《过扬州》差可仿佛，步随其后，算得名篇，其开篇云："当年人未识兵戈，处处青楼夜夜歌。花发洞中春日永，月明衣上好风多。"极写昔日之盛，最后把笔锋一转："二十四桥空寂寂，杨摧折旧官河。"极写今日之衰。安史之乱，扬州尚未受损，及至唐末五代战乱频起，扬州也尽失昔日繁华，已成空寂没落之城，一片荒凉矣！罗隐所写的《殇帝陵》《广陵开元寺阁上作》等诗，也充满着这种历史沧桑和朝代兴亡之叹。

四、南京（金陵）：潮打空城寂寞回

南京位于扬州之南，在唐多称金陵。昔王谢风流，萧氏父子雅好文学，徐庾父子艳诗传名，陈后主叔宝亦喜作艳词。故此地既是王公贵族的奢靡之地，也是诗文创作的发达之地。唐代许多著名诗人如李白、王昌龄、韦应物、白居易、刘禹锡、韦庄等都曾来过此地。或来游览名胜古迹，或来领略长江天险，或来发思古之幽情，或来感叹历代王朝的兴盛衰亡。都留下过不少诗篇。其中有些诗篇脍炙人口，早已成为唐诗中的经典名篇，试以李白、刘禹锡、杜牧、韦庄诸家作为代表，稍加论列。

李白生前曾数次来金陵。745年，他与杜甫兖州分手后，杜甫西往长安，他则南游吴、越。754年，又与魏颢同游金陵。安史之乱以后，他曾在宣城等地居住，又游金陵，晚年投奔任当涂县令的族叔李阳冰，时常去长江边上的采石矶饮酒望月。因采石矶离金陵不远，据《新唐书·李白传》记载："白浮游四方，尝乘舟与崔宗之自采石至金陵，著宫锦袍，坐舟中，旁若无人。"《一统志》亦云："唐李白尝乘月与崔宗之自采石至金陵。"

正因为李白来金陵次数较多，所以吟咏金陵的诗篇也比较多，比较有名的就有《金陵酒肆留别》《金陵城西楼月下吟》《登金陵凤凰台》等。其《登金陵凤凰台》无疑已成了经典：

> 凤凰台上凤凰游，凤去台空江自流。
> 吴宫花草埋幽径，晋代衣冠成古丘。
> 三山半落青天外，二水中分白鹭洲。
> 总为浮云能蔽日，长安不见使人愁。

　　凤凰台在金陵凤凰山上，相传南朝宋永嘉年间有凤凰集于此山，乃筑台，于是山与台也由此得名。其《金陵酒肆留别》也是描述金陵的名篇，从"吴姬压酒唤客尝。金陵子弟来相送"诸句，可以见出金陵人的热情好客，而从结句"请君试问东流水，别意与之谁短长？"则可见出诗人流连忘返、依依不舍的心情。《金陵》三首也是咏金陵的名篇，其二云：

> 地拥金陵势，城回江水流。
> 当时百万户，夹道起朱楼。
> 亡国生春草，王宫没古丘。
> 空余后湖月，波上对瀛州。

　　首联写金陵雄壮的山水地形，气势雄迈，次联写其盛，三联写其衰，末寓情于景，不胜悲凉。

　　如果说生当盛唐的李白来金陵，多为游览名胜古迹，访友饮酒、寻欢作乐，只有少数诗篇寓古今之慨，那么经历过安史之乱，生处中唐的刘禹锡，在金陵留下的诗篇，则已多了不少怀古伤今的成分，味道变了许多，其悲凉的情调明显增多。

　　刘禹锡祖籍是洛阳，自称为中山王刘胜之后，但自安史之乱以后，举家避难江南，他自幼也出生嘉禾（今浙江嘉兴），父亲又在吴地任盐铁副使等职，故对吴地不陌生。由于他生活的时代，唐王朝几经折腾，早没了开元、天宝的盛唐气象，内乱外患频仍，因此刘禹锡心中常有忧患意识，每念及金陵，便是满脑子的古今兴亡之感。824年，朝廷任命他为和州刺史，他由夔州沿江东下，途经西塞山时，便想起了西晋破吴的历史，写下了著名的《西塞山怀古》一律，其中开篇四句写道：

> 王濬楼船下益州，金陵王气黯然收。
> 千寻铁锁沉江底，一片降幡出石头。

　　此诗虽不在金陵写成，却是所有金陵怀古诗中最杰出的名篇。有人把此诗列为刘禹锡一生中最好的作品。不过，刘禹锡真正在金陵写成的怀古诗，却是在两年之后——826年冬。该年他由和州返回洛阳，途经金陵时，写下了著名的《金陵怀古》：

> 潮满冶城渚，日斜征虏亭。
> 蔡洲新草绿，幕府旧烟青。
> 兴废由人事，山川空地形。
> 后庭花一曲，幽怨不堪听。

此诗写景抒怀，天衣无缝，三联已成名句。冯舒云："起结俱'金陵'。"何焯云："此等诗何必老杜？才识俱空千古。"纪昀也认为此诗"运法最密，毫无起承转合之痕"。当然，刘禹锡《金陵五题》中的《石头城》《乌衣巷》《台城》诸篇更是脍炙人口，流传更广。白居易曾"掉头苦吟，叹赏良久"，当读到"潮打空城寂寞回"时，更是赞叹道："吾知后之诗人不复措词矣！"尽管后来许浑也写过《金陵怀古》诗，都不如刘禹锡。我们可以毫不夸大地说：历来写金陵的诗篇，刘禹锡是第一位的，也是最好的。

在刘禹锡之后，写金陵诗出色者，当推杜牧、许浑、韦庄数家。

杜牧曾任淮南节度使幕僚，又曾任睦州、池州、湖州诸州刺史，对江南苏中吴地相当熟悉，他自己在《念昔游》三首之一中也说："十载飘然绳检外……倚遍江南寺寺楼。"他写金陵的诗虽然没有写扬州的多，但也留下了一些名篇，如《杜秋娘诗》，便是他路过金陵，"感其穷且老，为之赋诗"。游览秦淮河时，还写下了著名的《泊秦淮》一诗：

> 烟笼寒水月笼沙，夜泊秦淮近酒家。
> 商女不知亡国恨，隔江犹唱后庭花。

杜牧生当晚唐，内乱外患严重，风雨飘摇，故诗中已有亡国之音。较刘禹锡的《金陵怀古》《金陵五题》的感叹已深一层。此诗被沈德潜推为"绝唱"，为唐代绝句压卷之作之一。

与杜牧同时的张祜写过《过石头城》《石头城寺》等诗，也多沧桑之叹，但成就不如杜牧，唯许浑的《金陵怀古》可步随其后："松楸远近千官冢，禾黍高低六代宫。石燕拂云晴亦雨，江豚吹浪夜还风。"极写金陵之荒凉，以喻唐王朝之危亡。到了唐末的韦庄笔下，金陵城更是一片衰飒式微之象。他所写的《台城》《陪金陵府祖中堂夜宴》《金陵图》等诗，都是描写金陵的名篇。

> 江雨霏霏江草齐，六朝如梦鸟空啼。
>
> 无情最是台城柳，依旧烟笼十里堤。

这首《台城》，虽未必如《乌衣巷》流传之广，但所写今南京鸡鸣山南的台城荒凉景象，都胜过刘禹锡的《台城》，成为咏金陵的经典之一。

唐末诗人高蟾在《金陵晚望》一绝中说："曾伴浮云归晚翠，犹陪落日泛秋声。世间无限丹青手，一片伤心画不成。"但韦庄在《金陵图》一绝中偏说："谁谓伤心画不成，画人心逐世人情。君看六幅南朝事，老木寒云满故城。"二者写法不同，却都借六朝旧事抒发了对唐末乱象的忧虑。

总之，唐人的咏金陵诗，特别是经典名篇，从盛唐的李白，到中唐的刘禹锡，到晚唐的杜牧、许浑，再到唐末的韦庄、高蟾，正可以看出李唐王朝由盛而衰的一个侧影。令人俯仰古今，不胜今夕之慨。

五、镇江（润州）：潮平两岸阔，风正一帆悬

镇江市在唐初为润州，属丹阳郡，开元、天宝年间为江南东道十八州之首。因其毗邻金陵（今南京市），在东面，故唐代人也时常把今镇江市的名胜也都称为金陵，如《至大金陵志》云："唐润州，亦曰金陵。"宋王楙《野客丛书》引唐张氏《行役记》，说甘露寺在金陵山上，即今镇江境内。唐赵璘《因话录》说李勉至金陵，屡赞招提寺标致，也在镇江境内。唐诗人写诗也多称金陵，如张祜的《题金陵渡》一绝，实际上就是镇江的西津渡，离府城仅九里地。故唐诗中题为金陵，而实际所写景物名胜在镇江者，一并在此论述。

唐人描写润州（今镇江市）的诗，以张祜、许浑诸家居多，其次则有王昌龄、孟浩然、韦庄、杜牧、杜审言、王湾、孙舫等。刘禹锡《罢郡姑苏，北归渡扬子津》一诗中说："金山旧游寺，过岸听钟声。"说明他也曾来过润州。张祜曾多次造访润州名胜，写有《题润州鹤林寺》《秋夜登润州慈和寺塔》《题润州李尚书北固新楼》《题金陵渡》等，晚年还看中丹阳曲阿的地方环境有南朝遗风，遂筑室定居，为此还写了《丹阳新居四十韵》，极言此地风物之美。不过，

他写润州的经典，还是五律《题润州金山寺》。其中前六句云：

> 一宿金山寺，超然离世群。
> 僧归夜船月，龙出晓堂云。
> 树色中流见，钟声两岸闻。

《诗林广记》云："金山寺多为胜景，张祜吟诗……自后诗人搁笔。"邢昉《唐风定》则云："后人不复能措手，几同崔颢《黄鹤》矣。"方回《瀛奎律髓》也认为"此诗金山绝唱。"此外，他的《题金陵渡》也为名篇：

> 金陵津渡小山楼，一宿行人自可愁。
> 潮落夜江斜月里，两三星火是瓜州。

此诗写金陵渡夜景入神。罕有其匹。不过，王昌龄的《芙蓉楼送辛渐》也是经典名篇：

> 寒雨连江夜入吴，平明送客楚山孤。
> 洛阳亲友如相问，一片冰心在玉壶。

芙蓉楼原名西北楼，遗址在润州西北，王昌龄当时任江宁丞，故有此作。北固山也在润州，今镇江市北面，三面临江，王湾的《次北固山下》，是这方面的名篇：

> 客路青山外，行舟绿水前。
> 潮平两岸阔，风正一帆悬。
> 海日生残夜，江春入旧年。
> 乡书何处达？归雁洛阳边。

唐人殷璠说："'海日生残夜，江春入旧年。'诗人已来少有此句。张燕公手题政事堂，每示能文，令为模式。"清人冯班则云："北固山绝唱。"信然。孟浩然《扬子津望京口》云："北固临京口，夷山对海滨。江风白浪起，愁杀渡头人。"也有特色。

许浑是润州丹阳人，又曾任润州司马，写过许多有关润州的诗，总数至少在数十首以上，如《游茅山》《茅山赠梁尊师》《京口闲居寄两都亲友》《甘露寺感事贻同志》《茅山题徐校书隐居》等，但很少见有脍炙人口、影响广泛的经典名篇。他的"山雨欲来风满楼"千古流传，却是在咸阳城楼上写的；他的五律"红叶晚萧萧，长亭酒一瓢"被吴汝纶盛赞为"高华雄浑，丁卯压卷之作"，却是在潼关写的。其写润州的诗，都不及此二篇，令人遗憾。其实，李涉、罗隐等人也都在润州写过描写润州的诗，但成就和影响也与许浑差不多，都不如张祜。

六、苏州（吴郡）：曲径通幽处，人家尽枕河

由镇江南下，过常州、无锡，便是苏州。今苏州市古称姑苏，春秋时为吴国都城。晋称吴郡。唐武德时称苏州，为江南东道十八州之一。安史之乱后划归浙西观察使，自古便为江南重镇。故唐代来此游览和任职的诗人颇多，也留下了极为丰富的诗歌作品。李白、杜甫、王昌龄、李嘉祐、常建、张继等都曾在此留下诗篇。韦应物、白居易、刘禹锡都曾先后做过苏州刺史，故刘禹锡曾有诗句："苏州刺史例能诗。"三人也在苏州留下了大量诗篇。至晚唐，张祜、许浑、杜牧、皮日休、韦庄、杜荀鹤等人也在此留下了许多足迹和诗篇。兹一一道来。

李白写苏州的诗远不如写扬州和金陵的，但《苏台览古》一绝还是比较有名的："旧苑荒台杨柳新，菱歌清唱不胜春。只今惟有西江月，曾照吴王宫里人。"杜甫在《壮游》诗中也写到了苏州的荒凉景象："王谢风流远，阖庐丘墓荒。剑池石壁仄，长洲荇荷香。嵯峨阊门北，清庙映回塘。每趋吴太伯，抚事泪浪浪。"常建和张继的名气虽然不及李、杜，但他们在苏州留下的诗篇却广为流传，如常建的《破山寺后禅院》：

> 清晨入古寺，初日照高林。
> 曲径通幽处，禅房花木深。
> 山光悦鸟性，潭影空人心。
> 万籁此都寂，但余钟磬音。

诗中的"古寺"，即今常熟兴福寺。常熟唐代属苏州，今仍是。这是欧阳修

生前最喜欢的诗，尤赏颔联。欲效不能。纪昀也认为此诗"兴象深微，笔笔超妙，此为神来之候。"再看张继的《枫桥夜泊》：

> 月落乌啼霜满天，江枫渔火对愁眠。
> 姑苏城外寒山寺，夜半钟声到客船。

此诗因声调悠扬而被清人管世铭推为唐人七绝压卷之作之一，也可说是描写苏州最出色、流传最广的作品之一。唐人七绝佳作如林，唯有此首在日本流传最广，几乎妇稚皆习诵之。他的《阊门即事》也是写苏州的，虽也时常被选注，但影响远不及《枫桥夜泊》。

韦应物与张继差不多同时，他在苏州、滁州任刺史时，曾写有不少与苏州相关的诗，即使在免去苏州刺史后，仍寓居苏州永定寺。《阊门怀古》《游灵隐寺》等都是他在苏州留下的诗篇，但没有他在滁州任上写得多。后来白居易来任苏州刺史，吟咏苏州的名篇就要多一些了。如《解苏州自喜》《除苏州刺史别洛阳东花》等，都与苏州有关。他在《登阊门闲望》一诗中写道："阊门四望郁苍苍，始觉州雄土俗强。十万夫家供课税，五千子弟守封疆。阖闾城碧铺秋草，乌鹊桥红带夕阳。处处楼前飘管吹，家家门外泊舟航。云埋虎寺山藏色，月耀娃宫水放光……"寥寥数语，便把苏州的历史、经济、环境、民俗、名胜统统囊括，尽显笔底。写苏州的诗很多，但这种正面描述苏州的城市风貌和历史文化的诗篇，很是少见。

也许白居易在苏州刺史任上政事清廉，他在以病辞职离开时，苏州市民依依不舍，挥泪作别。刘禹锡在《白太守行》一诗中有所表现："闻有白太守，抛官归旧溪。苏州十万户，尽作婴儿啼。太守驻行舟，阊门草萋萋。挥袂谢啼者，依然两眉低……"此情此景，十分动人。

连刘禹锡自己也没想到，五年以后，他也来做苏州刺史了，而且任职时间比白居易还长，留下吟苏州的诗也比白居易为多，如《姑苏台》《赴苏州酬别乐天》《题报恩寺》等。辞职离开苏州时，也是依依不舍，曾写下《别苏州》二首，其一云："三载为吴郡，临岐祖帐开。虽非谢傅黜，且为一徘徊。"其二云："流水阊门外，秋风吹柳条。从来送客处，今日自魂销。"其对苏州的感情，充满在字里行间，读来自然觉得情味深长。

　　张祜浪迹吴越各地，苏州也是他留下诗篇较多的城市，写有《吴宫曲》《题苏州灵岩寺》《题苏州楞伽寺》《题苏州思益寺》《题苏州虎丘西寺》《偶登苏州重玄阁》等。其中以《题虎丘东寺》为有名，其中四句云："寺门山外入，石壁地中开。仰砌池光动，登楼海气来。"尤得方回、冯舒、冯班的好评。

　　杜牧写苏州的诗不多，仅《悲吴王城》《怀吴中冯秀才》等数首，成就远不如写扬州的诗篇。相比之下，许浑写苏州的诗就多了，如《忆长洲》《吴门送客早发》《姑苏怀古》《重经姑苏怀古》《再游姑苏玉芝观》《题苏州虎丘寺禅院》《吴门送振武李从事》等，许浑生当晚唐，诗中苏州与常建、张继所写之气象大相径庭，多衰飒之音，如《姑苏怀古》所写："宫馆余基辍棹过，黍苗无限独悲歌……可怜国破忠臣死，日月东流生白波。"深得方回、金圣叹的好评。

　　韦庄曾写有《题姑苏凌处士庄》等，但成就和数量都不如同时期的杜荀鹤。杜荀鹤对吴地江南似乎特别欣赏，不仅自己在此游览生活，而且还经常介绍给友人，如写下《送人游江南》《送人游吴越》《送人幸吴县》等诗，鼓励友人来吴越江南一看。其中《送人游吴》是专门介绍苏州风情的，全诗如下：

> 君到姑苏见，人家尽枕河。
> 古宫闲地少，水港小桥多。
> 夜市卖菱藕，春船载绮罗。
> 遥知未眠月，乡思在渔歌。

　　诗人身处唐代末季，诗多哀叹之音，胡震亨《唐音癸签》说他"以衰调写衰代"，但每写到吴地江南，总有几分兴致和眉飞色舞的样子。此诗写尽苏州独特的水城风情，生意盎然，为唐代最后一首写苏州的佳作。

七、上海（松江）：吴越古今路，沧波朝夕流

　　上海市简称沪，属吴地。远在汉、晋，便属吴郡。如陆机的籍贯，通常便称吴郡华亭，即今上海的松江区。唐设苏州，州府仍在吴郡。如今的上海陆地部分，仍都属苏州管辖。刘禹锡当年赴苏州刺史任时写有《赴苏州酬别乐天》一律，其中两句可以为证："梁氏夫妻为寄客，陆家兄弟是州民。"意为陆机、陆云

兄弟都曾是这里的"州民"，说明"华亭"仍属苏州刺史管辖的范围。他本人也确曾到过松江，如他写过《松江送处州奚使君》一诗云："吴越古今路，沧波朝夕流。从来别离地，能使管弦愁。江草带烟暮，海云含雨秋。知君五陵客，不乐石门游。"寓情于景，深婉有致。此外，他还写有《鹤叹》二首，对白居易赠送他的华亭鹤的体态等进行了生动的描绘。由于上海如今已成为国际型的大都市，唐代又属苏州，确实也有不少唐代诗人曾踏上过这片土地，留下过诗篇。因此，当我们论述吟咏苏州的唐代诗歌时，也顺便把对松江（即今上海）描写的唐诗梳理一下。这对研究唐诗中的上海和苏州，都有好处。

早在刘禹锡之前，刘长卿在安史之乱后自洛阳避难江东，漫游江南。路过上海时曾写过《松江独宿》一律，中有"明月天涯夜，青山江上秋。一官成白首，万里寄沧洲"。与刘禹锡差不多同时的德诚和尚，从四川飘然一身，来华亭定居，常泛一小舟，往返于华亭、朱泾之间，并在此留下不少诗篇。宋人吴聿《观林诗话》载："华亭船子和尚诗，少见于世，吕益柔刻三十九首于枫泾寺，云得其父遗编中。"其诗对松江的水乡风光多有描述。

许浑在松江留下的诗篇较多，如《南游泊松江驿》《宿松江驿却寄苏州一二同志》《夜泊松江渡寄友人》《戏代李协律松江有赠》等。其《松江怀古》中有句："云移山漠漠，江阔树依依。晚色千帆落，秋声一雁飞。"写出昔日上海的特殊景致。有趣的是，他的友人张祜也写有《松江怀古》，其开篇云："碧树吴洲远，青山震泽深。"景致可佳。

据说上海的黄浦江原名春申江，是纪念战国时代的春申君的，不料张祜写了《感春申君》一诗，杜牧也写了《春申君》，都写到了这位上海历史上曾记载过的传奇名人。

皮日休写过华亭鹤的诗，还写过《松江早春》等诗，在松江还写过《吴中苦雨，因书一百韵寄鲁望》的长诗，其中写道："全吴临巨溟，百里到沪渎。海物竞骈罗，水怪争渗漉。"反映了这一带水灾时呈现的特殊地理状况，也可见这一带已成为唐代游览、避难和由北往南的一条重要通道。

八、结束语

以上仅仅是对苏中吴地四大主要城市（附上海市）唐诗经典之路的初步梳理和探索，以供当今旅游文化资源和城市历史文化的参考、开发和利用，也是对唐诗这一光辉传统文化的一种传承和弘扬。如今既有了对浙东唐诗之路的研究，以后也可以对皖地唐诗之路作一探讨，然后作一综合考察，这对于长三角三省一市历史文化一体化的发展，将具有一定的战略意义。

（作者系上海市文史研究馆馆员，上海社科院文学所研究员）

方孝孺与江南忠贞文脉

熊月之

内容提要：明初方孝孺殉难后，从宁海、南京到松江，江南大地上发生了一件件忠义之举，涌现了一批批忠义之士。方孝孺作为忠贞文化的典型人物，影响了明清江南地区的士风、民风与学风，在江南地区有广泛、持久的影响。

关键词：方孝孺；江南；忠贞文化

长三角一体化是在历史上逐渐形成的，是随着长三角地区交通条件的改善（运河的开凿、铁路的开通、公路的建设等），联系的加强，包括人员、物资与文化交流的频繁而形成的，也是随着人们对于这一地区一体化的认知程度的加深，由自发到自觉而实现。其中，人员的流动，尤其是士人与商人的流动，对于这一地区一体化程度的加深，尤为重要。一些著名人士，在长三角内部，在多地活动，有多方面影响。深入研究这些人士，对于理解长三角内部文化脉络，分析长三角文化内涵，有重要价值。元末明初的方孝孺，就是这样的典型人物。

本文以方孝孺忠贞文化，对于浙江、江苏与安徽等地的影响，作一个案分析。

明建文四年（1402 年），方孝孺一人抗命，十族被诛，惊天动地，风云变色，坚贞惨烈，亘古未有。人类文明史上，绵长记忆的丰碑，悠久文化的影响，每每与骇人听闻的惨案相伴而生。作为惨案的关键人物，方孝孺本来就身在魏阙，望重儒林。作为政治家，他审时度势，运筹帷幄，深得皇帝倚重，广受社会拥护。作为思想家，他思深虑远，承传开新，对于仁政内涵、为政之道，都有独创性见解。作为学问家，他博学多能，卓识独具，为文汪洋恣肆，直追韩愈、苏轼，书法、绘画也都独具特色，名闻遐迩。他多次主持科举考试，弟子门生遍天下。这些因素叠加在一起，使得他对后世的影响，更加超越寻常。

孝孺生在江南，长在江南，学在江南，死在江南，主要活动与重要友朋多在江南，所以，他对江南的影响，更为直接、广泛与深远。

孝孺的影响是多方面的，本文主要论述忠贞文化方面。

一、方孝孺忠贞文化实质

孝孺与朱棣的矛盾，不是一般的宫廷斗争，而是有着相当确定的是非内涵。建文帝即位以后，孝孺以翰林侍讲，日侍左右，参与处理军国大事，特别是实行政治方面的变革。燕王朱棣虽然是建文帝之叔，但其政治身份为臣，建文帝是君。朱棣起兵靖难，名义是"清君侧"，实质是以下犯上。朱棣与建文帝的冲突，事关君臣大义。这对于恪守自周公、孔子以来儒家道统的方孝孺来说，绝对不能容忍。

孝孺与朱棣的矛盾，也是不同治国理念的冲突。孝孺辅佐建文帝实施的政治变革，包括省刑、减赋，更定官制，努力改变洪武以来严苛政策，这在孝孺而言，是实行理想的儒家仁政，而在朱棣看来，则是在动摇朱元璋创立的大明根本制度。

孝孺与朱棣的冲突爆发，还与朱棣迫使孝孺归顺的方式有关。朱棣攻打南京之前，谋士姚广孝便特意劝说朱棣不要杀害方孝孺，否则，"杀孝孺，天下读书种子绝矣"。朱棣答应了。他攻入南京以后，确实没有立即加害于孝孺。假如他不是硬逼孝孺起草诏书，孝孺说不定也不会走上绝路。但是，他在劝说无效后，便以诛九族相威胁，这从根本上挑战了孝孺的做人底线，让视道义重于生命的孝孺无处可退，只能表示即使诛杀十族，也无所畏惧。从另一方面看，朱棣必欲孝孺起草，而不是他人，自有其内在逻辑。朱棣自知，建文帝皇位来自明太祖亲授，具有最高合法性，自己要取而代之，于理不合，于心有亏，最好能有一位天下公认的德高望重的大臣出面拥戴，尚可涂上一层民意色彩，而方孝孺就是这样的最佳人选。朱棣一开始与方孝孺对话，称自己起兵靖难，是效法历史上周公辅成王的故事，也就是说，他承认建文帝皇位合法性，只不过因为皇帝年轻，所以前来摄政辅佐。这么一来，方孝孺就已经站在正义的一方，所以他问："成王何在？"天下真正的悲剧发生，都是因为矛盾的两端各有其自成系统、无可妥协的理由。

由此可以看出，方孝孺所全力维护、竭力坚持的是理，是他认为的天经地义的道义，而不仅仅是效忠于建文帝个人。方孝孺惨案通常会被认为，是孝孺不识时务，愚忠于已经失势的建文帝。这种看法，明清两代所在多有①，但都没有说到实质。孝孺惨案发生过程中，有一细节，很有助于人们理解问题的实质：孝孺在京城被逮捕后，他的门生廖镛前来看望。廖镛是安徽巢县人，其祖父廖永忠，是跟随朱元璋打天下的元老，封德庆侯，其母亲是起义元勋东瓯王汤和之女。廖镛时在京师任散骑舍人，官至都督。他与弟弟廖铭都是孝孺门生。靖难之役发生后，朱棣命这位身份特殊的廖镛，通过师生之谊，前去劝降孝孺。孝孺断然拒绝，怒曰："汝读几年书？还不识个'是'字！"廖镛如实回复朱棣，朱棣这才绝了此念。②方孝孺强调的"是"字，就是他坚守的为臣须忠、为事须诚、为人须正的立身处世大道。

孝孺早年在成都讲学，深受蜀献王器重，被聘为世子师，其读书斋被蜀献王名曰"正学"。"正学"二字，最为孝孺看重，也最契合孝孺特点，故日后以"正学"自号。王世贞评论方孝孺，谓其虽然以宋濂为师，但其道学"纯则过之"，较宋濂更为纯正，"要非孔孟之书弗读，非濂洛关闽之学弗道"③。所谓纯，即指其坚守周孔道学真谛。王可大亦称"先生之文，醇正如紫阳、朱子，理学如濂溪周子、两程子"④。张弼认为，孝孺"学之正，养之充，行之确"，就历史人物而言，为古今第一人，"笃信好学，守死善道；宇宙之间，仅见此老"，三代

---

① 夏之蓉批评明代人这类看法："自燕王以靖难师得天下，后之有天下者，皆王子孙也。故论正学诸先生，虽仰其忠节，而不得不曲为之辞。后之议者，又或狃于成败之迹，遂取先生之所以谋国者而诋訾之，日迂、日躁以启衅。"见夏之蓉《方正学论》，张常明《逊志斋外集》，上海古籍出版社，2009年版，第221页。汪有典亦称："先生事恭闵才数年耳，顾以迂阔责之，事后成败之论，何足据哉？"见汪有典《方正学先生传》，张常明著《逊志斋外集》，第151页。

② 钱士升：《皇明表忠纪》卷二。

③ 王世贞：《书方正学文集后》，张常明《逊志斋外集》，第175页。

④ 王可大：《重刻正学方先生文集叙》，张常明《逊志斋外集》，第8页。

而下，可考其详者，大节或有之，所养所学，恐未逮乎！① 明清学者对孝孺学问此类评价极多，其着眼点多在忠、正二字：

> 其气醇庞博朗，沛乎有余，勃乎莫御，若日月光昭，风霆迅发江海奔流，山岳嶒峻。其根据必准于六经四子，其议论必归于仁义道德，其辨析旁证折衷群疑，而必要于当；其尽言极意变态溢出，而必绳于法。②

> 正学先生初游潜溪宋氏之门，即以明王道、辟异端为己任，识者已许为程朱复出。殉难后莫不钦忠正之气，卓绝千古矣，至谓体周孔颜孟之道而道益光。③

> 盖仁者，忠之至也，清之至也。愚以为先生之学，颜子、曾子之学；先生之心，比干、伯夷之心也。古之君子，所以养其心者，必正、必清、必虚、必明，惟其正也，故气之至正者入焉，清也、虚也、明也亦然。忠臣得之，以为忠；文士得之，以为文，皆是物也。先生殁三十余年，天下乃敢举其名。又五十年，天下乃敢传其文，而先生之名与文，于是乎万古矣。④

　　方孝孺案昭雪以后，松江建立求忠书院，亦名正学祠。南明福王朱由崧为帝，追授方孝孺的谥号为"文正"。清代康熙皇帝南巡松江，给正学祠御书匾额，是"忠烈明臣"四字，所突出的也都是忠、正、烈。翻查明清两代对于方孝孺的评价，最多的是忠、正、贞、烈。

　　忠之为德，是对所信对象的诚敬、不二。落实到事实层面，按照《左传》《论语》《孟子》等传统典籍的阐释，所谓忠，便是上思利民、对己尽心、对人尽义、对事尽责，是一种对人、对事积极、真诚、尽心、尽责的正面道德。就忠的程度而论，如果做到竭诚尽责、实心实意、全心全意，那就是全忠、真忠、尽忠。朱熹再传弟子、南宋思想家真德秀对此说得最为到位："夫忠之为义，先

---

① 张弼：《书方正学〈逊志斋集〉》后，张常明《逊志斋外集》，第171页。
② 孙如游：《重刻正学方先生文集序》，张常明《逊志斋外集》，第9页。
③ 姚德先：《跋〈逊志斋集〉》，张常明《逊志斋外集》，第170页。
④ 张汝瑚：《〈方正学集〉序》，张常明《逊志斋外集》，第30页。

儒以中心释之，又以尽己言之，盖本诸心而无伪者忠也，发乎己而必尽者亦忠也。然则有本诸心而不尽于己、尽乎己而不本诸心？其亦一而已尔。圣贤之言忠，不专于事君，为人谋必忠也，于朋友必忠告也，事亲必忠养也，至于以善与人，以利教民，无适而非忠也。"[①]托名汉代马融、实为宋人所撰的《忠经》，对忠德作了全面、系统的论述，认为"忠之道也，天之所覆，地之所载，人之所覆，莫大乎忠。忠者，中也，至公无私。天无私，四时行；地无私，万物生；人无私，大亨贞。忠也者，一其心之谓矣。"就忠的程度而言，方孝孺已经达到至大（包罗广阔）、至亨（贯串始终）、至贞（宁死不屈）的极致状态。因此，他在中国忠贞文化史上，无与伦比。

二、方孝孺忠贞文化在明代的影响

方孝孺殉国惨案，亘古未有，方孝孺忠贞形象，高耸入云。昭雪以前，其影响早已潜藏人心，昭雪以后，更是光焰万丈。康熙年间松江知府鲁超曾精辟地分析这一影响："方正学先生殉节于靖难之时，至参夷九族而不悔，纯忠大节，震爆天壤，童孺妇女皆知感慕而称述之。其文章具在，炳炳烺烺，揭天地，昭万古，而不可磨灭者也。"[②]

方孝孺案发生时，就已激扬了江南舍生取义、刚正不阿的浩然之气。

方孝孺殉难，首先也是最直接的影响，是他的家人。其妻、子均自杀身亡，两个女儿均投秦淮河而死。其弟孝友被杀前，孝孺因其受己案牵连，为之泪下，不料孝友从容不迫，反以诗劝兄："阿哥何必泪潸潸，取义成仁在此间。华表柱头千载后，梦魂依旧到家山。"自古烈士一人慷慨赴难，或不少见，但一门从容且如此义薄云天的集体性殉难，实绝无仅有。妻、子、弟之死，均在孝孺死难之前，他们的表现如此壮怀激烈，当与家族文化特别是孝孺日常教养有密切关系。

方孝孺案被杀凡873人，绝大多数人的殉难细节已不得而知，但好些人临难不苟，风操高洁，包括廖镛、方法、林右、王稌、卢原质、胡子昭与楼琏，

---

① 真德秀：《〈刘氏传忠录正编〉序》，载《刘氏传忠录》，三余书室藏版，1933 年。
② 鲁超：《〈逊志斋文集〉序》，张常明《逊志斋外集》，第 32 页。

他们在一定程度上均与孝孺影响有关。

廖镛生平，上文已经述及。孝孺被诛以后，无人敢去收尸。廖镛、廖铭兄弟冒着生命危险，收拾遗骸，葬于聚宝门外山上，然后逃走。事为锦衣卫侦知，第二年四月，二人均被拿获处死，并牵连全家，男的被发配充军，女的被送浣衣局。① 这是方孝孺案受株连十族中第十族，即孝孺门生中，受害的典型，也是后世史家述及此案常会提到的人物。

方法（1368—1403），字伯通，安徽桐城人，建文元年（1399年）参加应天乡试，中举。主考官为方孝孺，由此成为孝孺门生。授四川都司断事。朱棣夺得皇位以后，诸司皆进表致贺，唯独方法不肯署名。这意味着他不认可新皇，结果被逮捕押京。船过望江地界时，他对押解差人说："此吾父母邦也，幸宽我械，容治酒北向而拜，以尽人子之思。"② 守者许之。于是衣冠立船首拜。拜毕，跃入江而死。追随恩师而去之前，特留《绝命辞》二首，以示决死之心："休嗟臣被逮，是报主恩时。不草归降表，聊吟绝命辞。身当殉国难，死岂论官卑？千载波涛里，无惭正学师。""闻道望江县，知为故国滨。衣冠拜丘垄，爪发寄家人。魂定从高帝，心将愧叛臣。相知当贺我，不用泪沾巾。"③ 诗中所云"正学师"即方孝孺。

方法后人，有《小孤山诗》，专述此事。诗称："我祖山泽民，嗣君举乡试。厥师即正学，风节夙相励。"④ 揭明方法殉难义举，是孝孺教育与影响的结果。孝孺殉难时，方法并不在首都，而是远在成都。各级官员祝贺朱棣登基时，距离孝孺死难已有一段时间了，就空间、时间而言，方法都可以从容思考、回旋，并非只有死路一条。在生与死之间，在违心附逆与正心就义之间，他选择了后者。他较那些乱终被杀、无可选择的死难者来说，死的更为自觉，更具有殉道色彩。在后世学者对于方法追随方孝孺殉难而死，予以很高评价："悲哉，靖难之事！正学不肯草诏，赤十族，公以小臣，亦不肯署表死，大节不夺，殆无愧

---

① 钱士升:《皇明表忠纪》卷二。

② 方文:《〈小孤山诗〉小序》,谢正光《清初诗文与士人交游考》,南京大学出版社,2001年版,第119页。

③ 方法:《绝命辞》,《桐城方氏诗辑》。

④ 方文:《〈小孤山诗〉小序》,谢正光《清初诗文与士人交游考》,第119页。

哉!"①方孝孺案昭雪后，南京建立方孝孺祠，方法为从祀者之一。②

林右，浙临海人，为孝孺同乡、同学与挚友，历任中书舍人、春坊大学士，因事罢官归乡。孝孺被诛后，他悲痛不已，在家设孝孺牌位致悼。后因反对海盗、保卫家乡有功，为朝廷所知，明成祖朱棣希冀能将他收为己用，遣使召之，遭林拒绝。朱棣命人将其逮捕，押至京师，以温语慰劳，冀为录用。不料林右回答：我作为罪人，逃死已久，并无做官念头。我如果真想当官，"当与方孝孺同朝矣"。朱棣大怒，命人将他拉出，处以剐刑而死。这时，已是永乐六年（1408 年），距孝孺殉难已有六年。③

王稌（1384—1441），字叔丰，浙江义乌人，孝孺好友王绅之子，也是孝孺的门生，颇得孝孺器重。孝孺殉难后，他先是与孝孺表侄郑珣，至聚宝门外搜寻孝孺遗骸归葬，没有成功，反而被逮入狱。他的祖父王袆是元末明初理学家，明太祖朱元璋的大臣，任翰林院待制同知制诰、国史院编修官，在为明王朝收复云南边疆的过程中为国捐躯，谥忠文公。看在祖父的份上，朱棣赦免了王稌，且有意起用他，但王稌以疾辞还金华，读书青岩山下。他念念不忘恩师的著作，遂辑方氏遗文为《侯城集》以传。孝孺死后，其著作在严禁之列，敢有私藏者严惩不贷，幸亏有王稌这样既有忠肝义胆、又有特殊身份的有心人悉心搜辑，才使得方孝孺著述有所传世，不至完全湮没。

卢原质，字希鲁，浙宁海人，为孝孺表兄，其母为孝孺姑母。洪武进士，授翰林编修，历太常少卿。孝孺案后，朱棣召见，不屈而死，其弟原朴等同日死难。

胡子昭，字仲常，四川荣县人，为孝孺友人，早岁随孝孺游汉中，受知于蜀献王，以儒士荐为荣县训导，后升翰林检讨，历进刑部左侍郎。方孝孺案发生后，坐方党被杀。临刑有诗曰："两间正气归泉壤，一点丹心在帝乡。"阖族均受株连。

---

①　马其昶著，毛伯舟点注：《桐城耆旧传》，黄山书社，1990 年版，第 10 页。

②　方法的四世孙方孔炤有诗《谒方正学先生祠》，专记此事："钟陵松柏对苍苍，近代南山纪太常。宁可纸灰埋十族，不将名志属三杨。髡留江上何人在，缟素军前独发丧。断事只今依俎豆，吾家书种托门墙。"桐城派研究会主编：《桐城明清诗选》，安徽美术出版社，2011 年版，第 24 页。最后两句，即指方法从祀方孝孺之事。

③　钱士升：《皇明表忠纪》卷二。

楼琏，字士连，浙江金华人，尝从宋濂学，为孝孺的师兄弟，历任御史、侍读。方孝孺以不奉命草诏被杀以后，朱棣改命楼琏起草即位诏书。楼琏内心没有孝孺那么胆壮气豪，但也心生抵触，草与不草，波澜起伏，最后还是起草了。回到家里，妻子问他，所做之事会不会伤害到方先生？他回答："我受刑犹可，恐累及汝辈耳。"当晚自杀身亡。①楼琏这一选择，不像孝孺之死那么激昂壮烈，但在保全自己名节的同时，也保全了家人。

以上七人都与方孝孺案直接有关。此案昭雪以后，诸人均获昭雪，有的人从祀方孝孺祠，有的人设有专祠，方法在成都、胡子昭在荣县均有专祠。而魏泽、余学夔等人，则与救护孝孺遗孤有关。

魏泽，字彦恩，溧水人，洪武中累官至刑部尚书，后谪宁海典史。靖难案发，受命抓捕方氏家人。其时，孝孺在宁海有一幼子名中宪，九岁，魏泽不忍加害，将其藏匿起来。有天台人余学夔，窥知其秘，乃佯装行乞，喃喃唱歌以讽魏泽，要他效仿历史上豫让、程婴等人，舍生取义，救援遗孤。经过考察，魏泽心知其意，乃将中宪潜托给学夔。学夔携中宪，乘船越杭州湾，涉海岛，过村镇，来到松江府地带，织网捕鱼为生。后来，学夔到松江府城华亭，找到孝孺两个门生，俞允与任勉，二人都是华亭人，都在洪武二十七年（1394 年）中进士，那年方孝孺是主考官。在俞、任庇护下，中宪在松江落下户来，娶俞允养女为妻，改姓易名，孝孺遗孤由此得以保存下来，开枝散叶。案件昭雪以后，复归方姓。

魏泽将中宪交给余学夔以后，便隐身江湖，不知所终。日后，他曾重过宁海，有诗流传："笋舆冲雨过侯城，抚景令人感慨生。黄鸟向人空百啭，清猿堕泪只三声。山中自可全高节，天下难居是盛名。却忆令威千载后，重归华表不胜情。"②故地重游，物是人非，不胜感慨，但最后两句，颇有看破红尘的味道。学夔将中宪交给俞允以后，亦赴海而去，不知所终。

魏泽、余学夔、俞允与任勉，接力救援孝孺遗孤的故事，颇有传奇色彩。魏泽并非孝孺至亲、好友，只是心仪孝孺其人，敬佩殉难其事。他迈出的第一

---

① 钱士升：《皇明表忠纪》卷二。
② 魏泽：《过孝孺故居》，张朝瑞《忠节录》卷二。沈微编：《历代文人笔下的宁海》上，宁波出版社，2013 年版，第 123 页。

步最为难能可贵。没有这一步，后面的故事便无法接续。诚如明代冯斗如所论：魏泽风节，最为可敬，"盖以当日时势，较之婴、臼所处，其难不啻十倍，公独忘身急难，留先生血胤于万死之中，不至与八百七十三人同尽，以至今日君恩浩荡，思表忠录嗣而无憾。其裔孙遂得自云间返缑城，寻先世之墟墓，奉先生之蒸尝，岂非天实为之也哉？又岂非先生千载而下华表之灵实式凭之也哉？"① 余学夔、俞允与任勉，都胸怀大义，奋不顾身。四人之举，都有极大风险，也都是孝孺壮举影响所致。一如明代人所述当年险境："孑遗所在，前有赏，后有诛。踏天嵘地，昼伏夜行，千钧引丝，所余有几！此古今一大险也。遗蜕不敢收，遗札不敢藏，子孙不敢自名其祖，春秋家祭嘿对饮泣，即有好义吊古之士，畴敢向先生礼一瓣香者？此古今一大郁也。"② 后世史家评论：

> 成祖之威至抗暴也，能杀先生之身而终不能夺先生九死不移之节，能赤先生之族而终不能斩先生万世血食之嗣，此不可谓非天也。余、魏诸公不惮灭族之诛，奋身协力，隐匿遗孤，卒全先生之祀，此皆有天焉相之。而其至性高义，同符古人，虽程婴之全赵孤，王成之保李燮，其蔑以过之矣。③

> 当此之时，学夔与泽独能负程婴之义，于万死一生中，恤其遗孤而保全之，盖亦难矣。乃以文皇之暴虐，陈瑛之罗织，而侦伺不能及，刑戮不能加，衿中之孤，安然无恙，瓜瓞绵延以至于今。余、魏二君子之功，固不可泯。要非希直之忠烈，格天地而动鬼神，不至此也。④

日后，松江建求忠书院，祭祀方孝孺，而以魏、余、俞、任四人祔祀，就是对他们仗义救孤的崇高敬礼。

通过上述人物事迹，我们看到，围绕着方孝孺案，从宁海、南京到松江，江南大地上发生了一串串忠义之举，涌现了一批批忠义之士。他们或舍身就义，如方孝友、方法、胡子昭、楼琏，或收遗骸以慰忠魂，如廖镛、廖铭，或佑遗

---

① 冯斗如：《书魏县尉保孤事》，张常明《逊志斋外集》，第 183 页。

② 陈继儒：《求忠书院记》，崇祯刻本《晚香堂集》卷四，张常明《逊志斋外集》，第 65 页。

③ 鲁超《重修求忠书院碑记》，载康熙间刻本《逊志斋外纪》卷之下，张常明《逊志斋外集》，第 92 页。

④ 刘青藜：《台州方氏族谱序》，《国朝文汇》卷四十三，张常明《逊志斋外集》，第 38 页。

孤以延忠烈血脉，如魏泽、余学夔、俞允与任勉，或藏遗著以弘正学，如王稌。他们有的献出了生命，有的丢弃了官位，共同谱写了江南地区正气之歌，正如陈子龙所论："先生首倡大义于天下，一时贵戚大臣，以致樵夫渔子，不屈其志，或辍屠市朝之间，或枯槁岩石之下者，不可胜数。"①

方孝孺殉难 170 年后，万历元年（1573 年），明神宗朱翊钧大赦天下，对建文朝尽节诸臣予以祭祀，有苗裔者给予恤录，方孝孺案终得昭雪。此后，孝孺家乡宁海、殉难地南京、曾经任官地成都、曾经读书地济宁、后裔居住地松江，相继建立纪念祠堂，辟设弘扬方孝孺学术的书院，其中以宁海、南京、松江最为突出，数量多，规模大。这些纪念场所，或名求忠，或名正学，都是为了弘扬方孝孺的道德学问。

三、方孝孺忠贞文化在清代的影响

任何正常的社会，都需要弘扬忠贞之气以激浊扬清，而任何政局动荡时期，希望政局稳定的一方，也都需要通过弘扬忠贞之气以抑制、敉平动荡。方孝孺案昭雪以后，每当遇到政治变动、考验人们政治气节的时候，方孝孺就成为一面鲜艳的旗帜。这在明清鼎革之际，相当突出。

清军南下之际，在江南地区遭到顽强的抵抗。其中，以杨廷枢、夏允彝、陈子龙等江南士人为主所组织的复社、几社，崇尚忠义气节，以文天祥、方孝孺为榜样，相互激励，很多人成为抗清志士。诸如：

杨廷枢（1595—1647），苏州人，复社领袖，早年为诸生，以气节自任，崇祯三年（1630 年）乡试高中榜首，名满天下。弘光元年（1645 年），清军南下苏州。他投身反清斗争，事泄被捕，誓死不降，被推出斩首，临刑大呼："生为大明人，死为大明鬼。"杨廷枢非常崇拜方孝孺，曾在复社集会上，一边喝酒一边说："吾兄弟中有能为方正学、杨椒山其人者，卒此爵。"可见孝孺在他心目中的地位。

夏允彝（1596—1645），华亭（治今上海松江）人，几社成员，崇祯十年

---

① 陈子龙：《方正学先生〈逊志斋集〉序》，张常明《逊志斋外集》，第 21 页。

（1637年）年进士，授福建长乐知县。清兵南下，与陈子龙、徐孚远等在松江起义抗清。失败后，赋绝命词，投水而死。其子夏完淳（1630—1647），陈子龙弟子，少年时即胸怀大志，关心国事。1645年清兵下江南，随父在松江起义抗清，兵败后其父自杀，他随陈子龙与太湖义军联系，参与军机。兵败，流亡民间。后被捕解南京，不屈遇害。

陈子龙（1608—1647），华亭（治今上海松江）人，复社成员，崇祯十年（1637年）进士，讲求经世致用之学，南明弘光帝时任兵科给事中，曾屡次进谏，未被采纳，故辞官还乡。清兵南下，在松江起兵抗清，事泄被捕，于舟解途中，乘隙投水自沉。他极其钦敬方孝孺，曾为方孝孺《逊志斋集》作序，也有诗悼念。他认为方所崇奉的，正是周公、孔子所倡圣人之道，"今读先生之文，而征其所学，大要本之以慎独，出之以大居正，洵乎圣人之真传矣。不然，岂能抗万乘之威，据鼎镬之上，裂肢体，湛十族，洒然无以动其心哉！此贲、获无所较其勇，仇季无以衡其烈也"。①

明亡以后，自觉地以方孝孺为榜样，以身殉国的，最典型者莫过吴嘉胤。他是华亭（治今上海松江）人，天启四年（1624年）乡试中举，历官户部主事。明朝覆亡的第二年，1645年，清军南下，他正在户部管理粮饷，行至丹阳，听闻南京失陷，乃折返京城。陪同人员劝他，此刻回去，必死无疑，不如另投他处，以为后图。他表示，"君亡则率土皆非明有也"，我只有回去，才会心安。于是，命仆人携其官服，来到南京方正学祠，拜曰："愿从先生于地下，令后世知吾与先生同志也。"从容自缢于树。一仆人要上前去解救，另一仆人说："嗟乎！主人有成言矣。解之必不听，不如已也。"②

刘宗周（1578—1645），浙江绍兴府山阴（今浙江绍兴）人，万历二十九年（1601年）进士，历任礼部主事、右通政、顺天府尹、工部侍郎、左都御史等职，曾因上疏弹劾魏忠贤而被停俸半年并削籍为民，南明弘光朝复官，又因与马士英、阮大铖不合而辞官归乡。清兵攻陷杭州的消息传到绍兴时，正在进餐

---

① 陈子龙：《方正学先生〈逊志斋集〉序》，张常明《逊志斋外集》，第21页。
② 《黄宗羲全集》第2册，浙江古籍出版社，2012年版，第84页。关于吴嘉胤之死，还有另一说法：起初，吴嘉胤在跪拜方孝孺像以后，上吊自杀，被仆人救了下来。不久，"薙发令下，乃冠带谒孝陵，既登雨花台，复拜方正学像，而自经于宋杨忠襄墓松树之下"。彭遵泗《蜀碧》，北京古籍出版社，2002年版，第308页。

的刘宗周即推开食物恸哭绝食。清贝勒博洛以礼来聘，刘宗周"书不启封"。绝食二十三天，于闰六月初八日卒。他是著名理学家，推崇方孝孺，写有三篇关于方孝孺的文章:《方逊志先生死事存疑》(天启甲子),《重刻方正学先生逊志斋集序》(崇祯壬午),《方逊志先生正学录序》。

桐城方家世代崇拜方孝孺，方氏后人，多以气节相尚，方文、方以智均不仕清朝。

方文(1612—1669)，字尔止，号嵞山，原名孔文，字尔识，明亡后更名一耒，别号淮西山人、明农、忍冬，安庆府桐城人。明末诸生，入清不仕，靠游食、卖卜、行医或充塾师为生，与复社、几社中人交游，以气节自励。

方以智(1611—1671)，字密之，安庆府桐城人，崇祯十三年(1640 年)中进士，选庶吉士，获崇祯帝召见，颇受赏识，历任工部观政、翰林院检讨等。1644 年，李自成军攻入北京，崇祯帝自缢，以智被俘，备受酷刑，宁死不降，后乘乱南逃。从南京、浙江、福建到两广，历仕南明小朝廷，后落魄民间。清军攻占岭南后，他在梧州出家，秘密参加反清复明活动，永历四年(1650 年)在广西平乐被清军捕获。清军将领左置官服，右放白刃，让以智自择，他义无反顾，选择右边，其气节感动清将，获释，听其自行为僧。以后在江西、江苏、安徽等地，修行、著述。安徽地方官拟奏请清廷起用他，遭他拒绝，表示"匹夫不可夺志"。康熙十年(1671 年)，以智因以前反清事牵连被捕，被解往广东，行至江西万安惶恐滩头，想起文天祥事迹，自沉于惶恐滩江。自杀的方式，都与方法相似。

四、结语

方孝孺是江南文化孕育出来的杰出代表，他的事迹极大地丰富了江南文化的内涵。众所周知，江南文化既有小桥流水、鸟语花香、庭院深深、斜晖脉脉的优美，也有独立潮头、劈风斩浪、好勇斗狠、金刚怒目的壮美，优美与壮美，共同成就了江南文化的优良品质。但是，唐代以后，由于江南经济发达，文教繁盛，民风渐向文弱一面倾斜，于是，有人便以为文弱成了江南文化的主流。方孝孺以一普通士人，面对皇权的万钧霹雳，从容不迫，大义凛然，一头可断，十族可诛，但志不可夺，充分体现了孟子所谓的"富贵不能淫，贫贱不能移，威武不能屈"的大丈夫气概。方孝孺书写了江南文化中刚强勇猛的壮美篇章。

方孝孺的忠烈壮举对后世影响很大，对明清士人的影响上面已述，对普通社会影响也相当广泛而深远。方孝孺在明代后期已获昭雪，南明时被封"文正"，他的家乡宁海、殉难地南京、曾经工作或生活地四川成都与山东济宁，以及他的后裔生活地松江，都有纪念他的祠堂、牌坊、学校、公园与街坊。

方孝孺在现代中国也是广受崇敬的历史人物，鲁迅称他是极有骨气的人，有着"台州式的硬气"；胡适称他为"杀身殉道的了不起的人物"；郭沫若赞他为"骨鲠千秋"。左联五烈士之一柔石，是方孝孺同乡，姓赵名平复，"柔石"是他的笔名。这个笔名就是取自他家乡一座纪念方孝孺的名为"柔石金桥"的石桥。柔石自述，取此笔名就是为了继承方孝孺精忠报国的精神。

方孝孺生在浙江宁海，死在江苏南京，影响遍及浙、苏、皖、沪三省一市，主要活动与重要友朋多在江南，所以，他对江南的影响，更为直接、广泛与深远。他影响了江南地区的士风、民风与学风，在江南地区有广泛、持久的影响。在大力弘扬中华优秀传统文化的今天，在打造长三角一体化的今天，方孝孺是江南文化的杰出代表，是少数几个能够将整个长三角地区都有机联系起来的难得的典型人物。

（作者系上海市文史研究馆馆员，上海社会科学院研究员）

区域文化视野下的近代上海金融变迁

吴景平

内容提要：上海是近代中国最大的金融中心，这一中心地位有其形成和发展的过程。上海金融业和江浙系金融投资者和职业经理人中蕴含的进取、开放、包容、合作的精神和理念，无疑是近代上海金融变迁进程中亮丽的区域文化特色。本文主要梳理江浙系私人金融资本的运作，揭示近代上海金融业发展和市场形塑进程中区域文化融通和交互影响的重要特色。

关键词：近代；江浙沪；钱庄；银行

上海是近代中国最大的金融中心，这一中心地位有其形成和发展的过程。在鸦片战争之前，上海只是江浙地区多个钱业市场之一。19世纪40年代初开埠之后，经过数十年的发展，尤其是到了20世纪二三十年代，上海已经成为全国乃至远东地区现代化和国际化程度最高的金融中心。毋庸赘言，上海金融的变迁离不开经济诸领域的发展，如内外贸易、近代航运业、近代房地产业乃至近代工商业，等等。本文主要梳理江浙系私人金融资本的运作，揭示近代上海金融业发展和市场形塑进程中区域文化融通和交互影响的重要特色。

一

上海是长江的入海口，位于中国海岸线的中部，海陆交通非常便利。江浙一带是近代中国经济最发达的地区，交通便捷与商贸发达结合在一起，带来大量的资金服务需求，才有了后来金融业的兴起与发达。中国早期形态金融市场的主体，在北方以山西票号为代表；在长江中下游，则为钱庄业，到清代中叶，已形成宁波、绍兴、杭州、苏州、镇江和上海等地方性钱业市场。就上海而言，清乾隆年间已有钱业公所的设立，成为钱业内部"遇事集会商讨"的固定场所，说明当时钱庄已经具有独立行业的规模。到 19 世纪 50 年代末，上海约有钱庄 120 家。从清末政局动荡到辛亥革命爆发，上海钱庄业曾一度遭到很大冲击，钱庄家数由 1908 年的 115 家、1910 年的 91 家，锐减至 1912 年的 28 家。嗣后，与第一次世界大战期间及战后中国民族工商业的发展相呼应，上海钱庄业得以恢复，至 1926 年钱庄数增加至 87 家，资本总额、利润总额以及存款、放款数均有很大的增长。上海的钱庄不仅经营货币兑换等传统金融业务，而且所开发出的庄票这一特殊信用工具，为多地的华洋商贸往来接受，上海钱庄业可以从外商银行和票号获得拆款。在上海金融市场上，钱庄掌握着洋厘和银拆，拆息行市是上海金融市场乃至全国资金供需情况最灵敏的寒暑表，申汇具有重要的国内汇兑功能。此外，江浙宁波、绍兴、杭州、苏州、镇江、南京的钱业市场都与上海的钱业市场有密切联系，其行市多以上海的钱业市场为导向，可以说上海已经具有了区域性金融中心的地位。上海钱庄还与银行、证券、信托等其他近代金融市场交织在一起，并长期共存，成为近代中国金融市场的重要组成部分，对上海乃至全国的金融市场影响巨深，牵一发而动全身，长期维持着与外资银行、华商银行在金融界的三足鼎立地位。

钱庄主要采取合伙制，主要投资人限于家族成员，并采取无限责任制。上海钱庄并非由上海本地人所创办，其起源与浙江和江苏系商人有密切的关系。从 19 世纪后半期到 20 世纪初，上海钱业最大的 9 个家族集团都是江苏和浙江籍贯，其中有浙江镇海的方家、李家和叶家，慈溪董家，宁波秦家，湖州许家，苏州程家，洞庭山严家和万家。这些钱业大家族集团的合伙人，多为规模较小的江浙籍投资人。而在上海各钱庄从事经营管理的经理人，也多为浙江宁波、绍兴和江苏镇江等地人，形成了"宁绍帮""镇江帮"等上海钱业经理人群体。光绪中叶，上海钱庄业的主体发起设立北市钱业会馆，所留存的 1891 年记事碑落款 7 人均为浙籍宁绍帮，包括余姚籍 3 人，慈溪 2 人，上虞和鄞县各 1 人。经过几十年的发展，浙籍、苏籍资本在上海钱庄业的主导地位没有动摇过。据统计，1932 年南北两市汇划钱庄 72 家，资本总额 1529 万两规银，其中由宁绍帮经理的钱庄家数占72%，资本总额占73.4%，其余主要为苏帮、镇江帮等江苏系钱庄。上海银行业著名领袖宋汉章在谈到钱业兴起时也明确指出："钱庄之设立，在沪以宁绍帮、苏州帮较具势力，其次则为镇江帮。"

上海钱庄业的区域特色不仅体现在资本与人事的籍贯上，更在文化层面有着重要影响力。

20世纪30年代问世的《中国商业史》指出："清代钱庄，绍兴一派最有势力，当时阻止票号势力不得越长江而南者，此派之力也。"浙人"性机灵，有胆识，具敏活之手腕，特别之眼光，其经营商业也，不墨守成规，而能临机应变，故能与票号抗衡，在南中别树一帜。其营业区域，在长江南北……大本营在上海、汉口两处，而南京、镇江、芜湖、九江等处，亦在其势力范围之内"。20世纪40年代后期，慈溪籍上海钱业领袖秦润卿曾有如下总结："吾浙宁绍人士，沈毅果敢，质朴耐劳，重然诺，尚信义，施之于钱业，而其效乃益彰。论者谓上海之钱业，自筚路蓝缕，开辟草莱，迄于播种耕耘收获，无时无地莫不由宁绍两帮中人之努力为多。"这些归纳经过岁月的历练积淀，已经成为整个上海钱庄业人士共同崇尚的为人处世的基本准则。

上海钱庄业的基本制度——汇划制，正式运作于1890年上海钱业汇划总会的设立。其前身，可以追溯到1840年代之后在宁波钱庄业盛行的过账制和稍后绍兴钱庄业的划洋制。江浙一带钱庄的主要业务除了钱币兑换外，主要做信用放款，且面向数量诸多和经营规模较小的客户，这些客户通常被排拒于外商银行之外，主要依靠来自钱庄业的放款和其他金融服务，可以说是钱庄业务经营的"基本盘"，也体现了钱庄业的经营理念，即建立在与客户之间的彼此相识了解与信任的基础之上。同样，上海钱庄从事的信用放款，手续灵活简便，不以抵押为必要前提，注重与社会经济的联系密切，商业成本较低，这是该行业历经社会重大变迁仍得以长期存续的基本原因。提高资金利用率、周转率从而使得相关钱庄之间、钱庄与客户之间达到双赢的财务制度创新，是长时期以来江浙地区极为发达的商业信用在钱业的运用，诸如同城业务中的预付垫付、延期支付和异地划拨，都在上海钱业市场得以光大发展。再如上海钱业的同业拆借，无论是"掉期""日拆"的利息均须经同业议定，以及停市期间同业间"寄栈"不计利息，都与江浙钱庄的做法大同小异，体现了理念与文化层面的"诚信""守信"在上海钱业习惯法形成与践行过程中的作用。

应当指出，随着钱庄业规模的扩大，信用放款涉及的客户数和业务额的增加，相应的失信就难以避免，尤其当社会时局动荡的时候，钱庄与客户之间以及钱业同业之间的信用链受到冲击，甚至发生行业性的危机。不仅在金融业内部，甚至在整个工商界，都曾质疑钱庄的产权组织和主要经营方式的合理性，认为钱庄应当改制为股份有限公司制，变信用放款为抵押放款，钱庄业应当置于与银行业同样的监管之下。上海钱庄业了不起的地方在于，虽然其产权制度和经营方式比较传统甚至落后，但当传统遇到近代化的时候，钱庄业在坚持服务中小商业和社会底层的同时，并没有停止行业改革前行的步伐。在转型发展的过程中，钱庄也开始签发支票，成立联合准备库，共同承担行业风险，甚至也采取了股份制形式。从1930年代初国民政府颁发《银行法》从而提出钱庄转制问题，以后陆续有钱庄改行股份制或新设钱庄即为股份有限公司制，例如，近代著名企业家荣德生投资钱庄业，帮助钱庄业从原来的合伙制变成股份制，规范发行股票，实行账目公开，以取信于新一代的城市居民和工商业者。从整个钱庄业来看，上海钱业公会均接纳相关股份制钱庄为公会会员，直至全部钱庄均采行股份制。一直到上海解放和新中国成立初期，作为上海资格最老的金融机构，钱庄的作用依然是不可忽视的力量。

二

上海金融业的又一重要力量即华资银行，是以1897年由中国人和中国资本开办的第一家银行——中国通商银行为开端的，它的开设可视为近代上海金融乃至中国金融转型的一件大事，虽然其发生比外商银行进入上海至少晚了半个世纪，遑论与前近代便存续的钱庄业相比。自鸦片战争以来，各地各业有识之士多年呼吁建立本国银行，但屡议屡辍，最终政府决策部门之间、政商之间逐渐就在上海设立第一家华资银行形成共识。

中国通商银行的建立，是一个非常了不起的成就。但在筹建的过程中，也曾有过各种不同的意见。要不要办？怎么办？官办还是商办？办在哪里？主事者盛宣怀为江苏常州人，在倾听不同意见的时候，几次陈述中表示：开设银行，名义必须是商办，地点必须是上海。直到今天，他的相关见解也体现出一种超前的、开放的、国际化的意识。中国通商银行创立时，额定资本500万两，先收半数250万两，其中盛宣怀主持的轮船招商局和电报局所认股款额最大，达到了90万两，盛宣怀本人名下为73万两，而著名的浙商和钱业投资人严信厚全力协助盛宣怀擘画筹备全局，包括几个版本的中国通商银行章程的拟就定稿，直到直接认股10万两，出任中国通商银行首届总董。中国通商银行自汇丰银行聘请了英人美德仑为洋大班，而聘请的第一位华经理陈淦，为镇江上虞人，早期至上海，在宁波镇海方家投资的咸康钱庄任经理，后来一直与方家合股投资钱庄业，他在钱业的丰富经营管理经历，对中国通商银行的运作起了重要作用。中国通商银行的资金运用方面，主要有对钱业拆借、工矿业和洋行放款。虽然工矿业放款中官督商办企业占有较大比例，但总体来看属于"在商言商"。

中国通商银行在上海的酝酿筹设以及初期运作，成为尔后中国出现新式银行业和相应制度构建的先声。不久，在推行清末新政的进程中先后设立的户部银行和交通银行，都在上海设有分行。而江浙籍商人投资开设的银行主要有：

1906年，无锡籍实业家周廷弼于在上海设立信成银行，股本50万元，该行先后于无锡、南京、天津、北京设立分行。

1907年，浙路公司在杭州设立银行，也在上海设立分行，即后来的浙江兴业银行的前身，上海分行改为总行。

1908年，四明商业储蓄银行于在上海设立，由宁波籍商人李云书、虞洽卿等人集股，股本150万两，在汉口、宁波设分行。

1909年，浙江官银号改组为浙江省银行，官商合股，1915年改组为浙江地方实业银行。以后官股和商股分道扬镳，商股所办银行搬移至上海，改名浙江实业银行。

1911年辛亥革命以后，特别是第一次世界大战爆发之后，随着民族经济的迅速发展以及国内外政治局势的变化，上海华资银行业呈现快速发展势头。1912至1927年间，中国新设银行机构313家，其中总行设于上海一地的就有53家。当时具有全国性影响的大商业银行，在京津地区有"北四行"，即盐业、金城、大陆、中南四家银行；在上海，则有"南三行"，即上海商业储蓄银行、浙江兴业银行和浙江实业银行。至20世纪30年代中叶，中央、中国、交通和中国农民四大政府银行的总部均设于上海，北四行总行及业务中心也南迁至上海，金融市场繁荣，证券、保险、金银、国际汇兑和结算等业务十分发达。当时在上海的各大金融机构中，江浙籍的投资人和经理人居于重要地位。如以南三行之首的上海商业储蓄银行为例，该行初创时的最大股东董事长庄得之为江苏武进人，其次为浙江嵊县人楼映斋和浙江萧山施再春；早期投资人中还有张謇、荣宗敬、张嘉璈等苏籍人士。南三行的高层管理者亦多为江浙人，如上海商业储蓄银行的总经理陈光甫（江苏镇江人）、浙江兴业银行总经理徐新六（浙江余姚人）、浙江实业银行总经理李铭（浙江绍兴人）。他们均有留学经历，熟悉财经事务且具有开拓进取精神，办行理念高度认同。当时南三行之间虽然没有签订如北四行那样的联合发行和经营合同，但合作关系密切而默契，在人事方面互兼董事监事，业务经营上互开户头、以互相存款方式，通融头寸；互相代理收解；提供担保品即可随时透支。南三行的业务重点在以江浙沪为中心的长三角地区，尤其关注工商经济与服务社会。如上海商业储蓄银行开设小额账户，推行银两、银元并用，银元存款亦给利息，极大便利了中小工商业者和一般客户；并设立旅行部，以后发展为中国旅行社。浙江兴业银行总行于1915年由杭州迁至上海，其宗旨为振兴实业，一向重视对华资工商业的放款投资，工业放款投资始终是各项放款中的重点，涉及范围包括钢铁、机器制造、化工、煤矿、水电动力、纺织、面粉、造纸、印刷等多个行业。浙江实业银行系由原浙江地方实业银行的商股独立出来后设立，以上海为总行。浙江实业银行规模虽然不大，但与外商的业务往来非常多，外资企业存户有美商慎昌洋行、上海电话公司、上海电力公司、沪西电力公司，英商德士哥洋行、纶昌洋行等。该银行一直比较重视储蓄业务，开创了零存整付储蓄，受到社会各界的欢迎。南三行不满北洋军阀的统治，曾公开支持上海中国银行抵制停兑令，并支持国民党发动的北伐战争和建立南京国民政府。

在上海银行业乃至整个金融业的变迁进程中，上海银行业的同业组织银行公会的地位十分重要。1918年上海银行公会正式成立，其创会者与主要负责人多为江浙系，如中国银行的宋汉章（浙江余姚）、张嘉璈（江苏宝山），交通银行的钱新之（浙江吴兴），浙江兴业银行的徐寄顾（浙江永嘉）、盛竹书（浙江镇海），浙江实业银行李馥荪（浙江绍兴），上海商业储蓄银行的陈光甫（江苏镇江），盐业银行的吴鼎昌（浙江湖州），另有中孚银行的孙景西（安徽寿县）。上海银行公会最初会员7家，1927年发展到24家，1937年增加到43家。上海银行公会不仅致力于服务会员银行，更着眼于整个银行业的经营环境的改善与风险防范，如在1932年3月成立上海银行公会联合准备委员会，非公会会员银行及非银行金融机构均得加入，有力地解决了同业间的资金调剂问题。同年6月，又于上海发起成立了第一家由国人自办的信用调查机关——中国征信所。1933年，银行公会联合准备委员会设置的上海票据交换所正式开业，凡联合准备委员会委员银行及银行公会会员银行均可加入为交换银行，其他上海各银行或信托公司也可以加入为交换银行，不久又增办委托代理交换及代收外行票据业务。到1937年前夕，参加交换的银行共有73家，其中交换银行42家，委托代理交换银行31家。上海的票据交换所是第一家由华资银行业创办的票据清算机构，随后南京、杭州、北京、重庆、成都、西安等各大城市也相继成立了票据交换所。显然，在中国金融业近代转型的进程中，上海银行业发挥了重要的引领作用。

三

综上所述，近代上海金融变迁的进程中，体现出了近代江南商业文化现代转型的若干重要特色。

一是进取心。上海的金融企业，无论是传统的钱庄，还是后来的华资新式银行，都有着非常强烈的进取心。它们必须实时关注市场状况，关注市场的客观需求，抓住转瞬即逝的机会，否则就可能面临被淘汰的风险。如上海作为最初的通商口岸，新增大量金融业务。到第二次鸦片战争前后，随着中外之间海运路线缩短和电讯业的产生，中外贸易扩大，口岸金融业务发展迎来新机遇，上海钱庄业便抓住这一机遇，业务上从单纯货币兑换，扩大到存款、放款、汇划、签发庄票、贴现等，提升了整个钱庄业在上海社会经济的地位。以后上海钱庄业抓住洋务运动带来的新的机遇，开始与近代工矿业发生关系，争取工商存款，并向工厂企业提供信用放款。

二是开放性。上海金融业的发展变迁，充分体现出上海是一座开放的城市。

最初的时候，上海没有几家金融机构，都是规模较小的钱庄。但上海敞开胸怀、海纳百川，欢迎各地、各路的资金和投资者，许多金融机构拔地而起。上海钱庄业的早期发展中，来自浙江绍兴、宁波和湖州等地的商帮起了重要的作用；而来自江苏地区的有苏州帮、洞庭山帮、镇江帮和通州帮，也是不容忽视的投资者和经营者。

在银行业方面，虽然上海是第一家华资银行的诞生地，但接纳了更多的异地银行将其总行迁入上海，如来自天津的中孚银行、中国实业银行、东莱银行，来自北平的新华商业储蓄银行和中国农工银行。迁入上海之后，这几家银行都有了很好的发展。特别是 1935 年和 1936 年，在国内银行业影响巨大、在北方地区根基颇深的盐业银行、金城银行的总行，也分别从北平、天津移至上海。至于政府银行系统中的中国银行、交通银行和中国农民银行的总管理处或总行迁入上海，则是上海属于全国性金融中心而非地方性中心的典型例证。

三是包容性。上海的社会环境和社会风气，或曰城市文化，可谓"英雄不论出身"，创业者群体中不仅有诸多精英，也有来自底层的草根；虽然有一帆风顺者，但允许失败，允许跌跟头，各行各业的人都可以进入金融行业；创业资金多寡不论，都有成功的机会。如著名的钱业领袖秦润卿（浙江慈溪人）1891年刚到上海时，只是一个着"寒素布衣"的"贫家儿"，入苏州程氏所办协源钱庄做了三年的学徒，期间"凡有辛苦职务，余皆乐承其乏"，"对于公事，则竭力经营；对于友朋，则一意融洽；对于文字，则虚心请益"，秦润卿后来同时出任上海福源、福康和顺康三大钱庄经理，长期出任上海钱业公会会长，成为当之无愧的钱业领袖。除了钱业之前，秦润卿还出任了上海总商会副会长、上海华人纳税会董事、宁波旅沪同乡会副会长、中央银行监事、交通银行上海分行经理，以及中国垦业银行董事长兼总经理。

至于上海著名银行家群体中，亦不乏从底层历经艰辛最终奋斗成功的例证。银行经理人中先后担任过中南银行总经理和交通银行董事长的胡笔江（江苏江都人），其初入银行界时也只是交通银行北京分行的普通行员。后来位居"南三行"之首的上海商业储蓄银行，在 1915 年创办时，实收资本额不到 10 万元，这和当时别的银行比起来，实在是微不足道，还不及一家一般规模的钱庄。那一年，其他银行的资本，官办的中国银行和交通银行且不说，私营的浙江兴业银行是 75 万元,盐业银行是 150 万元,中国通商银行是 250 万两(约合 350 万元)。上海商业储蓄银行是当时上海银行业中资本额最少的一家,其规模连"小"都谈不上,而被称之为"小小银行"。然而,经过 10 年的苦心经营,1926 年上海商业储蓄银行的资本额增为 250 万元,资产总额超过 4700 万元;再过 10 年,该行光是存款额就达到了 2 亿元。无论是金融业内部,还是金融业与其他行业之间,上海所具有的包容性是很多地方不能比拟的。

四是合作精神。在上海的投资者和金融活动家,既有来自全国各地的,也有来自海外的。市场竞争的残酷性需要彼此的团结合作。金融业的资金关系是一个链条,一环一环紧密相扣,尤为需要所有参与者恪守信用。如果哪一家出了问题,凡是与其有业务往来的机构,都会遇到困难。所以,合作的精神、合作的意识、合作的行动都是不可或缺的。在上海金融业的发展变迁中,可以看到非常充分的合作精神。以上海的银行业与钱庄业的关系为例,中国人自办的第一家银行中国通商银行在上海筹建期间,就聘请了上海钱庄业的重要人士陈淦出任华大班。随着华资银行业的兴起,原来钱庄业的市场份额不断为银行业所挤占,但银钱业之间的合作关系始终是主流,如钱庄业长期主持包括银行业在内的整个上海金融业的同业往来汇划清算,为此各银行须向钱庄预存相当额度的款项以备清算之用。

又如,南京国民政府向上海金融业下达的历次垫借额,先由上海银行公会与钱业公会经过友好协商确定两业的分担额度,再由银行业、钱庄业各自内部通过协商最后确定各家的承担额;银行业通常由中国银行、交通银行共同承担总额半数之上,其他银行再依照规模确定承担额。而在面对社会和工商各界的场合,上海银行业和钱庄业更多的是以"银行两业"或"银钱两会"的名义联合共同表示立场。1935 年发生金融恐慌时,银钱业组成了联合救济机构。再从个案来看,1930 年代初交通银行曾聘请钱业领袖秦润卿出任交行上海分行经理。

当然,进取、开放、包容、合作的精神和理念,不仅仅限于上海金融业,也不仅仅限于江浙系金融投资者和职业经理人,但无疑是近代上海金融变迁进程中亮丽的区域文化特色。

(作者系上海市文史研究馆馆员,复旦大学历史系教授)

诗画江南

黄阿忠

内容提要：江南带有诗性、画意的山山水水，孕育了一代一代文学家、诗人、画家、书法家。文人、诗人、画家如游鱼般在这长三角中穿梭，吟诗、作画，把江南营造成一个诗画天地。

关键词：江南；诗画这；水乡；古镇；徐渭

诗画江南，江南如诗画。

江南带有诗性、画意的山山水水，孕育了一代一代诗人、画家、书法家。明代唐寅、祝枝山、文徵明、徐渭；明末清初的朱耷、石涛；新安画派的查士标、渐江、弘仁、程遂、髡残；包括近代的任伯年、吴昌硕、徐悲鸿、吴冠中等等都是在这块土地上生长起来的。

在我的地理概念中，江南属于长江流域靠东往南的那一片土地，物华天宝，人杰地灵。那里四季分明，气候湿润，土地肥沃，物产丰富。在那块土地上，诗人、画家如游鱼般在这长三角中穿梭，吟诗、作画，把江南营造成一个诗画天地。

江南自然风景秀丽宜人，风景如画。若是深入其境，看山、看水，则画不如风景，自然中的风景是有生命的，草木绿翠，溪水长流；朝阳照山川，艳丽光彩夺原野；霞光映满天，落日余晖洒山峦。我们对自然风景的概念和国外不同，外国把画自然风光的画叫风景画，而我们叫山水画。论风景的概念，离不开自然山川河流，然西方是从风景到风景画，而我们是从风景到山水画。我以为把画风景的画叫山水画更有诗意。

一方水土养一方人，江南的风景，山水，造就诗人、画家。如果去黄山、九华山、三清山、乌镇、周庄、南浔、婺源、湖州等地走一走、看一看，就会对江南有进一步的感觉，也会明白为什么把江南叫做"诗画江南"了。

一

去过湖州南浔、双林等古镇，从建筑、村落、石桥、流水中感受到诗情和画意，以及其中的文化。湖州边上善琏镇出产毛笔，并以此闻名天下，于是，想到了出身于湖州的名人赵孟頫。赵孟頫多学、多才、多艺，书法、绘画、诗文皆佳；在书法史上，他与颜真卿、柳公权、欧阳询并称为四大家；他的山水取法董源、李成，人物学习李公麟，独树一帜。他热爱家乡、钟情故乡的山山水水，为官告退故里长达十五年之久，这是家乡的情结。太湖流域生态宜人，风光旖旎。大凡有成就的大家都离不开家乡的培育，赵孟頫在家乡以云山为师，承古创新，将高逸士大夫气息与散逸文人气息，综合于一体，使游观山水向抒情山水转化。他笔下的诸多笔墨形象都来自生活、源于如诗画的江南。我忽然想起黄公望和富春江、荆浩和太行五龙山，他们的笔、墨和自然生活之间的关系。

前不久去南浔古镇边上的一个叫做荻港的古村落，也像是一个小镇，保存得较好，走走看看，有真切的诗画感觉。

荻港古村往西，是那座有着悠久历史和文化底蕴的古城湖州。站在京杭大运河旁的荻港，能感受到苕溪吹来的风。或许因为小，不引人注目，去过这个古村落的人不是很多。谁知道在挂满灯笼，小黄旗招展，热闹非凡的南浔、双林、新市等古镇边上，竟然还保留了那么一块让人感到诗画和古意的地方。

荻港老街靠着纵横交错水网中的那条东苕溪，溪上石桥横架，水流舒缓。云里飘来雨季留下来的库存雨水，点点滴滴落在水中，那一圈圈的涟漪，打破了老街的清静；圆圈的套环构成有了画意，也有了独特的视觉效果。街上的房子都是砖木结构，不高，横七竖八的木架，搭成一个个连着的三角顶，和靠水边支起的一排排木条（类似那些大镇的水边靠椅，大家称之为"美人靠"），自然而然地形成了一个避雨的廊棚。那些有包浆的老房、廊棚等，都是自然生活的样子，没有经过任何开发和妆饰；街上有供日常所需的各类店铺，门面很小，毫不铺张，只不过为了解决那里居民的柴米油盐。几个老人亦不声响，靠河边闲坐，一如茅盾笔下的人物老通宝；两只猫一大一小，在老人面前晃晃悠悠，极有生活气息。比起那些所谓为了旅游开发后的古镇，似乎小了一号，亦少了许多繁华。然却品味纯正，贯通古韵，颇有生活气息。

街上有"一元茶馆"。房间里安置条凳、长枌，几只竹壳热水瓶零星放在一边。墙角有曾经的水渍，看得出岁月的印痕，很有绘画效果。房子里没有空调，房梁上挂着吊扇，"啪嗒啪嗒"扇着，倒也不热。茶馆里还有个理发店，靠右边放了两个生铁铸成的非常陈旧的理发椅，还有两面镜子，以及一些很久很久没见过的木条钉成的脸盆架，和手推剃子等理发工具。我们在里面喝茶已经好长时间，却没见过来剃头的。坐在茶馆，望门外柳荫下靠水边闲坐的老汉，以及笃悠悠在青石板上骑自行车的人，我想，这就是街上普通居民的生活状态，那种气氛、那种气息贯穿在廊棚、石桥、木横档的搭配之中，是绝对的协调。

荻港村落也有两千年的历史，穿越千年，它们都浸淫在文化之中。东晋永和四年，王羲之在湖州做太守，制竹笔，永和九年暮春群贤毕至，少长咸集在兰亭，曲水流觞，用的是湖州鼠须和茧纸；颜真卿、苏东坡等大文豪也在湖州做过太守，治郡才华光耀传承，他们的美名也留在了这一带；这里也是大文人、大书法家赵孟頫的家乡，他和夫人管道昇的故事流传至今，家喻户晓。

湖州荻港一带文化名人辈出，有陆龟蒙种茶、陆羽写《茶经》；苕溪之畔，陆羽寻访过荻港；太湖之侧，杜牧访农家有感而题字。还有苏舜钦祖父买杜牧题字的门扇，苏东坡访友识字；朱元璋品青翠之顾渚牙茶等等故事流传。它们都像是一串串闪闪烁烁的明珠项链，穿在了历史之中。

荻港渔隐，鱼桑文化，藏在吟诵的诗篇之中；河港如织，芦荻丛生，港汉的小池塘里荷花绽放；悠悠古村，苕溪支流，运河中货轮南北驶往。美是自然的。

这里的居民晨闻鸟雀啾啾，晚看炊烟氤氲；随意进出黛瓦粉墙，躺平靠椅纳凉的清新生活，却是特别的金贵。这是自然的风景，原生态的生活状态。

如果把这些原生态都弄丢了，那么我们怎么去找江南的诗、画源呢？

二

江南的水乡大都分布在环太湖、长三角地区。著名的有周庄、甪直、南浔、木渎、新市、乌镇、濮院、同里、震泽、黎里、朱家角等，还有很多名气不是很大的小镇、古村落，或多或少带有古意。古镇为江南铺起一条长长的诗画大道，也可说是诗画长河，从那里可以找到描写古镇、古村的诗、画；在这条长河中，过尽千帆皆是文人对江南的眷恋和情感。

有人给分布在长三角区域的水乡古镇排名，说周庄第一，乌镇其次，南浔第三，然后是西塘、同里、甪直、锦溪、黎里、朱家角、枫泾、千灯、平望、金泽……我不知道他们凭什么而定，是按如今时兴的大数据而排，还是群众投票而产生？

但是我以为，水乡古镇不用排什么名次，作为古镇，都具有一定的江南特色，或是味道，虽说是大同小异，但总有各自的特色，他们共同装点了江南。比方说周庄，因为画家陈逸飞画周庄双桥的油画，由哈默赠送邓小平后，大红大紫，使之成为旅游热点、游客的打卡地；因为南社创始人柳亚子故里，黎里的气势恢宏的藏书楼，而引无数瞻仰者；还有千灯的顾炎武、甪直的叶圣陶、保圣寺的雕塑家杨惠之等等。他们组成了一个个诗、画的触发点、出发点，并由此让古镇有了灵魂。

江南古镇以水为纽带，在太湖流域及运河一带地理空间集聚。南浔古镇位置处于最西端，临太湖最近，因此水量水质水系等生态指标在太湖平原中处绝对领先。南浔古镇是一个在典型湖荡水网平原上建成的古镇，也是获得大运河世界遗产唯一古镇型遗产殊荣的第一原因。

南浔古镇是个大镇，当时的南浔有财富盛宴天设地造，八十四虚位终成"四象八牛七十二金狗"旷世传奇。南浔因为它的位置，以及财富，使它的建筑吸收了西方的一些审美，为中国的审美融合了新的元素。除此之外，太湖流域、运河一带频出大家，南浔的徐迟，乌镇的茅盾、木心，湖州的赵孟頫，双林的费新我，以及附近黎里的柳亚子等。或许，这也是江南审美、古镇审美的另一个核心基因。

清末时期的南浔富商们开放、追求时尚的劲道和热情，远大于上海滩的大亨们。当你参观张石铭旧居、丝业会馆、红房子等中西合璧建筑后，如果知晓了建筑的年代，便知西风东渐的"渐"，也会感觉到海派建筑老洋房的源头所在。南浔浓缩了晚清、民国、近代、现代那风起云涌的岁月，在古镇中的碎片连接了历史、文化。

雨天，江南的水镇是最有诗意的。想起戴望舒的《雨巷》，那个撑油纸伞的姑娘，从江南古镇的那条小巷里走来。淅沥的春雨飘落在小河两旁的黛瓦粉墙；雨巷的悠长、雨中的怨伤、雨滴的彷徨，和那石桥流水构成了画面；紫色的油纸伞在那片灰色中亮出一抹浪漫，江南的诗、画油然而生。从季节上推开，还可以有"江南之春"，柳荫下，烟里丝丝弄碧；还有"古镇夏风"，知了声声，叫醒风中的白云；当然还有秋天，满天的繁星和飞舞的黄叶，营造了水乡故事；如果冬天水镇下雪了，那便把我们带到了一个童话世界。

江南还有一个著名的水乡——绍兴，绍兴在古代叫山阴，是江南的一个重镇。

往绍兴城大乘弄那条小巷走不远，有一幢和普通百姓民居相连的房子。几乎没有门面装饰，仅一小门，左边竖着板条，上面写了四个颇有文人气息，且让人觉得有常青常绿感觉的大字——"青藤书屋"。房舍虽不起眼，然却是明代著名的书画家、文学家、剧作家徐渭的书屋。

跨进小门，无需经过什么门厅、壁照、长廊等引入，就直接到了一个小院子，眼前是一面山墙，墙上镌刻了"自在岩"三个字，从字体看，像是出自他本人之手，有点斑驳，灰粉脱落处长满了青苔，无意间泄漏了流年的信息。墙边植有灌木，蓬蓬松松围在墙脚，还有一棵石榴树，枝叶间挂满了垂垂的果实，引人注目的是墙前的几枝高大的芭蕉，与山墙极为般配，协调，同时，也透出了诸多的审美意义。

徐渭多才多艺，书画俱佳，却屡试不第，他抑郁潦倒，一生坎坷，却磨灭不了豪气意志；他当兵抗击倭寇，也做过幕府，然因胡宗宪为"严党"而失职，他癫狂杀妻身入囹圄，出狱后在"青藤书屋"度过贫困余生。徐渭为我们带来了许多书画作品，还有他的那部值得研究的剧作《四声猿》等等，绍兴人民为拥有徐渭而感到骄傲，为他所创造的文化而感到自豪。

眼下的"青藤书屋"其实也不大，我没有考证当年格局和摆设，但这里应该是徐渭晚年读书、写字的地方，很像是我们现在书画家的工作室。然而，那"青藤书屋"比起现代的国画、书法工作室，或者是叫做艺术沙龙、艺术空间的来，真是寒酸多了。不过，别看它小，但派头、格调和气场，现在的那些工作室，恐怕是无法和它相比的。你看客堂间的那一副他自撰、自书的对联："几间东倒西歪屋，一个南腔北调人。"先不说别的，就这楹联的平仄韵律，对仗工整，可以说无可挑剔，不然，又怎么会流传至今。联意更不用说了！这完全是自我嘲讽，但自嘲得大气，自贬得有模样，同时，又把自己的气概注入到了字里行间。我想，只有具有相当内力的人，才能有自嘲的信心和魄力。要说他的书法，那线条的抑扬，节奏的律动，有个性，有新意，更为重要的是，对联书法的气息、趣味和联意又融为一体，自然而又协调，狂野而又雅致。其草书在当时就被评论为称绝于时，可见他的功力所在。或许，他的剧作《四声猿》，就是在这里完成的。室内很静，参观的人也不多，我注视案几，仿佛听到阴司衙门传来鼓声，祢正平裸身锤击，历数奸雄之罪状，痛快淋漓。徐谓借阴曹鼓吏抒愤世嫉俗之情绪，表达了对黑暗社会深刻认识后的忧愤。古人多借猿声写悲情，盖猿丧子啼声凄恻，四声而肠断，文长有感而发，皆不得意于时之所为。徐渭的杂剧套路冲破了南腔北曲界限，超常规的灵活运用词曲创调，一扫曲坛萎靡之风，给后世创造了巨大的影响。

　　继而拐弯入大间，墙上挂有徐渭的画，多为葡萄、紫藤之类的题材，也有山水，题款也赫然入目。"半生落魄已成翁，独立书斋啸晚风。笔底明珠无人卖，闲掷闲抛野藤中"，把一个活生生的徐渭刻在了纸上，孤傲之气袅袅绕梁。边上玻璃柜里摆放了他的著名手卷《杂花图》，一段间隔，画一种花，可谓一花一世界。他的国画大胆狂逸，不可遏止之才气溢于笔墨之间。房间虽然很小，但室雅何须大，徐渭把这里叫做"洒翰斋"。"花香满庭客对酒，灯影隔帘人读书"，也是一副对联，联句是徐渭自己撰写的，细细品味，放在那间屋子里，是再贴切不过了。

　　离开"青藤书屋"时，回头看了一下山墙前的几枝芭蕉，又重新审视了其间的审美。后来在鲁迅故居的山墙边也看到了疏密有致的芭蕉，与传统的黛瓦粉墙的搭配；在安吉鄣吴村的昌硕故里、在南昌青云谱前的池塘旁，都看到过相同的组合。那种搭配和组合，提升了建筑与芭蕉的审美意义。江南有芭蕉，芭蕉很美，山墙前的芭蕉更美，泥墙入画、叶中藏诗。然其中是否还另外藏有玄机，我不知道。也许，根本也不用去解密，也许，江南如诗画般的风景已经作了解答。

三

江南晴日，掩映林泉氤氲缭绕；白墙黑瓦的徽派建筑给婺源增添了古色古香的质感。这里是我国徽州古建筑保留最好的地方之一，有"古建筑博物馆"之称。婺源境内林木葱郁、峰峦叠嶂、峡谷深秀、溪流潺潺，奇峰、怪石、驿道、古树、茶亭、廊桥及多个生态保护小区构成了婺源美丽的自然景观。

婺源一带属于丘陵地貌，山虽说不高，然亦有海拔超过千米的，峰峦叠嶂，绵延不绝，可谓气象万千。若登山远望，郁葱绿翠的植被，像是当代大地艺术家为其泼洒了一层厚厚的油彩；山峰时有云雾缭绕，不知是远古飘来的清风，还是一时聚起的晚风，吹散了山峦被笼罩的薄雾，露出微笑的秀峰。这里民风纯朴，文风鼎盛，名胜古迹遍布全县。有保持完整的明清古建筑，有田园牧歌式的氛围和景色，自古有"书乡"的美称。

仅婺源山谷的风，就足以招揽旅游爱好者的，更不用说每年三四月油菜花开时。那年在江岭盘山路上，旅游者天还没亮就在公路一边排着，人头攒动，像是一支游行队伍，等太阳升起。油菜花的一片金黄呈现一种冷艳，那种黄通常用纯"柠檬黄"都不足以表现。油菜花盛开在梯田，一层层叠起，错综复杂，有大小变化，其中夹杂一块水田，地里有耕牛犁地，水田的反光和着雾气弥漫氤氲。山气、耕牛、日夕中有诗情；菜花、梯田、水光里有画意；蜿蜒、起伏、变化藏美学；青石板、马头墙、砖雕门楼有历史、文化。

婺源的风景实际上是由一个个村落组成。这些村落有的在山麓，有的在山间，有的在山顶，有的成为一个镇，像是江南水乡一样，黛瓦粉墙炊烟，石桥流水人家，晨雾弥漫成风景。

古村亦大同小异，但是总有一条溪流汇聚穿越，那是日常生活必不可少的。大樟树、古桥、马头墙，是婺源风景的标配，美人靠、廊棚、靠溪边的房子有点像水乡，不同的是房子高大，屋檐勾心斗角，天井、匾额、对联，让人体味这里的文化。

　　庆源、官坑是那里的村镇,它们都在丘陵丛林中,坐落在山谷的风口中。山涧有溪水,水流时而舒缓,时而湍急,发出哗哗声响,在大大小小的卵石中回流,当水流碰到阻碍,溅起水花,又有激荡之声回响,若是遇上较大的五龙源的阔水,还可以乘筏漂流。说江西婺源的风景好,是因为那里具备南方山水的元素,比方说岩石、松林、灌木,或是涧水、溪流、房舍等等。这山山水水就是我们说的风景。

四

　　江南的园林也是诗画的一种表现。南方园林的设计是有特色的,它是和地理、地貌、自然气候,甚至文化背景有相当关系,故而,江南园林是大自然的馈赠,浓缩了自然的精华,它是诗也是画。豫园、醉白池、曲水园、秋霞圃等亦可谓是江南园林的另一种诗画风景,精致、幽雅。

　　嘉定南翔的古猗园是建于明嘉靖年间的私家园林,借助自然景观,很协调地用上了诗经中的"绿竹猗猗"取名"猗园",清乾隆更名"古猗园"。

　　园林内往往有一条贯穿的道路,所谓曲径通幽。园林把自然中的生态风景缩小到一个小空间,重新组织绘画的审美。移步生景,可行、可游、可观、可憩。凡园林不能无水,水是流动的,波纹生节奏;水是清澈的,幽静戏笔墨;水面如铜镜,时而映照得失。

　　古代的士大夫、文人墨客,常常借助于自然,搭一个飞檐翘角,打一个石凳、方格,置于荷花池畔,重新设计江南的诗、画;品新茗润心,闻清香悠悠,用新的人文景观,打造精致的诗、画生活;荷花清香、莲蓬摇曳,文人画家将它们构成画面,并以鱼戏而写江南;古舫系泊、湖石叠配,文人墨客泛舟叩拜,托情寄心而成诗画。

　　明代万历三十三年,李流芳打造了槎上檀园,营造了一个宁静的氛围。檀园布局紧凑,典雅、大气。园中建造了宝尊堂、次醉阁、山雨楼、芙蓉沜等,在那里读书、吟诗、作画,会晤朋友,深得古典园林的文脉,把文化和自然环境结合得相当和谐。在江南还有许多园林,同里的退思园、青浦的曲水园、嘉定的秋霞圃等等，都是诗，也都是画。

徽州又是另一番江南景色。

徽州古称"黟"，黄山在徽州，古称黄山为黟山。唐玄宗李隆基把黟山改名为黄山。黄山延绵数百里，千峰万壑。黄山的奇松、怪石、云海、温泉被称为四绝，天下无双。所谓五岳归来不看山，黄山归来不看岳。黄山吸引了不知道多少画家，石涛、梅青、程邃、石溪、渐江、弘仁等都因黄山的自然风貌奇特，而成就他们的独立画风。石涛浸淫在如诗、画的黄山，搜尽奇峰打草稿，生活给予了滋养；渐江、弘仁游历任如诗、画的江南，天地孕育了画家。

我想起了唐代诗人李白，他多次云游江南，还交了许多朋友。徽州泾县青弋江畔的汪伦是李白的朋友，他们一起在江南风光里喝酒、赏花、观景；李白还留下了千古名句"桃花潭水深千尺，不及汪伦送我情"。李白的那首告别东鲁诸公所写的《梦游天姥吟留别》，更能体现诗、画的江南。李白的诗有宏观的大场面，有令人琢磨的细节，那种浪漫主义的想象，在诗中体现得淋漓尽致。在诗中，我看到了江南的如诗般的山水、云海，我看到了一个个景观，一个个能游、走、观、的画面。

看我们这里的风景，山水、松岩、河湖、飞檐翘角、黛瓦粉墙、石桥石板路；看我们这里的画，黄山烟云、婺源油菜花、小桥流水、乌篷船划过水光山色；看我们这里的诗文，一夜飞渡镜湖月、渌水荡漾清猿啼、鸥鹭翩飞、驿寄梅花、春山如黛、秋水盈盈。江南风景优美，处处有诗情；江南风景优美，处处有画意。

江南如诗画，诗画江南。

（作者系上海市文史研究馆馆员，上海大学美术学院教授）

浙学与心学

杨国荣

内容提要：王阳明的心学既是浙学的特定形态，又对浙学产生了多方面的影响。这里所说的浙学，是指广义的"浙"地之学，这一意义上的浙学呈现如下几个方面的特点：注重理论思考或理论阐发，包含批判的意识，关切现实，具有历史的观念。以上特点在王阳明的心学中同样得到了体现。王阳明的"意之所在即是物"说和工夫与本体之辩，从不同方面体现了独特的理论建构；其良知说、心即理说从一个比较内在的层面为浙学的独立思考、批判意识提供了某种根据；其知行合一、事上磨炼等观念，从不同方面体现了现实的关切；其"五经皆史"说，内含着深层的历史意识。作为浙学的特定形态，王阳明的心学对浙学产生了多方面的影响，这种影响不仅体现于"浙中王门"，而且在思想史的意义上表现为对明清之际的浙学，特别是黄宗羲思想的制约。黄宗羲是明清之际浙学的重要代表人物，在思想的层面上，黄宗羲多方面地受到心学的影响，王阳明的心学也通过制约黄宗羲的思想而在这一时代的浙学之上留下了多方面的印记。

关键词：王阳明；心学；浙学；黄宗羲

一

从文化的层面考察长三角地区，浙学无疑是一个无法忽视的方面。宽泛而言，浙学可以从广义和狭义两个层面加以理解：狭义上的浙学曾为朱熹所论及，在他看来，"浙学却专是功利"①，这一意义上的浙学主要指宋代的事功之学，包括永嘉、永康等相关的学派。广义上的浙学，则是与"浙"地相关的思想流派。后者在时间上既可由宋代的事功之学向前追溯，也可以由之向下延伸；往前可以推到汉代的王充，向下则至少可延至清代。谈心学和浙学的关系，其中的"浙学"主要是就广义而言。

浙地之学不仅仅与"浙"这一地域相联系，而且在内在的思想层面和思维倾向上，亦有相通之处。尽管从外在形式看，同为"浙"地之学，有的侧重于哲学，有的偏向历史，其中的学术进路、学术方向也各有不同，然而，其中不同的人物、学派又具有某种家族的相似性。具体地看，浙学包含如下几个方面的特点：

首先，浙学或浙学中的人物，都呈现注重理论思考或理论阐发的趋向。早期的王充虽常被称为经验主义者，但事实上在理论上也有不少建树，其思想不乏独特的哲学见解。后来浙学中的人物也从不同层面上表现出类似的趋向，以前面提到的永嘉、永康学派来说，尽管他们在总体上被称之为事功学派，但同时又从物、道、势与人的关系等方面对传统儒学作了阐发，其思想并非仅仅"事功"这一概念可以简单加以概括。相对于就事论事、就材料论材料的学术进路，浙学更注重理论的创造。

其次，浙学具有批判的意识。浙学和主流的文化学术常常并不一致，其中的人物往往很有个性，并勇于质疑、挑战主流的思想。王充在汉代"问孔""刺孟"，完全无视儒学独尊之后孔孟已逐渐成为重要文化符号，其锋芒指向的是当时的正统意识形态。后来宋代浙地的事功学派，也展现了与主流的理学不同的进路。浙地的心学同样如此，其思想以抗衡正统理学为特点。可以说，批判精神和批判意识体现了浙学的普遍趋向。

其三，浙学的共同思想取向，体现于现实的关切。浙学中的人物，不同于书斋型的思想家，他们也并非仅仅限于闭门涵养，而是更多地将目光放在社会现实及其变迁过程。从王充之学，到宋代浙地事功学派，再到清代浙地学者，都从不同的层面上表现出对现实、对社会问题的关切，并试图为解决社会的实

---

① 朱熹：《朱子语类》卷一百二十三，《朱子全书》第十八册，上海古籍出版社、安徽教育出版社，2002年版，第3873页。

际问题提供思想的资源。

其四,浙学的特点还表现在其内含的历史意识。浙学中的不同人物和流派,都关切历史,注重社会、思想的变迁。王充对学术、思想问题的思考,往往与历史的回溯相联系,而不是仅仅停留于特定的问题本身。后来事功学派同样注重历史沿革,注重整个历史过程中的变化以及这种历史变迁的原因,注重历史人物的作用。如后文所论,直到王阳明、黄宗羲都是如此。

作为"浙"地之学,浙学人物众多,思想各异,其形态呈现纷繁复杂的特点。但是透过这一头绪纷繁的形态去考察其内在的思想脉络,便不难注意到浙学的以上几个方面的特点。从王阳明的心学和浙学的关系去考察心学,也不能离开浙学的以上方面。

二

浙学注重理论阐发和思想创造的特点,在王阳明的心学中得到了具体展现。心学在哲学上的创造性思考体现于多重方面,这里主要考察两点。首先,从形而上的层面看,哲学总是涉及对世界的理解,而在如何把握世界这一问题上,则存在不同的进路。哲学所要认识和理解的世界,可以表现为与人没有任何关联、完全外在于人或超然于人的存在,这种存在尚未进入人的知、行过程,具有本然或自在的形态。从理学的演化看,王阳明之前的理学家便侧重于观照和把握人之外的这种本然存在,他们往往以理和气这类范畴去构造一个超然而抽象的世界,这样的世界既先于人,又外在于人,呈现为思辨的存在。

王阳明的思考与以上进路有所不同。在王阳明看来,人所关切和把握的世界,并不是与人自身毫不相关的对象。心学在本体论上以心为体,其特点在于从心的角度去理解这个世界,由此,它也把人和世界的关系看做是理解世界的出发点。基于心学的理论前提,王阳明提出了"意之所在即是物"[1]的命题,其要义在于将人所理解的世界与人自身的意识投射联系起来。当然,这并不是说,外在的物理世界、山川草木都由心所构造,而是强调:外在的世界所具有的意

---

① 王守仁:《传习录上》,《王阳明全集》,上海古籍出版社,1992年版,第6页。

义，只有相对于人心才能呈现出来。换言之，人心之外，世界固然也存在，但是其意义却无从显现。

王阳明曾与他的学生游南镇。面对山中之花，其学生提出了如下疑问："天下无心外之物，如此花树，在深山中自开自落，于我心亦何相关？"确实，山中之花自开自落，与人的心似乎没有什么关系。以上质疑所指向的，主要是王阳明所理解的世界与人心的关联。然而，在王阳明看来，花所具有的鲜亮、美丽等审美意义，却只有对人来说才是存在的："你未看此花时，此花与汝心同归于寂。你来看此花时，则此花颜色一时明白起来。便知此花不在你的心外。"①当人没有去观照山中之花、没有用审美的眼光去鉴赏它之时，花所具有的审美意义便无从呈现，就此而言，花的意义离不开人之心。王阳明所说的心外无物、意之所在即是物，涵义之一就在于外部世界意义的呈现依赖于人之心。也就是说，以上观念所着眼的，主要是人与世界之间的意义关系。对王阳明而言，人所真正应当把握的，就是这样一种意义世界，后者具体表现为在人心之中敞开来的世界。

以上所论，涉及人和外部对象（外部自然）的关系。同样，社会领域中的存在与人的关系，也是如此。按王阳明的理解，对于没有伦理意识、缺乏政治观念的人来说，君臣、父子等关系，便难以呈现伦理政治的意义："且如事父，不成去父上求个孝的理；事君，不成去君上求个忠的理；交友治民，不成去友上、民上去求个信与仁的理：都只在此心，心即理也。"②对于无伦理意识的人来说，父母仅仅只是生物学意义上之物，并不构道德视域中应当加以孝敬、关怀的对象；对于没有任何政治意识的人来说，君主也只是具有生命的存在，而并不表现为应当加以效忠的对象。社会上的各种人物、对象究竟呈现什么样的意义，与人所具有的多样意识难以分离：没有相关的意识，对象就不会呈现如此这般的意义。

要而言之，无论是自然领域中的对象，抑或社会领域中的存在，其具体意义的呈现，都离不开人之身所具有的意识。这样，心学对世界以及人的考察，便不同于完全离开人自身的存在而展开的抽象观照。从哲学角度来说，这里体

① 王守仁：《王阳明全集》，第 107—108 页。
② 《传习录上》，《王阳明全集》，第 2 页。原文标点有误，此处作了校正。

现了哲学视域或形而上进路的转换，亦即由构造基于理气的思辨存在，转向关注与人相涉的意义世界。这种视域转换无疑具有理论创新的意义。

心学在理论创新上可以提到的第二个方面，关涉本体与工夫的关系。本体与工夫之辩是明代心学系统中十分重要的哲学论题，这里的本体与心或良知相关：与作为外部世界的根据或本源的实体（substance）不同，它更多地表现为本然的精神结构或精神的形态（original state of mind）；工夫则是指知和行的展开过程：这一意义上的工夫既包括知，也兼及行。本体工夫之辩所指向的，是人的内在精神结构、内在意识形系统与人所展开的多样知行活动之间的关联。对两者的关系，王阳明从两个角度做了具体分疏：一是从本体上说工夫，一是从工夫上说本体。王阳明的学生钱德洪对此曾有如下记述："先生起行征思、田，德洪与汝中追送严滩。汝中举佛家实相幻相之说。先生曰：'有心俱是实，无心俱是幻；无心俱是实，有心俱是幻。'汝中曰：'有心俱是实，无心俱是幻，是本体上说工夫；无心俱是实，有心俱是幻，是工夫上说本体。'先生然其言。"①

所谓"有心俱是实，无心俱是幻"，是承认每一个人都具有先天本体；从本体上说工夫，也是从以上角度去考察本体对工夫的作用。在王阳明看来，人的后天工夫、知行活动，包括道德实践、政治运作，都是在以上本体的引导之下展开的。所谓"无心俱是实，有心俱是幻"，则是从工夫上说本体，其内在涵义在于肯定：本体固然先天具在，但在刚刚来到这个世界的时候，人往往既未真正意识到本体的内容，也尚未自觉地把握这种本体所具有的意义。只有在工夫的不断展开过程中，个体才能逐渐地自觉意识到他所先天具有的本体及其多方面的意义。

从本体与工夫的以上辨析看，王阳明的心学表现出两重性：一方面，他预设了先天本体，认为每一人来到这个世界时都已具有这种先天本体；另一方面，他又肯定先天本体一开始仅仅呈现"虚悬一格"的形态，如果缺乏后天的工夫，则"虽有而若无"。只有经过工夫的长期积累过程，人才可能真正地意识到本体的内涵。

王阳明的以上理解体现了对本体、工夫关系新的理论思考。这里首先值得

---

① 《王阳明全集》，第 124 页。

关注的是对本体的意义的肯定。从中国哲学史上看，并非所有的哲学家都承认本体。禅宗提出"作用为性"，"性"与本体处于同一序列，所谓"作用为性"，也就是把人的偶然举止，诸如行住、坐卧、担水、砍柴等都看作人之本性，这种看法实质上以为人的行为无须内在本体的引导，只需跟着感觉走，其内在旨趣是消解本体。相对于此，王阳明承认本体的存在及其作用，肯定人作为一个自觉主体，其行为需要受到内在理性意识的引导和制约，无疑展现了不同的视域。同时，他又注意到本体乃是通过工夫的展开而为人所逐渐意识，并形成现实的作用。在王阳明的心学中，本体和工夫的如上讨论，与致良知说密切联系在一起，相应于本体工夫之辩，王阳明一方面预设良知的先天性，另一方面又强调先天良知需要通过后天之"致"而达到自觉的意识。这一意义上的致良知说固然尚未放弃对先天之知的承诺，但同时又通过肯定后天之"致"而限定了良知先天性的意义。本体与工夫之辩以及致良知说的以上二重性，为扬弃对本体和良知的先验理解提供了逻辑前提。

王阳明的心学当然包含更为丰富的内容，但从以上所述便不难注意到其中体现的注重理论探索这一浙学特点。在本体论上，心学对世界的理解展现了理论视域上的转换，其进路不同于程朱理学。在本体与工夫的关系问题上，它也超越了禅宗消解本体的视域，并在肯定本体意义的同时，又注重工夫的作用。这些方面都蕴含了新的理论见解。

浙学注重批判意识，王阳明的心学同样表现出与主流的理学不同的思想趋向，并由此呼应了浙学的批判精神。从更实质的方面看，心学同时在内在层面上为浙学的批判意识提供了思想的根据。从王阳明关于心和理的关系以及良知的论说中，可以比较具体地了解这一点。在王阳明之前，程朱一系的理学比较注重普遍的天理，陆九渊的心学则强调个体的吾心。与之不同，王阳明认为心和理无法相分：心即理。心和理的相互联系，有其具体的依托或承担者，后者即表现为良知。这一意义上的良知既非普遍、抽象、空洞的天理，也不仅仅是个体意识，而是以两者的统一为内涵。对良知以及心与理关系的以上理解，同时为浙学的独立思考、批判意识提供了内在的根据：在仅仅执着于普遍天理而疏离个体之心的背景下，往往容易习惯于服从外在的要求或根据权威的观念去行动，而缺乏自己独立的判断。

对王阳明而言，普遍天理与个体之心紧密相连，普遍天理的作用也离不开个体之心，在人的知、行活动中，心不是可有可无，而是不可或缺。心与理的交融，构成了独立判断和独立思考、并进一步批判性地理解观念世界外部世界的前提。事实上，王阳明的心学中确实不仅仅为人的独立思考、批判的观念提供了根据，而且在其思想中也不难看到实际的自思、自得趋向。

王阳明提出了一个著名的论点，即"良知准则论"："尔那一点良知，是尔自家底准则。尔意念着处，他是便知是，非便知非，更瞒他一些不得。尔只不要欺他，实实落落依着他做去，善便存，恶便去。"[1] 良知即人自身具有的内在准则，按王阳明的理解，判断是非对错，并不仅仅取决于外在的意见，而是需要诉诸人自身的良知。由此，王阳明进一步指出："夫学贵得之心，求之于心而非也，虽其言之出于孔子，不敢以为是也，而况其未及孔子者乎？求之于心而是也，虽其言之出于庸常，不敢以为非也，而况其出于孔子者乎？"[2] "求之于心"，也就是诉诸自身的独立判断，如果良知告诉你某一观点是错的，那么，即使这个观点是孔子提出的，也不能认为是对的；另一方面，如果内心判断某一看法正确，那么，即使这一看法出自普通人，也不能认为是错的。这里的关键在于自己的独立思考、独立判断：自己认为不正确，就应加以拒斥，而不必理会这一观点已为权威所认可；反之，自己判断是对的，则即使是常人提出的观点，也要坚持。这可以视为王阳明心学所体现的另一重浙学精神。

前面提到，现实的关切构成了浙学的又一特点，在王阳明的心学中也不难看到这一点。王阳明曾提出知行合一说，这一理论可以从不同角度去理解。从认识论上看，知行合一的涵义之一在于将知和行的统一看作是动态的过程。如前所述，王阳明认为每一个体先天就具有良知，但这种先天良知并不是一开始就为个体所自觉意识，要真正理解和把握良知的内涵，需是要经过行的工夫。在这里，知与行的关系具体表现为：从先天之知出发，经过行，最后达到自觉之知。以"行"为中介，作为出发点的"知"与作为终点的"知"既呈现不同形态，又相互交融。

从知与行的具体互动看，其中又涉及行要由知来引导，知本身则需要得到

---

① 王守仁:《传习录下》,《王阳明全集》,第92页。
② 王守仁:《传习录中》,《王阳明全集》,第76页。

行的确证。就知行活动与现实的关系而言，知是否真实，最后要通过面向现实的践行来判断，这既体现了对行的注重，又包含着现实的关切。在王阳明看来，一个观念正确与否，不能离开现实之行而只在头脑中加以判定。同样，要了解人们是否真正把握了某种观念（如"孝"），也必须诉诸现实，根据其是否实际地践行（如是否切实行孝）来加以确认。从这方面看，知行合一之说也为现实的关切提供了理论上的前提和根据。

作为儒学的传人，王阳明对成就自我（成己）十分注重，然而，对他来说，人格的修养和修炼工夫并不表现为闭门静坐的过程。当时曾出现如下主张，即通过闭门静坐等方式来提高自己的心性境界，王阳明对此明确表示不赞同。与单纯的静坐涵养相对，王阳明主张事上磨炼，后者表现为在日常的做事、处事过程中锻炼自己。王阳明心学的一位信奉者曾对王阳明说，心学固然甚好，但他自己为官，需处理簿书讼狱等繁难之事，无法从事于学。王阳明的回应是："我何尝教尔离了簿书讼狱，悬空去讲学？尔既有官司之事，便从官司的事上为学，才是真格物。如问一词讼，不可因其应对无状，起个怒心；不可因他言语圆转，生个喜心；不可因恶其嘱托，加意治之；不可因其请求，屈意从之；不可因自己事务烦冗，随意苟且断之；不可因旁人潜毁罗织，随人意思处之：这许多意思皆私，只尔自知，需精细省察克治，唯恐此心有一毫偏倚，杜人是非，这便是格物致知。簿书讼狱之间，无非实学；若离了事物为学，却是著空。"[1] 这里的为学，也就是通过学习、践行心学而成就自己，在王阳明看来，这一过程无法离开现实的做事过程，所谓"离了事物为学，却是著空"，便强调了这一点。总之，心性涵养并非远离现实的作为；事上磨炼在成就自我的同时，也体现了现实的关切。

王阳明自己也身体力行了以上主张，他一生的建功立业，便从不同方面体现了这一点。从早年开始，王阳明就关注边关外患，留心于边事，后来他在平定宁王之乱等军事、政治活动中，都表现出现实的关切意识和解决现实问题的实际努力。他不仅在理论上通过知行之辩而肯定了真知要付诸践行，而且又在实践上提出并践行事上磨炼等要求，这些方面既表明心学不是书斋上的学问，

---

① 王守仁：《传习录下》，《王阳明全集》，第 94—95 页。

也通过对现实问题的关切而展现了心学作为浙学的特点。

历史意识，构成了浙学的又一重要内容，它在王阳明的心学中同样有其体现。王阳明曾提出一个著名论点，即"五经皆史"："以事言谓之史，以道言谓之经。事即道，道即事。《春秋》亦经，五经亦史。《易》是包牺氏之史，《书》是尧、舜以下史，《礼》、《乐》是三代史。其事同，其道同，安有所谓异？"[1]在他看来，从实际的形态看，儒家历史上的经典都涉及历史的展开过程，其内容包含多样的事：人所做之事在社会演化中展开为古今历史，五经则是历史的记载。

从心学本身的建构来说，"心体"不仅仅与个体相关，而且体现于类的社会层面。从后一方面看，心体本身也展开为一个历史过程。"五经"作为"史"，可以看作是历代前贤对世界的认识成果。"五经皆史"并不是离开心学的一个孤立命题，而是与心学本身密切联系在一起。经亦史，是指与天道为一的心体即内在于人类历史之中，并展开为一个历史过程。作为类的人类主体对良知（心之常道）的体认，则凝结于五经之中。事的展开体现于历史的过程，从形而上的层面来说，心体又是人认识成果的体现。通过强调经史（道事）的统一，王阳明的心学从类的角度肯定了心体本身以及对心体的把握表现为一个历史过程，它同时也从比较内在层面上，展现了浙学所具有的历史意识。

三

前面提到，王阳明的心学不仅仅自身体现为浙学的特定形态，而且对浙学产生了多方面的影响。黄宗羲曾提及"浙中王门"，其中谈到了很多浙地的人物，如钱德洪、徐爱、王畿等，心学对这些浙中人物的影响不言而喻。从更具有思想史意义的角度来看，不能忽视王阳明的心学对明清之际浙学的影响，具体地说，需要关注心学对黄宗羲思想的影响。黄宗羲是明清之际浙学的重要代表人物，在思想的层面上，黄宗羲多方面地受到心学的影响，可以说，王阳明的心学乃是通过制约黄宗羲的思想而在这一时代的浙学之上留下了具体的印记。与王阳明一样，黄宗羲思想也包含丰富的方面，可以从不同角度加以讨论。此

---

[1]　王守仁：《传习录上》，《王阳明全集》，第10页。

处主要联系浙学的一般特点，简略地考察王阳明的心学对同为浙地思想家的黄宗羲之影响。

如前所述，浙学的特点，在于它不仅仅满足于历史的梳理与文献的陈述，而是同时关注理论的阐发。王阳明心学对黄宗羲的影响，也体现于这一方面。这里不妨以本体与工夫的关系为中心，对此作一考察。心学系统中的本体工夫之辩发端于王阳明，黄宗羲则在这方面作了新的理论推进。关于本体与工夫的关系，黄宗羲的看法主要体现于以下几个方面。

首先，与王阳明"从工夫上说本体"的进路一致，黄宗羲强调，"必须工夫，才还本体" [①]，也就是说，唯有基于工夫，才能够真正地把握本体。由此，黄宗羲提出了仁义是虚，事亲从兄是实说："盖仁义是虚，事亲从兄是实；仁义不可见，事亲从兄始可见。" [②] 仁义即当然之理，它构成了本体的具体内容之一，事亲从兄则指后天的践履活动，属广义的工夫。按照黄宗羲的看法，仁义在没有落实到工夫的时候，主要表现为抽象的形式（虚），只有经过"事亲从兄"的实践工夫，仁义才会获得现实的意义。

从以上观点出发，黄宗羲进一步认为"无工夫则无真本体"："无工夫而言本体，只是想象卜度而已，非真本体也。" [③] 质言之，没有工夫，则本体本身将不复存在。这样，本体不仅需要通过工夫来了解，而且其存在也依存于工夫：离开了工夫，本体便将仅仅是抽象和想象的东西，缺乏真切实在性。

最后，黄宗羲对本体与工夫的关系作了总体上的概括："心无本体，工夫所至即其本体。" [④] 这一观点在理论上对本体与工夫之间的关系作了比较全面的理解。前面提及，在王阳明那里，本体与工夫之间还存在某种张力：一方面，他认为本体具有先天性，其形成并非基于工夫，另一方面，他又肯定本体需要通过工夫而达到；本体的先天预设和工夫的后天展开之间彼此相对。黄宗羲的以上看法，在一定程度上化解了以上张力。一方面，"心无本体"，表明人心并非一开始就具有本体，本体乃是在工夫的展开过程中形成，由此，黄宗羲扬弃了

---

① 黄宗羲:《孟子师说》卷六。
② 黄宗羲:《孟子师说》卷四。
③ 《明儒学案》卷六十。
④ 《明儒学案·自序》。

王阳明预设的先天本体。另一方面，黄宗羲将工夫和本体的关系理解为动态的过程：本体形成于工夫的展开过程，工夫的进一步展开又需要本体的引导。在工夫与本体之间的互动中，本体获得了越来越丰富的内容，这种本体反过来又进一步指导工夫，二者在互动的过程中不断达到统一。黄宗羲对本体与工夫关系的以上理解，较好地解决了明代中期以后所展开的有关本体与工夫问题的论辩，这是理论上的重要推进，它从一个方面展示了浙学注重理论思考的特点。

黄宗羲思想的浙学品格，同时体现于其批判意识，后者与前面提到的王阳明的心学同样密切相关。如前所述，在王阳明那里，批判意识首先表现为对心体作用的注重以及对良知之为内在准则的肯定，由此为个体独立的思考提供思想根据。黄宗羲在继承注重心体这一前提的同时，又把这一内在的前提化为现实的批判，也就是说，他不仅仅谈心体如何可以成为判断是非的准则和内在根据，而且对传统社会政治的各种现象提出了尖锐的批评。

这种批评首先体现在从肯定个人的权利出发质疑正统儒学的相关看法。黄宗羲认为："有生之初，人各自私也，人各自利也。"[①] 这里的"自私自利"不能狭义地理解为追求个人私利，而应视为对个人所拥有的权利的确认。人生而具有维护自身利益的权利，这一观点类似于近代西方启蒙学者的天赋人权，它与传统的正统儒学的观念相去甚远。按黄宗羲的理解，君主最大的危害之一，在于剥夺了每个人都拥有的正当权利："向使无君，人各得自私也，人各得自利也。"[②] 基于如上观念，黄宗羲对君主在政治结构中的作用也提出了与传统观点不同的看法，认为设立君主的原初意义主要在于治天下："原夫作君之意，所以治天下也。"[③] 治天下的具体内容，则是使天下受其利："有人者出，不以一己之利为利，而使天下受其利；不以一己之害为害，而使天下释其害，此其人之勤劳必千万于天下之人。"[④] 根据这一分疏，治天下的前提便不再是仅仅维护君主个人私利，而是实现天下万民的利益，君主的职责，也主要体现于此。基于以上前提，黄宗羲对以往君主的所作所为进行了抨击，认为其非正义性在于仅仅

---

① 《明夷待访录·原君》。
② 《明夷待访录·原君》。
③ 《明夷待访录·置相》。
④ 《明夷待访录·原君》。

为一姓，而不是为天下。可以注意到，黄宗羲对传统社会政治的理解，蕴含着内在的批判意识，后者既以肯定个体具有独立思考、独立判断的能力为前提，又具体地展开为对现实问题的批判性分析。在这里，黄宗羲一方面继承了心学独立思考的取向，另一方面又在更现实的层面上体现了批判精神。

对现实的关切，是浙学的特点之一，王阳明体现了这一特点，受王阳明心学影响的黄宗羲也并不例外。首先，黄宗羲认为学道和事功非两途。"学道"主要表现为把握儒家所认可的真理，"事功"则是具体的经世治国过程，在黄宗羲看来，两者并非彼此相分。有鉴于明清之际的社会巨变以及心学末流各种流弊的产生，黄宗羲把事功问题提到突出位置，其中同样体现了现实关切的取向。由此出发，黄宗羲从社会结构、传统演化等方面，提出了不少建设性的看法。

从社会结构、社会分层来说，传统的主流观点一般把农放在首要位置，而对于工商，尤其是商，则往往持贬抑的态度。与这种观念相对，黄宗羲提出了"工商皆本"的看法："世儒不察，以工商为末，妄议抑之。夫工，固圣王之所欲来，商又使其愿出于途者，盖皆本也。"① 这里的基本之点，在于肯定工和商都是社会发展的基础，两者在社会演进中都不可或缺。对工商作用的以上理解，既注意到两者在社会经济结构中的地位，也体现了对社会运行和发展机制的现实关切。

与经济结构相关的，是政治活动，黄宗羲对学校的政治功能作了考察，其中同时渗入了对政治现实的关切。按黄宗羲的看法，学校不仅仅是传授知识、培养学生之所，它同时也应当成为治天下的手段所由形成的地方，具体而言，治理天下的各种手段和方式，都应当从学校中演化出来："必使治天下之具皆出于学校"。② 同时，黄宗羲认为，天下的是非不能仅仅取决于君主，而应当以学校为判断的场所："天子之所是未必是，天子之所非未必非，天子亦遂不敢自为非是，而公其非是于学校。"③ "公其是非于学校"这一看法，已将学校理解为某种议事机构，并赋予其以讨论公共事务的功能。这同时也从建设性的角度，表现出对政治现实的关切，它与前面工商皆本这种社会经济发展的现实主张，彼

---

① 《明夷待访录·财计三》。
② 《明夷待访录·学校》。
③ 《明夷待访录·学校》。

此呼应。

浙学以注重历史意识为特点，王阳明提出"五经皆史"，并从道与事、经与史的关系上展现了这种历史意识，在黄宗羲那里，五经皆史的历史意识进一步具体化为对学术史的看法。黄宗羲曾系统地研究从宋元到明代的学术史，著有《宋元学案》和《明儒学案》，其中，《明儒学案》由他独立完成，《宋元学案》由黄宗羲完成大部，尔后为黄百家、全祖望等续成。在这一过程中，黄宗羲也提出了自己关于学术演变历史的看法。

首先是注重每一个体的独立思考，黄宗羲的"一本而万殊"说即涉及此："有一偏之见，有相反之论，学者于其不同处，正宜着眼理会，所谓一本而万殊也。以水济水，岂是学问？"① 这里的"一本"也就是表现为整体的真理，在黄宗羲看来，这一真理又是由不同个体多方面的思考（"一偏之见"）所构成，因此每一个人的独立思考都应加以重视。由肯定"一偏之见"的意义，黄宗羲进一步确认了学术之途"不得不殊"②。这里所强调的，也就是学术的发展以思想家的多样探索为具体内容。按黄宗羲的理解，学有宗旨："大凡学有宗旨，是其人之得力处，亦是学者之入门处。"③ 这种宗旨构成了不同思想系统的主导观念。思想家的独创性思想（得力处），即集中体现于这种宗旨之上，而其整个体系，则围绕这一宗旨而展开。与之相联系，思想史的考察，需要"得其宗旨"，唯有如此，才能在把握思想家"一偏之见"的同时，又统观其整个体系。

学术思想的历史发展过程，并不是杂乱无章，而是具有内在学脉。在黄宗羲看来，就明代学术演化而言，从陈白沙到王阳明再到刘宗周，宗旨纷然的学术发展，贯穿着心学这一主线。这一主线，他称之为"学脉"。学脉不同于一时之偏重，而是一种内在于学术演变过程的比较稳定的联系。根据学术史的发展有其内在脉络这一看法，黄宗羲强调，在揭示各家宗旨之后，还必须通过"分源别派"以揭示其中的内在关联："于是为之分源别派，使其宗旨历然。"④ 学脉具体地体现于宗旨各异的学术体系的前后演化中，要把握学脉，便需要将不同

---

① 《明儒学案·发凡》。
② 《明儒学案·自序》。
③ 《明儒学案·发凡》。
④ 《明儒学案·自序》。

的体系联系起来加以研究。如果说，前面提到的"得其宗旨"主要在于把握一定体系自身的内在线索，那么，明其"学脉"则进而要求揭示学术思想演变的整个脉络。两者从不同的方面展开了黄宗羲的学术史观。

黄宗羲的以上思想既从学术史的角度对王阳明的历史观念作了引申和阐发，又为而后的浙东史学提供了理论前提。后来参加明史编撰的万斯同、万斯大，即为黄宗羲的学生。在章学诚那里，可以更具体地看到这种影响。作为清代浙学的重要代表人物，章学诚的学术进路不同于主流的乾嘉学派而更近于同为浙学的王阳明的心学与黄宗羲的思想，在《文史通义》中，章学诚曾提出了"六经皆史"的命题，这一观念在理论上明显地导源于王阳明"五经亦史"之说，它同时也对黄宗羲的历史主义观点作了发挥。从王阳明心学与浙学的关系看，以上的历史关联同时又从一个方面具体彰显了心学对浙学的影响。

（作者系上海市文史研究馆馆员，华东师范大学哲学系教授）

江苏省文史研究馆

姑蔑新证

——兼论两周时期的越、姑蔑、瓯越等诸越王陵

张　敏

内容提要: 西周时期,姑蔑族群在衢江流域建立了国家。通过葬俗葬制的释读,衢州庙山尖西周墓、孟姜村西周墓可能为姑蔑王陵。姑蔑王陵的确认与王陵标准的确立,为重新认识两周时期的诸越王陵提供了契机。通过墓葬形制与等级规模的推纠,分布于钱塘江流域、衢江流域、瓯江流域的最高等级的两周墓葬可能为越、姑蔑、瓯越等诸越王陵。

关键词: 姑蔑;姑蔑王陵;诸越王陵

一、姑蔑新证的缘起

2018 年,浙江省文物考古研究所发掘了衢州庙山尖西周墓;2020 年,浙江省文物考古研究所在衢州孟姜村又发掘了三座与庙山尖西周墓葬制相同、规模相似的西周墓。庙山尖西周墓和孟姜村西周墓是目前发现的最高等级的姑蔑墓葬。

庙山尖西周墓与孟姜村西周墓的发现,为探讨姑蔑族群的空间分布、姑蔑贵族的埋葬习俗提供了新的契机,也为重新认识两周时期分布于钱塘江流域、衢江流域、瓯江流域的最高等级的诸越墓葬提供了新的机遇。

笔者前后两次应邀观摩了庙山尖西周墓和孟姜村西周墓的发掘现场,并参加了在衢州市衢江区召开的研讨会。"姑蔑新证"即缘于目睹姑蔑墓葬时产生的

震撼，缘于研讨姑蔑墓葬时产生的遐想。

二、姑蔑之义的爬梳

姑蔑在史籍中作"蔑""昧""姑蔑""姑妹""姑末""古蔑"。姑、古，发语词；蔑、昧、妹、末，上古皆明母，系同声通假。

史籍中的"姑蔑"，或语焉不详，或歧义迭出。在以往的研究中，或将鲁国地名与姑蔑族群相联系，或将吴国人名与姑蔑族群相混淆[①]。经爬梳剔抉，姑蔑之义有三：

一为鲁国地名。《春秋》隐公元年："公及邾仪父盟于蔑。"《左传》："公及邾仪父盟于蔑……故为蔑之盟。"杜预注："蔑，姑蔑，鲁地。"《穀梁传》："公及邾仪父盟于昧。……昧，地名也。"古本《竹书纪年》："鲁隐公及邾庄公盟于姑蔑。"[②]《左传》定公十二年："仲尼命申句须、乐颀下伐之，费人北。国人追之，败诸姑蔑。"姑蔑，鲁地，地名也。

二为吴国人名。《左传》哀公十三年："越子伐吴……吴大子友、王子地、王孙弥庸、寿于姚自泓上观之。弥庸见姑蔑之旗，曰：'吾父之旗也，不可以见仇而弗杀也。'"杜预注："姑蔑，越地，今东阳太末县。弥庸父为越所获，故姑蔑人得其旌旗。"以文义推之，姑蔑为弥庸之父、夫差之子，而不是"姑蔑人"。

三为族名、国名。《逸周书·王会解》："成周之会，……遇越纳，姑妹珍。"孔晁注："王城既成，大会诸侯及四夷也。……遇越，越也；姑妹，国，后属越。"[③]清华简《越公其事》："东夷、西夷、古蔑、句吴四方之民，乃皆闻越地之多食，政薄而好信，乃波往归之，越地乃大，多人。"[④]姑蔑与于越同时出现于

① 沈长云：《说夏后氏同姓姑蔑的南迁》、魏嵩山：《姑蔑的原居地及其迁徙》、张广志：《姑蔑考索》、徐难于：《姑蔑古史初探》、刘韵叶：《姑蔑先秦史略》、魏建震：《先秦时期姑蔑组的渊源与迁徙》、李明杰、陈新：《姑蔑古国与东夷文化探微》、孙敬明、苏兆庆：《东夷方国——姑蔑两考》、程有为：《姑蔑史迹管窥》等，均载陆民主编：《姑蔑历史文化论文集》，人民日报出版社，2004年版；彭邦本：《姑蔑国源流考述》，《云南民族大学学报（哲学社会科学版）》第22卷第1期，2005年1月；钟翀：《姑末考》，《杭州师范学院学报（社会科学版）》2005年第1期。
② 范祥雍：《古本竹书纪年辑校订补》，上海古籍出版社，2011年版，第43页。
③ 黄怀信、张懋镕、田旭东：《逸周书汇校集注》，上海古籍出版社，2007年版，第796、836、837、838页。
④ 李学勤主编：《清华大学藏战国竹简（七）》，中西书局，2011年版，第119页。

"成周之会"，当属不同的族群；"古蔑"与"句吴"并称，当为国名。

由于语言的差异，史籍中出现的东夷、百越的人名、族名、地名、国名多为音译；由于是音译，往往会出现"同名异地"或"同地异名"的现象。鲁地姑蔑与越地姑蔑属"同名异地"，而越地的姑蔑、姑妹、姑末、古蔑则属"同地异名"。

三、姑蔑王陵的释读

姑蔑是姑蔑族群建立的国家。由于历史文献对姑蔑史迹或阙而不书，或语焉不详，因而姑蔑先君、姑蔑世系均史事渺茫，姑蔑的政治体系、社会组织、生业形态、经济模式也无从稽考。将历史文献与考古发现综合考察，是重新认识姑蔑历史和姑蔑文化的有效途径。

《越绝书·记地传》："姑末，今大末。"[①]《汉书·地理志》："大末，穀水东北至钱唐入江。"《水经注·渐江水》："浙江又东北流，至钱唐县，穀水入焉。水源西出太末县，县是越之西鄙，姑蔑之地也。"[②]衢江与兰江古称瀫水，衢江为瀫水上游，兰江为瀫水下游；姑蔑之地在今龙游、衢州一带。

1982年，衢州市文管会在云溪公社西山大队进行文物普查时，调查了东山、大石塔山、大墩顶、黄甲山、和尚山、大牢吞等土墩墓，征集了东山和大石塔山出土的原始青瓷器、印纹硬陶器，并对东山残墓进行了清理。东山封土残高70厘米，墓底有10厘米厚的夯土层，随葬器物置于夯土层之上，墓底北边有长7.8米的东西向排列的鹅卵石铺成的墓边；石塔山和东山两处征集、出土了斜方格纹扁腹簋、卷云纹鸟形钮折腹尊、管状流塔式盉、敞口折腹豆、敛口豆、单把壶、箅纹扁腹罐、折线纹弧腹罐、碗、盂等原始青瓷器73件，折线纹扁腹硬陶罐4件。根据原始青瓷器和印纹硬陶器的器形、纹饰推测，东山墓葬、大石塔山墓葬的年代西周早期偏晚[③]。

1983年，金华地区文管会会同衢州市文管会进行文物普查时在云溪公社西

---

①　李步嘉：《越绝书校释》，中华书局，2018年版，第213页。

②　王国维：《水经注校》，上海人民出版社，1984年版，第1248页。

③　衢州市文物管理委员会：《浙江衢州市发现原始青瓷》，《考古》1984年第2期。

山大队四周发现八个位于山巅的封土直径为 50～150 米的大型墓葬，并清理了位于大墩顶山巅的西周墓。大墩顶西周墓的封土残高约 3 米，墓坑为长方形，长 10.4、宽 6.5 米，高 15 厘米，墓底有木炭层，木炭层下平铺鹅卵石，鹅卵石层的中部用不规则的青石片铺成棺床，棺床上有宽约 1 米、厚约 20 厘米的木炭层；出土的随葬器物有盘龙纹青瓷盘、折腹青瓷尊、立兽耳硬陶罐、大小玉玦串成的组玉佩等。根据随葬器物推测，大墩顶墓葬年代为西周早期[①]。

　　2018 年，浙江省文物考古研究所在衢州云溪乡发掘了位于庙山之巅的庙山尖西周墓。墓葬封土呈圆丘状，底径残长 25～30 米。墓坑平面呈"甲"字形，有长方形墓室和长条形墓道，墓室长 14.3、宽 6.2 米，墓室西端有墓道，墓道长 8、宽 3 米，墓向朝西，坑壁外侧坡面用鹅卵石铺砌，墓底平铺鹅卵石，墓坑内有两面坡的"人"字形木椁，椁内分为前后两室。随葬器物有青铜短剑和玉剑饰、青铜戈、青铜镞矢、青铜镞、青铜削、青铜当卢、青铜马衔马镳以及青铜管、泡、节约等辔饰，还有玉璧、玉玦等玉佩饰和印纹硬陶器、青瓷器等，青铜马具或饰龙纹，或作龙首形，或出龙形扉棱，根据随葬器物推测，墓葬年代为西周早期。庙山尖西周墓是衢江流域规模最大、形制最复杂、等级最高的墓葬，庙山尖西周墓可能为西周早期的姑蔑王陵。

　　2020 年，浙江省文物考古研究所在衢州云溪乡孟姜村周边的和尚山、黄甲山、大牢峇的山巅发掘了编号为 D1、D2、D3 的三座墓葬。墓葬皆为圆丘形封土，D1 封土底径残长 19～30 米，D2 封土底径残长 16～20 米，D3 封土底径残长 35～40 米。墓坑平面皆呈"甲"字形，有长方形墓室和长条形墓道，墓向朝西，墓坑内有两面坡的"人"字形木椁，木椁上铺木炭层，底部用鹅卵石铺成棺床。随葬器物有青瓷器、玉器和青铜器，青瓷器有簋、豆、罐、壶、碗、杯、钵、盂等，多饰凸弦纹、连珠纹、乳丁纹、网格纹，玉器有珠、管、玦、环、剑饰等，青铜器有镞、镦、器座等。孟姜村西周墓的葬俗葬制、等级规模与庙山尖西周墓相当，墓葬年代在西周早期偏晚至西周中期偏早。根据墓葬规模、随葬器物推测，孟姜村的三座墓葬亦可能皆为姑蔑王陵。而东山西周墓、大墩顶西周墓均未见两面坡的"人"字形木椁，墓葬等级明显低于庙山尖西周墓和孟姜村

---

① 金华地区文管会：《浙江衢州西山西周土墩墓》，《考古》1984 年第 7 期。

西周墓。

无论是越王陵还是姑蔑王陵，都缺乏自名国属、表明身份的青铜器铭文，王陵的确定主要根据墓葬位置、墓葬年代、墓葬形制、随葬器物与历史文献的相互印证，绍兴的印山越王陵如此[①]，衢州的姑蔑王陵亦当如此。

《礼记·礼器》："棺椁之厚，丘封之大，此以大为贵也。"在姑蔑国的范围内，庙山尖西周墓和孟姜村西周墓的墓地是独立的，丘封与棺椁是最大的，应为西周早期的姑蔑王陵。姑蔑王陵的发现，揭开了姑蔑族群的神秘面纱，展现了姑蔑王陵的风采。姑蔑王陵出现的"人"字形木椁，对越王陵的葬制产生了深远的影响。

姑蔑王陵的发现，不仅意味着姑蔑族群立国于西周早期，而且证实了《逸周书》所载"成周之会"时姑蔑国向周王朝纳贡并非空穴来风。

姑蔑王陵的发现，延伸了姑蔑文化的历史轴线，增强了姑蔑文化的历史信度，丰富了姑蔑文化的历史内涵，活化了姑蔑文化的历史场景。

四、诸越王陵的推纠

倘若姑蔑王陵的推论成立，则为分布于钱塘江流域、衢江流域、瓯江流域的诸越王陵的推纠提供了新的机遇。

浙江境内有钱塘江、瓯江、椒江、甬江、苕溪、飞云江、鳌江、运河等八大水系[②]。根据考古学文化内涵和文化特征，甬江、苕溪、运河水系属钱塘江流域文化区，椒江、飞云江、鳌江等小流域则属瓯江流域文化区。

新安江为钱塘江的正源，西周初年于越族群在新安江—钱塘江流域建立了越国，新安江—钱塘江流域属越文化区；衢江是钱塘江的南源，西周初年姑蔑族群在衢江流域建立了姑蔑国，衢江流域属姑蔑文化区；瓯江流域文化区包含瓯江南北的小流域，西周初年瓯越族群在瓯江流域建立了瓯越国，瓯江流域属瓯越文化区。

---

① 浙江省文物考古研究所等：《浙江绍兴印山大墓发掘简报》，《文物》1999年第11期；浙江省文物考古研究所等：《印山越王陵》，文物出版社，2002年版。

② 符宁平、闫彦主编：《浙江八大水系》，浙江大学出版社，2009年版。

《吕氏春秋·恃君览》："杨汉之南，百越之际。"高诱注："越有百种。"① 《汉书·地理志》"粤地……今之苍梧、郁林、合浦、交趾、九真、南海、日南，皆粤分也。"颜师古注引臣瓒曰："自交趾至会稽七八千里，百粤杂处，各有种姓。"于越、姑蔑、瓯越即百越民族中"各有种姓"的族群。

《史记·周本纪》："蛮夷要服，戎翟荒服。"《逸周书·王会解》："方千里之内为比服，方二千里之内为要服，方三千里之内为荒服。"② 越、姑蔑、瓯越皆为"蛮夷要服"，远离宗周的诸越国家多不受周代礼制的束缚而称"王"。

既然两周时期的于越族群、姑蔑族群、瓯越族群建立了国家，就必然有君王；既然有君王，也必然有王陵；既然诸越族群有着自身的文化传统，诸越国家就必然有着自身的陵寝制度。因此，在一个特定的时间和特定的空间内，墓地独立、规模宏大、结构复杂、随葬高等级器物的墓葬即王陵。

以往在钱塘江流域、衢江流域和瓯江流域发现的两周时期的大型墓葬往往归为越墓，其实不然，因为两周时期的钱塘江流域、衢江流域和瓯江流域分布着越国、姑蔑国和瓯越国，诸越不分的认知可能会混淆文化遗存的属性；以往在钱塘江流域、衢江流域和瓯江流域发现的两周时期的大型墓葬又往往低估了墓葬的等级，致使越国、姑蔑国、瓯越国等诸越王陵沦为贵族墓葬而丧失应有的尊严。

两周时期诸越王陵的确认，不仅使游荡不群的诸越君王的灵魂有了归属，而且拓展了诸越王陵比较研究的空间。因此，区分和确定诸越王陵，可释放诸越王陵所蕴含的不见于史籍的丰富信息；进行诸越王陵的比较研究，可动态地考察越、姑蔑、瓯越等诸越国家的发展历程和演进轨迹。

（一）新安江—钱塘江流域的越王陵

两周时期的新安江—钱塘江流域是于越族群的活动区域，新安江—钱塘江孕育了于越文明。新安江—钱塘江流域有安徽屯溪奕棋村西周墓、浙江萧山柴岭山西周墓、绍兴印山春秋墓、香山战国墓等最高等级的越国墓葬。

新安江古称浙江、渐江，屯溪位于新安江上游横江的南岸。1959年，安徽

---

① 陈奇猷：《吕氏春秋校释》，学林出版社，1984年版，第1322页。
② 黄怀信、张懋镕、田旭东：《逸周书汇校集注》，第810页。

省文化局文物工作队在屯溪奕棋村发掘了两座墓葬（M1、M2），1965 年，安徽省文化局文物工作队再次发掘了两座墓葬（M3、M4），1972 年安徽省展览馆发掘了三座墓葬（M5、M6、M7），1975 年安徽省文物工作队发掘了一座墓葬（M8）[①]，其中规模最大、等级最高的是 M1 和 M3。

奕棋村 M1 的封土呈圆丘形，底径残长 33 米。墓底有鹅卵石铺成的长方形石床，长 8.8、宽 4.4 米，墓向朝东。随葬器物有涡纹云纹鼎、夔纹鼎、扁腹簋、饕餮纹尊、棘刺纹尊、夔龙纹提梁卣、棘刺纹提梁卣、凤鸟纹附耳圆盘、棘刺纹盂、勾连虬龙纹虡座、鸟形饰等青铜器 18 件，有尊、盂、罐、瓿、豆、盂、盘、碗等青瓷器 71 件，以及环形、圭形、管形佩饰等玉石器。

奕棋村 M3 的封土呈椭圆形，东西长 33、南北宽 26 米，高 3 米，无石床，随葬器物的分布范围东西长约 9、南北宽约 6 米，墓向朝东。随葬器物有涡纹龙纹鼎、素面鼎、凸弦纹小鼎、凤鸟纹方鼎、龙耳编织纹簋、细弦纹簋、云纹簋、竖线纹簋、龙耳变体鸟纹带盖簋、龙耳弦纹带盖簋、编织纹方簋、斜方格乳丁纹方簋、"公卣"、凤鸟纹蝉纹提梁卣、龙纹牺尊、盘龙钮龙形鋬夔纹盉、变体凤鸟纹盘、镂空云龙纹承盘、凸弦纹方盘、弦纹壶、炙炉、龙蛇纹单柱插座、跪坐人形器足等青铜器 27 件和短剑、镦、斧、削等青铜兵器、工具，有鼎、豆、尊、簋、盂、单把壶、瓠壶、罐、瓿、瓶、禁等青瓷器 69 件，有鼎、罐、瓮等印纹硬陶器 12 件，以及玦、璜、管、珠、觿等玉石器。奕棋村 M1、M3 出土了形态各异的青铜鼎、青瓷鼎，但不见青铜鬲、青瓷鬲。

根据吴越墓葬的研究，奕棋村 M1、M3 为越国墓葬[②]；根据土墩墓的分期研究，M1、M3 的年代为西周早期[③]。奕棋村 M1、M3 是新安江流域规模最大、等

---

①　安徽省文化局文物工作队：《安徽屯溪西周墓葬发掘报告》，《考古学报》1959 年第 4 期；殷涤非：《安徽屯溪周墓第二次发掘》，《考古》1990 年第 3 期；李国梁：《屯溪土墩墓发掘报告》，安徽人民出版社，2006 年版。

②　陈元甫：《土墩墓与吴越文化》，《东南文化》1992 年第 6 期；张敏：《吴越贵族墓葬的甄别研究》，《文物》2010 年第 1 期。

③　杨楠：《商周时期江南地区土墩遗存的分区研究》，《考古学报》1999 年第 1 期；陈元甫：《论浙江地区土墩墓分期》，《纪念浙江省文物考古研究所建所二十周年论文集》，西泠印社，1999 年版；王俊：《略论屯溪土墩墓群的年代与族属》，《东南文化》2008 年第 4 期。

级最高的西周早期墓葬，可能为西周早期的越王陵①。

　　2011 年，杭州市文物考古研究所和萧山博物馆在位于钱塘江南岸萧山柴岭山至蜈蚣山之间的山顶和山脊发掘了 37 座土墩、59 座墓葬，其中规模最大、等级最高的墓葬是 D30M1②。柴岭山 D30M1 的封土呈椭圆形，墓葬南北向，长方形石床平铺于墓基之上，白膏泥平铺于石床之上形成墓底，修整好的枋木平行横铺于墓底白膏泥之上，两面坡的"人"字形木椁，棺木置于墓室南部；墓葬遭多次盗掘，墓室中仅剩劫余的豆、碟等青瓷残器，封土中出土的器物有坛、罐等硬陶器、豆、碟、碗等青瓷器和月牙形玉饰等，墓葬年代为西周晚期。发掘报告认为"D30M1 的营建方式与印山越王陵十分相似，只是规模略小……应该属于高级贵族墓。"柴岭山 D30M1 出现的两面坡的"人"字形木椁，表明其为西周晚期钱塘江流域规模最大、等级最高的墓葬，可能为西周晚期的越王陵。

　　绍兴位于钱塘江南岸，绍兴有春秋时期的印山越王陵和战国时期的香山越王陵。印山越王陵的墓葬归属、形制规模、葬俗葬制等多有讨论③，此不赘述。

　　2011 年，浙江省文物考古研究所发掘了绍兴香山战国墓。香山战国墓的墓坑平面呈"甲"字形，由封土、墓道、两面坡的"人"字形木椁、木棺、椁底枋木以及排水系统组成，墓向朝东；墓葬毁损严重，随葬器物荡然无存，仅在封土内发现青瓷碗、罐、杯残片和印纹硬陶坛、罐残片，根据出土陶片的器形纹饰和碳 -14 测年，将墓葬年代定为战国中期偏早。发掘简报认为"墓葬具有规模巨大的封土及木椁，木椁规格上甚至不亚于印山越王陵，说明该墓的墓主身份非同一般，不排除为越国王陵的可能"④；发掘报告认为"综合墓葬年代和越王世系及各王在位的年数，绍兴香山 M1 的墓主应为越王翳、诸咎粤滑、无余之

　　① 张敏：《吴越贵族墓葬的等级研究》，何驽主编：《李下蹊华：庆祝李伯谦先生八十华诞论文集》，科学出版社，2017 年版。
　　② 杭州市文物考古研究所等：《杭州萧山柴岭山土墩墓（D30）发掘简报》，《文物》2013 年第 5 期；杭州市文物考古研究所等：《萧山柴岭山土墩墓》，文物出版社，2013 年版。
　　③ 林华东、梁志明：《越王允常陵墓考》，《浙江学刊》1999 年第 1 期；田正标、黎毓馨、彭云、陈元甫：《浙江绍兴印山大墓墓主考证》，《东南文化》2000 年第 3 期；陈元甫：《绍兴印山越国王陵陵园制度初探》，《东南文化》2004 年第 3 期；孙华：《绍兴印山大墓的若干问题》，《南方文物》2008 年第 2 期；李零：《印山大墓与维京船葬》，《中国历史文物》2007 年第 3 期。
　　④ 浙江省文物考古研究所等：《绍兴市东湖镇香山 M1 发掘简报》，《东方博物》第五十九辑，2016 年 2 月。

中的某一王"①。

香山 M1 是战国晚期钱塘江流域规模最大、等级最高的墓葬，即越王陵；但墓主"为越王翳、诸咎粤滑、无余之中的某一王"，恐不确。勾践灭吴后，徙都姑苏，《越绝书·记地传》："而灭吴，徙治姑胥台。"② 越都姑苏后，徙都琅琊，《越绝书·记地传》："允常子勾践，大霸称王，徙琅邪，都也。"③ 越都琅玡后，又徙都于吴，古本《竹书纪年》："于粤子翳迁于吴。"④《吴越春秋·勾践伐吴外传》："亲众皆失，而去琅邪，徙于吴矣。"⑤《史记·越王勾践世家》："楚威王……杀王无强……越以此散，诸族子争立，或为王或为君，滨于江南海上。"越王翳迁于吴，即迁于姑苏而非山阴；自越王翳至无强期间，先秦两汉的史籍中不见越国徙都山阴的记载，因此香山 M1 的墓主可能为楚威王杀王无强之后争立为王、为君的某"诸族子"。

（二）衢江流域的姑蔑王陵

婺江与衢江汇于兰江后向北入钱塘江，衢江与兰江并称瀫水，婺江即瀫水的支流。两周时期的衢江流域是姑蔑族群的活动区域，衢江孕育了姑蔑文明。

两周时期的姑蔑王陵除庙山尖、孟姜村外，最高等级的墓葬还有婺江流域的东阳前山 D2M1。前山 D2M1 的封土呈圆丘状，底径 26 ~ 36 米，墓坑平面呈"甲"字形，墓道与甬道为石砌结构，墓室内有两面坡的"人"字形木椁，墓底铺鹅卵石，鹅卵石上置枋木；随葬器物全部为玉石器，数量多达 1256 件（组），有樽、剑首、剑格、璜、玦、臂环、觿、管、珠及璜形、条形、扁方形、月牙形佩饰等，墓葬年代为春秋晚期。发掘简报认为："东阳地区在春秋时期应是越国的范围……该墓应是一座越国墓葬。墓葬的规模较大，还出土了大量的玉石器，表明墓主人具有较高的身份与地位，应该是越国的贵族。"⑥ 发掘报告认为"从众多微细形的管、珠、条饰品出土情况看，有不少应属于当时墓主身上的服

---

① 浙江省文物考古研究所等：《绍兴越墓》，文物出版社，2016 年版，第 191 页。
② 李步嘉：《越绝书校释》，第 207 页。
③ 李步嘉：《越绝书校释》，第 206 页。
④ 范祥雍：《古本竹书纪年辑校订补》，第 63 页。
⑤ 周生春：《吴越春秋辑校汇考》，中华书局，2019 年版，第 170 页。
⑥ 浙江省文物考古研究所等：《浙江东阳前山越国贵族墓》，《文物》2008 年第 7 期。

饰品，说明墓主衣着的华丽。这些均反映出墓主人具有较高的身份与地位，应该是一位越国的贵族"①。春秋时期的东阳为姑蔑之地，春秋晚期的姑蔑文化已出现与越文化逐渐融合的迹象，前山 D2M1 既出现形同越国石室土墩墓的石砌甬道和墓道，亦保留姑蔑文化传统的两面坡的"人"字形木椁。前山 D2M1 是春秋晚期婺江流域规模最大、等级最高的墓葬，可能为春秋晚期的姑蔑王陵。

　　地形地貌是考察文化分野的要素之一。皖南、浙南层峦叠嶂，沟壑纵横，河流与山脉走向平行，河谷两岸地形陡峻，同水系之民假舟楫可得水而行，跨水系之民则因山高水险而窒阂交通，因而循流或溯水的族群迁徙当为两周时期于越、瓯越等人群移动的常态。

　　西周至春秋时期的越王陵在新安江—钱塘江流域自西而东的分布，姑蔑王陵在衢江—婺江流域也同样自西而东的分布，地理位置的变化似乎映射出越国与姑蔑国的生存空间受到吴、楚的打压而沿水东迁的史实（图 1）。

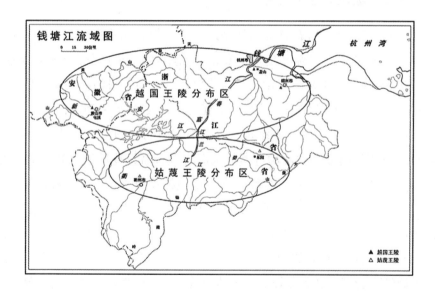

图 1　钱塘江流域两周时期越国王陵、姑蔑王陵分布示意图

---

① 浙江省文物考古研究所：《浙江越墓》，文物出版社，2009 年版，第 44 页。

（三）瓯江流域的瓯越王陵

瓯江流域为瓯越族群的活动区域，瓯江孕育了瓯越文明。

瓯在史籍中作"瓯""欧""区""沤"，其上古音皆影母、侯韵。

西周时期的瓯越族群分为东越、欧人、且瓯、越沤等支系。《逸周书·王会解》："东越海蛤。欧人蝉蛇……遇越纳，姑妹珍，且瓯文蜃。"孔晁注："东越则海际……欧人，东越瓯人也……且瓯在越。"[1]《商书·伊尹朝献》："越沤，剪发文身，请令以鱼皮之鞞，乌鲗之酱，鲛鰔利剑为献。"[2]

《荀子·儒效》："武王崩，成王幼，周公屏成王而及武王，履天子之籍……兼制天下立七十一国。"[3]于越、姑蔑与东越、欧人、且瓯、沤深、越沤同时出现于"成周之会"，表明西周初年瓯越族群的各支系都有可能建立了国家，成王之际成为周王朝的诸侯国。

春秋战国时期的瓯越族群称瓯越。《战国策·赵策二》："祝发文身，错臂左衽，瓯越之民也。"[4]《史记·赵世家》："夫剪发文身，错臂左衽，瓯越之民也。"

秦汉之际的瓯越族群称东瓯、东欧。《山海经·海内南经》："瓯居海中。"郭璞云："今临海永宁县，即东瓯，在岐海中也。"[5]《新唐书·地理志》："黄岩，本永宁。"《越绝书·吴地传》："濞为吴王……反……从东欧，越王弟夷乌将军杀濞。"[6]《史记·东越列传》："建元三年……东瓯请举国徙中国，乃悉举众来，处江淮之间。"

瓯江流域最高等级的墓葬有黄岩小人尖西周墓和瓯海杨府山西周墓。

1990年，浙江省文物考古研究所与黄岩市博物馆发掘了黄岩小人尖西周墓。墓葬封土呈圆丘状，残高2米，底径约12米，无墓坑，墓底铺垫夹碎石块的黄土；随葬青铜器22件、玉器5件、青瓷器49件，青铜器有兽面纹尊、云纹扁耳短剑、卷云纹戈、殳、矛、镞、锥、兽面纹斧、云雷纹料、兽面纹牌形

---

① 黄怀信、张懋镕、田旭东：《逸周书汇校集注》，第833、834、839页。
② 黄怀信、张懋镕、田旭东：《逸周书汇校集注》，第912页。
③ 方勇、李波译注：《荀子》，中华书局，2001年版，第90页。
④ 郭人民：《战国策校注系年》，中州古籍出版社，1988年版，第375页。
⑤ 袁珂：《山海经校注》，上海古籍出版社，1980年版，第267页。
⑥ 李步嘉：《越绝书校释》，第38页。

饰、柄形器等，玉器有凸棱环、玦等，青瓷器有折线纹簋、折腹尊、凹弦纹敛口豆、凹弦纹敞口豆、凹弦纹折腹豆、折线纹罐等，以及夹砂陶鼎 1 件，墓葬年代为西周中期。发掘简报认为"小人尖土墩墓青铜器特别是青铜礼器的发现，在浙江地区以往发掘的土墩墓材料中实属罕见，这对进一步探索土墩墓的不同类型及其性质具有重要意义。与之共存的原始瓷器则表现出一些不同于太湖流域及宁镇地区的地方特色，为不同区域土墩墓的比较研究提供了材料"①。根据出土青铜器、原始青瓷器的器形、纹饰推测，小人尖西周墓的年代应为西周早期偏晚。小人尖西周墓不仅是具有"不同类型及其性质"和具有"不同于太湖流域及宁镇地区的地方特色"的墓葬，也是瓯江流域规模最大、等级最高的墓葬，可能为西周早期偏晚阶段的瓯越王陵。

2003 年，浙江省文物考古研究所、温州市文物保护考古所、瓯海区文博馆发掘了瓯海杨府山西周墓。墓葬封土呈圆丘状，底径约 15、残高 1 米，无墓坑，葬具仅存红色漆皮；随葬器物有青铜器 61 件（组），玉器 22 件，青铜器有云雷纹鼎、龟纹夔纹簋、云雷纹大铙、镶嵌绿松石的云纹扉耳短剑、素面戈、云纹矛、素面矛、镞等，玉器有镯、玦、串饰、柄形饰、管形饰、珠形饰、喇叭形饰、蝉形饰、鱼形饰等，报告将墓葬年代定为西周中期晚段。发掘简报认为"浙江土墩墓中出土的玉器数量较少，仅在衢州西山西周土墩墓出土玉玦 22 件，黄岩小人尖西周土墩墓出土玉凸棱环 5 件和玦形器 2 件……瓯海土墩墓出土的玉器，数量较多，形式丰富"，"浙江地区已经发掘的上百座土墩墓中，出土青铜器的仅有台州黄岩小人尖西周土墩墓……该墓随葬戈、矛、剑、镞等大量青铜兵器，特别是矛的数量多达 49 件，表明墓主是男性。其次，墓葬不用陶瓷器随葬，而全部采用青铜器和玉器，显示出墓主人的身份非同一般，生前应当拥有很高的地位和权力。墓中出土了青铜大铙，由此推测，该墓主人可能是当地的一位军事首领。温州地区在商周时期是越族的分布范围，土墩墓更是典型的越族墓葬，出土的青铜器也具有强烈的越文化色彩，因此，这座土墩墓应该是一座越族的贵族墓"②。有学者根据墓葬形制、随葬器物的特征将杨府山西

---

① 浙江省文物考古研究所等：《黄岩小人尖西周时期土墩墓》，《浙江省文物考古研究所学刊》，科学出版社，1993 年版。

② 浙江省文物考古研究所等：《浙江瓯海杨府山西周土墩墓发掘简报》，《文物》2007 年第 11 期。

周墓的年代改定为西周早期①。杨府山西周墓是西周早期瓯江流域规模最大、等级最高的墓葬，可能为西周早期的瓯越王陵。

如以上推测不误，西周时期瓯越王陵当分布于椒江以南至瓯江下游的沿海区域（图2）。

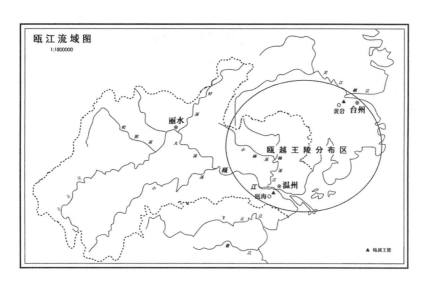

图2　瓯江流域西周时期瓯越王陵分布示意图

小人尖西周墓与杨府山西周墓不仅墓葬形制、墓主头向等葬俗葬制相同，随葬青铜礼器、兵器、玉器的器类也相同，尤其是皆随葬云纹扉耳青铜短剑。云纹扉耳青铜短剑是瓯越的传统兵器，"以尧舜之道要汤"②的伊尹将瓯越的"鱼皮之鞸"和"鲛鲺利剑"列为"朝献"；小人尖西周墓与杨府山西周墓的随葬器物又存在着一定的差异，小人尖西周墓主要随葬青铜器、原始青瓷器及少量的玉器，而杨府山西周墓则随葬青铜器、玉器，不见原始青瓷器。杨府山地处瓯江，小人尖地处椒江，两者之间出现的差异可能源于同一族群不同支系的葬俗差异。

瓯江流域与钱塘江流域是两个相互独立的区域，受仙霞岭—大盘山的阻隔，瓯江流域的瓯越族群难以与钱塘江流域的于越族群发生跨水系的互动，因此瓯越族群与于越族群的生产方式、生活习惯、语言文化、宗教礼仪、埋葬习俗可

---

① 彭适凡、孙一鸣：《浙江温州市瓯海杨府山土墩墓的年代及相关问题》，《考古》2011 年第 9 期。
② 杨伯峻：《孟子译注》，中华书局，1960 年版，第 225 页。

能不尽相同，表现在陵寝制度与器用制度上的差异尤为明显，尤其是瓯越王陵既无墓坑，亦无两面坡的"人"字形木椁。

瓯越族群虽与于越族群同属百越民族 ①，然瓯越族群始终未融入于越族群，瓯越国也未融入越国，而是在武帝时期"请举国徙中国"，归顺了西汉王朝。

五、姑蔑归属的蠡测

春秋战国之际，越灭吴。《左传》哀公二十二年："越灭吴。"《国语·吴语》："越灭吴，上征上国，宋、郑、鲁、卫、陈、蔡执玉之君皆入朝。"②《史记·越王勾践世家》："勾践已平吴，乃以兵北渡淮，与齐、晋诸侯会于徐州……当是时，越兵横行于江淮东，诸侯毕贺，号称霸王。"灭吴后的越国一跃成为"横行于江淮东"的一方霸主。

越国称霸前后，正是姑蔑融入越国之时，故孔晁云："姑妹，国，后属越。"《吴越春秋·越王无余外传》："越之兴霸，自元常矣。"③《史记正义》引《舆地志》："允常，拓土始大，称王。"④ 姑蔑融入越国可能在越王允常"拓土"之际；《国语·越语上》："勾践之地……西至于姑蔑。"⑤《越绝书·记地传》："大越故界……南姑末。"⑥《吴越春秋·勾践归国外传》："南至于姑末……纵横八百余里。"⑦ 勾践之时越国疆域"纵横八百余里"，姑蔑之地已成为越国的西南疆界。

"越地多食，政薄而好信"，故四方之民"波往归之"⑧，姑蔑或因之而融入越国，姑蔑文化也因之成为越文化的重要构成之一。越国的突然强盛与姑蔑的融入似乎有着必然的内在的联系，因为吴越争霸需有雄厚的经济基础和强大的军

---

① 吕思勉：《中国民族史》，东方出版社，1996年版，第235页；何光岳：《百越源流史》，江西教育出版社，1989年版，第41、42页。

② 徐元诰：《国语集解》，中华书局，2002年版，第562页。

③ 周生春：《吴越春秋辑校汇考》，中华书局，2019年版，第101页。

④《史记》，中华书局，1982年版，第1739页。

⑤ 徐元诰：《国语集解》，中华书局，2002年版，第570页。

⑥ 李步嘉：《越绝书校释》，第212页。

⑦ 周生春：《吴越春秋辑校汇考》，第126页。

⑧ 李守奎：《〈越公其事〉与勾践灭吴的历史事实及故事流传》，《文物》2017年第6期；刘成群：《清华简〈越公其事〉与勾践时代的经济制度》，《社会科学》2019年第4期；黄爱梅：《〈越公其事〉的叙事立场及越国史事》，《社会科学战线》2020年第8期。

事力量。姑蔑的融入，必然向越国输入丰富的物质资源，必然向越国输送大量的人力资源。《史记·越王勾践世家》："（勾践）乃发习流二千人，教士四万人，君子六千人，诸御千人，伐吴。吴师败，遂杀吴太子。"《吴越春秋·勾践伐吴外传》："（勾践）乃发习流二千人，俊士四万，君子六千，诸御千人，以乙酉与吴战，丙戌遂虏杀太子，丁亥入吴，焚姑胥台。"[1] 在伐吴的习流、教士、君子、诸御中，姑蔑国家和姑蔑族群应为越国大军中一支不容忽视的政治力量和军事力量。

姑蔑融入越国后，当随着越国的兴盛而兴盛，随着越国的衰亡而衰亡。《史记·越王勾践世家》："楚威王兴兵而伐之，大败越，杀王无强。……越以此散，诸族子争立，或为王，或为君。"《史记·秦始皇本纪》："王翦遂定荆江南地，降越君。"姑蔑或溃散于楚威王杀越王无强之时，或遁亡于秦将王翦降越君之时。

尽管姑蔑在越灭吴的过程中发挥的重要作用在史籍中鲜有记载，但姑蔑王陵的发现毕竟为推测姑蔑国的经济实力和军事实力提供了可能，为蠡测姑蔑族群融入越国后的谙谋善战与责任担当提供了可能。

（作者系江苏省文史研究馆馆员，南京博物院研究员）

---

[1]　周生春：《吴越春秋辑校汇考》，第 157 页。

魅力江南的"器"与"道"

胡阿祥

一

关注"江南"研究的学人，是幸福的，因为时常会有发现、会有惊喜。此话怎说？比如2020年金秋，我到天水、陇南行走了十天；2021年元月下旬，我在写着《"宁夏"地名丛札》。在天水，我颇见"江南"店招，因为天水有着"陇上江南"的称呼，在陇南，我又见不少饭店大堂里悬挂着"早知有陇南，何必下江南"的广告。又尤其写着成文长达16000多字的"宁夏"地名时，我有两个时辰，随着"塞北江南"的美称而分散了注意力，一番查考之后，我在讨论"宁夏"地名的文章开头，竟也做了个预告："至于'塞'的含义、'江南'的象征以及由'塞北江南'而'塞上江南'的演变过程，则拟另篇探讨。"

如何"另篇探讨"呢？因为令人惊喜的重要发现。晚唐韦蟾《送卢潘尚书之灵武》诗云：

> 贺兰山下果园成，塞北江南旧有名。
> 水木万家朱户暗，弓刀千队铁衣鸣。
> 心源落落堪为将，胆气堂堂合用兵。
> 却使六番诸子弟，马前不信是书生。

据此，早在晚唐时代，远在西北的贺兰山下、今宁夏吴忠市一带，竟然已经有了"塞北江南"的习称。而再追溯上去，既然韦蟾诗云"旧有名"，那么"塞北江南"的得名应该更早。早到什么时候？北宋初年乐史的《太平寰宇记》卷三十六灵州"风俗"："本杂羌戎之俗。后周宣政二年破陈将吴明彻，迁其人于灵州，其江左之人崇礼好学，习俗相化，因谓之'塞北江南'。"按此事也见于其他史籍，如《周书·武帝纪》：宣政元年三月"上大将军、郯国公王轨破陈师于吕梁，擒其将吴明彻等，俘斩三万余人"。《周书·王轨传》："明彻及将士三万余人，并器械辎重，并就俘获。陈之锐卒，于是歼焉。"《陈书·宣帝纪》：太建十年"二月甲子，北讨众军败绩于吕梁，司空吴明彻及将卒已下，并为周军所获"。《陈书·吴明彻传》："众军皆溃，明彻穷蹙，乃就执。"又《资治通鉴》卷一百七十三："王轨引兵围而蹙之，众溃。明彻为周人所执，将士三万并器械辎重皆没于周。"如此看来，早在北朝末期，即北周宣政元年（578 年）稍后，随着"江左"即江南战俘被迁灵州，灵州（治今宁夏吴忠市北）由此"习俗相化"，也变得仿佛江南的"崇礼好学"了，于是得名"塞北江南"。

值得注意的是，又不仅"崇礼好学，习俗相化，因谓之'塞北江南'"，我还见到一条稍晚于《太平寰宇记》的记载，北宋仁宗时，曾公亮、丁度的《武经总要》前集卷十九：

> 怀远镇，本河外县城，西至贺兰山六十里，咸平中陷，今为伪兴州。旧有盐池三，管蕃部七族，置巡检使七员，以本族首长为之。有水田果园，本黑连勃勃果园。置堰，分河水溉田，号为"塞北江南"，即此地也。

按"黑连勃勃"，即十六国时期夏国国君匈奴族铁弗部的赫连勃勃。换言之，兴州（治今宁夏银川市）一带"号为'塞北江南'"，是因其地"有水田果园……置堰，分河水溉田"。

然则综合上引史料，可以做出的判断是：至迟在公元 6 世纪末时，以今银川、吴忠为中心的银吴平原，因为地理景观的水田、果园、置堰，因为社会风俗的"崇礼好学"，已经获得了"塞北江南"的美称。而时至今日，这里大漠金沙、黄土丘陵、水乡绿稻、林翠花红的自然地理景观与人文地理景观之相映成趣，又可谓交织出一幅"塞上江南"的五彩画卷。那么问题来了，为何这样的地理景观与社会风俗，就是"江南"呢？不妨先说个接近"塞北江南"得名时代的公元 6 世纪初的故事。

公元 506 年，建都江南建康（今江苏南京）的梁朝发动北伐，主帅萧宏命令手下乌程（今浙江湖州）丘迟给镇守淮南寿阳（今安徽寿县）的北魏将军、睢陵（今江苏盱眙）人、原梁朝降将陈伯之写了封信，伯之得信，于是拥兵八千来归。这是一封怎样的书信呢？古往今来，人们都以为信中的这几句话最为感人：

> 暮春三月，江南草长，杂花生树，群莺乱飞。见故国之旗鼓，感平生于畴日，抚弦登陴，岂不怆恨！所以廉公之思赵将，吴子之泣西河，人之情也，将军独无情哉？

人岂无情？所以丘迟的一封信，招来陈伯之的八千兵！我想，这既是故国乡关的情思，也是文学经典的力量，更是说不清也说得清的江南的魅力。因为江南的魅力，所以当时的贺兰山下，有了"塞北江南"的美称，所以现在的神州大地，"江南"的店招、广告、习称随处可见……

二

江南的魅力何在？在于说不清的模糊。

比如江南在哪里，江南是什么，可谓言人人殊。气象学者说江南是梅雨，地理学者说江南是丘陵，语言学者说江南是方言，历史学者说江南是沿革，经济学者说江南是财赋，人文学者说江南是文化，诗人说江南是"江南"。这方面的有关情况，《中国国家地理》杂志曾经做过专辑，这里不必展开。梅雨的"江南"，广及淮河以南、南岭以北、三峡以东，丘陵的"江南"，把苏、锡、常、宁、杭等排除在外，方言的"江南"，以吴语最具代表性，这样南京就不是江南，而萧齐诗人谢朓的《入朝曲》却说："江南佳丽地，金陵帝王州。"

江南的魅力何在？在于说得清的意象。

我想，江南是天造一半、人造一半，是人文色彩浓重的自然，是自然风韵独具的人文，江南是灵动，江南是创新，江南是转型，江南是天堂。就以江南是转型来说，先概而言之，先秦秦汉时代，政治与文化的主话语权在黄河流域，江南属于偏远蛮荒之地；东晋南朝时代，北方为非汉民族入主，江南成为华夏正统所在；唐宋元明清时代，江南乃是财赋重地，朝廷依靠着抽取江南民脂民膏的运河才得以维持；明清以迄近代，江南又得风气之先。再详而论之，比如从"偏远蛮荒"的旧江南转型为"华夏正统"的新江南，我在《江南文化的转型：以先秦秦汉六朝为中心》（收入《长三角文化与区域一体化——2019 年"长三角文化论坛"论文集》，上海人民出版社 2020 年版）文中是这样描述的：

> 新旧江南文化的转型开始发生在西晋永嘉年间，此前为南方地域色彩浓厚、以"轻死易发"为特征的旧江南文化范畴，此后为熔铸外来的北方文化与土著的江南文化、以"艺文儒术"为表征的新江南文化范畴。新江南文化之新，又体现在物质文化、制度文化、精神文化、行为文化、心态文化等诸多方面。

换言之，北方官民的主动迁徙江南，使吴越江南得以升华为"文化江南"；江南战俘的被动迁徙塞北，又使塞北边疆成了"风俗江南"；而回到本文的主题，那名实相副的"江南"，即便仅从"转型"的角度来说，确切公认的、长江以南的今苏浙皖沪三省一市的江南空间，就有着流变的内容与丰富的内涵。

三

江南文化的内容或内涵都有哪些呢？我想不妨从五大方面去关注。一是物质文化，比如温山软水，流水人家，古镇与园林，飘香的稻米，缓缓移动的油纸伞，蓝印花布，茶叶，丝绸，等等，这是山水江南与风物江南。二是制度文化，就以近代以来为例，从洋务运动到民族实业，从乡镇企业到高新科技，江南人最会因地制宜、因时制宜、因人制宜，充满着探索与创新的特别禀赋。三是精神文化，丝竹流芳的音乐，婉约悠扬的民歌，自然淡雅的布置，聪颖灵慧的性格，与杏花春雨江南是那么的协调一致。四是行为文化，以今天来说，江南人做事、谈恋爱、说话甚至吵架，总有那么种值得品味的江南味道，总有那么种精致、优雅、闲适、情趣的生活追求。五是心态文化，江南人的心态是"我是江南人"，江南是身体与心灵的诗意栖居，江南是和平、安逸、美好的人间天堂，江南就是我，我就是江南。

如果这样去理解魅力江南，理解"形而下者谓之器"即具象层面的物质江南、制度江南、精神江南，理解"形而上者谓之道"即抽象层面的行为江南、心态江南，那么江南真可谓有着说不尽的现实话题，做不尽的学术空间。我们可否把"江南"比作一台多幕大戏，而我们是观众。作为观众，要想看懂魅力江南这台大戏，把握魅力江南的"器"与"道"，我们就应该知道剧目、了解舞台、掌握剧情、熟悉演员、明了道具。

以言知道剧目，比如"江南"是如何从到处都有的普通名词（意为某江之南），变成特指某地的专有名词的？又是如何从一般的空间概念，变成具象的符号概念乃至广泛的象征概念的？作为象征概念的"江南"，又为何集中或凝聚了中国人的理想国、乌托邦、香格里拉、桃花源、天堂情结？

以言了解舞台，随着"江南"成为专有名词与象征概念，"江南"的地域空间得以扩大、争夺乃至跳跃。比如多年以前，就有过争论说着江淮官话的南京是不是江南的"硝烟弥漫"。又如 2019 年 10 月，我参加了在无锡拈花湾文旅小镇举办的"第二届江南文脉论坛"，我注意到其中设置了在泰州举办的"泰州学派"分论坛，而泰州在长江以北。再如 2019 年年初，我在"南京桐城商会"的讲话中，说到清朝安徽的省会有将近百年在南京，桐城文派初祖方苞生于南京、长于南京、葬于南京，是南京的风土与气场，滋养催生了方苞的声名与才气；桐城文派的集大成者姚鼐，主讲各地书院 42 年，弟子遍天下，其中主讲南京钟山书院 22 年，既使钟山书院成为一方学术圣地，也将桐城文派的影响推向了新的高峰。所以，"桐城文派"的主场其实在南京。至于现在的南京，也被安徽人亲切地称为"徽京"。另外，我在 20 多年前的博士学位论文《魏晋文学地理研究》中，论证在文化、心理、政治等各方面，长江以北的扬州属于江南；到了唐代，杜牧的"青山隐隐水迢迢，秋尽江南草未凋。二十四桥明月夜，玉人何处教吹箫"，这样的诗人的"江南"，却是地理的江北扬州；甚至直到今天，烟花三月、二分明月的扬州，仍被视为江南。通过扬州的例子可见，文化的力量往往能够超越地理的限制。这样的超越，又使"江南"甚至跳跃到了远方，比如上文讨论的宁夏平原被称为"塞北江南"，提及的甘肃天水被称为"陇上江南"、甘肃陇南其实底气不足的广告"早知有陇南，何必下江南"，以及同样值得说说的西藏林芝被称为"西藏江南"。

以言掌握剧情，为什么分裂时期江南政治地位上升？隋唐以降统一时期江南经济地位如何重要？如何认识江南在华夏文明"薪火相传"中的特别贡献与"避难所""回旋地"的特别地位？如何理解江南军事上被人征服、文化上征服别人的坚韧与光荣？如何彰显温山软水、富庶安逸的江南，即便军事上被人征服，也有着"扬州十日""江阴死义""嘉定三屠"那样的铁血精神？简而言之，这样的"江南"，从"工具"意义上说是如何被"炼"出来的，从"民族"意义上说是如何被"压"出来的，从"文化"意义上说是如何被"养"出来的，从"经济"意义上说是如何被"献"出来的，都是"魅力江南"这台大戏剧情的关键。

以言熟悉演员，诸如太伯、仲雍、季札、言偃是如何拉启江南文明的大幕的？西晋的永嘉南渡、唐朝的安史南渡、宋朝的靖康南渡，是如何夯实与丰富江南的人文基础的？江南的土著、移民及其矛盾与融合的过程怎样？魅力江南的创造者与承载者是哪些民族、宗族、家族、个人？

以言明了道具，古往今来，存在过、积淀下哪些魅力江南具有象征意义的独特符号？比如《中国国家地理》杂志曾经推出"最能体现江南精神的12种风物"，即乌篷船、大闸蟹、辑里丝、龙泉剑、蓝印花布、油纸伞、黄泥螺、龙井茶、霉干菜、扬州澡堂、紫砂壶、绍兴酒，只有这些符号吗？再以旧时为苏州府、常州府瞧不上的无锡县为例，现在的无锡，肉骨头成了美食，泥巴成了工艺品，曾经辉煌的影视城，现在极为成功的灵山大佛与拈花湾，为什么"一张白纸"上画出了为宁、镇、苏、常"嫉妒"的精彩，乃至南京牛首山下也要建设向无锡拈花湾文旅小镇看齐的"金陵小城"？诸如此类，我想要看懂魅力江南、推广魅力江南这台大戏，熟悉这些具有道具意义的"符号"及其历史过程，也是十分必要的。

"魅力江南"是台魅力无限的多幕大戏。如果说上面所说的舞台、剧情、演员、道具都是形而下的"器"，那么，这台大戏的灵魂、形而上的"道"，就是中国人的天堂情结。这样的天堂，不是西方人天上的、虚构的、教堂里的天堂，而是中国人地上的、现实的、生活的天堂，这样的中国人的天堂，是不仅安身而且养心的家园，是理想的、诗意的栖居地，是人与自然和谐相处的典范，是尊重自然、利用自然、改造自然的榜样，是"道法自然"的结晶，这也是魅力江南的全球意义与人类价值所在，即人类是如何从自然中孕育出"天堂"般的家园的；而具体到追求"日新月异"与守护"绿水青山"的现代中国，当然也不例外，毕竟现代化不能以牺牲自然、家园、故乡、安身、养心为代价。

　　以上，是我这么多年以来，身在江南而切身感受的江南魅力，心在江南而行走各地的一些发现与惊喜。而值此第三届"长三角文化论坛"征文之际，我献上此篇改写与充实自旧作《魅力江南：中国人的天堂》（《江苏地方志》2020 年第 1 期）、而改题为《魅力江南的"器"与"道"》的拙文，以共襄盛举矣。

　　　　　　　　　　　　　　　　（作者系南京大学历史学院教授，六朝博物馆馆长）

李白在江南

徐有富

内容提要：苏州是吴国都城，会稽是越国都城，金陵是六朝都城。李白的怀古诗对历史作了反思，认识到由于君主权力不受制约，兴盛之后，势必腐败，并走向灭亡。本文认同李白出身富商的观点，他同传统儒家知识分子相比，具有自由与平等的思想倾向，他一方面能够平视王侯，另一方面能讴歌冶炼工人、采石工人、纤夫、商人、劳动妇女等平民。他在江南写了许多山水诗，所描写的不少自然景观与人文景观都消失了，让我们认识到保护人类赖以生存的自然环境与人文环境是多么重要。

关键词：李白；江南；怀古；亲民；山水诗

据《旧唐书·地理志》记载，唐太宗于贞观元年（627年），依据"山河形便"，将全国郡县分为十道，八曰江南道。唐玄宗复于开元二十一年（733年），"分天下为十五道"[①]，其中包括江南东道与江南西道。今之上海、苏南、浙江、皖南均在其中。本文即以"江南"泛指长江三角洲地区。李白多次游历江南，并病逝于斯，就安葬在安徽当涂县。他游历江南期间诗歌创作颇丰，本文仅就其内容的三个方面，谈点看法。

---

① 《旧唐书》，中华书局，1975年版，第1384—1385页。

一、对历史的反思

李白《上安州裴长史书》云:"大丈夫必有四方之志,乃仗剑去国,辞亲远游。"① 他第一次游江南是在开元十三年(725 年)至十五年(727 年)间,时年 25 至 27 岁。他首先想去云梦泽,尝云:"余小时,大人令诵《子虚赋》,私心慕之。及长,南游云梦,览七泽之壮观。"(P1267《秋于敬亭送从侄嵩游庐山序》)接着,他游览了洞庭湖,便顺长江东下来到金陵。其《上安州裴长史书》复云:"昔与蜀中友人吴指南同游于楚,指南死于洞庭之上……遂权殡于湖侧,便之金陵。"(P1243、1246)他此行还游览了扬州、苏州、越州等地。

苏州早在春秋时期,就是吴国都城。吴王夫差曾于公元前 494 年大败越王勾践,后来反被越王勾践消灭了,李白在《苏台怀古》(P1030)一诗中感叹道:

> 旧苑荒台杨柳新,菱歌清唱不胜春。
>
> 只今惟有西江月,曾照吴王宫里人。

"旧苑荒台"原先是吴王夫差的宫苑,梁任昉《述异记》卷上云:"吴王夫差筑姑苏之台,三年乃成。周旋诘曲,横亘五里,崇饰土木,殚耗人力。宫妓数千人。上别立春宵宫,为长夜之饮。造千石酒钟。夫差作天池。池中造青龙舟,舟中盛陈妓乐,日与西施为水嬉。"② 首句以"杨柳新"来反衬姑苏台的荒凉,颇有感染力。次句写原先在这只有吴王宫廷演员表演歌舞的地方,如今却响起了采菱女的民歌小调,从而表现了世事巨变。三四两句说明一切都变了,只有月亮还是那个月亮。诗中特别点明"吴王宫里人",是让人们联想起姑苏台昔日的热闹场面,以与今日之荒凉对比。

吴王夫差之所以一败涂地,据《史记·吴太伯世家》记载,主要有以下原因:一是太宰伯嚭被越王勾践收买当了内奸。二是骄傲自大,听不进不同意见,重臣伍子胥一再告诫吴王说勾践贼心不死,一定会卷土重来,报仇雪恨,夫差就是不听,反而将伍子胥杀掉了。伍子胥临死前说:"抉吾眼置之吴东门,以观

---

① 王琦注:《李太白全集》,中华书局,1977 年版,第 1244 页。以下此书引文皆随文注明页数,不另出注。

② 任昉:《述异记》,景印文渊阁四库全书第 1047 册,第 616 页。

越之灭吴也。"三是想称霸诸侯国，连年发动战争。劳命丧财，士民尽疲，轻锐皆死。四是中了越国的美人计，整天沉醉于糜烂的生活中。吴国被越国消灭，夫差自杀，自杀前乃蒙住自己的脸说："吾无面以见子胥也！"①

会稽是越国都城，李白游会稽也写了首《越中览古》（P 1030）：

越王勾践破吴归，义士还家尽锦衣。
宫女如花满春殿，只今惟有鹧鸪飞。

我在绍兴鲁迅纪念馆，见到过鲁迅手书此诗的横幅，可见他对此诗很欣赏。次句"义士"通行本作"战士"，胡小石先生考证道："'义士'或作'战士'，非。按《越绝书》，勾践有'六千君子军'，故称'义士'。"②

此诗，选择越王勾践破吴凯旋而归的场面来写，"义士还家"所穿之锦衣，显然是从吴国抢来的，具有讽刺意味。不过这句诗还是充满了胜利者的骄傲与喜悦。第三句写宫殿里到处都是如花似玉的宫女，可见勾践刚刚消灭吴国就骄奢淫逸起来，将过去卧薪尝胆，发愤图强时，食不重味，衣不重采，与民同甘共苦的生活，忘得一干二净。最后一句将上述喜悦、荣耀、富贵一扫而空。此诗在结构上改变了绝句通常采用的起承转合形式，用三句诗写昔日之辉煌，用一句诗写今日之衰败。在盛衰的转换与对比中，让人们感受到，越王勾践灭吴后的盛况只不过是过眼云烟。从此诗的构思与取材中可知，李白显然已经认识到，由于君主的权力不受制约，他们在开疆拓土获得成功后，势必腐化堕落，走向灭亡。

金陵是六朝首都，李白游览金陵也写了不少怀古诗。其中最有名的当推他被赐金放还后，于天宝六载（747 年）重游金陵时所写的《登金陵凤凰台》（P 986）：

凤凰台上凤凰游，风去台空江自流。
吴宫花草埋幽径，晋代衣冠成古丘。
三山半落青天外，一水中分白鹭洲。
总为浮云能蔽日，长安不见使人愁。

① 《史记》，中华书局，1982 年版，第 1746 页。
② 周勋初编：《胡小石文史论丛》，南京大学出版社，2008 年版，第 203 页。

凤凰台位于今南京西南花露岗，岗西有凤游寺路和来凤街。宋乐史撰《太平寰宇记》卷九十《江南东道》二《昇州》于凤台山云："宋元嘉十六年，有三鸟翔集此山，状如孔雀，文彩五色，声音协和，众鸟群集，仍置凤台里，起台于山，号为凤台山。"① 首联联系优美的传说与眼前的景色，从时间与空间两个方面，将诗歌的背景展现得十分遥远与开阔。

颔联从时间角度来写，"吴宫花草"指吴国的宫廷妇女，她们死后，被草草葬在冷僻的荒野里，借以表现一个朝代的结束。"衣冠"指官员们穿戴的衣帽，"晋代衣冠"借指晋代官员。这句诗借晋代官员们早就进入坟墓了，来形容一个朝代的灭亡。凤凰台附近至今尚有魏国著名诗人阮籍的衣冠冢，在今花露岗十九号。李白也许触景生情，联想到打败吴国，取代魏国的两晋王朝自己也成了过眼云烟。"吴宫"与"晋代"具有举例性质，其实此后宋齐梁陈四朝的命运莫不如此。李白《金陵白杨十字巷》（P 1046）就说过："天地有反覆，宫城尽倾倒。六帝餘古丘，樵苏泣遗老。"

颈联从空间的角度写，上句写远山，陆游《入蜀记》云："三山自石头及凤凰台望之，杳杳有无中耳。及过其下，距金陵才五十余里。"② 句中"落"字写得好，将三山写活了，像是飞来的。下句写近水。句中"一水"通行本多作"二水"，较为原始的版本多作"一水"。因为洲渚是江中小岛，通常都将"一水"理解为长江。如果对照《唐昇州图》，就会发现"一水"指的是秦淮河，当秦淮河水流入长江时，受到白鹭洲的阻挡，被分为长度几乎相等的两个部分，一部分朝西北流入长江，一部分朝西南流入长江，故曰"一水中分白鹭洲"。此联以江山的相对永恒，来反衬人事之变化无常，以引起下文。其实，江山等自然景物也是会起变化的，譬如随着时间的推移，白鹭洲已与江岸连成一片。"据有关部门考证，古代白鹭洲应在今莫愁湖西岸至上新河一带，即今沙州圩北圩。"③

尾联，李白结合自己的遭遇发了一通感慨。"浮云"指那些谗毁他的小人，"蔽日"指唐明皇受到了他们的蒙蔽。"总"字值得注意，说明这是一个普遍现象，唐玄宗正是在群小的包围中，走向衰败。王瑶说："他对李林甫、安禄山

---

① 乐史:《太平寰宇记》，景印文渊阁四库全书第 470 册，第 10 页。
② 陆游:《入蜀记》，载四部备要本《渭南文集》卷四五，第 5 页。
③ 《南京地名大全》编委会编:《南京地名大全》，南京出版社，2012 年版，第 331 页。

一班人掌握内外大权，必将引来国家覆灭的危机，感到非常痛心……他在当时表面上还很太平的局面中，已预感到社会矛盾的严重，有了大乱就要到来的感觉。这时正是天宝之乱起来的前几年，后来事情就真的演变成如他所忧的那样了。"①

二、对平民的讴歌

李白的父亲是位移民，他以"李客"为名也说明了这一点。李客既非地主，也非官僚，则很可能是位大商人。因为他家很有钱，李白《上安州裴长史书》云："曩昔东游维扬，不逾一年，散金三十余万，有落魄公子，悉接济之。"（P 1245）另外，他从小就受过良好的教育，上文复云："五岁诵六甲，十岁观百家。轩辕以来，颇得闻矣。常横经籍书，制作不倦，迄今三十春矣。"（P 1243）他家若无雄厚财力，是做不到这一点的。他本人也曾从事过商业活动，尝云："穷与鲍生贾，饥随漂母餐。"（P515《秋日炼药院镊白发，赠元六兄林宗》）"鲍生"典出《史记·管晏列传》，管仲宁青时曾和朋友鲍叔牙合伙做过生意。李白还自称"混游渔商，隐不绝俗。"（P 1243《与贾少公书》）若非受到家庭影响，他是不会混游渔商，并偶尔从事商业活动的。说李白出生于市民阶层，应当是符合实际情况的，这样的家庭出身与社会经历，使他写出了不少讴歌平民的诗，这是特别可贵的。

六朝时期，长江流域得到了蓬勃发展，唐代该地区的经济发展水平又有很大提高，长江中下游，以及运河江浙段的一些城市如池州、宣州、润州、扬州、苏州、杭州、越州等都十分繁荣。因此，也出现了不少反映市民生活的诗歌。其中最杰出的当推李白的《长干行二首》之一（P256）。该诗开头六句称"妾发初覆额，折花门前剧。郎骑竹马来，绕床弄青梅。同居长干里，两小无嫌猜。"这几句诗后来凝成"青梅竹马""两小无猜"两个成语。诗歌接着描写了小两口美满的新婚生活，但是好景不长，新郎年方十六就出远门到长江上游去做生意了，留给新妇的只能是无尽的思念。诗的最后数句写道："八月蝴蝶黄，双飞西

---

① 王瑶：《李白》，上海人民出版社，1979 年版，第 68 页。

园草。感此伤妾心，坐愁红颜老。早晚下三巴，预将书报家。相迎不道远，直至长风沙。"陆游《入蜀记》云："盖自金陵至此（长风沙）七百里。"[①] 这位少妇一旦听到丈夫将归的消息，就要到七百里之外的长风沙去迎接，自然是夸张之词，但惟有这样的夸张之词，才能恰到好处地表现出这位少妇渴望见到丈夫的迫切心情。《诗经·齐风·南山》云："析薪如之何？匪斧不克。取妻如之何？匪媒不得。"古代少男少女间的交往是要受到封建礼教严格约束的，而这首诗却为我们描写了唐代市民阶层少男少女婚恋生活的新面貌，并且千百年来一直受到广大读者的喜爱与认可。

　　李白长期在外漫游，使他有机会接触到社会底层人民的生活，这在他的诗中也有鲜明反映，甚至首次出现了冶炼工人形象。如其《秋浦歌十七首》之十四（P423）：

> 炉火照天地，红星乱紫烟。
> 赧郎明月夜，歌曲动寒川。

　　秋浦之五松山（今属铜陵市）铜矿资源非常丰富，从古至今都是我国炼铜重镇，被誉为中国古铜都。《新唐书·地理志》云："宣州，宣城郡望，土贡银铜器。"注云：南陵有"铜官冶，利国山有铜"[②]。王琦于李白《答杜秀才五松山见赠》诗注中对此作过简要介绍："《唐书·地理志》：南陵有铜官冶。《元和郡县志》：铜井山，在南陵县西南八十五里，出铜。《一统志》：铜官山，在铜陵县南十里，又名利国山。山有泉源，冬夏不竭，可以浸铁煮铜，旧尝于此置铜官场。"（P906）可见唐代官府对其多么重视，因为铜是制造货币铜钱的主要原料。

　　此诗首两句为我们描写了一个热火朝天的冶炼铜矿的盛大场面。李白在《答杜秀才五松山见赠》诗中还提到"铜井炎炉歊九天"（P905）。铜井显然是用来开采铜矿石的，铜矿石还要经过搬运、粉碎、精选，而"炎炉"则显然是将经过粉碎、精选后的原料进行高温冶炼，将铜分解出来。既然"炉火照天地"，可见有不少高炉，五松山的冶炼工人还是相当多的。

　　后两句也说明了这一点，冶炼工人，往往要在炉前添加燃料与催化剂，鼓

---

① 陆游：《入蜀记》，载四部备要本《渭南文集》卷四五，第 145 页。
② 《新唐书》，中华书局，1975 年版，第 1066 页。

风，掌握火候。"赧郎"形容冶炼工人的脸被炉火映得通红。"明月夜"说明工人们在夜以继日地工作，"歌曲动寒川"表明歌声相互呼应，气势磅礴。唱歌可以缓解工作压力，增加工作效率，也能让人在繁重的劳动中心情愉快一些。显然，李白深入到了冶炼工人的劳动现场，方能为我们描绘出唐代冶炼工人盛大的劳动场景，让我们记住了他们被炉火映红的脸，以及他们那回荡在山川间的歌声。

李白漫游江南，主要交通工具为船。乘船若顺风顺水则相对容易些，若满载石料之类的货物逆水逆风行舟，那就极其困难，要靠纤夫拉纤方能缓慢地前进。李白对拖运石料的纤夫们的艰辛非常同情，特地写了首《丁都护歌》（P331）：

> 云阳上征去，两岸饶商贾。吴牛喘月时，拖船一何苦！水浊不可饮，壶浆半成土。一唱《都护歌》，心摧泪如雨。万人凿盘石，无由达江浒。君看石芒砀，掩泪悲千古。

关于此诗的写作宗旨，众说纷纭，王琦谈道："考之地志，芒砀诸山，实产文石，意者是时官司取石于此山，俶舟搬运，适当天旱水涸，牵挽而行，期令峻急，役者劳苦，太白悯之而作此诗。"（P332）此论较为平实可信，只是个别地方尚需斟酌。从语言学的角度讲，芒砀非山名，而是指石头又大又多。考当时润州确实有个大型水利改造工程。据《旧唐书·齐澣传》载：他于开元"二十五年，迁润州刺史，充江南东道采访使。润州北界隔吴江，至瓜步沙尾，纡汇六十里，船绕瓜步，多为风涛之所漂损，澣乃移其漕路，于京口塘下直渡江二十里，又开伊娄河二十五里，即达扬子县。自是免漂损之灾，岁减脚钱数十万。又立伊娄埭，官收其课，迄今利济焉"[1]。

"云阳"即今丹阳市，隶属镇江。"上征"即上行，丹阳在镇江之南，从丹阳出发，将石料通过运河运到镇江，逆水行舟，要靠纤夫们拉纤，方能艰难前行。"吴牛喘月"典出《世说新语·言语》，是说江南夏天特别闷热，纤夫们拖船喘不过气来。再加上遭遇干旱，水又浅又浑浊，口渴难熬时，连一口干净的水都喝不到，自然会泪下如雨了。诗的后四句写有成千上万的人还在开采石头，如此

---

[1] 《旧唐书》，第 5038 页。

众多的磐石是难以搬运到水利工地的，唯一的办法就是靠这帮纤夫一步一个脚印地将它们拖到目的地。"掩泪悲千古"应当是李白对这些步履维艰的纤夫们所洒下的同情泪水，千百年来纤夫们之劳苦莫不如此。

《丁督护歌》原为南朝吴声歌曲，《宋书·乐志》云："《督护哥》者，彭城内史徐逵之为鲁轨所杀，宋高祖使府内督护丁旿收敛殡埋之。逵之妻，高祖长女也，呼旿至阁下，自问敛送之事，每问，辄叹息曰'丁督护'，其声哀切，后人因其声，广其曲焉。"① 可见《丁督护歌》的曲调原本是悲伤的，李白选择这一悲伤的曲调来反映纤夫以及采石工人艰难而困苦的劳作显然是恰当的。

李白在《题瓜州新河饯族叔舍人贲》（P 1148）一诗中，对齐瀚所领导的水利工程作了高度评价："齐公凿新河，万古流不绝。丰功利生人，天地同朽灭。"我们在读了《丁督护歌》之后，会充分认识到齐瀚开凿新河的功绩正是由成千上万默默无闻的纤夫与采石工人们的汗水与泪水水造就的。

李白在长期漫游过程中，曾受到过普通家庭劳动妇女的接待，并写了一些歌颂漂女的诗，如《宿五松山下荀媪家》（P 1024）：

> 我宿五松下，寂寥无所欢。
> 田家秋作苦，邻女夜舂寒。
> 跪进雕胡饭，月光明素盘。
> 令人惭漂母，三谢不能餐。

五松山在池州铜陵县南五里，李白独自游览至此，天色已晚，遂借宿于一位荀姓老妇人家，寂寥寡欢。与自己无所事事形成鲜明对比的是，田家正辛辛苦苦地忙着秋收秋种。夜晚，邻女还在利用月光舂着谷物。颔联中"寒"字值得注意，一方面说明山村秋天的夜晚已有寒意；另一方面说明在官府与地主残酷的剥削与压榨下，田家即使在秋收季节，也没有多少欢乐气氛。颈联写荀媪正抽空为李白忙碌饭菜。"雕胡"就是"菰"，俗称茭白，乃水生植物，秋天结实，即"雕胡米"，可以做饭，古人以为美食。"跪进"表明荀媪对李白怀着敬意，《吴越春秋》卷一称伍子胥在逃难途中，向一位漂女要饭吃，"女子知非恒

① 《宋书》，中华书局，1974 年版，第 550 页。

人，遂许之，发其箪筥，饭其盎浆，长跪而与之"①。"月光明素盘"一句表明荀媪家为了节约，没有点灯，借月光照明。"素盘"当指素菜。因为荀媪家贫，李白又是日暮投宿，只能以家中所能操办的雕胡饭与蔬菜来招待他。最后两句是说，荀媪真诚相待，使李白深感惭愧，以致一再称谢，竟不好意思动筷子。"漂母"典出《史记·淮阴侯列传》，是说韩信年轻时很穷，垂钓于城下，有位漂母，每天都给他带饭充饥，"信喜，谓漂母曰：'吾必有以重报母。'母怒曰：'大丈夫不能自食，吾哀王孙而进食，岂望报乎！'"漂母的言行对韩信起了教育与激励作用，后来韩信被封为楚王，"召所从食漂母，赐千金"②。李白以漂母这位伟大的女性作比，对荀媪表达了崇敬之情。清余成教《石远诗话》评价道："夫荀媪一雕胡饭之进，素盘之供，而太白感之如是，且诗以传之，寿于其集。当世之贤媛淑女多矣，而独传荀媪，荀媪亦贤矣。"③

李白出生平民，所受教育非以参加科举考试为目的，所以没有只学特别强调封建等级制度的儒家文化，而是兼学诸子百家，尝自称"十岁观百家"（P1243《上安州裴长史书》）。还认真学习过剑术，尝自称"十五好剑术"（P1240《与韩荆州书》）。正因为如此，他具有自由与平等的思想倾向，与古代官场察言观色、见风使舵、吹牛拍马、阿谀奉承、拉帮结派、贪腐腐化等陋习，可谓格格不入。尝自称："出则以平交王侯。"（P1294《冬夜于随州紫阳先生餐霞楼送烟字元隐隐仙城山序》），又说"一醉累月轻王侯"（P663《忆旧游谯郡寄元参军》）。《新唐书·李白传》尝云："帝爱其才，数宴饮，白常侍帝，醉，使高力士脱靴。力士数贵，耻之，摘其诗以激杨贵妃。帝欲官白，妃辄沮止。"④由于李白不愿意摧眉折腰事权贵，遂主动要求离开了翰林院。明人王稺登称其"沉湎至尊之前，啸傲御座之侧，目中不知有开元天子，何况太真妃、高力士哉！"（P1515《李翰林分体全集序》）但是，他却写了不少讴歌平民的诗，对平民作了由衷的礼赞，这是特别可贵的。

---

① 赵晔：《吴越春秋》，景印文渊阁四库全书第 463 册，第 92 页。
② 《史记》，第 2609、2626 页。
③ 余成教：《石远诗话》，载《唐诗汇评》，浙江教育出版社，1995 年版，第 708 页。
④ 《新唐书》，1975 年版，1763 页。

三、对山水的赞美

李白爱游览山水，与其道教信仰有关。他多次举行过入道仪式，是位道士，尝云："十五游神仙，仙游未曾歇。"（P1104《感兴八首》其五）又说："五岳寻仙不辞远，一生好入名山游。"（P678《庐山谣寄卢侍御虚舟》）他到过祖国许多名山大川，对江南的山山水水却情有独钟。

山中的神仙世界实际上是不存在的，他诗中的仙境往往出现在梦中，他自己就说过："余尝学道穷冥筌，梦中往往游仙山。"（P1010《下途归石门旧居》）这方面的代表作当推《梦游天姥吟留别》（P707），诗中是这样描写仙境的："列缺霹雳，丘峦崩摧，洞天石扇，訇然中开。青冥浩荡不见底，日月照耀金银台。霓为衣兮风为马，云之君兮纷纷而来下。虎鼓瑟兮鸾回车，仙之人兮列如麻。"诗人的想象非常丰富，但是距离现实未免太远了，很难引起今日读者的共鸣。

其实，他对现实山水的描绘，更受读者喜爱。如《望天门山》（P1001）表现了李白初到江南的喜悦：

> 天门中断楚江开，碧水东流至此回。
> 两岸青山相对出，孤帆一片日边来。

"天门山"是安徽当涂县东梁山与和县西梁山之合称，首句说天门山中断是长江不断冲刷的结果，充分显示了长江的威力与气势。这一地区旧属楚国，故此处长江也可称为楚江。次句写长江须流而下到天门山前，受到东西梁山的钳制，由于河道陡然变窄，导致波涛汹涌，甚至出现回流现象。一个"碧"字，说明唐代的长江水是多么清澈。三句中的"出"字，将相互对峙的两岸青山写活了，第四句告诉我们，在李白看来，"两岸青山相对出"是专门为了迎接他的到来。"孤帆一片"是为了突出诗人所乘之舟，而将其他的船都忽略了。该诗题为《望天门山》，可见诗人所乘之舟尚在天门山的西边，称"日边来"而不称"西边来"显然是为了借助午后的灿烂阳光来表达自己的喜悦心情。因为诗人离乡远游，所见到的都是新山水、新天地。

李白游江南期间，写浙江越州、安徽宣州、池州地区的山水诗甚多。他似乎特别喜欢越中山水。在《送王屋山人魏万还王屋》（P752）一诗中，曾对越中山水之美作过描述："遥闻会稽美，一弄耶溪水。万壑与千岩，峥嵘镜湖里。秀色不可名，清辉满江城。人游月边去，舟在空中行。此中久延伫，入剡寻王许。""耶溪"即若耶溪，今名平水江，在今绍兴市境内，是著名风景区。梁代诗人王籍就写过《入若耶溪》诗，"蝉噪林逾静，鸟鸣山更幽"是诗中名句。

镜湖，北宋为避开国皇帝赵匡胤之父赵敬嫌名，改名鉴湖，在今绍兴市南，湖面原有 200 多平方公里。《世说新语·言语》称："顾长康（恺之）从会稽还，人问山川之美，顾云：'千岩竞秀，万壑争流，草木蒙笼其上，若云兴霞蔚。'"[①]李白在写"万壑"两句时，显然想到了顾恺之的这几句话，他的高明之处在于将千岩万壑峥嵘之状，以及草木葱茏之美，通过在镜湖中的倒影反映出来了，"秀色"两句表明这种美只可意会，难以言传。"江城"指会稽（今绍兴市），若耶溪、曹娥江等穿越其境，再加上镜湖，到处都碧水荡漾，波光粼粼，所以说"清辉满江城"。"人游"两句是说游客流连忘返，夜以继日地在月亮与云天的水中倒影中游玩。《晋书·王羲之传》云："会稽有佳山水，名士多居之，谢安未仕时亦居焉。孙绰、李充、许询、支遁等皆以文义冠世，并筑室东土与羲之同好。"[②]诗的后两句，即据此以"名士多居之"来说明会稽山水之佳。

李白也写了许多歌颂皖南的山水诗。如《秋登宣城谢朓楼》(P1000)：

江城如画里，山晚望晴空。
两水夹明镜，双桥落彩虹。
人烟寒橘柚，秋色老梧桐。
谁念北楼上，临风怀谢公。

谢朓为南齐杰出诗人，《南史·谢朓传》称："明帝辅政，以为骠骑咨议，领记室，掌霸府文笔。又掌中书诏诰，转中书郎。"[③]建武二年（495 年）谢朓出为宣城太守，在郡城之北的陵阳山修建一楼，人称谢朓楼。两年后返京复为中书郎。

首联总揽全篇，称宣城美如画中，这是在深秋的傍晚，晴空万里，居高临

① 徐震堮：《世说新语校笺》，中华书局，1984 年版，第 81 页。
② 《晋书》，中华书局，1974 年版，第 2098-2099 页。
③ 《南史》，中华书局，1975 年版，第 533 页。

下时所见到的景象。李白称会稽、宣城为"江城"，它们共同的特点是被江水环绕或穿越。

中二联具体描写了在宣城北楼所望见的美丽画面。颔联中的"两水"指宛溪与句溪，它们在宣城的东北相会，并像明镜似的绕城合流，"夹"字用得准确而生动。李白将"明镜"比喻溪水是有例证的，如其《宣州清溪》（P449）诗就说过："人行明镜中，鸟度屏风里。""双桥"指横跨溪水的上下两桥，上桥叫凤凰桥，下桥叫济川桥。一个"落"字，让人们感到它们是从天上飞下来的两道彩虹。颈联让我们感到了生命的活力，缕缕炊烟表明农家在忙着做晚饭，橘柚硕果累累使我们见到了树上星星点点的金黄色。梧桐叶变成了黄褐色，说明秋天早就到来了，而秋天的山林颜色是特别丰富而多彩的。

尾联点题，表达对谢朓的怀念之情。值得注意的是"谁念"二字，诗人感叹没有人能够理解他此时此刻的心情，他的寂寞与孤独之感也就从诗中洋溢而出。颈联中"寒""老"二字，准确反映了山地深秋傍晚的气候与物候特征，同时也折射出了他当时孤寂的心情。

李白歌咏江南山水的诗，颇具时代色彩，有些美的人、美的事物，美的山水已经一去不复返了，所以特别值得珍惜。如《越女词五首》其三（P1194）：

> 耶溪采莲女，见客棹歌回。
> 笑入荷花去，佯羞不出来。

前两句有三种解释，一是采莲女见到客人唱着歌划着船回来了，二是采莲女见到了客人特地唱着歌划船而回，三是采莲女唱着歌划船而回时无意中见到了客人。无论作何种解释，从诗的后两句看，采莲女为回避客人，将船划到荷花丛中，但是一个"笑"字，说明她对客表示了好感，客要与她攀谈，她却因为害羞不肯从荷花丛中将采莲船划出来，而这是故作姿态假装的。原诗有题下注云："越中书所见也。"可见李白对采莲女的心理活动是多么体贴入微。这样的场景在今天的绍兴已见不到了。

下面，我们再读李白《秋浦歌十七首》其五（P419）："秋浦多白猿，超腾若飞雪。牵引条上儿，饮弄水中月。"从中可见，唐代秋浦山中确实存在着白猿，而且还很多。它们的手臂长而有力，握着树枝能在树林中超腾飞跃。夜晚，健壮的白猿还会牵引着小白猿，到溪边饮水，并且嬉弄着水中的月亮倒影，能让人联想起猴子捞月亮的童话。

尤为可贵的是，李白在山水诗中还塑造了自己的形象。王瑶说过："他的诗中表现得最多的是一种对于个人自由自在和摆脱社会羁绊的渴求。"① 其《夏日山中》（P 1073）诗就表现了这一点："懒摇白羽扇，裸体青林中。脱巾挂石壁，露顶洒松风。"连羽毛扇都懒得摇，一丝不挂地待在山林中，将头巾挂在石壁上，任头发在松风中飘洒，这是多么的自由自在，无拘无束。儒家是强调慎独的，即使一个人，也不敢，并羞于在室外裸体。而李白不仅这样做了，还写诗公之于众，并且将这首诗保存了下来。

正因为李白与封建礼教格格不入，所以很难为封建社会的统治阶级所理解与接收，即使他在长安由于才华横溢而风光无限时，杜甫在《梦李白》（P1486）一诗中已深深感到"冠盖满京华，斯人独憔悴。"李白终因在长安未获得立锥之地，而在各地漂泊终生。他深深地体味到了孤独，试读其《独坐敬亭山》（P 1078）：

> 众鸟高飞尽，孤云独去闲。
> 相看两不厌，只有敬亭山。

敬亭山在今宣城市城北。据《江南通志》卷十六《舆地志·山川·宁国府》记载："敬亭山在府北十里，府志云：古名昭亭，东临宛、句二水，南俯城闉，烟市风帆，极目如画。"② 李白曾说过："我家敬亭下。"（P 697《游敬亭寄崔侍御》）看来，李白曾在敬亭山住过，对敬亭山非常喜欢，写过不少诗。

前两句写独坐所见。看鸟，鸟全都飞走了。看云，连最后一片云朵也离他而去。这就使诗人之孤独充分显示出来了。读这两句诗，人们会联想到陶渊明《咏贫士七首》其一，该诗专门对"孤云"与"众鸟"作了描写。《文选》李善注云："孤云，喻贫士也。"众鸟，"喻众人也"。③ 特录之以供参考。

后两句写独坐所感。诗人采用拟人的修辞手法，通过人与山的互动，生动

---

① 王瑶：《李白》，第105页。
② 黄之隽著：《江南通志》，景印文渊阁四库全书第597册，第521页。
③ 《文选》，中华书局，1977年版，第425页。

地表达了李白对敬亭山的喜爱。"只有"这个词值得注意，它表明能够欣赏自己的只有敬亭山了，言下之意是所有人对自己都不理解。俞陛云《诗境浅说续编》分析道："夫青山漠漠无情，焉知憎爱，而言不厌我者，乃太白愤世之深，愿遗世独立，索知音於无情之物也。"①

李白钟情于江南山水，唐人范传正《唐左拾遗翰林学士李公新墓碑》说："长江远山，一泉一石，无往而不自得也。晚岁，渡牛渚矶，至姑熟，悦谢家青山，有终焉之志，盘桓利居，竟卒于此。"（P 1465）李华《故李翰林学士李君墓志》说："年六十有二，不偶，赋《临终歌》而卒。"（P1459）又云："大鹏飞兮振八裔。""余风激兮万世。"（P452）作为一位伟大的诗人，他在当时就产生了巨大影响，如杜甫《梦李白》诗所说，他也获得了"千秋万岁名"（P1486）。

（作者系江苏省文史研究馆馆员，南京大学文学院教授）

---

① 俞陛云：《诗境浅说》，北京出版社，2003 年版，第 127 页。

明清地域商贾与江南文学的互动

陈书录

"东南财赋地，江左人文薮。"① 明清时期的江南是商品经济最为发达的地区，洞庭商帮、徽州商帮、宁波商帮、龙游商帮等相对活跃。同时，也孕育出儒商精神与文学融合的王阳明、王世贞等典型人物，吴地的高启、祝允明、唐寅、文徵明、唐顺之、吴伟业、赵翼、黄仲则，浙地的宋濂、徐渭、屠隆、朱彝尊、查慎行、厉鹗、杭世俊，还有桐城派、阳湖派、以袁枚为首的性灵派等都在士商融合中显示出新的风貌，将江南地域商贾与文学的交叉推向新的阶段。在此，我们以明初"吴中四杰"、明中叶"吴中派"、王阳明、清中叶浙诗派为例，考察明清商贾与江南文人的互动关系，发掘其独特的历史价值、经济价值、社会价值与美学价值。

吴中四杰、吴中派与商贾及其情、理偏胜的文学创作

明清时期的苏州是江南核心地域之一。说到苏州，明清苏州府人沈寓（1639—1717）在《治苏》中指出："长江绕于西北，大海环于东南，苏为郡奥区耳。山海所产之珍奇，外国所通之货贝，四方往来，千万里之商贾，骈肩辐辏。"② 苏州商贾辐辏、通商海外。其实，早在北宋时苏州就是"望郡"，经济发展与杭州齐名，但在杭州之上，所以《吴郡志·杂志》引谚语"天上天堂，地下苏杭"时说"谚犹先苏后杭"③，说明当时苏州的经济地位高于杭州。就农业经济

---

① 康熙：《示江南大小诸吏》，《圣祖仁皇帝御制文集》卷四十，文渊阁四库全书影印本。
② 沈寓：《治苏》，《白华庄藏稿钞》卷四，清代诗文集汇编本。
③ 范成大：《吴郡志》卷五十，文渊阁四库全书影印本。

来说，苏州及常州在全国有举足轻重的地位，因而在南宋年间出现了"苏常熟，天下足"①的谚语。而且，苏州人有一股重商通商的精神，如苏州吴县人"人生十七八，即挟资出商楚、卫、齐、鲁，靡远不到，有数年不归者"②。当时吴县的纺织业也相当发达，张瀚说："余尝总览市利，大都东南之利，莫大于罗绮绢纻，而三吴为最。……而今三吴以机杼致富者尤众。"③在这种环境中，孕育出资本主义萌芽："吴民……家杼轴而户纂组，机户出资，织工出力，相以为命久矣。"④明代中叶以后，苏州在农业、手工业、商业等方面一直处在全国领先地位，出现了中国十大商帮之一的洞庭商帮，是我国最早出现"机户出资，机工出力"等资本主义萌芽的地域之一。当时有句流行语"钻天洞庭"⑤，说洞庭商帮有一种"钻天"——拼命钻营、善于钻营的精神。在这种地域背景下，苏州文人与商贾的互动颇有典型性——明初"吴中四杰"与明中期"吴中派"。

"草昧之际崇儒绅。"⑥经过元末动乱后建立的明王朝以恢复汉唐、崇儒复雅奠定文化基调，影响所及，明初"吴中四杰"在重商之中多以仁义的儒家思想表彰商贾。明初"吴中四杰"，是指高启（1336—1374），长洲（今江苏苏州）人；杨基（1325—1378），原籍嘉州（今四川乐山），生长于吴中（今江苏苏州）；张羽（1333—1385），元末明初浔阳（今江西九江）人，早年定居吴兴（今浙江湖州），后徙于吴中；徐贲（1335—1379），祖籍巴蜀，居毗陵（今江苏常州），后迁平江（今江苏苏州）。

从元至正十六年（1356）张士诚攻占平江路（今苏州），到至正二十七年（1367）朱元璋的部将徐达、常遇春等攻破苏州而俘获张士诚，高启等在张士诚统治下的苏州生活了十二年。原为私盐贩子的张士诚在占据吴地的初期尚能优容文士，发展农桑，兴办工商业，在元末动乱中张士诚在吴地还保留着一片相对安定发展的绿洲。后来，朱元璋建立的明朝政权虽然加重苏州地区的赋税，

---

① 陆游：《常州奔牛闸记》，《渭南文集校注》卷二十，浙江古籍出版社，2015 年版，第 2 册，第 288 页。

② 崇祯：《吴县志》卷十，天一阁藏明地方志选刊续编，上海书店影印。

③ 张瀚：《松窗梦语》卷四，中华书局，1997 年版，第 85 页。

④ 《明神宗实录》卷三百六十一引曹时聘上疏中语，台湾"中研院"历史语言研究所影印。

⑤ 《醒世恒言》卷七《钱秀才错占凤凰俦》，人民文学出版社，2007 年版，第 122 页。

⑥ 李梦阳：《徐子将适湖湘，余实恋恋难别，走笔长句，述一代文人之盛，并寓祝望焉耳》，《空同集》卷二十，文渊阁四库全书影印本。

并大量向外移民，但颇有经济实力的苏州地区的农桑与工商仍然保持着全国领先的地位，"毕竟吴中百货所聚，其工商贾人之利又居农之什七，故虽赋重不见民贫"①。元末明初苏州昆山诗人袁华（1316—？）的《送市舶官诗》中写道："诸番之国南海阴，岛居卉服侏离音。雕题椎髻金凿龈，犷鹜如兽那可驯。稼穑万斛樯林林，夏秋之交来自南。象犀翠羽珠贝金，苏合薰陆及水沉。皇元率土罔有刑，三边扰攘兴甲兵。梯航梗阻民弗宁，重臣分阃号令申，殊方慕义相附亲。呵叱鲛鳄驱鲲鲸，海不扬波如砥平。娄东太仓吴要津，襟带闽粤控蛮荆。贾胡夷蜑贡赘琛，关讯互市十一征。抚绥覆育德泽深，犹虑苛细失厥心。夫君矫矫东南英，温恭廉洁迈等伦。承命监视慎章程，两周星霜秋复春。长途萧萧征马喧，回辕不载薏苡行。夫君夫君明且清，自兹步武趋王庭。上陈民瘼摅忠诚，愿化愁叹为欢声。"②生动地描绘了一幅贾胡互市、巨艘万斛的航海贸易图，气氛热烈，心情激昂，颇有感染力。在苏州以及各地商贾活跃的背景下，明初吴中四杰的诗文中多有商贾的身影，如"柳间娼女酒，月下估人舟"③；"海珍通估市，湖税减渔家"④；"过海定寻回估客，出京才脱旧儒衣"⑤；"渔人笛过风生浦，估客帆回树绕城"⑥；"名姓未看兵籍落，音书忽附估船还"⑦。其中有的写商贾之乐：

> 上客荆州商，小妇扬州娼。金多随处乐，不是不思乡。⑧
>
> 长年何曾在乡国，心性由来好为客。只将生事寄江湖，利市何愁远行役。烧钱酾酒晓祈风，逐侣悠悠两复东。浮家泛宅无牵挂，姓名不系官籍中。嵯峨大舶夹双橹，大妇能歌小妇舞。旗亭美酒日日估，不识人间离别苦。长江两岸娼楼多，千门万户恣经过。人生何如贾客乐，除却风波奈若何。⑨

① 王士性：《广志绎》卷二，中华书局，1997年版，第32页。
② 袁华：《送市舶官》，《耕学斋诗集》卷七，文渊阁四库全书影印本。
③ 高启：《和友人过采石》，《高青丘集》卷十二，上海古籍出版社，2013年版，第480页。
④ 高启：《赠张明府》，《高青丘集》卷十二第490页。
⑤ 高启：《送胡簿之阳朔》，《高青丘集》卷十四，第589页。
⑥ 高启：《江上晚眺怀王著作》，《高青丘集》卷十五，第614、615页。
⑦ 高启：《闻潮州迁客消息》，《高青丘集》卷十五，第631页。
⑧ 高启：《估客词》，《高青丘集》卷一，第38页。
⑨ 张羽：《贾客乐》，《列朝诗集》甲集卷八，中华书局，2007年版，第3册，第1267页。

贾客船中货如积，朝在江南暮江北。平生产业寄风波，姓名不在州司籍。船头赛神巫唱歌，举酒再拜醑江波。纸钱百埓不知数，黄金但愿如其多。须臾神去风亦息，全家散福欢无极。相期尽说莫种田，种田岁岁多傜役。①

将商贾如织、贾客之乐与农桑傜役之多之苦进行对比，更显示出贾客的欢乐。其中也有商贾的乐中之愁：

门前黄柳鸦雏宿，罗幌低垂婢擎烛。悬珰结佩略妆成，日暮相邀汉江曲。水静花寒月小明，舟中楼上斗歌声。肠断年年大堤路，南商行过北商行。②

高启写商贾的诗中最值得关注的是七言古诗《泉南两义士歌》，诗云：

泉南两士陈与孙，少小相约为弟昆。合疏成戚契谊重，异木缠结如同根。升堂握手出肺腑，交拜二母开罍樽。具舟期贾海外域，欲度夷嶼穷昆仑。沧溟东望浸天烂，飓风怒搅波涛浑。天吴恍惚出怖客，掀舞蛟鳄飞鹏鹍。孙言陈宗惟子在，远涉巨险吾宜奔。汝亲头白倚门切，慎忽轻去违晨昏。相让不得乃更往，挂席遥指扶桑暾。望山行觅岛中国，卉服通译侏离言。寻烟暮投薜荔屋，趁墟昼集桄榔村。逾年还家喜得宝，木难火齐并瑶琨。探囊用取两不较，屑屑彼我谁复论。急难相援誓终始，岁时燕庆烹羔豚。义风久已动殊俗，椎髻相见知钦尊。我闻同气有争利，阋墙往往蠹家门。又看结交许岁晚，盟盘未撤渝情恩。管鲍居贫乃共济，余耳得势终相吞。若此二子古亦少，简牍可使他年存。作歌为继王子传，薄俗视此应堪敦。③

所谓"作歌为继王子传"，是说《泉州两义士歌》继王彝的《泉州两义士传》而作，后者写道：

---

① 徐贲：《贾客行》，《北郭集》卷一，文渊阁四库全书影印本。
② 高启：《襄阳乐》，《高青丘集》卷一，第 42 页。
③ 高启：《泉州义士歌》，《高青丘集》卷十，第 416、418 页。

　　孙天富、陈宝生者，皆泉州人也。天富外沉毅而内含弘，宝生性
更明秀，然皆勇于为义。初，宝生幼孤，天富与之约为兄弟，乃共出
货泉，谋为海贾外国。天富曰："尔母一子唯尔，吾不忍尔远尔母涉海
往异域。吾其代子行哉！"宝生曰："吾母即若母也，吾即远吾母，惟
君以为母，吾行，又何忧焉？"于是两人相让久，乃更相去留，或稍
相辅以往，至十年，百货既集，犹不稽其子本；两人亦彼此不私一钱，
其所涉异国，自高句骊外，若阇婆罗斛，与夫东南诸夷，去中国无虑
数十万里。此两人者，皆异姓也，长为兄，少为弟如同气然。异国人
皆见而信之曰："彼兄若弟，非同胞者，吾同胞宜如何？"异国因有号
此两人者。译之者曰："泉州两义士也。"中国之贤士大夫闻之者，亦皆
以为然云。天富字惟义，宝生字彦谦，今居吴之太仓，方以周穷援难
为务。①

　　高启的《泉南两义士歌》写泉州商人（也可以称苏州太仓商人）孙天富、陈
宝生异姓而"约为弟昆"，外出经商，远涉重洋，行程"数十万里"，"得宝"致
富而共享，充分体现了一个"义"字，堪称名扬海内外的"义商"。全诗铺叙生
动，对比强烈，豪迈高远而又意境浑成。而明初嘉定（今属上海）文人王彝的
传记《泉州两义士传》与高启的诗歌《泉南两义士歌》互为补充，相得益彰。

　　明初"吴中四杰"写商贾多用诗歌，多抒发感慨之作，而明中期"吴中派"
则多用古文，时有理性思考。"吴中派"主要是指祝允明（1460—1526），号枝
山，长洲（今苏州）人；唐寅（1470—1524），字伯虎，一字子畏，吴县（今苏
州）人；文徵明（1470— 1559），号衡山，长洲（今苏州）人；徐祯卿（1479—
1511），字昌毂，吴县（今苏州）人。诚然，"吴中派"中也有以诗歌写商贾的，
如徐祯卿的《贾客词二首》：

　　　　　　万里长舻转贩频，愁风愁水亦劳辛。
　　　　　　绿窗夜倚襄阳泊，却掷千金挑丽人。
　　　　　　嫁女休为估客妻，忍情未解别离悲。

---

① 高启：《泉州义士歌》，注引王彝《泉州两义士传》，《高青丘集》卷十，第 416、417 页。

　　　　　　繁华满鬓贪珠翠，暗误青春却不知。①

　　以上徐祯卿诗歌中的第一首是写贾客在辛劳与忧愁中寻找刺激，第二首写商人之妻的相思之愁，深情幽怨，神韵悠远。但唐寅的《阊门即事》却将笔锋一转，以欣喜的心情看待商业的繁荣，诗云：

　　　　　世间乐土是吴中，中有阊门更擅雄。

　　　　　翠袖三千楼上下，黄金百万水西东。

　　　　　五更市买何曾绝？四远方言总不同。

　　　　　若使画师描作画，画师应道画难工。②

　　袁宏道曾用"实录"③二字评价这首诗。所"实录"，一是商贾云集、市场繁荣的情景真实；二是诗人的情感真实。阊门是当时苏州的商业中心，也是唐寅土生土长的地方，诗人对此有深切的感受。唐寅出身于苏州商人家庭，据祝允明《唐子畏墓志铭并序》中说唐寅的父亲"贾业而士行"④，是一位儒商。唐寅在《答文徵明书》中也说："昔仆穿土击革，缠鸡握雉，恭杂舆隶屠贩之中。"⑤因此，他以"世间乐土是吴中，中有阊门更擅雄"等诗句，真切地表达了他作为一个年轻的商人子弟的快乐与自信。全诗构思新颖，对仗工巧，景真情真，堪称实录，将诗歌创作中的商贾之乐推向一个高峰。

　　吴中派更多的是以古文写商贾。这些古文主要表现在三个方面，一是孝悌信义，乐善好施，如祝允明《朱守中家传》中的苏州商人朱正："为禀仁而秀，孝于亲，令于族，信义于朋友，盖惇于五品，其最善也。……守中（朱正，字守中）性最倜傥，颛尚信义，周恤人急，发箧如拾芥，喜结纳，还往名卿满座，过金满堂也。"⑥又如《赵君墓表》中的苏州商人赵时宪："居南濠丛市中，为醭贾，贾叶端误溢直。既去，君复程厥金，曰误矣，追归焉。异时又有误者归之，

---

　　① 徐祯卿：《贾客词二首》，《徐祯卿全集编年校注》卷三，人民文学出版社，2009 年版，第 559、560 页。

　　② 唐寅：《阊门即事》，《唐寅集》卷二，上海古籍出版社，2013 年版，第 48 页。

　　③ 唐寅：《阊门即事》后袁宏道批注，《唐寅集》卷二引，第 48 页。

　　④ 祝允明：《唐子畏墓志铭并序》，《怀星堂集》卷十七，文渊阁四库全书影印本。

　　⑤ 唐寅：《答文徵明书》，《唐寅集》卷五，第 224 页。

　　⑥ 祝允明：《朱守中家传》，《怀星堂集》卷十八。

如叶端，是非廉者欤！"① 又如《吴罗公寿藏之铭》中的苏州商人罗绎："少将学为仕，以家落，去与其党杨公玉同物贾，无几，时视所入利越常算，公玉疑有未归人者，相与检校数日，无有也。始分取之，公玉因道诸人，罗君殆所谓天富善人者。……持身周慎，行必再思，取予务当义，雅尚含容，多所施济。江西廖某误遗金二斤有半，访而归之。又清江客遗四铤，复归之。客请留一以酬德，公曰：吾不以义顾，不以四而以一邪？竟却之。或帛数十束，为他人发之，公曰：非吾帛也。邻人筑室，稍侵地，或请语之，不从，曰：语而不从，则当讼之，伤邻好矣。且讼必横费，曷若以贸他地。无几，邻竟售居于公。"苏州商人罗绎不仅讲信义而且讲孝悌："性孝悌，事亲尽理。"② 二是善于齐治，家和邑治，如祝允明《登仕佐郎鸿胪寺序班汤府君墓志铭》中的苏州吴县商人汤瑄"以大族称最郡中，不特以富而戴，盖他大族鲜以九族数千指聚食，故多让也"③。又如《明故嘉议大夫都察院右副都御史毛公行状》中的毛珵"治家尤号有法，教子孙必正，而能率之以身。下至僮奴仆从，使御之皆亦有制，其所授任必堪其事，而育之有恩，卒皆得其死力。殖产治第，以若馈遗出内，咸责成其下。晚岁业益充拓，田园邸店，遍于邑中"④。不仅勤于齐家，家族和睦，而且善于治邑，通商惠民，如《企斋先生传》中的张恺"授兵部职方司主事，分司山海关"时，"东夷入贡及关、陇商贩，咸取道关下。夷僚杰骜，往往解嫚弗率。先生与为要束，禁不得自恣。商人或执伪檄，通徼外为奸利，悉按发之，仍牒所司置籍勾稽，自是无敢阑出入者"⑤；后来"转福建盐运使。抑遏强御，务以通商惠民，再持廉守法，不以冗散易节"⑥。三是抨击奸商伪劣，如祝允明的《耻伪》：

　　　祝子在京师将归，谒玉贾。诘珥为总冠，贾示三四辄下。后因示绝瑜者，祝子望之稍骇，何质理文泽追琢工至是？皦然白虹如也，若诚故蕴也，胡弗凤以示？诹其贾瑜直也，祝子语从者"诚瑜也"，宜若

---

① 祝允明：《赵君墓表》，《怀星堂集》卷十九。
② 祝允明：《吴罗公寿藏之铭》，《怀星堂集》卷十八。
③ 祝允明：《登仕佐郎鸿胪寺序班汤府君墓志铭》，《怀星堂集》卷十五。
④ 文徵明：《明故嘉议大夫都察院右副都御史毛公行状》，《文徵明集》卷二十六，上海古籍出版社，1987 年版，第 627 页。
⑤ 文徵明：《企斋先生传》，《文徵明集》卷二十七，第 648 页。
⑥ 文徵明：《企斋先生传》，《文徵明集》卷二十七，第 650 页。

贾，然吾固骇之。贾愠，涂之客以珥荐数十，视其工钧也，色均也，而辉不虹若矣。祝子审之，客曰："公取其能冠公耳，抑吾固弗执其为瑜若砆也，而公又奚难焉？公且售，将益公者。"祝子甘其辞，又因以为利并市焉。归示察玉者，悉砆也。于是弗能称其冠，并冠废焉，终日自耻。眩于利伪者而失其不伪者，以为冠羞。①

这是一则小品文，记述了作者祝允明一次买玉而被欺骗的经过。本来要买一件玉器以配上自己的珍贵的冠帽，但在奸商花言巧语的诱骗下，买了一件有些似玉而实际上资质很坏的石块，结果配不上冠帽而"冠废"，真所谓"眩于利伪者而失其不伪者"，令人羞愧！叙事中有说理，指斥奸商，警示社会，反躬自省，感悟事理，讽刺入木三分。

明清商贾与王阳明的心学视野及江南有关商贾文学的特色

明代余姚属绍兴府，是江南重要的地域之一。明中期浙江余姚人王阳明不仅是伟大的"心学"家，而且力倡通商惠商、"四民同道"②，特别是将"儒商"精神提到一个新的高度。

明中期王阳明出生地余姚所在的绍兴府及相邻的宁波府等地域"竞贾贩锥刀之利，大半食于外"③。王阳明受地域商贾的影响，特别是他在各地为官讲学中与商贾接触，看到商贾对国计民生的重要性，因而王阳明力倡通商惠商、"四民同道"，例如他为苏州商人方麟所写的《节庵方公墓表》：

苏之昆山有节庵方翁麟者，始为士业举子，已而弃去，从其妻家朱氏居。朱故业商，其友曰："子乃去士而从商乎？"翁笑曰："子乌知士之不为商，而商之不为士乎？"……与其配朱竭力农耕植其家，以士业授二子鹏、凤，皆举进士，历官方面。翁既老，日与其乡士为诗酒会。乡人多能道其平生，皆磊落可异。顾太史九和云："吾尝见翁与

---

① 祝允明：《耻伪》，《怀星堂集》卷九。
② 王阳明：《节庵方公墓表》，《王阳明全集》卷二十五《外集》七，上海古籍出版社，1992 年版，第 941 页。
③ 王士性：《广志绎》卷四《江南诸省》，第 67 页。

其二子书，亹亹皆忠孝节义之言，出于流俗，类古之知道者。"阳明子
曰："古者四民异业而同道，其尽心焉，一也。士以修治，农以具养，
工以利器，商以通货，各就其资之所近，力之所及者而业焉，以求尽
其心。其归要在于有益于生人之道，则一而已。士农以其尽心于修治
具养者，而利器通货，犹其士与农也；工商以其尽心于利器通货者，
而修治具养，犹其工与商也。故曰：四民异业而同道。……自王道熄
而学术乖，人失其心，交鹜于利以相驱轶，于是始有歆士而卑农，荣
宦游而耻工贾。夷考其实，射时罔利有甚焉，特异其名耳。极其所趋，
驾浮辞诡辩以诬世惑众，比之具养器货之益，罪浮而实反不逮。吾观
方翁'士商从事'之喻，隐然有当于古四民之义，若有激而云者。呜
呼！斯义之亡也久矣！翁殆有所闻欤？抑其天质之美，而默有契也？
吾于是而重有所感焉。吾尝获交于翁二子，皆颖然敦古道，敏志于学。
其居官临民，务在济世及物，求尽其心。"①

正是苏州昆山商人方麟等的事迹，使得王阳明"重有所感"，进而使得他阐
发了"四民（士、农、工、商）异业而同道"的观点。历史上关于士农工商的
观点，有个演变的过程。汉武帝时桑弘羊"务本（农）抑末（商）"②和董仲舒
"正其谊不谋其利，明其道不计其功"③的主张成为统治思想，朝廷奉行"重农抑
商"的政策。其实，早在汉高祖刘邦时"乃令贾人不得衣丝乘车，重租税以困辱
之"④。中唐时期的韩愈有志于扭转"重农抑商""歆士耻商"等倾向，在《原道》
中指出："凡吾所谓道德云者，合仁与义言之也，天下之公言也。老子所谓道德
云者，去仁与义言之也，一人之私言也。……古之为民者四，今之为民者六；
古之教者处其一，今之教者处其三。农之家一，而食粟之家六；工之家一，而
用器之家六；贾之家一，而资焉之家六，奈之何民不穷且盗也！古之时，人之
害多矣。有圣人者立，然后教之以相生养之道。……为之工以赡其器用，为之
贾以通其有无……是故君者，出令者也。臣者，行君之令而致之民者也。民者，

① 王阳明：《节庵方公墓表》，《王阳明全集》卷二十五《外集》七，第940、941页。
② 《汉书》卷六十六《公孙刘田王杨蔡陈郑传》，中华书局，1992年版，第2903页。
③ 《汉书》卷五十六《董仲舒传》，第2524页。
④ 《史记》卷三十《平准书》，中华书局，1975年版，第1418页。

出粟米麻丝，作器皿、通货财，以事其上者也。"① 韩愈将商与士、农、工并列，肯定其平等的地位，都奉行"相生养之道"。王阳明在《节庵方公墓表》中不仅强调"四民异业而同道"——共同奉行"相养生之道"，还特别指出士、农、工、商"四民"同"求尽其心"，上升到"心学"的层面。正是出于"求尽其心"，王阳明主张重商通商："士民既皆诚心悦服，不须复以兵守，省调发之费，岁以数千官军，免踏顿道途之苦，居民无往来骚屑之患，商旅通行，农安其业，近悦远来，德威罩被，其善十也。"② 将"商旅通行"视为"十善"之一，在《新建预备仓记》中将新建仓储作为商贾通行的预备条件："并门为屋廿有八楹，自南亘北，以居商旅之贸迁者，而月取其值，以实廪粟。"③ 他甚至在流贼围困的危难关头挺身而出，连结商船，冲开阵势：正德十二年正月，"至赣。先生过万安，遇流贼数百，沿途肆劫，商舟不敢进。先生乃联商舟，结为阵势，扬旗鸣鼓，如趋战状"④。他有时为商贾之忧而忧，为商贾之喜而喜，如《喜雨三首》其一：

> 即看一雨洗兵戈，便觉光风转石萝。
>
> 顺水飞樯来买舶，绝江喧浪舞渔蓑。
>
> 片云东望怀梁国，五月南征想伏波。
>
> 长拟归耕犹未得，云门初伴渐无多。⑤

　　王阳明还主张朝廷和相关官吏恤商惠商，他在《禁约榷商官吏》中指出："商人比诸农夫固为逐末，然其终岁弃离家室，辛苦道途，以营什一之利，良亦可悯！但因南赣军资无所措备，未免加赋于民，不得已而为此，本亦宽恤贫民之意。奈何奉行官吏，不能防禁奸弊，以致牙行桥子之属，骚扰客商，求以宽民，反以困商，商独非吾民乎？除另行访拿禁约外，仰钞案回道，即便备行收税官吏，今后商税，遵照奏行事例抽收，不许多取毫厘；其余杂货，俱照旧例三分抽一，若资本微细，柴炭鸡鸭之类，一概免抽。"⑥ 以悯商恤商之心，主张

---

①　韩愈:《原道》,《韩昌黎文集校注》卷一,上海古籍出版社,1987年版,第13-16页。
②　王阳明:《奏报田州思恩平复疏》,《王阳明全集》卷十四,别录六,第473页。
③　王阳明:《新建预备仓记》,《王阳明全集》卷二十三,外集五,第888、889页。
④　《王阳明全集》卷三十三《年谱一》,第1238页。
⑤　王阳明:《喜雨三首》其一,《王阳明全集》卷二十,外集二,第745页。
⑥　王阳明:《禁约榷商官吏》,《王阳明全集》卷十六,别录八,第566、567页。

商税合理，适当免税，并不再加税，不扰商民。这种主张在《疏通盐法疏》中得到充分的论述。该疏中，先从正面举例："正德六年，蒙上司明文行令赣州府起立抽分盐厂，告示商民，但又贩到闽、广盐课，由南雄府曾经折梅亭纳过劝借银两，止在赣州府发卖者，免其抽税；愿装至袁、临、吉三府卖者，每十引抽一引。闽盐自汀州过会昌羊角水、广盐自黄田江、九渡水来着，未经折梅亭，在赣州府发卖，每十引抽一引；愿装至袁、临、吉三府发卖，每十引又抽一引。疏通四年，官商两便。"① 而且 "军饷充足"②，朝廷受益。再从反面举例："正德九年十月内，又蒙赣州府告示，该奉勘合开称，广盐止许南、赣二府发卖，其袁、临、吉不系旧例行盐地方，不许越境。以致数年广盐禁绝，淮盐因怯河道逆流，滩石险阻，止于省城三府。居民受其高价之苦，客商阻塞买卖之源。"③ 乃至 "奸商计乘水势，聚积百船，执持凶器，用强越过。"④ "商人往往越境私贩广盐，射利肥己"⑤，赣州府由于地方保护而禁售广盐，遗患无穷。因而，王阳明建议：允许江西南、赣二府和袁、临、吉三府贩卖广盐，"庶袁、临、吉三府无乏盐之苦，南、赣二府军门得军饷之利，而关津把截去处免阻隔意外之变，诚为一举三得矣"⑥。这样 "商贾疏通，军饷有赖"，"商人既已心服，公私又皆两便，庶亦所谓不加赋而财足，不扰民而事办"⑦。思考细密，对策得力，可见王阳明爱民惠商之意。当然，王阳明对势利的商贾颇有讽刺之意，例如《贾胡行》，诗云：

　　贾胡得明珠，藏珠剖其躯。珠藏未能有，此身已先无。轻己重外物，贾胡一何愚！请君勿笑贾胡愚，君今奔走声利途。钻求富贵未能得，役精劳形骨髓枯。竟日惶惶忧毁誉，终霄惕惕防艰虞。一旦仅得五升米，半级仍甘九族诛。胥靡接踵略无悔，请君勿笑贾胡愚！⑧

　　前六句写那些取珠剖躯、轻己重物的贾胡（外商）的愚蠢的行为，接着将

---

① 王阳明：《疏通盐法疏》，《王阳明全集》别录一，第 321、322 页。
② 王阳明：《疏通盐法疏》，《王阳明全集》别录一，第 322 页。
③ 王阳明：《疏通盐法疏》，《王阳明全集》别录一，第 322 页。
④ 王阳明：《疏通盐法疏》，《王阳明全集》别录一，第 322 页
⑤ 王阳明：《疏通盐法疏》，《王阳明全集》别录一，第 322 页。
⑥ 王阳明：《疏通盐法疏》，《王阳明全集》别录一，第 323、324 页。
⑦ 王阳明：《疏通盐法疏》，《王阳明全集》别录一，第 324 页。
⑧ 王阳明：《贾胡行》，《王阳明全集》外集二，第 777 页。

笔锋一转，由可笑而"勿笑"，转过来将批判的矛头指向那些"奔走声利途"之流，他们甘冒"胥靡（腐刑）接踵"、诛灭九族的风险而逐利求富，在逐层递进中达到相反相成的效果，讽刺更为有力。

王阳明还特别强调治学（德行）与治生（谋生计，包括经商在内）之间的关系，将商贾与"阳明心学"之间的关系大大推进了一步：

> （胡）直问："许鲁斋言学者以治生为首务，先生以为误人，何也？岂士之贫，可坐守不经营耶？"先生曰："但言学者治生上，尽有工夫则可。若以治生为首务，使学者汲汲营利，断不可也。且天下首务，孰有急于讲学耶？虽治生也是讲学中事。但不可以之为首务，徒启营利之心。果能于此调停得心体无累，虽终日做买卖，不害其为圣为贤。何妨于学？学何贰于治生？"①

做买卖、作商贾，是谋生计中的职业选择，可见"虽终日做买卖，不害其为圣为贤"中有对商贾价值的肯定；为圣为贤是包括心学在内的儒家对道德人格的最高追求，王阳明将经商谋利与包括心学在内的儒家至善的伦理相结合，将商贾精神推向最高境界。王阳明的这些论点，对李贽（1527—1602）颇有影响。李贽的远祖从事过商业活动，有的还远航海外。李贽青年时受学于王襞，而王襞的父亲是曾经从父经商又师从王阳明的王艮（1483—1514），因而深受王阳明有关商贾精神的影响。他在《又与焦弱侯》中说："今之所谓圣人者，其与今之所谓山人者一也，特有幸与不幸之异耳。幸而能诗，则自称曰山人；不幸而不能诗，则辞却山人而以圣人名。幸而能讲良知，则自称圣人；不幸而不能讲良知，则谢却圣人而以山人称。展转反覆，以欺世获利，名为山人而心同商贾，口谈道德而志在穿窬。夫名山人而心商贾，既已可鄙矣，乃掩抽丰而显嵩、少，谓人可得而欺焉，尤可鄙也！……且商贾亦何可鄙之有？挟数万之赀，经风涛之险，受辱于关吏，忍垢于市易，辛苦万状，所挟者重，所得者末。然必交结于卿大夫之门，然后可以收其利而远其害，安能傲然而坐于公卿大夫之上哉？今山人者，名之为商贾，则其实不持一文；称之为山人，则非公卿之门不履，

---

① 《王阳明全集》卷三十二《补录》，第 1171 页。

故可贱耳。"① 李贽在抨击言行不一、欺世盗名的假"山人"之中表明"能讲良知"则为"圣人"的伦理观，同时，充分肯定了终日辛勤、甘冒风险、忍辱负重的商贾精神。

王阳明"虽终日做买卖，不害其为圣为贤"的观点，既体现了儒商伦理的最高境界，也反映了阳明心学盛行的时代士与商高度契合的心态。正是在这种心态的支配下，明代中后期江南有关商贾文学创作呈现出鲜明的特色，这种特色在晚明苏州府长洲（今苏州）人冯梦龙编撰的"三言"（《喻世明言》《警世通言》《醒世恒言》）、湖州府乌程（今湖州）人凌濛初编撰的"二拍"（《初刻拍案惊奇》《二刻拍案惊奇》）等短篇白话小说集中尤为鲜明。诚然，其中的一些篇章也写了违背儒商精神的反面形象，如《卫朝奉狠心盘贵产　陈秀才巧记赚原房》② 中的徽州卫朝奉是"昧心取利"、趁火打劫的奸商，《蒋兴哥重会珍珠衫》③ 中徽商陈商和《杜十娘怒沉百宝箱》④ 中徽商子弟孙富，都丧失伦理道德而破坏他人婚姻。有的作品中既有反面人物又有儒商，如《张孝基陈留认舅》⑤ 写商贾子弟过迁性喜游荡、败坏家产而沦为乞丐，多亏"深通古今，广读诗书"的儒雅之士张孝基的救助与激励，浪子回头，重振家业，但同时也歌颂了张孝基还财积德、仁孝节义的儒商精神。相对而言，"三言""二拍"中较多的是义利兼顾的儒商：《施润泽滩阙遇友》⑥ 塑造了以信义为重、拾金不昧的手工业商人施润泽的形象；《范巨卿鸡黍死生交》⑦ 中的"世为商贾"而近来弃商为士的范式（字巨卿）坚信圣人"民无信不立"之言，为守信用则"自刎而死，魂驾阴风，特来赴鸡黍之约"；《李秀卿义结黄贞女》⑧ 中的商贾之女黄善聪女扮男装，与青年贩香客李英合伙经营，七年之中"日则同食，夜则同眠"，互相帮助，勤苦营运，但坚守贞节，真诚相待；《刘小官雌雄兄弟》⑨ 中轻利重义、济困扶危的老商人刘德

---

① 李贽：《又与焦弱侯》，《焚书》卷二，《焚书续焚书》，中华书局，2009 年版，第 49、50 页。
② 《拍案惊奇》卷十五，上海古籍出版社，1983 年版，第 241—256 页。
③ 《古今小说》卷一，人民文学出版社，1979 年版，第 1—37 页。
④ 《警世通言》卷三十二，人民文学出版社，1980 年版，第 485—500 页。
⑤ 《醒世恒言》卷十七，人民文学出版社，1979 年版，第 331—356 页。
⑥ 《醒世恒言》卷十八，第 357—379 页。
⑦ 《古今小说》卷十六，第 239—245 页。
⑧ 《古今小说》卷二十八，第 416—427 页。
⑨ 《醒世恒言》卷十，第 197—216 页。

收养刘奇、刘方为义子（其中刘方女扮男装，实为义女），他俩又是"少年志诚，物价公道"、亦儒亦商、节孝兼全的人物。士商契合的心态还反映在爱情婚姻上，这主是士与商的联姻。如《钱秀才错占凤凰俦》①中洞庭富商高赞欲将女儿秋芳与儒生婚配，"定要拣个读书君子、才貌兼全的配他"。虽然由于外貌丑陋、"卖弄才学"的颜俊借用风流俊俏、知书达理的钱青作替身，假中出错，但最终还是"错占凤凰"，演出了一场郎才女貌、儒商联姻的喜剧。《醒世恒言》卷二十《张廷秀逃生救父》也是说一个儒商联姻的故事，但情节更曲折：富商王宪"谦虚忠厚，乐善好施"，但只生两个女儿，因而招两个女婿上门，大女儿瑞姐招赘赵昂，小女儿玉姐招赘张廷秀。那知赵昂与瑞姐心生炉忌，谋害廷秀而要独霸王宪的家产，先是诬陷张廷秀的父亲张权私通强盗并将他关进牢狱，接着，赵昂又勾结捕快杨洪等将前往镇江告状的张廷秀、张文秀兄弟投入江中，幸亏张廷秀被绍兴府孙尚书府的戏子救起，张文秀被河南府的布商褚卫相救，死理逃生，后来兄弟俩人又都高中进士，衣锦还乡，终于为张家洗刷冤情，救出其父张权，并依法惩处了恶人赵昂、杨洪等，从中可以看出利欲熏心者的险恶、儒商联姻的艰难和真、善、美、利相结合的艺术魅力。《叠奇居程客得助　三救厄海神显灵》②在士与商恋爱婚姻上更有特色，这是根据明中叶蔡羽传奇体文言小说《辽阳海神传》改写的。"世代儒门"、弃儒经商的徽州商人程宰经商亏折资本羞归故里，因与海神相恋相助而获巨利，"四五年间，展转弄了五七万两"。最后，海神叮嘱程宰说："你自宜居心清净，力行善事，以副吾望。"将积财与积善相结合，体现了儒家至善的伦理道德与取大利、谋远利的商贾精神，又将商人羁旅生活与神人恋爱融合在一起，情节离奇，变幻莫测，颇有浪漫色彩，颇有艺术感染力。这说明：像《叠奇居程客得助　三救厄海神显灵》一类作品不仅追求真、善、美，而且重视功利（包括经济价值），往往是义（善）利并举，即商贾的利益与儒家的仁义并行，向往真、善、美、利相结合的新境界。

---

① 《醒世恒言》卷七，第 129—153 页。
② 《二刻拍案惊奇》卷三十七，上海古籍出版社，1983 年版，第 679—695 页。

清代浙诗派与商贾及其文学的清逸之气

明清江南文人深受商贾精神影响的，还有清代浙派诗人。关于清代中叶浙诗派的成员，学界有不同的看法。本节在此选择朱彝尊、查慎行、厉鹗、杭世骏与商贾的关系加以论述。

清代者派诗人朱彝尊、查慎行、厉鹗、杭世骏等均为江南名士。朱彝尊（1629—1709），字锡鬯，号竹垞，清代秀水（今浙江嘉兴）人。康熙十八年（1679 年），以荐应试博学鸿词，授翰林院检讨。后辞官归里。他被尊为清代浙派诗开山之祖。查慎行（1650—1727），初名嗣琏，字夏重，号初白，清代浙江海宁人。康熙四十二年（1703 年）进士，官翰林院编修。雍正四年（1726 年），遭其胞弟查嗣庭案牵连，以长兄失教罪被逮，后得到雍正的宽恕，放归田里。乾嘉之际的杭州诗人吴清鹏说："吾杭诗多出杭堇浦（杭世骏）、厉樊榭（厉鹗）两先生，世称为浙派。"① 厉鹗（1692—1752），字太鸿，号樊榭。清代钱塘（今浙江杭州）人。少家贫，靠兄长卖烟叶为生，所谓"其兄卖淡巴菰（烟草）叶为业以养之"②。康熙五十九年（1720 年）考取举人，以后两次应礼部试均落选，因而以布衣的身份授徒吟咏终老。杭世骏（1695—1773），字大宗，号堇浦，清代浙江仁和（今杭州）人。乾隆元年（1736 年）召试博学鸿词，授翰林编修，后罢职归乡，晚年主讲于广州粤秀书院、扬州安定书院。

清代中叶江南浙诗派关于商贾的文学中，最值得关注的是以下三个方面：

一是将众多地域的商贾选入诗集、引入诗话。厉鹗编撰的《宋诗纪事》中选入不少关于商贾的诗歌，所引的诗话、笔记及别集、总集、类书、史书、方志、金石、碑帖等中也有许多商贾的文学的评论。但他所涉及的是宋代诗歌。在此侧重论述朱彝尊《明诗综》及《静志居诗话》。应该说，朱彝尊在他自己的诗歌中比较关注商贾，比如"珠帘十里江都市，铁鹿连船估客樯"③；"山行十人九商贾，肩舆步担走不休"④，等等。但是，朱彝尊的主要特色是将有关商贾的文学

---

① 吴清鹏：《殳积堂庆源以小粟山房诗集见示》，《笏庵集》卷八，续修四库全书本。
② 全祖望：《墓碣铭》，《樊榭山房集》附录三，上海古籍出版社，2012 年版，第 1739 页。
③ 朱彝尊：《送赵主事榷关扬州》，《曝书亭集》卷十，清代诗文集汇编本。
④ 朱彝尊：《常山山行》，《曝书亭集》卷十八。

选入诗集和诗话。在朱彝尊编撰的《明诗综》中，选录河南信阳诗人何景明的《松卫推官之武昌》，其中有"仙人楼阁春云里，贾客帆樯落照余"①；浙江平湖诗人王梅的《送林节推赴任琼州》，其中有"水馆鲛人识，风樯贾舶来"②；浙江秀水诗人贺灿然的《泊彭城》："山城多宿雨，日暮起悲风。贾客行将绝，中涓计已穷。叩阍双阙迥，县磬九州同。应有轮台诏，朝来出汉宫"③；浙江秀水诗人朱国祚的《碧云寺》："银榜高悬宝地赊，游人只爱寺前花。不知贾舶征求尽，旧鬼年年哭潞沙"④；江苏江宁诗人张正蒙的《商人怨》："江上商人归，试问商人事。商人不敢言，相对但垂泪"⑤；安徽休宁诗人詹贵的《商妇吟》："莫作商人妇，商人惯别离。门前竹王庙，日日卜归期"⑥，等等。特别是选入徽州歙县商人郑作（著有《方山子诗选》）、程诰（著有《霞城集》）、秦中贾人谷淮、江阴贾客周俊（著有《南岑集》）、闽商黄徽（著有《觳音》）等商贾的诗歌。朱彝尊在《明诗综》选录商贾诗人时特别加以说明："明以贾客而称诗者众矣。若歙州之郑作、程诰，龙游之童佩，皆贾也。然郑、程皆受学于李空同，童执经于归太仆，则不得以贾人目之。故录杂流自谷淮以下，而傔从之能诗者附焉。"⑦朱彝尊《明诗综》中还有选录有关商贾的歌谣，如《淮上歌》："沈阳范鏓中正德丁丑进士，历官两淮运使，尽革夙弊，迁四川参政以去。商民立祠淮水上，为之歌曰：'范来早，商民饱。范来迟，商民饥。'"⑧又如江西谣谚《南丰歌》："通州冯坚，洪武中，为南丰典史。（一作南丰知县海阳戴瑀）政平讼理，民怀其德。歌曰：'山中晴，山鸟鸣。商旅行，农夫耕。老瓦盆中浊酒盈，呼嚣蹾突不闻声。'"⑨又如《广西谣谚》："自藤峡经府江三百余里，诸蛮互为死党，出劫商船，得人则刳其腹，投之江中。峡人谣云：'盎有一斗米，莫溯藤峡水。囊有一百钱，莫上府江

---

① 朱彝尊：《送卫推官之武昌》，《明诗综》卷三十，中华书局，2007 年版，第 1540 页。
② 朱彝尊：《送林节推赴任琼州》，《明诗综》卷四十一，第 2027 页。
③ 朱彝尊：《泊彭城》，《明诗综》卷五十八，第 2912 页。
④ 朱彝尊：《碧云寺》，《明诗综》卷五十四，第 2731 页。
⑤ 朱彝尊：《商人怨》，《明诗综》卷六十三，第 3164 页。
⑥ 朱彝尊：《商妇吟》，《明诗综》卷二十三，第 1178 页。
⑦ 朱彝尊：《静志居诗话》卷二十四，人民文学出版社，1998 年版，第 802 页。
⑧ 朱彝尊：《明诗综》卷一百，第 4568 页。
⑨ 朱彝尊：《明诗综》卷一百，第 4582 页。

船。'"① 应该指出的是朱彝尊《明诗综》选录的有关商贾的诗歌有一定的"诗史"的性质,如苏州吴县诗人钦叔阳的三首《税官谣》:

四月水杀麦,五月水杀禾。茫茫阡陌弾为河。杀禾杀麦犹自可,更有税官来杀我。

千人奋挺出,万人夹道看。斩尔木,揭尔竿;随我来,杀税官。

税官来,百姓哭。虎负嵎,猱升木。壮士来,中贵走。十二人,三授首。欢乐崇朝不及夕,倏忽头颅已狼籍,投畀乌鸢鸟不食。②

朱彝尊在《静志居诗话》中指出:"太监孙隆以督织造驻苏州,朝廷方起税额,恶少年行贿充委官,乘舆张盖,勒索商税,民不堪命。昆山人葛成率众二千人,分作六队,一人摇蕉扇前行,后执梃随之。知长洲县事邓云霄,见民情汹涌,擒委官头目,械于玄妙观,众立殴死,裂其尸。知府朱燮元劝谕,始得解散。此万历二十九年事也。时葛成慷慨就狱,后得宥罪。又十二余年,而有颜佩韦等,实先启其兆云。"③ 以商贾诗歌或有关商贾的诗歌写入诗话,不仅为《税官谣》,还有徽州商人兼诗人郑作:

郑作,字宜述,歙县人,自号方山子。往来梁、宋间,李梦阳流寓汴中,招致门下,有《方山子诗选》。宜述游汴,际空同诗名未大盛时,北面称弟子,以是空同深爱之。何大复所云"老郑空同客"也。其诗经空同选择,序而传之,且为作《方山精舍记》。又赠诗云:"近时好事最者谁?徽州后生差爱我。"今观其诗,颇俊利,远胜五岳山人。《闻雁》诗云:"秋日江南去,春风塞北归。只愁罗网密,敢恋稻粱肥。独往寒天远,高飞旧侣稀。游人夜不寐,感尔泪沾衣。"《客中闻四弟消息》:"昨遇梁园使,孤城舍弟居。干戈长在目,烽火不通书。汝计犹长铗,吾心已敝庐。两乡千里隔,相望各沾裾。"《除夕》云:"除夕愁难破,还家梦转频。十年江海客,孤馆别离人。残漏听还尽,寒灯

---

① 朱彝尊:《静志居诗话》卷二十四,第 840—841 页。
② 朱彝尊:《明诗综》卷六十三,第 3168 页。
③ 朱彝尊:《静志居诗话》卷十八,第 533、534 页。

坐愈亲。梅花满南国，谁寄一枝春。"①

《静志居诗话》中还引王仲房云："宜述（郑作）家本商贾，读书苦吟。为人负气任侠，故其诗雄浑跌宕，有风骨。"②引句或引全首诗论其雄浑跌宕、俊利并有风骨的诗风。这种有关商贾的诗话，在明清文学批评中别具一格。

二是以异地书贾、书局入诗。查慎行的诗歌中多有写商贾的作品，如《广德州》诗云："西南界宣（宣州）、歙（歙县），兀突重岩俯。……如今城下路，日夜走商贾。"③又如《桐庐》诗云："民居半商贾，仰取俯有拾。"④又如《汉口》诗云："人言纷五方，商贾富兼并。……市声朝喧喧，烟色昼暝暝。"⑤应该说，查慎行颇有特色的是将书贾入诗："西江估客建阳来，不载兰花与药材。点缀溪山真不俗，麻沙村里贩书回。"⑥明清时期书商发达，出现了许多出版中心，如北京、南京、杭州、苏州、湖州、徽州、建阳等。查慎行的《建溪棹歌词十二章》其二写建阳书商，麻沙镇地处建阳西部，当地人世代刻书为业，所刻书称麻沙本，其中不乏精刻本，也有粗制滥造的，但流传很广，因而有诗中有"西江估客建阳来""麻沙村里贩书回"之句。杭世骏在《福州竹枝词》中写道："梨口从来号印筐，百番将乐纸犹光。书棚到处贪翻刻，俗本麻沙遍学堂。"⑦查慎行也是书贾的追随者，所谓"俸钱付书估，斗酒谋主盂"⑧。厉鹗也与书贾有交往，有一首诗的题目较长，云《吴中有书贾来广陵，出古钱三百余见示，刀布正伪诸品皆备，汪君被江拓其文，凡四以遗予，一曰千秋万岁，面有龙凤形；一曰长生保命，面有北斗及男女对立状；一曰斩妖伏邪，面有立神一，蹲虎一，符篆一；一曰龟鹤齐寿，面无文，盖古厌胜钱也。暇日装潢成册，为诗题后，并邀被江同作》⑨。查慎行等还将书局入诗。据陈敬璋《查他山先生年谱》记载，康熙

---

① 朱彝尊：《静志居诗话》卷十一，第 309 页。
② 朱彝尊：《静志居诗话》卷十一，第 309 页。
③ 查慎行：《广德州》，《敬业堂诗集》卷二十一，上海古籍出版社，2015 年版，第 572 页。
④ 查慎行：《桐庐》，《敬业堂诗集》卷四十七，第 1323 页。
⑤ 查慎行：《汉口》，《敬业堂诗集》卷一，第 13 页。
⑥ 查慎行：《建阳棹歌词十二章》其四，《敬业堂诗集》卷四十四，第 1262 页。
⑦ 杭世骏：《福州竹枝词十八首》其六，《道古堂诗集》卷十一，清代诗文集汇编本。
⑧ 查慎行：《送周桐野前辈督学顺天》，《敬业堂诗集》卷三十八，第 1037 页。
⑨ 厉鹗：《樊榭山房集》卷四，上海古籍出版社，2012 年版，第 291 页。

二十九年（1690）"秋，在橘社书局，社在洞庭东山之麓。冬，自书局归"①。查慎行在太湖的洞庭东山官方所开的橘社书局里有《橘社集》，并序云："橘社在洞庭东山之麓，刘氏取以名园。秋冬间假馆于此，与书局诸同人倡酬不少。"②橘社在清朝初年是富商翁天浩的别墅。可见，橘社书局与官方及富商（洞庭商帮）均有关系。查慎行的《橘社集》中有一首《入胥门访薛孝穆不值，留诗示之，兼简许旸谷、钱玉友》，其中有云："贾客聚连檐，荒湾比村落。"③杭世骏则在诗中说到鸡林（韩国）书贾："若教传向鸡林贾，白傅诗篇价定殊。"④

　　三是与扬州徽商等豪商巨贾交往与唱和。扬州的徽商中有相当一部分兼具商人和文士的双重身份，如马曰琯、马曰璐、江春、江昉、汪楫、汪懋麟、许承宣、孙枝蔚、程梦星、程晋芳、郑元勋、鲍志道、鲍漱芳、鲍勋茂、汪应庚、郑鉴元等，大多"商而兼士"。扬州盐商不少附庸风雅，与文人交相唱和，所谓"邗上时花二月中，商翁大半学诗翁"⑤，并有不少著有诗文集，如马曰琯著有《沙河遗老小稿》等。袁枚在《扬州游马氏玲珑山馆感吊秋玉主人》中称赞扬州的徽商马曰琯云："横陈图史常千架，供养文人过一生。"⑥扬州的徽商马曰琯、马曰璐、江春等供养或与之唱和的有厉鹗、全祖望、袁枚、赵翼、蒋士铨、杭世骏等著名文人，还有盐商支持的书院（如马曰琯出资重修梅花书院）培养了段玉裁、王念孙、王引之和汪中、洪亮吉、孙星衍等大批知名学者，所谓"梅花安定广陵（指扬州的梅花书院、安定书院、广陵书院）兼，膏火（点灯的油，借指求学的费用）来源总是盐。"⑦

　　清代前期扬州徽商代表人物马曰琯、马曰璐以小玲珑山馆吸引着厉鹗、全祖望、杭世骏等一批文人名士，全祖望在为厉鹗撰写的《墓碣铭》中说："予交

---

①　陈敬璋：《查他山先生年谱》，《敬业堂诗集》附录，第1723页。

②　查慎行：《橘社集》，《敬业堂诗集》卷十二，第313页。

③　朱彝尊：《入胥门访薛孝穆不值，留诗示之，兼简许旸谷欹玉友》，《敬业堂诗集》卷十二，第334页。

④　杭世骏：《书张大参廷枚春晖堂集后》，《道古堂诗集》卷五。

⑤　林苏门：《续维扬竹枝词》，《扬州文库》第二辑，广陵书社，2015年版，第174页。

⑥　袁枚：《扬州游马氏玲珑山馆感吊秋玉主人》，《小仓山房诗集》卷二十七，《小仓山房诗文集》，上海古籍出版社，1988年版，第687页。

⑦　倪澄瀛：《再续扬州竹枝词劫余稿》，《中华竹枝词全编》（江苏卷），北京出版社，2007年版，第173页。

樊榭（厉鹗）三十年，祁门马嶰谷（马曰琯）兄弟延樊榭于馆，予每数年必过之。嶰谷诗社，以樊榭为职志，连床刻烛，未尝不相唱和。"① 所谓"以樊榭为职志"，是说该诗社以厉鹗为旗帜。袁枚在《随园诗话》中指出："马氏玲珑山馆，一时名士如厉太鸿、陈授衣、汪玉枢、闵莲峰争为诗会，分咏一题，裒然成集。"② 这个诗集是马曰琯、厉鹗选编的《韩江雅集》，其中有五十八次诗会，收六百九十二首诗歌。厉鹗与"二马"交往最早，时间也最长，长达近三十年，他与"二马"唱和或联句颇多，如《看山楼雪月联句》：

> 雪初晴，月复清（鹗）。气飙厉，光晶莹（章）。登层楼，畅幽情（世钰）。炙冰砚，温酒铛（马曰琯），澄万象，增双明（马曰璐）。广寒府，白玉京（鹗）。竹声泻，松影横（章）。籁既寂，思已盈（世钰）。剪残烛，恋深更（曰琯）。岁云晏，志合并（曰璐）。③

以上是厉鹗与陈章、姚世钰、马曰琯、马曰璐等联句唱和。又如厉鹗为"二马"小玲珑馆山所撰写的《题秋玉、佩兮街南书屋十二首》其一、其二：

> 凿翠架檐楹，虚敞宜晏坐。题作小玲珑，孰能为之大？
> 世士昧讨源，泛滥穷百氏。君家建斯楼，必自巢经始。（楼中藏书甚夥，近更搜经义，补所未备。）④

《黄芍药二首寄和江春》："谁教没骨写灵根，姹紫嫣红岂足论。佛借妙香开笑面，天留正色饯春魂。游蜂采处寻难见，蜜酒浇来渍有痕。华省只今多好句，翻阶刚值月初昏。"⑤ 杭世骏晚年曾主讲扬州书院，与马曰琯、马曰璐、江春等豪商巨贾多有交往。江春（1721—1789），字颖长，号鹤亭，"扬州八大徽商"之一，任两淮盐业总商四十年。杭世骏有《新秋雨后马员外曰琯招同武陵胡中丞期恒、竟陵唐吉士建中、休宁程编修梦星、吴江王征士藻、歙方明经士庱、钱塘陈处士章、江都陆司马钟辉、闵上舍峰、潼关张上舍四科，小集南斋，

① 全祖望：《墓碣铭》，《樊榭山房集》附录，第 1740 页。
② 袁枚：《随园诗话》卷三，人民文学出版社，1999 年版，第 92 页。
③ 厉鹗：《看山楼雪月联句》，《樊榭山房集》续集卷五，第 1350 页。
④ 厉鹗：《题秋玉、佩兮街南书屋十二首》其一、其二，《樊榭山房集》卷六，第 419、420 页。
⑤ 杭世骏：《黄芍药二首寄和江春》，《道古堂全集》诗集卷十三。

分用昌黎〈秋怀诗十一首〉韵，送余还山，余得第四韵》等唱和诗，杭世骏的诗云："虚堂过新雨，瑟瑟爽气凌。阶卉有润叶，画帧无秋蝇。我来破苔径，分免襁褓憎。须臾风幔开，斜日露半稜。轻倏避人影，捷若初脱罾。披襟相与闲，微咏尚可能。"①写秋日新雨之后，爽气莹骨，肝胆为醒，诗友相会，互为唱和，清逸名士之气，触景吐出。

朱彝尊于王士祯主盟的康熙诗坛中，卓然名家，为浙诗派的开山之祖；查慎行为康熙诗坛的后劲，诗歌宗法苏轼、陆游，风格清新隽用，与赵执信有"南查北赵"之称；厉鹗继朱彝尊、查慎行后为浙诗派盟主，主张写诗重学问，主空灵，学习宋诗，好用典故，将写景与宗宋相结合，代表浙诗派的风格特点；杭世骏是清代浙诗派的后劲，与厉鹗的诗风同中有异，清雅俊逸而又悲凉雄壮，别有风味。这些与清中叶浙诗派与商贾的互动有一定的关系，也就是说与商贾的互动是清中叶浙诗派风格形成的动因之一。

明清地域商贾与江南文人互动的形态及特征

明清地域商贾与江南文人互动呈现出新风貌、新成果，考察明清时期江南文士与商人的交往方式还有某些特殊形态的，这主要有：

一、江南交流中心的聚集与扩散一个时期，商贾与文学互动有其中心地区，明清时期江南是南京（江宁）、杭州（钱塘）、苏州等地。以苏州为例，明清苏州府中有号称"十大商帮"之一的洞庭商帮，洞庭商帮是形成于太湖洞庭东山和洞庭西山（苏州市西南）的商人集团。明代中期昆山人、唐宋文派大家归有光说洞庭人"好为贾，往往天下所至，多有洞庭人"②，当时有"钻天洞庭"③之说。正是在这丰厚的经济土壤中，滋养着本土文人如明初以高启为代表的"吴中四杰"、明代中前期的以祝允明为代表的"吴中派"有关商贾的文学，各以情、理

---

① 杭世骏：《新秋雨后马员外曰琯招同武陵胡中丞期恒、竟陵唐吉士建中、休宁程编修梦星、吴江王征士藻、歙方明经士庚、钱塘陈处士章、江都陆司马钟辉、闽上舍峯、潼关张上舍四科，小集南斋，分用昌黎秋怀诗十一首韵，送余还山，余得第四韵》，《道古堂集集》卷十一。

② 归有光：《叶母墓志铭》，《震川先生集》卷二十一，上海古籍出版社，2007年版，第523页。

③ 《醒世恒言》卷七《钱秀才错占凤凰俦》，第122页。

偏胜；明代中后期的王世贞受到商贾"因俗为变，与时消息"① 经商方式的影响，文学思想由格调转向性灵与俚俗；饱受明清换代之际沧桑的吴伟业有关商贾的诗文、戏曲中多有盛衰兴亡之感，既有时代特色，也有地域特色。其实，明清时期苏州本土文人还有王鏊、冯梦龙、顾炎武、钱谦益、彭兆荪、王韬等，均有关于商贾的文学。一个面积不大的苏州府，在明清时期聚集如此之多的文人关注商贾，不愧为商贾与文学互动的中心。聚集于苏州这个中心的，不仅有本土文人，还有如湖广公安的袁宏道、袁中道等客居流寓（包括为官）者。袁宏道在任吴县县令时深受苏州地区商潮影响，他的思想更为解放："为吴县日，倡为簉咏，遍排名流，历诋往哲，举当世所奉盘帨而插骚坛者，悉搯而仆之，虽众怒弗忌也。"② 因而，袁宏道在万历二十四年（1596）于苏州吴县结合袁中道（字小修）的诗歌创作成果作《叙小修诗》，大胆树起"独抒性灵"的旗帜："大都独抒性灵，不拘格套，非从自己胸臆流出，不肯下笔。"③ 经过王阳明的"心学"到李贽的"童心说"，又经过吴国伦、王世贞等由格调向性灵的转变到徐渭、汤显祖的"至情论"，袁宏道、袁中道等人终于以"独抒性灵，不拘格套"将晚明文学解放思想推向高潮。苏州中心既有聚集，也有扩散，如浙江钱塘（今杭州）人、后来寓居江宁（今江苏南京）的袁枚，与洞庭商人有直接地接触。乾隆四十四年（1779），袁枚曾游吴县洞庭山，与洞庭商人蔡璘之子相见。后又为蔡璘作传，这就是《吴县文学蔡君勉旃传》，其中有云："君姓蔡，名麟，字勉旃，以太学生居洞庭山东蔡里。生而醇粹，通识懿文。游楚贸迁，以其赢奉高堂，恤孤稚。"④ 在包括苏州在内的商贾影响下，还有其他多种因素，袁枚成为清代中期性灵派的主将。他又招收弟子，如从《随园诗话》中可考的有金陵何士颙、昭文（今江苏常熟）孙原湘等二十余人，又有女弟子如苏州的席佩兰、金逸、严蕊珠以及杭州的孙云凤、孙云鹤，武进（今江苏常州）的钱浣青等五十人左右，将性灵文学思潮扩散到多个地域。至于"后七子"领袖王世贞，其追随者有"后五子""广五子""续五子""末五子""琅琊四十子"，"自嘉靖末，迄今八十

---

① 王世贞：《程处士惟清墓志铭》，《弇州续稿》卷一百二十二。
② 孙锡蕃：《袁宏道传》，《袁宏道集笺校》附录二，上海古籍出版社，1981 年版，第 1663 页。
③ 袁宏道：《叙小修诗》，《袁宏道集笺校》卷四，第 187 页。
④ 袁枚：《吴县文学蔡君勉旃传》，《小仓山房（续）文集》卷三十四，《小仓山房诗文集》，第 1869 页。

余年，七子风声，浸淫海内"①。在中国传统社会中，运用几乎原始的传播手段，竟然扩散如此之广，令人惊奇！

二、江南相似地域流派的接力与流变。明清地域商贾与江南文学互动中的某种思潮，有时以"接力"的方式发展与演变。这种地域商潮对于各个地域的作家或文学流派的影响，有本地域的，也有外地域的（如徽商），还有多地域商潮交叉的，既有多个地域的相似性，也有不同地域的差异性，丰富多彩而又指向一致，以蕴含着包括商贾在内的市民思潮所推进的文学性灵思潮冲击当时占主导地位的程朱理学、复古思潮或考据之学，具有文学解放思想的意义。桐城派是清代影响最大的散文流派，阳湖派被一些人视为桐城派的分支，是两个地域性的文学流派，其接力与演变颇有典型意义。姚鼐等桐城派的"义理、文章、考据"的文学主张与徽商有关。义理属于儒家伦理、道德、性气、政治范畴的内容，与徽商"尤爱朱子《纲目》之书"②即程朱理学密切相关，也与桐城派作家视野中的贾名儒行、仁心爱人、诚信处世、孝悌睦姻、朴茂诚悫、廉介守节等的徽商精神密切相关。

阳湖文派与桐城文派之间有"接力"，也有变异，比如对待骈文与散文，桐城派是骈文对立论者，而阳湖派往往主张骈散合一，如桐城派中姚鼐《古文辞类纂》中选入的辞赋数量很少，而阳湖派中张惠言《七十家赋钞》选录屈原《离骚》至庾信辞赋等骈体范文 774 篇。张惠言的骚体赋如《游黄山赋》《寒蝉赋》《秋霖赋》等用词讲究，色彩斑斓；其散文往往笔力纵恣，于雅润中见气势，缜密而又不乏典丽。这固然与吴地"缘情而绮靡"③的地域文学传统有关，也与包括商贾在内吴地的风俗有关："徽人善为生，多能货殖致素封，其家子弟皆习纤啬，鲜能读书亲师友。而吴中之俗侈靡，士习于儇薄，多以虚声相炫耀。"④桐城派、阳湖派文学主张与文学创作的异同，或许也从中可找到一种原因——地域商贾之风的异同。从这一个角度看桐城派和阳湖派，或许是一个贴近历史而又比较新颖的视角。

---

① 钱谦益：《列朝诗集小传》丁集中《陆征士弼》，上海古籍出版社，1983 年版，第 499 页。

② 姚鼐：《复秦小岘书》，《惜抱轩诗文集》卷六，上海古籍出版社，2008 年版，第 104 页。

③ 陆机：《文赋》："诗缘情而绮靡。"陆机撰，张少康集释《文赋集释》，上海古籍出版社，1984 年版，第 71 页。

④ 戴名世：《邵生家传》，《戴名世集》卷七，中华书局，1986 年版，第 204 页。

三、江南相异地域商贾与文学的比较。例如将徽商与吴地商贾作反比，如安徽桐城作家戴名世在奢或俭上，将徽商与吴地商人相比较①。吴地著名文人王世贞也说徽商勤奋而纤俭："新安僻居山溪中，土地小狭民人众，世不中兵革，故其齿日益繁，地瘠薄不给于耕，故其俗纤俭。"②这与"吴俗靡"③形成鲜明的对比。

苏州、徽州虽然同属江南，但两个地域的商贾之风迥异。这以明代中后期王世贞的视野为例。在王世贞的视野中苏州商贾的特色，一是既以"钻天"术经商致富，又讳富藏富。"两山（指东、西洞庭山）之人，善于货殖，八方四路，去为商为贾。所以江湖上有个口号，叫做'钻天洞庭'"④。王世贞曾多次出游洞庭东西山，其《处士春山翁君暨配吴姥合葬墓志铭》《蔡孝廉林泉墓志铭》等，记载着他直接与洞庭商人翁参、蔡伯玉和其父蔡翁的交往，从而领略了"钻天洞庭"的风貌。二是纵情享受，畅舒心志。王世贞曾为吴地商人张冲作传，其中有云："君读书猎大较，不好为章句，弃之。北走燕，邀其游闲公子日驰章台傍，搊瑟，揄袂，趻踔，陆博，从耳目，畅心志，衡施舍，盖期年而囊中千金装行尽乃归。"⑤三是喜读稗史，趣在俚俗。明代苏州商人时恩之妻"性端静，少通《曲礼》及稗官家言"⑥。苏州商人顾学（号南野）"少负气倜傥，不喜习博士家言，而独手《庄子》一编不置，曰：'能前得我意者是书耳。'至稗官史家若传水浒者以猥亵闻，而翁间喜之曰：'亦可以快浊世愤也，不犹愈于城旦书乎？'"⑦所谓喜好"稗官史家若传水浒者以猥亵闻"中的"传水浒者以猥亵闻"，很有可能是指《金瓶梅》。而与苏州商贾形成对比的是徽商，在王世贞的视野中徽州商贾的特色，一是不讳商贾，致富有方。王世贞在为徽商许铁作传中说："今天下不为贾而贾行者，其人类讳贾，独徽之人不讳贾，以故豪长者多游其间，然其

---

　　①　戴名世:《邵生家传》:"徽人善为生，多能货殖致素封，其家子弟皆习纤啬，鲜能读书亲师友。而吴中之俗侈靡，士习于儇薄，多以虚声相炫耀。"《戴名世集》卷七，第204页。

　　②　王世贞:《赠程君五十叙》，《弇州四部稿》卷六十一。

　　③　王世贞:《赵室袁孺人墓志铭》，《弇州续稿》卷一百十六。

　　④　《醒世恒言》卷七《钱秀才错占凤凰俦》，第122页。

　　⑤　王世贞:《张隐君小传》，《弇州四部稿》卷八十四。

　　⑥　王世贞:《守愚时君暨配沈孺人合葬墓志铭》，《弇州续稿》卷一百十七。

　　⑦　王世贞:《处士南野顾翁墓志铭》，《弇州续稿》卷九十二。

大指以趋射干没技相高。"① 二是攀附显要，官商结合。例如徽商汪振芳科考落第，"以是弃去，挟其赀贾湖海间，纵观名山之胜，入游都下，曰：'吾观以宫阙陵园为归，以贤大夫为鹄。'闻驸马都尉京山崔侯好客而文，踏门曰：'江南布衣汪某请见。'崔侯延之入，与语合置上坐。已，稍露其诗，侯大叹服"②。三是转修诗书，儒商并行。在王世贞的笔下，徽商往往"不专治生，而间治诗"③；"贾其行，士其谊"④。

　　总之，作为中国传统社会后期的明清时代特别是江南地域，有其新的特点：新的经济（商品经济）相对发达，新的阶层（包括商贾在内的市民阶层）更为壮大，生活观念更为开放，审美情趣更为多元，文学题材更为包容，其中商贾形象更为活跃，还有抨击奸商恶贾、权贵污吏、税珰阉奸，力倡商屯实边、通商惠商、御虏抗倭、疏通海禁、海外贸易及禁止鸦片等方面的作品。面对这座商贾形象琳琅满目的艺术宝库，我们旨在开阔视野，更新视角，探微索隐，取精用宏，努力建构明清地域商贾与江南文学的传承体系，发掘其历史价值、社会价值、美学价值和现实意义及长远意义。

（作者系南京师范大学文学院教授）

---

①　王世贞：《许长公小传》，《弇州四部稿》卷八十二。
②　王世贞：《汪处士希胤墓志铭》，《弇州续稿》卷一百二十四。
③　王世贞：《汪处士希胤墓志铭》，《弇州续稿》卷一百二十四。
④　王世贞：《处士程有功暨配吴孺人合葬志铭》，《弇州续稿》卷一百十六。

杜牧与长三角"唐诗之路"

程宏亮

内容摘要：基于长三角"唐诗之路"建设需要，文章着力探讨杜牧诗歌中的长三角"诗路"区域特色景观。《江南春绝句》图式在杜牧江南写景诗体系中居于纲领位置；"春恨却凄凄"的女性画廊寄寓了诗人刻意"伤春""伤别"的深情；"至竟江山谁是主"的发问，有助于考察杜牧长三角咏史怀古类素材的类型及其构造景观、抒写生命感慨、发表史论观点等媒介功能。

关键词：杜牧；唐诗之路；特色景观；长三角；文旅融合

"唐诗之路"是地理之路，也是文化之路。从地理视角观察长三角境内"唐诗之路"，大致以水路为主体并辅之以陆路连接，主要线路包括：大运河长三角段"唐诗之路"（皖苏浙境内），长江中下游皖江＋扬子江"唐诗之路"；皖浙境内的新安江—富春江—钱塘江"唐诗之路"；浙东"唐诗之路"；皖南"唐诗之路"等。

杜牧（803—853），晚唐著名文学家，其与长三角关系笃深。他在今之宣城、扬州、池州、睦州（今属杭州）、湖州等地均有仕宦经历，他往来于长三角"唐诗之路"及其所经地域，创作了诸多反映地域风物、历史文化、人际往来、职场体验等方面的精彩华章，为丰富长三角唐诗内涵、扮靓长三角"唐诗之路"形象贡献颇多。通过对《杜牧集系年校注》[①]中可考订时地的诗文进行考察（杜牧

---

① 吴在庆：《杜牧集系年校注》，中华书局，2013年版。

集中时地不可考之作较多），杜牧作于长三角的诗歌不少于 120 首 ①，所写散文约 29 篇。杜牧在长三角"唐诗之路"（下文一般以"诗路"简称"唐诗之路"）区域所创作的诗歌绚丽多姿，呈现出多样化特色景观。下面从《江南春绝句》图式、多彩的女性画廊、咏史怀古素材等三个方面进行探讨。

一、《江南春绝句》图式的总括性特征

杜牧喜爱淮南、迷恋江南，游宦期间一直倾情歌咏长三角"诗路"区域的山光水色和人文胜迹。其中《江南春绝句》千古传诵，该诗云："千里莺啼绿映红，水村山郭酒旗风。南朝四百八十寺，多少楼台烟雨中。"全诗意象繁富，意境开远，缩千里之境于尺幅之中，以艺术化典型概括的笔法勾勒出千里江南的锦绣春色，有晴阳朗照，也有阴雨空蒙。前两句摹写晴天实景，意象密集：山地与水域、乡村与城郭、植物披红挂绿、鸟类春莺啼鸣、人事活动显之于酒旗飘拂，这些意象均沐于春风而存现于未明言之阳光中，概言之，在风与光中江南景象千姿百态，令人心醉神迷。后两句勾勒烟雨中的景象，主体意象虽只有佛寺与楼台，然诗境拓展，今昔交融，虚实相生，诗人独特情怀溢于言表。此情为何？读者接受存有差异。当代学界出现两种观点：（1）书写王朝兴亡之咏叹。或如："写景中还蕴含着一些兴亡之感。"② "描写千里江南的锦绣春色，抒发诗人吊古伤今的感慨。"③（2）展现烟雨迷蒙中的江南建筑美景，表现独特的审美心境。或如余恕诚云："金碧辉煌、屋宇重重的佛寺，本来就给人一种深邃的感觉，现在诗人又特意让它出没掩映于迷蒙的烟雨之中，这就更增加了一种朦胧迷离的色彩……就使得这幅'江南春'的图画变得更加丰富多彩。"④ 又如刘学锴云："而'南朝四百八十寺，多少楼台烟雨中'所着重抒写的则是对南朝佛寺极盛时烟雨楼台美好景象的追怀和赞美流连。悠远的历史想象使'江南春'的美好景象更加令人神往了。"⑤《江南春绝句》的历代接受评价甚多，兹举两例：其一，

---

① 其中宣州诗不少于 33 首、扬州诗不少于 11 首、池州诗不少于 28 首、睦州诗 17 首以上、湖州诗约 15 首、金陵诗约 6 首，在和州、京口、苏州、宜兴等地均赋有诗作。

② 朱碧莲、王波均：《杜牧诗文选注》，上海古籍出版社，1982 年版，第 1 页。

③ 胡可先：《杜牧诗选》，中华书局，2005 年版，第 210 页。

④ 《杜牧诗文鉴赏辞典·江南春绝句》，上海辞书出版社，2016 年版，第 30 页。

⑤ 刘学锴：《唐诗选注评鉴》下册，中州古籍出版社，2013 年版，第 2103 页。

"释圆至曰：'观本集，此诗盖杜牧之赴宣州时，行道中所见'。"（《唐三体诗》卷一）① 其二，"于庆元曰：江南数千里风光景物，尽在此二十八字中。"（《唐诗三百首续选》）②《江南春绝句》写于何地？当代歧解多种，曰睦州、曰金陵、曰宣州者皆有之，还有认为泛称江南而具体地域难以指实。刘学锴指出"大体推断此诗亦开成三年春在宣州幕时所作"③，此论可从。结合上述"于庆元"之论，笔者通过考察杜牧长三角皖南"诗路"区域所写作品，认为《江南春绝句》可视为杜牧摹写江南"诗路"（以皖南为主体）自然山水题材的基本图式（也即其认知行为的基本模式或认知结构），杜牧关乎江南山水风物的写景诗歌或叙述、议论类诗歌中的写景片段多与此诗的意象系统相似或有密切关联。早于《江南春绝句》的作品为其准备了意象材料，迟于它的诗作从中汲取了构境素材，该诗意象体系实具有总括性、纲领性特征。下面表1对此做些梳理。

表1 杜牧书写宣州的诗歌分析

序号	诗题	意象	诗句举隅	写景功能
1	送沈处士赴苏州李中丞招以诗赠行	山城、溪水、红、碧、酒旗、名寺	山城树叶红，下有碧溪水。	设置盛情送别环境。
2	赠沈学士张歌人	春风、河、酒旆	吴苑春风起，河桥酒旆悬。	为人物形象创设优美背景。
3	偶游石盎僧舍宣州作	敬岑山体、句汜水脉、草；僧舍、楼台	敬岑草浮光，句汜水解脉。	丰富游览景象。
4	题宣州开元寺	南朝、遗寺、楼、风、青苔、朱阁、白鸟、溪声、酒、前山、春雨	南朝谢朓城……遗寺藏烟坞。留我酒一樽，前山看春雨。	丰富"阅景"视野。
5	大雨行	雨、开元寺、东楼、酒场、羽翼	东楼耸首看不足……阔展朱盘酒场。	显示"奇游壮观"，有伤感前事之慨。
6	自宣州赴官入京，路逢裴坦判官归宣州，因题赠	敬亭山、小谢城、楼、碧、寒水、萦风、酒旆、朱阁、春水	城高跨楼满金碧，下听一溪寒水声……萦风酒旆挂朱阁，半醉游人闻弄笙。	为别离构筑美好环境。
7	念昔游三首	樽、秋山、春雨、寺寺楼、猛雨、云门寺、水西寺、楼阁风、红白花	秋山春雨闲吟处，倚遍江南寺寺楼。……半醒半醉游三日，红白花开山雨中。	丰富游览景象，抒写愉悦情怀。

① 刘学锴：《唐诗选注评鉴》下册，第 2099 页。
② 刘学锴：《唐诗选注评鉴》下册，第 2101 页。
③ 刘学锴：《唐诗选注评鉴》下册，第 2101 页。

（续表）

序号	诗题	意象	诗句举隅	写景功能
8	题宣州开元寺水阁，阁下宛溪，夹溪居人	六朝、草、鸟、山色、水声、千家雨、楼台、风、五湖	六朝文物草连空，天淡云闲今古同。……深秋帘幕千家雨，落日楼台一笛风。	静心体物，于审美中略显惆怅之意。
9	宣州送裴坦判官往舒州，时牧欲赴官归京	芳草、九华山、寺、清弋江、村、柳、逢春	九华山路云遮寺，清弋江村柳拂桥。……同来不得同归去，故国逢春一寂寥。	写春景烘染离别之情，有寂寥之意。
10	句溪夏日送卢霈秀才归王屋山将欲赴举	碧溪、绿杨、夏日、秋山	行人碧溪渡，系马绿杨枝。	写夏景念秋意，显别情悠悠。
11	自宣城赴官上京	江湖、谢公城、酒杯、溪、柳、云山	潇洒江湖十过秋，酒杯无日不迟留。	借景象抒潇洒意，含自我调侃之趣。
12	题元处士高亭（宣州）	高亭、西江、春风	水接西江天外声……与倚春风弄月明。	凸显闲隐之趣。
13	代人寄远六言二首	河、酒旆、风软、梅花、宛陵楼、春梢、绿草、江南	河桥酒旆风软，候馆梅花雪娇。宛陵楼上瞪目……江南绿草迢迢。	写江南美景以烘染思念情绪。
14	寄题宣州开元寺	松寺、一鹤、台殿、东楼、千山、雪涨溪	松寺曾同一鹤栖……正是千山雪涨溪。	丰富景观视野，表达闲适之意。
15	宣州开元寺南楼	开元寺、小楼、山、酒满倾、和风、雨	小楼才受一床横，终日看山酒满倾。	表达闲逸之情。
16	和宣州沈大夫登北楼书怀	北楼、青山、红旆、溪	笔落青山飘古韵，帐开红旆照高秋。	突出"佳丽地"风采。
17	有感	宛溪、柳、春风	宛溪垂柳最长枝，曾被春风尽日吹。	书写江南风情之美。
18	书怀寄卢州	谢山、画楼、暗醉、朱门	谢山南畔州，风物最宜秋。	赞美江南秋韵。
19	贺崔大夫崔正字（作者存疑）	酒、红烛、山、帆、碧霞、谢公楼、潺湲	别夜酒余红烛短，映山帆去碧霞残。	烘染离别之恨。
20	江南送左师	江南、渡头、水云	江南为客正悲秋，更送吾师古渡头。	悠悠惆怅之感。
21	题水西寺	寺、碧、溪水、䣄公楼	含情碧溪水，重上䣄公楼。	旅游之乐。

笔者以吴在庆《杜牧集系年校注》为底本，对杜牧于唐朝宣州地域（今之宣城及芜湖、马鞍山两市的江南片区）所作诗歌进行考察发现：在33首（30题）诗歌中，约有24首（21题）富含写景内容或内嵌精彩写景语句（见上文表格内容），而绝大多数作品使用的意象或意象组合（至少3种以上）都与《江南春绝句》相同或近似；有些晚出诗歌的意境构造似是对《江南春绝句》构境的细化表达或多视角补充，而对于早出之作而言，《江南春绝句》的构境则是对类似造

境的艺术化概括与提炼。如《题宣州开元寺》《念昔游三首》《代人寄远六言二首》等较为典型。杜牧赋咏皖南"唐诗之路"的风景诗，以写春景和秋色为主，从情感倾向言之，绝大多数作品抒写江南的自然美、人文美，富有现实的喜悦感、闲适感和历史的深邃感与悠远感，所表达的情感类似《江南春绝句》。当然，杜牧两次于宣城从幕，虽自称"潇洒江湖"（《自宣城赴官上京》①），然也时有惆怅情绪发生，在友朋往来的离别之词中也会任情抒发一些伤别之情，但语淡如烟，非为主调。

二、"春恨却凄凄"的女性画廊

晚唐著名诗人李商隐曾评价杜牧诗云："刻意伤春复伤别，人间惟有杜司勋。"（李商隐《杜司勋》）李商隐指出"伤春""伤别"是杜牧诗歌的两大主题，这两大主题大而言之，体现了杜牧对晚唐"近黄昏"（李商隐《登乐游原》）时运的哀叹和个人怀才不遇的忧伤；小而言之，则表现于对古今世情的多点面感慨，其中对女性素材的书写，当也是反映伤春伤别主题的重要内容。杜牧写于长三角"诗路"区域的女性作品并不多，约计十多首。这些诗歌从女性的形象、才艺、用情或者活动环境等方面下笔，在塑美中往往表达出浓重的伤美之情。兹列表表 2 以述：

表 2　杜牧书写女性的诗歌分析

诗题	精彩形象（或直抒胸臆）	精彩才艺描写	精彩环境烘染	主题点拨	写作地或素材源地
赠沈学士张歌人	拖袖事当年（事：景致的意思）。	断时轻裂玉，收处远缲烟。孤直绲云定，光明滴水圆。	吴苑春风起，河桥酒旆悬。	描绘张歌人（张好好）的歌声宛转圆润美妙及其强烈的感染效果。	宣城
代人寄远六言二首	绣领任垂蓬鬓。		河桥酒旆风软，候馆梅花雪娇。……丁香闲结春梢。……江南绿草迢迢。	游子思妇题材；女子初春登楼远视怀想，盼郎归心深切。	宣城

---

① 文本夹注中的篇目，凡不标注作者的作品，皆为杜牧所写，下文不再一一注明。

（续表）

诗题	精彩形象 （或直抒胸臆）	精彩才艺描写	精彩环境烘染	主题点拨	写作地或素材源地
赠别二首	娉娉袅袅十三余，豆蔻梢头二月初。……多情却似总无情，唯觉樽前笑不成。		春风十里扬州路，卷上珠帘总不如。……蜡烛有心还惜别，替人垂泪到天明。	描绘赠别对象的婀娜多姿，抒写别夜离席的难舍伤情。	扬州
隋苑	定子当筵睡脸新。		红霞一抹广陵春。	借定子（牛相小青，一歌女）之口嘲笑隋炀帝亡国破家。	扬州
遣怀	楚腰纤细掌中轻。	掌中轻	十年一觉扬州梦，赢得青楼薄幸名。	回味往日落魄，自嘲冶游浪迹，寓不得志之意。	作地歧解（有池州说），素材源自扬州
杜秋娘诗	生女白如脂……不劳朱粉施……秋亦红泪滋……盼盼独依依……清血洒不尽，仰天知问谁。	秋持玉斝醉，与唱金缕衣。	吴江落日渡，灞岸绿杨垂……金阶露新重，闲捻紫箫吹。……红粉羽林杖，独赐辟邪旗。……归来四邻改，茂苑草菲菲。	描述杜秋娘的起伏人生，抒写对红颜盛衰的慨叹——"感其穷且老"，寄寓了深切的同情。	润州（今镇江）
见刘秀才与池州妓别	金钗横处绿云堕，玉箸凝时红粉和。	楚管能吹柳花怨，吴姬争唱竹枝歌。	远风南浦万重波，未似生离别恨多。	状写别离情境，抒生离别恨，"笑蹉跎"岁月。	池州
见吴秀才与池妓别，因成绝句	万里分飞两行泪。	清歌咽处蜀弦高。	满江寒雨正萧骚。	状写别离痛苦情境。	池州
寄李起居四韵	楚女梅簪白雪姿。	南国剑眸能盼眄，侍臣香袖爱徘徊。	前溪碧水冻醪时……正劫孤灯一局棋。	融歌妓表演于严寒冬日生活情境中，也颇有困窘慨叹之意。	湖州
不饮赠官妓	几朵梅堪折，何人手好携。谁怜佳丽地，春恨却凄凄。		芳草正得意，汀洲日欲西。无端千树柳，更拂一条溪。	寓爱怜之心于"佳丽地"景象中，抒发出"凄凄""刻意伤春"之情。	湖州
叹花	自恨寻芳到已迟，往年曾见未开时。		如今风摆花狼藉，绿叶成阴子满枝。	属纯粹咏物诗，还是隐喻诗有分歧。多以为以"叹花"表男女之情，则惆怅失意显然。	湖州
代吴兴妓春初寄薛军事	雾冷侵红粉，春阴扑翠钿。自悲临晓镜，谁与惜流年？		柳暗霏微雨，花愁黯淡天。	春阴相思颇伤悲，以酒解愁寄衷情。	湖州

基于以上剖析，得到几点认识：

第一，杜牧诗中的女性画廊鲜明多彩，美不胜收。其一，美在形貌映丽。或娉娉袅袅，或楚腰纤细，或白如凝脂，或颜如红粉。其二，美在才艺精妙。有多首诗歌以譬喻喻之，如用"断时轻裂玉，收处远缲烟"（《赠沈学士张歌人》）来形容张好好歌声的宛转流美，用"掌中轻"来形容无名舞妓的轻盈和高妙，宛若汉代赵飞燕之风采翩翩。其三，美在抒情力量动人心魄。杜牧刻画每个女性都"刻意"传达她们的朴挚和唯情。或通过物象媒介进行传情，像"蜡烛有心还惜别，替人垂泪到天明"（《赠别二首》），即是通过形塑蜡烛流泪情态来象喻女子彻骨的伤情；像"金钗横处绿云堕，玉箸凝时红粉和"（《见刘秀才与池州妓别》），着力描绘女子发型与面部情态之特殊变异，借助"金钗""绿云""玉箸""红粉"等多色调物象，在"横""凝""堕""和"构筑的动态语境中，抒发出别妓之离别伤痛。或创设情势，让抒情主人公直接抒发惆怅与别恨，如"万里分飞两行泪"（《见吴秀才与池妓别，因成绝句》）、"自悲临晓镜，谁与惜流年"（《代吴兴妓春初寄薛军事》）等，均可见唯情之悲切、任情之撼魄。描摹自然景色之美与人事活动场景，往往也起到了烘托情绪的作用，此亦是增强女性抒情力量、扮靓女性画廊之美的重要诗材。如"万里分飞两行泪"之后一句"满江寒雨正萧骚"，有力地渲染了离别的悲情。需要指出的是，杜牧笔下的女性画廊中往往出现共情感很强的男性身影，而又以诗人自身传情最为鲜明，像上文所述的"万里分飞两行泪""替人垂泪到天明"中的眼泪，不仅是指女性之泪，当同指男性的眼泪也在飞洒，因此，可以说杜牧女性诗中所充溢着的男性抒情，为其笔下的女性画廊增添了美的内涵。

上述表格中列出的杜牧作品，除《赠沈学士张歌人》外，所抒之情均为感伤"美"之残损或"情"之别离，用李商隐"刻意伤春复伤别"进行概括至为精当，用杜牧"春恨却凄凄"（《不饮赠官妓》）来形容也十分贴切。

第二，杜牧对歌妓情有独钟。杜牧长三角"诗路"区域诗歌所写女性多为歌舞妓。有官妓，如张好好、杜秋娘，还有《不饮赠官妓》中那位身份明确的女子。其他未见职业标识的歌妓或来自民间，如"卷上珠帘总不如"（《赠别二首》）句中所指女子，由"春风十里扬州路"大致可以推测其民间歌妓的身份；联系"赢得青楼薄幸名"（《遣怀》），可知本诗中"楚腰纤细掌中轻"中的歌妓当来自"青楼"。杜牧该区域作品中是否有一般民女？《叹花》诗中所涉女子身份难定，而其他诗中均为歌妓。在当时背景下，歌妓的社会地位极端低下，然她们富有艺术才华，能够为具有一定身份与消费能力的人提供娱乐服务，文人士子当属具备走进"青楼"购买享乐服务的群体。从事该行业服务的歌妓们既能侑酒佐欢，又能积极传播社会信息，如古代诗文传播即与歌妓们的演唱密切相关，与王昌龄、王之涣、高适关联的"旗亭画壁"故事就是歌妓传播诗歌的经典。因此，歌妓们颇受文人注目，古代文人狎妓行为属于司空见惯之合规活动。就杜牧而言，他有强烈的政治抱负，然受制于时局，扞格于人事，其愿难酬，渐生惆怅或怨愤属正常心态，加之以家庭的困窘，其心之苦，或可想象。他走近歌妓，甚或步入青楼（按："青楼"并非"妓院"，在古代区别较大），以期寻找心灵寄托或嫁接作品传播机缘，此乃常态表现。对于这种"青楼"制度，今人可按当代道德准则予以批判，但不必过于苛责介入其中之具体古人，用历史唯物主义的视角看待问题或更为客观。当代学界，不少研究者因杜牧吟咏过"赢得青楼薄幸名"诗句就对其人格进行非议，甚或诋毁，确非允当，其实杜牧的自嘲自讽之语充满着心酸，"十年一觉""扬州梦"之破灭，或隐含着诸多人生苦涩和情非得已的潜台词。杜诗中描述歌妓的内容并不猥琐，抒写出发自内心的尊重，包含着深切的同情，这已成为当代学术界的共识，基于此或可深入理解杜牧长三角"唐诗之路"女性诗之所以感人至深的原因。

　　第三，吟咏歌妓悲欢离合，逗引出重大历史事件。如《杜秋娘诗并序》，杜牧在《序》中交待了写作缘由："予过金陵（按：今镇江），感其穷且老，为之赋诗。"杜牧之所以如此感慨，那是因为杜秋娘人生命运起伏动荡，经历过大起的荣耀和大落的悲酸。她自幼天生丽质，不施朱粉即美艳照人，年十五成为藩镇李锜爱妾（"秋持玉斝醉，与唱金缕衣"）；李锜叛乱失败她被籍没至京而成为宪宗新宠（"低鬟认新宠，窈袅复融怡"）；因宪宗离世，她变身为穆宗皇帝子漳王李凑之保姆，日子尚算安好（"画堂授傅姆，天人亲捧持"）；待漳王被废囚禁，她终被放归故里，境遇十分悲催（"清血洒不尽，仰天知问谁。寒衣一匹素，夜借邻人机"）。杜秋娘的曲折遭遇，引发了杜牧对人生无常、命运难测的感慨（"女子固不定，士林亦难期"）。该诗的中心话题是描述杜秋娘升沉不定的命运遭遇，但连通了平民与藩镇，连通了宫廷内部的奢华与"四朝三十载"中的重大政治斗争，更引逗出古代一系列名人，如古之夏姬、西施、薄姬、唐儿等女子，古之管仲、姜尚、李斯、苏武等"士林"中人物，纷纷汇聚至杜秋娘故事的话题视界中。该诗的女主形象因其美艳浮沉而揪人心魄，该诗的结构因其宏大叙事而气象壮阔，该诗的素材因其连接政治历史事件而具有透视社会的史料意义和启迪人心的哲学价值。

三、"至竟江山谁是主"的深沉发问

该部分主要探讨杜牧作于长三角"诗路"区域吟咏古迹、古事的作品。该类作品 20 余首，其中像《扬州三首》《题乌江亭》《台城曲二首》《泊秦淮》等属于典型的咏史怀古诗。兹从两方面阐述。

1. 咏史怀古类型多样，多为"诗路"区域经典题材

杜牧宦游于长三角之地，对"唐诗之路"区域的典型历史素材关注度较高。主要体现于古城、古遗迹、重大历史事件、古代风云人物、重要艺术现象等方面。兹列表表 3 剖析如下（注：表中"事件"均指"历史事件"，"人物"均指"历史人物"）：

表 3 杜牧吟咏长三角"唐诗之路"区域历史素材的诗歌分析

作品	典型诗句	类型	长三角地理"诗路"
题宣州开元寺	南朝谢朓城。	古城	皖南（宣城）
题宣州开元寺水阁	a. 六朝文物草连空。 b. 惆怅无日见范蠡。	a. 古遗迹 b. 名臣（政治家范蠡）	皖南（宣城）
江南春绝句	南朝四百八十寺。	古遗迹（古寺）	皖南（宣城）
西江怀古	a. 魏帝缝囊真戏剧，苻坚投棰更荒唐。 b. 范蠡清尘何寂寞。	a. 统帅（曹操、苻坚） b. 名臣（政治家）	长江（西江段，主体在长三角）
题乌江亭	江东子弟多才俊，卷土重来未可知。	人物（西楚霸王项羽）；遗迹（乌江亭）	长江（和州）
题横江馆	孙家兄弟晋龙骧，驰骋功名业帝王。	人物（孙策、孙权；王濬）	长江（和州）
江南怀古	戊辰年向金陵过，惆怅闲吟忆庾公。	古城（金陵）；人物（庾信，曾作《哀江南赋》）	长江（金陵）
台城曲二首（其一）	整整复斜斜，隋旗簇晚沙。门外韩擒虎，楼头张丽华。	事件（隋军伐陈）；人物（贺若弼、韩擒虎、张丽华、陈后主等）	长江（金陵）

（续表）

作品	典型诗句	类型	长三角地理"诗路"
台城曲二首（其二）	王颁兵势急，鼓下坐蛮奴。潋滟倪塘水，叉牙出骨须。干芦一炬火，回首是平芜。	古城（台城）；事件（过江灭陈；火烧北掖门）；人物（王颁、贺若弼等）	长江（金陵）
泊秦淮	商女不知亡国恨，隔江犹唱后庭花。	名曲（《玉树后庭花》，陈后主陈叔宝作曲）	长江（金陵）
江楼晚望	不欲登楼更怀古，斜阳江上正飞鸿。	古城（"金陵万仞空"）	长江（金陵）
扬州三首（其一）	a. 炀帝雷塘土，迷藏有旧楼。b. 谁家唱《水调》，明月满扬州。	a. 名城（扬州）、名人（隋炀帝）；遗迹（雷塘、迷楼）b. 名曲（《水调》，隋炀帝作曲）	运河与长江水路交汇点（扬州）
扬州三首（其二）	秋风放萤苑，春草斗鸡台。	遗迹（隋炀帝之隋苑、斗鸡台）	同上
扬州三首（其三）	自是荒淫罪，何妨作帝京。	事件：隋炀帝至扬州，被杀而隋亡；人物（隋炀帝）	同上
隋苑	却笑吃亏隋炀帝，破家亡国为谁人。	人物（隋炀帝）	同上
隋堤柳	夹岸垂杨三百里，只应图画最相宜。	遗迹（隋堤）	运河线上，或在邗沟段
润州二首（其一）	a. 大抵南朝皆旷达，可怜东晋最风流。b. 月明更想桓伊在，一笛闻吹《出塞》愁。	a. 人物（东晋、南朝人物；泛指）b. 人物（桓伊）;《出塞》曲	运河与长江水路交汇点（京口）
润州二首（其二）	谢朓诗中佳丽地，夫差传里水犀军。城高铁瓮横强弩……	人物（谢朓、夫差、孙权）、古城与遗迹（佳丽地、铁瓮城）	同上
悲吴王城	吴王宫殿柳含翠，苏小宅房花正开。	古城、古遗迹（吴王城，即阖闾城）	江南运河
经阖闾城	遗踪委衰草，行客思悠悠。	古城（阖闾城）	江南运河
秋晚早发新定	悬缨未敢濯，严濑碧淙淙。	人物（严光）、遗迹（严濑）	浙西桐庐诗路（睦州）
沈下贤	斯人清唱何人和，草径苔芜不可寻。	人物（沈亚之）	浙西"诗路"（湖州）
昔事文皇帝三十二韵	a. 光尘皆影附，车马定西奔……窜逐诸丞相，苍茫远帝阍。b. 杜若芳洲翠，严光钓濑喧。	a. 事件（甘露之变）b. 人物（严光）、遗迹（严濑）	浙西桐庐诗路（睦州）

以上对杜牧 20 余篇诗作（咏史怀古诗或明显含有咏史怀古成分的作品）进行了剖析，大致可以归纳出杜牧长三角"诗路"区域作品的题材类型。详如下：（1）吟咏古城。主要针对金陵及扬州。另外，铁瓮城（在京口）、阖闾城（又名吴王城，在苏州）、谢朓城（在宣州），也都成为杜牧的吟咏对象。（2）古遗迹。主要写古城中的一些具有浓厚色彩的自然景观或文化胜迹。如六朝文物、南朝

古寺、扬州雷塘米楼、严光钓台等。（3）重大历史事件。如项羽自刎乌江；孙权、孙策兄弟创立江东政权，西晋王濬伐吴，孙皓投降；贺若弼统军伐陈，韩擒虎过江灭陈；导致宦官愈发专权的甘露之变等。（4）作品所涉及的历史风云人物较多，如夫差、项羽、孙策、孙权、曹操、苻坚、隋炀帝、陈叔宝等君王或军事统帅；王浚、贺若弼、韩擒虎、王颁等军事将领；谢朓、庾信、桓伊、沈亚之等文学或艺术才华横溢的士人；范蠡、严光等隐逸山林的高士。还涉及知名度较大的艺术表演人才，如张丽华、苏小小等。（5）文艺作品。如谢朓诗作《入朝曲》（"江南佳丽地"），杜牧诗作中多次出现"佳丽地"主题词；又如庾信《哀江南赋》，由杜牧诗句"戊辰年向金陵过，惆怅闲吟忆庾公"（《江南怀古》）可知。有 3 首影响王朝更迭或主导群体情绪的曲作品是杜牧怀古诗的重要素材，如《玉树后庭花》（见《泊秦淮》）、《水调》（见《扬州三首》其一）及《出塞》（见《润州二首》其一）。

2. 咏史怀古元素的媒介功能显著

杜牧长三角"诗路"作品中融入了丰富的咏史怀古元素，这些元素在杜牧长三角诗作中发挥了积极的媒介功能。（限于篇幅，只简要归纳，不作详论）

其功能大致表现在三个方面：

（1）引出景观，参与诗境构造。杜牧作品中，尤其是那些非以怀古为中心的诗作，摄入了一些咏史怀古素材，但它们只是构造诗境的显性材料，别无今昔感慨深意。如《题宣州开元寺》："南朝谢朓城，东吴最深处。亡国去如鸿，遗寺藏烟坞。……阅景无旦夕，凭阑有今古。留我酒一樽，前山看春雨。"其中"南朝""谢朓城""遗寺"的功能皆如此。

（2）书写生命感慨，表达主观情绪。杜牧长三角"诗路"上的怀古诗，往往寓情于物、寄情于事，在古今比照中抒发独特情怀。或如：

> 孙家兄弟晋龙骧，驰骋功名业帝王。至竟江山谁是主？苔矶空属钓鱼郎。
>
> ——《题横江馆》

面对江山兴亡，基于唐末衰世，杜牧对"江山"到底"谁是主"进行发问并加以思考，但他无法理性回答这个问题，只能用"空属"来悲叹江山依旧而功业成空以抒悲凉虚幻的情怀，这也当是唐末之时代情绪的典型表征。

（3）史论批判功能。杜牧吟史怀古，有些重在表达情绪，有些则重在表达对历史的认识与思考，往往能发表一些精警而新奇的历史观点，具有鲜明的史论批判特点。例如《泊秦淮》："烟笼寒水月笼沙，夜泊秦淮近酒家。商女不知亡国恨，隔江犹唱后庭花。"杜牧批判锋芒不只是针对卖唱女，更指向那些不思国忧、醉生梦死的达官贵族与富商大贾们。又如《题乌江亭》："胜败兵家事不期，包羞忍耻是男儿。江东子弟多才俊，卷土重来未可知。"杜牧对项羽自杀深表遗憾，提出了忍辱负重、卷土重来的话题，振聋发聩，发人深思。

结　语

杜牧天寿五十，可谓短暂，然其宦游长三角却逾十二年之久，其行迹遍布长三角"唐诗之路"区域，他与该地域结下了深厚情缘。恃耿介之诚，秉儒学之功，得江山之助，洒自然之性，杜牧于本地域创作了一百五十多件精美作品，为长三角"诗路"建设充实了内涵，形成了一道道璀璨夺目的特色景观。本文主要从《江南春绝句》图式的总括性特征、多彩的女性画廊、本地域咏史怀古素材的类型与媒介功能等方面，对杜牧长三角"诗路"诗歌的内涵与特征进行了分析，形成了一定的认知。诸如：《江南春绝句》图式在杜牧江南写景诗体系中居于总纲的位置；杜牧笔下的女性鲜明多姿，诗人给予她们以尊重、怜爱和同情；杜牧咏史怀古类题材多样，如咏古城、咏古迹、咏人物、咏事件、咏文艺作品等，该类咏古元素具有引出并参与构造景观、抒写生命感慨、发表史论观点等媒介功能。对学术界而言，本研究所得出的结论有利于深入把握杜牧宦游长三角的人生轨迹，有利于探寻杜牧作品与长三角"诗路"的地缘关系；对当代经济社会建设而言，其实用价值也甚为明显，有效开发杜牧文学资源，有利于促进本地域"文化双创"事业和文旅融合实践迈上新的台阶。

（作者系金陵科技学院人文学院教授）

博古旧家风

——清代江南徽州籍收藏家述论

范金民

内容提要：江南自明后期兴盛起来的书画鼎彝收藏赏鉴之风，至清代并未衰歇，作为收藏主力军的徽州籍人士，仍然相当活跃。清初杭州"湖山主人"汪汝谦，清前期桐乡汪文桂三兄弟、鲍廷博知不足斋，钱塘汪氏振绮堂，杭州汪启淑开万卷楼，镇洋毕沅兄弟，海宁吴骞拜经楼，苏州大阜潘氏，以及吴绍浣家族等，或者收藏书画鼎彝，或者搜罗校勘、整理刊刻群籍，在护持、传承历代名迹珍品甚至国家重器方面作出了重要贡献。但是较之明代，清代徽州籍人士的收藏活动，无论收藏者的居住地、在地身份、专业水准，还是活动地域、收藏动机、表现方式，以至藏品存储地点等均有明显不同，而别有特点。明代通常以外地商人的身份在客居地开展经营活动，而清代主要以在籍者的身份在当地活动；明代主要是商业领域的竞争活动，而清代基本是文化传承鉴赏；明代徽商只是收藏领域的推波助澜者，而清代徽州籍人士是江南收藏领域的主体；明代徽商大多将古物搬运回老家，而清代则藏品多保留或流向了江南。

关键词：清代江南；徽州籍；收藏家

明清时代以苏州、杭州为中心的江南，经济发达，文化昌盛，信息传递快速便捷，是经济文化活动最为便利之所，徽商有地利、文化和财力等方面优势，因而纷纷前往甚至移居其地作为人生活动的舞台，谋求进一步发展。在江南，明后期兴起来的书画鼎彝收藏赏鉴之风，入清后并未偃息，而是再起波澜，盛况空前。乾隆时淮安人阮葵生形容，其时江南缙绅士大夫又有"三好"，谓之"穷烹饪，狎优伶，谈骨董"。①清代江南好古玩、尚收藏之风正方兴未艾。

书画鼎彝收藏，是徽商经营的重要行当，徽州籍人士在明代十分活跃，进入清代，他们承袭余荫，在前代的基础上，更有引人注目的表现，而且自成特点，富有新意。②本文拟缕述徽州籍人士在江南地域范围的收藏活动，考察其在书画古物收藏赏鉴领域的作为，期能充实江南文化史的研究，为如火如荼的江南文化研究作些基础性铺垫。

一、杭州"湖山主人"汪汝谦

丛睦坊汪氏，源出唐越国公汪华，宋秘书丞叔敖分居歙县之丛、睦，其后名始显，成为汪氏子孙十六族中最著名的家族。丛睦坊在明时属十九都十一图。汪氏一族，"皆尚古玩，所收名物，不亚溪南"，③前后出了不少著名书画收藏家。

汪汝谦（1577—1655）④，字然明，号松溪，又号湖山主人，原籍歙县，出身歙县丛睦坊世家，明末寄寓钱塘，太学生。祖为周府审理，父为万历四年（1576年）举人。父有五子，然明最幼。然明仗义任侠，轻财帛，啸傲湖山。有《春星草堂集》《松溪集》《不系园集》《随喜庵集》《听雪轩集》《梦游草》《梦香楼》《湖山韵事》等。天启三年（1623年），在杭州，以木兰为舟，名"不系园"，后二年，又造一画舫，名"随喜庵"，置湖上，与诗人仕女宴游。在西湖建有三处宅院：一是城内的缸儿巷，二是西溪的横山别墅，三即湖边的"不系园"。陈继儒、董其昌、李渔、钱谦益、王修微等名流，都是"不系园"的常客。董其昌赠

---

① 阮葵生：《茶余客话》卷八"吴俗三好"条，上海古籍出版社，2012年版，第165页。
② 乾隆时《歙西竹枝词》："钱多无物足珍奇，不惜千金购鼎彝。汉玉哥瓷投所好，逢人夸说得便宜。"（转见汪庆元《徽学研究要籍叙录》，《徽学》第2卷，安徽大学出版社，2002年版，第373页）
③ 吴其贞：《书画记》卷二"萨天锡《云山图》纸画一卷"条，辽宁教育出版社，2000年版，第73页。
④ 钱谦益所撰墓铭载汪汝谦七十九岁卒，其年为顺治十一年乙未年，钱仲联标校《钱牧斋全集》本印为"己未"，当为"乙未"之误。

以小引，以陈太邱比之。① 董其昌、陈继儒、黄汝亨称颂其诗"色泽高华，旨趣隽永"。② 钱谦益曾为他题《沈宛仙女史午睡图》。③ 著名剧作家李渔以他身边的人事撰写了剧本《意中缘》，汪然明以豪士形象出场。看来这些名流时彦与他关系非同一般。明清鼎革后，然明与李太虚、冯云将、张卿子、顾林调订孤山五老之会。④ 清初钱谦益向杭州来客询问汪之起居，来人一致说："然明荫藉高华，宾从萃止，征歌选胜，狎主诗酒之盟。微然明，湖山寥落，几无主人矣。"⑤ 然明为人风雅多才艺，雅为"湖山主人"，征歌选胜，主诗酒之盟，为文人仕女提供觥筹交错之昂贵费用，人们多未措意其资金来源。其实然明是个商人，不但工诗善文，懂得音律，颇有艺术素养，而且精于收藏，编次金石，是个颇具眼力的书画收藏家。自顺治八年至十一年（1651—1654），歙县著名书画商人吴其贞前后至少四次在汪然明家杭州家中赏画。第一次观看赵千里《明皇幸蜀图》大绢画。第二次观看郑虔《山庄图》，该图"画法圆健，如锥画沙，绝无尘俗气，神品上画也"。第三次观看蔡卞《衢山帖》，该帖"书法秀健，逼似《淳化帖》上柳子厚书"，后有杨维桢、钱惟善等人题跋。第四次观看米元晖《杂诗五首》一卷，认为该卷"书法熟健，秀色奕奕，如此妙书，信乎宋之二米可继晋之二王"。⑥ 直到弥留之际，汪然明仍反复摩挲名迹，恋恋不舍。汪然明去世后，杭州的诗酒文会缺少了主盟之人和赞助之人。钱谦益为他撰写墓志铭，饱含深情地回忆与他数次交往情形，大发感慨道："然明殁，湖山遂无主人矣。一觞一咏，载色载笑，俯仰之间，邈然终古。……其心计指画，牢笼千辨之器用，如白地光明之锦，裁为襦袴，罄无不宜。其精者，钩探风雅，摹拓书法，编次金

① 张维屏：《国朝诗人征略》二编卷二，《续修四库全书》第 1713 册，上海古籍出版社，2003 年版，第 155 页。
② 董其昌：《容台集》文集卷四《汪然明绮集引》，《四库禁毁书丛刊》集部第 32 册，北京出版社，1999 年版，第 240 页。
③ 钱谦益：《牧斋外集》卷一《为汪然明题沈宛仙女史午睡图》，《钱牧斋全集》第 8 册，上海古籍出版社，2003 年版，第 590 页。
④ 吴庆坻：《蕉廊脞录》卷三"杭诸诗社"条，卷四"汪汝谦"条，中华书局，1990 年版，第 96、113 页。
⑤ 钱谦益：《牧斋有学集》卷三十二《新安汪然明合葬墓志铭》，《钱牧斋全集》第 6 册，第 1154 页。
⑥ 吴其贞：《书画记》卷三"赵千里《明皇幸蜀图》大绢画一幅"条，"郑虔《山庄图》绢一卷"条，"蔡卞《衢山帖》"条，"米元晖《杂诗五首》一卷"条，第 89、115、119、134 页。

石，寸度律吕，虽专门肉谱，不能与之争能。其牺者，用以点缀名胜，摒挡宴集，舫斋靓深，毂藏精旨，杖函履屐，咸为位置。及乎弥留待尽，神明湛然，要云将诸人，摩挲名迹，吹箫摘阮，移日视荫，乃抗手而告别。"[1]

然明身为商人，却将主要精力和财力投放于与文人交往，收藏赏鉴书画，并培养子嗣转向仕途。长子玉立，次子继昌为顺治六年进士，官至湖广按察司副使。

二、桐乡汪文桂三兄弟

汪文桂初名文桢，字周土，号鸥亭，原籍休宁，嘉兴桐乡人。自幼嗜学，与弟晋贤、文柏昕夕勉励，并负时名，世称"汪氏三子"。文桂由府学贡生考授内阁中书，以养母不就铨选。[2]家在桐乡县城中有华及堂，复筑裘杼楼，聚书万卷，校勘不辍，有《鸥亭漫稿》《六州喷饭集》。汪森字晋贤，一字碧巢，贡生。仕为桂林通判，调太平，迁知郑州，未赴选。有《小方壶存稿》十八卷。营碧巢当吟窝，以宴兄弟宾客。在府城东角里有书屋小方壶，"藏书甲于浙西"。汪森致力于搜辑钞传稀见文献，见于《四库全书》著录者已有《粤西诗载》《文载》《丛载》等数种。朱彝尊编《词综》，后六卷即其所补，汪森不但参与其事，而且提供了不少家藏版本。[3]《郁氏书画题跋记》更是汪森整理家藏旧籍之作。文柏字季青，号柯庭，附贡生。官东城兵马司正指挥，改行人司行人。学问渊博，多交海内名流。筑古香楼，收藏法书名画，摩挲不厌。又有别业摘藻堂，读书其中。诗文之外，善画墨兰，雅秀绝俗。宦京仅三年，乞请归里，与两兄优游林下。有《柯亭余习》《古香楼吟稿》。朱彝尊序其诗，谓开宋元堂奥，而直造唐人之室。

汪家到文桂曾孙（继嗣汪森）孟锔、仲金分兄弟时家已渐落，但裘杼楼万卷藏书尚在，两人搜讨其间，锐意攻诗词，乾隆十五年（1750年）兄弟乡试中

---

①　钱谦益：《牧斋有学集》卷三十二《新安汪然明合葬墓志铭》，《钱牧斋全集》第6册，第1154、1155页。

②　阮元：《两浙輶轩录》卷七，《续修四库全书》第1683册，第325页。

③　朱彝尊：《曝书亭集》卷三十九《小方壶存稿序》，王利民等校点《曝书亭全集》，吉林文史出版社，2009年版，第447页；吴昌炽：《藏诗纪事诗》卷四"汪森晋贤"条等，第410—411页。

举，乾隆三十一年孟锅高中进士。孟锅子如藻，举人，值四库馆开，进献家藏 137 种，乾隆四十年也为进士，入翰林，终山东粮道。孟锅次子如洋，为仲金分后，乾隆四十五年高中状元。①

溯其家世，汪文桂兄弟之祖汪可镇，字景仁，休宁人，清初到桐乡。其人"为人宽厚，勤俭居家，克敦孝友，尤喜周恤，人以缓急请，无不称愿以去，举乡饮宾"。② 汪可镇显然由经商起家，后来《桐乡县志》列入"寓贤传"。自康熙前期三兄弟以诗文崛起后，文桂文柏兄弟和其曾孙辈孟锅、仲金分兄弟在《桐乡县志》中均列入"文苑传"。汪家在盛清时期一直是诗书官宦之家。

三、吴绍浣及其家族

吴绍浣，字杜村，歙县丰南人，世代侨居扬州，家道殷富。其兄绍燦中乾隆四十年进士，绍浣于四十三年联捷也中进士，入为翰林，为中书。后因爱苏州虎丘之胜，买屋与短簿祠相对。家事中落，不得已报捐道员，补河南南汝光道，75 岁卒于任所。③ 绍浣嗜书画，精鉴赏，所藏法书名画甚多，如王摩诘《江山雪霁图》，颜鲁公《竹山联句》，徐季海《朱巨川告身》，怀素小草《千卷文》，王摩诘《辋川图》，贯休《十八应真像》，"皆世间稀有之宝"。此外，吴绍浣还收藏有刘松年雪图，许道宁《秋山晴霭图》，龚圣予《中山出游图卷》，赵彝斋墨兰绢本立轴，倪云林《狮子林图》，盛子昭雪图，文衡山雪图，恽南田雪图。据说吴绍浣"每年始下雪之日，以王摩诘、刘学年、盛子昭、文衡山、恽南田五家雪图并陈几上，右丞卷居正位，四卷分列左右，具衣冠而拜之。有'一时卧

---

① 光绪《桐乡县志》卷十五《人物下·文苑》，第 11、12、15 页；陈文川：《淞南随笔》，刘永翔等整理《明清上海稀见文献五种》，人民文学出版社，2006 年版，第 659 页；李元度：《国朝先正事略》卷四十《文苑》，岳麓书社，1991 年版，第 1088 页；阮元：《两浙辍轩录》卷七、三十三，《续修四库全书》第 1683 册，第 325 页，第 1684 册，第 275 页；吴昌炽：《藏诗纪事诗》卷四"汪森晋贤"条等，上海古籍出版社，1989 年版，第 409-411 页。

② 光绪《桐乡县志》卷十五《人物下·寓贤》，第 7 页。

③ 钱泳：《履园丛话》丛话六《耆旧》"杜邨观察"条，中华书局，1979 年版，第 157 页。顾禄：《桐桥倚棹录》卷八《第宅》（上海古籍出版社，1980 年版，第 127 页）载："吴观察绍浣宅，在塔影浜内。钱泳《云岩杂志》云：'绍浣字杜村，歙人。乾隆戊戌进士，由翰林改中书。精于鉴赏，家藏甚富。'"戊戌为乾隆四十三年，查《明清进士题名碑录》，绍浣为该科二甲第七名。

看五朝雪，顷刻论交千古人'之句"，而且还被人撞见过。①人称吴绍浣"爱画成癖"，很多名迹都是经竭尽心力才到手的。唐王维《江山雪霁图卷》，被董其昌视为"海内墨皇"，由镇洋人毕泷拥有，时值银三千并数百两，毕泷之兄毕沅是大收藏家，时思得之，毕泷靳不肯让，吴绍浣数次往观，精诚所至，竟以原值捧归。②唐怀素小草《千卷文》，黄素绢本，笔法严密，字字用意，有自然之趣，乃《宣和画谱》所载四卷之一，先后为明首辅大学士严嵩、清康熙间江苏巡抚宋荦和大学士明珠所有，乾隆五十一年，吴绍浣购于京师，送给精于赏鉴的湖广总督毕沅。颜真卿《竹山书堂联句诗》真迹，书于绢素，雄古浑厚，用墨如漆，迥非后人所能模仿，清初藏于著名鉴赏家大学士梁清标家，刻入《秋碧堂帖》，乾隆五十六年为毕沅所得，毕沅故后，也为吴绍浣所有。明代无锡富豪安国家，历代珍藏南唐王齐翰《勘书图》，嘉庆初年时也曾归吴绍浣所有。③兰亭帖，赵孟頫所跋独孤本真迹，道光初年有道员出价银八百两买到手，原来也是他所藏之物。④当时大学士彭元瑞、董诰、王杰、刘权之等人向皇帝进贡图籍书画，必经他品题而后奏进。⑤吴绍浣与收藏赏鉴家无锡人钱泳交情甚笃，时相往还。嘉庆初年，精于赏鉴尤娴法书的钱泳每次到扬州，总是住在他家，而吴绍浣也视钱泳造访为乐事，"必扫榻以待之"。嘉庆十二年（1807年），广东李符清知府携有杜甫《赠卫八处士》诗墨迹卷到苏州，正好吴绍浣也携怀素小草《千卷文》至，钱泳邀请，三人同赏于虎丘怀杜阁下，引为佳话。吴绍浣有小幅立轴，无锡钱泳曾双钩刻石赠人。⑥

　　按照民国元年吴保琳的追记，吴绍浣精心收藏的名迹多由其族孙吴载勋一支传承下来。吴氏所藏，此外还有周亲矩《戏婴图》，夏禹玉《江阁观潮图》，元人《雷祖参见观音图》，马文璧《晴岚秋涉图》，沈石田、祝枝山《贞坚除荫图》等名迹，而又大都散落于清末战乱年景。⑦

　　①　吴保琳：《吴氏收藏书画史》，王燕来选编《历代书画录续编》第19册，国家图书馆出版社，2010年版，第314页。
　　②　徐珂：《清稗类钞》鉴赏类"吴杜村藏江山雪霁卷"条，中华书局，1986年版，第9册，第4320页。
　　③　钱泳：《履园丛话》丛话十《收藏》，第267、283、265页。
　　④　英和：《恩福堂笔记》卷下"兰亭帖"条，北京古籍出版社，1991年版，第59页。
　　⑤　吴吉祐：《丰南志》卷三《人物志·士林》，第24页。
　　⑥　钱泳：《履园丛话》丛话六《耆旧》"杜邨观察"条，第157页。
　　⑦　吴保琳：《吴氏收藏书画史》，王燕来选编《历代书画录续编》第19册，第306-326页。

四、钱塘汪氏振绮堂

据民国初年汪诒年追述，汪家世居黟县宏村，至其十二世祖文宇公汪元台时，在明万历年间，因经营盐业，迁至杭州普宁里。汪元台业蒸成功，资财较多，在同业中受人尊敬。迁杭汪氏到十世祖汪时英时，又"以盐务习业重，遂弃盐而以当业资生"，将丰厚资产转向典当业。到七世祖汪光豫时，在康熙初年，汪家卜居荐桥，始名振绮堂，典业也成为世袭产业，在杭州有"关汪孙赵"之称，汪氏跻入杭州的巨商行列。家资殷实，读书有了经济基础，汪氏开始重视教育科举，迁杭五代、六代就有数人进入学校，成为生员，或国子监生。第七代即汪诒年六世祖汪宪（1721—1771），高中乾隆十年进士，汪氏开始以科名显。

汪宪字千波（一作陂），号鱼亭，曾官刑部主事，迁员外郎。但他似无意于仕途跋涉，不久即以父母年老乞养辞归。居家的汪宪，博雅好古，于经书尤其擅长《易》。性耽蓄书，在前代藏书的基础上，益加搜罗，凡见善本，遇有求售者，不惜丰价购买，振绮堂藏书开始有了名气。[①]汪宪家有静寄东轩，具花木水石之胜，又在振绮堂中储藏书籍，常常邀同三二知交如朱文藻、严可均等人，日夕讨论经史疑义，相与校雠所藏秘籍，点注丹黄，终日不倦，稍暇则投壶赋诗以为娱乐。徐锴《说文蟸系传》四十卷，世罕传本，好事者秘相传写，鱼鲁亥豕。汪宪所得虽属宋影钞本，也多错讹，乃参以今本《说文》，旁考所引诸书，证其同异，著《说文系传考异》四卷。汪宪搜罗珍本，校对群籍，从事的是考订工作。著有《振绮堂稿》和《苔谱》等书。[②]从此，杭州崛起了一个藏书家族振绮堂。

汪宪长子汪汝溧，字坤伯，号涤源，有《北窗吟稿》。乾隆三十七年诏求遗书，进献秘籍善本六百多种及汪宪所撰之书，其中《曲洧新闻》《旧苑菁华》二种蒙高宗御题，获赐《佩文韵府》一部，文绮二端，为人所羡。仲子汪璐（1746—1813），字仲连，号春园，乾隆五十一年举人，选择家中秘籍，录为《题识》四卷，并著有《松声池馆诗存》四卷。季子汪瑜，字季怀，号天潜。汪

---

① 汪诒年辑：《汪穰卿先生传记》卷一《自传》，杭州汪氏铸版，1938 年版，第 1-2 页。
② 《清史列传》卷七十二《文苑传三·汪宪》，中华书局，1987 年版，第 5890-5891 页。

璐之子汪诚，字孔皆，号十村，乾隆五十九年举人，官刑部江西司主事。汪诚同其祖父一样，无意仕进，而笃志缥缃，别无其他嗜好，开始将丰富的家藏按经史子集四部分类编列书目，书目详考撰者、版本优劣，以及书籍来源，共收书三千三百余种，六万五千卷，堪称蔚为大观。汪瑜之子汪初，字绛人，钱塘县学生。汪诚有四子：远孙、迪孙、适孙、迈孙。长子远孙，字久也，号小米，嘉庆二十一年举人，候补内阁中书，人称小米舍人，但并未实授任官。[①] 远孙读书专注，著书务为根柢之学，因其学，父汪诚曾指着家中藏书说："他日以界汝。"远孙不负父亲期望，于校勘《汉书·地理志》等多所发覆，成《古注汉书地理志校勘记》《国语考异发正》等书。[②] 其时振绮堂藏书应该有所增扩。远孙友人陈奂《师友渊源记》称："小米家有四世藏书，《振绮堂目》甲于浙右。"龚自珍赋诗，有"振绮堂中万轴书，乾嘉九野有谁知"句。[③] 远孙之子曾唯，曾唯之子大钧、康年，则是新闻舆论界为人瞩目的人物。

汪氏代衍甲科，门承通德，牙签缣轴，振绮堂藏书代代相传，直到清廷覆亡时局大变仍有存留者。如从汪宪起算为汪氏藏书的第一代，前后六世，连续藏书校书刊书不辍，振绮堂成为杭州一带最负盛名的藏书楼。近人吴庆坻总论道："吾杭藏书家，若赵氏小山堂、吴氏绣谷亭、孙氏寿松堂、汪氏振绮堂，海内无不知者。"[④] 到光绪、宣统之际，汪康年将家藏编辑成《振绮堂丛书》付印出版，中有《圣祖五幸江南恭录》等稀见本，嘉惠学林。汪康年身后，其弟汪颂阁将其遗籍捐置上海工业学校图书馆。[⑤]

五、杭州汪启淑开万楼

汪启淑（1728—1799），字秀峰，号讱庵，一字慎仪，自称印癖先生，歙县

---

① 丁申：《武林藏书录》卷下"振绮堂"条，《武林掌故丛编》第24集，清光绪中钱塘丁氏嘉惠堂刊本，第15页。
② 叶昌炽：《藏书纪事诗》卷五"汪宪"条，第495—496页，参见汪庆元《明清徽商与杭州崇文书院考述》，《徽学》第3卷，安徽大学出版社，2004年版，第138、142页。
③ 龚自珍：《龚自珍全集》第10辑《己亥杂诗》，上海古籍出版社，1975年版，第525页。
④ 吴庆坻：《蕉廊脞录》卷三"郁氏东啸轩藏书"条，第71页。
⑤ 唐文治：《同年汪穰卿先生传》，汪诒年辑《汪穰卿先生传记》卷首。

人。父以业盐起家，徙居松江府娄县，启淑则移居杭州，但在娄县仍有数所典当铺，富甲一县。[①] 贾而入仕，捐官为工部员外郎，迁兵部郎中。启淑嗜古代印章，"得一印章，胜于得官"[②]，搜罗周、秦代以迄宋、元、明各朝印章数万钮，蔚然大观，为东南藏印之冠。[③] 于韵语六经外，雅爱篆刻之学，精于此道，曾在巨珠上刻篆文，以补诸品中所未备。曾汇集汉印曰《汉铜印丛》《古铜印丛》。同时诸名家所刻者名《飞鸿堂印谱》，5集20巨册。又汇古今印名《集古印存》，16巨册，下缀刻人姓名，以罗文笺精印。又有《秋官印萃》6册，名《退斋印类》4册，皆同时友朋制作。其最小者名《锦囊印林》，小仅寸余。还有《汉唐印原》《退斋印类》《锦囊印林》及其他各谱共27种，《续印人传》八卷，前序后跋说明印存之例，注印质为人参、珍珠、珊瑚、玛瑙、水晶、白玉各名色，另有《水曹清暇录》等。喜聚书，陈古玩，凡金石书画无不笃好，家有开万卷楼，藏书数千种。四库馆搜访遗书，启淑献书524种，其中存目256种，著录64种[④]，钦赐《古今图书集成》全部、大小金川战图两分，别于其所进《建康实录》《钱塘遗事》二书，赐题二诗。[⑤] 启淑富而好礼，工诗文，喜交友，"所交皆知名士"，常与杭世骏、厉鹗、程晋芳、翁方纲等文人学士相唱和，与厉鹗、杭世骏、朱樟结"南屏诗社"，"每一诗出，脍炙人口，几同洛阳纸贵，以故地无远近，莫不知钱唐之有汪秀峰矣"。[⑥] 曾采海内闺秀诗，刊成《撷芳集》传世。年72岁卒于松江。[⑦]

---

① 王文珪《听莺仙馆随笔》卷四"汪秀峰员外"条（上海古籍出版社，2015年版，第300页）载：汪启淑，"乾隆时寓居金沙滩，富甲一邑，设质库七"。

② 沈德潜：《沈德潜诗文集·辑佚·飞鸿堂印谱序》，人民文学出版社，2011年版，第2016页。

③ 据金天翮《汪启淑巴祖慰传》（钱仲联主编《广清碑传集》卷九，苏州大学出版社，1999年版，第582页）记，启淑与无锡人钱泳同客毕沅往，钱泳有汉杨浑铜印，启淑欲豪夺之，钱泳将印锁在箱中甚为牢固。启淑不得逞，至长跪以求，钱泳只得与之，"泳尝讥启淑不精鉴别，往往受贾人绐，然亦因是取证其古之心笃矣"。

④ 许璐：《"四库全书"与徽商献书考》，周晓光主编《徽学》第14辑，社会科学文献出版社，2020年版，第242页。

⑤ 以上见徐康《前尘梦影录》卷下，《续修四库全书》第1186册，第747页；嘉庆《松江府志》卷83《拾遗志》，第20—21页；许承尧：《歙事闲谭》卷九"汪讱庵佚事"，李明回等校点，黄山书社，2001年版，第305页；金天翮《汪启淑巴祖慰传》，钱仲联主编《广清碑传集》卷九，第581—582页。

⑥ 汪启淑：《飞鸿堂印谱》第1集，鲍鋐跋，上海古籍出版社，1992年版，第6页。

⑦ 嘉庆《松江府志》卷八十三《拾遗志》，第20—21页；徐晋：《前尘梦影录》卷下，《续修四库全书》第1186册，第747页；许承尧：《歙事闲谭》卷九"汪讱庵诗"条，第302页。

六、桐乡鲍廷博知不足斋

鲍廷博（1728—1814），字以文，号渌饮，又号通介叟，歙县西乡长塘人。祖鲍贵，父思诩，在浙江经营冶坊，寓居杭州。[1]廷博生长于杭州。23岁考中为歙县学生，两应乡试不中，遂绝意仕进。廷博之父虽业懋迁，但好读书。廷博自幼读书，好古绩学，尤嗜书籍，自云平生以书为命，乃斥资搜求海内宋元旧椠暨善本写本以为亲欢，对先哲后人家藏之手泽，也多抄录，得则狂喜，如获重货，不得则思虑累月不休，有"黄金散尽为藏书"白文方印。既久而书益多，名其室为"知不足斋"，裒然为大藏书家。廷博积书校书用情既深，记忆力又好，每一过目，即能记其某卷某页某讹字。参校精审，有持书来问者，凡某书美恶所在，意旨所指，见于某代某家目录，历经几家收藏，几次钞刻，真伪若何，校误若何，某卷刊误若干字，无不脱口而出，按之历历不爽。乾隆四库开馆诏求天下遗书，廷博命子士恭进献家藏精本六百余种，大半皆宋元旧板或写本，又手自校雠，为全国献书之冠。所进《中唐阙史》及《武经总要》二书御制诗题其上，皇帝赐《古今图书集成》、伊犁得胜图、金川图等，内廷书斋也沿用名为知不足斋。廷博更将家藏孤本珍本，精校细核，以千字文编排，集为《知不足斋丛书》，每集八册。乾隆四十五年皇帝南巡，廷博迎銮献颂，蒙赐大缎二匹。嘉庆十八年，皇帝询问鲍氏丛书续刊何种，浙江巡抚方受畴以续刊之第二十六集进奉。皇帝以鲍廷博年逾八旬，好古绩学，老而不倦，加恩赐给举人，俾其世衍书香，广刊秘籍，成为艺林之盛事。廷博深受鼓舞，急欲刊竣二十七、二十八两集，日夜亲自校核。二十七集将成而疾作，遗命士恭继志续刊，无负皇帝褒嘉之意。嘉庆十九年八月病逝，终年87岁。廷博父母卒于杭州，葬于湖州乌程，自身则迁居桐乡县之乌镇，遂为桐乡人。[2]

廷博天趣清远，曾作《夕阳诗》甚为工整，盛传于时，袁枚、阮元等人称其

---

[1] 　一般传记仅谓鲍廷博祖、父贾于浙江，惟时人钱泳称业冶坊，此点被金天翮指出，今采此说。

[2] 　翁广平撰传，阮元撰传，李桓《国朝耆献类征初编》卷四百四十一《文艺十九》，广陵书社，2007年版，第12399—12401页；金天翮：《汪梧凤马曰琯马曰璐鲍廷博传》，钱仲联主编《广清碑传集》卷九，第577—578页；民国《歙县志》卷十《人物志·士林》，第21页；吴昌炽：《藏书纪事诗》卷五"鲍廷博"条，第527页。

为"鲍夕阳"。^①廷博藏书，校订精慎，擅长品鉴优劣，洪亮吉认为藏书家有数考订家、校雠家、收藏家、赏鉴家、掠贩家各等，而将廷博归为赏鉴家。^②廷博对书画也有独到见解，曾论董其昌与赵孟頫之书法，认为"精纯端劲，华亭不及吴兴，若以行草萧逸疏散之致，吴兴当逊华亭矣"。^③

廷博二子，长子士恭，仁和县国学生；次子士宽。士恭续刊《知不足斋丛书》至三十集，流布于世，著有《花韵轩小稿咏物诗》。士恭子二人，士宽子一人，"俱以文学世其家"，书香一脉绵延不绝。^④

七、镇洋毕沅兄弟

毕沅（1730—1797），字秋帆。明末其曾祖由休宁徙昆山，移太仓，遂为吴人。后太仓析置镇洋，毕氏占籍为镇洋人。自后直到毕沅之父毕礼，三代"咸以惇德笃行重于乡间"^⑤，显然一直是经商之家，未有人科考入仕。毕沅颖悟，于乾隆十八年中乡试举人，补为内阁中书，直军机处。二十二年高中状元，授为翰林院修撰。三十一年外任甘肃巩秦阶道，从此任陕西巡抚、署陕甘总督、河南巡抚、湖广总督，扬历封疆近 30 年。毕沅好读书，通经史，精小学、金石、地理之学。因习于朝章国故，在南书房时，和诗备顾问，所进古器物，御制诗文以纪。毕沅优礼才士，奖掖后进，开府秦、豫、湖广时，"江左才士半归幕府"^⑥，大批博学工文之士如吴泰来、严长明、程晋芳、章学诚、卢文弨、邵晋涵、洪亮吉、孙星衍、钱泳入其幕府，流连文酒，为其搜罗善本，校录古籍，考订金石，兼事著述。尤其在多年陕西巡抚任上，毕沅重修省城，秦汉瓦头及砖之有字者无不搜罗殆尽，如长乐、未央兰池瓦当"长毋相忘"之类，拓碑者抚摩以为奇货，传重艺林。^⑦毕沅利用有利条件，大量收藏书籍，身后被抄家，灵

① 翁广平撰传，李桓《国朝耆献类征初编》卷四百四十一《文艺十九》，第 12400 页。
② 洪亮吉：《北江诗话》卷三，刘权点校《洪亮吉集》，中华书局，2001 年版，第 2271 页。
③ 陈烈主编：《小莽苍苍斋藏清代学者书札》，人民文学出版社，2013 年版，第 135-136 页。
④ 翁广平撰传，李桓《国朝耆献类征初编》卷四百四十一《文艺十九》，第 12400 页。
⑤ 王昶：《兵部尚书都察院右都御史湖广总督赠太子太保毕公沅神道碑》，《碑传集》卷七十三，中华书局，1993 年版，第 2098 页。
⑥ 符葆森录，李桓《国朝耆献类征初编》卷一百八十五《疆臣三十七》，第 6133 页。
⑦ 法重正：《养疴谰语》，李桓《国朝耆献类征初编》卷一百八十五《疆臣三十七》，第 6134 页。

岩山馆藏书多达 80 万余卷，官价高达银 3 万多两，后来更有人说多达 95 万卷，每部均有楠木夹板及书箧，装潢极精，而重复之书，则板木不同，其中宋元版本甚夥，有专人为之管理书籍。① 如此说属实，毕沅堪为其时最大的藏书家。毕沅在任期间，还忙中寻闲，每遇古书善本，校而辑录，如《山海经》《夏小正》《说文解字》《旧音释名疏证》《三辅黄图》《太康地志》《王隐地道志》《晋书地理志补正》《道德经考异》等，时贤多奉为秘宝。又性好著书，虽官至极品，铅椠未曾离手，经众多文人襄助，成《续资治通鉴》《史籍考》，关中、中州、山东《金石记》，《河间书画录》及《灵岩山人诗文集》等。毕沅仕宦既久，太仓旧宅倾圮，乾隆四十年丁母忧时，移居苏州，又于西郊灵岩山下建御书阁以奉赐书，故自号灵岩山人。②

毕沅弟毕泷，字涧飞，两应乡试而不中，即弃去。兄毕沅援例帮其捐资为部郎，未应选。毕泷工诗，喜临池，写竹尤为苍浑得古法，是个以擅长画竹的画家。毕泷与其兄一样，也有收藏癖好。据说他风格冲夷，吐弃一切，"独嗜书画，凡遇前贤笔墨，苟洽己趣，不惜重价购之"，"家藏古器物及碑刻字画甚富，辄能别其真赝"。所居名广堪斋，非名人旧物不进其门，"炉香茗碗，趺坐竟日"，是个脱离了尘俗气的赏鉴家。乾隆四十八年，书画家南汇人冯金伯前往访谒，毕泷出示所藏，据说"宋元明人笔墨皆真迹，中之烜赫者无论赝鼎矣，其于国朝太常、烟客、南田、墨井、石谷、麓台诸家所收，尤为精粹，几无日不给赏"。③ 如前所说，毕泷还曾收藏过王维《江山雪霁图卷》。毕泷子耀曾，乾隆五十七年举人，幼承家学，亦工诗；另一子宪曾，乾隆六十年举人，少为外舅顾光旭所赏。④ 毕家仍为科举仕宦之家。

① 刘声木：《苌楚斋三笔》卷十"国朝藏书宏富诸家"条，中华书局，2016 年版，第 687—688 页。
② 王昶：《兵部尚书都察院右都御史湖广总督赠太子太保毕公沅神道碑》，《碑传集》卷七十三，第 2098—2104 页；国史馆本传，钱大昕撰墓志铭，洪亮吉撰事书，李桓《国朝耆献类征初编》卷一百八十五《疆臣三十七》，第 6131—6133 页。
③ 李桓：《国朝耆献类征初编》卷四百三十九，第 12339 页；民国《镇洋县志》卷九《人物一》，第 13 页。
④ 宣统《太仓州志》卷二十一《人物五》，第 17 页。

八、海宁吴骞拜经楼

吴骞（1733—1813），字槎客，号兔床，一字葵里，别号愚谷、海槎等。祖籍休宁，长于海宁小桐溪。其祖玉方公在明末时由休宁厚田里迁往浙江，在嘉兴、湖州、苏州、常州等地从事盐业和海运贸易，海运出入波涛，风险太大，其父尔鸣公晚年即不再经营。[①] 吴骞长在商人之家，而生负异禀，过目成诵，转从文事，成为诸生。所为诗文，词旨浑厚，气韵萧远。笃嗜典籍，遇善本倾囊购之，校勘精审，所得不下五万卷。尤喜搜罗宋元刻本，而如陶渊明、谢元晖诸集，皆取而重刻之，学者珍为秘宝。因所藏千部元版，自号其居为"千元十驾"，以敌黄丕烈百部宋本。曾得宋本《咸淳临安志》九十一卷，《乾道志》三卷，《淳祐志》六卷，刻一印为"临安志百卷人家"。筑拜经楼，庋藏各类书籍。曾铭前贤名言道："寒可无衣，饥可无食，至于书，不可一日失。"其风致如此。雍正初，同县马思赞道古楼所藏书画，多归其所有。又与苏州、杭州等地藏书家互相钞校，并与当地藏家赏奇析疑，获一秘册，则共为题识歌诗以记其事，因此所藏宋元本精钞，多经名人学士杭世骏、卢文弨、钱大昕等赏鉴题跋，鲍廷博、黄丕烈等著名藏书家也多有题识，拜经楼足与道古楼、得树楼二家后先鼎峙。论者以其与同时期的黄丕烈、陈鳣、鲍廷博等大藏书家并称，拜经楼藏书不仅在浙江，而且在全国也有很高的地位。吴骞兼好金石，搜剔名迹古器，凡图绘、碑铭、鼎彝、剑戟、币布、圭璧、印章之属，丹漆、陶瓦、象犀、竹木之器，充牣其中，而且皆辨其名物制度，稽其时代款识，著之谱录，非仅收藏而已。更以所藏商鸟、篆戈、吴季子剑等，作《拜经楼十铜器诗》。其《吴兔床日记》，起乾隆四十五年，至嘉庆十七年（1812 年），记其晚年藏书、读书、著述、交游诸事较多。

吴骞长子寿照，字南辉，号小尹，乾隆五十一年举人。次子寿旸，字虞臣，吴骞以宋椠《百家注东坡先生集》授之，因自号"苏阁"。寿旸取拜经楼藏书有

---

① 吴骞《愚谷文存》卷八《新葺祖考玉方公卢家桥墓祠记》谓："先世丁明季板荡，祖、父皆隐居不仕，或用筭往来嘉、湖、苏、常间。公少有目疾，故安于布素。考尔鸣公日夕徜徉其中，萧寥若遗世者。平居教子弟严而有法。祖籍由休宁厚田里徙浙。"卷十二《桐阴日省编》上谓："予家先世有海舶数艘，往来贸易明越诸岛。府君后念佣人狎波涛出入险阻，脱有不虞，何以存其家，决计去之。"（《续修四库全书》第 1454 册，第 261、297 页）

题跋者手录成帙，为《题跋记》。寿旸子之淳，号鲈乡，诸生，也能守遗籍，校读不倦。[1] 海宁吴氏三世收藏，直到道光后期仍完好无恙，在同县许氏惇叙楼、胡氏华鄂堂、马氏道古楼、查氏得树楼所藏散佚后，拜经楼巍然耸立于收藏重地。

九、苏州大阜潘氏家族

苏州大阜潘氏，就是人们习称的"贵潘"，原籍歙县。如果从清中期四朝元老潘世恩上推，明末传至六世祖潘仲兰时迁到吴地，五世祖潘景文为钱塘县岁贡生，以商籍隶浙江，中经三代，乾隆三十四年潘奕基高中进士，才自钱塘改籍吴县，成为苏州人。[2] 贵潘原来在杭州从事盐业，迁苏后兼开酱园，前后四代人营商，本是商人世家。

潘家从事书画收藏是在科考成功转为仕宦家族的奕字辈开始的。三世祖贡湖公潘冕（1718—1780），生有三子：奕隽、奕藻和奕基。奕隽即乾隆六十年探花世璜之父，潘家热衷收藏就从他开始。

潘奕隽（1740—1830），字守愚，乾隆三十四年进士，首开潘家甲科记录。中第后，授为内阁中书，后任监察御史。[3] 潘世璜无意仕进，乾隆五十八年就以孝侍父亲辞职归里，家有三松堂，又于嘉庆十三年在宅第敏慎堂西偏砌筑须静斋三间，以为憩息之所。其孙遵祁后来追记："先大夫侍养家居，娱情翰墨，四方之士以古今书画图籍碑版请质于大父者，咸侍坐获观焉。外大父谨庭先生为吴中艺林正法藏眼，先大父每至松下清斋，必出所藏相示，以是生平鉴别益多。"[4] 按照潘遵祁的说法，其祖父潘奕隽是颇负时誉的书画鉴赏家，四方之士常以古今书画图籍碑版请质，著名赏鉴家松下清斋主人吴县人陆恭又是其外祖

---

① 《清史列传》卷七十二《吴骞传》，中华书局，1987 年，第 5891–5892 页；管庭芬：《管庭芬日记》，张廷银整理，第 3 册，中华书局，2013 年版，第 1272 页。参见叶昌炽《藏书纪事诗》卷五"吴骞"条，第 542–545 页。

② 冯桂芬：太傅武英殿大学士文恭潘公墓志铭，缪荃孙编《续碑传集》卷三，上海人民出版社，2019 年版，第 66 页。

③ 李桓：《国朝耆献类征初编》卷一百三十七《谏臣五》，第 4939 页。

④ 潘世璜：《须静斋云烟过眼录》，潘遵祁识，徐蜀编《国家图书馆藏古籍艺术类编》，第 4 册，北京图书馆出版社，2007 年版，第 156 页。

父，儿女亲家两人常在一起清赏，其父世璜因而饱览名品，得以不断提高赏鉴水平。潘世璜撰有《须静斋云烟过眼录》，记其自嘉庆九年至道光九年间与同好收藏赏鉴书画情节，凡品赏地点、赏鉴之人、藏品名称、档次及其藏主，交易价格及所用银钱类型等，均详细记录，极为珍贵。由此册所记，可知在长期的品赏过程中，潘奕隽世璜父子虽也收藏了一些名迹珍品，如鲜于伯几所书《道德经》，宋濂书《嘉瓜颂》小楷，宋拓淳化阁帖、昇元帖，杨补之四梅卷（原为宋荦故物），沈周、唐寅、文徵明、祝允明之作，董其昌临晋唐各种书卷，更收藏了沈周为文坛领袖吴宽所作《东庄图》，图上有李东阳题和董其昌跋，"当时称三绝"。[①] 然则潘奕隽世璜父子大约赏鉴者居多，收藏较少珍罕名迹，而且品赏之物多非其家中所藏。

潘家功名最为赫奕的是奕隽之弟奕基一支。奕基之子世恩（1769—1854），字槐堂，号芝轩，乾隆五十八年状元，为世璜之堂弟。世恩贵为四朝元老，文章政事均极突出，于书画一道也有眼力。据《须静斋云烟过眼录》记载，世恩至少于嘉庆二十年三月、道光二年（1822 年）闰三月、六年八月在苏州与世璜、汪心农等人一起赏鉴书画。世恩长期在京担任高官，机会更多，赏鉴历代珍品是恒常之举，偶尔还能获得赏赐艺术品。道光二十一年四月初十日，就获赏郑千里罗汉手卷，祝京兆词赋，沈石田有竹居诗画册、山水一册，鲜于伯几书，文待诏临兰亭跋，怀素墨迹，明人书札，黄山谷墨迹一册，文待诏山水，黄石谷万松积翠画轴。[②]

潘世恩之二子潘曾莹，"善绘事，藏法书名画不訾"。曾莹之长子祖同，将家中遗产大多推让给诸弟，"而独取书数簏"[③]，将书画收藏继承了下来。

潘家收藏臻于极盛的是世恩三子曾绶之子祖荫。潘祖荫（1830—1890），字伯寅，小字东镛，号郑庵。咸丰二年（1852 年）探花。历经咸丰、同治、光绪三朝，任京官 35 年，前后任过六部各部卿贰，三法司堂官，军机大臣，主持会试 3 次，乡试 5 次，武科乡试 4 次，遍交天下士。以至李慈铭称颂他：

---

① 潘奕隽：《三松堂续集》卷三《沈石田东庄图跋》，《续修四库全书》第 1461 册，第 95 页。

② 《潘世恩日记》，苏州博物馆编《苏州博物馆藏晚清名人日记稿本丛刊》卷一，文物出版社，2016 年版，第 43 页。

③ 章炳麟：《清故翰林院庶吉士潘君墓志铭》，钱仲联主编《广清碑传集》卷九，第 884 页。

"以文学政事扬历三朝，早结主知，日在禁近，进参枢密，出备六卿，恩宠骈蕃，光华震叠，凡程功艰巨之役，文字衡校之司，无岁不应，无役不与。以至国是大议，典礼鸿章，朝局玄黄，党论消长，天下之疑狱，百司之兴作，公悉仔肩其任，折中是非，强力一心，中外倚重，三圣简在，两后协契，东朝眷睐，尤绝彝等。[①] 平时别无爱好，而独嗜收藏赏鉴。他早年即治《说文》，耽嗜汉学，前后刻书将及百种。少精楷法，中年以后，好临书谱，日必数纸，为世所宝。尤其留心金石文字，自咸丰四年汇辑朝鲜碑刻，附以日本，为《海东金石录》24卷。自后搜罗益勤，闻有彝器出土者，倾囊购之，至罄衣物不恤。藏室攀古楼，所储彝鼎多达六百余品，邵钟四、齐镈、史颂鼎，匽侯鼎、盂鼎、善夫克鼎等，皆为世之殊绝重器。潘祖荫收藏书籍也富，撰有《滂喜斋藏书记》二卷。[②]

　　同治二年（1863年），潘祖荫入职内廷，常能赏览宫中名迹。据其自记，四月十九日，在懋勤殿，阅李伯时《吴中三贤图》，赵伯驹《文雅集图》，李伯时《五马图》，任仁发《饮牛八仙图》，唐口南《本华封三祝图》，姚允在《仿宋元六家山水卷》，梁楷《王羲之画扇图》，楼钥《汪氏报本庵记卷》，赵仲穆《临李伯时番鸟图》，董邦达《摹马远潇湘八景图》，方琮《摹黄大痴富春山居图》。二十日，在懋勤殿，阅陆治《上元醮集图》，文徵明《石城草堂图》，孙克宏画花鸟卷，阎立本画孔子弟子象，蒋溥跋姚公麟杂画，赵伯驹《六马图》，范宽《秋山萧寺卷》，高江村诗隋人书，张口达善跋文。二十六日，在懋勤殿，阅张宗苍《仿黄公望笔意卷》《竹坞林亭卷》，唐子畏山水，董文敏书饼宴诗卷。二十八日，在懋勤殿，阅张照《千字文》（高宗题），唐子畏《拟阴高士图》，朱治润山水，李伯时《吴中三贤》，董邦达《仿王诜口扫小雪图》，钱文敏《寒山雪景》，怀素自序真迹，梁楷《右军书扇图》，张宗苍《云溪帆影》，张照《临董临苏杂帖卷》，文衡山《洛原草堂图》。五月初二日，在懋勤殿，阅沈石田雨观诗，写苍层楼曲栈，莫是龙杂书，张宗苍画山园图，钱维城《狮林全景》，沈石田写生，

---

　　① 李慈铭：《潘文勤公墓志铭》，闵尔昌《碑传集补》卷四，燕京大学国学研究所铅印本，1923年版，第12页。

　　② 李慈铭：《潘文勤公墓志铭》，闵尔昌《碑传集补》卷四，第14页。参见刘声木《苌楚斋三笔》卷六"潘祖荫撰述及佚事"条，第597页；许承尧：《歙事闲谭》卷二"歙之金石学家"条，第40页。《滂喜斋藏书记》后经叶昌炽编、潘承弼增补成三卷付梓。

林逋《苏轼诗帖卷》，唐子畏、文衡山书画合璧卷。五月初三日，在懋勤殿，阅黄谔《雪猎图》，高房山《秋山暮霭图》，任仁发《出围图》，文衡山《姑苏四景》，沈石田山水，沈士元《仿宋元十四家笔意》。五月十三日，在殿上，见赵伯驹《汉宫图》，香光《题夏珪禹玉西湖柳艇》，仇十洲《梅石抚琴图》，王石谷《晚梧秋影》，南田题，唐岱《仿王叔明山水》。五月十七日，在殿上，见荆浩《匡庵图》，任仁发《花村春庆图》，马远画雪景，王诜《九成宫图》，赵雍《骏马图》，吴仲圭墨竹，钱选《五蔬图》，冷枚《赏月图》和人物画幅，金廷标《钟馗探梅图》《听箫召口图》。① 短短一个月间，潘祖荫至少有 8 天是在宫中赏鉴唐代以来历代珍品。这种机遇，普通人是根本不可能有的。潘祖荫出身显赫，长期出任朝中要职，深得朝廷信任，位至极品，又兼有高超的赏鉴水准和殷实的家资实力等他人难以比拟的种种优势，自能收藏到名迹重器传世精品。

最有名的自然是至今人们津津乐道的大盂鼎和大克鼎。大盂鼎道光年间出土于陕西眉县礼村，是现存最大的带有铭文的西周青铜器。通高 101.9 厘米，口径 77.8 厘米，重达 153.5 千克，为西周时期炊器。折沿，敛口，双耳立于口沿上。深腹中空，内壁有铭文，291 字，足上有扉棱。该鼎由翰林岐山人宋金鉴收藏 ②，宋家道中落后，同治末年，大盂鼎落入陕甘总督左宗棠之手。左特制一车，从关中起运进京 ③，将其赠予有知遇之恩的工部侍郎潘祖荫，后祖荫之弟祖年将其运回苏州老家。大克鼎，光绪中出土于陕西扶风任村，铭文共 28 行 290 字，为西周大篆的典范之作。大克鼎拓片上有"伯寅宝藏第一""己丑所拓"钤印，又有李文田跋曰："郑庵太保得周克鼎，命文田读之，今以意属读而已，经义荒落，知无当也。光绪十五年五月顺德李文田识。" ④ 潘家后人精心守护此二件国之重器，历经千难万险，冒着生命危险，躲过重重劫难，1951 年，将二鼎捐给国家，至今分别入藏国家历史博物馆和上海博物馆。

---

① 《潘祖荫日记·同治二年》，苏州博物馆编《苏州博物馆藏晚清名人日记稿本丛刊》卷五，文物出版社，2016 年版，第 2255-2264 页。

② 一说此鼎久在内阁学士兼礼部郎袁伯恒寓中，见吴云《两罍轩尺牍》卷八《潘郑庵大司寇祖荫》又（八），马玉梅《两罍轩尺牍校注》，上海古籍出版社，2020 年版，第 315 页。

③ 吴云：《两罍轩尺牍》卷九《陈簠斋太史介祺》又（十一），卷十《家清卿奉常大澂》又（五），马玉梅《两罍轩尺牍校注》，第 364、411 页。

④ 张燕婴整理：《俞樾函札辑证·致潘祖荫》二按语，凤凰出版社，2014 年版，第 262 页。

十、其他徽州籍收藏赏鉴家

1. 清初休宁籍江五声。五声字太乙，从休宁梅田移居苏州，康熙初年去世。古文大家苏州人汪琬为其撰写墓志铭称，五声祖江泮、父江茂时，均是"乡饮宾"，五声兄弟七人，则大多以"以文学擅名"，显然其祖、父均是富商，家境殷实，教导子弟读书。等到五声之二兄乡试成功，其父却令五声"治铁冶于苏，遂用冶铸起其家"。与其他休宁人在苏州主要经营棉布、典当不一样，江家是开张冶坊经营铁业。五声经营成功，遂"遍交四方贤士大夫，凡士大夫至吴者，无不造门投谒，公必盛供张，酒肴筐筥，具迎送之礼，由是得好客声"。主要通过为文人士大夫提供资金酒食而与之交游。作为实业商人，江五声具有一定的文化基础，又广交文士，转向鼎彝收藏领域，墓志称他"平居嗜读史书，又喜购古鼎彝罍洗，次至官哥窑以下磁器，若前代朱黑髹具之属，罗列便坐左右。每闻于家政及宾客之务，必入精舍，焚香据几，或摩娑诸玩，或手史书一卷，且览且讽，修然如在世外，非独其人长者也，盖实有隐君子风焉"①。同明后期的诸多徽商一样，江五声是一个以收藏鼎彝为主的商人。

2. 清初休宁籍查士标（1615—1698）。士标字二瞻，号梅壑散人、懒老，休宁人，流寓扬州，明末诸生。明清鼎革，士标放弃举业，专事书画。画初学元人倪瓒，后参以梅道人、董其昌笔法，"用笔不多，惜墨如金，风神懒散，气韵花寒"，画作为逸品。见王翚画，非常爱慕，将王翚延请至家，请其泼墨，作元四家笔法，以有所取资。晚年画技愈益超迈，直窥元人之奥，曾作狮子林册，鉴赏家江苏巡抚宋荦大为赏快。士标身为画家，家境优裕，收藏也较为丰夥，"多鼎彝及宋元人真迹，遂精鉴别"②。士标大约有类明吴门四家，以画家身份兼擅收藏赏鉴。

3. 乾隆初年寓居苏州的汪某。据苏州人李果记载，乾隆二年起，汪某在苏州阊门外大治宫室，名白松楼，性好聚书，多达万余卷，见市上有旧画帖，或旧钞本，不惜解衣付质库购之，藏品中多宋元明人书画、金石碑刻三代钟鼎敦

---

① 汪琬：《钝翁续稿》卷二十四《江太乙墓志铭》，李圣华《汪琬全集笺校》，人民文学出版社，2010年版，第1572-1573页。

② 张庚：《国朝画征录》卷上"查士标"条，《续修四库全书》第1067册，第113页。

匜官哥瓷器金玉故物。① 由李果记称他在苏州居住 11 年，中间又羁留钱塘、兰溪者两年，看来汪某是个兼事收藏的徽商。

4. 清前期寓居吴江的汪鸣珂。鸣珂字瑶圃，弟鸣凤，字兰圃。其祖父峻堂先生汪栋从徽州移居吴江之莺脰湖畔，建淡虑堂读书其中，学问行谊推重一时，所著有《淡虑堂遗集》行世。鸣珂工书善诗，早年即受王鸣盛、沈初等江南文人士大夫器重，又藉祖父余荫，本可致身通显，但据说他襟期洒落，悠然高尚，惟日与其弟"校雠秘书，研究义理，并旁通灵素之学"，收藏书籍。②

5. 清中期汪穀（1754—1821）。汪穀字心农，号琴田，休宁人（潘奕隽称为"歙州人"）。善画兰竹，精鉴赏，富收藏，与时彦袁枚、王文治、毕沅等是翰墨好友。汪家世居休宁四都之汪村，汪穀祖父"贸迁吴闽"，父汪沂投笔以从，"而所料简，操其奇赢，驵侩奔赴，若鱼龙之趋大壑"。经商起家后，援例捐资，得九江府同知，权府事。③ 官九江时曾刻徽州名医程国良所著《医学心悟》，年久漫漶，汪穀重新予以刊刻。④ 汪穀在吴门包衙前筑有别墅，每次至苏，流连忘返。在潘世璜笔下，汪穀是活跃在苏州与他们同时代的书画收藏赏鉴家。沈周为文坛领袖吴宽作的《话雨图》，潘奕隽就在其家一饱眼福。⑤ 潘世璜《须静斋云烟过眼录》中更不时有他的身影。嘉庆二十年八月二十一日，潘世璜等齐集在其斋中，汪出示所藏越州石氏刻小楷，宋拓本数种，以及董其昌行楷画册，内书文赋一册，在藏经纸上，兼得赵孟𫖯笔意，后有自跋一则，"最为出色之作"。同年十二月二日，汪穀又招集潘世璜世恩兄弟至其斋中，出示所藏宋拓泉州本淳化阁帖全部，宋拓十七帖一册，秘阁续帖一本，宋拓岳麓云麾圣教序各种。其中"以十七帖、秘阁帖为最"，秘阁帖一本为王右军大令及诸王，一本为贺知章虞柳二家无名氏书，李怀琳绝交论以无王虞柳为最，原是王世贞家藏本，后有王世贞、文寿承跋，还有王文治跋。嘉庆二十一年三月十二日，潘世璜前

① 李果：《在亭丛稿》卷九《别白松楼记》，《四库全书存目丛书补编》第 9 册，齐鲁书社，2002 年版，第 279 页。

② 冯金伯：《墨香居画识》卷三《汪鸣珂鸣凤》，徐蜀编《国家图书馆藏古籍艺术类编》第 21 册，北京图书馆出版社，2004 年版，第 105-106 页。

③ 袁枚撰传，李桓《国朝耆献类征初编》卷二百五十六《僚佐八》，第 8070 页。

④ 冯金伯：《墨香居画识》卷九《汪穀》，徐蜀编《国家图书馆藏古籍艺术类编》第 21 册，第 399-400 页。

⑤ 潘奕隽：《三松堂续集》卷三《沈石田东庄图跋》，《续修四库全书》第 1461 册，第 95 页。

往汪宅，归还前借的董其昌文赋真迹，又借董临晋唐各种书，据说这些原来都是著名收藏赏鉴家高士奇旧物。①由这些记载，可知汪毅奔走于老家休宁和苏州，是清中期活跃在苏州城中的收藏家，所藏淳化帖等宋拓较多，而且多系前代名家收藏的珍稀之迹，汪毅以其丰富收藏和高超鉴赏力，常与苏州"贵潘"潘奕隽家两代人等名流在一起，不时欣赏历代名品。

6. 清中期程洪溥。洪溥字丽中，号木庵，歙县人，寓居杭州。祖父程光国，字虚谷，号后村，曾业盐于浙，并"迎銮钱塘江上。父程振甲（1759—1826），字音田，书法家，词翰绝妙。官至吏部员外郎，乾隆六十年告归，曾办铜局而亏耗，侨居苏州。生平慷慨博施，不求回报，以是家落。②程洪溥在歙县老家有斋名铜鼓斋，家藏三代彝器不下千种。知海宁僧人六舟达受手拓《鼎彝全图》开创金石家一奇格，欲延请其到歙县家中传拓彝器，道光十六年四月在杭州，经人介绍而相识，自后数年中，达受连续四次前往歙县承事。第一次，洪溥始出三代彝器属拓大屏24幅，并欲达受清剔汉雁足镫字迹，藏事后赠予"蕤宾饮"题咏卷，临别时又以唐寅画《沧浪图》赠送。道光二十年，程洪溥再次邀请达受为拓彝鼎千种，以合成四大卷。道光二十一年，第三次，达受自春至秋，始成二大卷，凡500余种。道光二十二年，第四次，达受续拓彝器二大卷，全部四卷至此告成，并加装池。达受辞归时，洪溥赠以珍品如米南宫《月半帖》《与知府集贤舍人帖》《西山书院帖》，元高房山所画《百老图》等。道光二十三年，洪溥又邀请达受游黄山，赠予汉安宫玉印。③洪溥蕴积三世，家藏三代钟鼎彝器多达千种，专门厚酬延请高手达受为之精拓款识，编制《木庵藏器目》《古录》等，堪称当时不多见的金石收藏家。

7. 清中期胡珽（1822—1861）。胡珽字心耘，居浙江仁和，候选太常博士。祖父印川，休宁人，习盐业，迁苏州。父胡震，字不恐，又字雨棠，自号胡鼻山人，喜藏书，所购多宋、元旧本，手自缮录，积至数千卷，室曰"琳琅秘

①　潘世璜：《须静斋云烟过眼录》，徐蜀编《国家图书馆藏古籍艺术类编》第4册，第175、178、182页。
②　参见王振忠主编《徽州民间珍稀文献集成》第6册，复旦大学出版社，2018年版，第2页。
③　许承尧：《歙事闲谭》卷二十四"节录僧六舟游歙笔记"条，第834—839页。按民国年间著名藏书家叶昌炽的说法，程洪溥与一代书法家、收藏家何绍基也有交往，但叶昌炽推测木庵初名洪溥，后改名振甲，是将程氏父子误认为一人（《藏诗纪事诗》卷七"程洪溥木庵"条，第724页）。

室",日事校雠其中。胡珽绍承父绪,侨居吴下,也好收宋元旧本,手自校勘,有得即记。《石林奏议》宋本十五卷,原主欲重刻而无力,胡珽将其影钞数本,流布四方。在京师时,到清秘堂亲检《永乐大典》,从"悟"字韵中钞得《汪氏辨目》202 条。曾取先世遗书,及本身所得善本,辑印《琳琅秘室丛书》30 种,有《石林燕语集辩》《懒真子录集证》等著述。[①] 当潘祖荫问其为何人时,吴云答称,"辛酉、壬戌之间在沪时已多散佚,留剩七八十种,尽为候补县孙令购去,后又售与许缘仲亲家,抵偿欠项千数百家。中有影宋钞本数种,不尽出复翁所藏,求有复翁手跋者甚少"。[②] 由此可知,胡珽家两世藏书,多宋元善本,但咸丰、同治之际已然败落,藏书散佚。

上述考察自然并非清代徽州籍人士古玩收藏鉴赏生涯的全部,如许承尧《歙事闲谭》中所记明清之际"多购古书画、唐宋以来名迹及商周秦汉彝鼎尊匜圭璧之属"的歙人吴璪,康熙初年"多购书画金石诸古物"的歙县盐商之子吴瑞鹏[③],以及潘世璜笔下侨居苏州的歙人卢氏和很可能是徽籍的汪省吾国琛,咸同兵燹家藏散佚的黄崇惺家等,尚未涉及,但其基本面貌大体上反映了出来,殆无疑义。

综合上述清代徽籍人士在江南地域的古玩文物收赏鉴活动,较之明后期,似有较大的不同。

一是身与其事者的居住地及其身份大不一样。明后期兴盛的文物收藏鉴赏,是由徽州商人或徽籍人士与江南士人一起营造的,江南艺术品收藏流通的红火市场,造就了江南收藏赏鉴行业的发达。在江南艺术品收藏赏鉴领域,活跃着徽州的不少收藏世家如歙县溪南吴氏、丛睦坊汪氏、临河程氏,休宁商山吴氏、居安黄氏、榆村程氏等,他们以江南乃至长三角地区为重要场所,长时期从事文物收藏,将巨量商业资本转移过来,不但收藏丰夥,而且藏品颇上档次,不少是千百年流传世人垂意的精品珍品。这些古董收藏者,不独以其雄厚财力,兼且以其鉴别书画藏品的一定知识,与江南等地社会名流,或鉴赏名家,或书

---

① 叶昌炽:《藏诗纪事诗》卷六"胡珽心耘"条,第 670—671 页。
② 吴云:《两罍轩尺牍校注》卷八《潘郑庵大司寇祖荫》又(十四),马玉梅《两罍轩尺牍校注》,第 320 页。
③ 许承尧:《歙事闲谭》卷二十九"吴金享庵"条,第 1037 页;卷二十八"吴瑞鹏"条,第 998 页。

画名家深相交往，赏玩历代名迹，切磋收藏经验，交流藏品信息。入清后，与明代不同，收藏赏鉴者主要是生在江南或者长在江南的徽商的后代文人官宦。明末清初杭州的汪汝谦，清前期桐乡的汪文桂三兄弟、鲍廷博父子，杭州的振绮堂汪氏、开万楼汪氏、胡珽等人，歙县的吴绍浣，镇洋的毕沅兄弟，海宁的吴骞父子、查士标等人，苏州的贵潘家族、江五声、汪毅、程洪溥等人，类皆如此。可以说，明后期主要是商人自身，是来自徽州的"外地人"，他们以老家徽州为依托，在江南等地展开经营活动；清代主要是商人后代或文人官宦，是有着徽州血统而生在江南或长在江南的"当地人"，在以苏州、杭州为中心的新的著籍地江南从事文化传承事业。

二是收藏赏鉴者的动机与出发点不同。明后期书画收藏赏鉴，已经完全进入商业领域，很大程度上由交流演变为交易，收藏赏鉴不独是文玩雅事，兼且是血腥的商业竞争，收藏赏鉴的商人色彩极为浓厚。在这一领域内的长袖善舞者，缙绅士大夫固然不少，但大量拥有巨资的商人特别是商业资本最为雄厚的徽商也纷纷加入，相当活跃，他们富而好藏，斌斌风雅，成为相当突出的社会现象。但明代徽商收藏主要基于经营，主旨在获利，而清代徽商在江南基本上退出了书画经营领域，其活动纯粹是收藏赏鉴，着眼点在文化事业，并不以营利为目的。清前期桐乡的汪文桂三兄弟、鲍廷博父子，杭州的振绮堂汪氏、开万楼汪氏，海宁的吴骞父子，都世代专注于典籍善本的收藏、校勘、整理、刊刻等事业，在保存、流布和传承古籍方面获得了骄人的业绩，作出了重要贡献。四库开馆在全国范围内征集文献，进献书籍五六百种的前4家，其中3家是徽商后裔，而名列第二名、实际采进者第一名的鲍家和第三名的汪家都是在江南的杭州和桐乡。[1] 鲍廷博等人，不仅是大收藏家，也被时人称颂为赏鉴家。鲍氏严校精刻的《知不足斋丛书》，汪氏长期钞校而刻成的《振绮堂丛书》，胡氏辑印《琳琅秘室丛书》，吴骞精心收集的拜经楼藏书，多是历代文献的精华，至今流布四方传承下来，佳惠学林，厥功甚伟。从书画鼎彝的经营角度而言，徽籍人士的作用减弱了，而从文化传承角度而言，徽籍人士的活动愈发重要了。

三是收藏鉴赏的专业水平后者远胜于前者。在书画收藏赏鉴领域，明代徽

---

[1]　参见许璐：《"四库全书"与徽商献书考》，周晓光主编《徽学》第14辑，第242页。

籍人士特别是徽商，虽不乏吴廷、程季白、汪继美汪珂玉父子、王越石、吴其贞那样的高手，但大多毕竟还只是附庸在江南士大夫之后的推波助澜者和好事家，其眼力和真正的赏鉴家如王世贞王世懋兄弟、何良俊、文徵明文彭父子、李日华父子、董其昌、陈继儒、钱谦益等人还有相当的距离，徽商的收藏，多半靠门客、委托人进行，什么看好，收藏什么，时尚流行何人何物，只能视江南士大夫的时尚而转移。清代活动在江南的徽籍人士，却是收藏赏鉴队伍的中坚和主体，无论专业学养、收藏眼力还是政治地位、社会身份，都是明代后期的徽商所无法比拟的。清代徽籍人士如潘祖荫、毕沅等，不但学力深厚，或者出入禁廷，或者封疆各地，位居要职，声势显赫。潘祖荫出身巍科绳武之家，入侍紫宸，饱览过历代珍迹，连左宗棠那样的边疆重臣都甘愿为他效力，进献国之重器大盂鼎。潘祖荫的同道、金石学家吴云向潘祖荫祝贺道："盂鼎久镇关中，为宇宙大宝，非左相之不能得，亦非公之力不可致。"[1] 此话道尽了潘祖荫这样的势要在收藏领域的有利条件。毕沅的幕府麇集了大批才学卓异者，长期为他张罗物色、鉴定考证。这样的优势及其藏品的档次，自然是明后期的徽州富商难以想象的。

四是藏品存留地日益发生位移，有向江南集中的趋势。明后期，徽商好事而有力，在收藏领域有财力上的优势，因而能够收集到价格上一般文人士大夫难以承受的精品名迹，而后将藏品源源搬运回家乡，不少珍稀古物存贮在了老家，徽州因为商人资本的雄厚，俨然成为可以方驾江南的文物重镇。入清后，特别是清中期起，徽籍人士大多是在江南当地崛起的文化仕宦型家族，其藏品不但留存在当地，而且通常是只进不出，反而不断地吸纳着从徽州等地源源流出之物，徽州出多入少，较之江南，日益瞠乎其后，渐至无足轻重。其前后易势的反向流动，诚如歙县书画商人吴其贞所说："四方货玩者闻风奔至，行商于外者搜寻而归，因此所得甚多。其风始于汪司马兄弟，行于溪南吴氏，丛睦坊汪氏继之，余乡商山吴氏、休邑朱氏、居安黄氏、榆村程氏所得，皆为海内名器，至今日渐次散去。计其得失不满百年，可见物有聚散，理所必然。"[2] 吴其

---

[1] 吴云：《两罍轩尺牍校注》卷八《潘郑庵大司寇祖荫》又（三十八），马玉梅《两罍轩尺牍校注》，第 343 页。

[2] 吴其贞：《书画录》卷二"黄山谷《行草残缺诗》一卷"条，第 62 页。

贞所说还只是明末清初的情形，进入盛清时期，这种趋势更加明显。道光中后期，海宁僧人六舟达受在歙县为程洪溥传拓三代彝器，每次不经意间都能收到珍品名迹，就是徽州文物流向江南的具体反映。后来黄崇惺在其《草心楼读画集》中形之于笔端的对家藏文物的留恋，吴保琳对其族先祖吴杜村藏品的散佚殆尽的追念，只是徽州文物逐渐流散大势中的个例而已。

诚然，徽籍人士文化力量特别是收藏文化的转移，自然并非始于清朝，事实上明代后期就较为明显了。如移居苏州黄汴、嘉兴的程季白、秀水的汪继美父子、杭州的吴宪、汪汝谦等人。只是明末其风未艾，而入清后移居著籍身份改变活动重心转移之风更盛，实际上肇启了徽州人文的转移趋势。清代中后期在收藏赏鉴行业中占有重要分量的徽籍高手名家，大多是那些侨居、移居以至著籍江南之人，他们以在地者而不再以客居者的身份，开展文化活动，推动着江南文化的持续繁荣。

（作者系南京大学历史学院教授）

新四军铁军精神的内涵、传承与苏浙皖红色基地之旅

朱崇才

内容摘要：新四军铁军精神的内涵，可分为政治、精神、实践、文化四个相联系的层面。坚持党的领导、坚定的伟大信仰、战斗实践精神、有文化的威武文明之师，是新四军铁军精神的内涵。新四军铁军精神内涵的文化传承，需要加强红色基地等文化载体及其物质形态的建设。其具体措施，则需要加强思想认识，重视亲身审美体验，加大对于红色基地的投入，妥善处理精神传承与文化商品属性的对立与统一，加强总体规划，调动各方面积极性，将红色基地升级为红色之旅。

关键词：铁军精神；红色之旅；文化传承；物质表达；审美实践

新四军的铁军精神，各级领导和广大学者，已经有了许多指示和论述。在认真学习这些指示和论述的基础上，我们对于新四军铁军精神的内涵，有了一些初步的体会。这些体会，一方面加深了我们对于铁军精神的认识，另一方面也促使我们试图对这一精神内涵作出相应的阐释。在这些体会和阐释的基础上，我们希望能结合当前的实际情况，发扬光大新四军铁军精神的内涵。本文即结合对于苏浙皖三地新四军红色基地的考察研究，提出一些不成熟的看法，请领导和广大读者批评指正。

一、新四军铁军精神的内涵

新四军铁军精神的内涵，在历时进程及层次点面两个维度上，都非常充实丰富。可以按时间对其进行历史考察，也可以根据其内涵的具体内容，分层次、分点面地进行研究。铁军精神的内涵，是在战火的洗礼中，历经艰苦卓绝的斗争，历史地形成的。我们可以从历时性的角度，对于铁军精神的内涵进行历史分析。各地研究会的专家学者，对于新四军铁军精神形成的历史进程，已有许多深刻的论述。

铁军精神内涵的丰富内容，也可以按不同的层面进行分析研究。在本文中，我们打算仅从共时性层面的角度，学习领会新四军的铁军精神。对于铁军精神的内涵，通过学习，有如下的体会和认知：

1. **政治层面**。新四军铁军精神的内涵，首先，在政治上，是毫不动摇地坚持党的领导。有了党的领导，才有坚定正确的政治方向，才有钢铁般的组织性和纪律性，才能团结一致，形成高效率的执行力，由此才能动员广大军民，为了一个共同目标，为了民族的解放，坚定不移地战斗到底，从一个胜利走向更大的胜利。

2. **精神层面**。新四军铁军精神的内涵，是有坚定的伟大信仰。这一伟大信仰，就是在中国共产党的领导下，联合一切抗日的政党和阶层，打败日本帝国主义，收复国土，实现民族解放，实现中华民族的伟大复兴，并进一步实现《国际歌》所说的"要创造人类的幸福"，实现共产主义的伟大理想。"一个国家、一个民族不能没有灵魂。"[①] 伟大的信仰，是精神的事业，有了信仰，就有了灵魂。有了这一坚定的伟大信仰，有了灵魂，就有了不畏一切艰难困苦，在困难和挫折中始终保持乐观的精神。

3. **实践层面**。新四军铁军精神的内涵，并不仅仅停留在精神信仰层面，而是根据马克思主义的实践理性，坚决地付之于行动，付之于革命实践。新四军具有钢铁一般的组织力、执行力、行动力。他们在艰难困苦中，历经挫折，虽九死而未悔。有了信仰，有了灵魂，有了乐观精神，新四军铁军精神的内涵，

---

① 习近平：《一个国家、一个民族不能没有灵魂》，《求是》2019 年第 8 期。

在实践层面，就是百折不挠，勇敢战斗，善于战斗，特别能战斗，特别有韧性的精神。正如《新四军军歌》所唱的那样，"千百次抗争，风雪饥寒；千万里转战，穷山野营"，而这种"千百次""千万里"的韧性战斗精神，对于今天的青年一代，意义尤为重大。

4. **文化层面**。新四军铁军精神的内涵，体现在文化层面，就是努力学习，提高文化水平，提高科学技术水平，跟上时代步伐。新四军是威武之师，更是文明之师。在新四军中，有许多有文化的知识分子，有许多青年学生，但多数的干部战士，入伍前没有学习文化科学知识的条件和机会。在紧张的战斗间隙，抓紧一切时间，努力学习，使许多祖祖辈辈没有读书机会的普通干部战士，提高了文化水平，使新四军成为一支既有战斗力，又有文化的威武文明之师。这种文化层面的铁军精神的内涵，在今天具有重要的现实意义。

二、红色基地：铁军精神内涵的物质表达形态

新四军铁军精神的形成，距今已有半个多世纪的历程。如何在年轻一代中，继承发扬光大铁军精神的内涵，做好铁军精神内涵的文化传承工作，是一个值得重视的问题。

我们认为，铁军精神内涵的文化传承，离不开文化载体及其物质形态的建设。马克思主义的辩证唯物论认为，物质是第一性的，而意识是第二性的，"观念的东西不外是移入人的头脑并在人的头脑中改造过的物质的东西"[①]，文化需要载体，精神的文化传承，必须借助物质形态，来作为体现、承载的客体或工具。

这种载体和工具的一种重要形式，就是"新四军红色基地"，包括各地的新四军纪念馆、新四军战役战斗旧址及纪念碑、纪念园林、烈士墓等。新四军铁军精神内涵的文化传承，要通过老一辈干部战士的言传身教，通过书本知识的灌输和教育，通过物质形态的载体对于年轻一代的潜移默化；而这一切活动，都需要书本、广播、电视、纪念馆、旧址等物质形态的载体来实现。对于红色

① 《马克思恩格斯选集》第 1 卷，人民出版社，1972 年版，第 6 页。

基地，习近平总书记 2019 年 3 月 4 日在参加全国政协十三届二次会议文化艺术界、社会科学界委员联组会的讲话指出："2018 年，就弘扬劳模精神和工匠精神、加强红色资源保护和利用、推动文化创意产业发展等调研建言，对促进科学决策、有效施政发挥了重要作用。"[①] "加强红色资源保护和利用"等工作，得到了党和国家的高度重视，其工作成绩受到了总书记的肯定。新四军铁军精神内涵的文化传承，离不开包括新四军红色基地在内的红色资源的保护和利用。如何在现有成绩的基础上，再接再厉，做好新四军红色基地等资源的保护和利用，江苏盐城新四军纪念馆、安徽泾县云岭新四军军部旧址纪念馆等红色基地，在这方面提供了有益的经验。

红色基地与文物保护、环境建设、文化旅游、爱国教育等工作相结合，保护和利用红色资源的重要途径，也是新四军铁军精神内涵文化传承的重要方式。在这一方面，本文着重讨论苏浙皖文化旅游与铁军精神传承的关系。

苏浙皖三省，是新四军抗日活动的主要地区，三省各地散布大量的新四军活动旧址。这些旧址所在地，大多已经建立了比较成熟的新四军纪念馆、纪念碑等红色景点，从而为新四军铁军精神内涵的文化传承，提供了坚实的物质形态的载体和基础。这些红色资源，有的已经成为各级文物保护单位，有的已经建成 4 星、5 星等星级风景区，在国家文化旅游体系中，占有重要的地位。据笔者的不完全统计，苏浙皖三省有新四军各类旧址、纪念馆、纪念碑、纪念广场等近百处。现表列部分新四军红色基地如下：

新四军红色基地一览表

序号	红色基地名称	主要景点	地址
1	新四军纪念馆	主馆区	江苏省盐城市建军东路 159 号
		重建军部纪念塔	江苏省盐城市建军中路
		重建军部旧址	江苏省盐城市建军西路 118 号
2	新四军第三师纪念馆	新四军第三师师部旧址	江苏省盐城市阜宁县益林镇南窑村（今西南村）
3	新四军第一师纪念馆		江苏省盐城市东台市三仓镇北郊
4	黄花塘新四军军部纪念馆	主馆区	江苏省淮安市盱眙县黄花塘镇黄花塘村
		张云逸旧居陈列馆	

---

① 习近平：《一个国家、一个民族不能没有灵魂》，《求是》2019 年第 8 期。

（续表）

序号	红色基地名称	主要景点	地址
5	新四军刘老庄连纪念园	八十二烈士纪念馆	江苏省淮安市淮阴区刘老庄乡
		八十二烈士纪念碑	
		浴血刘老庄主题战壕	
6	大胡庄八十二烈士陵园	主园区	江苏省淮安市淮安区菱陵乡大胡庄
		大胡庄八十二抗日烈士纪念馆	
		大胡庄八十二抗日烈士纪念塔	
7	车桥战役纪念馆	主馆区	江苏省淮安市淮安区车桥镇
		车桥战役烈士陵园	
8	新四军黄桥战役纪念馆	主馆区	江苏省泰兴市黄桥镇米巷10号丁家花园
		通如靖泰临时行政委员会旧址	黄桥镇米巷10号丁家花园
		新四军苏北指挥部旧址	原黄桥中学工字楼
		新四军第三纵队指挥部旧址	原严复兴楼
		新四军黄桥战役革命烈士纪念塔	黄桥镇永丰中路
9	茅山新四军纪念馆	主馆区	江苏省句容市茅山风景区
		苏南抗战胜利纪念碑	茅山风景区望母峰
10	新四军先遣支队暨韦岗战斗陈列馆	主馆区	江苏省镇江市润州区韦岗街道
		韦岗战斗胜利纪念碑	韦岗街道
11	新四军四县抗敌总会纪念馆		江苏省镇江市丹徒区宝堰镇
12	新四军一支队司令部旧址		江苏省南京市高淳区中山大街东端原吴氏宗祠
13	新四军江南指挥部纪念馆	新四军江南指挥部司令部旧址	江苏省常州市溧阳市竹箦镇水西村
		新四军江南指挥部史料展览馆	
		新四军第一支队司令部旧址群	江苏省常州市溧阳市竹箦镇宋巷
14	新四军六师师部旧址纪念馆		江苏省无锡市锡山区锡北镇寨门村诸巷
15	新四军江抗东进纪念馆		江苏省无锡市新区梅村街道
16	新四军太湖游击队纪念馆		江苏省苏州市吴中区光福镇冲山村北山
17	新四军苏浙军区纪念馆		浙江省湖州市长兴县槐坎乡温塘村

（续表）

序号	红色基地名称	主要景点	地址
18	安吉新四军纪念馆	孝丰革命烈士陵园	浙江省湖州市安吉县孝丰镇城东社区
		新四军天目山反顽战役纪念馆	孝丰革命烈士陵园右侧
19	临安新四军历史纪念馆		浙江省杭州市临安区板桥镇板桥村
20	浙东新四军后勤基地纪念馆		浙江省绍兴市上虞区陈溪乡公交车站广场东侧
21	新四军（四明山南部）红色纪念园		浙江省宁波市海曙区章水镇红岩岭细北线天雷坑村
22	新四军浙东游击纵队司令部旧址		浙江省宁波市梁弄镇晓岭街 103 号
23	温州市浙南抗日根据地旧址		浙江省温州市南雁荡山
24	岩寺新四军军部旧址纪念馆		安徽省黄山市徽州区岩寺后街荫山巷 7 号
25	新四军军部旧址纪念馆	主馆区	安徽省宣城市泾县云岭镇罗里村
		司令部旧址	罗里村原种墨园、大夫第
		政治部旧址	罗里村西 2500 米汤村
		军礼大礼堂旧址	罗里村西 1000 米原云岭村陈氏宗祠
		修械所旧址	大礼堂东 300 米原关帝殿
		战地服务团俱乐部旧址	云岭新村原陈氏新村尚文厅
		叶挺桥	罗里村东 1000 米叶子河上
		新四军抗日殉国烈士纪念碑	罗里村东 3000 米黄龙岗
		中共中央东南局旧址	罗里村西 4000 米丁家山村
26	皖南事变烈士陵园		安徽省宣城市泾县水西山
27	新四军二支队司令部旧址		安徽省宣城市宣州区狸桥镇
28	新四军第二师纪念馆	皖东烈士陵园	安徽省滁州市来安县半塔镇塔山
29	新四军七师司令部旧址纪念馆		安徽省芜湖市无为县红庙乡海云行政村三水涧自然村
30	新四军三支队司令部旧址		安徽省芜湖市繁昌县孙村镇中分村原徐氏宗祠
31	新四军第三支队纪念馆		安徽省芜湖市芜湖县红杨镇西河古镇
32	新四军四支队革命纪念馆		安徽省六安市舒城县高峰乡东港村
33	新四军第四师纪念馆	新四军第四师司令部旧址	安徽省亳州市涡阳县新兴镇
		"六一"战斗烈士陵园	

三、铁军精神的文化传承：重视亲身审美体验与加大投入

从上表可以看出，新四军红色基地的建设，已经取得了很大的成绩。苏浙皖三省，重要的新四军活动旧址，新四军各师及前身支队，新四军的重要战斗战役，基本上都有了纪念馆、纪念碑或纪念园。虽然一些红色基地还有很大的提升空间，但对于新四军铁军精神内涵的文化传承，已经有了基本的物质保证。现在的问题，是如何最大限度地发挥这些红色基地的体验和教育作用。我们认为，要"加强红色资源保护和利用、推动文化创意产业发展"，主要可以在下列三方面努力：

首先，在思想认识方面重视基地建设，提供更多更好的精神传承的体验场所。

我们应充分认识到，红色基地作为精神内容的物质载体，并非可有可无。精神形态的内容，必须有其物质载体。对于新四军铁军精神内涵的文化传承来说，红色基地是"红色资源"的重要组成部分，其作用是无可替代的。新四军红色基地的意义，在于这些基地以物质形态的方式，提供给受众，使参观者进入"历史的现场"，在这一现场，参观者可身临其境，从政治、精神、实践、文化等各个层面，全方位地亲身体验铁军精神。

这种身临其境地亲身体验，不但可以给予我们对于新四军铁军精神的理性认知，而且可以给予我们诉诸心灵深处的"感性认知"，即"心灵的感动"。这种诉诸心灵深处的"感性认知"，在哲学—美学领域中，被称之为"审美体验"。根据美学的一般原理，美学就是研究"感性"的哲学，因此，美学的原意，就是"感性学"。

作为"感性学"的审美体验，其中一个基本命题，就是作为审美主体的人，在认知对象世界的过程中，必须要有"亲身体验"和"亲身实践"，而无法通过理性认识被灌输。通俗一点地说，在许多情况下，"讲道理"的作用是有限的，只有诉诸审美体验的"感性劳动"，才能使受众接受。马克思认为，"这种连续不断的感性劳动与创造、这种生产，是整个现存感性世界的非常深刻的基础"[①]。换句话说，在这种感性世界里，只有文本知识是远远不够的，而诉诸情

[①] 《马克思恩格斯全集》第3卷，人民出版社，1958年版，第50页。

感和感性的潜移默化，才具有最大的力量。宋代陆游在《冬夜读书示子聿》诗中说："古人学问无遗力，少壮工夫老始成。纸上得来终觉浅，绝知此事要躬行。""终觉浅"，不是指文本上的东西"浅"，而是指深奥的道理，仅仅从书本获得是不够的或浅薄的，而要靠亲身参与、亲临现场的审美体验。红色基地以物质载体的形态，提供了获得这种感性体验无可替代的空间。我们通常将红色基地命名为"教育基地"，但种种"教育"，并不是单纯的说教或灌输，而应以亲身体验的"审美教育"为主，因为只有这种让被教育者亲临现场的审美实践，才能从心灵深处打动被教育者，才是效率最高的一种教育形式。

第二，加大对于红色基地的投入，妥善处理精神传承与文化商品属性的矛盾。

综上所述，我们应继续重视新四军红色基地的建设，加大对于红色基地的人力物力投入，以提供更多更好的审美实践场所。在上列红色基地表格上，许多基地不但规模巨大，而且达到了4星乃至5星级，有的则是全国重点文物保护单位；但总体来说，还存在许多不平衡的现象。许多基地规模较小，经费不足，难以形成规模效应。许多基地在经费不足情况下，不得已而减少工作人员，缩短开放时间，没有形成良性循环。因此，我们需要继续加强新四军红色基地的建设，加大人力物力的投入。

对于红色基地的投入，不论在社会效益还是在经济效益方面，都具有较好的"投入产出比"。搞好基地建设，形成规模效应，不但可以拉动地方经济，更重要的，是可以用潜移默化的方式，传承新四军铁军的精神，形成越来越强的正面力量。当然，精神文化建设是一项长期的工作，不见得能够有立竿见影的效果，但只要积极努力，持续建设，迟早会得到巨大的有形无形的回报。

在红色基地的投入与建设中，应妥善处理精神传承与文化商品属性的对立与统一。红色基地的主要目的，不是为了赚钱，而是为了传承革命精神；但我们也不能否认，文化产品也具有一定的商品属性。许多基地为了弥补经费的不足，适当地收一些门票费用，有些基地，在周边搞了一些配套的商业服务设施，这都是可以理解的。但是，我们也应该清醒地认识到，红色基地并不是普通商品，不能简单地套用普通商品的发展管理模式。在个别基地，将某些景点承包给个人，不适当地淡化了红色基因，强化了商品氛围，甚至唯利是图，因不合理的费用和劣质的服务问题而与前来参观学习者发生冲突，造成了不良影响。因此，我们认为，相关部门除了要加大红色基地的投入，还应妥善处理精神传承与文化商品属性的对立与统一关系。我们认为，在做强做大基地的基础上，红色基地应逐步降低乃至取消门票费用，吸引更多参观瞻仰的游客，通过服务来搞活经济，达到收支平衡。国内已经有许多著名景点，例如杭州西湖、南京玄武湖紫金山等5星级景区，都已经不再收门票，并由此而提高了社会效益和经济效益。这种模式值得我们借鉴。

第三，加强总体规划，调动各方面积极性，将红色基地升级为红色之旅。

苏浙皖地域相连，省域面积相对较小，各活动旧址间距离较近。这些旧址好像一颗一颗的珍珠，如果能将这些散见的珍珠连成一串，或将产生更大的规模效应。随着高铁、高速公路、城际铁路、民用机场等交通基础建设的逐步完善，我们完全有可能将苏浙皖三地的近百处新四军红色基地，就近串联成一串一串的红色之旅线路，而相近的线路，又可连接为更大更长的红色之旅线路。在这一线路中，能单独吸引游客的大规模红色景区，毕竟是少数；大多数规模较小，资源较少，作为单独基地，对于受众的吸引力较小，如果能连接成串，大小相互带动，就有可能产生一加一大于二、整体大于部分之和的系统效应。特别是省界边际地区，社会发展相对滞后，客源较少，如果串联成线，就能增加改善效益的空间。当然，跨地域的联合，特别是跨市、跨省的合作，需要上层的统一规划，我们建议，由三省的若干家大规模基地牵头，成立市际、省际的协调会议，统一规划，制定联票、共享、协作机制，共同发展。

同时，也要注意调动发挥各方面、各行各业的能动性，积极参与红色基地的运营和发展。例如，刚退休的职工，特别是教科文卫的退休职工，对于红色基地的体验游览，有强烈的需求，有较强的消费能力，市场空间庞大，如果能结合民宿、养老、养生、亲子活动，提供出行、住宿、租房等一系列方便而经济的解决方案，就有可能激活市场需求，将点状的红色基地，提升为线状甚至网络形态的"红色之旅"。

（作者系南京师范大学文学院教授，博士生导师）

芜申运河：推进长三角一体化发展新通道

姜晓云

内容提要： 江南运河纵贯长三角的南北，有力地促进了该区域的发展；芜申运河横穿长三角的西东，至今却默默无闻。钩沉芜申运河的历史，挖掘其交通、经济和文化等价值，对于推进长三角一体化发展，无疑具有十分重要的意义。

关键词： 芜申运河；长三角一体化；作用

芜申运河和京杭大运河江南段（以下简称江南运河）呈十字状，沟通起长三角的南北和西东，其重要的历史文化价值，特别是推进当前长三角一体化发展的重要意义，学术界关注得还不够，相关配套规划也显得相对滞后，为此需要一个较为系统的阐述。

一、芜申运河的形成与发展

芜申运河源自春秋时期的胥溪、胥江、胥浦等人工运河。《尚书·禹贡》记载："淮海惟扬州。彭蠡既猪，阳鸟攸居。三江既入，震泽底定。"所谓三江，有南江、中江、北江之谓。班固《汉书·地理志》"丹扬郡芜湖下"记载，"中江出西南，东至阳羡入海"，阳羡即今宜兴。《水经·禹贡山水泽地所在》亦云："中江在丹阳芜湖县南，东至会稽阳羡县，入于海。"随着地理和气候的变迁，中江逐渐淤塞。根据《吴越春秋》记载，春秋时期伍子胥由楚奔吴，走的就是中江故道，其中一段曰"濑水"。公元前506年，伍子胥在此线路上暗凿胥溪，兴兵伐楚。吴国水军从苏州胥门出发，经胥江入太湖，再经荆溪、胥溪直达芜湖，渡长江，进濡须口入淮，从大别山中出兵，最后攻入郢都。开凿胥溪，最难啃的骨头无异于高淳—溧阳段，因为要切开太湖水系与长江水系的分水岭——茅山山脉西南丘陵地带，最高海拔 20 米左右。

　　胥溪又名胥溪河、胥河、伍堰河、五堰河、鲁阳五堰、胥溪运河、淳溧运河、中河，北宋水利学家单锷在其所著《吴中水利书》记载："公辅以为伍堰者，自春秋时，吴王阖闾用伍子胥之谋伐楚，始创此河，以为漕运，春冬载二百石舟而东，则通太湖，西则入长江，自后相传，未始有废。"明代韩邦宪在其所著《广通镇坝考》作了较为详尽阐述："春秋时吴王阖闾伐楚，用伍员计，开河以运粮，今尚名伍胥河，及旁有伍牙山云。左氏襄公三年，楚伐吴，走鸠兹，至于衡山；哀公十五年，楚子胥子期伐吴王桐汭，盖繇此道。滇西有固城邑遗址，则吴所筑以拒楚也。自是湖流相通，东则连两浙，西入大江，舟行无阻矣。"清代历史地理学家顾祖禹在其所著《读史方舆纪要》卷二十江宁府溧阳县"广通镇"条曰："《志》云，春秋时，吴王阖闾伐楚，用伍员计，开河运粮，东通太湖，西入长江，因名胥溪河。其后渐湮。"与之同时的地理学家胡渭在其所著《禹贡锥指》卷九云："通江于淮，即夫差所开之邗沟；通湖于江，则阖庐所开之胥溪也。"民国时期著名地质学家丁文江实地考察胥溪后认为，"此河亦必属世界最古运河之一，可以无疑也。盖此河实即纪元前五百十一年，吴王用伍员计，开河运粮伐楚所凿，故史亦称此河为胥溪"（载《太湖水利季刊》1917 年 1 卷 3 期）。地理学家胡焕庸实地考察后也倾向于胥溪为伍子胥开凿（胡焕庸、任美锷、李旭旦《东坝考察记》，载《方志月刊》1933 年第 6 卷 2 期）。

　　狭义上的胥溪，指的是从芜湖至宜兴段的运河，从更小范围来说甚至专指高淳—溧阳段运河；广义的胥溪，指的是从芜湖到苏州段的运河，其中还包括胥江。胥江始自苏州的胥门，经横塘、木渎至胥口入太湖，并与狭义上的胥溪相连，相传也是伍子胥为了伐楚而主持开凿的，是第一条以苏州为起点的运河，有意思的是这段运河后来还被称为"胥溪"。相传伍子胥还主持开凿了另一条从苏州出发向东连接大海的运河叫胥浦。胥浦从苏州通向杭州湾，主要作用在于泄太湖的洪水，遗址在今上海市金山区。楚国灭越后，春申君黄歇封于吴地，治于苏州，他疏通许多河道，抑制水患，其中就疏通过黄浦江，因而被誉为"开申之祖"。从胥溪、胥江并进一步延伸到上海的河道，就是目前"芜申运河"的前身。

胥溪的开凿，是出于伐楚这一临时性的军事目的，再加上高淳—溧阳段处于太湖与长江两大水系的分水岭，因而不易长久通行。唐末杨行密据今安徽宣州时，为便利从江浙一带运粮，在胥溪上修筑五堰控制水流。宋初五堰渐废，改建为东、西两坝。明初建都南京，南京作为全国的政治中心和经济中心，也成为全国的漕运中心。为满足人员出入和物资运输的巨大需求，1392 年复浚胥溪，建石闸，名广通镇，太湖地区漕运多取此道。由于交通便利，上海松江出产的棉布，贩经芜湖时，大多就地浆洗加工，因此芜湖布商云集，宋应星在其所著《天工开物》中就有"织造尚淞江，浆染尚芜湖"之说。为了避免长江洪水从胥溪冲进太湖造成水患，永乐初年改闸为坝（东坝），嘉靖三十五增筑下坝，水道被拦腰切了一段，船舶无法直接通行。

孙中山在 1918—1920 年间撰写的《实业计划》"第四部改良扬子江之现存水路及运河·江南水路系统"中，最早提出"申芜运河"的宏伟设想："此项系统包括南运河与黄浦江、与太湖及其与为联络之水路而言。此中吾所欲为最重要之改良，乃在浚广浚深芜湖、宜兴间之水路，以联长江与太湖，而又贯通太湖浚一深水道，以达南运河苏州、嘉兴间之一点。"据《江苏省志·交通志·航运篇》记载，1959 年曾议开芜申运河，并拆东坝，建下坝节制闸，旋停办；1987 年 9 月开工兴建下坝船闸，1989 年 9 月建成，运河重新恢复航运功能。2004 年，交通部组织编制并公布了《长江三角洲地区高等级航道网规划》。长三角高等级航道网是以长江干线和京杭运河等水运主通道为核心，三级航道为主体，四级航道为补充，由 23 条航道组成"两纵六横"航道网络，其中芜申线即芜申运河为其中的"一横"，按三级航道标准建设，设计最大船舶通航能力为 1000 吨级。2006 年，芜申运河航道整治工程纳入交通运输部"十一五"内河水运建设规划和长江黄金水道总体推进方案；2011 年提出"十二五"期间，长江三角洲高等级航道网达标率达到 60% 以上，并于 2014 年 6 月完成芜申运河南京段的改造；2016 年提出"十三五"期间，全面推进芜申线等航道建设，基本建成长江三角洲"两纵六横"高等级航道网。截至目前，经过江苏省、安徽省分段施工，芜申运河航道整治工程已经基本完成。

二、申芜运河建设有利于推进长三角一体化

芜申运河横跨安徽、江苏、上海，全长 296 千米，是一条沟通长江和太湖水系跨流域的省际内河航运通道。其中，安徽段起自芜湖市青弋江入江口，沿青弋江、清水河、黄池河，终至皖苏两省交界处；江苏段起自苏皖两省交界处，沿着胥溪、荆溪，进入太湖，经太浦河，终至苏沪两省（市）交界处；上海段起自沪苏两省（市）交界处，沿着黄浦江，终至吴淞口进入江。申芜运河建设，非常有利于推进长三角一体化这个国家战略的实施。

（一）申芜运河有利于促进长三角的互联互通

芜申运河起自安徽省芜湖，流经马鞍山、宣城和江苏省南京、常州、无锡、苏州等地区，最终抵达上海，横跨了三省（市）八地，这八个地方中有长三角一体化的龙头上海，还有特大城市南京，以及经济发达的苏南地区。除此之外，芜申运河还与长江、太湖、江南运河等主航道，以及长三角地区如蛛网一样的河道相连，构成了一个无比巨大的交通网。芜申运河改造成为"水上高速"后，必将有力促进长三角的互联互通，进而推进长三角的一体化。

（二）申芜运河进一步深入长三角的地理中心

芜申运河不仅流经长三角的核心地带（如上海、南京、苏州、无锡、常州），还流经或者串联起长三角一体化的"角落地带"（如芜湖、马鞍山、宣城，乃至南京的高淳区、常州的溧阳市、无锡的宜兴市，甚至浙江西北部的某些地区）。这些"角落地带"位于太湖的西面，以山地为主，历史上交通不畅，受中心城市辐射较少，亟需一体化发展。但从另外一个意义上来说，这些"角落地带"反而是长三角的地理中心、绿色发展的高地。

（三）申芜运河显著加强了长三角的对外辐射

申芜运河的建设，不仅有利于长三角的一体化发展，比如深入到长三角地理上的核心地带（太湖西部地区），还有利于长三角效应的对外辐射。芜申运河通过连接长江航道，能让"长三角效应"沿着长江逆流而上，辐射到长江中上游

地区；也可以越过长江，通过水道辐射巢湖乃至淮河地区，从而有力促进中西部地区的发展，并进而为长三角一体化提供更大的腹地、更有力的外部支持。历史上的胥溪，曾经在明初发挥过这样的作用；如今随着河道的建设改造，芜申运河在当代发挥的作用会更显著。

三、芜申运河的综合性效应有待提升

对于芜申运河，社会知晓度并不高。一方面因为历史上并不存在这个名称，一方面在《长江三角洲地区高等级航道网规划》及交通运输部内河水运建设规划、长江黄金水道总体推进方案中，它是以"芜申线"的航道名称出现的，而且改造工程尚未全部完成。再加上芜申运河改造的几个河段，都在一些县级区域，虽然期间南京的高淳县改成了高淳区、芜湖的芜湖县改成了湾沚区，但还是缺乏长三角中心城市的拉动，有些地方将芜申运河称为"申芜运河"就是一个例证。芜申运河由"虚线"改为"实线"后，发展潜力和综合效应不可估量。

（一）芜申运河具有综合的交通与经济价值

从芜湖经南京至上海的长江水道走向是一条弧线，而芜申运河几乎是一条直线，长江中上游地区船舶通过芜申运河进入上海，将可缩短航程100多千米。据统计，南京籍船舶经长江至无锡、上海等地的千吨级以下船舶每年超过2万艘次，载货量达500多万吨。这些船舶改由芜申运河航行，每年仅节省油费产生的经济效益就达上亿元。而且这些中小型船舶从芜申运河通行，一方面可以减轻越来越繁忙的长江航道的压力，并能够避开长江的大风大浪，一方面可以在沿岸的大中小码头停靠，从而满足沿线大中小城市以及广大乡村的具体需求。在长三角，如同江南运河辅助海上运输促进南北沟通一样，芜申运河也可以辅助长江运输促进西东的沟通。从经济价值来看，芜申运河还有很大的防洪、灌溉等功能。

（二）芜申运河具有特定的文化和旅游价值

当前长三角的核心地带逐渐走上了工业化、城市化的发展道路，江南地区传统的"鱼米之乡""小桥流水人家"等人文景观逐渐被侵蚀、碎片化乃至蜕变成为一个个封闭的旅游景点。据报道，传统江南文化的代表性城市苏州，2020年上半年工业产值超越上海，工业增加值也超越了深圳，已经正式成为我国乃至全球第一大工业城市。何处望江南？芜申运河沿线就保留着大量的传统江南人文景观，从西到东可以充分领略丰富多彩的徽文化、金陵文化、吴文化、海派文化，还有原生态文化、长江文化、太湖文化、江南文化、运河文化、海上丝路文化等。"江南风土欢乐多，悠悠处处尽经过。"（张籍《相和歌辞·江南曲》）"悠悠"二字，道尽了乘舟欣赏江南风物的最佳心理感受。这是一种动静结合的慢节奏的生活，这样的旅游充满着诗意。"绿水青山就是金山银山"，这是时任浙江省委书记习近平于 2005 年 8 月在湖州安吉考察时提出的，也可以作为包括安吉在内的芜申运河沿线城乡风物的真实写照。

（三）四地联动打造芜申运河经济文化带

芜申运河流经安徽省、江苏省和上海市，并以水路、陆路方式与浙江省相连。安徽省在 2018 年长三角地区主要领导座谈会上首倡共建"一地六县"合作区战略构想，就很有意义。"一地六县"合作区包括上海光明集团绿色发展基地（上海白茅岭农场有限公司，包括白茅岭农场、军天湖农场），江苏省溧阳和宜兴市，浙江省长兴和安吉县，安徽省郎溪县和广德市，地处上海、南京、杭州、合肥四大都市圈的交汇地，面积约 1 万平方千米。通过三省一市的精诚合作，将"一地六县"合作区打造成为"长三角之心"。从更大的视野来看，江浙沪皖更要四地联动，尤其要发挥上海的龙头带动作用，提升芜申运河通航能力，建设芜申运河经济带，促进文化和旅游发展，将芜申运河经济文化带打造成为长三角生态绿色一体化发展示范区、长三角一体化发展新名片。

（作者系南京师范大学档案馆馆长、研究员、文学院硕士生导师）

浅析京杭大运河对长三角城市发展的影响

——以常州为例

范炎培

一、水利对城市的布局与发展的影响

　　水是人类赖以生存和发展不可缺少而且也是不可替代的重要资源，以致人类文明的起源大多都发生在水量丰沛的大河流域，如尼罗河流域的古埃及文明、两河流域的巴比伦文明、长江黄河流域的中华文明等。水量丰沛地区成为人类早期聚居的首选，以解决生活的需求以及农业灌溉，从而逐步形成早期村落和城镇。随着经济的发展，河道水流利于交通运输，为商品的流通提供了非常便捷的条件，促进了区域经济的发展，因此河道的分布对城市的形成布局与经济发展有着重要的影响。

　　城市是人类文明的集中地，更是创造文明的人类得以栖身的居所。城市建设是一个包罗万象的综合体系，涵盖地理、气候、产业、人口发展战略等各个方面的经济、文化因素。不论城市如何发展，总得以水为先，城市的发展离不开水，这是古今中外人士的共识。水对城市的作用是全方位的，也是贯彻始终的，但归纳起来大致这么几种：（一）自然城市因水而生，而那些非自然诞生的城市在选址上则很大程度考虑了水的作用，水在城市诞生的过程中，直接影响城市的生存和布局。（二）城市的水文现状在极大程度上决定着城市的环境现状与发展。（三）人类逐水而居，为城市积淀了大量的有关水的文化，最后便成了城市文化的一部分。同时水流河道是否利于交通运输，为工业的发展、商品的流通是否提供了非常有利便捷的条件，也对城市的布局与经济发展有着重要的影响。

从城市发展史来看，便捷的交通是城市发展的首要条件。秦朝统一中国后，朝廷为方便对各地的统一管理，修筑以咸阳为中心通往全国各地的交通要道，这些道路包括驰道、直道、新道、五尺道等。这是中国历史上最早的"国道"。据《汉书·贾山传》曰："秦为驰道于天下，东穷燕齐，南极吴楚，江湖之上，滨海之观毕至。道广五十步，三丈而树，厚筑其外，隐以金椎，树以青松。"这些"国道"的修建，对我国当时的经济发展，城市的建设应该起到了不小的促进作用。但是由于秦朝统治的时间较短，导致当时"国道"不同程度的废弃，也就不同程度地影响了一些地区的发展。再者，当时陆路交通运输的动力主要依靠人力或兽力，其交通运输的便捷与能量，远远不能与河流舟楫相比，因此在河流适于航行的前提下，水运是当时最便捷最廉价的交通运输方式。

二、大运河成为南北经济和文化交流的"黄金水道"

纵观中国的地形基本上呈西高东低的阶梯状态，形成中国的水系大都呈"一江春水向东流"的自然形态。自古以来东西流向的江河沟通便利了中国东西方向的交通，同时也对我国南北交通产生了很多不利的因素，妨碍了南北经济的交流发展，致使早期中原地区的政治经济发展优于南方地区。隋朝时期开凿的大运河，全长 2700 千米，以洛阳为中心，南起杭州，北到北京，纵贯在中国最富饶的东南沿海和华北大平原上，经过北京、河北、河南、山东、安徽、江苏、浙江七个省市，沟通海河、黄河、淮河、长江、钱塘江五大水系，成为中国南北交通的大动脉，这是世界上开凿最早也是最长的一条人工河流。大运河作为连接南北经济的纽带，在中国历史上产生巨大的作用，将黄河流域的中原地区、齐鲁地区与长江流域吴越地区等相对独立的自然经济区域连成一片，成为沟通了黄河中下游经济区和长江中下游经济区的商贸干道，为南北地区经济、文化交流提供了极大的便利。对南北经济文化的交流，维护全国统一和中央集权制的加强，都起了很大的促进作用。

大运河开通联系南北，给长三角地区注入了前所未有的新兴动力，致使大运河沿线地区的面貌发生巨大的改变，对长三角地区经济的发展产生了巨大的影响。一批城镇相继出现，或将原有的城镇进一步发展成为大城市，促使大运河沿线成为中国明星城市的分布带和重要的经济区域。例如长三角地区江苏的徐州、淮安、扬州、镇江、常州、无锡、苏州，浙江的嘉兴、杭州、湖州等地，就像是大运河这条巨大的"藤蔓"上结出的丰硕成果。大运河成为沿岸城市的母亲河。这些城市区域的农业和工业发展迅速，商品经济功能增强，成为工商业繁荣、人口荟萃的大都会。"半天下之财，悉经水路而进。"古时，河运具有运量大、时间快的特点，运输效率比陆路高，所以贯穿南北的京杭运河就好比是现在的高速公路。运河上商旅舟船往返不绝，既有利于当时北方先进经济文化南传，又有利于以后江南经济文化对南北地区的带动和辐射作用。大运河的开通为南北经济的发展带来无限的生机，成为南北经济和文化交流的"黄金水道"。这些大运河串联的城市，经济高度发展，在一定程度成为中国资本主义萌芽的策源地。

　　本文以运河常州作为具体探析对象，揭示运河水系在常州城市的发展史上，对常州近现代工商业的发展所起的促进作用。

三、大运河对常州城市发展的影响

　　常州处于江南水乡，位于长江三角洲中心地带，北枕长江，南临太湖，河网纵横，自古以来水运历史悠久。在常州南郊春秋淹城出土四条独木舟，东郊圩墩新石器时期马家浜文化遗址中，出土划船的桨与橹，常州地区水运的发达可见一斑。有文字记载的常州地区漕运史，可以追溯到公元前514年"吴王阖闾用伍子胥之谋伐楚，开凿运漕。春冬载二百石舟，东通太湖，西入长江"的胥溪河（宋单锷《吴中水利书》）；公元前495年吴王夫差为了争霸中原，开凿了自苏州望亭，经常州奔牛，由孟河入长江通北要道的运河。公元前486年又开凿邗沟，由扬州起沟通了长江和淮河的水运通道。原本出于军事需要的人工水道，在以后的经济发展中成为漕运要道。

　　隋大业六年（610年）京杭运河贯通，水路运输大兴。常州因其在太（湖）滆（湖）水系、皖南水系、长江水系的三水交汇和连江通湖独特的地理优势，成了"舟车引百越，襟带控三吴"①，"苏松至两浙七闽数十州，往来南北两京，无不由此途出"的交通枢纽。朝廷在常州设置水陆码头毗陵驿，成为大运河转运粮赋中心。江南大批贡赋漕粮经由常州毗陵驿站转运北方，交通的发达促使常州经济进入了快速发展时期，并最终确立了常州成为州府级城市的地位。早在武则天长安年间常州就被称为"毗陵大藩"。特别是唐后期战乱导致中原人口和经济重心的南移，进一步推动了常州的经济繁荣。政局平稳的江南，促使常州成为当时的商贸中心之一，唐武宗会昌四年（844 年）常州跻身于全国十大望郡。"江东之州，常州为大。"②《全唐文》载："常州为江左大郡，兵食之所资，财赋之所出，公家之所给，岁以万计。"③到宋朝，常州"膏腴沃衍千里，无不耕之地"成为当时最大的粮食产地，"苏（州）、常（州）、湖（州）、秀（嘉兴），膏腴千里，国之仓庾也"④。"江南赋甲天下，又大半出于苏松常镇。"⑤陆游称："方朝廷在故都时，实仰东南财赋，而吴中尤为东南根柢，谚曰：'苏（州）常（州）熟，天下足。'"⑥清雍正四年（1726 年）常州府统领 8 县，故常州有"中吴要辅，八邑名都"之称。

　　我国古代的城市在很大程度上是依靠内河航运发展起来的，常州在 800 余里的江南运河中，占有东自苏州望亭风波桥，西至常州奔牛堰全长 170 余里的运河段，其中穿越常州郡城的河段达 40 余里，形成常州城水相依、人水相亲的格局。运河水孕育、滋润、造就了常州。朝京门地处南来北往的水陆交通要冲，毗陵驿设置在常州古运河畔的朝京门附近，具有得天独厚的地利因素。繁忙的驿站，对周边商圈的形成起了很大的促进作用，使得朝京门附近成为商品集散地。1840 年鸦片战争之前，常州四大支柱产业"豆、木、钱、典"多集中在西门毗陵驿附近，四大产业成为常州贡赋的重要项目。

　　常州传统手工业依托运河布局，依托运河而兴，经济依托运河发展壮大。

---

　　①　乾隆：《过常州府八韵》，《御制诗集》二集卷六十八，《文渊阁四库全书》第 1304 册。
　　②　《全唐文》卷四百九崔佑甫《故常州刺史独孤公神道碑铭》;《毗陵集》卷五独孤及《谢常州刺史表》。
　　③　梁肃：《朝散大夫持节常州诸军事守常州刺史赐紫金鱼袋独孤公行状》，《全唐文》卷五百二十二，中华书局 1983 年影印本。
　　④　《范文正公集》卷九《上吕相公并呈中丞谘目》。
　　⑤　莫天颜：《水利足民裕国疏》，贺长龄等编《清经世文编》卷二十六。
　　⑥　《渭南文集》卷二十《常州奔牛闸记》。

晋代以常州梳篦为代表的家庭手工业开始兴起；梳篦业是凝聚着常州数千年历史与文化积淀的传统手工业，声誉久著，行销甚广，是常州百姓赖以维持生计的一大产业。历史上有"常州梳篦甲天下"之声誉，史书上有"梳篦世家延陵地"的记载。湖北江陵拍马山古墓中出土的战国时期木梳上就刻有"延陵西门"（常州古称延陵）字样，说明常州梳篦已有2000多年的历史，远销地处长江中游，古称"七省通衢"的江陵，应该是依靠水运的便利。清乾隆年间《常州赋》称："土产竹篦朝京门内比户皆为。"《武进工业调查录》中记载"自康熙间漕运盛行，而梳篦之销流渐驰声于南北。"据载，常州西门和南门一带几户家家户户世代从事梳篦生产，而经销梳篦的店铺则大多集中在常州西门运河边的怀德桥与文亨桥之间。清时，苏州织造府每年在常州定制一批梳篦，连同织造府的龙袍一起进贡朝廷，故常州梳篦有"宫梳名篦"之称。

四、大运河对常州近现代工商业的发展所起的促进作用

（一）常州的纺织工业

千百年来纺织业一直是常州传统的支柱产业，绢、绸、红紫棉布、龙凤席等产品早在隋唐时期就具有较高的生产水平，且以丝麻织品驰名全国，列为贡品的丝织品就有透额罗、细绫、红紫二色绵布、纱罗、紧纱等。据《唐六典》记载，当时全国各地的织物按质量高低分为九等，常州生产的绫被列为二等，尤其是作为贡品的"透额罗"名极一时。唐朝著名诗人元稹曾在诗中这样赞美："新妆巧样画双娥，慢裹常州透额罗。"唐宋时，常州的丝织品以花色丰富、品种繁多而成为江南五大丝织产地（苏、杭、湖、松、常）之一，到宋代，由于北方大量的移民南迁，带来了丝绸的需求和北方织品的南移交流，促进了江南丝织品的迅猛发展，常州的丝绸生产水平也得到了进一步的提高。北宋时期，常州生产的晋陵绢（常州古称晋陵）已是常州家庭手工机户普遍织造的产品，而且也成为常州百姓繁重的税赋任务之一。据《咸淳毗邻志》记载，常州府每年要上交绢15157匹3丈1尺，自宋宝祐年间上贡绢增至22640多匹。明清时期常州的丝绸生产受"江南三织造"（南京、苏州、杭州）中的苏州织造府的监

管，出现了声誉较高的产品，如"罗纱绢"等，不仅花色新颖，而且轻盈凉快，成为夏天穿衣的首选。明清时期常州的民族经济发展迅速，开始萌发早期的资本主义生产关系。

清末民初常州的工业发展迅速，依托运河丰沛的工业用水与运河交通便利，常州的工厂如雨后春笋般地在运河沿岸蓬勃发展，常州经济进入资本社会。1906 年创办了常州最早的织布厂，1913 年创办了常州第一家机器厂和电力公司，1919 年创办常州最早的面粉厂，此后常州大型的面粉厂、米厂、油厂等粮食加工企业都是建立在大运河畔。常州的纺织、机械、食品、电力等近代工业迅速发展，形成了相当规模，奠定了常州经济辉煌的坚实基础。1949 年以后，常州人利用近代工业打下的基础，进一步依托运河布局常州工业，创造了地区经济发展的奇迹，成就了常州成为地区经济中心城市的地位。

常州传统纺织工业的兴旺发达，为清末民初近代纺织工业的崛起奠定了坚实的基础。清光绪三十年（1904 年）常州第一家专业织布的洪昌织布工场建成，开始把分散的手工业向工厂化发展。1906 年常州第一家织布厂——晋裕织布局成立，购置了改良过的 100 多台手拉织机，标志着常州近代纺织工业的正式兴起，厂址就建立在古运河边的东下塘。至辛亥革命前常州纺织业形成办厂高潮，民间资本开始集资办厂，有手工织布厂 10 余家，另有近百家手工染坊，形成漂白、染色、印花、踹光等纺织印染系列行业，获利颇丰。1916 年常州创办了第一家机器动力纺织厂——大伦机器织布厂，有工人 300 余人，年产布 15000 余匹，注册"狮牌"商标，产品行销于常州、沪宁等地。以常州纺织工业的代表人物刘国钧为例，他于 1918 年在南门古运河畔创办了广益布厂，1922 年又在东门城外老运河旁建立广益二厂，此后两厂合并为广益染织厂，生产的色布、绒布、皱皮布、贡呢、哔叽等产品热销于市场，商标取名"征东牌""蝶球牌"。1930 年成立大成纺织染股份有限公司，创建大成一厂、大成二厂。1936 年办大成三厂，将汉口震寰纱厂改名为大成四厂。在不到 8 年的时间大成企业由一个厂发展为四个厂，纱锭有一万枚发展到八万枚，资金由五十万发展到四百万，建成了纺织印染的一条龙企业模式，在 20 世纪 30 年代具有首创意义，并首先在我国纺织行业中试制成功灯芯绒、丝绒。刘国钧的这一成就被著名的经济学家马寅初称为工业中"罕见的奇迹"。1921 年由王文焕等人合资在常州西门外开办常州最早的袜厂——鸿章针织厂。以后机器织布厂、棉纺厂、机器并线厂、毛巾厂等等纺织企业沿着运河相继开创。特别是从 1927 年到 1937 年，是常州工业迅速发展的十年，其中纺织工业已经成为常州走上现代化的主要标志，有棉纺印染厂 40 多家，全市形成机器棉纺、棉织、印染、针织 4 大行业，常州大成公司、民丰公司成为纺织印染设备齐全的全能工厂。新中国成立前，全市棉纺企业 97 家，产值占到全市私营企业的 81%。新中国成立后常州的纺织工业得到进一步的发展，常州的棉纺、毛纺、丝绸、针织、印染、服装、纺织机械等方面在国内外有很高的声誉，诞生了不少家喻户晓的纺织名牌，当年红极一时的抢手面料、实用织物，从常州走向全国，走向世界。仅 1979 年至 1985 年期间，常州纺织产品获部、省级以上优质产品称号的有 108 件，其中国家金质奖 2 件，银质奖产品 14 件，创造了常州辉煌的纺织工业史，纺织成为常州这座中国著名的工商业名城的重要组成部分。常州的纺织产品供不应求，例如著名的纺织品牌"蝶球牌"，始于 20 世纪 20 年代，至今还是纺织名牌产品。常州第五毛纺织厂生产的"童鹰牌"毛毯，外地的采购人员带着现款提前在厂门前排队，也不一定采购到"童鹰"毛毯。常州的灯芯绒、牛仔布，在广交会上成为抢手货。1965 年坦桑尼亚总统尼雷尔来到北京，请求中国为坦桑尼亚建一家纺织厂。中国外交部答应了尼雷尔。在中国的 7000 多万元无息贷款支持下，纺织厂在达累斯萨拉姆市郊建成，命名为"友谊纺织厂"，整个纺织印染一条龙全方位的现代化纺织厂，就是由常州纺织工业局负责承建，常州纺织工业的实力可见一斑。

（二）常州的机电工业

常州的机械工业源于古代的手工业，早在春秋晚期就有铁制的农具器皿与兵器生产。南宋时期已经有制作纺车等木质纺织机械，清末民初已有作坊式的铁铺生产农具和日用工具。随着农业生产的需要，近代粮食加工业的兴起和常州纺织工业的迅猛发展，机械工业也开始崭露头角。1931 年在常州西门运河边锁桥湾附近一批民族工商业者建立了第一家机器制造企业——厚生机器厂，制造了 12—40 马力柴油机、戽水引擎、水泵、织布机、筒子车、经纱机等机器，开创了常州制造内燃机的历史，成为我国 3 家最早生产内燃机的企业之一。厚生机器厂的 8 马力火油发动机使常州许恒丰油坊开创了常州使用机器动力榨油的历史，进一步促进了常州豆、米业的繁荣。1915 年厚生机器厂又先后制成挖泥机船、机器客船，开创了常州制造机械动力船的历史。1924 年厚生机器厂又制造了 12 千瓦直流发电机，50 伏安变压器，相继制造出 17 匹、27 匹、40 匹柴油机。1929 年在规模盛大的杭州西湖博览会上，厚生机器厂在参展的 51 个厂家 6774 件产品中，27 匹马力柴油机获得了金奖。以后常州的机械制造业发展迅速，一批机械制造厂相继出现，生产的织机、经纱机、柴油发电机、碾米机、磨粉机、蒸汽锅炉、内燃机等在江南享有盛誉，发动机还远销南洋。在常州西门大运河边创办的大可机械厂是常州第一个科技型企业，除修造内燃机、内河拖轮、戽水机、碾米机及机床外。1935 年首创研制成木材瓦斯发生炉，取代柴油和汽油，安装在机轮上运行，1941 年安装在汽车上行驶在上海大街上。

常州戚墅堰机车厂原是在光绪三十一年（1905 年）始建于上海的吴淞机厂，1936 年迁到常州，选择在大运河边的戚墅堰建厂，成为依托于运河布局的大型国有企业，主要从事铁路火车机车修理、制造。现在更名为中国南车集团戚墅堰机车车辆厂，是中国南方机车车辆工业集团公司所属的大型企业，是中国铁路主要的轨道交通运输装备制造和服务基地。

1913 年常州电力工业开始兴起，一批民族资本家，创办了常州最早的发电厂——武进振生电灯公司。1921 年经当时的北洋政府批准，常州振华电厂（以后成为常州大型国企戚墅堰电厂）在大运河边戚墅堰布局建立，并建立 33 千伏常（州）锡（无锡）输电干线，是当时华东地区电压最高的输电线路。常州输变电企业自 20 世纪 50 年代逐步扩展发展，变压器厂、开关厂等相关企业都选择在大运河边建厂。改革开放以后常州变压器厂发展迅速，不仅拥有直达京沪铁路的自备铁路专用线，还在大运河边建立连通长江的全国最大 800 吨变压器专用码头，以方便超大型变压器的运输。

依托运河水系，常州的水上交通运输一直很发达。早期的公路、铁路运输线路少而费用高，江南水乡河道四通八达，货运基本上是木帆船。1916 年常州登记在册木帆船有 200 余艘，1929 年常州木帆船达 1175 艘，1948 年达到 2000 余艘，装载量超过万吨。光绪二十八年（1902 年）常州内河招商局首创轮船运输，成为机械动力船运输的开端。由于轮船运输比传统的木帆船运输优越，利润丰厚，吸引了常州民间资本纷纷投资创办民营轮船公司，至新中国成立前常州市区有轮船公司15家，公司大多设立在大运河边西门的表场附近，据统计1949年全市的货物运输总量的80%是通过水运完成的。至今运河运输仍然为常州的经济发展发挥着重要的作用。为了适应常州经济发展的需要，运河常州段先后四次南移，留下了常州现在的三条运河。第一条，最早的古运河成为现在的南市河，这里已是繁忙的中心城区。第二条，明朝时期运河两次南移，第二次南移开挖的运河称为老运河，几百年来为常州的经济发展作出了巨大的贡献，现在成为中国大运河申遗常州段历史文化遗存景点。第三条，随着常州经济飞速的发展，老运河虽然经过多次的疏浚和拓宽，但还是不能适应常州经济发展的需要。2004年常州政府决定对大运河常州段南移，开挖新运河，这是常州运河的第四次改道。新运河的开挖解决了困扰常州发展的多项难题，特别是解决运河市区段的堵航问题，使常州水上运输由国家四级提升为国家三级，可以行驶1000吨级船舶三线航行，自2008年以来，船舶日通过超过1800艘以上，没有发生一起事故。大运河南移提高了市区防洪能力，新运河成为常州最大的防洪通道。大运河为常州经济和社会的发展发挥着重要作用，运河仍然是常州经济发展中不可缺少的部分。

　　自古至今京杭大运河成为中国经济运行的脊柱，形成了具有地区特征的长三角经济带。常州以纺织、机械为主的民族工业的崛起与发展，奠定了常州运河工业经济辉煌的坚实基础。特别是20世纪中后期创出了一条具有鲜明地方特色的常州工业发展之路，使常州成为长三角地区经济发展的中心城市之一。

五、保护大运河水文化是当务之急

　　如今，特别是改革开放以后，常州地区的航空（常州机场）、铁路、高速公路，河道运输四通八达，每天有无数的商品经常州流通全国及世界各地，使得常州的经济发展如虎添翼得到空前的大发展。但是不能忘记是大运河哺育了常州，为常州民族工业的发展创造了有利条件。常州数百家的工业大多集中在运河沿线，在运河两岸布局大中型企业涉及的行业有纺织、机械、化工、冶金、钢铁、电子、电力、粮食、造船等等，形成了常州工业经济的主骨架。常州经济依托运河得到快速发展，运河沿线始终是常州工业发展的聚集区和常州人口聚集区，千百年来形成了常州独特的水文化。所谓水文化，即是人类社会历史发展过程中日积月累形成的关于如何认识水、利用水、治理水、爱护水、欣赏水的物质和精神财富的总和。大运河申遗成功成为世界级非物质文化遗产，我们更要深入挖掘大运河历史文化资源，做好保护、弘扬和利用大运河的新篇章，让古老的运河文化融入现代城市生活，我们还有许多事情要做。怎样擦亮这张世界级的大运河文化名片，保护大运河水文化应当是当务之急。

（作者系常州市社会科学院历史文化研究所研究员）

长三角水文化建设若干现状及对策研究

——以南京市秦淮区为例

蒋苏燕　蒋涌涛

内容提要：城市兴衰与水息息相关，拥有水并且科学合理地利用，让水与自身完美融合，城市才能得到良好的发展。长三角是我国河网密度最高的地区，平均每平方千米河网长度 6 千米左右，水资源效能发挥有较大提升空间，居民改善生活居住环境需求日益增长，水文化发展前景可观。随着长三角区域一体化发展战略的深入实施，对水文化建设提出了新的更高的要求，为精准确立城市水文化高质量发展目标，推进水文化遗产保护，以南京市秦淮区为例，分析水文化建设面临的现状，尤其是问题、不足，提出若干针对性建议和对策，供相关部门决策参考。

关键词：水文化；城市发展；长三角；南京市；秦淮区

水是长三角的天然优势和亮丽底色，蜿蜒逶迤的水文化酝酿出三省一市温润而大气、柔和而饱满的城市风貌和人文特征。城市的兴衰往往与水息息相关，拥有水并且科学合理地加以利用，让水与自身完美融合，城市才能得到良好的发展。早期的城市通常建立在水边，目的就是解决灌溉、饮用和排污问题，水道同时也解决了运输问题，现代工业农业更是需要大量用水，水的分布对经济布局有重要的影响。可以说，无论是中国还是外国，水资源丰富的地区历来是人口经济繁荣之地，反之，水资源匮乏的地区其人口数量、经济能力则明显逊于前者。近年来随着长三角一体化发展战略的深入实施，各地都对水文化建设提出了新的更高的要求，水文化遗产保护任务日益繁重，水文化研究和挖掘亟待加强，水文化建设与水利工程融合亟需提升。作者以南京市秦淮区为例，根据当前阶段水文化建设高质量发展目标要求，提出若干建议、对策和设想，以期供地方决策者参考，同时供长三角各城市治理部门借鉴。

一、中国水文化发展渊源

水，作为一种自然元素，既是人类生命的依托，又是一种精神资源。它呈平面状态分布，或平静开阔，或曲折深奥，或一望无涯，是自然界的真实代表。城市要生存，一刻离不开水，故而逐步形成了不同的水文化，即"人类社会历史发展过程中积累起来的关于如何认识水、治理水、利用水、爱护水、欣赏水的物质和精神财富的总和"[1]。对今天来说，"不同民族、国家、文化背景下产生的传统水文化都是人类文化重要的组成部分和文化遗产"[2]。

中国历朝历代都重视水和水文化，甚至还"把祭祀各种司水神灵列为重要的政事活动。天旱祭祀祈雨，水涝祭祀祈晴，平时定期祭祀则祈求风调雨顺。这些活动，不仅有各级官吏的参与，而且有最高统治者的主持与倡导，一些朝代还把对某些司水神灵的祭祀，列为国家祀典，设专职管理，还一再为这些神灵加封晋爵"[3]。古代关于水文化的思想意识大致有：（一）帝王游乐仙境思想。帝王向往游乐神仙境地思想，将水视为神池仙液。（二）儒家哲理思想。视水为德行，五行之始。（三）文艺崇水思想。古代诗人与画家热爱水，宣传"智者乐水"。（四）宗教风水思想。认为水可止风届祉，可保佑人财两旺。（五）经济实用思想。认为水是万物之源，万木之本。（六）传统水利工程思想。如大禹治水被颂扬至今，都江堰水利工程成为历代重要水利设施等。孔子在川上曰："逝者如斯夫。"表达了对生命易逝、年华不再的慨叹。李白有诗："抽刀断水水更流，举杯浇愁愁更愁。"李煜有"问君能有几多愁，恰似一江春水向东流"的千古哀

---

① 汪德华：《中国山水文化与城市规划》，东南大学出版社，2002 年版，第 37 页。

② 任维东、曹元龙：《加强国际合作 搞好水文化研究——访法国水科学院院士、湖北大学特聘教授郑晓云》，《光明日报》，2019 年 5 月 30 日。

③ 蒋涛、吴松、秦素粉：《水文化导论》，西南交通大学出版社，2017 年版，第 109-110 页。

叹。至于以水诉相思、写怨女、描柔情、抒胸臆、思家园、绘战乱等更是数不胜数。荀子《劝学》有言："不积跬步，无以至千里；不积小流，无以成江海。"唐太宗感于前贤警策，常用"载舟覆舟"之说。由此可见，水为智者提供了丰富的文化源泉，智者亦开发了水无穷的文化宝藏，正因为如此，水文化源流才生生不息，在五千年华夏的文化历史中占据特殊的地位，并进而构成人类文明史中光辉璀璨的一页。

二、长三角城市水文化典型模式

水文化在城市规划中的表现程度，是古代城市规划达到理性高度的最重要的衡量尺度，而城市水文化，是反映城市地段中人与水打交道的过程中所产生的各种文化现象的总和。纵观我国的城市发展史，都蕴涵着丰富的水文化，它既是我国民族文化的重要组成部分，又是我国水利体系的重要组成部分。它作为水文化形式的一种，具有提升水利工程文化底蕴、改善城市外在形象、满足居民文化需求、促进人们爱水节水意识提高等特殊作用，逐渐被城市水利工作者重视并应用到工程建设中来。从城市和居住环境的实际空间形态看，水文化是揭开中国古代文化采取以意境为主、表现自然、表现天人合一概念模式的最佳状态所在。自然界中草木无言，山水无知，长江东逝，黄河入海，气势虽不以"人的意志"为转移，但当其纳入人类视觉范畴，这无知无觉的水便会化作"文化精灵"，成为具有鲜活生命的审美载体。从城市水文化的表现形式看，大致可分以下几种：

一是皇家型城市。反映水文化的德性、福性，具有较大气魄，如南京。南京城市规划中水体布局既有客观合理的一面，又有文化概念上的特殊需要，满足帝王对水体神仙思想等文化观念的需要。其水面布置优于周边城市，因周围有山，中部有湖泊——玄武湖，且此湖在都城选址中起很大作用。南京又受到南部内外两道秦淮河影响，北面的湖面与南边的河道形成对峙局面；其中北部洪水内涝问题无法解决。所以明代都城又向东移，在紫金山西、富贵山一带建宫城。而秦淮河是一个非常热闹的地方，从玄武湖到秦淮河这条轴线，始终是都城的不可动摇的位置。明代之后，南京城布局稳定，主要商业区一直在南部秦淮河两侧，秦淮河是沟通长江的唯一水道通路，也是泄洪的河道，其水文化也集中于此。

二是文人山水型理性城市。反映水文化的精细、完美、生动，富有诗意和理性，如杭州、扬州、绍兴等。其中杭州以水文化为中心发展起来的城市格局，在南宋鼎盛时代成型，既有以西湖为中心的水体布局，又有相对成熟的城市水系布局。

三是民间实用型城市。反映既实用又富民族地方特色和民俗风貌，如苏州、无锡、常州等。苏州是我国众多水城的典型代表，建城 2500 余年而城址不变，这归功于城市建设者对水系的合理规划。

四是自然条件型城市。由于水资源丰富的优越条件，反映依附自然的和谐布局，如镇江等。

三、南京市秦淮区水文化建设现状及存在问题

（一）现状

秦淮区是古都金陵的起源、南京的发祥地之一，地处主城东南，因十里秦淮贯穿全境而得名，是南京市四个主城区之一，区域面积 49.11 平方千米，户籍人口 71.62 万人，常住人口 103.2 万人，辖 12 个街道，107 个社区，1 个省级开发区——白下高新技术产业园区。这里是首批国家全域旅游示范区，也是东部地区重要的金融商务中心，华东地区的商贸、文化、旅游中心，人文自然景观丰富，被称为南京"最文艺"的市辖区。

秦淮因水而名，缘水而兴，依水而美。区内自然河、人工河错落，有内秦淮河、青溪、玉带河、响水河、运粮河及小运河等。有中外闻名的 AAAAA 景区夫子庙—秦淮风光带，有东水关、东干滨河公园等休闲广场。现有工程建筑类水文化遗产共 93 处，包括河道 13 处、闸站 11 处、堤防 4 处、水库（陂塘）2 处、重要取水口 2 处、井泉 20 处、桥梁 28 处、码头 4 处、坛庙寺观 1 处、其他 8 处，国家保护级别的 4 处、省级保护级别的 5 处。

"中国第一历史文化名河"秦淮河所孕育的水文化是南京秦淮文化的核心组

成部分。"六朝建都，宫城城址在今天城市中部偏北，而衙署及文人学士居地多数在都城之南部，市秦淮繁华的重要原因。"① "明代，秦淮两岸形成一系列景点，以后跟更加兴盛。"② 境内古今水道体系保存完整，既有天然河道、湖泊、湿地，也有六朝以来都城建设过程中陆续开凿的人工河道，有内、外秦淮河贯穿，也有护城河连通水网，是典型的都市水乡，水文化内涵极为丰富，具有历史悠久、形式多样、内涵深刻、景观优美的特点。其中秦淮河流域具有商贸文化和居住文化民俗特色，以酒店、茶室、旅馆一类公共建筑群，在中心地区形成优势。河房是秦淮河两岸一种独特的民居形式，其形制别具一格。以居住为主的沿河住宅，表现为网状的前街后河布置特点，除每家有后房直通河道，可取水洗物、购置河上小船商品外，还设有公共小驳岸，称小埠头，供不临河的住户使用。而沿河住户为了取水方便或乘凉需要，常将房屋凸出河上，架于水面之上，各家的沿河台阶又不统一，层数高低不一，从而形成一种特殊的"小桥、流水、人家"的水乡城市风貌。秦淮河口三角洲是南京城市发展的起点和"十朝都会"的重心，"被誉为'十里珠帘'的内秦淮河，是全国唯一的以河道中的游船为中心视角、两岸河厅河房为景观的水文化历史城区，被誉为'中国第一历史文化名河'，秦淮河已经成为南京历代文化的载体和象征，见证了南京城的形成、兴起、衰落和复兴"③。历代以来，李白、刘禹锡、杜牧、吴敬梓、朱自清等文人墨客来此游览，留下了《乌衣巷》《泊秦淮》《登金陵凤凰台》《桃花扇》《桨声灯影里的秦淮河》等名篇绝唱。

"六朝以来，秦淮河的美名传扬天下，秦淮古桥更是独具魅力。放眼秦淮河上，拱桥、曲桥、斜桥、直桥比比皆是，其历史之长，造型之美，内涵之深，无不凝聚着秦淮水文化的灵韵，散发着璀璨的光辉。"④ 秦淮河周边自古有油市、盐市、灯市、鱼市、牛市、考市、夜市以及大量的茶酒肆。⑤ 长干桥、文德桥、朱雀桥、淮清桥……犹如一枚枚活化石，散发着江南水乡的韵味。秦淮河水中"桨声灯影"的独特载体——秦淮彩灯和秦淮画舫，是秦淮河水文化的突出符号

① 南京市秦淮区地方志办公室编:《十里秦淮志》，方志出版社，2002年版，杨福明序第1页。
② 南京市秦淮区地方志办公室编:《十里秦淮志》，概述第2页。
③ 贺云翔、景陈:《南京秦淮区水文化遗产研究》，江苏人民出版社，2017年版，第2页。
④ 孙峰:《秦淮水韵》，江苏人民出版社，2013年版，第31页。
⑤ 夏仁虎:《秦怀志》，秦淮区地方志办公室，1989年版，第56—57页。

和标志，凸显了秦淮河文化的独特魅力，烘托起秦淮河水文化的两岸风情。"秦淮灯火甲天下"，被列为首批国家级非物质文化遗产名录的秦淮灯会，文化价值被世人传承。

（二）问题与不足

1. 框架体系尚需提升完善。客观上，长三角甚至全国范围内声望较高的秦淮区水文化建设，与国外发达城市相比，仍存在一定差距。国内水文化研究主要是涉及和水相关的文化现象、文化建设等问题，国外则注重于水和人类社会发展的关系、水文化和可持续发展、关于水的伦理道德问题、水文化和人权问题、关于水的传统知识及应用问题等，在学科层面上也更注重从政治学、社会学、人类学、哲学等学科去研究水和人类之间存在的文化现象。突出的情况如，全区河道水体与既有文化建筑、园林绿化之间融合不足。水文化研究起步较晚，只有零零星星的一事一物的保护，尚未构建完善的水文化发展框架体系，未形成体现全区水文化地位的系列研究和宣传。

2. 统筹协调需要形成合力。自古以来，"南京河道堤防原以民间管理为主。明洪武二十七年，设东坝巡检司广通镇闸官署。……明永乐十八年起，除胥溪河上的东坝外，其余河道均失于管理。……新中国成立后，随着水利工程的兴建、管理机构的建立，河道堤防管理不断加强。"[①] 近年来，南京市尤其是秦淮区水利建设长足发展，然而从事水文化的研究和应用的科研人员大多数来自水利行业，水文化研究和应用主要也是由水务部门推动的，社会上从不同的学科领域开展水文化研究的专家学者很少，统筹协调工作难以实时开展。其次，存量水文化挖掘深度不足。水文化遗产保护、挖掘工作有待进一步加强，大部分工作停留在物质层面保护和传承上，对其文化、历史内涵层面的挖掘不够深入，水文化人才资源整合不足。第三，全区水务工程建设与水文化、水景观的融合有待加强。水文化载体建设相对较少，水文化精神引领与水利行业核心价值体系建设有待进一步加强。

3. 实用性成果不够丰富。目前水文化研究的成果在实践中应用程度和国外

---

① 南京市地方志编纂委员会编：《南京市志》，方志出版社，2010 年版，第 495 页。

发达国家有明显差距，公众对水文化参与者分享程度不高，没有成为水文化分享、拥有和实践的主体。历史上，这样的教训十分深刻。"清代修浚秦淮之役，见之记载者，则嘉庆甲子、丁丑，道光甲申，光绪末年，然愈久愈不可治，盖民居愈密，河道愈湮，一经建议，众诉纷起，沧海桑田，殆在指顾减耳。"①

4. **滨水产业发展尚未突破**。秦淮区滨水产业及滨水经济发展均有待提升，水文化产业发展还处于起步阶段，水文化产业领域存在空缺，目前仅有内秦淮河的部分旅游景区较为成熟，虽然前阶段受到新冠疫情影响，但总体上亟待开展全面而深度的水文化建设。

四、相关对策与建议

老子说："上善若水，水善利万物而不争。"文化"看似柔弱"，但"润物无声"的力量厚积薄发。"十四五"期间，秦淮区以共建水系流域花园、共享美丽幸福河湖为目标，探索城市有机更新方法，着力提升文化空间、形象品质空间，围绕"特而精、最南京"，努力实现"水清河畅、景美文昌"的愿景。

（一）将水文化建设纳入区域发展总体规划

弘扬新时期科学治水理念，形成科学、创新的治水理念，拓展水利服务经济社会发展的能力，铸造秦淮区水文化精神。提升"十里秦淮"的旅游配套设施，进一步完善"桨声灯影里的秦淮河"水上游线路。以内秦淮河西五华里截流管迁移改造工程为契机，在保留原有特色的前提下，凸显内"十里秦淮"西半段，即滨河地段开发建设对市、区而言的重要地位。

（二）强化水文化遗产的保护和利用

市、区统筹，进一步开展水文化遗产调查，完善水文化遗产规划，形成高标准的《秦淮区水文化遗产保护利用规划》《秦淮区水文化遗产技术标准和工作规范》《南京市秦淮区水文化遗产试点工作报告》。结合河湖和水务工程管理范

---

① 夏仁虎：《秦怀志》，第87页。

围确权划界，全面完成蓝线范围内水文化遗产环境整治、保护展示等工作。将"桨声灯影"的特殊载体秦淮灯彩和秦淮画舫等秦淮水文化的突出符号和标志性元素，融入水利规划和工程设计中，提升水利工程的文化内涵和文化品位。构建水文化生态保护区、水文化遗址公园、水文化旅游景区、水文化公园等空间利用体系。规划采取展示、重现、主题塑造等方式，彰显秦淮水文化特色。将月牙湖、清水塘等作为长三角"河长制"培训的现场学术交流基地，将西玉带河提升为"长三角网红打卡点"。

（三）开展生态河湖文化带建设

实施水系文脉整理，融合现代科技与人文景观元素，建设一批具有示范引领作用，集防洪、供水、生态、旅游等综合效益为一体的水务亮点工程。对具有历史文化底蕴工程的源流、历代整治情况进行梳理考证，概况总结治水思想理念，建设技术技艺与值得借鉴的优秀治水、管水经验。总结工程所在地周边的历史名人、传说、民俗等，凸显地域文化特色。展现城市更新亮点，为老城发展注入崭新活力，完成玉带河、明御河、内秦淮河、友谊河等沿线景观绿化，形成绿色休闲的滨水景观空间。对于建设条件较好的河段如运粮河、外秦淮河等，打造景观风光带，将七桥瓮申报国家级文物保护单位，并加快建设七桥瓮湿地公园。进一步提升沿河项目文化品牌，依托白下高新产业园区撒洪沟防汛堤防消险水利项目，结合党建活动和科技创新文化主题，在全长约 1100 米的撒洪沟右岸背水侧，打造党建广场等特色景观。

（四）优化升级水文化硬件设施

完善水文化公共服务设施，建设秦淮区古城水文化馆、当代治水成就展示馆，筹建秦淮区水利博物馆，建设水文化广场、虚拟水文化馆等。建成水上展馆和节水型教育基地，开展水文化相关讲座。营造全社会节水护水亲水爱水的良好氛围，推动节水型社会建设。以小见微，打造群众身边的水文化风景，推动"文化 +"发展。对胡家花园（愚园）小微水体实施针对性水质提升，对郑和公园和周边环境实施整治，推广小微水体管理经验，凸显富含水文化历史园林景观的现实意义。完成主城玉带河、明御河、内秦淮河、友谊河等河流沿线景观绿化，营造运粮河风光带，消除内秦淮河景观死角，不断提升外秦淮河文化景观。

（五）打造"水韵秦淮"特色文化品牌

挖掘秦淮河水中流淌千年的文化积淀，揭示的是秦淮文化特征、历史故事、成语典故以及从水中能聆听到的诗词歌赋的音律。重点保护古城水街、水巷的传统风貌，保护江南水乡古镇的水景观风貌格局，保护典型水乡村落的风貌格局。进一步提升外秦淮河文化景观，为"十里秦淮"走向"百里秦淮"景观奠定文化基础。开展水文化解读，完成秦淮区全市水利典籍目录，实施秦淮区水文化解读工程全覆盖。推动水文化研究与创作，成立秦淮区水文化研究会，鼓励水文学艺术创作，创作水文化宣传片、水利风采视频片。强化水文化传播，建成水文化互联网公共服务平台，运用新媒体等多种形式进行水文化宣传，举办"水韵秦淮"等主题摄影大赛，开展水日、水周活动等，把水文化教育列入水利系统职工教育培训内容，定期开展水文化活动。

（六）拓展旅游经济提升水文化产业

以市场为导向建设水文化旅游地和水上游线路，促进水文化空间与旅游业融合发展。在水文旅商融合的"供给侧改革"中塑造"风雅秦淮"大IP，萃取提炼秦淮文化里具有世界意义、当代价值的内容，形成"一城一河"与"科举、非遗、报恩、郑和"的"1+4"故事线，再将故事线变成产品线、旅游线、消费线、传播线，形成一个"价值变现"闭环，吸引市民游客"慢下来、停下来、留下来"。实施水文化体育产业，集中规划水上体育娱乐项目，打造一批水上运动试点水体，形成水上运动品牌，举办主题性水上运动节。强化水文化创意产业，运用社会融资等经济手段，在长三角率先创成水文化创意产业机构，并逐步形成水文化创意产业集群。推出"桨声灯影里的秦淮河"等主题游线，完善配套管理，实现游船在西水关可过闸进入外秦淮河，形成文旅、商办、娱乐康体综合发展的产业运作模式。

放眼网格化新时代的整个长三角，这里是我国河网密度最高的地区，平均每平方千米河网长度6千米左右，各地水资源效能发挥都有较大的提升空间，市民改善生活居住环境的需求日益增长，水文化发展前景极其可观，通过地域间学习借鉴、取长补短，一定能开创出江湖欢腾、精彩纷呈的美好未来。

（蒋苏燕：江苏省地域文化研究会会员；蒋涌涛：江苏省地域文化研究会会员、常州市吴文化研究会副秘书长）

"科技兴国""化工报国"

——范旭东的企业家形象与精神

李 玉

内容提要: 作为近代中国实业界"四个不可忘记"人物之一的范旭东,创业起点、路径异于他人,是典型的科技型企业家。范旭东通过自己的努力,创建了近代中国最大的盐、碱与酸(硫酸铵)厂,为国家打造了基本化学工业的"两翼",具有极为重要的民生与国计意义。艰苦奋斗、勇于探索、知难而进的作风与毅力在范旭东创业过程中表现得非常明显,"为国宣劳而非为个人幸福"的创业观,则使他成为一个"没有钱的大亨"。范旭东实业兴国、科技报国的情怀与作为,使他获得广泛的社会赞誉,树立了良好的企业文化,从而说明确立民族利益导向,服务国家战略,对于实业发展的促进作用。范旭东智商、情商与"政商"皆高,他在近代中国数十年的创业实践与熊彼特关于企业家"创造性破坏"的理论是不完全对应的,体现了具有中国特色的企业家文化,确立了以民族利益、社会效应评判企业家功过得失的新标准。

关键词: 范旭东;侯德榜;"永久黄";"基本化工";"实业救国"

一、范旭东其人

在被毛泽东誉为中国近代实业四位"不可忘记"的名人中,张之洞能不能算作"企业家",还有些疑问,他的身份毕竟不能与其他三人"等量齐观"。就后三人而言,范旭东的研究相对滞后一些,在中国知网(CNKI)进行题名检索,所得结果，"张謇"是1282篇，"卢作孚"是268篇，"范旭东"是128篇。

但另一方面，范旭东又是一个"热点"人物，最近的一些电视节目及一些畅销书，都有涉及范旭东的题材，例如北京卫视的《档案》栏目讲述《民国人物之"中国重工业之父范旭东"》；湖北卫视也有类似的新闻，叫《大揭秘》，题目为《化工先驱范旭东》；香港凤凰网的历史频道也做了类似的节目。

范旭东在历史上的影响度，要从他去世说起。在1945年抗战胜利之后，重庆一方面在庆祝胜利，一方面在进行国共谈判。1945年10月4日范旭东去世，得知这一消息，重庆民众都沉浸在哀痛的氛围中。当时的一些媒体记录为我们还原了追悼大会的一些场景，可以证明他的去世造成的社会震动之强烈。1945年10月21日重庆各界举行隆重的追悼大会。蒋介石送了挽联"力行致用"，毛泽东送的挽联是"工业先导，功在中华"。周恩来、王若飞、郭沫若等都送了挽联。来自工业界、教育界、实业界的人士，以及一些不知名的人士都纷纷敬献花篮，致送挽联。

同年12月11日在塘沽举行的追悼大会有1000多人参加，充分反映出众人对范旭东的缅怀之情。众多科学界、教育界著名人士，以及经济学家纷纷撰写悼文，不吝赞誉，称他为"国内工业化学界巨擘""我国化学工业巨子""工业建国的斗士""民族伟人""工业导师""中国重化学工业之父""化工的巨人""光荣的化工斗士""盐化工业巨子""化工巨子"等。后来，著名学者胡适在天津发起了公祭范旭东的活动。

范旭东逝世的社会反响为什么这么大？因为他事业做得很大。

范旭东是湖南湘阴人士，于1883年10月24日出生，早年家境贫寒，父亲去世较早，哥哥范源濂，后来成了著名的教育家。他的母亲带着兄弟两人在长沙给别人打工，范旭东受哥哥的帮助比较多，兄弟情深。

长沙是湖湘文化的中心。岳麓书院有一副著名的对联是"惟楚有材，于斯为盛"，这副霸气的对联反映了湖湘士人崇高的人生追求，影响了很多人。范旭东也受到湖湘文化的陶冶，他早年和哥哥一起参加反清活动，遭受官府通缉，不得不东渡日本。为度过语言关，先入语言学校学习，后来进入冈山学校，想学军事。他自己回忆说，受该校校长的激发，转向研究实业，考入了京都大学的化学专业。

　　近代中国的留学生大多学习文科或商科，他学的是工科，为以后的创业打下了基础。在京都大学留学期间，国内辛亥革命爆发，推翻了帝制，范旭东和其他留学生一样欢欣鼓舞，他觉得报效祖国的时候到了，便于1912年回到国内。那时候国家百废待兴，留学生回国谋求职务也比较容易，范旭东学有所成，就在北京政府财政部造币局谋得一个职务，做的是化学分析工作，范旭东在坩埚制作方面还有所创新，工作做得不错。但是范旭东不喜欢这种生活，也不喜欢国内的政治气氛，他想去留学，因为欧洲的实业技术领先。后来，他经过选拔得到了财政部派往德、奥等国考察盐政并顺便留学的机会。考察进展顺利，范旭东等人撰写了非常翔实的考察报告。

　　就在考察即将结束的时候，财政部发来电报，说计划有变，国内要办精盐厂，希望他们尽快回国，他的留学梦也就结束了。没想到回国以后财政部长换人了，创办精盐厂的工作也就不了了之。范旭东于是继续回到财政部工作，并由币制局派往各省进行了一次造币厂调查，结果令他"眼界大开"，原来在中国，"币""弊"并无多大不同。于是范旭东最后下定决心，辞掉了公职，走上了实业道路，创办了"永久黄"集团。

　　1914年，范旭东在塘沽试制精盐成功，成立久大精盐公司，1915年12月正式注册。这个企业最初资本只有5万元，但是发展很快，至建厂二十周年之时，资本已增加到300万元。有了范旭东的久大盐厂等企业，昔日荒凉的塘沽逐渐变成了一座近代工业城市。

　　1917年范旭东创办了著名的永利碱厂，这个企业办得比较艰辛，到1923年，仍然不算成功，直至九年之后才生产出合格的纯碱，当年永利"红三角"牌纯碱在美国费城博览会上获得金奖；1930年永利产品又在比利时荣获国际大奖。到1936年，永利日产纯碱152吨、烧碱12.2吨。

　　范旭东的事业中，另一个比较有代表性的企业就是南京永利硫酸铔厂。该厂于1934年开始筹建，历时26个月，到1937年初正式投产。七七事变爆发，日本大举侵华，范旭东本着"宁为玉碎，不为瓦全""宁可举丧，不受奠仪"的态度，拒绝与日人合作。他的企业分别从塘沽、南京内迁四川，先后在四川自贡自流井和乐山五通桥新辟化工基地，1941年范旭东与侯德榜合作试验成功"侯氏制碱法"。1943年范旭东提出宏伟的战后"十厂"规划，并于1945年与美国华盛顿进出口银行达成1600万元的信用借款协议,终因国民党政府拒绝提供担保,而功败垂成。

1922年,范旭东成立黄海化学研究社,这是中国第一个私立化学研究机构,在生物发酵和铝材炼制等方面取得突出成效。天津《大公报》称黄海化工社为民国"仅见之私立学术机关"。

二、范旭东为国家攻克"卡脖子"工程

范旭东创办盐厂之初,付出了许多心血。他在一片荒凉的塘沽海边进行实地调查,当时的大沽口非常荒凉,不长树木,也无花草,只有几个破落的渔村,终年都有大风,一片凄凉景状。范旭东借了渔村的土屋,进行精盐提炼试验,白天在桌子上进行各种操作,夜晚则以桌为床,草草过夜,历经辛苦,为创业初步解决了技术难关。

过了技术关,范旭东创业还得挑战中国传统盐业体制。中国食盐专卖制度源远流长,盐商从政府方面获得盐引,在指定区域销售,官商一体,形成垄断的营销机制。范旭东作为"凭空杀出的一匹黑马",必然为旧式盐商所不容。

当然,范旭东创业恰逢张謇等人发起盐政改革运动,受到不少助推作用,这一运动的另一名主要发起人景本白就积极支持范旭东创业。为了使精盐事业不被扼杀在摇篮里,范旭东做了很多工作。他首先解决了原料供应的问题,然后解决销路问题。据后人回忆,久大盐厂以塘沽作为生产基地,天津作为销售基地,最初只有一间很小的店面,在天津东马路的北段,店铺非常窄,货架也是从南开大学附近买的旧家具。

据说,范旭东后来打通了袁世凯的关系,获得了长江中游五个口岸的销售权,但是并没有直接的证据。为了对抗传统的盐商,范旭东也组织了精盐公会,以扩大声势,市场就逐渐打开了。

此外,范旭东当时创业还存在着资本问题,因为他是一个穷学生,虽然公司制度的引入给中国创业人带来了很多的便利,但范旭东因为没有名望,也没有大的靠山,所以募股较难。他经常像一个收电费的,到别人家里去募集资金。当然也有支持他的人,比如梁启超。梁经常盘问他筹钱进度,梁本人也是久大

精盐公司的股东；还有杨度等人，也在久大入了股。

久大精盐公司的技术问题，对范旭东这样学化学的人来说不难。但是制碱的工艺就要复杂得多。范旭东要办碱厂，首先要攻克技术难关，当时的制碱方法被西方垄断，他从美国请来侯德榜。虽然有很多人支持，但还是非常艰难。最后好不容易设计方案搞定了，建厂成功，1923年正式投产，这是据公司成立已经六年过去了，但是没想到生产出的却是红碱，这表示没有成功。股东们闹开了，给了范旭东很多的压力。他顶住压力，迎难而上，一边生产一边解决困难，不合格产品生产了一段时间，不得不完全停工，因为关键设备部件被完全烧坏了。后来外国公司说，你们还是跟我们合作算了，大家也说侯德榜不专业。而范旭东没有泄气，没有退缩，坚定地支持侯德榜进行技术攻关。1926年6月29日是中国化学史上不能忘记的一天，永利碱厂生产出了洁白的纯碱。其中侯德榜付出了很多的心血，立志要报答范旭东的知遇之恩，而范旭东更是承担了超常的心理压力，他后来回忆自己遭遇了"无数的困难"，简直可以说是"内挤外压"。

侯德榜后来在范旭东的追悼会上泣不成声，说："范兄咬定青山，坚持不懈，为中国人出了一口恶气。"范旭东通过各种各样的努力，实现"无中生有"的奇迹，在中国工业科技史上，实现弯道超车，不仅建厂成功，打破了西方垄断，而且斩获国际大奖。

孟子说："天将降大任于斯人也，必先苦其心志，劳其筋骨，饿其体肤，空乏其身，行拂乱其所为，所以动心忍性，曾益其所不能。"对范旭东而言，更大的磨难接踵而至。1937年日本全面侵华，国土不断沦陷，国民政府内迁重庆。对企业家而言，面临一个巨大考验：何去何从。范旭东则抱定"宁为玉碎，勿为瓦全"决心，率领"永久黄"同人内迁四川，分别在自贡、犍为等地重新设厂生产。其间的经磨历难，可以想见。日本飞机轰炸，地方盐商排斥，生活条件艰苦，生产设施缺乏，科研环境简陋，范旭东遇到的困难与问题，对大后方企业家而言，有一定共性，但范旭东的奋斗精神、创业成效则是非常突出的。范旭东等人不仅开辟中国的华西化工基地，而且研发出引起世界关注的化学工艺，实在是中国化工界、科学界的奇迹。范旭东逝世之后，同事这样评价他："综观范氏之伟大，一在创造的能力，二为苦干的精神。"

　　"化工兴国"是范旭东创业的主要动力与显著特征。在今天，化学是一个众所熟知的学科，但其历史却不长。在近代中国，从化学到化工，均为重要的新生事物。

　　中国古代有酿造醋、酱油，生产火药等化学工艺，但化学并没有作为一个研究性的学科发展起来。科学意义上的化学研究还是产生于西方，化学学科的应用又推进了化学工业的发展。上海《申报》于1873年发表了一篇社评，题名《论化学》，对化学的意义做了非常综合的分析；1888年《申报》又发表了一篇《化学原质论》的社评，纵论"化学有大功用，有大学问，且有大利益"。后来，还有人断言，"化学工业就是一国基本工业的主体"。而化学工业的基础，则为酸、碱、盐。尤其是酸和碱的生产能力是衡量一国化学工业水平的基本指标。

　　范旭东创业的起点是盐，盐的意义在于不仅关乎民生，更是化学工业的基本原料。中国人食盐历史很长，盐对人的好处也很多，比如可以增进食欲，调节人体内的水分，促进蛋白质和碳水化合物的代谢和神经脉冲传播等。但中国人很长时间吃的是粗盐，氯化钠成分很低，除了杂质，里面还包含有害元素，如钡、镁之类。范旭东创办精盐厂，让中国人吃上了"好盐"，同时为中国化工提供基础原料，用他的话说，不是为了卖盐而卖盐，这是他与旧式盐商的根本不同。

　　再说碱，除了食用功能以外，碱的工业价值非常大。碱有很多种，在现代工业里面有一种说法，叫三酸两碱，即盐酸、硫酸、硝酸和纯碱与烧碱。冶金、化工、新材料、玻璃烧制、肥皂生产、油脂加工、洗涤剂合成等工艺都少不了碱，所以有人把碱称为"化学工业之母"。

　　近代中国最初使用的是由西方进口的洋碱，晚清时期国人就明白碱的重要性，渐有人发起动议，生产中国人自己的碱。1901年时一批上海企业家，要创办中国制碱有限公司，工厂设在青岛，管理部放在上海，但是虽然进行了制碱实验，办厂计划却未见下文。范旭东办成功，打破了被称为"碱霸"的英商卜内门公司对中国碱业市场的垄断，"为中国化学工业生出一只翅膀"。

　　最后是酸，酸分为无机酸、有机酸，种类很多。人类用酸的历史也较长，一战时期，就用硝酸制造炸药。科学家后来发现了氨，价值极大，且可以和酸形成化合，硫酸与氨结合之后，就是硫酸铵，在民国时期，称为硫酸錏。硫酸铵的用途非常广泛，比如化肥、农药、纺织、印染、皮革、化学制剂等行业都要用到。范旭东建成的硫酸铔厂，主要生产化肥。化肥有助于农业增收，而后者关乎百姓口粮。此外，硫酸铔在军工方面也有很多用途。

因为有这些价值，所以范旭东办硫酸铔厂，被媒体高度肯定。称范旭东为"斗士"，就是因为他跟科技难关做斗争。硫酸铔厂前后两年多时间，建厂过程中涉及很多的繁难工序，必须有安全设施和工艺标准，需要有非常专业的人才。从当时的媒体评价中，能体会到范旭东创业成功之后的社会喜悦之情。范旭东自己非常兴奋。他激动地说："中国基本化学的另一只翅膀又长出来了。"他率领自己的团队，经过艰苦努力，为国家解决了一个"卡脖子"工程。

范旭东还是近代中国较早进行海洋资源开发的实业家，发起创办海洋研究室，"以化工学术，从事海洋资源之研究"。计划从海水之中开采化工、医药原料，旨在提升中国的"海洋学术"，表现出远超乎同侪的战略发展眼光。

三、范旭东的企业家素养与情怀

时人与后人评价范旭东"不是个为赚钱而办厂的人"，这是他的创业观，也是他的人格魅力之一。他的私德非常好，从不利用公司的钱财谋私利，不利用公司的地位图私益，不利用公司的时间办私事，是他的三个原则。他当"永久黄"团体的领袖三十余年，只拿一份工资。他的物质享受很简单，生活很简朴，他挣的工资仅够温饱，大部分的投资收入都赠给文教机构及企业员工。

有人说范旭东看上去很潇洒，但内心很低调，他是"低调的潇洒"。范旭东60岁的时候，同事们本来要凑个热闹，为他庆生，但是他忙着忙着就忘了，只吃了一碗面条，比平常还要朴素一点。他对自己很苛刻，但是对企业文化设施和员工福利建设却非常慷慨。永利碱厂员工有自己的住宅，还有家属楼，还有各种文化设施，企业职员的业余生活丰富多彩。

范旭东把自己定位为一个书生，理解国家的处境，书生知道国家需要什么，具备给国家办事的素养和专业知识，且比较理性，他是书生报国的典型。正如时人赞誉："范氏一生事业虽如是伟大，个人则不事积蓄，身后并无财产，足见其为国宣劳而非为个人幸福。"

企业家创业的动机，第一是利己，其次是便民，再往上则是报国。范旭东发展化学工业就是为民众谋福利。对大多数人而言，处于第一层次，基于资本的自私自利性，满足于对财富的占有，充其量也只能创造一些经济效应。第二个层次则以服务民众，改良社会为目标，使民众享受更多的创业功效，以扩大创业的"社会效应"。第三个层次的眼界与境界更高，以增进民族利益为导向，以报效国家为追求，具有鲜明的家国情怀。范旭东创业，在第二个层次有较好的作为，他将曾经荒凉的塘沽建设成为一座新型化工城市，被誉为"中国化工的耶路撒冷"。后来又在自贡、乐山等地以化学工业服务地方建设。但范旭东的实业报国特征更加鲜明，正如毛泽东所言，范旭东"功在中华"。

近代国家竞争靠什么？靠现代科技支撑起的基本工业体系。所以范旭东主要开创的是化学工业，这是新一代知识分子、科学家报国的志向。那个时候的实业家一般不敢冒险，如果只是为了获利的话，大多不敢涉足。范旭东创业不是为了赚钱，是一种以个人创业托举国家利益，以团体效益承载民族利益的伟大追求。

范旭东的个人情操直接影响到其麾下的企业文化。"永久黄"集团的实业发展道路，源于范旭东的创业救国理想。范旭东创业的信条就是报效国家，与范旭东并肩创业的同事总结说："范先生的爱国热忱超过常人。""牺牲小己，供献国家，为先生最大信条。"

范旭东非常注重培养"永久黄"管理层人员的爱国意识，用爱国主义精神激发员工的敬业奉献精神，告诫他们"不要忘了个人的责任，尤其不要忘了我们是为中国实业的前途奋斗"，要求员工牢记"我们团体是为了国家复兴"。

范先生号召"永久黄"的同人，为企业奉献自己的一切，为个人前途计，为工厂前途计，为国家工业计，要努力改进技术，增加产量，从而形成了一种非常健康、积极向上的企业文化，这也是"永久黄"能够做大做强的精神内核，这个内核就是爱国主义。爱国主义是一根红线，贯穿起企业各个部门员工共同的奋斗意识，使爱厂和爱国得到有效贯通，从而提高了生产与经营绩效。

随着抗战的进行，民族危机日趋严重。内迁四川以后，范旭东把自己公司的生命和祖国的命运交织在一起，号召在四川的员工："只要祖国存在一天，我们努力干一天，虽然我们会遭遇无数的困难，但是为了祖国的化学工作，绝不屈服于敌人的炸弹。"

通过范旭东的营建，"永久黄"团体文化中的爱国主义不仅"高大上"，而且"接地气"。实业强国、化学报国，形成"永久黄"企业文化的主旋律，将报国的历史责任与担当能力进行有效衔接，通过爱国宣传，构建了强大的文化磁场，形成巨大的生产与经营能力。

当然，创办与运营高科技企业，仅靠激情远远不够，还得靠系统的科学研究，尤其随着近代科技革命不断推进，科学研究的重要性越来越突现。"永久黄"团体有四大信条，第一项就是"我们在原则上绝对地相信科学"，充分体现以范旭东为首的团体同人对现代科学的高度重视。破解制碱工艺难关，并发明了有原创意义的"侯氏联合制碱法"，利用黄海化工研究社取得一系列成就，这些都是范旭东团队重视科学研究的最好证明。

范旭东及其团队探索出一条理论与实践、科研与生产相结合的成果研发与转化之路，这是他的实业模式最为鲜明的特色之一。《大公报》曾经评论说："很多人往往会泄气，觉得自己不行，缺乏实干的研究，缺乏拼命工作的勇气，而永利公司的各位同仁，报效国家社会者，在于能研究，肯工作。"

对企业家来讲，智商不能少，要懂企业、懂政策、懂市场。但光有智商也办不好，还需要情商，使企业内部其乐融融，员工才会凝心聚力。范旭东智商高，化学专业毕业，科班出身。他情商更高，关心员工，善待下属，黄海化工社能够网罗那么多的海归，愿意跟他吃苦，这与他的人格魅力有很大关系。比智商与情商更上一个层级的是"政商"，一名成功的企业家还须具有相当的"政商"。此处的"政商"是指企业家关心政治的眼光，以及因应于某一政局，处理企业与政府、公司与国家，乃至团体与时代关系的能力。

对近代中国企业家来讲，政商的核心就是爱国主义和报国情怀，高举爱国旗帜能处理好与政府的关系问题，有助于应对时局困难。范旭东从小关心国家命运，有一种化学报国的信念。基于对中国产业落后的深刻观察，他决定在中国的盐业史上发动技术革命，要构建中国的基础化工。

范旭东说，中国广大民众贫困的原因之一就是因为不学，或者所学非所用，所以导致国家的积弱积贫，因此一定要做实事，做中国需要的工业技术研发。可以看出范旭东有着很深刻、很务实、很理性的爱国主义。他有感于中国如果要立国的话，要有独立的化学工业，如果要办制碱、制酸工业，就要咬住牙齿，坚定地办下去，所以他才会经受经济上的困难、技术上的困难，经受住时局的磨砺，办成了盐、碱、酸各厂。

在近代中国，"爱国"情怀往往绕不过"政府"这道关。"爱国"不等于"爱政府"，但"爱国"一定要处理好与政府的关系。他处理跟政府的关系方面有自己的方法，早期北洋政府也给他带来了很多掣肘，但政府里面也有他的支持者，比如黎元洪、梁启超、段芝贵、景本白、张謇。

他跟国民政府的关系也比较微妙，政府的相关事务他认真参与，并积极建言献策。国民政府工商会议，蒋介石担任委员长，范旭东做委员；国民经济建设运动会，蒋介石为会长，范旭东是委员，他做了四届国民参政会委员。国民政府里面的宋子文、陈公博等人都对他给予支持，后来 1945 年与美国华盛顿进出口银行达成 1600 万元的信用借款协议，要求国民政府担保，但是政府为难，就没有办成。

正因为范旭东与国民政府尚能保持一定的"合作"关系，而且又高扬爱国主义旗帜，所以当他逝世之后，国民政府明令褒扬，这也是对范旭东企业家"政商"的高度肯定。

熊彼特认为，企业家的本质是创新，因而是经济发展的带头人，能够实现生产要素的重新组合，企业家的作用是"创造性的破坏"，即创造性地打破市场均衡，从而获得企业家利润。他的这一理论非常有名，常被用来指导研究企业家创新。

但这一理论不一定完全符合近代中国的实情。对于中国近代企业家来讲，除了经济方面的创新之外，还有政治方面的担当，也就是爱国主义。中国企业家从一开始就不是单纯的经济型企业家，而是一个社会型的企业家，或者是民族企业家，承担着企业以外的很多职责。

近代中国的企业家精神或许可以跟熊彼特说的企业家精神达成一些互补，近代中国处在追赶的进程，所以不是破坏市场，而是建设市场，是"欠发达市场"，而不是"均衡市场"。对于近代中国的企业家而言，他们的任务至少是"破坏"与"建设"并行。就范旭东来讲，他破坏了一些不良的市场，创办了中国的盐、碱、酸工业，开辟了全新的领域，以工艺创新式的创业取代模仿式的创业。

他"穷则兼济天下"的创业情怀，打破了西方的企业家理性，突破了西方企业家创业是为了发财，办企业以经济利益为导向的原则，为我们以民族利益和社会效应评判企业家确立了样本。

从范旭东创业历程可以看出，爱国主义不仅激励了企业家个人的创业意志，而且鼓舞着其团队的敬业精神，有助于营造企业文化认同，从而对企业生产与经营产生难以量化的质化效应。在一定程度上可以对物质条件、经济手段、利益分配产生相应的替代作用。充分说明只要瞄准国家需求、服务民族利益，创业的目标、动力、路径与绩效就必然不同于寻常。

（作者系南京大学历史学院教授、中华民国史研究中心副主任）

姹紫嫣红牡丹开，良辰美景新秀来

——写在青春版《牡丹亭》400场公演前夕

周 秦

　　《牡丹亭》堪称明人传奇第一，那"不知所起，一往而深，生者可以死，死可以生"（汤显祖《牡丹亭题词》）的至情，那"雨丝风片，烟波画船"，"如花美眷，似水流年"（《牡丹亭·惊梦》曲词）的藻采，曾经叩响了多少青年男女的心扉，成为他们执着追求的生活理想。数百年来，《牡丹亭》同元人高明《琵琶记》、清人洪昇《长生殿》一道成为最热演不衰的三大昆曲剧目，而杜丽娘、柳梦梅、春香、杜宝、陈最良、石道姑这一系列个性鲜活的人物形象，乃至《牡丹亭》作者汤显祖的思想和才华都是通过昆曲剧场得以传播并为世人所认识接受的。

　　《牡丹亭》传奇原本55出，同大多数明清传奇相仿，篇幅冗长，全部搬演须用几天几夜时间。因此自昆曲戏场进入繁盛期的明末清初以来300余年间，《牡丹亭》通常采用选折的形式进行场上演出，全剧搬演的情形至为罕见。编刻于清乾隆二十九年至三十九年间的《重订缀白裘新集合编》收录当时昆曲戏场经常搬演的《牡丹亭》折子戏计有《学堂》《劝农》《游园》《惊梦》《寻梦》《离魂》《冥判》《拾画》《叫画》《问路》《吊打》《圆驾》等12出，比照汤显祖原著，实为11出。70多年后的道光年间，《审音鉴古录》记载的《牡丹亭》常演剧目有《学堂》《劝农》《游园》《堆花》《惊梦》《寻梦》《离魂》《冥判》《吊打》《圆驾》等10出，比照原著，实为8出。又过70多年，清末民初全福班戏码中所见《牡丹亭》常演折子为《学堂》《劝农》《游园》《咏花》《惊梦》《离魂》《花判》《拾画》《叫画》《问路》《寻元》《吊打》《圆驾》等14出，比照原著，乃是

12 出。这些出目大致都经由苏州传字辈艺人传承下来了。考虑到采用不同戏曲文献可能导致的统计误差，从 18 世纪中叶以迄 20 世纪中叶的 200 年间，《牡丹亭》的常演出目虽有小异，实无显著变化。而按照联合国教科文组织关于鉴定世界文化遗产所必须遵循的原真性、完整性和传承性等项原则，恐怕只有这十来出《牡丹亭》真正有条件列为人类非物质文化遗产代表作——中国昆曲的有机组成部分。这些折子戏千锤百炼，精彩耐看，久演不衰，足以代表昆曲场上的最高成就。可是情节断裂，难以全面展现《牡丹亭》的思想风貌。面对现代剧场和青年观众，编演者往往会身陷两难境地：要将《牡丹亭》推介给青年观众，只演几个传统名折显然是不够的，必须首尾完整，情节连贯；而按原著全部搬演，又有许多难以解决的实际问题，光是过于冗长的演出时间就足令现代观众望而却步。因而首当其冲的要务乃是改编案头文本，重新贯通关目，在舞台上呈现基本完整的故事情节，使之尽可能适应现代剧场和青年观众的审美需求。

较早进行尝试并产生影响的有 1957 年 12 月在上海首演的"俞言版"《牡丹亭》（苏雪安改编，俞振飞、言慧珠主演）《牡丹亭》，1982 年 10 月在苏州首演的"张继青版"《牡丹亭》（胡忌整理，张继青、董继浩主演），1999 年 7 月在纽约首演的"陈士争版"《牡丹亭》（陈士争导演，钱熠、温宇航主演），以及 1999 年 8 月在上海首演的"（上昆）经典版"《牡丹亭》（王仁杰整理，郭小男导演，蔡正仁、张静娴、岳美缇、李雪梅、张军、沈昳丽主演）。其中"陈士争版"《牡丹亭》因远离昆曲艺术基本特征而受到较多诟病，也未曾在中国内地公演，其余各种大抵取得了一定的社会效益和制作经验。

2002 年年底，白先勇先生选择苏州昆剧院作为基地，邀集海峡两岸文化学者和戏曲艺术家，精心打造青春版《牡丹亭》。所谓青春版，究其实质无非是尝试起用青年昆剧演员，演绎古典青春爱情故事，借以将民族优秀传统文化推介给青年一代戏曲观众。而要讲好演好《牡丹亭》故事，首要的问题仍在于剧本的整理剪裁。制作团队依据对《牡丹亭》主题思想和情节故事的深刻把握，在"只删不改"的原则指导下，遵循"立主脑"（诠释汤显祖赞美青春、歌颂至情的创作主题）、"减头绪"（修剪与主题关系疏远的旁枝末节）、"密针线"（注重整体结构和重点部位的细节描写）的传统作剧要领，按照《牡丹亭》传奇因情而死——为情复生——情至梦圆的发展线索，将原本 55 出斟酌删并为 27 出，依次整编为上（梦中之恋）、中（人鬼之恋）、下（人间夫妻之恋）三本，从而较为真实完整地体现了原作的文化精神和思想逻辑。总演出时长预计约 9 小时。青年观众能坐得住吗？当时并无把握。

另一个问题是，除了那十来出传统折子戏以外，其余的戏没有场上传承，谁来教？好在文本、曲谱俱在，非物质文化遗产的技艺保留在老艺术家身上，他们可以依据传统表演程式把新戏"捏"出来。于是把表演艺术家汪世瑜、张继青分别从杭州、南京请过来，主持教排。从基本功训练、唱念指导到场上磨合，加上音乐编配、戏装设计、道具制作，编排过程持续了整整一年，使苏州昆剧院和剧组演职人员的业务水平和精神面貌发生了脱胎换骨的变化。最后一次彩排，剧院租借了当时建造中的万豪国际酒店的一层楼面，按首演剧场——台北"国家戏剧院"大舞台 1 : 1 搭建临时戏台，邀请苏州大学文学院研究生作为观众，3 天内连演两轮六场，反应上佳。白先勇兴奋地说："我们成功一半了！"

2004 年 5 月 1 日晚 11 时许，苏州昆剧院青春版《牡丹亭》台北首演徐徐落下帷幕，能容纳 1400 多名观众的"国家戏剧院"却依旧座无虚席，谁也不愿意退场离去。最后，总策划人白先勇走上舞台，手搀主要演员沈丰英、俞玖林，向观众一再致意并谢幕。于是全场起立，报以长时间的热烈掌声。台北主要报刊破例以头版头条的显著地位登载青春版《牡丹亭》的大幅剧照以及评论报道，记者认为此次公演所获致的剧场人气甚至超过了当红的流行歌星，实令主办方始料未及。

20 天以后，5 月 21 日至 23 日，同样的盛况重演于香港沙田大剧院，一票难求，观众若狂，满城争说杜丽娘，传媒惊呼港埠刮起了一阵昆曲旋风。又过 20 天，这股旋风趁势北上，直指昆曲源头——苏州。6 月 11 日至 13 日，"苏州大学存菊堂门前出现多年不见的人流如潮的场面，持票的人三五成群兴致勃勃走进剧场，无票的人焦急地问东问西希望能够侥幸弄得一张"。开场前，拥有 2200 多个座位的存菊堂内早已座无虚席，连四周及过道里都挤满了人。"不同专业、不同年级的大学生虽然喜爱各有不同，但却有一个共同感受：'昆曲真的是国粹！'"（《苏大简报》第 1043 号）

紧接着，7 月苏州世界遗产大会、9 月杭州中国艺术节、10 月北京国际音乐节，青春版《牡丹亭》屡屡成功，声名鹊起。此后数年中，剧组马不停蹄，辗转献演于上海、澳门、天津、南京、佛山、台南、新竹、深圳、桂林、广州、厦门、西安、成都、兰州、福州、武汉、合肥、郑州、抚州、无锡、重庆、深圳等20多座大中城市，并远涉重洋，先后前往美国、英国、希腊、新加坡公演。所到之处，剧场爆满，媒体追捧，好评如潮。2011年年底，青春版《牡丹亭》在北京国家大剧院隆重举行200场公演及庆功酒会。稍事休整，又重新出发，巡演所至的大中城市尚有常州、南昌、长沙、岳阳、盐城、济南、徐州、大连、宁波、石家庄、中山、贵阳、温州、昆明、汕头、南宁、台中、太原、舟山、珠海、台州、扬州、泉州、淮安、宿迁、丽水等30多座。2016年9月赴伦敦参加纪念汤显祖、莎士比亚逝世400周年活动，2017年7月赴雅典参加中希文化交流与文化产业合作年活动，为中欧文化交流做出了贡献。截至2021年1月，青春版《牡丹亭》累计公演394场，前期较大部分演出是直接以高校为对象的；累计进场观众接近百万人次，通过网络等其他途径观看者超过一亿人次，其中以高校学生为主体的青年观众占了绝大部分。

青春版《牡丹亭》的全球风靡，引起了海内外学术界的广泛关注。著名戏曲学者、台湾大学曾永义认为"这是划时代的演出，其意义非同凡响"，"就传统戏曲搬演于现代社会来说，引起了极大的回响"，"对于昆剧未来的发展，相信会有推波助澜之效"，故必将成为"今后戏曲史上称道的一大盛事"。著名戏曲学者、上海戏剧学院叶长海以"清纯、干净、雅致"三个词汇概括他对此剧的印象，认为演出"充分展现了昆剧本身的魅力"，因而"是我所见过的最美丽的一次昆剧《牡丹亭》，比较接近我们理想中的名著《牡丹亭》"。著名汉学家、美国哈佛大学伊维德则指出，"这次演出利用广大的舞台和现代化的剧场技术去搬演传统的戏曲，安排得很理想"，对于他而言是一种"非常特别的美感经验"。白先勇团队和苏州昆剧院历经18年辛勤打造，竖起一座艺术丰碑，不仅成功拓展了昆曲的存活空间，使这门古老的传统艺术重新焕发青春活力，不仅培养造就了以沈丰英、俞玖林为代表的一代苏昆青年演员，将他们推向昆剧舞台中央，更唤醒了当代大学生对民族文化的热情关注和深切认同，堪称21世纪初叶的一大文化奇观。

青春版《牡丹亭》的成功之道，首先在于总策划人白先勇所标榜的"青春"创意。这曾经引发圈内人士的颇多争议：古典传统与青春流行，二者相去万里，岂可混为一谈？然而细思之，白先勇的这一构想不无道理。赞美青春、歌颂至情本来就是《牡丹亭》传奇的主题思想。这是具有永恒意义的文化主题，也是昆剧《牡丹亭》久演不衰、魅力永葆的主要原因所在。因而无论就《牡丹亭》的文化精神抑或昆曲艺术的存活现状而言，这一创意均具有毋庸置疑的合理性。为此，剧院起用优秀青年演员担纲演唱，从容貌神情、体态举止以及唱念音色等方面更真实地贴近并表现剧中人物。诚如王骥德所见，以"老教师登场"，虽"板眼场步略无破绽，然终不能使人喝彩"；而"新出小旦"，固然"未免有误字错步"，却"妖冶风流"，足以"令人魂销肠断"（《曲律》卷四）。而身负苏州昆曲薪传重任的沈丰英、俞玖林气度清纯娴雅，天赋丽质佳嗓，他们的气质长相最适宜于扮演昆曲中的生旦角色。剧中扮演春香的沈国芳，扮演杜宝的屈斌斌，扮演杜母的陈玲玲，扮演胡判官的唐荣，扮演杨婆的吕佳，以及扮演花郎的柳春林等，都是同年出科，当时二十出头年华。在名师调教下，刻苦磨炼，通力合作，终于把《牡丹亭》故事演绎得回肠荡气，曲折动人。

当然，"青春版"不能简单地等同于起用年轻演员，白先勇的创意至少还包括了青春题材、青年观众以及与之相匹配的表现方法和审美取向。尤其重要的是不可脱离传统典范，首先是对《牡丹亭》原著和昆曲艺术基本特征的敬畏。青春版《牡丹亭》坚持继承为主、继承与创新分途的指导思想，即一方面，剧本整编只删不改，原牌原词，尽量保留汤词原貌；保存名出名段，惕厉谨慎，一丝不苟；恪守昆唱规矩，尊重传统表演程式，手眼身法步，认真讲究，务求完美。另一方面，对于某些具体的身段、排场甚至行当安排，尤其是部分为贯串情节而不得不重排的新出新段，本来无可依傍，则不妨充分发挥老艺术家的创造能力，效仿传字辈老艺人"捏戏"的做法。戏场实践证明，以上构想和做法是至为成功的。汪世瑜、张继青运用 50 年演艺生涯所积累的丰富经验，按照他们对昆曲剧场的深刻理解，不拘一格，不废一法，选择尝试最为合理的表现手法，在古典名剧与现代观众之间架起一座桥梁，使青春版《牡丹亭》得到尽可能完美的舞台呈现。旧戏如《学堂》《惊梦》《寻梦》《拾画》《冥判》《硬拷》等出传统而不陈腐，新戏如《旅寄》《魂游》《幽媾》《冥誓》《如杭》《索元》等出则绚丽而不媚俗，改妆俊扮的石道姑、杨婆也得到了绝大多数观众的认可。全剧风格典雅，新旧交融，和谐一体，达到了较高的编导水平。

昆曲表演艺术的最高典范是"姑苏风范"。由于这一典范形成于昆曲戏场鼎盛的清代乾隆、嘉庆年间，故又称为"乾嘉传统"。传字辈老艺人回忆说：

> 老先生教戏，真是严格……只要是老先生手里教出来的，不管哪位上台做，或者在哪里教学生，都是一个规格模式。人们称这种规格叫"昆剧典型"、"姑苏风范"。（周传瑛《昆剧生涯六十年》）

这实际上是昆曲艺术得之于原生环境的文化特征：就表现形式而论，含蓄素朴，简约淡雅，不张扬，不奢华，不繁缛，不艳俗；就表现方法而言，精致细腻，讲求规范，注重细节。产生于苏州这片文化土壤上的艺术样式如园林、工艺、戏曲、曲艺，甚至服饰、家具等莫非如此。具体到昆曲本身，按清人评述乾隆四十九年（1784年）为迎接皇帝南巡而荟萃"苏、杭、扬三郡数百部"（清·龚自珍《书金伶》）精华搭建的集秀班有云：

> 集秀，苏班之最著者。其人皆梨园元老，不事艳冶。而声律之细，作状之工，令人神移目往，如与古会。非第一流不能入此。（清·吴长元《燕兰小谱》）

即一方面，"不事艳冶"，曲词尚当行本色而忌骈偶绮丽，表演尚轻歌缓舞而忌声嘶力竭，场面只鼓笛小锣而忌嘈杂喧闹，道具只一桌二椅而忌堆垛写实，行头则"宁穿破不穿错"，艺人则"重艺不重色"；另一方面，"调用水磨，拍捱冷板"，"功深镕琢，气无烟火，启口轻圆，收音纯细"（明·沈宠绥《度曲须知》），追求"声律之细，作状之工"。从而形成了"三小"当家、情致为主、传神写意、细腻生动的总体面貌。这就是数百年间被推为戏场极致的"姑苏风范"。

青春版《牡丹亭》立足当代，敬畏传统。在充分理解并尊重昆曲艺术形式规范和审美特征的前提下，面向现代剧场和现代观众，尝试贯注时代精神，强调唯美的艺术追求。在这里，"重艺不重色"被合理延伸为"重艺又重色"，"宁穿破不穿错"也顺势翻新为"既穿对又穿美"，从而较为成功地实践了"姑苏风范"的现代延展。就总体而言，以青春版《牡丹亭》为标志的新"姑苏风范"正博得越来越多的理解、支持和喝彩声。

　　青春版《牡丹亭》的成功还得益于始终不渝的精品意识和较为先进的营销理念。从剧本整编到演员遴选，从名师教排演到音乐制作，从服装设计到舞台布景，从双语字幕到广告戏票，无不精心策划，精心打磨，不计工本，力求整体完美，细节精致。同时，不是被动地等待市场的选择，而是主动选择市场，将营销重点确定为以高校学生为主体的青年观众群。制作团队破除"酒香不怕巷子深"的陈腐观念，充分利用电台、电视、网络、报纸、期刊等现代媒体，调动一切传播手段，深入受众，广泛宣传。新闻发布，推广讲座，交流访谈，专栏博客，直至征文出书。白先勇总是身先士卒，登高鼓呼，以扩大影响，集聚人气。

　　青春版《牡丹亭》代表着当代知识分子传承复兴中华传统文化的不懈努力和初步成功。其经验无疑具有重要的借鉴意义，却又难以随便套用或简单复制。2007 年 8 月，时任国务院总理温家宝复信沈丰英、俞玖林，向他们表示祝贺和感谢。信中表扬二人"为保护昆曲做了很好的工作，既有传承，又有创新，使这一古老的剧种开了新生面"，进而勉励他们"多编多演，走向全国，走向世界，为昆曲事业的发展作出贡献"。温家宝还欣然题词道："姹紫嫣红牡丹开，良辰美景新秀来。"上句表彰青春版《牡丹亭》的巨大成功，下句赞叹新一代昆曲人才的健康成长，情真意切，催人奋进。

　　当然，青春版《牡丹亭》并非尽善尽美，有些地方还须切磋打磨。除了青年演员艺术素养方面的问题以外，同行专家的批评意见较为集中于舞台布景和伴奏音乐的非昆曲化处理等处。这些意见也许只是出于不同审美观念的见仁见智，但是都已得到制作团队的高度重视和深刻反思，吸收以为改进提高之资。苏州昆剧院将在今年择时隆重举办 400 场公演和庆典。为此，剧组正抓紧重排，以期精益求精，竿头再进。可以预见，通过集思广益，反复磨砺，青春版《牡丹亭》必将日臻完美，最终成长为真正的艺术精品，在中国戏曲史上留下浓墨重彩的一笔。

　　　　　　　　　　　　　（作者系江苏省文史研究馆馆员、苏州大学教授）

安徽省文史研究馆

从长三角一体化看安徽中医药文化的传承和发展

李惠民

内容提要：安徽省"北有药都、华佗，南有新安医学"，中医药资源丰富、传统丰厚，近年来中医药产业发展成绩显著，中医药文化传承创新发展势头良好。如何充分发挥利用长三角一体化发展的机遇和优势，协力做好长三角中医药文化发展大文章，为"健康中国"做贡献，安徽正为此做出积极的探索和努力。

关键词：长三角；安徽；中医药；创新；发展

中医药是中华民族的伟大创造，它以独特的诊疗手段、显著的医疗效果、独有的理论体系和丰富的文献资料，为世界医药学做出了卓越贡献。中医药历经数千年传续，除了其物质和科技属性之外，还有着极其重要的文化属性，成为中华优秀传统文化的瑰宝。

位于长三角腹地的安徽省，中医药资源十分丰厚，在中医药文化传承创新和发展上，有着独特的资源优势和持续发展的空间与潜力。安徽中医药文化资源可以这样来描述：北有药都、华佗；南有新安医学；中有"西山药库"，共营"十大皖药"。安徽从北到南分为三大地域文化板块，即涡淮、皖江、徽州（新安）文化圈。中医药资源的分布与区域文化的划分大体一致，这也说明中医药文化与中华传统文化是共生共存的，是中华文化的重要组成部分和核心内容，是开启中华文化宝库的一把金钥匙。

一、药都、华佗: 历史悠久 资源优厚 道法自然 医养并重

安徽亳州,居豫皖苏鲁交界处,是长三角地区最西北的一座文化古城,久有"中州锁钥、南北通衢"之称。这座城市自商汤建都至今,已有三千七百多年历史,是国家历史文化名城、中国优秀旅游城市、中国长寿之乡,是老子、庄子、曹操、华佗等圣贤名流的诞生地,道家文化、建安文学的发祥地。淮河的重要支流涡河,从这里贯穿而过,连接着中原和吴楚的经济文化。老子、庄子就诞生、活动在涡水之滨。雄厚且独具特色的传统文化与中医药资源,使亳州在中医药文化中的地位和作用更是举足轻重。道家养生、华佗医术在这里孕育、生长;肥沃的土地、适宜的气候和悠久的栽培历史,出产许多道地名药。亳地所产中药材多达 170 多种,《中国药典》中以"亳"冠之的就有亳白芍、亳菊花、亳桑皮、亳花粉等。便利的水陆交通、繁荣的商贸活动、成熟的交易市场,使亳州成为中国四大中药药都之首。亳州已成为世界规模最大的中药材集散中心、价格形成中心,是全国最大的中药饮片生产加工基地、中药提取物品生产基地,是全国唯一的国家级中药材检测中心。亳州三县一区,人口 668 万,有百万药农、十万药商,药品生产企业突破 200 家,992 个中药配方颗粒品种进入省医保目录。

亳州先贤在医学上的成就和贡献,光耀史册,影响深远。以老子庄子为代表的道家文化,其代表作《道德经》(亦名《老子》)和《庄子》,是两部兼有哲学和文学价值的著述,又同时被看作道家养生理论的重要著作。它属于自然主义哲学,主张"道法自然",其宗旨之一是通过养生、避祸、清心、寡欲等方式达到祛病延年的目的。以道家思想为指导多种形式的养生,追求与"道"之性的和、顺、柔、静、无为等相吻合,并融入自然之道,最终达到"天人合一的"境界。《庄子》一书中的阴阳学说、养生、解剖、生理等方面的论述对中医学影响巨大,因此,《中医药文化通览》认为,庄子不仅是一位著名的思想家、哲学家,而且也是一位杰出的医学家。

华佗(约 145—208 年),字元化,沛国谯(今亳州谯城区)人,东汉末年杰出的医学家,被世人称为"神医"。华佗生逢乱世,他不愿做官,终生精研医术,悬壶济世,行医足迹遍及今安徽、江苏、河南、山东等地。他不求名利,不羡富贵,有十分丰富的医疗技术和经验,深受人民群众的尊敬和热爱。他学

识渊博，精通内、外、妇、儿及针灸等科，尤其对外科最为擅长，被称为"中华外科鼻祖"。他发明了"麻沸散"，可对病人进行全身麻醉，施行腹腔手术。他是中国也是全世界第一个使用药物麻醉的人。华佗是中国古代医疗体育的创始人之一。他继承和发展了"圣人不治已病，治未病"的理论，提倡养生之道，创制了一套健身防病的体操"五禽戏"，模仿虎、鹿、熊、猿、鸟五种禽兽的动作和姿态进行体操健身。它蕴含了虎的威猛、鹿的安详、熊的沉稳、猿的灵巧、鸟的轻捷，可以行气活血，舒筋活络，强身健体，也可用于慢性病的康复治疗。"五禽戏"已列入国家级非遗项目，并进入群众体育活动，深受欢迎。

一千八百多年前，华佗在家乡开辟药圃，种植草药，此后，亳州种植、经营中药材的风气日盛。清代诗人刘开这样描写亳州乡间种药盛况："小黄（亳州）城外芍药花，十里五里升朝霞。花前花后皆人家，家家种药如桑麻。"早在宋英宗治平四年（1067年）大文豪欧阳修任亳州知州时，就写下多篇诗文赞美亳州风情之美、物产之丰，称此地为"仙乡"，说自己"醉翁今已作仙翁"。①1995年江泽民同志为亳州题词："华佗故里，药材之乡"。目前，亳州已发展成为全国最大的中药材销售市场和流通集散地。中药材种植面积稳定在120万亩左右，中药饮片产量约占全国的1/4左右。近年来，亳州抢抓长三角一体化发展等国家重大战略机遇，全力推进"世界中医药之都"建设，2020年亳州中医药产业产值已突破千亿元大关，现代中医药产业规模突破1450亿元。中医药"走出去"在全国率先取得重大突破，亳州生产的中药配方颗粒被10多个国家和地区选作抗疫药物。

中医药文化传统已经深深融入亳州人的日常生活，成为一种民风民俗。练五禽戏，食药膳（亳州居民擅长以中药烧菜炖汤，数家药膳饭店常顾客盈门），饮古井（酒），泡温泉（亳州为皖北"温泉之城"），洗药浴，挂香囊。每年五月前后，牡丹、芍药渐次盛开，数万亩草药花田，姹紫嫣红，人在花海，如入仙境。年年九月九日，药博会祭华祖，成为亳州人的节日盛典。如今"中华药都，养生亳州"已成为亳州名片。中医药健康养生体验游，成为受人追捧的旅游项目。

---

① 欧阳修知亳时，称亳州为"仙乡"，诗作《郡斋书事寄子履》云："寄语瀛洲未归客，醉翁今已作仙翁。"《戏书示黎教授》曰："若无颍水肥鱼蟹，终老仙乡作醉乡。"

二、新安医学：精于独创　著述丰硕　融儒于医　和衷共济

　　新安医学，是指以新安地区医家为核心的综合性中医流派。新安地区，即地处新安江流域的古徽州一府六县，今安徽黄山市全部和宣城市绩溪以及江西婺源一带。这里是徽州文化的核心区，中国著名风景名胜区。新安医学是一个历史悠久、医家众多、医学著作丰富、理论创新活跃、学术影响深远的医学流派。从宋朝到清代见于文献记载的新安医家有800多人，其中在医学史上有影响医家就达600多人。新安医者从小习读孔孟之书，受儒家思想熏陶由儒而医，崇尚"仁者爱人"之德，在"不为良相，即为良医"的思想引导下，把行医治病看作"行仁济世"的善举。新安医家在医学理论上，主张要有"独创之巧"，"意有独见"，"改故即新"，因此很重视医术的独创和医案的论述，故医学著述丰硕。这是新安医学重要的文化现象。据《新安医籍考》，仅存世的中医药学术著作就有800多部。在当代"全国十大医学全书"中，有三部出自新安医家之手。其中有我国最早医史传记类著作，我国第一部医学讲学实录，第一部注释方剂的专著，第一部总结和研究历代医案的专著，第一部喉科专著等。可谓医家众多，流派纷呈，医著宏富。

　　起源于皖南徽州地区的徽商，是明清之际中国第一商帮，素有"儒商"之称，成就辉煌，影响深广，有"无徽不成镇"之说，对徽州地区社会、经济、文化诸方面影响尤为巨大。新安医家重乡情，讲仁义，各流派相互沟通，取长补短，因而既是流派各异而又和衷共济。这也是新安医学持续数百年繁盛而不衰的重要原因。主要代表医家有：明代天顺至嘉靖年间的汪机（1463—1540），徽州祁门县人，他以《内经》气血营卫立论并提炼出"调补气血，固本培元"的学术观点，开创了新安医学"固本培元派"，并第一次提出了"新感温病学说"。《明史·方技传》和《四库全书提要》都将汪机列为明嘉靖年间四大名医之一。徐春甫（1520—1596）生活在明正德至万历年间，与汪机为祁门同乡。他注重探究各家医术之精微，结合自己的临床经验编撰了《古今医统大全》100卷，他重视保健按摩，重视住地选择。孙一奎（1522—1619），明代徽州休宁人，为汪机再传弟子，首创了"命门动气说"，使培元固本理论更加成熟。江瓘（1503—1565），徽州府歙县篁南人。他在46岁时编成《名医类案》，后由其子整理增

补，明万历十九年（1591年）刊发问世，是我国第一部研究医案的专辑。吴谦（1689—1748）生活在清康乾年间，清朝四大名医之一，他领衔编纂的《医宗金鉴》，采集了上自春秋战国下至明朝时期历代医书精华，包括医学理论、诊断、各科诊治、方剂、针灸与运气等，深受学医者推崇，被列为中国十大医学全书之一。程文囿（1767—1828），乾嘉年间徽州府歙县东溪人氏，以内科、儿科及妇科见长，他积三十余年心力所著有的《医述》，65万字，不光能开阔临床思路，而且便于查找，向为医家所重，被列为中国十大医学全书之一。

明朝时期发生了一个医学史上的重要事件：隆庆二年（1568年），时年48岁的新安名医徐春甫在北京发起组织了"一体堂宅仁医会"，这是我国最早的医学学术团体。仁医会开展讲学、交流活动，切磋医理，交流医术；该会有会规、会款及医学箴言等明文规定，提倡"克己行仁""戒徇私谋利之弊"；促进成员之间"善相助、过相规，患难相济"。参加该会的有宫廷太医和苏、浙、皖、闽、湖、广等地在京城的名医46人，其中新安医家21人。新安医家余傅山、汪宦、吴篁池等人还在徽州府城给门人讲学，将讲学内容整理成的《论医汇粹》一书，被誉为中国医学史上第一部讲学实录。

这些活动在中医学历史上都具有开创性意义。同时也说明，从宋代开启的新安医学，至明代中期已经成果斐然，在京城和中国各地有了广泛影响，并开始了有组织的学术交流活动，促进和推动了中医药文化的传承和发展。

还应该提及的是，徽商经济和科技进步对新安医学传承发展的影响。新安医学著述之多，世所罕见。这与当时徽州刻书（出版）业的发展有很大关系。徽州刻书具有刻工精、校审严、插图美、技术新、内容广等特点。明清时期徽州府著名刻工超过500人，出现了一大批精于刻书的学者和出版家。如歙县吴勉学、吴中珩父子所办的师古斋刻坊，刊刻了大量书籍，尤其所辑刻的医学丛书价值最大，仅《古今医统正脉全书》《痘科大全》《伤寒六书》等就有78种283卷。徽州婺源胡文焕在杭州创建的文会堂、休宁胡正言在南京创办的十竹斋刻坊等，都是明清时期很有影响的出版商，在中医药学的发展上做出很多贡献。

新安医学植根于徽州山水田园，深受徽州地域文化影响。徽州地区自古有"聚族而居"的传统，休宁《竹林汪氏宗祠记》载：新安各姓"聚族而居，数千百年，春露秋霜，明禋不替"。新安医学在家族聚居传统影响下，它的医学理论、医疗技术的传承也自然形成家族链式传承。这是新安医学的又一重要特点。据不完全统计，在新安医家中家传三代乃至三十多代的有 63 家，部分名医世家传续至今，如歙县的"黄氏妇科""王氏内科""郑氏喉科""张一帖内科"，休宁县的"西门桥儿科""梅林妇科"，祁门县的"胡氏伤科"等特色专科，深受群众欢迎，成为非遗保护的"活化石"，安徽中医药文化的重要资源。应当说家族链式传承，给新安医学的传承创新带来不少正面的力量，在一定程度上保证了诊疗技术的原创优势，有利于专科特色的形成和精进。但由于医家对家族秘方、验方的保密，也间接导致了医术创新的局限，影响了新安医学的发展，也造成某些特色医术疗法失传的遗憾。

今年年初黄山市制定了《新安医学传承创新发展实施方案》，将新安医学列入"十四五"生物医学与大健康产业发展的重点方向之一，并由市长担任产业总链长。新安医学的守正创新，繁荣发展，指日可待。

三、"西山药库"：神农本草 材质道地 科技兴药 红色文旅

安徽是中医药资源大省，中药材资源十分丰富，全省中药材品种达 3578 种，居长三角地区第一位，全国第六位。其中地处大别山腹地的"西山药库"功不可没。六安市金寨、霍山等县，在皖西大别山区鄂豫皖交界处，属北亚热带湿润季风气候，四季分明，气候温和，雨量充沛，土壤、环境质量优良，适宜大宗中药材生长。仅金寨县就有野生药源 273 科 1363 种，是安徽乃至全国重要的中药道地药材原产地。因其在安徽省西部大别山区，故被称为"西山药库"。

药材好，药才好。中药材的质量，是中医医疗成功的基础和保障。为保证中药用药有效、安全，古代医家经过长期比较观察和临床实践，逐渐形成了"道地药材"这一概念，就是指特定产区质好效高的正宗药材。中药材主要包括植物药、动物药和矿物药，而以植物药材居多，故古代把中药学说成"本草学"，《神农本草经》《本草纲目》为古代医学珍贵遗存。为了保证中药的疗效，中医药者把保证药材的正宗、地道视为医德的重要证明。由于中药材供不应求，近年来，中医药者在严格保证中药质量和疗效的基础上，发现和培育道地药材，

进行引种、驯化工作，建立示范基地，扩大了部分道地药材的产地，增加了优质药材的产量。安徽省正努力探索制定皖产道地、大宗中药的质量等级标准。

金寨县位于"西山药库"的中心地带，是国家级出口食品农产品质量安全示范区，中药材生产有较长的历史。20 世纪 50 年代到 70 年代，全县年均收购中药材 60.5 万公斤。70 年代后开始引进中药材品种，成功试种板蓝根、玄参等73 种。90 年代引进西洋参、灵芝等名贵药材试种，同时大力推广发展天麻、茯苓等药用菌类人工种植。已有灵芝、茯苓、黄精、霍山石斛 4 种药材、8 家企业入选"十大皖药"示范基地。到 2020 年年底，六安市西山药库区域中药材种植面积达 14.9 万亩，产量 20.1 万吨。直接从业人员 11.3 万人。

"西山药库"地处北纬 31 度线上，绿水青山，飞瀑流泉，气候宜人，民风淳朴。这里有华东地区最后一片原始森林，有着丰富的生态旅游景点和红色旅游资源。这里是红二十五军的诞生地，金寨县是全国闻名的"将军县"，刘邓挺进大别山的故事处处流传。当地政府正积极探索中医药健康旅游新模式，认真整合旅游资源，完善和实施中医药健康、红色文化旅游总体布局。六安市是合肥城市圈内距省城最近的市，交通便利，设施完备，正充分借助省会合肥的综合优势，与乡村振兴相结合，大力推进中草药产业和中医药文化发展。安徽康美来大别山生物科技有限公司与安徽大学、安徽医科大学、安徽中医药大学等高校、科研单位，合作建设中药保健食品工程技术中心、产学研结合，实现自主科技创新。西山药库，将成为长三角地区的"健康养生地""福（腹）地后花园"。

四、守正创新：全省合力　区域协力　科技助力　健康强力

习近平总书记指出，要做好中医药守正创新、传承发展工作，使传统中医药发扬光大。安徽省着眼于"一盘棋"，紧扣"高质量"，下好长三角一体化发展这盘棋，加快建设经济强、百姓富、生态美的新阶段现代化美好安徽而不懈努力。这为安徽中医药文化和产业的传承创新发展营造了更好的环境和机遇。

安徽省是中医药大省，历史悠久，资源丰厚。但中医药产业还大而不强，多而不精。长三角地区沪苏浙的中医药文化也相当丰厚，并有着产业现代化和

服务先进性的优势。在长三角高质量一体化发展中，安徽中医药坚持传承精华守正创新，既要取长补短，更要扬长补短；既要努力学习，更要积极贡献；要聚集各地优势，扬强项，强弱项，勇创新，敢超越。近年来，安徽省相继出台了促进中医药传承创新发展的多项措施和意见，积极推动中医药产业高质量发展。

中药材有各自不同的地域特点和明显的历史印记，道地药材受特定的自然条件和生态环境的限制，难以复制。首先，全省合力，保持皖产中药材的特色和品质，保证和促进中药产业发展。2020 年集中精选全省各地名贵道地中药材品种，确定了"十大皖药"：霍山石斛、灵芝、亳白芍、黄精、茯苓、宣木瓜、菊花、丹皮、断血流、桔梗、天麻、太子参、葛根、前胡等 14 个品种。全省"十大皖药"示范种植面积共有 127452 亩。充分发挥"西山药库"的资源优势和影响力，借助全省医药保健、高校科研和制造业力量，合力打造一批竞争力强、附加值高的中药品牌。强化质量源头管理，实施中药材质量标准提升行动。探索制定道地、大宗中药材质量等级标准，鼓励行业协会和企业参与中草药种植、养殖标准制定工作，加强中药生产流通质量监管。实施"十大皖药"产业示范基地提升工程，加强"十大皖药"种质资源保护和利用，大力培育龙头企业、优良品种；支持皖产道地大宗药材就地趁鲜加工基地建设，提升产品质量和品牌认知度；挖掘中医药文化资源，结合乡村振兴，做好中医药健康旅游基地建设，加大宣传力度，提高服务质量，讲好皖药故事，打响皖药品牌。继续推动"北华佗、南新安"创造性转化和创新性发展，支持亳州"世界中医药之都"、六安大别山"西山药库"产业集聚区建设。

科技助力。中医药既是古老的，更是现代的。做大做强安徽现代中药产业，发挥先进制造、人工智能等现代科技优势，打造中药智能制造工厂，支持中药企业提高制造水平，运用现代化信息技术，提高中药产品质量。

区域协力。安徽积极协力推动长三角中医药一体化发展，推动中药检查资源开放共享，建立区域稽查协作机制，推进中医药安全风险防控，协同提升检验检测能力；探索推进长三角地区中药制品规范统一，互认共享；建立长三角中药对接转化平台，协同推进中医药联合科研攻关、成果转化和产业协作，协同推进中医药创新。

中医药文化传承创新，资源是基础，人才是关键。安徽与长三角地区积极开展科学技术、文化教育合作，与沪苏浙医药科研单位、医院、高校联手，加快人才培养，持续提升中医药生产、经营和医疗、科技水平。药都亳州与上海中医药大学联合共建的亳州学院中医药学院，正在加紧建设，计划 2022 年 9 月正式扩大招生。新安医学发源地黄山市，以"振兴新安医学，服务健康中国"为己任，进一步明确了"以文养医，以医带药，以药促产，以产惠民"的发展思路，为新安医学传承、创新、发展奠定坚实基础。不久前，全市 17 个"双引双招"（招商引资、招才引智）项目集中开工，有 9 个来自长三角，占投资总额的 70% 多。安徽省正在加快建设长三角农产品绿色加工基地，2020 年销往沪苏浙的初级农产品和农产品加工品共有 5000 亿元，其中农产品加工品约 3600 亿元。

安徽省重要的中医药文化资源地，又同是历史文化名城和风景名胜区。亳州、黄山和大别山区各市县，正在积极探索中医药健康旅游发展新理念、新模式，加快构建中医药健康旅游发展体系，挖掘整合中医药健康旅游资源，强力推动相关旅游项目建设，加大中医药健康游产品开发力度，强化中医药健康旅游的宣传营销。

安徽将充分发挥"创新活跃强劲、制造特色鲜明、生态资源良好、内陆腹地广阔"的优势，传承、创新、发展好中医药文化，为造福人民、健康中国出力。安徽中医药文化，将为长三角高质量一体化发展扛起一面鲜艳的红旗，为中华传统文化增添一抹亮丽的色彩。

（作者系安徽省文史研究馆馆员，原安徽电视台高级编辑、副台长）

长三角一体化视阈下的中国徽州学

方利山

内容提要：徽州文化孕育兴盛于长三角。历经百年、在改革开放后和中国敦煌学、中国藏学并列成为显学的中国徽州学（徽学），是长三角文化繁荣中最具特色、有较大开拓空间、意义深远的文化 IP。徽州文化学术研究中，徽州文书资料的数字化建设、徽商研究的拓展、长三角乡村振兴中徽州传统古村落的保护利用、徽州文化资源助推长三角文旅发展等等，都是长三角江南文化繁荣的重要议题。长三角一体化在资源、智力、现代科技等方面的整合、团聚、共享，将是长三角文化繁荣和中国徽州学的双赢。

关键词：长三角文化繁荣；中国徽州学；文化 PI；共赢

本文主要阐述在长三角一体化视阈中，作为时代新学术潮流的中国徽州学之地位、特色和意义；在长三角一体化文化战略中如何推进中国徽州学学术研究，以实现长三角一体化文化繁盛和中国徽州学建设的共赢。

长三角一体化视阈之下的中国徽州学

1958 年的一天，徽商之家出身的屯溪古籍书店负责人余庭光再次来到徽州祁门县供销社废品收购站的库房，在堆积如山、等待被当作废品转运出去化纸浆、作鞭炮包纸的"纸山"上翻检挑选，被那些遗弃其中的大量徽州田契、地契、房契、分家阄书、婚书、租妻契约、典妻契约、卖妻契约、卖儿契约、卖女契约、修桥补路善款公告、封山告示、禁渔告示和鱼鳞册这些"废纸"当场惊呆了!余庭光当机立断,以8分钱一斤的价格把这些"废纸"爬拉装袋,买回屯溪,一共装了整整30只麻布袋。① 余庭光们当时并没有想到,正是由他们屯溪古籍书店发端,20世纪50年代,文化人、社会有识之士对中国徽州古籍、徽州原始契约文书大批量面世的重视和积极收集,竟是"中国历史文化的第五大发现"。

由于20世纪50年代、改革开放的80年代中国徽州古籍文献、徽州原始契约文书的大批量面世,起始于20世纪30年代甚至更早对徽州文化学术研究的热潮②,终于和中国敦煌学一样,汇成了"时代学术之新潮流"。③ 一百多万件中国徽州原始契约文书成为"中国徽州学"的重要基石。

中国徽州学以中国徽州历史文化为专门研究对象。产生于特别地理历史文化单元、长三角西端皖南徽州之域,在与长三角乃至全国互动中兴盛的徽州文化,因特殊的自然地理环境,特别的社会历史变迁,程朱理学的深刻影响,徽商经济的强力支撑,"商成帮,学成派,名人成群",知名文化品牌大量涌现,著名学术流派接踵形成,"区域总体全面发展"。④ 徽州文化既有浓郁的徽州地域特色,又是中原文化的标本、化石、缩影,是明清时段中华传统文化的典型代表。赵华富精辟总结:徽州文化博大精深、光辉灿烂、引人注目,具有"丰富性、辉煌性、独特性、全国性"等特点。⑤ 对于这一特色徽州文化的系统学术研究所形成的"中国徽州学"学术新潮流,它在中华传统文化研究中的地位、意义,它的行进脉络,它的研究对象、研究范围、研究内容、学科性质、研究理论和方法等等,许多海内外徽州学专家学者都有深入的研探,姚邦藻、王世华分别主编的《徽州学概论》《徽学概论》专著,都作了集中、精到的论述。

长三角包含的江南地域,一般是指以长江下游、太湖流域一带为核心的"八府一州"及苏、浙、皖地域。这一带多丘陵、多平原和多水,所谓"日出

---

① 江志伟:《余庭光与中国历史文化的第五大发现》,《宣城历史文化研究》,2021年第2期,第793页。

② 姚邦藻主编:《徽州学概论》,中国社会科学出版社,2000年版,第5-8页。王世华主编:《徽学概论》,安徽人民出版社,2020年版,第50页。

③ 陈寅恪:《陈垣〈敦煌劫余录〉序》,《陈寅恪集》,三联书店,2002年版,第446页

④ 叶显恩:《徽州文化的定位及其发展大势》,《徽州文化全书·总序》,安徽人民出版社,2005年版,第1-11页。

⑤ 赵华富:《论徽州学的研究对象》,《论徽学》,安徽大学出版社,2004年版,第6-16页。

江花红胜火，春来江水绿如蓝"，地灵人杰，是中华文明的重要发祥地之一。两晋以还，宋室南渡，定都临安，全国的政治经济文化重心转移南方。长三角的社会经济日趋繁荣，史书记载："今之沃壤，莫如吴、越、闽、蜀。"[①] "国家根本，仰给东南。"[②] 随着经济的发达，江南文化也得以蓬勃发展。游牧民族的南向牧马，汉文明的衣冠南渡，河南方氏第一次把中原文明播洒江南，这每次对江南的开发、拓展和提升，使江南文化在历史的蒸育胚变中，发育成熟，形象鲜明，特色突出。江南文化"越名教而任自然"，诗词歌赋、音乐美术、宗教哲学……以其超越功利的审美气质与诗性精神，蕴藉和催生了历代文人无穷的想象空间和巨大的创造潜能，杏花春雨的江南，成为无数中国文人的精神故乡。

江南文化，广义的就是指长江以南地区的文化，扬州文化也是属于江南文化的一部分。

江南文化大体包括海派文化、苏州文化、山越文化、徽州文化等等。

江南文化兼收并蓄，以海纳百川的宏阔胸襟，引进、消化、吸收国内外文明成果，直接带动从江南腹地到长江三角洲，乃至整个长江流域的经济社会发展。

江南文化开放包容，敢为人先；崇文重教，精益求精；尚德务实，义利并举。

江南文化灵秀颖慧、心胸豪放、豪迈勇武。

作为中华特定区域江南的这一源远流长、独具特色，传承至今仍发挥作用的地域文化，它是中华民族文化的一个重要的组成部分。

历史上的徽州地处吴头楚尾，虽僻处长三角西端一隅，但是作为风光秀美的仙境，历史悠久的古州，遗产丰富的宝地，名人辈出的摇篮，历来是长三角地域最佳的宜居福地，最美的旅游胜地，最靓的文化品牌。[③] 显然，产于斯、

---

① 王应麟：《玉海》卷十七，广陵书社，2003 年版。
② 《宋史》卷三百三十七《范镇传》附《范祖禹传》，中华书局，1977 年版，第 10796 页。
③ 方利山：《徽州文化精神与长三角文化》，《长三角文化论丛》编委会编《长三角文化与区域一体化——2019 年"长三角文化论坛"论文集》，上海人民出版社，2020 年版，第 94 页。

兴于斯，博大精深、辉煌灿烂的"徽州文化"，在整个江南文化中，自然有其独有的地位和意义。徽州文化中的徽商，自宋以降，尤其是明清时期，闯荡南北，驰骋淮扬，营生淞沪，经商苏杭，早就融入了广阔的长三角地域，积极参与当地社会经济建设和文化的繁荣发展，徽州文化与海派文化、苏州文化、山越文化等等，交叉、交汇、相通、融合，关系紧密。

以徽州文化为研究对象的中国徽州学，百多年来，经海内外学术文化界众多专家学者的辛勤耕耘、奋力发掘，渐成与中国敦煌学、中国藏学并称的中华显学。因此，中国徽州学这一时代新学术潮流，在长三角江南文化的学术研究中有其特殊意义，中国徽州学在长三角一体化进程中，在江南文化开掘研究中，是最具特色、有较大开拓空间、意义深远的重要文化品牌。

为了长三角文化繁盛和徽州学的共赢

虽说新世纪以来，人们热情瞩目极具特色的徽州文化，觉得"如此灿烂的文化，如此博大精深的文化，一定要世世代代传下去，让它永远立于世界文化之林"，将中国徽州学与中国敦煌学、中国藏学并称为中华显学，但说实在话，徽州学研究不论从研究的深广度、还是级别和阵势，目前都无法和敦煌学、藏学相提并论。

1900 年 6 月 22 日，居栖敦煌莫高窟的王圆箓道士，无意中发现了第十七号石窟密洞，这个石窟密洞中，竟藏有 4 到 11 世纪的大量历史文物文献，这五万多件历史文物文献，是中华和中亚的历史文化遗存珍宝，其中佛教典籍最多，其主要部分又是传统文献中不可得见的资料，极为珍贵。此为中国文化史上的第四次大发现。敦煌文书以汉文最多，其中又有吐蕃文、回鹘文、西夏文、蒙古文、粟特文、突厥文、于阗文、梵文、吐火罗文、希伯来文等多种古代民族文字，成为研究这些古代民族语言文字和民族历史、宗教、文化的珍贵资料，具有民族学价值和国际意义。但这些中华民族的文化瑰宝却在 1907 年至 1925 年间，先后遭到英国的斯坦因、法国的伯希和、沙俄的鄂登堡、日本的桔瑞超、美国的华尔纳等人的大肆偷窃和掠夺，莫高窟的文书史料蒙受了重大损失。"敦煌者，吾国学术之伤心史也。"①敦煌文书的批量发现，是中国敦煌学得以建立的重要基石，激发了中外学者极大的研究热情。一百多年的艰难努力，敦煌文化的研究，成为内外瞩目的新学术潮流，已发展成包括敦煌考古、敦煌文学、敦煌文化、敦煌宗教、敦煌史地、敦煌文献、敦煌语言文字、敦煌古代科技、敦煌学理论、敦煌文物科学保护等 12 个下属学科的庞大国际显学。

2019 年 8 月，习近平总书记在考察敦煌研究院的座谈中，深情畅谈敦煌文化："敦煌文化延续近两千年，是世界现存规模最大、延续时间最长、内容最丰富、保存最完整的艺术宝库，是世界文明长河中的一颗璀璨明珠，也是研究我国古代各民族政治、经济、军事、文化、艺术的珍贵史料。""敦煌文化的灿烂，正是世界各族文化精粹的融合，也是中华文明几千年源远流长不断融会贯通的典范。""中华文明 5000 多年绵延不断、经久不衰，在长期演进过程中，形成了中国人看待世界、看待社会、看待人生的独特价值体系、文化内涵和精神品质，这是我们区别于其他国家和民族的根本特征，也铸就了中华民族博采众长的文化自信。"习近平总书记对中国敦煌学研究充满期待，要求敦煌学研究者："既要深入挖掘敦煌文化和历史遗存背后蕴含的哲学思想、人文精神、价值理念、道德规范等，推动中华优秀传统文化创造性转化、创新性发展，更要揭示蕴含其中的中华民族的文化精神、文化胸怀和文化自信，为新时代坚持和发展中国特色社会主义提供精神支撑。"国家和社会"要加强对国粹传承和非物质文化遗产保护的支持和扶持，加强对少数民族历史文化的研究，铸牢中华民族共同体意识"。"敦煌学是当今一门国际性显学。""开展多种形式的国际性展陈活动和文化交流对话，展示我国敦煌文物保护和敦煌学研究的成果，努力掌握敦煌学研究的话语权。要通过数字化、信息化等高技术手段，推动流散海外的敦煌遗书等文物的数字化回归，实现敦煌文化艺术资源在全球范围内的数字化共享。要引导支持各国学者讲好敦煌故事，传播中国声音。""敦煌文物保护和敦煌学研究博大精深，需要毕生精力才能见成效、出成果。择一事、终一生。"②

总书记对中国敦煌学的关心，重要指示对于在长三角一体化视阈下的中国徽州学研究，同样具有很强的现实指导意义。作为长三角江南文化的一个重要

---

① 陈寅恪：《敦煌劫余录序》，《历史语言研究集刊》，1930 年，第 1 本 。
② 习近平：《视察敦煌研究院座谈时的讲话》，《求是》，2020 年第 1 期。

组成部分，中国徽州学的研究不可缺少。习近平总书记在视察安徽时，也曾特别指出：徽学还是很有魅力的。徽州文化学术研究的进一步开展，对长三角江南文化的繁盛是增辉添彩，相得益彰。

中国徽州学当下首先应落实"皖南国际旅游示范区规划"中的国家徽州学研究院建设，提升徽州学档次，地方政府应进一步加大对安大徽学研究中心、安徽省徽州学研究会、安徽省朱子学学会、黄山市程朱理学研究会、戴震研究会、徽商研究会、汪华文化研究会、绩溪、歙县、黟县、徽州区徽州学研究会、杭州徽州学研究会等民间徽州学研究社团的支持力度，大力扶植徽州学研究队伍，着意培育徽州学研究年轻人才，积极实施各类各级徽州学研究项目。

应在长三角江南文化发展大视野中，切实落实中办国办《关于在城乡建设中加强历史文化保护传承的意见》[1]，在徽州之域建立徽州历史文化保护传承体系，整体活态保护传承好徽州历史文化遗产，扎实推进国家级徽州文化生态保护区建设，使"徽州"成为长三角江南文化的靓丽 IP，名副其实的后花园。

徽州之域有 325 个国家级传统古村落、一千多个徽州文化非遗项目，是长三角乡村振兴战略实施的重要区域，要努力推动无人村、无魂村的整治，实行一村一品，保护传承利用好徽州历史文化，实现乡村现代化，这是长三角一体化的题中应有之义。

在长三角江南文化繁盛中，徽州学研究必须推动徽州文化精华创造性转化、创新性发展，需要着力揭示蕴含其中的中华民族文化精神、文化胸怀和文化自信，为新时代坚持和发展中国特色社会主义提供精神营养。"徽骆驼"精神、开拓创新、崇文重教、务实包容等等，都是组成江南文化的徽州学因素，发掘好徽州学宝库，讲好徽州故事，正是繁盛江南文化的一个重要内容。

深入徽商文化研究。历史上徽商对长三角社会经济文化的繁荣有过大的贡献，在长三角，张海鹏徽商研究团队、范金民、唐力行、王振忠等等许多徽州学家潜心研探，硕果累累。长三角需要进一步团聚整合徽商文化研究队伍，加强合作交流，不断发现新资料，争取徽商研究的新突破。

海量的中国徽州文书，是徽州学兴盛的重要基础。应充分发挥长三角科技

---

[1]　中共中央办公厅、国务院办公厅：《关于在城乡现代化建设中加强历史文化保护传承的意见》，2021 年 9 月 2 日。

优势，通过数字化、信息化等高科技手段，将徽州文书文献的收藏、保护、展示、利用，提高到一个新水平。多年前，上海图书馆就已经和黄山学院徽州文化研究资料中心协议合作，实施徽州族谱家谱收藏整理交流项目，取得好的效果。在长三角一体化进程中，应该扩大这类合作交流。

开展徽州学研究，其中一个重要内容，就是丰实徽州文化旅游的文化内涵，长三角一体化，发挥长三角在智力、资源、科技等方面的优势，抱团联通、搞好合作交流，推进长三角"大文旅"一体化的进一步发展，实现共享共赢。

总之，在长三角一体化视阈中，作为时代新学术潮流的中国徽州学正迎来千载难逢的新发展机遇。长三角一体化江南文化的繁盛和中国徽州学推进相辅相成，一定可以实现共赢。

（作者系安徽省文史研究馆馆员，民盟中央文化艺术研究院理事，安徽大学徽学研究中心专职研究员，黄山学院教授）

论新四军精神的时代价值

聂皖辉

内容提要：新四军精神是在长三角地域中锻造并形成的红色文化。它是长三角地区的共育的红色基因、共有的精神财富。文章主要从两个方面展开论述：一是新四军精神的表述及其内涵：听党指挥，坚定信念；坚忍不拔，英勇果敢；顾全大局，相忍为国；内外团结，众志成城。二是新四军精神的时代价值：弘扬新四军精神，有助于我们锤炼听党指挥的坚定信念；有助于我们锤炼对党忠诚的政治品德；有助于我们用实际行动筑牢党的根基；有助于我们共产党人增强党的纪律观念；有助于我们继承和发扬艰苦奋斗的优良传统；有助于我们共产党人凝聚家国情怀；有助于我们为了民族利益敢于斗争善于斗争。

关键词：新四军；新四军精神；时代价值

在中国共产党人的精神谱系中，有一种精神叫新四军精神，亦称"铁军精神"。新四军精神属于革命战争年代形成、新中国成立70多年来一直传承的红色基因、红色文化。

新四军精神是在长三角地域中锻造并形成的红色文化。它是长三角地区的共育的红色基因、共有的精神财富。

新四军来自红军主力长征以后留在南方8省14个地区坚持斗争的红军游击队。他们继承了北伐战争中叶挺独立团和井冈山时期红四军的光荣传统，在游击战争和抗日战争中，孕育和铸造了新四军精神即铁军精神。新四军精神的形成和发展，凝聚着新四军军部领导人和无数新四军将士的艰辛努力，随着抗日斗争形势的变化而不断丰富和发展和完善。新四军在中国共产党领导下，在抗日战争和解放战争中成为当之无愧的"铁军"，铸就了内涵丰富、影响深远、色彩鲜明的新四军的"铁军精神"。

一、新四军精神的表述及其内涵

新四军精神：听党指挥，坚定信念；坚忍不拔，英勇果敢；顾全大局，相忍为国；内外团结，众志成城。

听党指挥，坚定信念。新四军是共产党领导的队伍，绝对听党指挥，党指向哪里，就奔向哪里。新四军在抗日战争中，高举团结抗日大旗，坚决执行党中央的全面抗战路线，贯彻独立自主的游击战争的战略方针，创建抗日民主根据地，极力维护抗日民族统一战线。皖南事变后，被囚于上饶集中营的官兵们，坚贞不屈，同敌人进行了顽强的斗争。针对敌人的威逼利诱，叶挺在狱中写道："头可断，血可流，志不可屈！"

坚忍不拔，英勇果敢。新四军的作战区域主要是长江中下游地区，是中国政治、经济、文化、军事重地。南京、上海、徐州、武汉、杭州等地，是日伪军统治的中心，也是国民党的心腹地带。日军实行"三光"政策，顽军不断制造反共摩擦。新四军处在日伪顽的夹击之中，艰难困苦可想而知。新四军因敌因地制宜，以己之长，克敌之短，英勇果敢，越战越强。1939年初，粟裕率部实行远距离奔袭，行军四昼夜，逼近芜湖日军飞机场，经20分钟的突然袭击，歼敌300多人，俘57人，缴获70多支枪。新四军以大无畏的英雄气概和敌人顽强斗争，奋力杀敌，涌现了大量的可歌可泣的英雄壮举。刘老庄82烈士便是最典型的事例。1943年3月18日，新四军三师七旅十九团二营四连为掩护部队主力转移，在淮阴刘老庄与十多倍于己的日军精锐部队激战12小时，击溃敌人五次冲锋，在弹尽粮绝的情况下，与敌人进行肉搏拼杀，毙伤敌170余人，全连82人全部英勇牺牲。朱德称赞他们是我军指战员英雄主义的最高表现，陈毅誉之为"惊天地而泣鬼神的壮举"。

在8年全面抗战中，新四军伤亡将士8万余人，其中团以上干部就有350多位（含项英、袁国平、周子昆、彭雪枫等）。新四军在华中敌后抗战中起到了中流砥柱的作用，抗击日军 16 万人，占侵华日军总数的 22%，抗击伪军 23 万人，占伪军总数的 23%。8 年间，新四军进行了 2.46 万余次战斗，毙伤俘日伪军 47 万多人，创建了 8 块抗日根据地，收复国土达 25.3 万平方千米，为中国抗日战争和世界反法西斯战争的胜利做出了重大贡献。新四军奋勇东进，以英勇果敢的钢铁意志，坚韧不拔的顽强作风，众志成城的赤诚团结，打破了日军不可战胜的神话，也用铁的事实击碎了所谓"新四军游而不击"的谎言。

顾全大局，相忍为国。新四军始终把中华民族的利益放在第一位，顾全大局。周恩来对新四军发展方向，提出了三个原则："（1）哪个地方空虚，我们就向哪里发展；（2）哪个地方危险，我们就到那个地方去创造新的活动区域；（3）哪个地方只有敌人伪军，友党友军较不注意没有去活动，我们就向那里发展。这样可以减少摩擦，利于抗战。"但国民党蒋介石却限定新四军在东西百余里、南北五六十里的地带活动，实际上就是"画地为牢"。1941 年年初，蒋介石又发动"皖南事变"。但新四军以民族大义为重，坚持团结抗日救国大方向。在日军"扫荡"国民党江苏省主席韩德勤的总部时，新四军主动掩护他到根据地来休整。他后来率部侵犯淮北根据地，被我军俘虏。他表示停止反共、一致抗日，陈毅又释放了他。为团结一切可以团结的力量，陈毅不顾个人安危，三赴泰州，劝说国民党苏鲁皖游击军正副总指挥李明扬、李长江，以民族大义为重，使他们在韩德勤进攻新四军时，保持中立。

内外团结，众志成城。新四军内部的官兵之间，上下平等，平时团结友爱，战时把生的希望让给别人，把死的危险留给自己。项英一向生活俭朴，不吃"小灶"吃"大灶"，与大家同甘共苦。他领的津贴费只区区数元，与普通指战员几乎相当。为招待美国记者史沫特莱，他拿出自己的津贴费 3 元，叫伙房买几个菜，在军中传为佳话。新四军官兵为不打扰百姓，常常露宿街头或野外。在华中各抗日根据地，新四军常常帮助百姓搞生产，干农活，做家务。叶挺军长曾亲自为军部驻地附近百姓设计，并由官兵们帮助百姓造了一座连接叶子河两岸的木石桥。新四军在华中获得人民群众的爱戴，人们歌唱"吃菜要吃白菜心，当兵要当新四军"。

步调一致，纪律严明。新四军一切行动听指挥，严格遵守三大纪律八项注意，全军上下始终如一。抗日战争胜利后，中央决定撤出长江以南的苏浙军区和第七师，仅 7 天时间，45000 人全部撤出。新四军第五师和中原军区，以 5 万兵力牵制了国民党的 30 万兵力达半年之久，有力地支援了华北、华东和东北战场。解放战争爆发后，各路部队又密切配合，一举突出重围，粉碎了蒋介石要在"三至六个月内"消灭共产党的梦想。

二、新四军精神的时代价值

弘扬新四军精神，有助于我们锤炼听党指挥的坚定信念。新四军在抗日战争中，高举团结抗日大旗，坚决执行党中央的全面抗战路线，贯彻独立自主的游击战争的战略方针，创建抗日民主根据地，极力维护抗日民族统一战线。皖南事变后，被囚于上饶集中营的官兵们，坚贞不屈，信念不变，同敌人进行了顽强的斗争。听党指挥，是新四军的军魂。在十二届全国人大一次会议解放军代表团全体会议上，习近平总书记明确指出，建设一支听党指挥、能打胜仗、作风优良的人民军队，是党在新形势下的强军目标，并强调全军要准确把握这一强军目标，用以统领军队建设、改革和军事斗争准备，努力把国防和军队建设提高到一个新水平。听党指挥，就是着力培养有灵魂、有本事、有血性、有品德的新一代革命军人，着力锻造具有铁一般信仰、铁一般信念、铁一般纪律、铁一般担当的过硬部队。在新的历史条件下，我们要继承新四军勇往直前、所向无敌的英雄气概，把远大理想与现实结合起来，与时俱进，勇于创新。

弘扬新四军精神，有助于我们锤炼对党忠诚的政治品德。军部在云岭 3 年时期，以叶挺军长、项英副军长为核心的新四军军部，不仅把军队建设、政治建设、思想建设置于党的坚强领导之下，而且在文化建设上，也始终把跟党举旗、坚定信念，高扬主旋律，高唱民族魂，鼓舞斗志，鼓舞士气，作为根本原则。对党忠诚、不负人民，体现的是我们党品德高尚、情系人民的特质，展现的是党的强大道德优势。中国共产党聚集了中华民族众多最优秀的儿女，他们确立了马克思主义的世界观、人生观、价值观，继承了中华民族的传统美德，对党无限忠诚，对人民无限热爱。忠诚是共产党人崇高的政治品质，人民在共产党的心目中具有至高无上的地位。道德靠忠诚滋养，靠奋斗培育；忠诚靠道德支撑，靠实践锤炼。

弘扬新四军精神，有助于我们用实际行动筑牢党的根基。新四军与老百姓的关系是鱼和水的关系，军民团结，鱼水情深。新四军江北指挥部成立于1939年，当时，东汤池一带疟疾流行，江北指挥部及时组织卫生队深入乡村、集镇，一面宣传卫生常识，一面满腔热情地为群众免费治疗，终于控制了疾病的流行。民运工作队深入群众之中，和群众同甘共苦，春耕夏忙之际，他们白天帮助群众种地、收割庄稼、挑水等，晚上邀集群众谈心，宣传共产党抗日主张，使人们懂得新四军是真正抗日的部队。新四军的根基在人民，血脉在人民，力量在人民。新四军二师师长罗炳辉说过一句名言："人民群众是革命军队的母亲，母亲有了困难，我们立即到母亲那里去尽孝道。"在新四军各抗日根据地，军政、军民关系犹如鱼和水的关系，非常融洽。

我们党来自人民，党的根基和血脉在人民，为人民而生，因人民而兴，始终同人民在一起，为人民利益而奋斗。弘扬新四军精神，在新的历史条件下，我们要牢固树立"江山就是人民，人民就是江山"的理念，牢记党的全心全意为人民服务的宗旨，心系百姓、服务人民，关注民生，多做实事。

弘扬新四军精神，有助于我们共产党人增强党的纪律观念。铁军精神告诫我们，全面从严治党需要有坚定的理想信念和铁的纪律。坚定的理想信念是铁军精神的核心和灵魂，新四军从组建之起，就把跟党走、举旗听党指挥的信念，作为建军的根本原则，这正是新四军不畏艰险抗击强敌，赢得胜利的根本保证和力量源泉。面对日本侵略军的一次次疯狂进攻和残酷屠杀，面对国民党顽固派的反共摩擦，新四军将士浴血奋战，愈挫愈勇，愈战愈勇，在祖国的东南和中南建立了大片的抗日根据地，使侵华日军的后方成为烽火连天的战场，这一切都是由于他们坚定的理想信念作为支撑。

纪律严明是全党统一意志、统一行动、步调一致前进的重要保障，是党内政治生活的重要内容。必须严明党的纪律，把纪律挺在前，用铁的纪律从严治党，这是新四军铁军精神的突出表现，也是新时期我们每位共产党员不可触碰的纪律底线。新四军骁勇善战，军纪严明，所到之处，秋毫无犯。新四军的布告明确宣布："本军奉命抗敌，志在保国卫民，士兵历受训练，纪律素称严明，沿途秋毫无犯，买卖更见公平，为了国族利益，决不重记旧恨，军民联成一体，相敬相爱相亲。"在老百姓的心目中，这支部队没有很强的装备，但十分注重军纪军容，从不随意打扰百姓，很快，人们便知道了，这就是中国共产党领导的抗日部队——新四军。在新时代，党的十九大首次把党的纪律建设纳入党的建设总体布局，对全面加强党的纪律建设作出了新部署。强调着力提高纪律建设的政治性、时代性、针对性：坚决维护习近平总书记党中央的核心、全党的核心地位，坚决维护党中央权威和集中统一领导；牢固树立政治意识、大局意识、核心意识、看齐意识。严明政治纪律和政治规矩，推动党组织和党员干部始终自觉地在政治立场、政治方向、政治原则、政治道路上同党中央保持高度一致，确保全党令行禁止，确保党中央一锤定音、定于一尊的权威。

弘扬新四军精神，有助于我们继承和发扬艰苦奋斗的优良传统。艰苦奋斗，坚持到底。新四军成立伊始，副军长项英等主要领导人，就在全军倡导发扬红军时期艰苦奋斗的优良传统，将艰苦奋斗精神，列入新四军八大优良传统和十条军规，强调"艰苦奋斗坚持到底"。新四军组建之初，生存和发展环境非常恶劣，物质生活条件非常艰苦。新四军军部在皖南 3 年时间里，战地服务团演出的艰辛，是今天的青年文艺工作者难以想象的。服装、道具几乎全部是向驻地群众借用，也有自己动手制作的。剧团仅有数块幕布、两盏汽灯。所到之处，白天搭台，晚上演戏。部队观众坐在背包上，枪靠在肩上；当地群众自己搬个板凳，或捡块砖头、拿把稻草一坐，台上汽灯一亮就演出了。新四军文化工作者将这支革命军队艰苦奋斗的优良传统彰显得淋漓尽致，生动地诠释了新四军文化为什么说是廉军、廉政文化。艰苦奋斗是中华民族的传统，是我们党的一大优良传统，也是我们党保持同人民群众密切联系的一个法宝，更是一个干部特别是领导干部必须具备的基本政治素质。中国共产党人作为中华民族最优秀的儿女，合乎逻辑地继承了我们民族的优良传统。我们党为争取民族解放和独立的斗争史，就是一部艰苦奋斗的创业史。过去我们党靠艰苦奋斗、勤俭节约不断成就伟业，现在我们仍然要用这样的思想来指导工作。在新的历史时期，我们要继续保持艰苦奋斗这个新四军精神的本色，艰苦奋斗是井冈山精神的重要内容，新四军军精神便是井冈山精神的继承和发展。新四军犹如一座革命大熔炉，锤炼了一代又一代的钢铁战士，磨砺了广大指战员坚韧不拔、英勇顽强、不怕牺牲的钢铁意志。新四军凭着不怕死不怕苦的精神，硬生生地挺了过来，他们是一直敢于吃苦勇于牺牲的队伍，一次次面对绝境的他们，依然能够笑迎胜利，这种乐观的革命精神和不怕牺牲的钢铁意志和精神，值得我们每位共产党员去敬仰和传承。

弘扬新四军精神，**有助于我们共产党人凝聚家国情怀**。新四军始终把中华民族的利益放在第一位，顾全大局，相忍为国。《孟子》有言："天下之本在国，国之本在家，家之本在身。"家是国的基础，国是家的延伸，在中国人的精神谱系里，国家与家庭、社会与个人，都是密不可分的整体。"国家好，民族好，大家才会好"，"小家"同"大国"同声相应、同气相求、同命相依。在新的历史条件下，我们弘扬新四军精神，首先要以爱国主义为核心，高举爱国大旗，最大限度地团结一切可以团结的力量，为中华民族的伟大复兴而努力奋斗。

弘扬新四军精神，**有助于我们为了民族利益敢于斗争善于斗争**。坚忍不拔，英勇果敢，是新四军精神的特质之一。新四军以大无畏的英雄气概和敌人顽强斗争，奋力杀敌，涌现了大量的可歌可泣的英雄壮举。斗争精神是中华民族和中国共产党的宝贵精神财富。自强不息出自《周易·乾卦》中的"天行健，君子以自强不息"。它历经数千年历史沧桑洗礼，已经蜕变为中华民族民族精神的基本内涵之一，熔铸成中华民族身上显著的民族品格和不朽的精神丰碑。不畏艰险、敢于斗争的斗争精神既是自强不息民族精神的最重要内核和最直观体现，更是中华优秀传统文化不可分割的重要组成部分。正是有了不惧艰险、敢于斗争的精神，华夏文明才能从黄河流域的部落联盟发展成为幅员辽阔的统一多民族大国；正是有了不屈不挠、敢于斗争的精神，中华民族才能历经历史上的波澜沉浮而始终保持昂扬向上的生机活力；正是有了不畏强暴、敢于斗争的精神，中国人民才能历经磨难探索寻找到今日阔步前行的民族复兴之路。在新的历史条件下，我们弘扬新四军精神，2016年年底，习近平总书记在中央政治局民主生活会上发表的重要讲话中指出："面对新形势新挑战，要发扬斗争精神，既要敢于斗争，又要善于斗争，在事关中国特色社会主义前途命运的大是大非问题上坚定不移，在改革发展稳定工作中敢于碰硬，在全面从严治党上敢于动硬，在维护国家核心利益上敢于针锋相对，不在困难面前低头，不在挑战面前退缩，不拿原则做交易，不在任何压力下吞下损害中华民族根本利益的苦果。"党的十八大以来，习近平总书记在不同场合多次强调"我们党正在进行具有许多新的历史特点的伟大斗争"。他将我们党在新形势下面临的多种任务和挑战集中概括为"具有许多新的历史特点的伟大斗争"，提供了一种启发式的新视角来审视我们当下的各项工作。我们党所进行的中国特色社会主义事业是前无古人的开创性事业，在前进的各个阶段都势必会遇到许多新的问题，必须始终以一种砥砺奋进、积极进取的精神状态去推动各种矛盾问题的解决才能不断取得发展进步。这种精神状态就是中华民族奋斗史、党的奋斗史所传承下来的斗争精神。不怕牺牲、英勇斗争，体现的是我们党意志顽强、作风优良的特质，展现的是党的强大精神优势。要奋斗就会有牺牲，要进步就必须付出。世界上没有哪个党像我们这样，遭遇过如此多的艰难险阻，经历过如此多的生死考验，付出过如此多的惨烈牺牲。据不完全统计，从1921年至1949年，全国牺牲的有名可查的革命烈士就达370多万人。在脱贫攻坚斗争中，1800多名同志将生命定格在了脱贫攻坚征程上。一百年来，我们党团结带领人民以"为有牺牲多壮志，敢教日月换新天"的大无畏气概，不怕牺牲、英勇斗争，才取得抗日战争、解放战争、抗美援朝战争等一系列胜利，抵御和打破了以美国为首的西方国家对我国进行的政治孤立、经济封锁、军事威胁，我们才在应对政治的、经济的、军事的、科技的、意识形态的、文化的、社会的、自然界的、国内的、国外的各种风险挑战中赢得了优势、赢得了主动、赢得了未来。

新四军精神是新四军将士用鲜血和生命、用智慧和创造铸就的一种革命精神，它与建党精神、红船精神、井冈山精神、延安精神、抗战精神、西柏坡精神等，一脉相承，相映生辉，都是中华民族精神的重要组成部分。在中国特色社会主义事业建设中，继承和弘扬新四军精神对于实现中国梦和强军梦，实现中华民族伟大复兴，完成新时代中国共产党人的历史使命，具有重要的理论意义和实践意义；对于我们不忘本来，开辟未来，继承光荣传统、赓续红色血脉，用精神之火、信念之光激发奋进力量，始终保持革命者的大无畏奋斗精神，鼓起迈进新征程、奋进新时代的精气神，同样具有重要的理论意义和实践意义。

（作者系安徽省文史研究馆馆员，安徽省关心下一代工作委员会常务副主任，安徽省新四军历史研究会学术委员会主任，原中共安徽省委党史研究室主任）

长三角地区经济文化协调发展的战略思考

黄荣秀

内容摘要： 文化与经济的关系密不可分。现时代经济与文化相互渗透、相互融合的趋势明显加强，文化对经济发展的作用已不仅仅局限于反作用，而是直接作用于经济，成为经济发展的重要因素和动力，甚至成为产业经济的重要门类。要充分认识经济文化协调发展的重要性、必要性，发挥文化在经济社会发展中的能动作用，大力促进文化融合和认同，建设新时代江南文化共同体，为长三角一体化消除文化隔阂，提供社会心理基础，助力经济社会一体化发展。整合沪苏浙皖四地的文化资源，发挥文化人才集聚和文化创意引领作用，推动文化创意产业创新与协同发展，打造长三角文化产业新优势，提升区域整体竞争力。

关键词： 长三角；经济文化；协调发展；战略思考

文化与经济的关系密不可分。从远古到现代，文化与经济的关系经历了一个由合到分、再由分到合的历程。生产力的发展，促进了社会分工，文化艺术活动从物质生产领域分离出来成为相对独立的部门；现时代经济与文化相互渗透、相互融合的趋势明显加强，文化对经济发展的作用已不仅仅局限于反作用，而是直接作用于经济，成为经济发展的重要因素和动力，甚至成为产业经济的重要门类。具有深厚文化底蕴和丰富文化资源的长三角地区要充分认识经济文化协调发展的重要性、必要性，发挥文化在经济社会发展中的能动作用，大力促进文化融合和认同，建设新时代江南文化共同体，为长三角一体化消除文化隔阂，提供社会心理基础，助力经济社会一体化发展。要在塑造新时代江南文化的同时，推动长三角地区文化产业协同发展，打造长三角文化产业新优势，提升区域整体竞争力。

一、推进长三角一体化发展需要增进文化认同

长三角三省一市地域面积 35.9 万平方千米，常住人口 2.2 亿，分别占全国的 1/26 和 1/6，经济总量占全国的近 1/4，长三角地区跻身全球经济体量最大、经济活跃度最高的城市群之列，在世界经济版图中占据重要的一席之地。

2018 年 11 月 5 日，习近平主席在首届中国国际进口博览会上宣布，支持长江三角洲区域一体化发展并上升为国家战略。长三角一体化发展不仅需要道路交通、基础设施、产业经济、体制机制的无缝对接、互联互通，而且需要包括价值观、发展观、审美观等精神文化层面的深层次有机融合。长三角一体化发展从表面上看，是如何打破区域分割、行政分治的局面，实现区域内经济和产业合理分工布局下的协同发展，但真正阻碍长三角一体化发展的难点是如何抛弃狭隘的地域文化局限性，形成平等互利、包容开放、共建共享的价值认同和发展新理念。价值认同和发展新理念的形成需要有共同的文化基础，没有共同的文化认同，推进区域发展一体化发展将会日益困难重重。

历史孕育了江南地区（现在的长三角地区范围）山水相依、血缘相亲、习俗相近、人文共辉的区域整体形象。历史文献中，多有"吴越为邻，同俗并土""吴越二邦，同气共俗""夫吴之与越也，接土邻境，壤交通属，习俗同，言语通"的记载。回溯江南历史发展轨迹，也可为之佐证。东晋之始，江苏以其文化艺术成就成为江南中心；至宋代，宋都南迁以杭州为都城，流风遗韵及于今，曾领一代江南风尚；明清时期，徽商走出深山，沿青戈江、扬子江和新安江一路向东向南，足迹遍布江浙沪，推动江南一带市镇发展；近代上海开埠，遂成江南文化中心，江浙皖之才人逸士云集沪上。江南地区历经长期的历史融合发展，不仅以"丝绸之府，鱼米之乡""东南财赋地，江浙人文薮""堆金积玉地，温柔富贵乡"整体形象示于世人，而且以吴越文化、徽州文化、长江文化、海派文化厚植江南文明进程的历史基础和文脉根基，地域文化融合共生的

当代江南文化成了长三角文脉的主体形态。

然而，百里不同风，千里不同俗。江南地区作为宋明以后我国经济发展最活跃、创新能力最强、开放程度最高的区域，必然也是文化发展最为多元重要区域，江南区域内的吴文化、越文化、徽州文化、海派文化等地方文化，各具历史渊源、文化特质和地域特色，相互交流碰撞。进入近代以来，江南地区经历区域内部经济社会发展水平差异日益易见，原有利益结构分化、社会群体多元并存、各种思想文化交流碰撞，伴随着国门打开、现代化进程加快，国内外新移民大量涌入，"西风东渐""西学东进"，中西文化交流更加频繁、碰撞更加激烈，江南文化除了秉承吴文化、越文化、徽文化的优良传统，更增添了海派文化"海纳百川、包容开放"的时代特征，显示出江南文化在世界现代化、全球一体化时代与时俱进，创新发展的勃发生机和顽强生命力。

推进长三角一体化，必须面对区域内不同地域文化、多元社会主体、多重利益格局，破除行政区域及城市群、都市圈间壁垒，需要发挥文化在培育公共意识、公共理性和公共精神，形成新的区域文化共同体中的作用，以此强化集群认同，协调多元主体，调节行为规范，减少摩擦冲突，构建和谐有序的区域发展环境。

二、江南文化推动长三角地区高质量发展

长三角一体化高质量发展，需要增进文化共识，打造新时代的江南文化。这既是同根同源江南文化发展的内在要求，也是开放合作、开放创新、开放共享新时代的大势所趋。承续中华传统文化精髓，形成优雅、崇文、奋进、守序的新江南文化，内化于心、外化于行，为推进长三角一体化高质量发展筑牢文化根基；延续千年的文化基因和创新精神，建设高品质的江南文明，为当下的长三角一体化高质量发展注入融合新动能。

过去人们关注经济社会发展，都把目光聚焦在产业上，把文化放在无足轻重、可有可无的位置。认为文化就像一朵花，只是点缀作用、锦上添花，一个地方的发展最终还是得靠经济发展。时至今日，人们对文化地位、作用的认知已大不同于以往。文化品牌提升城市品位形象，文化资源成为城市发展的重要

资源，文化创意、文化"赋智增能"，成了催生城市经济跨越发展新的增长点。一方面，实施"文化＋"战略，数字文化创意产业已经入选国家战略性新兴产业，将文化元素、文化创意渗入传统的农业生产、工业制造、建筑设计、家居装潢设计，不仅延伸传统产业价值增长链、传统产业的产品附加值，而且引发传统产业革命性变革，带动产业转型升级、企业转型发展；另一方面，文化创意借助大数据、云计算、区块链，精准把握城乡居民对美好生活的真实需求，在产品和服务的设计、生产、销售、服务的各个环节注入文化元素，倾注人文关怀，增强产品、服务的增加值、吸引力，而且可实现传统产业的业态创新、模式创新、产品创新，创造和引领城乡居民对美好生活的新需求。以文化创意为代表和引领的文化产业具有重人才、重创新的显著特点，打破传统产业对土地、资源的过度依赖，对于土地、资源短缺的长三角城市，提供了长期可持续高质量发展的可能，展示出有着资金人才优势、富有创新精神的长三角城市在新时代国家高质量发展格局和全球经济一体化中的勃勃生机和美好前程。

在推动长三角一体化发展过程中，我们要坚持以文化认同促进文化融合，以文化融合促进区域融合，以区域融合激活区域发展的源动力。以文化这个更基本、更深沉、更持久的力量，为长三角长期可持续发展提供思想引领、精神激励和文化支撑，以文化融合增强区域文化软实力，提升长三角地区的综合实力和核心竞争力。

三、求同存异发展新时代江南文化

在新的时代条件下，坚持"五位一体"总体布局和"四个全面"战略布局，全面推进长三角一体化发展国家战略，需要将文化融合、打造新时代江南文化列为重要的组成部分。文化发展需要以经济发展为基础，需要政治的、社会的条件作为支撑，但是，文化建设有其自身的特殊规律，我们不能套用其他领域的规律或模式，去规划决定文化发展的道路和方法。只有对文化始终怀有敬畏之心，用科学的态度对待文化和文化的传承发展，而不是用短视的目光、功利性目的，企求急功近利、一蹴而就，才能实现对中华优秀传统文化包括江南文化的创造性转化创新性发展，打造成雄立中国乃至世界文化之林的新时代江南文化。

江南文化作为一种源远流长，至今保持勃勃生机、巨大影响的优秀传统文化，在新的时代下仍然拥有自我更新、自我发展的无限可能和巨大潜力。但不可否认新时代江南文化的发展也面临一些窘境和问题：一是由于行政区划影响，对地方特色文化的细分研究宣传日盛，而对地方特色文化的统合研究、整体宣传式微，致使江南文化的整体影响力下降。二是由于年代久远、经济社会环境变迁和人们生产生活方式、审美情趣变化，不少江南文化的遗址遗迹、"非遗"记忆、传统工艺、传统民俗、地方戏曲等都濒临死亡或面临失传，虽有政府和民间大力保护，但创新动能不足，未能找到与当今社会和民众需求的契合点，衰落消亡似乎成了不可避免的结局。三是重文化产业化发展，轻文化内涵深度发掘，导致众多文化产业主体同质化、文化产业园区无特色，缺乏优势产业和特色产业，无法打造完整产业链，长三角地区在全球文化软实力竞争中的地位与长三角地区的综合实力不相匹配，与国家对长三角地区率先实现社会主义文化强国目标要求相去甚远。

在社会主义现代化强国建设新阶段，加快推进长三角一体化国家战略条件下，我们应该如何打造基于当代生活基础、顺应时代语境需要的"新江南文化"？

一是在协同融合中构建区域文化共同体。文化发展一体化与其他领域发展存在不同规律。不同区域因为其独特的自然环境和生产生活方式，会形成不同特点的文化形态。长三角文化一体化发展需要每一种地域文化形态的繁荣发展，只有包容兼蓄，才能百花齐放，展现出江南文化的丰富内涵。在推进长三角地区文化融合、一体化发展中，要树立包容开放的价值理念，传承弘扬江南文化的优良基因和内核精髓，在交流融通中增强区域文化共同体意识，以其基础性、内涵式的人文化育之力，从个体修为、知识构造、思维方式、原创能力、心态胸怀等方面，持续培育强化城乡居民的文化认同。

二是防止文化同质化和单一化倾向。在长三角一体化上升为国家战略的大背景之下，长三角地区迎来了各业竞相发展的历史机遇，各种社会资本会也会大量涌入文化建设领域。资本的投资眼光和逐利本质，使得它们把投资重点放在能够实现资本增值、带来短期收益的文化业态和文化项目上，渲染时尚文化、流行文化和消费文化，关注有消费能力的高端人士和成功人士，忽略大众的消费需求，忽略优秀传统文化传承和公益性文化长远发展。这会导致优秀传统文化边缘化，甚至被同质化的城市消费文化所取代。一些地方在江南古镇开发过程中就出现诸如发展高度同质化，文化内涵丧失，文化消费高端化，消费对象士绅化和文化地产遍地开花，原真性生活空间退出等值得警醒的问题。未来长三角城市空间，应该是生活空间、旅游空间和文化空间的复合空间形态，在这三者博弈过程中，如果任由这些问题存在，长此以往，以江南文化为内在支撑的长三角城市群可能就会逐步丧失其独特的文化标识和民众赖以生存的文化精神，成为没有灵魂、缺乏活力的混凝土丛林。

三是提升江南文化的整体影响力。深度发掘开发区域特色文化，把文化元素产品化，借助文化产业快速发展和大众接受欢迎的文化产品服务，传播扩大江南文化的影响。集合区域内城市文化资源，整体开发区内散落的"星星""珍珠"，集中连片推出江南古镇系列、江南曲艺系列等文化品牌，打响江南文化传播的"组合拳""总体战"。实施文化＋互联网战略，共建江南文化传承中心、江南文化资源数据库，共享长三角优质文化资源；举办江南文化论坛，扩大江南文化影响。

四、长三角文化产业协同发展路径选择

文化产业以其高附加值、高融合性、低资源消耗的属性，在推动地区经济发展、促进产业结构转型升级方面发挥着重要作用。凭借良好的区位条件、经济优势和历史文化底蕴，这些年来长三角地区文化产业发展走在全国前列，形成了文化与旅游、文化与科技融合的特色文化产业发展模式，以一带多、多元融合、协同共进，形成群雄崛起、差异化发展的格局，文化旅游、新闻出版、广播影视、原创动漫、网络游戏等在全国都有较大的知名度和影响力，文化产业不仅已经是长三角地区经济发展的重要组成部分，还将在长三角一体化过程中推动着区域经济向着更高质量、更高水平迈进。

未来长三角地区的文化产业发展，应以推进文化融资、构筑统一的江南文化为目标，加强沪苏浙皖四地文化资源的整合，推动域内文化产业布局优化与

结构升级，实现创新引领、联动发展，围绕以下几个方面进行重点突破：

一是产业集聚和特色发展并重。长三角城市群追求文化产业高质量发展，必须坚持专业化、特色化发展，充分利用现有文化资源和文化产业基础，打造特色鲜明的文化产业聚集区。一方面要加大对特色创意产业集群的培育引导、扶持提升，重点建设一批特色鲜明、优势突出的创意产业基地和园区；另一方面，要谋划长三角区域内各城市文化资源的整合和综合开发，以资产为纽带，以市场为导向，打造特色鲜明、实力强大的长三角地区文化产业旗舰，以特色内容、创新手段，向世人展示江南文化的无穷魅力和时代新貌。

二是促进文化资源向产业资本转变。聚焦文化产业高质量发展的重点难点，以开放的视野、系统的思维、市场的逻辑、资本的力量，赋能文化资源的价值重组和文化产业体系重构，通过体制机制创新，将长三角地区丰富的文化资源转化成文化产业做大做强的现实资本，抓住政策机遇，用好区位优势，重点加快打造一批龙头骨干企业，增强长三角地区文化产业的创造力、凝聚力、辐射力。

三是建立区域文化协调联动机制。长三角区域文化协调联动机制包括地方政府间高层协调机制和由政府与民间力量共同参与的文化协调机制，旨在通过政策制定、平台搭建、统一规则、联合推介等，实施长三角地区文化协同发展战略，构建沪苏浙皖四地文化产业优势互补、错位发展格局，打造统一规范、管理高效的现代区域文化市场体系。

四是推动文化产业智能化、高端化发展。首届长三角文博会召开，助推长三角区域发展联盟、平台和合作项目签约，开启跨域合作、专业整合的先河。要加快建立文化产业和科技融合发展平台，鼓励和扶持以数字技术为基础、以数字文化创意产业为引领的新兴文化产业优先发展，数字赋能、文化增智，数字文化创意产业向农业生产、工业制造、建筑设计、家居装潢等人们生产生活的各个领域渗透，带动相关产业转型升级，以新的业态、产品和服务，满足数字化智能时代人们生活高端化的需求。

五是完善统一开放、竞争有序的文化市场。存在零散分割和渠道不畅、行业垄断和地区封锁问题，说明长三角地区尚未形成统一开放、竞争有序的文化市场体系。因此，要首先打破市场分割和行业垄断，从建立普惠制式的文化投融资体制，统一税费和市场游戏规则入手，共享各地出台的优惠政策扶持政策，特别是放宽市场准入条件，发挥市场机制在文化资源配置中的基础性作用，鼓励资源、资本、人才等文化产业发展要素在区域内自由流动，鼓励文化企业跨地区、跨行业、跨部门经营和资产重组。完善文化市场体系，加快要素流动，提高文化产业市场化程度，开创长三角地区文化资源合理高效利用、文化产业高质量健康发展的新局面。

（作者系安徽省文史研究馆馆员，安徽省工商联原巡视员，安徽省泛长三角区域经济合作研究会副会长）

徽文化与长三角一体化的历史融合

诸伟奇　李纬怡

内容提要：本文第一部分论述徽州与长三角一体化的历史建置沿革，认为徽州是我国历史上郡县建置最早、区域建置最为稳定的地区之一，且始终是"江南"行政区划的一部分；更由新安江、钱塘江一水相系，同源共流，创造了灿烂的钱塘江流域文明，彰显了长三角一体化的水地因素。第二部分以徽商从徽州出发、向江浙辐射和既重传统产业也能适时转型的史事，说明徽商文化在长三角文化中的贡献与融合。第三部分以原籍徽州而寄籍江浙沪等地的名家名人为例，论述了明清时期徽籍人士在长三角文化发展中的贡献，说明徽州人文精神在长三角文化一体化中的特质和作用。

关键词：徽文化；长三角；徽商；徽人寄籍

中央将长三角一体化上升为国家战略，无论从长三角地区的自身特点、历史渊源，抑或从长三角地区在中国和世界的地位来说，这一决策都是意义深远、影响巨大的。沪苏浙皖，不仅山水相连，经济互利，尤其是文化源远流长，相亲相共。徽文化作为安徽文化的重要组成部分，具有鲜明的地域文化特色。本文将从徽州建置沿革与长三角一体化的历史渊源、徽商对长三角经济发展的贡献、徽州人文精神在长三角一体化中的作用等方面来考察徽文化与长三角一体化的关系。

一、徽州与长三角一体化的历史建置沿革

笔者在《从历代建置沿革看长三角区域的历史系融合》中曾指出:"沪苏浙皖……自秦汉至明清,数千年来其行政建置,或为一体,或同一州郡,且府县相沿,历久而少变,彼此关系极为紧密。"①以安徽省而言,其中的安庆地区、徽州地区在长三角区域中,更是河同水密,融汇难分。

(一)一府六县,江南重镇

徽州,《书·禹贡》列为扬州之域,春秋时属吴,后属越,战国时属楚。秦朝建立后属鄣郡,当时于其地设立黝、歙二县。②(黝,为黟之本字。)汉属丹阳郡。③三国吴分置新都郡,将黝、歙之地析为黝、歙、始新、新定、犁阳、休阳六县,时为建安十三年(208 年),此为徽州州郡一级行政设置之始。④晋改新安郡,治始新县;南朝宋、齐因之。梁承圣中析置新宁郡,治歙县。陈复并入新安郡。隋平陈,废郡置歙州⑤,统县三:休宁、歙、黟。大业初改为新安郡,移治休宁县;义宁中移治歙县。

《旧唐书》载:唐武德四年(621 年),"置歙州总管,管歙、睦、衢三州。贞观元年,改为新安郡。乾元元年,复为歙州"。领县五,为歙、休宁、黟、绩溪、婺源,"户三万八千三百三十,口二十六万九千一百九"。隶属江南东道。⑥五代、宋初未变。北宋宣和三年(1121 年),改歙州为徽州,县六:歙、休宁、祁门、婺源、绩溪、黟。隶属江南东路。⑦这是我国历史上第一次出现以"徽州"为州府名称的行政设置,从此"一府六县"的建置,至清末一直未变。

元为徽州路,隶属江浙行省管辖。

明复称徽州府,初属浙江,寻直隶京师,领县六:歙、休宁、婺源、祁门、

① 诸伟奇:《从历代建置沿革看长三角区域的历史性融合》,《长三角文化论丛》编委会编《长三角文化与区域一体化——2019 年"长三角文化论坛"论文集》,上海人民出版社,2020 年版,第 244 页。

② (清)顾祖禹:《读史方舆纪要·南直十·徽州府》,中华书局,2005 年版,第 3 册,第 1364 页。

③ 《汉书·地理志上》,中华书局,1962 年版,第 6 册,第 1592 页。

④ 《后汉书·郡国四》,中华书局,1965 年版,第 12 册,第 3486 页。

⑤ 《隋书·地理志下》,中华书局,1973 年版,第 3 册,第 878 页。

⑥ 《旧唐书·地理三》,中华书局,1975 年版,第 5 册,第 1595、1596 页。

⑦ 《宋史·地理四》,中华书局,1977 年版,第 7 册,第 2187 页。

黟、绩溪。① 清同明制。

近代以来，徽州行政设置最大的变化，就是 1934 年将婺源划入江西省。虽然 1947 年又将婺源划归安徽省，但 1949 年又被划入江西省，并一直延续至今。

纵观千余年徽州行政区划的建置沿革，我们有这样几个结论：

其一，徽州地区是我国历史上郡县建置最早的地区之一。

其二，从东汉建安十三年（208 年）新都郡的建立，到唐乾元、大历间一州六县的格局形成，再到宋宣和三年（1121 年）更名徽州，且延续千年行政区划未有更易，可证徽州是我国历史上区域建置最为稳定的地区之一。

其三，徽州地区无论是郡县抑或州府的建置，历代皆置于'江南道''江南路''江南省''南直隶'之区划，不论朝代如何更替，它始终是"江南"的一部分；某些时期，它还与浙江、江苏的郡邑置于同一个行政区划。

（二）一水所系，同源共流

新安江是钱塘江流域文明的源头。钱塘江，也称浙江、浙水、渐江，它的上游称新安江。《山海经·海内南经》"三夫子鄣山"，晋人郭璞注："今在新安歙县东，今谓之三王山，浙江出其边也。"② 经钱塘江河源考察队考察，新安江发源于徽州休宁县的六股尖东坡。③《水经注·渐江水》："浙江水出三天子都，北过余杭，东入于海。"郦道元注："《山海经》谓之浙江也。《地理志》云：水出丹阳黟县南蛮中，北径其县，南有博山……浙江又北径歙县东，与一小溪合，水出县东北翁山，西径故城南，又西南入浙江。"④ 郦道元对钱塘江亦即浙江的起源、流向即经过之地所记甚详，亦符合实际，休宁县有浙溪、渐溪，婺源县有浙岭。新安江的源头称冯村河，歙县浦口以上称率水，或渐江，浦口以下至浙江省建德县梅成称新安江，新安江于梅成汇纳兰江，全长 373 千米，流域面积 1.1 万平方千米；江自梅城至桐庐间称桐江；桐庐至萧山闻堰间称富春江；闻堰至闸

---

① 《明史·地理一》，中华书局，1974 年版，第 4 册，第 928-929 页。

② 袁珂：《山海经校注》，上海古籍出版社，1980 年版，第 268 页。

③ 钱塘江河源考察队：《〈钱塘江河源河口考察报告〉前言》，浙江省科学技术学会，1986 年铅印本卷首。

④ （后魏）郦道元：《水经注》卷四十《渐江水》，王国维《水经注校》，上海人民出版社，1984 年版，第 1243-1245 页。

口段河道折如"之"字，故又称之江；闸口以下始称钱塘江，整个流域长 605 千米，面积 4.88 万平方千米。

元人沈干曾赞美浙江："崒山海之群珍，致川陆之百物，使三吴之富甲天下者，实此江之之力也。"[①] 此处的"三吴"，指吴郡、吴兴、丹阳，为浙江省的东北部，亦即"长三角"浙江的那一块。此处的"浙江"，指的是整个新安江、富春江、钱塘江流域。正是这源于徽州万山之中的新安之水，回旋奔涌，汇纳众流，由西向东，浇灌了皖南浙北广袤的田地，造化出自然和谐的生态环境和水碧山青的人间美景。一路上有峭壁险滩，有青山绿水，有草色连江，有涛声归海；西有碧波万顷名扬中外的千岛湖；中有"小小竹排江中游，巍巍青山两岸走"的富春江；东有"万壑晴江开晓郭，千帆春草送芳洲"[②] 和"八月涛声吼地来，头高数丈触山回"[③] 的壮阔雄奇的钱塘江。新安水系更哺育了勤劳勇敢的皖浙儿女和灿烂辉煌的江南文化，千百年来这块土地上诞生的志士仁人、名家巨匠指不胜屈。新安一水，开创了钱塘江流域的文明，也充分地彰显了长三角一体化的水地因素。

二、徽商对长三角经济发展的贡献

唐宋以降，中央政府之财政多赖东南财税。一者南方土地肥沃，物产丰富，商业本比北方发达；二者唐宋战乱，南方各地生产未受大的破坏，劳动人口又不断自北方流入。南宋建都临安（杭州），江南人口激增，农业发展迅速，商业贸易兴盛，财政收入增加，长三角地区尤为富庶。这个地区，既是南宋政治中心所在，也是经济、文化繁荣之区。商业的繁荣，加快了都市发展的进度，如首都临安，宋高宗时有人口 20 万户，到宋度宗时（1265—1274）即增至 39 万户。即使在元军灭宋时，杭州也未遭破坏，城中的商业，在南北统一、运河开通的大环境中，迅速得以恢复。徽州作为江南的一部分，无论是对当时的财政

---

① （元）沈干：《浙江赋》，《古今图书集成》卷二八四《山川典》"浙江部艺文一"。
② （明）陈子龙：《晓渡钱塘》，《陈子龙诗集》，上海古籍出版社，1985 年版，下册，第 509 页。
③ （唐）刘禹锡：《浪淘沙》九首之七，《刘禹锡集》卷二十七，上海人民出版社，1975 年版，第 252 页。

赋税，还是商业贸易，都有着一定的贡献，如宋仁宗时，徽州、宁国、广德三地茶课即由最初的三千余锭屡增至十八万锭。[1] 而徽商的作用也在以后的历史进程中，发挥得越来越大。

（一）从徽州出发，向江浙辐射

作为徽文化核心内容之一的商业文化形成于明前期。明、清两代，徽州人外出经商从未间断，外出经商之地，遍及江浙、湖广、河南、河北、陕西、四川、云南诸省，"业贾遍于天下"[2]，而最为集中的地域还是江浙一带即今之长三角地区。明人黄汴所撰《天下水陆路程》曾详细记载了由徽州往全国各地行商的路线，其中涉及长三角地区的有 10 条之多，即：徽州府至婺源县路；黟县至南京路；休宁县至杭州府水路；休宁县由几村至扬州水路；祁门县至湖口县水路；苏州由广德州至徽州府水陆路；杭州府至休宁县齐云山路；仪真县由宁国府至徽州府水陆路；芜湖县至徽州府路；弋阳县至休宁县路。署名憺漪子所辑的《天下路程图引》，记载了全国交通路线 100 条，第 1 至第 53 条所记都是江南水陆路线，其中记载以徽州为起讫点的有 15 条，涉及长三角地区的至少有 9 条，即：徽州府由严州至杭州水路；徽州府由金华至温州府路；徽州府由开化县至常山陆路；徽州府由青阳县至池州府陆路；苏州由四安至徽州府陆路；丹阳县由梅渚至徽州府陆路；南京由芜湖至徽州府陆路；芜湖由太平县至徽州府路；仪真由宁国府至徽州府路。[3] 这些图书记载充分反映了徽商向全国特别是长三角地区发展的状况。

这些在外经商的徽人，经过一代甚至几代的不断努力，很多都取得了成功。如明正统、嘉靖时，歙人汪通保在上海开典铺，生意逐渐做大，"于是人人归市如流，旁郡邑皆至。居有顷，乃大饶。里中富人无出处士右者"。[4] 又如嘉靖、万历时，休宁人孙从理在湖州开典铺，"慎择掌计若干曹，分部而治"，"岁会

① 蔡美彪等：《中国通史》第四编第六章第六节，《中国通史》第 7 册，人民出版社，1983 年版，第 191 页。
② （明）金声：《与歙令君书》，《金声集》，黄山书社，2019 年版，第 101 页。
③ 转引自周晓光主编：《徽州文化史（明清卷）》第二章，安徽人民出版社，2015 年版，第 254-255 页。
④ （明）汪道昆：《汪处士传》，《太函集》，黄山书社，2004 年版，第 1 册，第 599 页。

则析数岁之赢，增置一部，递更数岁，又复递增"①，还开了不少分号，成了当地的巨富。再如清代歙县人许翁，在浙江一带开了 40 多所典铺，有"十数世之积，数百万之赀"。②像这样从徽州出发，向江浙等长三角地区发展并取得成功的徽商还有不少，如明代经营盐业的汪氏、黄氏、吴氏，清代继起的程氏、江氏、鲍氏等。其中最著名的有清前期的江春和清末的胡雪岩。

（二）既重传统产业，也有适时转型

徽人经商是为了谋生，在谋求生存和发展的过程中，徽商往往能够不畏艰难，抓住机遇，乘时而进。他们既重视茶业、木业、布绸业、粮食业这些传统产业，又能根据朝廷政策及其他条件，适时而动，利用新机遇，投入新业态。盐业、典业、航运业等，本不是徽人原生产业，但他们能充分利用条件，占得先机，创造了不菲的业绩。

如明洪武四年（1371 年），两浙盐运司曾发盐引 5 千道至徽州府招商，次年又发盐引 1 万道至徽州，结果除缴回运司 2237 道外，其余 12263 道盐引全被徽商买去。一个本来与盐业没有直接关涉的徽州商贾，却很快熟悉了这个行业，进而掌控了两浙的盐业交易。自明洪武至清道光，近 500 年间，经营有术的徽籍盐商，几乎控制了半个中国的盐业贸易。

又如清末的胡雪岩，创办胡庆余堂国药号，就是一次成功的商业转型。首先是适应了当时的需要，长三角地区人口众多，又有辐射效益，对药品的需求量大；当时，军队对药品有着大批次稳定的需求，而胡氏与官方、军方都有交集；浙江、上海一带虽然药店不少，但普遍规模不大，药品不全，需要"胡庆余堂"这样产、供、销合一的大型国药企业。其次，这次转型经过了比较周密的调研和筹备。早在清军与太平军作战时，胡雪岩就邀请医师配置避瘟丹、红灵丸、诸葛行军散等药品，验证了市场需求；之后又邀集众多医生和药商研究经营方针，并请名医贡献古方佳剂，选出配方 400 多个，先后试制成药。经营中，胡庆堂着重抓成药生产环节和药材采购环节，专门设置了生产厂房和药材仓库，直接从产地选购药材，降低生产成本。同时，以"采办务真，修制务精"为诉

---

① （明）汪道昆：《南石孙处士墓志铭》，《太函集》，第 2 册，第 1096 页。
② （清）俞樾：《右台仙馆笔记》卷十三，上海古籍出版社，1986 年版，第 340 页。

求，以"济世""善举""戒欺"相标榜，进行销售宣传，取得了销售信誉，提高了营业额，获得了丰厚的利润。①

　　曾有人说徽商的没落，是没有及时转型。此说未必确切，至少没有充分考查寄籍徽商在内的全部情状。其实，不仅是胡庆余堂，还有胡美玉的食品业、胡开文的文具业、张小泉的刀剪制造业及之前的刻书、刊书等文化产业。徽商的经营及其文化早已深深融合于长三角文化之中。

三、徽州人文精神与长三角文化的和合融通

　　徽州这边土地，南宋以来，名家辈出，著述如林，其中影响最巨者，莫过"致广大，尽精微，综罗百代"的朱熹、乾隆学派领袖人物戴震和开一代之风气的胡适。对他们，论述已多，不再赘述。明清两代，有一批旅居省外的徽籍商人和学者，他们主要集中在江、浙两省，多因徽商经营四方而形成。他们有的生在徽州，有的父、祖辈生在徽州，他们身上流淌着徽州人的血液，浸润着徽州的人文精神，并能融合江浙文化，绽放出新的光彩。这些寄籍人士，人数甚多，事迹亦丰，本文兹择其要者做些介绍。如：

　　吴伯举，明歙县人。贾于扬州，富而好礼，"翩翩有国士风"。性喜博古，曾"重购商周彝鼎及晋唐以下图书。即有奇，千金勿恤"。尤其重视子孙教育，"为之岁延师四人，其一讲道德，其三修业"。②

　　吴希元，字中翰，明歙县人。亦贾亦儒，经商于扬州，万历中曾捐输万金以助三殿鸠工，授文华殿中书舍人。曾筑室溪上，商周鼎彝、历代名帙，尽收其中。

　　吴守淮，字虎臣，明歙县人。业贾，能诗，好书画古玩，行事慷慨有侠气，曾言："摩挲彝鼎，亲见商周，虽南面王乐不易此。"③汪道昆称其"独悲歌慷慨，翩翩然有节侠风。至其睥睨三事，枕籍百家，庶几乎矫矫者矣"。④又赞其藏书：

---

① 胡庆余堂制药厂等：《杭州胡庆余堂制药厂》，《浙江文史集粹》，浙江人民出版社，1996 年版，"经济卷"上册，第 385-399 页。

② （明）汪道昆：《赠吴伯举序》，《太函集》，第 1 册，第 327-328 页。

③ 《（民国）歙县志》卷十六《杂记·拾遗》。

④ （明）汪道昆：《吴虎臣字说》，《太函集》，第 4 册，第 1742 页。

"椅杖直凌千嶂尽，藏书好在五云深。"①

闵景贤，字士行，明歙县人，寓居浙江吴兴。明后期刻书业颇发达，通俗读物尤为盛行，士行曾刻《快书》前后百种。之后又辑得"有明三百年布衣之诗二尺许，颜曰《布衣权》，搜罗最广，中颇有幽隐之士、未有声称于世者"。②

吴琼，字邦珍，明休宁人，世居商山。初为儒，后业贾于松江。致富后，"好行其义，不持利权"，重然诺，有威信。在他身上还发生过类似清初桐城"六尺巷"的故事："某子甲故仇乙，而处士地与甲连衡，乙奉百金，请得尺寸地扼甲。处士弗与也，曰：'宁树德，无宁树仇。'卒谢乙而两家之难解。"③

明清之际是个"天崩地解"的时代，寄籍和旅外徽州士人也不可避免地经历了时代的巨变，如郑元勋兄弟。

郑元勋（1610—1644），字超宗，号惠东，明末歙县人，祖景濂、父之彦业盐于扬州，遂落籍。复社成员，曾列名《留都防乱公揭》，与阉党相斗争。崇祯十六年（1643年）进士，次年，高杰攻扬州，为保卫扬州城不遭兵祸，元勋以旧识身份与高杰联系，扬人误以其通高而杀害。死后史可法为其疏讼雪冤，扬人悔甚。元勋工诗，善古文辞，兼长书画，撰有《影园集》《媚幽阁文娱》等，与王光鲁辑有《左国类函》。

郑侠如，字士介，号俟庵，元勋弟。明崇祯十二年（1639年）副贡，授工部主事。曾与其兄元勋襄助袁继咸治理扬州。后继咸因事被逮，黄道周以建言被逮，他人皆避之不及，唯士介操舟迎送。入清，不仕。有丛桂堂，藏书甚富，黄宗羲曾从其借抄。

此外，寄籍江浙的明遗民颇多气节峻嶒者，如：

程邃（1607—1692），字穆倩，号垢区、青溪、垢道人等，歙县人。明亡，侨居江都。"博学，工诗文，精金石篆刻、鉴别古书画及铜玉器，家藏亦夥。善画山水，纯用枯笔，写巨然法，别具神味。工隶书。为人品行端悫，敦崇气节。"④清康熙十八年（1679年）荐博学鸿词，不赴。世以"白岳黄山两遗民"称之，即谓程邃与孙默。有《萧然吟》《垢道人集》等。

① （明）汪道昆：《送吴虎臣八绝句》之五，《太函集》，第4册，第2764页。
② （清）周亮工：《书影》卷六，上海古籍出版社，1981年版，第170页。
③ （明）汪道昆：《明处士吴邦珍墓表》，《太函集》，第2册，第1293页。
④ （清）李斗：《扬州画舫录·虹桥录上》，中华书局，1980年版，第224页。

孙默，字无言，号栩莽，又号黄岳山人，休宁人，寓居江都，晚归黄山。毕生不仕清。"广交游，急友谊，风雅声气，不介而孚。"王士禛曾称其"一穷老布衣，而名闻天下"。

又如程守，字非二，号蚀庵，原籍歙县，弱冠入籍钱塘，明亡后不出，一意为诗，书法奇崛。有《静省堂集》《汰录词》。

随着清政权的稳定，都市文化活动的复苏，扬州继南京后渐次成为文化活动频繁之地，其中徽商和徽籍名人发挥了巨大的作用。如：

程梦星（1678—1747），字午桥，号香溪、茗柯等，祖籍歙县，自父程文正起即侨居扬州。康熙五十一年（1712年）进士，授翰林院编修，丁内艰归。自此不复出仕，于廿四桥旁，购得筱园。又筑南坡、来雨阁、畅余轩、馆松庵、藕糜、桂坪诸景，一时绿柳两岸，芙蓉十里，朱华碧叶，水天相映，堪称人间胜景。并广集图籍书画，延名家校书鉴画，一时佳士云集，诗酒流连，主东南坛坫数十年。有《今有堂诗集》《茗柯词》《平山堂小志》等。

马曰琯（1688—1755），字秋玉，号嶰谷，又号沙河逸老，原籍祁门，寄籍扬州。副贡，候选主事。乾隆元年（1736年）被荐博学鸿词，不就。与弟曰璐皆嗜学好客，同以诗名。尤笃于藏书，数十年精心搜集，所藏达十万余卷。家有"丛书楼"，与全祖望等校书其中。曾为朱彝尊刻《经义考》。"费千金为蒋衡装潢所写《十三经》。又刻许氏《说文》《玉篇》《广韵》《字鉴》等书，谓之'马板'。"合四方名士，结"刊江吟社"。四库馆开，其后人进献图书776种。有《沙河逸老集》《嶰谷词》等。[①]

马曰璐（1701—1761），字佩兮，号半槎、南斋。与兄马曰琯并称"扬州二马"。监生，候选知州。乾隆元年被荐博学鸿词，不就。与曰琯同嗜藏书，并擅清才。与厉鹗、杭世骏、全祖望等四方名硕于小玲珑山馆研讨校勘，诗酒酬唱，一时名重东南。有《南斋集》等。[②]

"二马"以后，扬州文坛聚会的组织者是江春。江春（1721—1789），字颖长，号鹤亭，原籍歙县，祖演、父承瑜侨居扬州。家世业盐，至春推为两淮商总，为乾隆时期两淮八大总商之首。一生八次接驾、十二次得见乾隆皇帝，"以

① （清）李斗：《扬州画舫录·新城北录中》，第88页。
② 牛继清等：《安徽文献总目·清代》，黄山书社，2020年版，第4册，第2376-2377页。

布衣上交天子","恩遇元隆,古未有也"。好吟咏,广结交,与杭世骏、蒋士铨、金农、郑燮、吴烺、金兆燕诸人常诗文聚会。喜藏书,家有随月读书楼。又雅号戏曲,征聘四方名角入戏班,其家有"春台班",促进了徽腔、京腔、昆腔的融合,演绎出"四大徽班进京"的佳话。有《随月读书楼集》《黄海游录》及与其弟江昉的《新安二江先生集》。①

除扬州外,其他地区原籍徽州的人士在文化活动的开展和相互文化的融合乃至有清一代文化学术的进步等方面也都做出过一定的贡献。如侨居苏州原籍休宁的朱之赤,原籍歙县的吴铨,原籍休宁的胡树声、胡珽父子;又如侨居杭州原籍歙县的汪继昌、姚际恒、鲍延博、汪启淑,原籍休宁的汪由敦、金芳,原籍婺源的董炼金等;再如侨居嘉兴原籍休宁的陈昂、汪森、汪文柏、汪孟铒、汪如藻、金檀、金弘勋、金可埰、金德舆;还有原籍歙县侨居娄县的姚胤华,侨居常熟的鲍廷爵;原籍休宁侨居华亭的黄之隽,侨居嘉善的程维岳,侨居昭文的吴蔚光;原籍婺源侨居南京的汪士铎等。

综上所述,徽文化与长三角文化的融合,有这样几个特点:

一、因同属于江南,山水相连,人民生活习俗相同或相近。

二、都重视文化教育,以儒家学说特别是朱熹之学为依归。

三、徽商在文化资源的整合、文化活动的开展、文化内容的丰富、文化成果的传播上发挥了作用,其中寄籍者发挥的作用尤为突出。

四、徽文化中的读书明理、尊师重教、以诚相待、勤奋开拓、富而好义的精神与长三角其他地区的优质文化是一致的。

五、徽文化在发展和传播中你中有我,我中有你,如"二马"、江春组织的文会中有朱彝尊、杭世骏、厉鹗、全祖望、蒋士铨、金农、郑燮等江、浙乃至全国的名流,而以江、戴为代表的徽州考据之学就包括高邮王氏(念孙、引之)和金坛段氏(玉裁)。

(诸伟奇:安徽省文史研究馆馆员,安徽大学教授;李纬怡:安徽大学徽学研究中心博士)

---

① (清)李斗《扬州画舫录·桥东录》、(清)阮元《研经室再续集》卷二《歙县江鹤亭橙里二公传》、《(道光)徽州府志》卷十二《人物·宦业》。

中国计算机早期教育和创立发展中
地灵人杰的长三角地区对全国的地域性
独一无二的历史贡献

时春晨

内容提要： 一直得益通江达海地理优势，早已形成中西文化融合优势，皖、苏、浙、沪三省一市的长三角地区，在过去的百余年间，尤其是在计算机教育和专业人才培育、计算机学科建设和计算机技术发展上，长期持续呈现出一种地灵人杰、与时俱进、引领时代潮流的人才和创新优势，尤其是在中国计算机早期普及与高校教育和创立及发展中，对全国做出了地域性独一无二的历史贡献。

关键词： 计算器；机械式手摇计算机；计算机；长三角地区

中国结束流行和通用 2600 年的记数工具——算盘，是从 1876 年上海所引进的机械式手摇计算机、1945 年南京高校开讲的电子计算机第一课，还有 1950 年代一群来自长三角地区拓荒者领命聚集、敢为人先、众志成城所奠基的新中国计算机事业开始的。由此也催生了今日长三角地区经济和文化的一种方兴未艾领先优势，仅以由此而衍生出的数字文化，即凭借计算机、互联网以及数字化视频信息采集、处理、存储和传输技术的文化的数字化共享而论，长三角地区数字文化指数总量已占全国 17.2%，数字文化指数均值已为全国平均值 2.23 倍。

一、1876年始自上海：开启改写中国两千多年珠算史及其日后助攻核武器研制的机械式手摇计算机时代

中国人着意提高和改进计算工具和方法，以期"工欲善其事必先利其器"加快文明嬗变和社会进步，是从公元前600年奴隶社会向封建社会过渡时开始的，缘起于先人们从长期的结绳记事活动中有所启发，继而发明出一种10颗算珠，置于框内计数，叫做"算板"的计数工具，逐步演变成木质算具。东汉末年，当时的数学家徐岳为之定名"算盘"，并由其设计出算盘样式，在其《数术记遗》专著中介绍了多达14种珠算计算方法。

算盘，作为一种快速计算方法的工具，珠算作为一门生活必需计算学问，被列入中国人启蒙教学长达2600年，即便1904年1月（光绪三十年），清政府颁布了具有现代教育意义，史称"癸卯学制"的《奏定学堂章程》，第一次作出初等、中等、高等教育阶段的划分，仍作明文规定："《珠算》初小四年级教加减法，五年级教乘除法，高小一、二、三年级教小数四则。"珠算，作为初等教育必学课程，延至2001年，才因计算机和数字技术全面普及，我国教育部这年新公布的《义务教育数学课程标准》，专门发文明令取消了《珠算》课。究其要义有二：珠算的计算功能已为计算器代替，取消珠算教学可切实为学生减负。

计算机（computer）俗称电脑，是一种舶来品。作为更便捷、更快速运算的计算工具第一次出现在1642年，法国数学家布莱士·帕斯卡（1623—1662），为了减轻作为税务官的父亲重复繁重劳动，设计并制作了一台能自动进位的加减法计算装置，被称为是世界上第一台数字计算器（也被称为"加法器"）。迄今377年计算机发展史已经机械式计算机、电子管计算机、晶体管计算机、集成电路计算机、大规模集成电路计算机五大发展阶段。早在1688年（清康熙二十七年），最先发明"加法器"，当时已成区域性强国、欧洲科技文化中心的法国，就由法国国王路易十四派来，冠以"国王的数学家"的科学传教团在中国的长三角宁波港登陆，后又一路北上赴京，直接向中国的康熙皇帝捐献了多达30箱代表欧洲当时先进科技水平的天文学和数学仪器及书籍，其中就有法国人研制的先进计算工具——计算器。

1688年法国科学传教团来华入京，最大的影响就是由康熙钦命，在皇宫内

成立了开启近代中国科技启蒙的算学馆、清宫造办处。令人称奇的是，当年这些所赠国礼中的计算器，现存故宫博物院的仍有 10 台，这 10 台机械式计算机分为盘式、筹式两类。难能可贵的是，2004 年 1 月 26 至 29 日，中国国家主席胡锦涛在中法建交 40 周年之际对法国进行国事访问，同期举办的中法友好年活动之一在法举办的"康熙大帝展"上，就有中国康熙年间仿制，现仍可运转的纸筹式手摇机械式计算机精彩亮相。当然，囿于皇权时代的形格势禁，这些 17 世纪先进的计算器的引入，历经 200 多年直至清王朝覆灭也没能走出深宫，更无法成为推动社会进步的一种先进生产力。

对中国的整个社会和广大民众而言，对计算器的了解和民用，始自上海开埠之后：1876 年 2 月 9 日，上海格致书院编辑出版，堪称中国最早以传播近代科学技术知识为宗旨的中文科学杂志《格致汇编》月刊创刊号上，就刊有一文《算器图说》（附图），中国的民众第一次从每月一期的《格致汇编》中学到了近代西方先进的科学知识，在见识了气象仪表、照相机、望远镜、测绘器具等科学仪器同时，也认识了机械式手摇计算机，当时被称为"新式算器"。

《格致汇编》先后所载《算器图说》和《新式算器图说》两文中，还特别介绍说："上海已经有两个大号算器，系隆茂洋行经手自英国购来，每个价值与水脚费用等各洋钱一百元。一为天文士贾步纬（1840—1903）所购用；一为本馆购用之。"这是关于中国引进西方机械式计算机的最早报道。同时，这也表明贾步纬是购买西式机械式计算机，并用于天文历算研究的第一位中国科学家；隆茂洋行是第一个购买西式计算机的商业机构；上海格致书院是第一个拥有西式计算机的中国科学教育机构。

《格致汇编》所介绍的贾步纬（1827—1908），号心久，为上海南汇周浦人，步纬乃自名。青年时代先学习经商，后立志学习天文、数学，拜著名数学家李善兰（1811—1882）为师，研读《数理精蕴》《历象考成》诸书，学问大长，且精通英语。之后，就学于英国学者伟列亚力，研究微分、积分、椭圆、地动、代数、对数之术，对天文、数学造诣颇深，被誉为天算家。在洋务运动中为译介西学和简化计算做出了重要贡献。贾步纬是中国引进西方计算器的第一人，他亲自领导和购买了从英国进口的大型计算器。自此开启了中国人使用机械式手摇计算机时代，新中国成立后不久，随着上海、天津、广州三地国产机的批量生产，国内县级以上统计局和相关单位也陆续配备了国产机械式手摇计算机。国内现在所能见到最早的一台商用机械式手摇计算机，是1911年晋商乔家票号所购美国制造的马钱特牌，后收归国有曾为中国人民银行山西分行固定资产，并在计算机一侧敲上了0001编号，现被2018年开馆的我国第一家计算机博物馆——安徽省合肥子木园博物馆收藏。

值得一提的是，另有一台机械式手摇计算机更曾为我国的国防建设做出不可或缺的历史性贡献，这台现收藏在中国国家博物馆的国产上海通用牌机械式手摇计算机，藏品特列中国国家博物馆馆藏精品《国史文物》专项。国博的说明书上这样写道："上海通用牌（第34695号），201型。邓稼先（1924—1986），安徽怀宁人。核物理学家，中国科学院院士。1950年在美国获物理博士学位后回国。曾任第二机械工业部九院理论部设计部主任等职，领导该部用手摇计算机等对原子弹爆炸时的物理过程进行了九次模拟计算和分析，完成1964年成功爆炸原子弹的理论设计方案，迈出中国独立研制核武器的第一步。"这以后1967年第一颗氢弹成功爆炸、1970年第一颗人造卫星升空，机械式手摇计算机均成为必不可少功不可没的运算工具。

二、1945年南京高校率先开讲：金陵大学孙明经教授"计算机的未来应用"新课与世界最新计算机研究发展同步

19世纪末至20世纪初，中国现代高等教育初兴，民国初年的1921—1927年间形成第一次兴办大学热。继之又于20世纪30年代，形成了第一波中西高校学者学术交流热潮。在西风东渐的大潮中，中国也有越来越多的专业科技报刊创办，并开始热衷翻译介绍世界先进科学技术的发展，中国人计算机启蒙教育大都来自这些报刊文章介绍。

1915年，由留学美国康奈尔大学的中国学生赵元任（1892—1982，江苏武进人）等在美国康奈尔大学创办了中国最早的现代科学学术团体中国科学社。1918年自美国迁中国后设总社于南京高等师范学校（现南京大学）。他们以美国科学促进会（AAAS）及其科学杂志为模式，创办中国的《科学》杂志。中国

科学社以后又发行了《科学画报》《科学译丛》等刊物，在各地成立了图书馆和研究所。1928 年定址上海后，又在全国设有分社或支会。

中国科学社虽然是一个私人学术团体，但是自成立以后，就成了我国科学事业最权威的领导机构，有着与英国皇家学会十分相似的功用，其后活动直至1959 年，在长达近半个世纪里，在中国现代科学文化的传播和发展中功不可没。1945 年 12 月，中国科学社所办的《科学画报》所出的第 12 卷 3 期《科学新闻》专栏中，一篇《巨型计算机》文章介绍道："一只巨大无比的算学怪物，号称'世界最大计算机'由国际商业机器公司（IBM）献给哈佛大学后，便在哈佛大学参与美国海军的战时服务。"

1945 年 7 月，美国科学研展局（O.S.R.D）的主任，在二战中领导全美科学家研制雷达和原子弹技术的 V. 布什发表了一篇重磅文章《As We May ThinK》，在全世界迅速引起强烈反响。V. 布什对战后的科技发展，尤其是对计算机的预测和憧憬，在世界各国媒体和学术界备受重视。仅 1946 年上半年时间里，中国中文期刊就有《东方杂志》《科学画报》《电影与播音》等多家刊物大篇幅予以介绍评论。

在此之前，1942 年 3 月 15 日，金陵大学理学院主办的《电影与播音》创刊，该刊由中国大学电影专职教师第一人、时任金陵大学理学院副教授、影音部主任孙明经（1911—1992，江苏南京）任主编。《电影与播音》初为金陵大学理学院的内部刊物，后很快得以公开发行，1946 年 4 月（从第五卷第六期）开始，又由教育部与金大理学院合办，足见其不断扩大的知名高校学术影响力。

在 1946 年 3 月所出《电影与播音》第五卷第二期显著位置上，刊登了主编孙明经翻译的一篇《科学家今后努力的路线》文章，文章和《科学画报》所译也是美国科学研展局（O.S.R.D）的主任，在二战中领导全美科学家研制雷达和原子弹技术的 V. 布什同一篇文章《As We May ThinK》。孙明经特别在标题下增加了副标题《美国战时科学研究总指挥布什博士谈记录通讯归档取档的科学办法》，还添加了编者按："布什博士曾于一九三一年在麻省工发明科学脑，可以简短时间推断专家需用数小时或数人推广之微积分问题。"文中介绍说布什博士认为人类已有若干适当工具，只需加以适当发展并组合，即可使其领受并驾驭历代叠积的知识，此种和平工具的发展为当代科学家甫卸战时责任后应努力之第一任务。

作为刊物主编又同为大学教授的孙明经，对 V. 布什的文章有着和一般刊物不同的深刻解读，在长达 13 页码详细翻译中，阐述了以前所有文章介绍计算机功能，都是用来进行数学计算，而 V. 布什的这篇文章则是第一次从信息处理的角度，科学大胆预言计算机今后的发展，将会有越来越广阔的发展方向。最重要的是，作为大学教授和专修科主任，在《电影与播音》刊物刊登前的 1945 年 12 月，孙明经已把 V. 布什的"计算机的未来应用"，作为自己电影与播音专修课主讲的"电影工程"课程开设，进而又在次年 3 月在该月刊上作为课程教材刊登。孙明经也成为中国高校开设计算机教育第一人。

三、1950 年代开始聚集：开创新中国计算机事业的奠基者和领军人物大多都从地灵人杰的长三角地区出生、成长和出发

2006 年，是党和国家推出优先发展计算机技术的《12 年科技发展远景规划》国策 50 周年，计算机科学家、中科院院士高庆狮撰写《中国计算机事业的拓荒史》纪念文章称："从 1946 年世界上第一台电子数字计算机在美国诞生以来，与计算机科学最邻近领域的数学和物理界的共和国泰斗：世界数学大师华罗庚教授和中国原子能事业的奠基人钱三强教授，就十分关注这一新技术如何在国内发展。从 1951 年起，他们先后聚集国内外相近领域人才加入计算机事业的行列中（放在当时他们领导的中国科学院数学所和物理所），尤其是从国外回来的教授、工程师和博士……这个群体在 50 年前是十多名从相邻领域转过来的 30—40 多岁的中青年带头人和五六十名受专业教育的 20 多岁的青年骨干，还有一二十名当时尚未出世的后起之秀。"

一经梳理不难发现，高文所提"十多名从相邻领域转过来的 30—40 多岁中青年带头人"，其籍贯、出生地竟然仅有一人不在长三角地区，大多都从地灵人杰的长三角地区出生、成长和出发。

中科院院士、数学家华罗庚（1910—1985，江苏常州人）堪称中国计算机事业第一人。极富数学天赋的华罗庚从家乡初中毕业不久就被伯乐发现调入清华大学，1946 年赴美考察时和 1950 年回到清华大学任数学系主任后最先关注

计算机学科发展，1952 年奉命组建中国科学院数学所，提出发展三大方向即为：一是基础数学，二是应用数学，三是计算数学。同时急切"希望在三五年内能有计算数学所需要配备的各种机器，能有善于操纵并了解其结构的人才"。当年即发现、找到和说服时任清华大学网络研究室主任的闵乃大（1911—2002，江苏如皋人，清华大学毕业赴德留学获博士学位、中科院院士，其弟闵乃本是晶体物理学家，同为中科院院士）、研究员夏培肃（1923—2014，重庆人，中央大学电机系毕业后考入上海的交通大学电信研究所研究生，后赴英国读博和做博士后）、研究实习员王传英（1929—　，江苏苏州人，清华电机系毕业，后赴苏留学奉命改行核物理），很快在数学所下成立了闵乃大任组长的中国第一个计算机研究小组，又于次年 3 月由闵乃大执笔完成中国第一个《电子计算机研制的设想和规划》。其后不久，夏培肃连六年主持举办四期后被称誉"黄埔班"的计算机培训班，为中国的计算机事业培养了近八百名先行者。20 世纪 50 年代还设计试制成功中国第一台自行设计的通用电子数字计算机，1991 年当选中科院院士。1953 年第 4 位进入小组的是从丹麦留学归来的吴几康（1918—2002，安徽歙县人，上海同济大学毕业），指导研制成功中国第一台 104 型计算机。他还组织和参加了国内最早的小、中、大规模集成电路微型计算机的设计，参与领导了每秒千万次向量计算机的研制。中科院院士、数学家冯康（1920—1993，浙江绍兴人，出生于江苏南京）中央大学毕业后，先后复旦、清华任教，1951年调到中国科学院数学研究所，后在苏联斯捷克洛夫数学研究所进修，1957 年调入中国科学院计算技术研究所；1965 年发表了名为《基于变分原理的差分格式》的论文，这篇论文被国际学术界视为中国独立发展"有限元法"的重要里程碑，1978 年起任中国科学院计算中心主任。

《中国计算机事业的拓荒史》一文所列奠基者和领军人物还有：中科院院士、核物理学家钱三强（1913—1992，浙江绍兴人），作为中科院物理所长后来领导计算机研究小组。世界著名科学家钱学森（1911—2009，祖籍浙江杭州，出生于上海）留美回国后制定"12 年科学远景规划"时，力主制定紧急措施优先发展计算机技术。计算机科学家蒋士骧（1924—2011，上海人）交通大学毕业，中科院计算所研制电子管的 109 乙机主持人。数理逻辑学家、计算机科学家胡世华（1912—1998，祖籍浙江吴兴，出生于上海），中国开展数理逻辑研究的代表人物之一、国内将逻辑研究与计算机设计相结合的倡导人，1980 年当选为中国科学院学部委员（院士），并任计算机科学组组长。计算数学专家徐献瑜（1910—2010，浙江湖州人），作为我国第一个计算数学学科和我国第一个国家级计算中心的创建者之一，我国第一个"数学软件库"研制者，培养出来的中科院院士就多达 9 人。中科院院士、计算机科学家张效祥（1918—2015，浙江海宁人），中国第一台仿苏电子计算机主持人。计算机工程技术专家张梓昌（1921—2013，上海人），第一台电子数字计算机 103 的技术带头人之一，为导弹和航天事业开展计算机服务中作出了突出贡献，培养了一代计算机工程技术方面的人才。这十多名拓荒者中竟然仅有一人：计算机科学家范新弼（1921–2010，湖南长沙人）不曾在长三角地区生活学习过。

《中国计算机事业的拓荒史》一文未及提名，也可称为奠基者和领军人物且系长三角地区出生和成长出发者，还有国内高校第一批计算机专业创办者和相当一个时期的领军人物：电机工程和自动控制工程学家钟士模（1911—1970，浙江浦江人）创办了中国第一个自动学与远动学专业和自动控制系，建立了紧密结合中国实际的自动化学科和教学体系，并担任清华大学自动控制系（计算机系前身）首任系主任。周寿宪（1925—1976，江苏淮安人），1955 年从美国回国后任清华大学电子工程系副教授，参与研制中国第一台计算机，清华大学最早在无线电系增设电子计算机专业时，周寿宪成为提出建立电子计算机专业以及起草计算机专业教学计划的奠基者。力学家、计算数学家，中国计算机研制和断裂力学研究的先驱之一董铁宝（1916—1968，江苏武进人），交通大学毕业后赴美留学，毕业于伊利诺伊大学，获博士学位。后参与美国第一代电子计算机 eniac 的设计编程，是中国早年真正大量使用过计算机的专家，1956 年回国任北京大学教授，被誉为"中国计算机之父"。陈光熙（1903—1992，浙江上虞人）1920 年赴法勤工俭学，1930 年分别获比利时卢汶大学采矿系、地质学系机械采矿工程师和地质工程师称号，同年回国。1950 年代，领导了哈工大计算机专业的初期建设与发展，1958 年主持研制成功我国首台能说话、会下棋的逻辑机。国内第一批创办高校计算机专业的还有西安交通大学的于怡元、郑守淇二人，先后都从上海交通大学电机系毕业，又从上海交通大学电信研究所研究生毕业和留校任教，并且也都在最初的北京计算机训练班任教和做科研。

还有，被称"上海计算机第一人"的研究员何育辽（1918—1962，浙江慈溪人）是复旦大学讲师，其所在的复旦大学的计算机专业创建路径当属另辟蹊径，先是在 1956 年 3 月至 5 月间，和物理系电子学实验室主任赖祖武、助教袁榘、技术员郑志和数学系四年级学生姚晋合作，仅凭所见过的苏联杂志中 Э Л И—12 型电子计算机设计者古顿马赫尔设计原理介绍、文章中的简单示意图，项目攻关组多次试验最终于 5 月 25 日成功研制我国第一台大型电子模拟计算机（复旦 601 型电子积分机）。后参加华东计算所建所筹备，承担 103 机、J–501 机研制，为中国核武器研究做出重大贡献，不幸在 1962 年 10 月 19 日，主持华东计算所专家学术研讨会，审定 J–501 方案当晚，因过度劳累不幸英年去世，年仅 44 岁。

被称计算机科学和计算机软件学专家、中国软件先驱的南京大学教授徐家福（1924—2018，江苏南京人），率先研制出我国第一个 ALGOL 系统、系统程序设计语言 XCY、多种规约语言，率先在我国研制出数据驱动计算机模型 FPMND；还研制出兼顾函数式和逻辑式风格的核心语言 KLND 及相应的并行推理系统，并先后完成 8 个软件自动化系统。作为我国最早的两位计算机软件博士生导师之一，曾培养出我国第一位软件学博士。和同为江苏（无锡）人、在苏联留学时同学、北京大学教授杨芙清，在我国计算机软件领域久享"南徐北杨"盛誉。

1978 年，何志均创办浙大计算机系时便设立了人工智能方向，并在当年就招收了 5 名硕士研究生。

因诸多历史原因，没有在 1950 和 1960 年代第一波发展计算机专业的浙江大学，现在的计算机科学与技术学科总体水平早已跃升国内前列。1960 年领命创办浙江大学无线电工程系并任系主任的何志均教授（1923—2016，上海人），1962 年就研制出浙江省第一台电子管计算机 ZD–1，1973 年再次受命创办新的"计算机专业"。1978 年创建计算机系时率先成为中国人工智能研究开拓者，在特殊年代不拘一格大胆选拔使用年轻人才，先后为国家培养出数以千计的电子学和计算机高级人才。其中潘云鹤（1946—　，浙江杭州人）和吴朝晖（1966—　，浙江温州人）两位还脱颖而出，先后任浙江大学校长，又和陈纯（1955—　，浙江象山人）三位教授先后当选为中国工程院、中国科学院院士，成为新中国高校计算机教育史上绝无仅有的现象。

　　1950 年代在北京创办的中国科技大学，计算机学科领军人物为华罗庚和夏培肃。1970 年代内迁安徽合肥后，西安交大第一届（1961）计算机专业毕业生陈国良（1938—　，安徽阜阳人）1972 年调回家乡安徽入职中科大，在中科大计算机系任教 35 年，主持建设国内第一个高性能计算中心，并为淮河治理做出突出贡献。被中科院院士、校长朱清时誉为"教学和科研并重的楷模，理论与实际结合的典范"，也成为中科大计算机学科继华罗庚、夏培肃后第三位院士，同时也是院士中少见的全国教学名师，2021 年 83 岁时被中国计算机学会授予 CCF 终身成就奖。

　　（作者系安徽省文史研究馆馆员，原任颍州晚报社总编辑、阜阳市文联副主席）

长三角地域在历史上的商业精英及商业文化研究

裴章传

内容提要：长三角商业精英队伍健硕而庞大，商业文化灿烂多彩。江浙皖商业历史厚重，经济发达，在民族经济社会的长期发展中发挥着重要作用。长三角广大地区你中有我，我中有你，一体化发展势在必行。

关键词：商业精英；商业文化；资本主义萌芽；长三角一体化

长三角广大地区历史悠久，文化灿烂。千年沧桑一路走来，正是在这片热土上诞生了许许多多叱咤中国商界数百年的商业精英，孕育了绚丽精深的长三角商业文化。在鼎盛时期，长三角商业精英队伍健硕而庞大，足迹如月光泻地，遍布神州大地甚至世界各国。一代代传奇商帮所创造的财富堪称"富可敌国"，为中华文明的繁衍昌盛和经济发展做出了重要的贡献。

一、重商意识，长三角商业精英共同的文化特征

明清漫长的历史进程中，江浙皖长三角区域的重商意识就充分地显现出来了。相对于刀耕火种的农业，长三角地区的人们更看重商业经营。他们乐于经商，善于经商，常常能从细微之处着手，去赚别人口袋里的钱。长三角区域的商人们开店铺、办实业，兴教育，使这一地区的商业文化日益浓厚，经济发达，成为神州大地上最为富裕的地区之一。

1. 先从苏南说起。所谓苏南是指江苏的无锡、苏州、常州一带。同上海、浙江、安徽一样，这一地区文明起源很早。早在约 5000 至 6000 年前，苏南人

就有了水平很高的织造技术。周王子泰伯南下，带来了中原文化和农耕技术等。到明代，仅苏州一地就拥有织机万余台，布店遍布大街小巷。那时的无锡也不落后，烧制砖瓦、陶瓷、锅罐的冶坊业生意火红。弃官从商的清末状元张謇是生于南通的农家子弟。读私塾时，先生以"人骑白马门前过"命对，他以"我踏金鳌海上来"应对，令先生叹服不已。张謇"大魁天下"后，弃官回乡办实业，建书院。当时的南通盛产棉花，他筹款建起了大生纱厂。据史料记载：到 1924年，他的纱厂已拥有纱锭 15 万多枚，资本总额突破 900 万两白银。有了钱以后，他创办了震旦学院（复旦前身）、南京高等师范、南通大学、吴淞中国公医学院等十几所学校，还有一大批聋哑、养老、幼稚、育婴等公益机构。这在当时的中国绝无仅有。由"学而优则仕"到"学而优则商"，体现了江苏商业精英超人的勇气和胆识。

苏南的荣氏家族对近代中国民族工业的贡献是举世公认的。荣宗敬、荣德生利用沪宁铁路和江南河运的便利条件，把无锡变成了长三角地区最大的农副产品集散地，后来又创办了申新纱厂、保丰面粉厂，把发展扩大后的"福新集团"搬到了上海。荣德生之子荣毅仁被称是"红色资本家"。他最早接管父亲在无锡的面粉厂，其后又出任数家荣氏企业的董事。1949 年，荣氏家族老老小小纷纷逃离内地，只有荣毅仁留在上海。他协助新生的人民政权接管大上海，当上了上海市副市长，纺织工业部副部长。

长三角江南文化丰富多彩，使苏南地区成为近代中国民族资本主义工商业的发源地。在社会主义建设新时期，苏南人的商业人文精神再次得到全面升华，创造了中国经济发展中的"苏南模式"。其经济总量一直领先全国同级地区。

2. 再看看浙江人的非凡的经商天赋。浙江有全国闻名的宁波商帮，"温州模式"与"苏南模式"一样，为中国其他地区树立了榜样。

具有代表性的是宁波。这个城市把浙江人的商业智慧发挥得淋漓尽致。宁波商帮的辉煌历史与它便利的交通条件有关，更是江南文化长期催生的产物。反过来，发达的宁波商业又对江南文化的传承与发展做出了巨大贡献。宁波的历史悠久，也是重要的港口城市。这个城市经千百年历史变迁，不变的是宁波人的商业情怀。它的海外贸易起始于秦汉时期，相传当年秦始皇派徐福带着几千名童男童女东渡日本，就是从宁波下水启程的。到了唐朝，宁波海外贸易更加发达，著名商业精英人物李德邻、李延孝、李处人等，都是以宁波为基地，组织船队往返日本100多次，把中国的瓷器、佛像、药品、书画、香料等销往日本，又把日本的砂金、水银、锡制品等运回国内销售。中日文化交流从这里繁荣起来。宋、元时期，宁波海外贸易范围更大，逐渐发展了与朝鲜、东南亚、南洋、阿拉伯等地的贸易。

在明朝天启、崇祯年间，宁波商人抱团形成了自己的集团。这是宁波特有的地域文化现象。正是从这时开始，一大批商业豪族和精英诞生了。他们在许多地方建立会馆，足迹广布神州大地。鸦片战争后，宁波新一代商业资本家脱颖而出，西方文化进入宁波。宁波人学会把产业资本、金融资本和商业资本结合起来，如虎添翼，实现了更高层次的发展。宁波商帮的团结也是在长三角地区乃至全国出了名的。1926年，美国商人经营的长江货轮任意提高运价，宁波商帮联合汉口、九江、安庆、芜湖、上海、南京等地的同行，拒绝使用长江货轮，使美国商人损失巨大。江南文化中的凝聚、自强、开拓精神在宁波商人的身上体现得十分充分。他们敢为人先，善于思考，精于管理，能审时度势把握时机，走向成功。

包玉刚和董浩云是在宁波出现的两位世界级"船王"。出生于宁波的包玉刚，13岁只身出去闯荡。新中国成立后不久，他在香港组建环球航运集团，当年就登上了世界船王的宝座。他是世界上拥有船只吨位最多的船王，在百慕大、东京、伦敦、纽约等地成立20多家子公司，为宁波人争了光。

董浩云是宁波定海人。他早期在上海创办中国航运信托公司，到新中国成立前夕，创办了复兴船业股份有限公司，让自己庞大的船队横渡大西洋、印度洋、太平洋，来往于美国、加拿大、英国、法国等国之间。在其麾下，独立拥有149艘轮船、1200万吨载重量，跻身世界七大船王之列。董浩云去世后，其子董建华接手经营，表现十分出色。后来，他成为香港特别行政区第一任行政长官。

宁波商业精英们善于机变，能准确把握市场脉搏，顺应消费需求，果断决策，叱咤风云，尽显浙江人的商业奇才。

3. 安徽是一个"江山代有人才出"的内陆省份。马克思在《资本论》中提到的唯一一位中国人即是安徽商人王茂荫。徽商是中国十大商帮之一，多属亦文亦商之辈，素有"儒商"的之称。

徽商历史十分悠久，萌生于东晋，成长于唐宋，鼎盛于明清。唐宋年间，徽州除竹、木、瓷土和生漆等销往长三角广大地区和北方省份外，茶叶、歙砚、徽墨、澄心堂纸、汪伯立毛笔等，都因选料优、工艺精受到欢迎，推动了徽商事业大发展。唐朝时，安徽祁门红茶十分兴盛，远销广东、福建等许多省份。宋代，徽纸已销到四川。祁门程承津、程承海兄弟被人称为"程十万"。朱熹的外祖父祝确经营商店、客栈，人称"祝半州"。明代中叶至清乾隆末年的 300 年里，徽州成年男子的 70% 在外经商。足迹由长三角区域延伸至全国各地。部分徽商还远赴日本、东南亚数国及葡萄牙等地经商。

徽州学者胡适称其家乡商人为"徽骆驼""绩溪牛"，以此赞扬徽商创业的艰辛和坚韧不拔的文化精神。徽商的成功与这种文化精神紧密相关。以徽州盐商为例：乾隆年间"两淮八总商"之一的鲍志道，11 岁就被迫外出当学徒，吃尽百般辛苦。20 岁时，遇到歙县大盐商吴尊德，投其门下打理吴家盐业，很有起色。几年后，他辞去吴家差事，独立业盐，后来当上了盐业"总商"。他首创了商业保险制度，以众帮一，因此闻名两淮大地。他热心慈善事业，捐资兴学救灾等总额达 2000 余万两，粮食 12 万余石。乾隆年间，棠樾鲍氏屡受封赠，身价百倍。

安徽歙县人汪鲁门原先是山阳县代理县令。后又到海州、直隶等地任职。清末，淮南盐场由于海岸东移，盐产量下降，百姓有钱也买不到盐。汪鲁门主动弃官从商，成立"同德昌制盐公司"，在一个叫左营的荒滩上开建产盐圩堤，获得巨大成功。徽商汪鲁门开了用圩堤产盐的先河，全国其他盐场纷纷效仿，每年新增食盐 400 多万石。各地盐商们推举汪鲁门当上了总商。

白手起家的歙县许氏家族也是个大盐商。始祖许仁寿最早在徽州卖烧饼，到了第三代许国栋有了积蓄，开办了钱庄。到第五代许蓉楫才改行卖盐，旗号为"谦益永"。许蓉楫勇谋双全，用钱庄为盐业生意提供足够资金，又以盐业利润充实钱庄实力，一举中标获得兴化、泰州、东台三个黄金口岸的运销专营权。许家在做大做强的同时，乐善好施，开粥场，捐桥梁，办小人堂育婴，设半济堂为穷人施药。许氏后裔人才辈出，出了两个院士。

历史上长三角经济的发展进步，使这一地区成为中国资本主义萌芽最早出现的地方。从明万历年间开始，江浙农村和市镇包括皖南诸县的资本主义因素已经有了较高程度的发展。农村出现了雇佣队伍，各种工匠走村串户。在城市，以丝织为生的店铺、车纺间遍布街头。长三角本土一批文人墨客为城乡之变摇旗呐喊，一些文学作品如"三言""两拍"等也对长三角资本主义萌芽发展的景象给予了艺术的描述。

二、长三角区域商业精英对中国文化的影响

长三角广大地区有自己显著的文化特征和优势。它不仅文明起源早，自然风光也别具一格。悠久的历史和发达的文化，使整个长三角区域明媚秀丽，古韵浓郁。苏州城曲径通幽，玲珑小巧的园林，享有人间天堂的美誉。江苏还有"吴中胜地"太湖，有九峰蜿蜒的惠山，有常州的河墙围城之美，有京杭大运河流经。浙江大地处处风景，美不胜收。杭州西湖灵隐山，千年桂月映湖光，黑瓦白墙，杨柳依依，无论走到哪里，看到的都是一幅充满诗意的美丽画卷。东方明珠大上海，夹江面海，地理环境和人文资源十分优厚。它是中西方文化最早的交汇地，它有大海一般的胸怀，雍容大度，兼容并蓄，张开欢迎的翅膀，接纳天下人和天下文化。安徽拥有丰富的旅游资源，山水秀丽，且久负盛名，自然景观与人文景观交相辉映。

长三角一代又一代商业精英们热爱这片土地，用毕生的精力耕耘一分收获，为使这片土地更丰硕、更精彩、更有文化魅力做出重要贡献。他们的共性是重视教育，把赚来的钱大量投给教育事业。成功的商业精英们从关心经营走向归隐自然，交友习文，形成了儒商云集、文教日盛的长三角壮观景象。无论隋唐还是宋元明清，通过科举考试而跃入龙门的人不计其数。以浙江为例，据史料记载，从明万历二十六年到清康熙四十五年的 108 年中，共产生 39 名状元，江苏、浙江两地就独占 32 名。清朝共有 112 名状元，而江苏一省就占有 43 名。"贾而好儒"的徽州也不例外，据资料记载：明代徽州有举人 1100 多人，进士452 人；清代有举人 1536 人，进士 684 人。仅徽州休宁一个县，从宋嘉定十年至清光绪六年，共有状元 19 人。被称作"中国第一状元县"。

在"万般皆下品，唯有读书高"的时代，长三角各地商业精英们为教育做出

不少贡献。歙县盐商鲍志道生意刚刚有起色时，就为家乡捐千金修建山间书院。徽州巨商汪应庚捐银5000两修江甘学宫。徽商对徽州最大书院"紫明书院"先后捐银达26200两。大商人鲍廷博购书养志，终成大藏书家。徽州商人程大位遨游吴楚，后来醉心珠算，写成《算法统宗》一书流传海内外。

长三角地区在历史上习文之风极盛，著名文学家、诗人俊彩星驰。陶渊明是我国文学史上"田园诗"的鼻祖。谢灵运是"山水诗派"创始人。刘勰著成《文心雕龙》是我国第一部文学评论巨著。在书画方面，王羲之、王献之代表东晋时的最高成就。数学家祖冲之，药学家陶弘景等等，从不同方面为长三角树立了丰碑。

以徽州一地的学术、文化艺术成果为例：首先是程朱理学，是中国思想史上起重大影响的学派。其奠基人是程颢、程颐，而集大成者是朱熹，第一次从哲学角度重新审视和详尽阐述了儒学理论。

新安医学是徽州人对中国地域文化贡献的又一个方面。自北宋至清末，徽州新安医家有540人之多。他们共撰、辑医学著作460余部。明代的汪机、清代的吴谦分别被誉为四大医家之一。明代徐春圃所著的《古今医统大全》、清代程杏轩所著的《医述》，被列为中国十大古代医著之一。

安徽大片大片的徽派建筑是一道亮丽的风景线。它们的出现与徽商们的贡献密不可分。徽派建筑的工艺技术和外观造型风格，主要体现在皖南民居、祠堂、牌坊和园林的风格。布局上通常依山就势，自然得体。在规模上可大可小，可单体可成群。在空间结构和居家利用上讲究功能齐全。以马头墙、小青瓦为代表的徽派建筑融石雕、木雕、砖雕为一体，既显得富丽堂皇，又极具独特的艺术价值。

美术界"新安画派"至今仍在产生积极影响。它起源于元代徽州的程政，到明朝正式形成。明末清初"海阳四家"（江韬、查士标、孙逸、汪之瑞）的集体亮相，在中国美术界引起震动。"新安画派"主张师法自然，彰显超俗气质，很快被各地画家所接受。到乾隆年间，"新安画派"一门在皖地的画家已达70多人。黄宾虹是现代"新安画派"的传承人。其学生遍布各地，不计其数。

与江浙沪上商界对中国文化的贡献一样，徽商对文化的影响力渗透到方方面面。比如徽剧风靡全国，"四大徽班"进京已载入史册。发源于南宋年间的徽菜是全国八大菜系之一，徽州漆器、竹编、石雕、木雕、砖雕等，还有徽州的文房四宝如宣纸、宣笔、歙砚等，至今仍然享誉世界。

与北方学而优则仕的传统文化不同，江浙皖人的崇文轻武、重商轻农是一种新的文化形态，它的根本是学而优则商。他们头脑灵活，善于思考，把生意做好了，赚了钱了，即去贡献社会。长三角地区出现了一大批名满天下的大科学家、大教育家、大文学家、大实业家、大艺术家，如鲁迅、王国维、陈独秀、胡适、蔡元培、钱学森、薛暮桥、孙冶方、竺可桢、叶圣陶、严济慈、茅盾、范文澜等等，显然与发达的商业经济紧密相关。经济是基础，没有一大批商业精英的贡献，没有发达的经济基础，便很难有长三角文化乃至中国文化的发展。

三、你中有我，我中有你，一体化势在必行

如今，长三角区域是我国经济最具活力、开放程度最高、创新能力最强、吸纳外来人口最多的区域之一，是"一带一路"与长江经济带的重要交汇地带。研究探讨历史上的商业精英和商业文化，就是为了继承传统，寻求合作，实现更大发展。

古往今来，长三角地区向来是你中有我，我中有你。直到今天，在安徽境内，仍有黄山茶林场、练江牧场、白茅岭农场、军天湖农场等，是上海在安徽的"飞地"。这种特殊的人文地域现象，直接反映了安徽与上海的区域一体化关系。长三角三省一市相互毗邻，上海历来是江浙皖商人最重要的施展经营才华的地方。江南文化对上海有很强的影响力。可以说，上海的繁荣离不开江浙皖商业精英们的一份贡献。

浙江镇海人虞洽卿 1892 年进入德国人在上海开办的鲁麟洋行，后又改任上海的华俄道胜银行和荷兰银行。最后，他独立开设了上海惠通银号，接着成立了四明银行，从此称雄上海滩。

宁波商帮在上海发展钱庄业，到光绪初年已达 400 家之多。当清政府在上海首开大清银行（中国银行前身）、交通银行后，这些钱庄便开始逐步转升为银行，如浙江兴业银行、实业银行等，使江浙私人银行取得了重大发展。众多私人银行越做越大。1916 年，袁世凯因筹措战争经费，命令已改为私有的中国银

行和交通银行执行不兑现政策，银行负责人浙江余姚人宋汉章等坚决反对，宣布与北洋政府脱离关系。这就是浙江商人的胆识和勇气。

在上海，江浙商人不仅在金融业称雄上海滩，而且在工商界也有很强的把控能力。浙江人在上海创办了三北、鸿安、宁绍、恒安、文记、元一等轮船公司。江苏人也创办了大达、大通等轮船公司。在棉布、纺织业中，浙江商人控制的工厂和专营店达300多家。江苏商人创办的申新、大生、三新、溥益、同昌等纺织厂控制上海约一半的市场。中国第一家味精厂也是宁波商人张逸云在上海创办。火柴大王刘鸿生则是浙江定海人。他后来又成了上海的"毛纺大王""水泥大王"，业务领域涉及交通、金融、纺织等许多方面，成为仅次于荣氏家族的著名企业集团。

安徽人在上海，更是我中有你，你中有我。享誉海内外的徽州商人，曾经活跃在上海几百年。以"红顶商人"胡雪岩为代表的安徽商业精英大都与上海结下了不解之缘。良好的品行是徽商在长三角缔造商业传奇的根基。胡雪岩12岁那年偶尔捡到了蒋老板装满金银的包裹，他在拾金不昧后才有机会成为蒋门的学徒，由此获得搏击商海的机会。不仅在上海，在江苏、浙江许多地方，都留下了一串串关于徽商们的奋斗的故事。

扬州是清代最具活力的城市，扬州城一个个园林景观的出现，少不了徽商们的功劳。江春是在扬州兴建园林最多的徽商。他早期修建了康山草堂，再建江园（乾隆皇帝赐名净香园），又建深庄、东园等。乾隆南巡，江春两次在康山草堂接驾，乾隆游玩此园后即兴赋诗《游康山》。乾隆二十二年，江春为乾隆在扬州天宁寺修建行宫，并将瘦西湖北侧的江园献为官园迎驾。乾隆第三次下江南来到这里，将江园改名为"净香园"。可见徽商在扬州兴建的园林艺术品位之高。

徽商在生意做成功以后，对长三角区域学术、教育、出版、绘画、戏曲等方面的贡献也是非常突出的。1733年，雍正帝颁布新政：准许各省以官办义学体制为榜样，兴建官办书院。徽商们由此投入了极大热情，纷纷于所在地兴办书院。由徽商马曰琯、马曰璐兄弟捐建的扬州安定书院和梅花书院为提高教学质量，花重金聘请当时的名师戴震、段玉裁、王念孙、孙星衍、洪亮吉等任教，所以才造就了顾九苞、任大椿、汪中、焦循、阮元等一大批人才。徽商出身的钱大昕在苏州紫阳书院担任山长16年，以金石、历史、音韵、历法和地理为研学内容，培养了约2000名学生。

号称"四元宝"的徽商四兄弟黄晟、黄履暹、黄履昊、黄履昂投资刻书业，培养上百专业刻工，刻成《太平广记》《三才图会》《圣济总录》等向社会发行。马曰琯、马曰璐兄弟侨居扬州后，也刻印了一批"马版"图书，如《说文》、《玉篇》《广韵》《经义考》等。马曰琯故世后，其子马振伯进呈藏书776种。马振伯因此得到《古今图书集成》一部的赏赐。

徽商精英们好客尊士，长三角历史上一大批诗人、画家、学者都是徽商们家中的"座上宾"。郑板桥、金农、汪士慎、高翔等，都与商业精英们有广泛的联系，"商促艺，艺促商"，形成了良性互促关系。江浙皖商业成功人士还大量购买他们手中的字画和古董，大部分捐献给了朝廷，自己也留下一部分收藏起来。"八怪"之一的汪士慎出身贫寒，30岁到扬州破衣烂衫，无吃无住，徽商马氏兄弟得知后出银租房并安排了他的生活。郑板桥穷困之时，也是徽商马秋玉资助安排其生活的。从康熙末年"扬州八怪"开始崛起，到嘉庆四年"八怪"中最年轻的罗聘去世，这"八怪"的作品被国内外近300家博物馆及研究单位收藏，总计达8000多件。

长三角地区有着异常深厚的文化背景，其中商业文化在催生江南文化发展的过程中功不可没。一代商业精英互相影响，互相帮扶，互相促进，互相渗透，互相学习，也互相竞争，形成了引领全国发展的大好局面。习近平总书记在合肥主持召开了扎实推进长三角一体化发展座谈会，并发表重要讲话。他强调：要深刻认识长三角区域在国家经济社会发展中的地位和作用，结合长三角一体化发展面临的新形势新要求，坚持目标导向、问题导向相统一，紧扣一体化和高质量两个关键词抓好重点工作，真抓实干、埋头苦干，推动长三角一体化发展不断取得成效。

研究长三角商业精英和商业文化的发展历程，就是为了继往开来，坚决贯彻落实好习近平总书记的指示精神，走向长三角和当今中国的共同繁荣。

（作者系安徽省文史研究馆馆员，安徽省作协原副主席，国家一级作家）

徽商与浙商的文化因缘

戴　健

　　徽商是指明中叶至清初徽州府所辖歙县、绩溪、休宁、祁门、黟县、婺源六县中以地域、血缘、乡谊为纽带而形成的商人群体。浙江濒海通江，经商从位置上看早于、优于安徽，但浙商从概念上讲晚于徽商。改革开放后广义上的徽商和崛起的浙商活跃于长三角乃至全国，推动经济发展，贡献巨大。本文试图条分缕析徽商与浙商延续发展过程中的文化因缘，进而得出文以促商、商因文兴的结论。

徽行天下，"出路"在浙江

> 欲识金银气，多从黄白游。
> 一生痴绝处，无梦到徽州。

　　汤显祖（1550—1616 年）的这首《游黄山白岳不果》诗，曾经被屡屡误引用为宣传推介黄山旅游的"绝唱"，其实错矣！诗序："吴序怜予乏绝，劝为黄山白岳之游，不果。"汤显祖的本意是，一生有许多想去的地方，独独没有梦到过徽州。他看不上"金银气"，绝不前往徽州卖文鬻字。

　　今天看来，汤显祖贬徽州（绝不是扬徽州），头脑不免固痴僵化。但在按"士农工商"排序的封建社会，商人的社会地位就是低下。我们很难责备汤显祖觉得徽州一带铜臭味太浓，是"吃不到葡萄，就说葡萄酸"。徽州穷、徽州地穷，逼得徽州人生出"穷主意"。经商，是汤显祖时代徽州人的"第一等生业"。

　　明中叶至清初 300 余年，是徽商的鼎盛时期。由此往前溯，《晋书》即载徽州人好"离别"，常行商。齐梁休宁人曹老常往来于江湖间，事贾贩。唐代祁门茶市已然兴盛，买卖兴隆。南唐，休宁人臧循行商福建。宋代，徽纸远销四川。朱熹的外祖父祝确经营的商店、客栈占徽州府（歙县）的一半，人称"祝半州"。南宋祁门程承津、程承海兄弟经商致富，积累巨资，分别被称为"十万大公""十万二公"，合称"程十万"。唐宋及以降，徽州除竹、木、瓷土和生漆等土产贩运外，商品茶和歙砚、徽墨、澄心堂纸、汪伯立笔等文房四宝产品亦陆续行销，推动了徽商的形成和发展。明代《安徽地志》载："徽人多商买，其势然也。"《徽州府志》载："徽州保界山谷，山地依原麓，田瘠确，所产至薄，大都一岁所入，不能支什一。小民多执技艺，或贩负就食他郡者，常十九。"弘治初年《休宁县志》记："民鲜力田，而多货殖。"

图1　王茂荫名片

马克思《资本论》中唯一提到的中国人、歙县王茂荫忆及："邑人十室九商，商必外出。"他的祖父王槐康、父亲王应矩便是大茶商，他本人中进士前也曾打理过"森盛茶庄"。顾炎武说：徽州"中家以下皆无田可业。徽人多商贾，盖势其然也"。一些资本雄厚的商人还在徽州发行"会子"牟利。这一时期是徽商发展的黄金时代，无论营业人数、活动范围、经营行业与资本，都雄居全国各商人集团的首位。徽商活动范围东抵淮南下江，西达滇黔川陇，北至幽燕辽东，南到赣闽粤桂。徽商足迹还远至日本、暹罗、东南亚诸国及欧洲葡萄牙等地。

就像中国历史上的移民潮出发地北方多自山西洪洞大槐树、南方多自江西鄱阳瓦屑坝一样，山多地少、相对闭塞的徽州，徽商靠步行、山货走陆路，显然极不方便。所幸崇山峻岭挡不住，奔腾而下的新安江水，以及阊江、乐安江、水阳江、青弋江等水系，给徽商做生意带来春水般的便利。徽商出行、徽货外运，主要靠新安江，"出路"在浙江！

新安江是连结皖南与浙西乃至长江中下游三角洲的重要水路通道，是徽商赖以生存的水运命脉。千百年来，无数的徽州人就经由新安江奔浙江，前往杭州、南京、上海乃至全国各地经商。皖南物产，诸如竹木、茶叶、药材、笔墨纸砚等也通过新安江等水系源源不断地运出。以致新安江被称作"徽港"，长三角一带有了"无徽不成镇"之说。

路程是徽商行旅的必备口诀。他们专门编写各地风物地标的路程书，主要关注地名和里程，专记驿站和闸名。新安江如此重要的水程，曾被编为"顺口溜"。比如从歙县到杭州的《水程捷要歌》：

> 一自渔梁坝，百里至街口。
> 八十淳安县，茶园六十有。
> 九十严州府，钓台桐庐首。
> 东梓关富阳，三折拢江口
> 徽郡至杭州，水程六百走。

流淌在徽州地区的新安江是一条充满诗意和传奇的河。有人说，没有新安江，就不会有徽州文化，也不会有徽商。

> 清溪清我心，水色异诸水。
> 借问新安江，见底何如此？
> 人行明镜中，鸟度屏风里。
> 向晚猩猩啼，空悲远游子。

这是李白的吟咏。新安江发源于徽州休宁县境内，东入浙江省西部，经淳安至建德与兰江汇合后为钱塘江干流桐江段、富春江段，东北流入钱塘江，成为钱塘江的正源。直到1950年代初，新安江的航运由屯溪（今黄山市区）还可以直达杭州，50年代大规模修水库截断航线，新安江的运输功基本上就消失了，好在还留下今天的"新安山水画廊"。

当然也可以徒步。1904 年初春,13 岁的胡适赴上海,就用了 7 天时间,皖南浙西多半走山路。1928 年他接受苏雪林访问,曾提及徽州人外出有戏言:"不要慌,十天到余杭!"

徽州民谚:"前世不修,生在徽州。十三十四,往外一丢。"即使穷,即使闭塞,但重视教育,有"十户之村,不废诵读"之说。博大精深的徽文化(徽州民俗、徽州文书、徽州家谱、徽州科技、徽州教育、徽州艺文、徽州刻书)造就了成才、成名后的徽商"贾而好儒"。他们普遍具有一种解不开的文化情结,"仓廪实而知礼节,衣食足而知荣辱。"他们对文化精神生活有与生俱来的追求,对壮大后的自身地位有大胆的追求,呐喊"贾不负儒",提出"士农工商,皆为本业"的新的价值观。

徽商多爱读书,他们有的白天经商,晚上读书,商途中也忘不了读书。较高的文化素质成为他们与官僚士大夫交往的"黏合剂",同时也给徽商的经营带来了便利,促进了自身的发展。"徽骆驼"和"绩溪牛"为代表的徽商精神,不仅为徽商创造了巨大财富,更是徽商留给后人的宝贵遗产。

徽商的乡族观念使得徽商彼此之间有着很强烈的团结互助、患难与共意识。绩溪民谣:

> 有生意,就停留,没生意,去苏州(泛指)。
> 跑来拐去到上海,托亲求友寻码头。
> 同乡肯顾爱,答应给收留。

徽州曾涌现出胡适、陶行知、詹天佑、黄宾虹等一大批杰出人物。成名后的胡适听说家乡绩溪准备编纂县志时,曾说:

> 县志应该注重县里人移动转徙经商的分布与历史。县志不能够只见小绩溪,而不看见那更重要的"大绩溪"。若无那大绩溪,小绩溪早已不成个局面。

徽商商业实践衍生出独特的商业文化,这种商业文化又随徽商的经营活动流播四方。当国家兴亡时,普具爱国情怀的徽商亦能慷慨捐资。60 岁始中进士、号称"明文第一"的归有光曾赞扬徽商程白庵"士而商""商而士",乐善好义。

徽商吴养春书香袅袅，家筑藏书阁。日本入侵朝鲜时，清廷出兵援朝，其祖父吴守礼输银三十万两，皇赐"征任郎光禄寺署正"；其父吴时俸皇赐"文华殿中书舍人"；他和兄弟三人也同被赐，于是享"一日五中书"之誉。徽商一度最大的产业是盐业，最多的聚居地是扬州。近人陈去病指出：

> 扬州的繁华昌盛，实际上是在徽商的推动下出现的，扬州可谓是徽商的殖民地……而以徽州人为主的扬州学派，也因此得以兴盛。

帮走四方，浙商"喜奔竞"

大约是10年前，笔者在威尼斯参观游览时，曾想带点旅游纪念品，于是选购了几十个有水城图案的钥匙小挂件，拟带回分送单位同事。当晚和团友分享，他们告这哪是意大利货，说不定就是国内温州生产的，"出口转内销"了！想想也是，先前那位"摆地摊"者黄皮肤黑头发，操的是浙江口音。但能把生意做到欧洲来，也是本事。能在异国他乡做点小贡献，买点自己看上的"舶来品"，也算支持国货了！

"浙商"一词最早出现于南宋，但当时仅指两浙地区的商人，只是泛指，到清初才由模糊的概念逐渐形成一个集体的专属名词，成为区域性商人群体的特指。沧海桑田，浙商已是敢为天下先、勇于闯天下、充满创新创业活力的典型。

浙江面海通江，有得天独厚的地理位置。而人多地少、单凭从土中刨食难以维生的困境，从事工商业活动成为必然的选择。浙商的发展，离不开浙江崇文重教的地域文化特点，得益于浙东学派长期以来"工商皆本"的理念。浙江人通过亲缘、地缘、业缘关系，构建、发展起庞大的经商网络。

明代，资本主义萌芽于中国，最先在浙江。随后逐步形成了声名远播的龙游商帮和宁波商帮，史有"遍地龙游"和"无宁不成市"之说。鸦片战争后，浙商把握机遇，以家乡浙江为基地，以上海为中心，以全国乃至海外为舞台，上演了一幕幕波澜壮阔的经商活剧，推动了中国工商业进程。浙江商人最早参与上海的开发，叱咤十里洋场，曾一度垄断上海大半产业，其精英群体是近代中国史上最为活跃的地域性资本家和企业家集团。

晋商、徽商、粤商、浙商，曾被合称为"中国四大商帮"。

　　浙商中，有湖州商帮、龙游商帮、宁波商帮、萧绍商帮、绍兴商帮、温州商帮、台州商帮、义乌商帮等著名商帮群体。

　　帮走四方，史书有"儒学南浸"和"越人，喜奔竞，善商贾"记载。

　　例如，范蠡忠以为国，智以保身，商以致富，成名天下。陶朱公范蠡陪越王勾践卧薪尝胆 20 多年灭掉吴国后，深谙"功高盖主"之理，遂隐退江湖，四海从商，竟也"积资巨万"，得以善终。他于危机中想到转机占尽先机，有"商祖""商圣"之说。

　　再如，北宋末年，金兵入关，宋高宗赵构率余臣南渡，在临安（今杭州）建都。曲阜孔子第四十八代孙端友迫于形势亦护跸而来，被赐居衢州，成孔氏南宗系。后裔建书院授徒，使儒学得以传播和弘扬，形成"儒商"。

　　又如，湖州人沈万三是元末明初天下首富，镇海人叶澄衷是近代五金行业先驱，南浔人"四象八牛三十二条金狗"是最早的大商人群体，众多的宁波商人曾叱咤于当年远东第一大城市上海，又发迹香港促进战后繁荣。甬商是近代中国最大的商帮，为中国民族工商业的发展做出了贡献，推动了近代化进程。第一家近代意义上的中资银行，第一家中资轮船航运公司，第一家中资机器厂等等，都是宁波商人创办的。宁波商人遍布世界各地，其中不乏世界级的工商巨子。

　　如今的浙商，崛起于改革开放新时期，是浙江籍企业家的集合，是中国经济发展的重要推动力量，他们仍然"喜奔竞，善商贾"。有资料表明，800 多万在外浙商每年创造的财富总值相当于浙江全省年 GDP！

　　浙商善于"无中生有"创造奇迹。人们很难想象，桐乡不生羊毛，却有全国最大的羊毛衫市场；余姚不产塑料，却有全国最大的塑料市场；海宁不产皮革，却有全国最大的皮革市场；嘉善没有森林，却有全国最大的木业加工市场。20世纪 80 年代，温州人吼出的"四千精神"，即"历经千辛万苦，说尽千言万语，走遍千山万水，想过千方百计"，在全国哄传一时。

　　一位"下海"的知名企业家当年曾对三种不同体制做过形象的比喻："国营企业好比是头猪，全靠主人喂食吃；大集体企业好比是只鸡，一半靠主人喂，一半靠自己找食吃；乡镇企业好比是只鸟，全部要靠自己找食吃。"道出创业的艰难。温州的民营企业，更像是一群无依无靠全靠自己找食吃的飞鸟。他们长年累月在外，单枪匹马，四处奔波，成功之路是走出来的。时过境迁，新

"四千精神"，即"千方百计提升品牌，千方百计开拓市场，千方百计自主创新，千方百计改善管理"，早已深入人心。义乌人"鸡毛换糖"的货郎担精神、"一分钱利润"的"蚂蚁"精神和温州打火机精益求精打遍天下无敌手的闯荡精神等，激励浙商不断创新创业模式，推动和促进浙江乃至省内外区域文化的不断发展和区域经济的繁荣兴旺。

2003 年 9 月 3 日，时任浙江省委书记习近平曾三赞浙商文化基因，《人民日报》、新华社、中新社都曾报道。

习近平首先感叹浙江人在文化上敢于创新的传统。他说，现代浙商文化的历史起源，充分借鉴海洋文化和中原文化的精髓，成就了儒家文化中独特的一脉。这一文化基因以温州永嘉学派和金华永康学派为代表，在"舍利取义、以农为本"的农耕社会中开始强调"义利并重、工商皆本"的观念，无疑是一个大胆的创新。

习近平其次又感叹浙江人在计划经济年代"勿以善小而不为"的精神。在那个年代，一大批浙江人离开浙江，在全国各地从事被当地人所瞧不上的工作，如今许多企业家当年有些是收破烂的，有些是弹棉花或补鞋的，有些是打铁的小炉匠，但他们从来不以从事这些劳动为耻，而善于把握机会，为创业积累经验。可贵的是，这些著名企业家现在也从不避讳自己的出身，认为这样的创业史是人生的骄傲。

习近平还感叹浙江商人"白天当老板，晚上睡地板"的艰苦创业作风。他说，许多目前已有很大成就的企业家现在一直坚持创业时候的习惯，勤俭朴素，创造的财富几乎都用来投资发展，很少考虑奢华享乐，这也是浙江经济能够持续快速良性发展的一个重要原因。

习近平认为浙商的文化基因能够一脉相承，是一种宝贵的精神财富，这一优势与浙江的其他优势结合，政府、民间互动，一定能使浙江的经济更加发展、民主更加健全、科教更加进步、文化更加繁荣、社会更加和谐、人民生活更加富裕。

18 年后重温习近平的这番话，我们深感新时代新浙商文化基因和精神谱系在发扬光大。

"由浙商的地方就有市场"和"有市场的地方就有浙商"，这是诠释浙商走四方、竞成功的生动写照。

重义崇文，岳立"长三角"

安徽名人馆中，我们撷取胡光墉（胡雪岩）为代表，表现徽商，其实胡雪岩的成功之地在浙江杭州。"张小泉"的主人是安徽黟县会昌人，由其父张思家带出。张小泉创立的这个品牌成名地也在杭州。

黄宾虹的出生地在浙江金华，但他的祖籍在安徽歙县，他的开蒙，打下国学和绘画基础的童少年，在老家。前些年金华市有关方面来合肥调研，拟建金华名人馆。提及安徽名人馆已有黄宾虹，金华建名人馆也将拟收黄宾虹。笔者笑言那当然可以，名人资源共同开发嘛。据悉，金华名人馆的筹建正在积极推进中。

类似这样的情况很多。湮没的"淮南铁路基石"碑面世后，有读者询问立碑者张人杰何许人也。《合肥晚报》社转给我，我作答就是浙江湖州人张静江，孙中山闹革命的经费大部分都是由以张静江为主的湖州丝商筹集和捐赠的。他不仅是巨商、儒商，还以国民政府建设委员会委员长身份批准修建淮南通江铁路；不仅参与招商融资，还"三顾茅庐"（其实是三顾洋楼），力邀北洋大学毕业的工程师程士范"出山"。重义气的徽商后代、绩溪人程士范放弃沪上优渥的生活，回皖主持设计、建设淮南铁路，实现了他"在安徽地图上画一条线"的夙愿。

图 2　淮南铁路基石碑（1934 年 6 月立）

　　祖籍安徽合肥的包玉刚是包拯的第二十九代孙。南宋时，包拯第八代孙包元吉在临安做官。南宋灭亡后，包拯十代孙包荣举家迁到四明。元至正年间，包拯十二代孙包世忠定居于定海（后改名镇海）横河堰。光绪初年，包世忠后人包祉奎，靠裁缝为生，兼在浙东一带贩运丝绸，"凡营业数十年，遂获利起家焉"。宁波天一阁藏《镇海横河堰包氏宗谱》1947 年版亦将家世源流记载得清清楚楚。"世界船王"包玉刚是浙商，毋庸置疑。

　　徽商和浙商，你中有我，我中有你。"两商"的文化情结，也是和而不同，大同小异。

　　徽州商训体现了徽商的文化传承：

> 斯商：不以见利为利，以诚为利；
> 斯业：不以富贵为贵，以和为贵；
> 斯买：不以压价为价，以衡为价；
> 斯卖：不以赚赢为赢，以信为赢；
> 斯货：不以奇货为货，以需为货；
> 斯财：不以敛财为财，以均为财；
> 斯诺：不以应答为答，以真为答。

　　重义、轻利、好儒、爱国、进取、竞争、勤俭、执着、奉献、团结，构成徽商文化的基本要素。"徽骆驼"和"绩溪牛"是他们最直白、最形象的写照。

　　安徽名人馆大厅有笔者拟就的藏头前言（推介语）：

> 山川重峦叠嶂，登山览胜，志在极顶；
> 水域通江达海，击水弄潮，意在远行；
> 人民勤劳智慧，名人辈出，功在汗青；
> 文脉源医流长，崇文尚书，重在传承；
> 徽学博大精深，研徽访贤，尽在怡情。

　　山、水、人、文组成"徽"字。山水人文孕育了徽商。如今，广义上的徽商，承继了徽商的精神谱系，正在安徽大地、长三角地区乃至国内外尽显风华。

　　而浙商文化是在商品流通过程中所形成的特殊文化现象，是体现在浙商系统的观念体系和价值体系，是思想、情感、价值观、道德规范的总结。浙商文化在特定区域中衍生，在人文积淀中酿就，在改革开放新时期成熟，在对外营商活动中延伸。一步领先，步步领先。"草根浙商"终成参天大树，俨然为时下中国最为活跃的第一大商帮。

安徽省浙江商会成立于 2002 年，设在合肥，有浙商大厦，是目前安徽最大的外地商会，旗下还有数十个浙江各地在皖商会，为经济社会发展做出了巨大的贡献。为迎接即将到来的 20 周年会庆，正筹备系列纪念活动。笔者应请撰写《浙商赞》：

范蠡始祖	华夏首商	秦汉以降	贸易帆樯
耕耘有路	信义无疆	翻山越岭	古道徽杭
新安富春	源本一江	生意春水	财富隆昌
皖浙两省	毗邻乡邦	改革开放	崛起浙商
创业八皖	奔走四方	拓资建企	甘苦备尝
引客松下	迎客昭彰	花戏楼前	花戏蝶翔
大湖之约	大湖流芳	江淮之间	江淮同窗
念年业绩	车载斗量	前程似锦	共创辉煌

（作者系安徽省文史研究馆馆员，安徽名人馆建设领导小组办公室主任、合肥市政协原副秘书长）

江南地域性文艺流派形成和演进的特点

——以桐城派为中心说开去

钱念孙

中国地域性文化流派的产生，若追溯早期渊源和先导，可以上溯到春秋末期孔子在鲁国聚徒讲学而创立儒家学派，战国时齐威王在临淄（今山东淄博）设置的稷下学宫招揽饱学之士纵论天下大事等。西汉刘歆《七略·诸子略》把先秦和汉初的诸子思想，分为儒家、道家、法家、名家、墨家、阴阳家、纵横家、杂家、农家等诸多流派，这些流派的代表性人物及其时学术影响主要集中在以黄河流域为中心的北方中原地区。

江南地区 ① 地域性文化流派兴起的时间相对较晚，宋元时期只有零星出现，明清两朝才逐渐风生水起而蔚然可观。这与中国文化演进先在北方中原地区兴盛，然后逐步南移至长江流域的整体趋势相吻合；也与历史上西晋覆灭和北宋沦亡，分别迁都建康（今南京）和临安（今杭州）建立东晋政权和南宋王朝，从而助推南方经济文化崛起密切相关。

本文以明清时期江南区域众多地域性文艺流派为参照背景，简要梳理桐城派形成和演进过程中几个带有普遍性的问题，略窥地域性文艺流派产生发展的特点，以就教于方家。

---

① "江南地区"作为一个区域概念，究竟包括哪些地方？从古至今，并无定论，但约定俗成，也有大体范围。本文所说"江南"，主要指长江中下游一带，包括上海市、江苏省、浙江省、安徽省等地区。参见拙文：《江南地理文化与才子型君子人格》，载《群言》2020年第12期，又见《长三角文化论丛》编委会编《长三角文化与区域一体化——2019年"长三角文化论坛"论文集》，上海人民出版社，2020年版，第222-230页。

一、地域性文艺流派的跨地域特征和超地域影响

作为绵延清朝文坛两百余年的最大散文流派，"桐城派"名称首见于曾国藩的《欧阳生文集序》：

> 乾隆之末，桐城姚姬传先生鼐，善为古文辞，慕效其乡先辈方望溪侍郎之所为，而受法于刘君大櫆，及其世父编修君范。三子既通儒硕望，姚先生治其术益精。历城周永年书昌为之语曰："天下之文章，其在桐城乎？"由是，学者多归向桐城，号"桐城派"，犹前世所称"江西诗派"者也。①

曾国藩对"桐城派"名称由来及师承脉络描述是符合事实的。姚鼐在《刘海峰先生八十寿序》里也说：

> 曩者鼐在京师，歙程吏部、历城周编修语曰："为文章者，有所法而后能，有所变而后大，维盛清治迈逾前古千百，独士能为古文者未广。昔有方侍郎，今有刘先生，天下文章其出于桐城乎？"②

由这两段论述桐城派的经典话语，并对照桐城派发展史实可知：一、"桐城派"名称的由来，主要缘于其代表性作家如方苞、刘大櫆、姚鼐等都是桐城人，是以主要作家的籍贯名之。二、桐城派虽然标以地域名称，但其人员构成和产生影响却并不局限于一地一域，而是异地"学者多归向桐城"，以至让人惊呼"天下文章其出于桐城乎？"

就第一点而言，一定历史时期内带有地域名称的文艺流派，常常或多或少地与描绘、研究地方风土人情和地域文化特色相联系。桐城派与此不同，它更主要是康乾时期同出于安徽桐城的官宦文人，具有共同讲求"义法"的文论主张和创作倾向而形成。如郭绍虞所指出："桐城文之成派，即因桐城文人之文论有其一贯的主张之故。"③纵览桐城派的作家，虽然后期不乏一些侧重描写家乡风

---

① 《曾文正公文集》卷一，四部丛刊本。
② 《惜抱轩诗文集》，上海古籍出版社，1992 年版，第 114 页。
③ 郭绍虞：《中国文学批评史》，上海古籍出版社，1979 年版，第 627 页。

物和学术源流的作品，但早期和中期，如戴名世、方苞、刘大櫆、姚鼐、方东树、姚莹等人的著述，皆视野开阔，纵横捭阖，笔端所涉所议，时空和事项远非拘囿于桐城一域。① 这就是说，桐城派主要作家的作品，虽然总体共同追求文从字顺、言简有序、清雅秀美、于平易琐细中见曲折情致的创作风格，但不论是从描写对象或语言特征看，地域特色并不明显，甚或难以在其中寻觅地方特色。此与今天所说的一些地域性文学流派，如以老舍、邓友梅为代表的"京派"，以孙犁、刘绍棠为代表的"荷花淀派"等，注重以地方语言描绘地域社会风习，不论是为文旨趣还是文体风格等，均相距甚远而大不相同。

就第二点而言，桐城派虽以地域命名，但归于其流派的成员却并非限于一地之疆界，而是多半来自桐城以外的五湖四海。据刘声木《桐城文学渊源考》及其《补遗》不完全统计，桐城派鼎盛之时，天下文士争相归之，其有名有姓的成员多达 900 余位，包括女子 2 名，日本人 2 名。以安徽桐城为中心，桐城派势力远涉江苏、山东、江西、河北、湖南、广西、天津、上海等地。② 以主张"性灵说"而蜚声乾隆时期文坛的袁枚，当年就称赞方苞的古文："不相菲薄不相师，公道持论我最知。一代正宗才力薄，望溪文集阮亭诗。"③ 袁枚在这里认为，方苞虽然才力不足，但其文章仍不愧为"一代正宗"。最为典型的是江苏常州、武进一带兴起的清代重要散文流派阳湖派，其执牛耳者张惠言即说：

> 余友王梅生，见余《黄山赋》而善之，劝余为古文，语余以所受其师刘海峰者，为之一二年，稍稍得规矩。④

阳湖派重要作家陆继辂也说：

> 钱鲁斯（伯坰）亲受业于海峰之门，时时诵其师说于其友恽子居

---

① 姚鼐大弟子方东树就指出：方苞、刘大櫆、姚鼐作为尊崇儒家道统思想的一代文士，"盖非特一邑之士，亦非特天下之士，而百世之士也。虽其人气象不侔，学问造诣不侔，文章体态不侔，要其足通古作者之津，而得其真，无不若出于一师之所传。"（见方东树《仪卫轩文集》卷五《刘悌堂诗集序》）

② 参见刘声木撰，徐天祥点校：《桐城文学渊源考撰述考》，黄山书社，2012 年版。刘师培《论近世文学之变迁》也说："桐城古文，传于阳湖、金陵，又数传而至湘、赣、西粤。"（《中国近代文论类编》，黄山书社，1991 年版，第 647 页）

③ 袁枚：《仿元遗山论诗》，见《小仓山房诗集》卷二十七。

④ 张惠言：《茗柯文初编》二编卷下，《文稿自序》，光绪十年刊本。

（敬）、张皋闻（惠言）。二子者始尽弃其考据、骈俪之学，专志以治古文。①

　　这两段话里提到的王梅生即王灼（字梅生），钱鲁斯即钱伯坰（字鲁斯），两人皆刘大櫆弟子，又都是阳湖派首领张惠言、恽敬作文之导师。不仅张惠言、恽敬、陆继辂自言其作文踵续桐城步履，而且吴育、张曜孙、包世臣等皆言："常州（阳湖派）文学传自桐城。"② 至于以曾国藩为代表的又一散文流派湘乡派，步趋桐城轨迹而光大之，如桐城派后期重要人物马其昶所说："曾公论文，私淑方（苞）、姚（鼐），而友梅氏（曾亮）。"③ 更是彰明较著之事，相关论述颇多，此不赘述。

　　这种以地域命名的文艺流派，具有非地域性特征和超地域影响的现象，虽然于桐城派身上表现较为突出，但绝非只有桐城派个案，在其他文艺流派上也有不同程度的反映和表现。如江西诗派、茶陵派、公安派、竟陵派、阳羡派、娄东派（绘画）、虞山派（绘画）、湘乡派、吴江派（戏曲）、临川派（戏曲）等，皆是以其领袖人物的籍贯命名，但基本成员往往相当数量并不在同一地区，其作品的主题和语言也没有明显的地域性特征，却产生跨地域和超地域以至全国性的影响。

　　当然，大多数以地域命名的文艺流派，其代表人物和基本成员常常都是同一地区的人，其作品的地域性特征也相对较为明显。如清代颇有声誉的新安画派，其主要画家渐江、查士标、王之瑞、孙逸，均是安徽歙县或休宁县人，休宁原本歙县地，三国吴时称海阳，隋唐时两地迭为新安郡治，故后人多称他们为"海阳四家""新安派"或"新安画派"。新安画派不仅代表性人物，其众多成员如程邃、郑旼、戴本孝、汪家珍、汪然、方士庶、江注、祝昌、姚宋、吴定、汪朴等等，也都属于古新安郡治（即徽州府）人。他们的绘画风格虽然并不一致，但描绘对象却多半是以黄山为主题的山水画，其地域性特征一目了然。其他地域性文艺流派，如以陈子龙为代表的云间诗派、以钱谦益为领袖的虞山诗

---

① 陆继辂:《崇百药斋文集》卷十六,《七家文抄序》,光绪四年兴国州署刊本。

② 吴孟复:《桐城文派述论》,安徽教育出版社,1992年版,第90页。

③ 马其昶:《濂亭集·序》。

派、以吴伟业为首领的娄东诗派、以朱彝尊为开创者的浙西词派等，其人员构成也主要是当地文人墨客，跨地域和超地域的影响相对有限。

二、地域性文艺流派创立的自觉性与非自觉性

明清时期，江南地区经济富庶，文化兴盛，文艺流派也如杂花生树，草长莺飞。翻检多种中国古代文艺及地方史志资料，粗略计算，苏浙皖三省明清两朝以地域命名的文艺流派多达五十余个。就其流派形成状况看，大体有两种情形：一、有些流派在创建之初，其首领及主要人物就有明确宗旨和创作原则，并团结组织认同其文艺观念的人结社成派，这可谓是自觉性文艺派别。二、有些流派只是某些文艺家有着基本相同的文艺主张和创作倾向，在长期切磋交往和赓续传承中自然形成某种文艺群体，至于"派"的称谓，常常是后人根据他们的成就和特点予以概括命名，这可谓是非自觉性派别。

作为一个文学流派，桐城派的形成显然属于后一种情况。桐城派之所以能够成派，关键在于有一个共同尊崇、一贯坚持的文论主张，这就是方苞首倡的"义法"观点。对于"义法"的内涵，方苞自己曾在《又书货殖传后》中做扼要解说：

> 《春秋》之制义法，自太史公发之，而后之深于文者亦具焉。义即《易》之所谓"言有物"也，法即《易》之所谓"言有序"也。义以为经而法纬之，然后为成体之文。①

简而言之，这里所谓"言有物"之"义"，主要指以程朱理学为核心的儒家思想；所谓"言有序"之"法"，更多指写文章应遵循的基本方法。方苞的"义法"之说，既包涵"道"与"文"的统一，又包涵文章内容与形式的统一，意在引导人做到道德文章的合一，即他所说的"学行继程朱之后，文章介韩欧之间"。②方苞倡导古文"义法"，针对的是时文（八股）之弊。他在《答友书》中说："世之人才，败于科举之学千余岁矣，而时文则又甚焉。"他提出古文"义

① 《方苞集》，上海古籍出版社，1983 年版，第 58 页。
② 王兆符：《望溪先生文集序》。

法"，正在于纠正时文（八股）以一定模式为依傍，规天下之步趋，汩作者之灵性，陈陈相因，堕为庸腐滥调之弊端，因而得到当时不少人的认同和拥护。

紧随方苞之后，刘大櫆和姚鼐进一步阐发和完善古文"义法"说。刘大櫆提出"义理"观点，认为"义理"并非仅指程朱理学等儒家思想，文章所写的人和事本身即饱含"义理"。在他看来，"行文之道，神为主，气辅之"，"专以理为主者，则犹未尽其妙也"。①姚鼐则将"义理、考据、辞章"熔为一炉，总结出为文的八字诀"神、理、气、味、格、律、声、色"，以及"阴阳刚柔"的文学风格论等，使方苞的"义法"说逐步深入和完备，更加贴近作文的艺术规律，并基本形成较为系统的桐城派古文理论体系。桐城派"三祖"方、刘、姚，尽管其学识、才华及文学见解也互有差异，但他们都以古文"义法"为核心接续探讨，使这一基本命题不断延伸和拓展，为桐城派发展构筑起坚实的理论基础。

在创作方面，桐城派作家大体遵循以"义法"为核心的文论思想，追求清正雅洁的文风及创作倾向。他们的古文作品，立意守正，有伤人伦风化不苟作；布局严谨，结构缜密而层次有序；语言清畅，古韵盎然而简明易读；抒写自由，虽宗秦汉和唐宋古文，却不像拟古派那样因袭字句泥古不化，而是有着切实的内容和艺术个性。正如郭绍虞所说："桐城文素以雅洁著称，惟雅故能通于古，惟洁故能适于今。这是桐城文所以能为清代古文中坚的理由。"②桐城派周围能够聚集那么多作家，能够绵延清朝文坛二百余年，其几代领袖人物始终能够与时俱进地提出和修正"通于古又适于今"的文论主张，并不断推出相应的创作实绩，吸引众多文人士大夫心悦诚服而归之，乃是重要缘由。

不过，桐城派之成派，并非某个人或某几个人自觉有意的组织，而是逐步自然形成的非自觉性的社会文艺群体。方苞倡议"义法"之时，所考虑更多的是适应清朝统治者政治文化的需要及弘扬唐宋古文传统，根本没有想到要去创立一个颇有声势的文派。刘大櫆时期，方、刘等桐城文人虽然已有不少嫡传和私淑弟子，在文论主张和创作实践方面也取得相当的成绩，但他仍未起意和提及亮出一面什么派别的旗号问题。及至姚鼐称雄文坛之际，尽管实际归附"桐城"者已人多势众，颇具成"派"的气象，姚鼐也只是借周永年、程晋芳之口，提到

①　《刘海峰文集》卷首《论文偶记》。

②　郭绍虞：《中国文学批评史》，上海古籍出版社，1979年版，第628页。

所谓"天下文章，其出于桐城乎"赞语，而没有公然挂起"桐城派"的招牌。李详在《论桐城派》中就认为："乾隆中，程鱼门（晋芳）与姚姬传先生相习，谓'天下之文章，其在桐城乎'，此乃一时兴到之言，姬传先生犹不敢承。"①鲜明举起文派旗帜，并以"桐城派"名之而相号召者，是本文开头说到的曾国藩。

作为一个自发形成的文派，桐城派溪流自康熙年间缓慢潺潺而下，至姚鼐中晚年乾嘉时期已呈现风行草偃、水到渠成之胜景。②姚鼐去世之后，虽有"姚门四大弟子"梅曾亮、管同、方东树、姚莹勉力支撑，但无奈清王朝国运逐渐衰败，它也随之步入走下坡路之颓势。当是时，道光咸丰年间崛起于政坛的"中兴第一名臣"曾国藩，不仅在平定太平天国运动中建立赫赫"武功"，也想在"文治"上大展身手崭露头角，力挽桐城派于"文蔽道衰"的危机之中。他一方面为"桐城派"命名挂牌，对"桐城三祖"赞誉有加，另一方面以桐城派私淑弟子自诩③，亲自挂帅组织起桐城派分支"湘乡派"。他在《欧阳生文集序》中，不仅历数桐城派的滥觞渊源，而且对姚鼐及其以后的发展，做出清晰的描述：

> 姚先生晚而主钟山书院讲席，门下著籍者，上元有管同异之、梅曾亮伯言，桐城有方东树植之、姚莹石甫，四人皆高第弟子，各以所得，传授徒友，往往不绝。在桐城者，有戴均衡存庄，事植之久，尤精力过绝人，自以为守其邑先正其法，襢之后进，义所无让也。其不列弟子籍，同时服膺，有新城鲁仕骥絜非、宜兴吴德旋仲伦。絜非之甥为陈用光硕士，硕士既师其舅，又亲受业姚先生之门，乡人化之，多好文章。硕士之群从，有陈学受艺叔、陈溥广敷，而南丰又有吴嘉宾子序，皆承絜非之风，私淑于姚先生，由是江西建昌有桐城之学。仲伦与永福吕璜月沧交友，月沧之乡人，有临桂朱琦伯韩、龙启瑞翰臣、马平王锡振定甫，皆步趋吴氏、吕氏，而益求广其术于梅伯言，

---

① 郭绍虞主编：《中国历代文论选》第四册，上海古籍出版社，1980 年版，第 61 页。

② 关爱和：《姚鼐的古文艺术理论及其对桐城派形成的贡献》即说：姚鼐辞官南归的次年（1776 年）作《刘海峰先生八十寿序》，"文中虽未及'桐城派'的字样，而'桐城派'已呼之欲出了"。（该文载《文艺研究》1999 年第 6 期）

③ 曾国藩自言："其（指方苞）古文为一代正宗，国藩少年好之。""桐城姚鼐姬传、高邮王念孙怀祖，其学皆不纯于礼。然姚先生持论宏通，国藩之粗解文章，由姚先生启之也。"（见杨怀志、潘忠荣主编：《清代文坛盟主桐城派》，安徽人民出版社，2002 年版，第 95 页）

由是桐城宗派流衍于广西矣。[①]

从此描述可知,桐城派不论是前期或中期,基本都是在师徒传授和友朋推荐的影响下,逐渐自然发展壮大的。曾国藩高扬"桐城派"大旗,并以"湘乡"及"阳湖"等各地相关文人名士策应呐喊后,桐城派作为一个文派的自觉意识明显增强,不仅一度出现复兴的征兆,而且各种考察和研究桐城派的著述也如春之草芽,层出不穷。当然,这只是就宏观大势而言,若细察桐城派流变,尤其是它与湘乡、阳湖等支派的关系等,在基本创作倾向一致的前提下,其间的歧见和矛盾也是显而易见不应忽略的。至于末期曾国藩、林纾等人赋予桐城派更大程度守护旧制的宗派色彩,在风起云涌的五四新文化运动中走向衰落和消歇,虽有历史铁律的必然性,也包含一些值得探讨的课题。

明清时期江南地域性文艺流派,有不少与桐城派一样,属于先期自发而没有明确的派别意识,逐渐流派意识觉醒,有意围绕某种文艺主张深入阐发和积极创作,由派中成员或派外识者点出名称张扬之,从而得到更多人认同并为文艺史所确认。也有一些地域性文艺流派萌生之初,其领袖人物等就提出明确创作主张,呼朋引类联络志同道合者唱和呐喊以扩大影响。如以钱谦益为代表的诗歌流派虞山派,就以反对明七子复古模拟,倡"情真""情至"而名噪一时,明显体现了自觉性流派的特征。还有一些地域性文艺流派,如以朱彝尊等为首领的浙西词派,原来只是一群词人相互酬唱赠答,同调标榜,并没有什么成立派别的主张,后来其核心成员龚翔麟把朱彝尊、李良年、李符、沈登岸、沈皞日和他自己共六人的词,选编合刻一本《浙西六家词》,渐渐始有"浙西词派"之称并激扬光大。[②]戏曲和绘画领域里的许多派别,如越中派、吴中派、昆山派、徽派,以及宣城画派、扬州画派、海上画派等等,原先并没有多少派别意识和明确的派别名称,多半是近现代研究者依据某一地方剧种或某一地域绘画群体予以命名,加以概括总结的。

上面为叙述和把握的简便,将地域性文艺流派归纳为几种类型,实际上,地域性文艺流派现象相当复杂,若深入研究,则需要具体问题具体分析。

---

① 《曾文正公文集》卷一,四部丛刊本。
② 唐富龄:《明清文学史·清代卷》,武汉大学出版社,1991 年版,第 343 页。

三、地域性文艺流派赓续发展的内部条件和外部因素

明清时期江南地域性文艺流派，大半延续时间不长，似乎较难跳出民谚所说"富不过三代"的命运。如兴起于清初词坛的阳羡派，因创始人陈维崧为阳羡（今江苏宜兴）人而得名。陈崇尚苏轼、辛弃疾豪放词风，才情横溢，骏发踔厉，词作多达 1600 余首，"气魄绝大，骨力绝遒，填词之富，古今无两"[①]，当时有任绳隗、徐喈凤、史惟圆、万树、曹亮武等大批词人与其应和唱答，名声煊赫一时。但随着陈维崧 57 岁去世，就不可避免地陷入"人亡政息"的窘境，即便有人把蒋士铨、郑燮等视为此派之余绪，终因创作成就平平，难以接其流脉而产生较大反响。

如果说，明清时期江南地域性文艺流派绝大多数与阳羡派一样，常常赓续时间三五十年，至多也难逾百年；那么，桐城派则破天荒地前后绵延二百余年，堪称明清文艺史乃至整个中国文艺史上一个少见的"寿星"。桐城派初起于康熙大治之时，发展于雍、乾盛世，于嘉、道、咸时期还大张旗帜，同、光、宣三朝仍有余威，直至民国后白话文运动兴起方告终结。桐城派为什么能够绵延如此久远？[②] 这不仅是桐城派研究中的一个重要问题，也是探寻地域性文艺流派承续发展绕不开的话题。

作为一个文派，桐城派绵延久远的首要条件是，它构建了一套写作古文的理论体系可供遵循和传承。桐城派为文的核心是讲究义法。方苞的"义法说"，主要阐发"本经术而依事物之理"的思想规范，以及作文的谋篇布局之法度。[③]刘大櫆补之以"神气说"，从品藻音节入手探测古人之文起承转合中精神气脉，寻求文章整体精神气势与字句音节和谐呼应的为文津梁。姚鼐在方、刘古文理论的基础上，综合分析天与人一、道与艺合、文与质备、古与今宜，以及阳刚阴柔、神理气味、格律声色等，整理建构出桐城派古文理论的话语系统。由此，

---

① 陈廷焯：《白雨斋词话》，人民文学出版社，1959 年版，第 71 页。

② 徐寿凯曾著《桐城派绵延久远原因蠡测》一文，对此问题做过探讨。参见《桐城派研究论文选》，黄山书社，1988 年版，第 86-100 页。

③ 由于方苞作文严守法度，难免有刻板之弊。《四库全书总目提要·望溪集提要》评价他的文章说："上规《史》《汉》，下仿韩欧，不肯少轶于规矩之外，虽大体雅洁而变化太少，终不能绝去町畦，自辟门户。"

桐城派古文理论从偏重在史传文体里悟出的"义法说"、偏重在写作技艺角度讲授的"神气说"等狭窄地带走出，沿循"有所法而后能，有所变而能大"①之途径，使其理论在更加系统、规范、适用的同时，具备更加普遍的指导意义和覆盖范围，因而引起广泛而持久的影响。

桐城派为文恪守思想的正统性，是其能够长期立足发展的另一重要原因。清朝统治者从维护自身统治出发，自康熙起就尊奉程朱理学。康熙甚至把朱熹理学提到无与伦比的高度："非此不能知天人相与之奥，非此不能治万邦于衽席，非此不能仁心仁政施于天下，非此不能外内为一家。"②在清朝，"学校之中，一以程朱之说为宗。试士四书五经义，有不合于程朱者，考官不得录"。③桐城三祖方、刘、姚，皆崇尚程朱理学。不仅"望溪先生之文，体正而法严，其于道也，一以程朱理学为归。"④姚鼐也明确说："夫古人之文，岂第文焉而已！明道义，维风俗以昭世者，君子之志；而辞足以尽其志者，君子之文也。"⑤姚鼐大弟子方东树更是程朱的虔诚信徒："见后人著书，凡与朱子为难者，辄恚恨，以为人性何以若是之弊也。"⑥曾国藩作为"中兴第一名臣"，于桐城派处颓势之时出手强力振兴，也是看中桐城派所秉持正统思想及其所拥有的强大影响，有助于维护清王朝的统治。⑦桐城派思想的正统性，也受到广大文人士子的欢迎，因为正统思想加上学问和文章，便意味着铺就了中举仕进迈入庙堂的台阶，这也是桐城派文士主持的书院和学校常常生徒众多的原因所在。

桐城派人才济济，名师高徒俊彦辈出，是其能够保持长久兴旺的又一关键因素。桐城派奠基人方苞的文章，曾被袁枚誉为"一代正宗"，康熙也曾"嘉赏再三曰，此即翰林中老辈兼旬就之，不能过也"，并"命与诸皇子游，自诚亲王从下，皆呼之曰先生"。⑧刘大櫆小方苞 30 岁，但他以布衣到京师时，颇负时望的方苞读其文章，便称为"今世韩欧"，并说："如方某，何足算耶！邑子刘生，

---

① 《惜抱轩诗文集·刘海峰先生八十寿序》。
② 康熙：《朱子全书序》。
③ 方宗诚：《书小学论后》。
④ 韩梦周：《书望溪先生文集之后》。
⑤ 《惜抱轩文集》卷六，《复汪进士辉祖书》。
⑥ 《仪卫轩文集》卷一，《行略》。
⑦ 参见王献永：《桐城文派》，中华书局，1992 年版，第 6 页。
⑧ 方元：《惇方望溪先生年谱》。

乃国士尔。"① 姚鼐比刘大櫆小34岁,自幼才华出众,刘大櫆晚年有《寄姚姬传》诗作说:"我昔在故乡,初与君相识。君时甫冠带,已具垂天翼。"姚门四杰梅曾亮、管同、方东树、姚莹②,年龄均比姚鼐小40至50余岁之间,不论是理论阐释还是创作实践,皆有突出成就。其后的曾国藩,比姚门四杰中年龄最长者方东树小39岁、最轻者梅曾亮小25岁,而曾门四大弟子张裕钊、黎庶昌、薛福成、吴汝纶,又比曾国藩小10多岁至30岁之间。此后还有吴汝纶弟子马其昶、姚永朴、姚永概等卓有成就大家,以及林纾、严复等名流为桐城派张目,而这时已改朝换代跨入民国时期了。从清初到清末,桐城派阵营始终人才辈出,为其生命之树常青不断开枝散叶,增添花繁叶茂的胜景。

　　桐城派重视教育,扬"派"有术,是其保持生机活力和扩大影响的核心手段。桐城派主要成员中虽不乏为官者,但绝大多数以教书为职业,有些甚至自愿摘下官帽而谋取教职。方苞20多岁开始教书,出狱后为官内阁兼教皇子读经。刘大櫆当过教谕,终身以教书为业。姚鼐中年辞去京官,先后主持梅花、紫阳、敬敷、钟山书院等40年,"士子以得及门为幸",其弟子数以千计。姚门弟子梅曾亮曾主讲扬州书院,另一弟子方东树历任海门、韶阳、庐阳、泖湖、松滋、东山等书院讲席。吴汝纶在曾国藩、李鸿章幕府任冀州知州,见直隶莲池书院有缺,主动弃官执掌莲池书院,后任京师大学堂总教习。据《桐城文学渊源考》记载,桐城派中以教书为主要职业或从事过教学活动者达百余人。桐城派不仅推重教育,还注重编选读本和教材。方苞曾代和硕果亲王编纂《古文约选》,刘大櫆编有《历代诗约选》《唐宋八家古文约选》,姚鼐编有《古文辞类篹》《评选海峰诗集》,黎庶昌、王先谦编有体例不同的《续古文辞类纂》,曾国藩编有《经史百家杂钞》,吴汝纶更是编有《评点古文约选》《评点方望溪集》《评点姚惜抱集》《评点梅伯言集》《评点曾文正公集》等等。桐城派重视教育,名师大家众多,弟子门生更如繁星闪烁,不仅壮大桐城派的声威,还使其瓜瓞绵绵,才俊辈出。而他们编选读本和教材,不仅起到提供范文、树立偶像、学有标杆的效果,更为编织派别传承谱系、拓展派别影响发挥良好作用。这一点,王先谦在《续古文辞类纂序》中描述颇到位:

---

① 刘声木《桐城文学渊源考》,又见姚鼐《刘海峰先生八十寿序》。
② 姚门四杰还有一说以刘开替姚莹,也有一定道理,如此可说"姚门五杰"。

　　　　自桐城方望溪氏以古文专家之学，主张后进，海峰承之，遗风遂
衍。姚惜抱禀其师传，覃心冥追，益以所自得，推究闻奥，开设户牖。
天下翕然，号为正宗。承学之士，如蓬从风，如川赴壑，寻声企景，
项领相望。百余年来，转相传述，遍于东南。由其道而名于文苑者，
以数十计。呜呼，何其盛也。①

　　以上所谈，基本全是桐城派绵延久远的内部原因，没有明确说到外部因素。
其实，有些内部原因的内容牵扯到外部因素，或者说，其做法本身就是对外部
社会要求的适应和回答，因而也是对外部因素间接阐释。毋庸置疑的是，相对
稳定的社会发展环境和比较宽松的社会文化氛围，无疑有助于地域性文艺流派
的萌生和繁荣。特殊时期，改朝易代和政治风云激荡之际，也常常引起处士横
议，民情激愤，学术和文艺流派勃然蜂起，而统治者此时往往也会加强社会舆
论管控和压制。这些外部社会演进情势对文艺流派形成发展的制约作用非常明
显②，关键是作为体现某种社会思潮和审美倾向的文艺流派，如何在接纳与抗拒
统治阶级思想（意识形态）的过程中，寻求到双方能够彼此包容相处或双方都
愿意修正调适的平衡状态。处于这个状态之中，文艺流派相对较易生存发展；
而打破这种状态，文艺流派则难免走入困境或夭折。当然，遇到社会易代或原
有正统思想改弦更张之际，某些学术和文艺流派乘势而起风靡一时，也不乏
先例。

　　这里值得追问的是，为什么同处于清朝社会舆论总体管控较严的情形下，
桐城派能够在众多文艺流派中出类拔萃，成为有清一代延续时间最长、人数最
多、影响最大的文艺流派？其核心要点仍在于：一、具有贯穿始终的共同文论
主张、审美倾向和丰硕的创作实绩，这是桐城派与其他文派相区别而高标立世
的鲜明标识。二、以思想的正统性自觉担负文以载道的社会责任和使命，这是
它几乎与清王朝相伴始终而屹立不倒的政治支撑。三、崇教兴学培植力量保证
人才济济和代有栋梁，这是它超越其他流派而经久不衰的队伍基础。当然，编

---

①　王先谦：《续古文辞类纂》卷首，光绪八年虚受堂版。
②　笔者《艺术生产与物质生产发展不平衡关系新探》一文对此问题曾作探讨，该文首发《文艺论
丛》第 17 辑，上海文艺出版社 1983 年版；又见拙著《重建文学空间》，安徽教育出版社，2003 年版，第
232-257 页。

选范本、评点文集、彪炳创作成就等，也是桐城派凝聚人心、拓展声誉，使其得以长久发展的有力手段。这些，对于我们考察地域性文艺流派形成和演进的特点，无疑具有一定的借鉴参考意义。

（作者系安徽省文史研究馆馆员，安徽省社会科学院文学研究所原所长，二级研究员）

明清徽商入浙对长三角经济文化的影响

——以杭嘉湖为中心的研究

翁 飞

内容提要：徽商崛起于明中叶，徽商崛起的过程与它摆脱人多地少的困境，走向江浙、融入长三角的过程相同步。徽商入浙，首先抓住明中叶海洋贸易带来的机遇，建立起商业集团和商业网络；在明王朝实行海禁后，又转向以盐业为龙头，兼及典当、丝绸、布匹、竹木的国内贸易。本文着重介绍徽商在杭嘉湖地区的经营活动，形成"无徽不成镇"的局面，对长三角地区现代市镇化的起步，以及随之而来的商品经济高度繁荣，起到了不可磨灭的贡献。同时，由于秉承"贾而好儒"的传统，借助"商籍"政策，兴办书院，让弟子读书、仕进，更加全面地融入当地社会。

关键词：徽商；两浙；杭嘉湖；盐业；典当业；商籍

南宋以后，中国经济重心完成了南移。尤其是长三角地区，到了明清时期，经济、文化的繁荣程度，已远超其他地区。在长三角地区的经济发展中，商人尤其是商帮是不可或缺的生力军。明清时期，活跃在这一地区的商帮主要有龙游商、宁波商、苏商、晋商和徽商等；而徽商以其人数多、资本大、时间长、范围广，对长三角地区的崛起，发挥了极大的作用。

商帮是在明清时期，伴随着商品经济发展而涌现的；它是以乡土亲缘为纽带、以地缘关系为基础的商业集团。著名的有徽商、晋商、闽商、苏商、鲁商、秦商、宁波商帮、龙游商帮、江右商帮、潮汕商帮十大商帮。相比龙游帮、宁波帮、苏商而言，徽商并不具有地理上的优势。本文即以徽商入浙及其在杭嘉湖一带的活动为重点，剖析它的作用和影响。

一

　　徽商崛起的明中叶，正当 16 世纪西方重商主义盛行、加上地理大发现的客观推动，海洋贸易发生了历史性变化，出现了东西两半球海上商贸直接交易的新局面，初步形成横跨亚、非、欧、美四大洲的世界性海洋贸易圈。与此同时，中国境内商品经济开始繁荣，商机愈益增多，以商业增殖财富的途径日益广阔（像明初江南富户沈万三就是一个典型），中国传统社会经济也开始发生转型，出现了专门从事农副产品和日用品的深加工作坊以及经营这些产品出口的贸易商行，这种随社会分工相应增多的财富积累方式，就是以前学界曾讨论的"资本主义萌芽"的出现。不管怎么说，这意味着中国国内一批有眼光的商人开始把目标瞄向了海外；也意味着在时代的新旧交替中，机遇与挑战并存。

　　明中叶以来，徽州地区随着社会经济的发展和社会持续稳定局面的形成，人多地少的矛盾极为突出。"徽州介万山中，地狭人稠，耕获三不赡一。即丰年亦仰食江楚，勿论饥岁也。"①"生齿日繁，则生计日隘。"②为谋求生存的需要，摆脱人多地少的矛盾，徽州人被迫离乡背井，成批地外出经商。即民谣所谓："前世不修，生在徽州，十三四岁，往外一丢。"时当嘉靖、万历之际，成群结帮的徽州人，沿着故乡的河流走向四方，尤其顺新安江东下可直奔杭州湾，随后又前往闽、粤，走向东南沿海，开始从事海洋贸易，逐步形成了徽州海商集团。

　　西方著名经济学家希克斯（J.R.Hicks）指出：在当时，就世界范围而言，从事海洋贸易的海商，是引导传统经济（包括习俗经济、命令经济、道义经济等）向市场经济转换的一种"专业商人"。③徽商善于抓住明中叶海洋贸易带来的机遇，使海上贸易与盐、布、典、木、茶等行业相结合，并建立起自己的商

---

① 康熙《休宁县志》卷七。
② 万历《休宁县志》卷一《舆地志·风俗》。
③ 希克斯：《经济史理论》。

业网络。资料显示，随着 16 世纪东西方海上航线的开通，出现跨越欧、亚、新大陆的"海上丝绸之路"。这一海上丝绸之路的中继点"马尼拉丝市"的建立，有力地刺激了中国江南地区的蚕丝业，进入国际贸易的大商圈，并由此引发了江南地区的商业化。在这一过程中，正在向江南地区奋力开拓的徽商当然不会坐视旁观。据法国人裴化行记述：明嘉靖年间，"商业的利源被原籍属广州、徽州、泉州三处的十三家商号垄断着"[①]。梁家彬教授发现的西班牙传教士的相关记载也称：1556 年葡萄牙人进入中国广东市场之初，有十三商馆（行）之称，其中广东人五行、泉州人五行、徽州人三行，共十三行。这说明，在当时相对遥远的商贸重镇广州，处于内陆的徽商在大名鼎鼎的十三行贸易中也已经占有相当的份额，其实力决不可等闲视之。当时的历史文献在提到"海商"时，往往将"闽、广、徽、浙"并提，其他三省都是沿海省份，唯独安徽是内陆省份。这可以看出徽商在海洋贸易中的实力地位。当时，在杭州湾附近的舟山群岛的双屿港，也已经成为国际贸易市场。中国传统社会经济开始发生转型，商品经济空前发展，而且从高价奢侈商品向民生日用百货商品转化；民间海上商人兴起，打破了势家豪绅垄断海上贸易的局面，为长途贸易提供了宽阔的活动平台。徽商在这场海上贸易大角逐中，成为重要的主力。资料记载，当时的徽商"远服南越，与岛夷为市"。[②]说明他们在与东南亚的贸易中也占有一定份额。

对于这样一种历史现象，如何去追踪它、复原它呢？ 2019 年 5 月由安徽电视台摄制的 9 集高清纪录片《天下徽商》，在央视纪录片频道播出。摄制组一位导演韩德良在采访手记中记道：

> 2016 年 12 月 5 日，《天下徽商》剧组一行三人奔赴英国，拍摄相关的影像。在这里有太多关于徽茶及茶叶贸易的踪迹：川宁茶叶公司、卡蒂萨克号帆船博物馆等，都是曾经茶叶贸易最好的见证者。茶叶，将中国卷入全球化浪潮。柔弱、轻灵的中国茶叶，深深搅动着世界风云，改变了世界贸易格局。在英国的拍摄还有太多值得一写之处，都融进了纪录片里。

---

① 裴化行：《天主教 16 世纪在华传教志》。
② 转引自叶显恩：《徽州学概论》序一。

　　从为生计所迫背井离乡走出大山，到主动参与当时的海上贸易竞争，徽商财富的迅速积累，不能不说是得益于他们善抓历史机遇。

　　如果从徽商所处的区位来考虑其经济活动的空间分布，毫无疑问，与之毗邻的长三角，地利优势是显而易见的。徽州商人势必择优先占据之，以其为商业活动的根基；并利用其区位优势投入新兴起的"大航海"热潮。徽州虽处在山区，但有新安江经钱塘江可直达杭州湾，进入东海。《天下水陆路程》一书，记载了明代二京十三布政司水陆路程、各地道路的起讫分合和水陆驿站名称，涉及徽州府地方路程 15 条，其中 4 条是由徽州府到杭州或苏州。[①] 在古代以水运为主的条件下，距离远近取决于水道的通畅，而徽州距海岸线只约 200 千米之遥（根据西方的学者的看法，距海岸线 500 千米内的都属于海文化范围）。

　　于是，徽商便利用其地域邻近且有水道相通之便，捷足先登长三角。徽人顺新安江东下，经杭州转运河、入长江，可达长三角各市镇要枢（另从青弋江也可以进入长江）。徽州本是一处险阻四塞的山区，却具有便捷的水路交通和丰富的土特产竹、木、茶等，这是很有利于商业的地理优势和物质资源，所以早在 15 世纪中后期的明成化、弘治年间，徽商已逐渐在长三角各要枢，初步建立起商业网络。并以此为基地，利用当时统一大帝国所提供的经营商业的广阔天地，以及自然资源禀赋不同所造成的地区间的差异，通过流通互换达到资源共享，以弥补徽州本土山多地少的缺陷。徽商发挥其资源配置、利用的能力，不仅使自己"藏镪百万"，而且促进了长三角社会经济的进步，出现了江南"无徽不成镇"的商业化、城镇化局面。

二

　　徽商在海洋贸易方面的开拓，最终因明王朝加强海禁等多种原因而夭折了。但他们处变不惊，通过在海上贸易积聚的财富和积累起的经验，在外向发展不成的情势下，迅速地调整目光，把经营战略转向内需市场。这一次，他们把目标瞄准了盐业，以盐业为龙头，兼及典当、丝绸、布匹、竹木、百货……和他

---

　　① （明）黄汴著、（清）憺漪子辑、（明）李晋德著，杨正泰校注：《天下水陆路程　天下路程图引　客商一览醒迷》，山西人民出版社，1992 年版。

们的商家对手晋商打了一场漂亮的争夺战。

在中国传统社会里，盐是由国家控制的专卖商品，关系民生日食所需，销量巨大，最能从中获利而积成巨资。晋商是趁明初实行"开中制"之机从事盐业而发迹的，徽商自然对之垂涎而力求分得其利。早在弘治五年（1492 年），徽商趁户部尚书叶淇以纳银运司代替中盐纳粟供边、改订盐法的机会，纷纷进入扬州、杭州，夺取自明初起在此独占盐利的晋商阵地。其中一条重要的经验就是运用雄厚的财力，通过朝中达官显宦（并鼓励徽州子弟以科名进入仕途把持盐、漕等官权要职）取得商业垄断权。万历以后，徽商已经成功执掌盐业的牛耳，基本取得了盐业经营的优势，其经营的规模和资本额也已达到了传统商业的巅峰。据宋应星的估计，万历年间，扬州盐商资本已达三千万两。年利润达 900 万两，其中绝对多数的利润份额为徽商所占有。这种巅峰状态一直延续到清初，乾隆下江南巡幸扬州，徽商巨富江春一夜之间能在瘦西湖用盐包堆起一座形似京城北海的白塔，让乾隆皇帝看后也不由自主赞叹："徽商之财力伟哉！"

中国主要产盐区，向以"两淮两浙"并称，两浙盐区，是仅次于两淮盐区的重要盐产地。早在元代，就有徽商在两浙经营盐业，元末明初发展到相当规模。明中期以后，徽州商人已在两浙盐业中占有重要地位。嘉靖、万历年间著名文士汪道昆在所著《太函集》中对此有丰富记载，从中可知嘉靖年间徽州商人在两浙业盐极为普遍，具有雄厚的经济实力。这种状况一直延续到清朝。究其原因主要有两点：一是徽州本身属于两浙行盐区，食用浙盐，因而到两浙盐场进行经营是符合常理的。二是徽州距两浙盐主要产区相对较近，两浙盐运司设在杭州，而行盐之地在其附近，陆路距离短，水路也极为便捷。除前述《天下水陆路程》外，《天下路程图引》汇集明代水陆路引 100 条，以记录水陆路线的站名、里距为主，兼及各地食宿、物产、风景等，其中有 5 条徽州府到两浙行盐地方路程。这说明，明清时期徽州和杭州之间交通即很发达。清末民初学者陈去病所著《五石脂》记载："徽郡商业，盐、茶、木、质铺（按即典当）四者为大……而盐商咸萃于淮、浙。"[1] 可见，两浙应为徽商从事盐业经营较早和集中的区域。

---

[1] （清）顾公燮、（清）佚名、（民国）陈去病：《丹午笔记·吴城日记·五石脂》，江苏古籍出版社，1998 年版。

　　历史上的杭嘉湖地区，占有"煮海为盐"的天时地利，一直是两浙盐场主产区。由于地理和历史原因，早在元代，即有徽商在两浙经营盐业，元末明初发展到相当规模；明成化年间，徽商相继打入盐业领域，一向以经营盐业为主的晋商、秦商受到严重打击，徽州商人开始在两浙盐业，尤其是杭嘉湖地区的盐业经营中具有重要地位，并一直延续到清朝。明清易代，由于兵燹战乱和社会动荡，杭嘉湖地区的市镇一度衰落，徽商的活动也经历一段暂时的低潮。但没过多久，随着社会经济的复苏与发展，杭嘉湖地区又重新开始走向兴盛，徽商也随之活跃起来。清康熙年间，以澉浦鲍郎盐场和海塘乡盐场为主的海沙盐场，年产盐达到 77700 担，浙盐贩销到各地。"五乡贾者，首者鱼盐，次布帛，贩缯则中贾耳。"[1] 于是徽商以经营盐业为中心，雄飞于中国商界。无论是人数还是经营的规模，全都超过了明朝中后期，同时也超越晋商，成为十大商帮之首。

　　明清两代，嘉兴府的澉浦场、芦沥场为海盐主产地，以徽商为主的两浙盐商聚集于这些市镇经营海盐业。平湖澉浦镇，尤为徽州盐商集中之处。徽人毕蕃昌在海宁县澉浦镇"业盐策，遂卜居澉川"。嘉兴府秀水县濮院镇，"盐商多为徽人"；嘉善县各地，贩盐人"率多徽商"。《太函集》中记载了许多经营盐业的徽商，例如休宁县的朱介、程氏，歙县的鲍雯，以及绩溪人章必涣等。其他记载还有明朝歙县人汪才生，休宁县人汪当；清代歙人鲍立然兄弟、鲍直润父子以及鲍易简，黟县的汪廷浚、汪玉琦等。这些徽籍盐商穿梭于杭嘉湖地区各市镇设立销售，或者转手批发。徽商许光禄"用盐，贾武林"。朱介夫"父性山，盐客武林"。吴钺拙"其盐贾，三岁一更，则又徙钱塘"。汪道昆先世"自大父沉贾始宗盐……世大父……徙武林，业起"。程长公"以盐贾浙江"。江终幕，初从兄在钱塘为下贾，后经商青齐梁宋等地，发财后"归而治盐钱塘"。叶道传曾官至户部云南司员外郎，后辞官，客籍仁和，"隐盐业中"。盐商在杭州聚居于贺衢，另有"徽州弄"，"地滨大河而近盐桥，有徽州盐商居此"。明清时期，徽州盐商富甲天下。明万历年间，"新安大贾，鱼盐为业，藏镪有至百万者"，被认为是当时"富室之称雄者"。[2] 至清朝，徽商中则出现了"富至千万"的大盐商，徽州盐商总的财力甚至与清政府的国库实力相当。

---

①（明）汪道昆：《太函集》，黄山书社，2014 年版。
②（明）汪道昆：《太函集》。

三

　　盐业而外，随着商品经济的发达，扩大商品生产需要投入的资金与日俱增，典当能为广大小生产者提供迅速周转的银钱，杭嘉湖一带的典当业也开始兴盛起来。徽商在这个领域又是捷足先登，拥有雄厚财力的徽商纷纷投资典当业。一本徽商启蒙读物《日平常》说的好："开典当，真个稳，获得利兮容得本。估值当去无几赊，生意之中为上顶。"

　　明代，杭嘉湖地区广大市镇是徽商典当铺开张兴旺之地，一家徽州富商拥有十几甚至上百座典铺的情况也不罕见。在嘉兴县，新安大贾"每以质库居积自润，户无多田"。在一些乡镇上，徽商开办的典铺也甚多，比如桐乡县青镇就有 8 家徽商典铺。休宁人孙从理在吴兴、湖州一带业典，"慎择掌计若干曹，分部而治"。因为经营得法，讲究信誉，不断增殖，"岁会则析数岁之赢，增置一部，递更数岁，又复递增凡百。明后期，休宁榆村梅轩公者，在外经营 20 余年，据说三吴两浙之间到处有他家的质库。徽州典当行利率规则："福建铺本少，取利三分四分；徽州铺本大，取利仅一分二分三分。"[1] 湖州府"湖郡典息，向例十两以上者，每月一分五厘起息；一两以上者，每月二分起息；一两以下，每月三分起息"[2]。由于本大利薄，徽商典当的竞争优势十分明显。

　　清代是中国传统典当业发展的高峰期，无论从资本额、铺数，还是规模、类型，典当业的发展势头都是空前的。许承尧著《歙事闲谭》记载："典商大多休宁人，歙则杂商五，赭商三，典仅二焉一。"清初，休宁人刘淮"客于嘉、湖，岁饥，有困廪出，或言可乘时获利，淮不可，曰：'熟若使斯土之民得苏之利大也。'乃减价以贸，又为粥以食饥者"[3]。于此可见徽商"以义为利"，讲究职业操守。嘉靖、万历时的休宁人孙从理，在湖州业典，经营得法，讲究信誉，不断增殖，"岁会则析数岁之赢，增置一部，递更数岁，又复递增凡百"，被汪道昆赞为"以质剂起家宜莫如处士"。[4] 万历年浙江《秀水县志》记载："十月治谷

---

① （明）周晖：《金陵琐事录》。
② （清）胡承谋：《吴兴旧闻》。
③ 许承尧：《歙事闲谭》卷一八。
④ （明）汪道昆：《太函集》。

米以输租，时谷登麦种毕，富农高种盖藏，稍贮额赋供官，而佃农则输租大家，贮余之以备春作，嬉嬉如也。及富商设米典，佃农用上米质银，其下中者抵租，虽丰岁亦称歉收也。一小民得银耗费，满课为难，其后利归典商。"清中期，平湖县各市镇的典当业已完全为徽商所垄断，"新安富人挟资权子母，盘居其中至数十家"。石门县、秀水县各市镇的情况也大致相似，如在秀水濮院镇，"典当司柜多徽州人"。其他如塘栖镇、新市镇等，都有颇具资产的徽籍典商。这充分证明，徽州典商是明清杭嘉湖地区典当业中执牛耳者，因其资本雄厚，利息率相对较低，其对社会再生产的支持作用较其他地域典商更为明显。当地甚至流传着"无典不徽"的民谚。

此外，因徽州盛产木材，徽商中木商也很活跃。木商不仅有行商，还开有木行及木业公所，如创建于乾隆五十一年的杭州"徽州木业公所"，参加者有徽州六邑木商五六百人。

除了输入，还有输出。杭嘉湖是著名的丝绸之乡，湖州的南浔、菱湖、新市、双林，嘉兴的濮院、王江泾，杭州的塘栖、临平等镇，丝织业极其发达。清代中期的濮院镇，丝绸"终岁贸易不少于数十万金"。南浔镇在清末极其繁盛，每年销往海外的蚕丝就达到 10 万包。而嘉兴的魏塘、王店、枫泾等镇，则以棉织业著称。明朝万历年间，魏塘镇盛产棉纱，民间流传"买不尽松江布，收不尽魏塘纱"的谚语。其他如斜塘镇的漆器业，屠甸镇的烟叶业，石门镇的榨油业，鲍郎市的制盐业等，都名闻一时。

如此丰厚的资源，自然引得各地商人纷至沓来，而徽商又占据其中的绝大部分。其人数之多，经营行业的广泛，对当地经济和社会影响之大，是许多外地商人和商帮无法比拟的。

在杭嘉湖蚕丝生产的中心区域，当地市镇中徽州丝绸商人极为活跃。如桐乡县皂林市是丝绸业市镇之一。嘉靖年间，徽州绸商许本善，"贩缯航海而贾岛中，赢得百倍。……乃择地而贾，贾就檇李之皂林。"[①] 又据明代杭州文士胡元敬云："徽杭大贾，视为利之数渊。开典顿米、贸丝开车者，拼凑辐辏，望之莫不称为财赋之地。"[②] 所谓"开车"者，即是徽商把资金投资于丝织业，添置织机

---

① （明）汪道昆：《太函集》。

② （明）胡元敬：《栖溪风土志》。

从事于丝织，这是商业资本向产业资本转化的一种形式。

而杭嘉湖一带进入明朝后，由于广植桑棉等经济作物，变成缺粮区，每年需从湖广等地贩运许多粮食。这又给徽商增加了另一条长途贩运的生财之道。据《休宁赋役管解全书》记载："徽郡仰给江浙……屯溪系一运销徽州六邑粮米总市，商牙凑集，米船络绎。"另据《抚吴缴略》所记："率由长江从镇江进口达杭过坝，由钱塘抵徽。"在徽杭米粮贩销中，徽商从事米粮业者亦众。万历间江浙缺粮打饥，"商舟皆集江西，徽人尤众"。徽商金某，在"浙涝田苗浸，或有窃高田苗种之，相争无几"时，遂购苗于"他郡归以遗争者。众大惭，乃止"。从述上二例可见，徽州米商几乎垄断了浙杭嘉湖地区粮食市场；而财力充足的徽州粮商，大都是从远方购粮，以解浙粮之缺乏。

在这样一个贩进贩出的过程中，徽商以惊人的毅力和速度迅速建立和发展起自己的商业网络，一个显著的效应就是在长江中下游和运河沿岸极力推进商业化和市镇化，在南京、芜湖、安庆、武汉、扬州、苏州、杭州等城市纷纷建立起商贸中心。即所谓"业贾遍于天下"。[1] 杭嘉湖地区也是如此，据不完全统计，从明中期到清中期，杭嘉湖地区全地区市镇由80多个增加到120多个，集市由30多个增至90多个，有的市镇实际上都超过了当时的一般县级城市规模，已经发展成形态较为完备的城市，市场的专业化分工也十分发达。业成行，商成帮，大量的徽商由此成群结队涌入。

如在湖州地区，休宁县人程锁"结举宗贤豪者得十人，俱人持三百缗为合从，贾吴兴新市"；在成化年间，同县人程莹"从事乎商，居湖州之双林市"；嘉靖年间徽商程于"偕舅氏贾浙，乌程人大信之，后又设典平湖"，成为当地著名的商人；程琼寓居湖州城的北门外，"开铺卖饭招宿，蓄骡马送行"。到明代后期，徽商已广泛活动于杭嘉湖市镇，部分市镇所聚集的徽商人数相当可观。嘉靖年间，据湖州、嘉兴两府共同管理的乌青镇官员报告，镇上徽州等处的商人因事斗殴致死亡者有百数人之多，可以想见徽商数量之多。不少徽商还逐渐控制了一些市镇部分行业的主导权。在乌青镇，"茶叶一业，俱系徽籍人"；在嘉善县各市镇，经营盐业者"率多徽商"；在秀水县濮院镇，"典当司柜多徽州

---

[1] （清）金声：《金太史集》卷四《与歙令君书》。

人"；在安吉州各市镇，经营砖瓦窑业者，"皆徽、宁及江右人"。杭州城外的钱塘江滨有登岸之所，因上下多系徽商，故号称"徽州塘"。

上述种种，恰好应了当时的一句民谚："江南无徽不成镇。"①

"业贾遍于天下"，尤其是"江南无徽不成镇"局面的形成，对长三角地区现代市镇化的起步，以及随之而来的商品经济高度繁荣，做出了巨大的贡献。

四

一个特别有意思的现象，是在两浙从事经营的徽商、主要是盐商，其子弟得以入户"商籍"，参加当地科考。法理的依据，出自《大清会典》："商人子弟，准附于行商省分，是为商籍。"②似乎凡是经商之人的子弟被批准于行商省份登记者，均可为"商籍"；而实际情形，此项制度乃是朝廷专为盐商子弟应考而设，与其他行业商人无涉。至于所以设立"商籍"的理由，《两浙盐法志》说的很明确："自古鱼盐贩负之中杰士间出，而志乘所载，凡名流侨寓，採摭无遗。盖事因人以著，人附地而传……浙省素称才薮，其自安徽等属来浙业鹾者，贸迁既久，许其子弟附近就试，异地之才与土著无殊，此商籍所由立也。""盖念伊父兄挟资远来为国输将，所以隆优恤之典，广进取之阶。"③

明清时期在两浙从事各种行业的商人极多，而朝廷单为盐商开设"商籍"，原因就是食盐一直为官府专卖，把持食盐经销权的盐商，在垄断经营的同时，为政府提供了巨额的盐税，成为朝廷财政收入的重要来源。所以他们才有资格向朝廷提出条件。早在"明嘉靖四十年，两浙纲商蒋恩等为商人子弟有志上进比照河东运学事例具呈，巡盐都御史鄢懋卿批提学道议，允行，运司录送附民籍收考"。④

到万历二十八年（1600 年），两浙商籍在叶永盛运作下正式创立，其首发倡议者汪文演、吴云凤是地道的徽商。据《两浙盐法志》记载，万历时中官高时

---

① 民国《歙县志》卷一《风俗》。
② 《大清会典》卷十一。
③ （清）阮元：《两浙盐法志》卷二四。
④ （清）阮元：《两浙盐法志》卷二四。

夏奏加浙江盐税，汪文演"上书御史叶永盛，得免岁征十五万。又与邑人吴云凤兴商籍如河东两淮例，岁收俊士如额"。叶永盛是安徽泾县人，万历二十八年至三十年任两浙巡盐御史。上任之初即上奏："淮扬长芦等盐场，行盐商人子弟俱附籍应试，取有额例，惟两浙商籍子弟岁科所取不过二三人而止。浙地濒海最迩，煮贩十倍他所，取数若少则遗珠可惜，回籍应试则阻隔为忧。伏乞圣慈广作人之化，悯旅寄之劳，敕令在浙行盐商人子弟凡岁科提学使者按临取士，照杭州府仁和、钱塘三学之数另占籍贯，立额存例。商籍广而世无迁业，赋有常经矣。"① 此奏所上建议，得到了朝廷允准，两浙商籍由此而立。

此项举措，汪文演、吴云凤等徽商的首倡，功不可没；而叶永盛也因对两浙盐商的种种关怀和努力，使得商人将其奉为神明。叶永盛去官后，商人和商籍生员在崇文书院内为其建生祠，与紫阳朱熹同样待遇加以祭祀。②

两浙商籍的确立，与徽州盐商的积极倡言，是紧密联系在一起的。内中更深沉的根源，即在于徽商"贾而好儒"的精神传承，在徽州故里，虽"十户之村，不废诵读"。③ 徽商"业贾遍于天下"，自然也想把诗礼传家的好传统带往天下。在两浙，由于"商籍"制度的实行，成效是显著的。据《两浙盐法志》，明朝两浙商籍进士共 12 人，其中休宁 8 人，歙县 4 人，均为徽人；两浙商籍举人共 35 人，其中休宁 14 人，歙县 13 人，占总数的 77%。清朝商籍进士共 140人，徽人 41 人，其余主要是浙江仁和、钱塘两地之人；商籍举人 489 人，徽州籍贯 94 人。从上述统计结果看，徽人在明朝两浙商籍中占有绝对优势，而清朝时其比例有所下降，关于其原籍有不少疏漏，但人数仍不少。

安徽省博物馆藏清康熙刻本《紫阳崇文会录》，记载了明末清初 80 多年间徽州商籍生员 1707 人，许承尧于书首介绍："此明末清初吾徽在浙省诸人会文题名录，所谓商籍也，中如吴雯清、徐旭龄、汪溥勋、吴山涛、赵吉士俱颇知名。喜是孤本，足备参考。吾族有一支迁浙，录中亦见数人，可补宗乘之缺。"根据《紫阳崇文会录》的补正，《两浙盐法志》中记嘉靖三十七年中举的刘维藩（钱塘人）、天启元年中举的朱稷（山阴人）、崇祯六年中举的汪有道（仁和人）、

① （清）阮元:《两浙盐法志》卷二四。
② 《紫阳崇文会录》后卷。
③ （元）赵汸:《商山书院学田记》。

顺治三年中进士的刘兆元（仁和人）等 28 人，原籍均为徽州。

正因为有了"商籍"可以就地参加科考，两浙徽商便开始在当地慷慨捐资，兴办书院，先后兴办了崇文书院、紫阳书院、正学书院、锡山书院等四座书院，以前两座为著名和重要。徽商子弟得以在这些书院里学习、科考、仕进，加快了融入浙江社会的过程，同时也为浙江的近代化建设增添了有生力量。

（作者系安徽省文史研究馆馆员，安徽历史文化研究中心主任，历史学博士、研究员）

振兴徽文化与大江南文化建设

庆跃先

内容提要："徽文化"是安徽地域文化代表，与敦煌学、藏学一起成为中国享誉世界的三大地域文化显学。本文从分析"徽文化"形成发展探讨"徽文化"的独特优势，从梳理"徽文化"的基本内容发现"徽文化"的价值内核，建言"徽文化"与大江南文化和谐共进，为实施长三角地区一体化高质量发展，打造沪、苏、浙、皖人民共同的精神文化家园。

关键词："徽文化"；长三角地区；传播；影响

安徽地处东南，连接东部中部，是临江近海的内陆省份。改革开放以来，安徽秉承东向发展、融入长三角发展方向，早在1988春节前，省委就作出《远学粤闽，近学江浙，加快我省改革开放步伐》决定；1990年党中央国务院作出开放开发浦东重大战略决策，安徽在全国率先响应，实施"呼应浦东、开发皖江"行动，从"学上海、学沿海"，到创办承接沿海和长三角地区产业转移示范区，一路走来，一路艰辛，"徽骆驼精神"砥砺我们奋斗前行，新时代伊始，安徽正式纳入长三角一体化国家战略。面对发展新阶段新任务，安徽要准确定位自己的新角色，担负起新使命，特别是在振兴徽文化与大江南文化建设中保护传承优秀传统文化，为全面提升国家文化软实力，建成社会主义文化强国贡献力量。

一、"徽文化"是中华优秀传统文化的瑰宝

安徽与江苏、浙江等 7 省交界，淮河、长江自北向南将全省分为淮北、江淮、江南三个板块，形成淮河文化、皖江文化、徽州文化三大地域文化。其中发源于古徽州一府六县的"徽文化"，博大精深、跨越千年，全息地包容了中国封建社会后期民间经济、社会、生活与文化的基本内容，是徽州人民在长期历史发展中创造的物质财富和精神财富的总和，也是后人研究中国封建社会晚期，揭示东方社会与文化之谜的典型标本。有学者认为，徽学作为安徽地域文化的代表，是自 20 世纪 80 年代以来各地建构地域学的一花独放的地域学标杆。这些年来我们国家区域文化建设的唯一成功案例。①

从地域上看，徽文化发源于安徽南部，是一种地域特征鲜明的文化，但徽文化存续发展中一直存在如胡适所说"小徽州与大徽州"现象。小徽州即指古徽州一府六县，高山环绕，险隘阻路，阻挡战乱袭扰，治理范围相对稳定，不仅为徽文化形成发展创造良好条件，而且较为完整地保存了海量的徽文化遗址遗存，我们所言说的徽文化，首先就是指在这块土地上土生土长、原汁原味的文化。大徽州则是指徽州以外的华夏大地乃至海外的广大空间，小徽州"七山一水一分田，一分道路和庄园"的人多地少窘境，迫使徽人经商出仕、走出大山，在向外拓展过程中，也把徽州文化带到迁居地、传播至四海，在广袤的中华大地上形成了"大徽州"文化。"小徽州"是"大徽州"的后方基地，躲祸避乱的安全岛；"大徽州"则是"小徽州"的广袤腹地，为"小徽州"注入源源不断的发展资源，支撑"小徽州"这个"人间天堂""梦里老家"持续发展。发源于狭小地理单元的徽州文化，在大小徽州间长期频繁、双向互动的经济文化交流中相互影响、相得益彰，使得徽州文化既发达于徽州本土、又活跃在华夏大地，成为超越传统地域文化局限，具有全国影响的中华传统文化重要组成部分。

从时间来看，徽州文化发轫于北宋宣和三年（1121 年）徽州设立，终结于民国元年（1912 年）徽州府废除。但是，徽州文化作为一种传统文化，具有延续性和传承性特点，向前可以追溯到徽州府设立之前的歙州、新安、山越等时

---

① 陈支平、冯其洪：《徽学视阈下的新安朱熹》，《安徽师范大学学报》（人文社会科学版）2019 年第 6 期。

代，向后可以延续至民国和现当代。徽文化绵延长盛不衰，确是中国和世界文化史上的奇迹。这主要得益于两大群体。一是历史文化名人。徽州号称"东南邹鲁""程朱阙里"，自宋至清，徽州建有书院、精舍等260多所；社学明初有462所，清康熙时达562所，"十户之村，不废诵读"，"自井邑田野，以至远山深谷，居民之处，莫不有学，有师，有书史之藏"。[①] 科举及第者众，明清两代徽州本籍中举人者996人，中进士者618人，誉为"中国第一状元县"的休宁县，自宋嘉定十年（1217年）至清光绪六年（1880年）产生文武状元19位。[②]宋代理学奠基人程颢、程颐和宋代理学集大成者朱熹，其祖居地都在徽州歙县篁墩（今属黄山市屯溪区），程大位、汪道昆、朱升、江永、戴震、俞正燮、王茂荫、胡适、陶行知、黄宾虹等先贤大师，持续徽文化千年辉煌。一是号称中国明清第一大商帮的徽商。徽商"贾而好儒"，足迹所至，徽文化结伴相行，凭借"徽骆驼精神"，徽商不仅在商贸活动中开疆辟土，创造"无徽不成镇"的辉煌，而且注重徽文化与侨寓地文化融合，传播徽文化与吸收外地文化并举，衍生出根植徽文化、又融合创新发展的泛徽州文化，避免了徽州文化在工业化、全球化和现代文明冲击下传统地域文化湮灭的宿命。

从主体构成看，徽文化是中原世家大族"南迁"后产生的"移民文化"。徽州紧邻苏浙，秦汉以前，生活在古新安这片土地上以伐山为业、刀耕火种、勇悍尚武为主的山越人，形成以山地游耕文化为特征的南方越文化。秦置黝、歙二县，中原汉文化开始渗入古徽州，特别是东汉、西晋、唐末、北宋四次朝代更替动乱，引发包括世家大族在内的北方人口大规模南迁，伴随人口繁衍与族群扩大，北方移民反客为主成为徽州的主要居民。"迁徽"后世家大族聚族而居，完整保存中原地区礼仪和宗族制度，他们带来的先进中原文化，直接成为徽州文化形成发展的"基因"，在与山越文化交汇碰撞中，强有力地影响山越文化的走向。南梁之任昉、徐摛，唐朝之薛邕、洪经纶等担任郡守的文人名宦大力推行礼仪，"导文学雅"渐成徽州社会风尚，中原文化占据了徽州文化的主导地位。需要指出的是，中原世家大族"南迁"不是对土著居民的武力征服，而是躲避战乱的一种"自救"；中原文化成为徽州文化的主体，也不是简单地消融取

---

① （元）赵汸：《商山书院学田记》，《东山存稿》卷十四。
② 胡宁：《休宁——中国第一状元县》，安徽人民出版社，2004年版。

代当地的山越文化，而是长期交流融合中吸纳山越文化积极因素，最终形成中原文化的儒雅风范和山越文化的刚强气质相辅相成的新文化。其中重视教育的儒家传统，崇尚儒雅的社会风气，维系族群的宗族观念，无不具有明显的中原文化特质；刚健有为的积极进取意识，吃苦耐劳的徽骆驼精神，向外拓展的开放风气，则体现出山越文化的元素。文化融合成就了徽文化的独特魅力。

　　徽文化源于徽州又超越徽州，在"小徽州与大徽州"的长期互动中发扬光大；徽文化绵延千年，在历史文化名人使命担当中传承发展，从"贾而好儒"商人们开疆辟土、奉献社会中汲取经济与文化同行的力量；徽文化在交流融合中"导文学雅"，在"礼化成俗""文以化人"中走向普通百姓、走向日常生活。从这个意义上说，徽文化从局限一隅到享誉世界，它的发展无疑是成功的。徽文化作为"中华民族文化大系中的一个重要分支，内涵十分丰富，特色鲜明，在各个层面、各个领域都形成了独特的流派和风格。徽州文化以其全面性、系统性、辉煌性与典型性，被誉为中国封建社会后期文化发展的典型缩影，从而具有典型代表和标本的价值和地位。"①

二、"徽文化"的基本内容和价值内核

　　徽州文化具有整体性系列性的特点，内容广博深邃，涵盖封建社会后期民间经济、社会、生活与文化的方方面面，包括徽州土地制度、徽商、徽州宗族、徽州历史名人、徽州教育、徽州科技、新安理学、新安医学、徽派朴学、徽州戏曲、新安画派、徽派篆刻、徽派版画、徽州工艺、徽州刻书、徽州文献、徽州文书、徽派建筑、徽州村落、徽州民俗、徽州方言、徽菜、徽州宗教、徽州地理、徽州动植物资源等，涉及徽州经济、社会、教育、学术、文学、艺术、工艺、建筑、医学等诸多学科，凡与徽州社会历史发展有关的内容，都可以列入徽州文化范畴，是一个地方特色鲜明的区域文化。

　　梳理徽州文化的存在，徽文化大致可以分为三种类型：器物文化、制度文化、精神文化。这些文化既留存于古村落、古牌坊、古祠堂、古民居、古桥、

---

① "中国徽学国际研讨会"：《徽州文化宣言》，2004 年 11 月 14 日。

古塔等徽州古代地面文物中，也保存于历代文献、志书和宗谱中，还有各博物馆、图书馆、大学、研究所收藏的契约、谱牒、官书、家书、鱼鳞图册等徽州文书，更有世代相传、沿袭至今的民间工艺、戏曲表演和生活习俗，数量多，涉及面广，蕴藏着丰富的历史文化信息。透过它们，可以真实地了解和再现当时徽州农村社会的真实情况、特别是被历代官方志书和历史学者所忽视的底层老百姓的真实生活、劳动、人际交往及社会结构、土地关系、商业经营、文化发展等。

器物文化。徽州器物文化既留存于古牌坊、古祠堂、古民居、古桥、古塔等徽州 5000 余处古代地面文物中，也存在于民间世代相传、沿袭至今的民间工艺、原始物件和当事人及后代的生活习俗中。依靠徽州文化遗存，黄山戴上了"世界文化和自然遗产"两项桂冠，集中体现徽派宋元明清建筑风格和建筑艺术的屯溪老街被誉为"活动着的《清明上河图》"，是徽州书画和文房四宝的展示交易中心，黟县古民居群、歙县历史文化名城、棠樾牌坊群、潜口民宅博物馆、唐模水街与水口、花山谜窟以及齐云山等星罗密布，显示出徽州器物文化的独特魅力和价值。保护、开发和利用好这些文化遗址遗存遗产，既是我们记住乡愁，生态发展，建设美丽乡村的重要基础，也是我们增加人文因素，丰富旅游内容，发展全域旅游的重要资源，可以直接成为当下黄山及皖南地区加快转型升级、实现高质量发展的重要依托和支撑。

制度文化。这主要蕴藏在历代文献、志书和宗谱中，还存在于契约、谱牒、官书、家书、鱼鳞图册等徽州文书中。徽州地处偏僻，交通不便，犹如世外桃源，得以躲过多次兵燹，享有"文物之海"美誉。20 世纪 50 年代发现大量古代徽州文书，被誉为是与甲骨文、汉简、敦煌文书、故宫明清档案齐名的中国"五大发现"。这些契约、谱牒、官书、家书、鱼鳞图册，数量多，涉及面广，上可溯至宋，下至新中国成立初期，绝大部分是徽州民间百姓缘于自己切身利益而形成的，第一手性和真实可靠性强，可以真实再现当时徽州农村社会的真实状况，包括老百姓的真实生活、劳动、人际交往及社会结构、土地关系、商业经营、文化发展等，弥补几千年来史学家们只关注和记述上层社会大事、国家民族大事和地方区域大事，很少问及民间的、普通百姓的日常事务，对中国农村基层社会文化和现实研究几近空白的不足。从严格意义说，徽文化中的制度文化是一种封建文化，是晚期中国封建社会制度的观念反映。随着中国封建社会的解体和灭亡，其中的制度文化在整体上已经失去了存在基础和价值，但是，作为一种以宗族治理为主，能够维系中国农业社会几千年的乡村社会治理模式，尤其是重视德治、重视礼乐教化、重视乡规民约的治理方式和治理经验，对于当下实现国家社会治理方式和治理能力现代化背景下，完善村民自治和乡村社会基层治理，无疑也是有可借鉴之处的。

精神文化。包括新安理学、新安志学、新安朴学、新安教育、新安画派、新安艺文、新安工艺、新安民俗等。文化是文明的积淀，哲学则是"文明的活的灵魂"。[①]梳理徽州思想文化从新安理学到新安朴学，再到新文化运动的发展，既有代表封建社会正统意识形态的新安理学，也有在世界近代化浪潮冲击下觉醒、形成的蕴涵反封建意识的新安朴学，更有在自由、民主、科学世界现代化大潮中"打倒孔家店"、主张"个性自由解放"的新文化运动，中间还有明朝中期鼓噪百年未成气候的"陆王心学"，儒家文化作为唯一土生土长的本土文化，绵延数千年而不绝，成为中华传统文化的主干；以"二程"和朱熹为代表的新安理学，开创宋以后中国儒学发展高峰，影响中国社会上千年，是徽文化中最精致、最精华的部分，成为徽文化的精神内核和理论支撑。有无精致的哲学，成为徽文化区别并优越于同时代其他地方文化的重要标志。

徽州为什么能成为新安理学发源地，影响宋以后中国社会思想发展上千年，要回答"在明清，朱子之学行天下，而讲之熟、说之详、守之固，则惟推新安之士为然"[②]的问题，还得从朱熹及其与徽州的关系说起。朱熹客居闽地，一生中三次返徽省墓，每次逗留数月，在婺源及歙县等处讲学，招收门徒，亲授理学真谛，回闽后与新安士人频繁书信，悉心指导为学之要，还有不少新安学子赴闽随朱子就学。朱熹通过讲学和书信，为家乡培养了大批理学人才，直接促进了朱子学在徽州的广泛传播。据《紫阳书皖志》记载，文公归里乡，先正受学者甚众，认定为高第弟子、单独列传的门人就有程洵、滕璘、滕琪、吴儆、汪会之、祝直清、程先、汪清卿、许文蔚、吴昶、谢琛、程永奇、程珙、李季子、

---

① 马克思：《第179号〈科伦日报〉社论》(写于1842年6月20日—7月3日，发表于1842年7月的《莱茵报》)，《马克思恩格斯全集》第1卷，人民出版社，1979年版，第121页。

② (清)何应松修，方崇鼎纂：《休宁县志》道光三年刊本。

汪楚材、祝穆、汪莘等 17 人。又据《皖人书录》记载：宋代徽州有著述传世者 131 人，而同期安徽其他地区共有 113 人，尚不及徽州一地。新安学者依托遍布徽州的紫阳书院、斗山书院、师山书院、天都书院、芩山书院（歙县）、还古书院、天泉书院、竹洲书院、西山书院、海阳书院（休宁），桂枝书院、槐溪书院、颍滨书院、二峨书院（绩溪），东山书院、白杨书院、全交馆、全交精舍、梧冈书院（祁门），碧阳书院、松云书院、集成书院、南湖书院（黟县）和六邑（六县）讲会制度，进行理学教学、交流与研讨，形成了朱子学的重要分支——新安理学。所以，诚如明万历年间东林党人高攀龙所说："程夫子生洛，朱夫子居闽，人知三夫子洛、闽相去之遥，不知两姓之祖同出歙，又出篁墩之撮土也。"[1] 徽人好儒，方圆百里内有那么多书院，区区不足百万人口中热衷信奉程朱理学者众，参与者中有私淑程朱者，有朱子友人与门人，且硕儒迭兴，更相授受，贤贤相承。这种群众性大众化研修程朱理学的壮观场面，是中国儒学经历孔孟以后发展低谷的又一次崛起，徽州作为这次崛起的中心地区，世人誉之为"东南邹鲁"，确是实至名归、当之无愧。

　　"任何真正的哲学都是自己时代精神的精华。"[2] 每一种思想文化的发生发展都有其经济社会基础和内在演进逻辑。程朱理学包括它的分支新安理学，能够流传朝廷坊间、影响主宰中国社会千年，个中原因只能到那个时代的经济社会基础中去寻找。必须承认，新安理学作为那个时代的"智慧之学"，在其六百多年发展过程中，也大体经历了四个不同发展时期，在坚守奉朱熹为开山宗师，以维护继承、发扬光大"朱子之学"为宗旨的学术旨趣同时，也因应不同阶段的历史背景、学术环境作出调整和转向，使新安理学发展呈现出不同的阶段特征，形成了不同时期的理论重心。特别是新安理学将儒家思想渗透到古徽州经济、政治、文化乃至家庭关系等社会生活的各个方面，讲礼仪、重伦常，儒家"仁、义、礼、智、信"观念转化为民间普遍遵行的乡规民约、行为规范，通过礼乐教化达到"德治天下"，不能不说这是新安理学适应了封闭农业社会中以宗族治理为主的乡村社会基层治理需求，和由于古徽州大量成年男性常年外出经

---

① （明）高攀龙：《程朱阙里志·序》。

② 马克思：《第 179 号〈科伦日报〉社论》（写于 1842 年 6 月 20 日—7 月 3 日，发表于 1842 年 7 月的《莱茵报》），《马克思恩格斯全集》第 1 卷，第 121 页。

商、妇女（含新婚和未婚）留守家乡的经济活动和家庭存在方式产生的维护封建纲常秩序、保持家庭稳定和乡村社会安宁的社会需求。虽然明末清初启蒙思想家多次批判否定朱熹理学，揭露其"以理杀人"的实质，但任何一种思想文化的生成、存在和发展，都有其社会经济基础，"批判的武器当然不能代替武器的批判，物质力量只能用物质力量来摧毁"[①]，所以，欲改变一种思想文化的存在，必须首先根本改变该思想文化存在的基础。

三、"徽文化"与大江南文化和谐共进

回顾徽文化形成发展、梳理其基本内容、发现其价格内核，当然不是为了重返徽文化的往日辉煌。伴随着近代世界工业革命、帝国主义列强入侵和中国沦为半殖民地半封建社会，传统封闭的宗族社会走向瓦解，依附并作为封闭农耕社会中社会生产生活方式观念反映的徽文化也一步一步地走向衰落。从诗情画意的田园牧歌到令人沮丧的乡村挽歌，我们在近代徽州再次看到了马克思、恩格斯所说的"资产阶级，由于开拓了世界市场，使一切国家的生产和消费都成为世界性的了。……过去那种地方的和民族的自给自足和闭关自守状态，被各民族的各方面的互相往来和各方面的互相依赖所代替了。物质的生产是如此，精神的生产也是如此。各民族的精神产品成了公共的财产。民族的片面性和局限性日益成为不可能，于是由许多种民族的和地方的文学形成了一种世界的文学"[②]的景象。

20世纪80年代以来"徽学热"兴起与同期徽州乡村青壮年人口大量外流、村庄空心化的巨大反差，引发我们对徽文化前途和命运的思考。

文化是由人创造的，人是文化的载体，文化的生成发展不是自然进化的过程，而是有人参与的社会化过程。"人的本质……在其现实性上，它是一切社会关系的总和。"[③]文化的生成发展离不开人的交往，文化因为交往获得传播，在

---

① 马克思：《〈黑格尔法哲学批判〉导言》，《马克思恩格斯选集》第1卷，人民出版社，1995年第2版，第9页。

② 马克思、恩格斯：《共产党宣言》，《马克思恩格斯选集》第1卷，第276页。

③ 马克思：《关于费尔巴哈的提纲》，《马克思恩格斯选集》第1卷，第135页。

交流中发生摩擦碰撞，在摩擦碰撞的刺激下产生火花、引发灵感，实现文化的重新发现、创新发展，不断地被赋予了新的魅力。根据熵定律，维持一种文化的生机和活力，根本在于要有一个开放的环境和包容创新的主体。地处偏僻山区的徽州能够躲过历史上多次兵燹，得益于"小徽州"与"大徽州"、"移民"与"逆移民"的长期互动，不断地从交流中集聚徽州文化发展的要素，在碰撞中激活徽州文化发展的智慧，不仅避免了大多数偏居一隅、狭小地块上地域文化湮灭的宿命，而且走出徽州，使徽州文化获得了全国性的意义。

中国进入了中国特色社会主义新时代，向着百年中国梦的第二个宏伟目标迈进，到2035年，全面建成社会主义现代化强国。党中央国务院将长三角一体化发展上升为国家战略，赋予长三角"三省一市"打造全国发展强劲活跃增长极，全国高质量发展样板区、率先基本实现现代化引领区、区域一体化发展示范区，和新时代改革开放新高地"一极三区一高地"的历史使命，《长江三角洲区域一体化发展规划纲要》则提出要"共同打造江南文化等区域特色文化品牌"。"一个时代有一个时代的问题，一代人有一代人的使命担当。"在新时代高质量推进长三角一体化背景下，找到振兴徽文化和加快融入江南文化的最佳平衡点，建立协同机制，实现"徽文化"与大江南文化和谐共进，是我们这一代安徽文化人的使命和责任。

江南是中华文明的重要发祥地之一，学界有狭义的江南和广义的江南之分。狭义的江南通常是指明清时期以"八府一州"为中心的太湖流域，即苏州、松江、常州、镇江、应天（江宁）、杭州、嘉兴、湖州八府及从苏州府辖区划出来的太仓州。广义的江南在历史上包括了上海、江苏、浙江、安徽、江西等五省一市中位于长江以南的地区，现在则是指纳入国家长江三角洲区域一体化发展规划的沪、苏、浙、皖"三省一市"。安徽号称"吴头楚尾"，春秋后期越灭吴，楚又灭越，势力一度横扫吴越、直达松江（申城）。南宋建都临安，徽人经商入仕，往来频繁。清代安徽、江苏曾同属江南省，"分省"后安徽省会还一度寄居江宁。南宋明清以降，徽商把江南当作最重要最活跃的舞台，顺新安江、青弋江而下，以临安、江宁为中心据点，把徽州物产远销全国各地，促进和助推江南成为全国经济文化最发达的地区。

江南文化是中华优秀传统文化的重要组成部分，包括江苏文化、浙江文化、徽文化和后来居上的上海文化。江苏文化、浙江文化分别起源于吴文化、越文化，徽文化则是中原文化与山越文化的融合创新，山越文化与越文化又有着千丝万缕的联系。江南文化的各个分支起源相同、本质相同，彼此相互交融、相互渗透，你中有我、我中有你，共同构成了鼎盛于明清时期的江南文化。因此，从文化传统角度看，沪苏浙皖文化同属一个文化区。地缘相接，人文相亲，现在说"徽文化"融入江南文化，其实是一种文化回归、"回家"。长三角一体化在文化层面上就是江南文化的传承与转型，以江南文化作为长三角的最大公约数，加快区内各种地域文化融合，实现创造性转化、创新性发展，影响和促进道路交通、基础设施、公共服务一体化，实现人流、物流、资金流、技术流无障碍流通，实现长三角区域高质量发展。这就是在长三角一体化中建设新江南文化的意义所在。

建设新江南文化，关键是要正确处理"一"与"多"的关系。新江南文化需要打造统一的区域文化标识，需要集合区内各种地域文化的先进成分、积极要素，通过平等交流，增进融合、积累共识。对于建设新江南文化来说，区内各种地域文化间不存在孰优孰劣、谁主谁次，都是建设新江南文化的宝贵材料。确定新江南文化的标识和基本体系，需要一个漫长的过程，在这个过程中只能用讨论的方法、说理的方法，来逐步消弭化解由于长期行政分治造成的文化和社会心理的隔膜，不能行政命令，"欲速则不达"。

对从事新江南文化建设研究的文化学者来说，则必须一要尊重历史，面向未来。我们今天所说的长三角江南文化应该是新江南文化，我们要古为今用，面向未来，视流传江南地区数千年的传统文化为建设新江南文化弥足珍贵的宝贵资源，但也要在"国学热"中保持一份清醒和理性，警惕"文化复古主义"假借复兴传统文化上演"皇帝的新装"。二要区分良莠，择善而行。中华传统文化源远流长，汇聚中华民族的智慧和创造，同时它又根植于封建社会，总体上属于封建社会的正统意识形态，要重视中华文化典籍的搜集、整理和出版，潜心做好研究、诠释和通俗化工作，把真正的经典精华带给人们。三要扩大交流，全面开放。改革开放是中国走向繁荣昌盛的必由之路。建设经济强国，需要改革开放；建设文化强国，同样需要改革开放。建设新江南文化，对内要克服"夜郎自大""唯我独尊"，对外要走出"体用之争"，避免"全盘西化"，打开家门国门，参与国内外不同区域文化、民族文化的对话、交流和合作，学习借鉴人类社会文明发展的一切积极成果，在多元文化激荡中提升江南文化的国际影响力。

江南文化是长三角一体化发展的文化基础。服务长三角高质量一体化发展国家战略，深入挖掘江南文化资源，深化江南文化研究交流，协同推进区内地域文化融合发展，推动新时代江南文化的创造性转化和创新性发展，共同打造长三角地区人民共同的精神家园，任重道远，我们在路上。

（作者系安徽省文史研究馆馆员，安徽省社科院哲学与文化研究所原所长、编审，安徽省文化研究中心秘书长）

长三角区域美术文化的数字化传播初探

——以长三角区域传统画派经典的传播为例

陈祥明

内容摘要：长三角区域积淀着丰富的美术文化资源，中国绘画史上的新安画派、姑孰画派、吴门画派、金陵画派、扬州画派、湖州竹派、浙江画派、海上画派等都产生于这一区域，为后世留下了诸多经典作品。这些画派经典的传播依赖传统传播方式遇到了瓶颈，而数字化传播是破解这一瓶颈的不二选择。实现长三角区域传统画派经典的传播数字化，必须四个突破：突破原有各自为政、画地为牢的美术文化管理体制，建立美术资源共享共建的协调机制；突破传统的美术展览、出版、鉴藏与交流模式，建立超越传统的现代数字化模式；突破传统的以一地、一馆、一人为单元的美术文化整理研究格局，建立区域协同、馆际协作、人际协调、多方联动的现代学术研究格局；突破传统单一的投入产出机制，建立现代多元的投入产出机制。实现长三角区域传统画派经典的传播数字化，必须坚持的科学价值导向：站在长三角区域文化一体化建设的高度，策划和实施"中国长三角区域画派经典传播工程"；建构数字化的画派经典文本体系；构建开放的数字化美术传播体系。

关键词：长三角区域；美术文化；数字化传播；传统画派经典；经典文本体系；现代传播体系

一、长三角区域美术文化数字化传播是时代发展的需要

长三角区域文化是整个中华文化中最为丰富多彩、最有生机活力的板块之一。长三角区域美术文化是整个长三角文化中最为绚烂靓丽、最有开掘潜能的宝库之一。

长三角区域是中国历史上经济发达、文化繁荣地区。宋代以降，美术文化进入灿烂辉煌的发展期，文人画崛起更是极大地影响了中国画千年发展。[①] 南宋以降，江南长三角区域逐渐成为中国文化的重镇，成为中国绘画艺术的中心。[②] 长三角区域积淀着丰富的美术文化资源，中国绘画史上闻名遐迩的吴门画派、金陵画派、扬州画派、新安画派、黄山画派、姑孰画派、湖州画派（湖州竹派）、浙江画派、海上画派等，以及书法篆刻史上享誉盛名的徽派、皖派、浙派、海派及西泠印社等都产生于这一区域。这里曾经大师辈出，佳作林立，为后世留下了诸多经典作品。

新世纪以来，长三角区域传统画派经典的传播虽然取得了长足进展，但与新时代要求还不相适应，其突出地表现为：一是传统传播手段占主导地位，现代传播手段运用非常有限，数字媒体传播则刚刚起步，远远落后于数字化传播为主导的"新媒体时代"；二是对传统画派经典的传播显得零散，缺乏应有的系统性，传播形式显得单一，缺乏应有的多样性，因此不能满足社会公众的不同层次的多元需求。长三角区域传统画派及经典作品的传播依赖传统传播方式遇到了瓶颈，而数字化传播是突破这一瓶颈的不二选择。

这是一个"读图的时代"，也是数字化媒体传播方兴未艾的时代。长三角区域美术文化数字化传播，尤其是长三角区域传统画派经典的数字化传播，是新时代发展的需要，是长三角文化建设的需要，也是美术文化自身繁荣发展的需要。

当前，以新一代信息技术为核心的科技革命，正在加速全球经济—文化活动的数字化变革。这是人类历史上的一次巨大的科技进步，它正在带来经济—文化业态的更新换代。当代文化生产及再生产要跟上科技变革的步伐，必须搭

---

① 参见刘敏主编：《中华五千年美术文化史》，中国文史出版社，2004 年版，第 238—261 页。

② 参见陈野：《南宋绘画史》，北京大学出版社，2017 年版。

上数字化这趟快车。文化数字化正在改变文化生产方式——创作、生产、传播和消费都会发生很大变化甚至是根本性变化。可以预料,长三角美术文化数字化建设,必将改观区域美术创作与生产的格局,改进区域美术传播和消费的方式,为打破地区封锁和行业壁垒而开辟美术事业发展新途径,从而,使美术文化产品的能级一次极大的提升,品种得到极大的丰富。

二、实现长三角区域传统画派经典数字化传播必须突破的重点与难点问题

美术文化的数字化是一个十分复杂的系统工程,作为一种文化业态它包括数字化生产—出版、数字化经营—传播、数字化消费—阅读。数字化生产—出版是基础,它为数字化经营性传播提供了产品文本,也是为数字化消费性阅读提供了消费文本。近年来,我国数字出版产业蓬勃发展,2018 年被列入国家战略性新兴产业目录,2019 年产业收入规模超过 9800 亿元,产业形态不断丰富,优质内容供给不断增强,已成为出版业发展的主力军和文化产业极具活力的领域。然而,相对于整个数字出版产业,美术文化数字化出版发展显得滞后。这种相对滞后主要表现为:美术文化数字出版物在整个出版领域并不占优势,甚至尚未摆脱附庸地位和被边缘化的窘境;诸多美术经典出版仍未摆脱传统画册书刊出版模式的窠臼,导致数字化美术经典在人们数字化阅读链条中的缺失。譬如,迄今为止,全国尚未有一套像样的系统的数字化的中国传统画派经典出版物。尽管长三角区域传统画派经典非常丰厚,但也没有一套与之相媲美的数字化读物。

作为书画爱好者,也是长三角区域书画艺术研究者,我多次在不同场合呼吁实施"长三角画派经典传播工程",鼓吹"长三角画派经典数字化传播"。

要实现长三角区域传统画派经典的数字化出版与传播,必须有四个方面突破:其一,突破原有各自为政、画地为牢的美术文化管理体制,建立相互协调、资源共享的美术文化协调机制,关键在于实现美术资源长三角区域共享。在现行国家文化管理体制及相关管理法规的框架下,文博系统(博物馆、美术馆、艺术馆等)负责收藏、展陈美术作品,出版系统(新闻报刊、文学艺术、电子

音像等出版社）负责出版、发行美术画册书刊，这是条条管理职责分工。而各个省、市文化主管部门，分别管理属下的文博系统单位和出版系统单位，这是块块管理权限划分。这种条块分割、各自为政、画地为牢的美术文化管理体制，严重制约了文博系统从传统收藏、展陈方式向现代收藏、展陈方式的转变，制约了出版系统从传统纸质出版向现代数字出版的转变。因此，首先必须进行文化管理体制及管理制度的创新，建立有利于实现长三角区域传统画派经典的数字化出版与传播的体制机制。要建立宏观制度与微观规制相协调的体制机制，制订长三角区域文化一体化发展的政策规定，以支持新业态的数字化出版与传播。

其二，突破传统的美术展览、出版、鉴赏与交流模式，建立重视传统又超越传统的现代数字化模式，重点在于现代数字化方式方法全面提升。依托博物馆、美术馆、艺术馆的展厅展陈历代美术原作，为广大观众提供观赏的平台与交流的空间，这是近现代美术展览基本的也是主流的模式。就此而言，这种传统型的"展陈文化"模式，是一种纯粹的"展厅文化"模式；而那些配合用于观览、交流、鉴赏的画集、书籍、报刊等美术出版物，在很大程度上是"展陈文化"的衍生、"展厅文化"的拓展。这种展陈、展厅文化，一个重要特点就是"灌输性"，或者说是"单向度的输入性"，即在展厅中参观者是被动的受众，是美术信息的输入对象，是心无旁骛的观赏者、学习者、接受者。美术文化的数字化出现，极大地改观了传统展陈、展厅文化的格局风貌，纯粹单一变得丰富多彩；观众单向度的被动性接受，变为多维度的选择性接受；数字化多媒体使真正的思想对话、情感交流、"视界融合"成为可能。当下，要实现长三角区域传统画派经典的数字化出版与传播，要着力于美术展陈、出版、鉴赏、交流等等的现代数字化方式方法全面提升，建立重视传统又超越传统的现代数字化模式，而仅仅将传统画派经典作品变成电子出版物是远远不够的。

其三，突破传统的以一地、一馆、一人为单元的美术文化整理研究模式，建立区域协同、馆际协作、人际协调、多方联动的现代学术研究模式，难点在于建立高水准、高效率、高度协调的专家队伍，研究整理出全面、系统、可靠的传统画派经典文本。实现长三角区域传统画派经典的现代数字化传播，在传播技术上已经没有障碍，现在关键是传播文本问题。迄今尚未有比较全面的、系统的、可靠的长三角传统画派经典文本，作品图片文本和文字文本均很零碎而缺乏系统性，其学术可靠性更大有疑问。一些重要的画派，譬如闻名遐迩的新安画派，迄今没有比较完备的画派作品集，其领袖渐江也没有比较完善的个人作品集；在学术界定上更是众说纷纭、莫衷一是，将新安画派视为独立画派者有之，将新安画派与黄山画派混为一谈者有之，以黄山派取代新安派的亦有之；新安派代表画家是四家，还是七家、八家，抑或是十家、十一家，看法分歧也很大。造成这种现象的原因，在很大程度上与传统的以一地、一馆、一人为单元的美术文化整理研究模式有关，与没有形成现代的美术学术研究共同体有关，与研究方法、手段的原始有关。其他画派研究也或多或少存在这种状况。因此，建立高水准、高效率、高度协调的专家队伍，建立区域协同、馆际协作、人际协调、多方联动的现代学术研究模式，是实现长三角传统画派经典的现代数字化传播的关键环节。

其四，突破传统的、单一的投入产出机制，建立现代的、多元的投入产出机制，核心在于保障经济投入与合理分享获利。作为一种新兴业态，数字化美术要获得长足发展并具有不竭后劲，必须建立一种科学的、高效的、多元的投入产出机制。这种新的投入产出机制，能够最大限度地保障经济投入的持续性，同时能够使投入者合理分享产出的成果与利益，因而具有不竭动力。由于国家有关部门对媒体传播和文化出版的管控，当下的数字化出版与传播也受到了严重制约。这需要我们在法律法规允许的范围内，突破桎梏，开辟新境。对长三角区域传统画派经典的出版传播的投资，是一种长线投资，也是长效投资，应着眼未来，从长计议，来不得半点的急功近利。

长三角区域是经济文化较为发达的区域，是市场化程度较高、投资环境良好的区域，也是数字化技术聚集度高、数字化产业发展基础好的区域。因此，我们有理由将长三角区域传统画派经典的数字化出版传播作为一种新业态，搭上数字化产业发展的时代快车。

三、实现长三角区域传统画派经典数字化传播必须坚持的科学标准与价值导向

1. 以高屋建瓴的思维与高瞻远瞩的眼光，策划和实施"中国长三角区域画派经典传播工程"。"长三角区域画派经典"，不独属于长三角，更属于中国，也属于世界。它是中国美术文化的瑰宝，也是世界美术文化的奇葩。美国汉学家、美术史论家高居翰教授研究中国晚期（元明）绘画，有五部著作，主要涉猎江南诸画派画家画作 [1]，他虽然没有用"长三角区域"这一概念，但其考察范围主要包括这一区域。他在《画家生涯》中所讨论的画家也主要集中在这一区域，在该著第一章中专列一节"关于郑旼的个案分析" [2]，郑旼是新安画派中一位职业化的文人画家。此外，海外著名的中国艺术史学者方闻、石守谦、朴寿珊等人在中国绘画史著述中，对中国江南（包括长三角）画派画家画作多有涉及。可见，"长三角区域画派经典"在世界上已经具有一定影响。

要站在中国美术史乃至世界美术史的高度，来构建"中国长三角区域画派经典传播工程"体系。这个体系应有中国高度，亦即世界高度。这种高度应是中华文化精神的高度、中国美术经典的高度、中国数字技术的高度之有机统一。

2. 建构数字化的画派经典文本体系。长三角区域传统画派经典的研究整理，有较好的文本基础，有一定的学术积淀。然而以上述"高度"来衡量，其差距明显，非着力提升不可。从文本学的角度来看，经典文本大致可分为经典原初文本、经典诠释文本以及由此脱颖而出的衍生文本。首先，着力提升经典原初文本整理的科学性、系统性、准确性。要对长三角重要画派、重要画派的代表画家及其代表作品进行全面系统的梳理，以严谨的科学精神进行文本整理，努力使真正的经典（画派画家画作）不被忽视、不缺席，并注意拂去历史的尘雾而将被遮蔽的杰作开显出来；要敬畏经典，纳入文本中的经典画派经典作品的所

---

① 高居翰：《隔江山色：元代绘画》《江岸送别：明代初期与中期绘画》《山外山：晚明绘画》《气势撼人：十七世纪中国绘画中的自然与风格》，生活·读书·新知三联书店，2009 年版。高居翰：《画家生涯：传统中国画家的生活与工作》，生活·读书·新知三联书店，2012 年版。

② 高居翰：《画家生涯：传统中国画家的生活与工作》，第 3—6 页。

有图文信息都必须是可靠的、可信的，努力将错讹、失误减少到最小限度。

　　其次，努力提升经典诠释文本的科学性、时代性、再创造性。经典诠释文本，是在经典原初文本的基础上，经过科学理性的再考察辩辨析释疑，并在时代意识观照下进行再认知、再理解、再诠释，从而形成的创造性文本。经典诠释文本，在一定程度上可以说是经典原始文本的再创造，因为它凝聚了诠释者及其时代的智慧选择、情思意趣、审美价值取向等等。因此，提升经典诠释文本的科学含量、时代意蕴，实现对经典的再理解、再创造，从而使经典焕发出时代光芒。

　　再次，注重提升经典衍生文本的美学美育品质。经典衍生文本是从经典原初文本、经典诠释文本延伸与拓展出来的文本，它脱胎于经典母体，但具有自己相对独立的品质与价值，因此也是一种再创造。在经典原初文本以及经典诠释文本中，蕴含着丰富的审美资源信息，譬如热爱自然、师法自然，文人风骨、傲岸人格，家国情怀、浩然气概等等。譬如，"新安画派"领袖渐江，身处改朝换代的年代，先是以反清复明为志业，后来终生抱守遗民情怀，拒斥清王朝统治，削发为僧沉潜山水，在作品中表现出一种傲岸冷峻与孤寂荒寒；他师法元人倪瓒、黄公望，并师法黄山、白岳，开辟了"师古人兼师造化"的艺术传统。而这种情怀与传统，往前追溯是对元人倪云林遗风的承继，往后延伸则是对民国黄宾虹的影响。① "金陵画派"的领袖龚贤，身处改朝换代的年代，他先不满明末宦官专权的黑暗统治，参加主张改良的爱国团体"复社"，以挽救民族的危机；明亡后，他怀着慷慨悲愤的心情离开了南京，在十余载的漂泊生涯中，顽强地钻研绘画艺术，还写了大量深沉悲壮的忧国忧民的诗歌，表现出坚贞的民族气节。他年届五十时返回南京，一直隐居在城西清凉山，以卖画和课徒为业，最后死于贫病。龚贤画山水以造化为师，不断写生，其章法常有奇趣，自出新意，不同流俗；在运用水墨上特别讲究，一次次反复皴擦渲染，墨色厚重湿润，但在厚重之中有明暗的推移变化和巧妙的黑白对比，富有生气。龚贤的人格精神及艺术观、笔墨观对后世影响极大。② 类似上述的"故事"，在长三角区域传

---

　　① 陈祥明：《新安画派有序传承与清醒拓新——以渐江、黄宾虹为例》，《学术界》，2012年第2期。
　　② 任德山：《中国绘画》，高等教育出版社，2009年版，第266-267页。

统画派中比比皆是。通过发现、发掘和延伸、拓展，可以形成讲述传统画派、经典艺术形成的故事，讲述古代画家家国情怀、文人风骨的故事，讲述经典作品中的中国艺术精神、美学意蕴、审美情趣等，从而使经典衍生文本的美学美育品质得到提升和丰富，使其成为青少年读者觉得好看、爱看的美术美育文本。

3. 建构数字化的现代传播体系。关于数字化传媒的技术问题不是本文探讨要旨，故略而不论。这里仅对数字化现代传播体系建构的思想理路略做探讨。第一，要提高对数字文明的认识。数字文明是信息文明的一种发展形式，是现代社会文明的一种有效提升，是文化与技术的一种有机统一。[①] 因此，不能将长三角传统画派经典的数字化传播视作纯粹技术运用，而应将其视作社会文明提升，文化与文明是数字化建设的出发点与归宿点。第二，要着眼于长三角区域文化一体化建设。长三角区域文化一体化建设包括诸多方面，其中美术文化是一个重要方面。通过长三角传统画派经典的数字化传播，引导长三角区域美术文化一体化发展，并推动其美术文化产业一体化进程。着力改变苏、浙、皖、沪在文化上各自为政，美术资源不能共享的现象，填平相互隔绝的"数字鸿沟"，消除各自孤立的"数字孤岛"。第三，要构建开放的数字化美术传播体系。其开放性大致包括三大方面：一是传播文本的开放性，即"三本"（经典原初文本、经典诠释文本及其衍生文本）、"两版"（纸质版本、电子版本）相互依存、相互补充、相得益彰。至大维度，整个长三角区域传统画派经典的总集实现"三本""两版"；至小维度，一个画派一个画家的一幅代表作实现"三本""两版"。而至大维度的边界是弹性的，可以容纳更多的画派画家；至小维度的含量也是弹性的，可以包含更多的画家画作。至大总量的扩容，至小内涵的挖掘，同时成为可能。二是展陈方式的开放性。美术作品是需要展览陈列的，观众只有通过观展才能够欣赏。展陈方式的开放性，即"三多"（多元主题、多样风格、多种形式）、"两线"（博物馆、美术馆的实物"线下展"，数字媒体、网络平台的图像"线上展"）各擅其长，各显其能，优势互补。三是传播互动的开放性。传统媒体传播最大的特点亦即局限是灌输性、单向度封闭性，现代数字媒

---

① 邹焜：《辨析信息文明的有关概念》，《中国社会科学报》，2021 年 8 月 12 日。

体传播最大的特点亦即优势是互动性、多维度开放性。从传播层级看，有研究性传播、提高性传播、普及性传播，尽管都是传播和弘扬经典，但其宗旨不同。从接受层级看，有专家学者的探究性接受、美术工作者群体的选择性接受、广大普通观众的消费型接受，尽管都是欣赏和接受经典，但其旨趣各异。不同的宗旨与各异的旨趣，必然造成各种各样的感悟、情趣、思想、观点、意见等等，这些都需要交流、互动、对话。按照现代诠释学的观念，对同一文本（美术作品也是一种文本）的不同思想观点的碰撞与对话，可以从无序到有序，可以达成"视界的融合"。对于绘画经典的审美解读，没有非此即彼的决断，只有视界融合的共识。四是防止美术经典的数字化垄断。在国家关于"数字化平台的反垄断规制"[①]的总体框架下，注重"对数字信息垄断的应对策略"研究[②]，制订关于长三角区域传统画派经典数字资源共享的有关协议规制。

四、结语：中国美术经典文化面向未来的一种理性选择

文化的生命力是依靠传播来体现的，没有传播就没有文化的生命力。从人类文明发展的历史长河来看，任何民族、任何形态的文化都要依赖于传播而存在和传承。人类正是通过使用和控制传播媒介，才使得文化得以传承、共享、发展和延续下去，从而促进文化的变迁和发展。[③]美术文化包括传统画派经典文化亦不例外，它也是在传播中存在和传承、变迁和发展的。

一种文化的危机，在某种程度上讲也是其传播的危机，而一种文化的生机活力，在很大程度上是由传播激发出来的。中国美术文化尤其是传统画派经典，在传播上遇到了瓶颈，其实是遇到了存在与传承的危机。传播方式的原始单一，是其危机的主要症结之一。要转危机为生机，必须从传统传播方式转变为现代传播方式，即把握和运用数字文化传播方式。

我们所处的社会正在经历"数字时代文化的数字化转型"。把握了数字时代

---

① 2021年2月我国国务院正式出台《国务院反垄断委员会关于平台经济领域的反垄断指南》。

② 郁清清：《数字化平台的反垄断规制》，《中国社会科学报》，2021年8月9日。

③ 牛新权、丁宁等：《数字文化传播》，知识产权出版社，2019年版，第27页。

文化传播的新方式，就是把握了"数字媒体影响文化传播的未来"。[①]中国美术文化的未来，中国传统画派经典在未来的存在和传承方式，在很大程度上是由数字媒体传播决定的。因此，努力实现长三角区域传统画派经典的数字化传播，就是中国美术经典文化面向未来的一种理性选择。

（作者系安徽省文史研究馆特约研究员，安徽省美学学会名誉会长，安徽省中国画学会副主席，教授）

[①]　牛新权、丁宁等:《数字文化传播》，第25–28 页。

后　记

2022 年是党和国家历史上极为重要的一年。党的二十大胜利召开，描绘了全面建设社会主义现代化国家的宏伟蓝图。推动长三角一体化发展，是习近平总书记亲自谋划、亲自部署、亲自推动的重大国家战略。我们坚持以习近平新时代中国特色社会主义思想为指导，积极助力长三角一体化发展。

2020 年 11 月 6 日，浙江省文史研究馆从江苏省文史研究馆手中承接了举办第三届"长三角文化论坛"的接力棒。受新冠疫情影响，我们认真落实习近平总书记关于"疫情要防住、经济要稳住、发展要安全"的重要指示，一方面克服困难、想方设法，有序推进第三届"长三角文化论坛"组织筹备工作；另一方面围绕中心、关注大势，认真研判并积极协调论坛举办的节点，最终确定论坛延至 2022 年举行。在上海市、江苏省、安徽省文史研究馆的大力支持和帮助下，第三届"长三角文化论坛"于 2022 年 12 月 2 日成功举办。浙江省文史研究馆馆长王永昌、专职副馆长姜玉峰、副馆长郭学焕、成明权，上海市文史研究馆馆长赵英、副馆长沈飞德，安徽省政府参事室（文史研究馆）主任白和平、副主任梁冰，以及江苏省文史馆领导等长三角三省一市文史研究馆馆员、各界文史研究专家学者 100 余人在各驻地会场出席了本届论坛。中央文史研究馆冯远副馆长向论坛发来了书面致辞。

本届论坛是在党的二十大召开之际举行的，我们认真学习贯彻党的二十大精神，在广泛征求馆员和专家学者意见的基础上，与上海市、江苏省、安徽省文史研究馆进行多次协商讨论，确定论坛主题为"新时代长三角区域文化繁荣与高质量发展"。长三角三省一市文史馆通力合作、精心组织，广大馆员和专家学者积极响应，共征集论文 82 篇，整体上突出长三角区域历史文化特色，聚焦于当代价值的体现，彰显了新时代区域文化繁荣和高质量发展的主旨，是一批具有时代性、学术性、区域性的理论成果，为助力长三角一体化发展发挥了积极作用。

本届论坛的成功举办，得益于国务院参事室和中央文史研究馆、浙江省政府办公厅的关心指导，上海市、江苏省、安徽省文史研究馆的鼎力相助，各地馆员和专家学者的积极参与，吴光、徐儒宗、王福和、费君清、王建华、章利国等专家认真的学术把关。同时，浙江大学出版社为本书出版付出了大量心血。在此，我们一并表示衷心感谢！

为使本届论坛成果更大范围地为社会各界提供研究参考，更好地服务长三角一体化发展，我们将参会论文汇总整理，结合各方意见和要求，精选54篇论文结集出版。因编辑水平及诸多局限，本书难免有不足和瑕疵，敬请批评指教。